松浦彦操

神典形象

松浦彦操大人

常宇根の宮

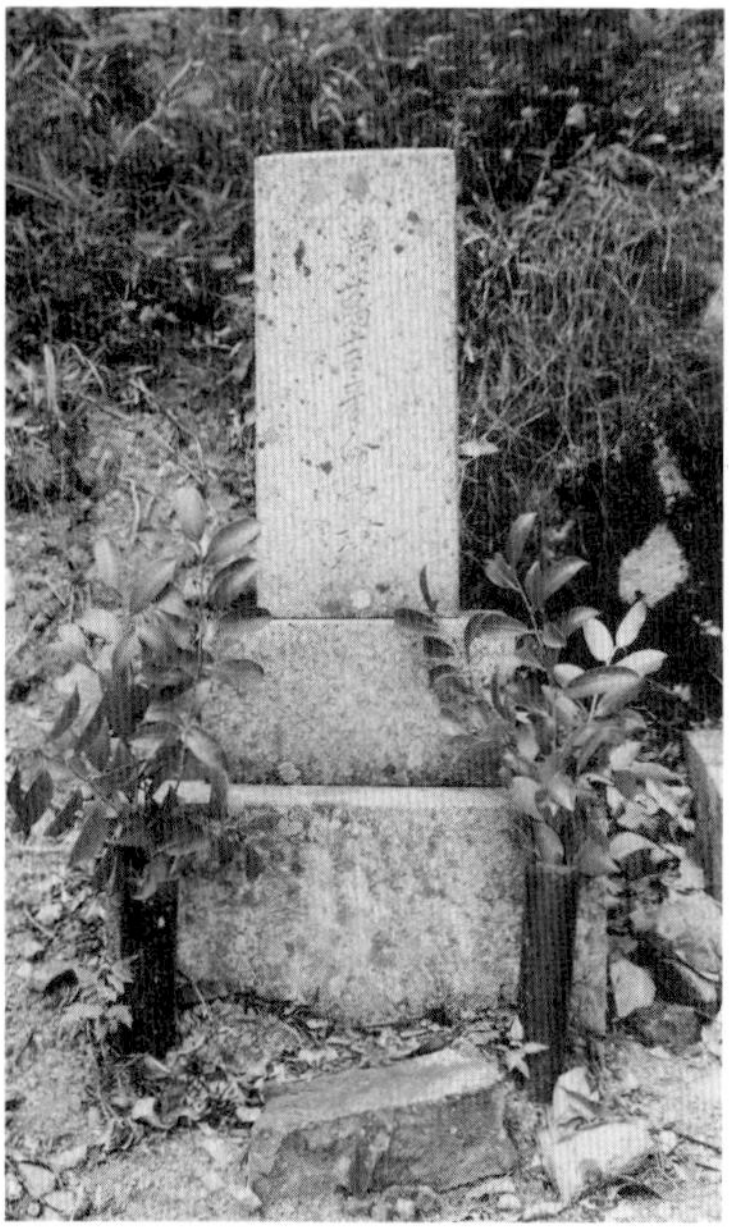

松浦彦操大人の墓碑

斎宮神法を斎行する松浦彦操大人

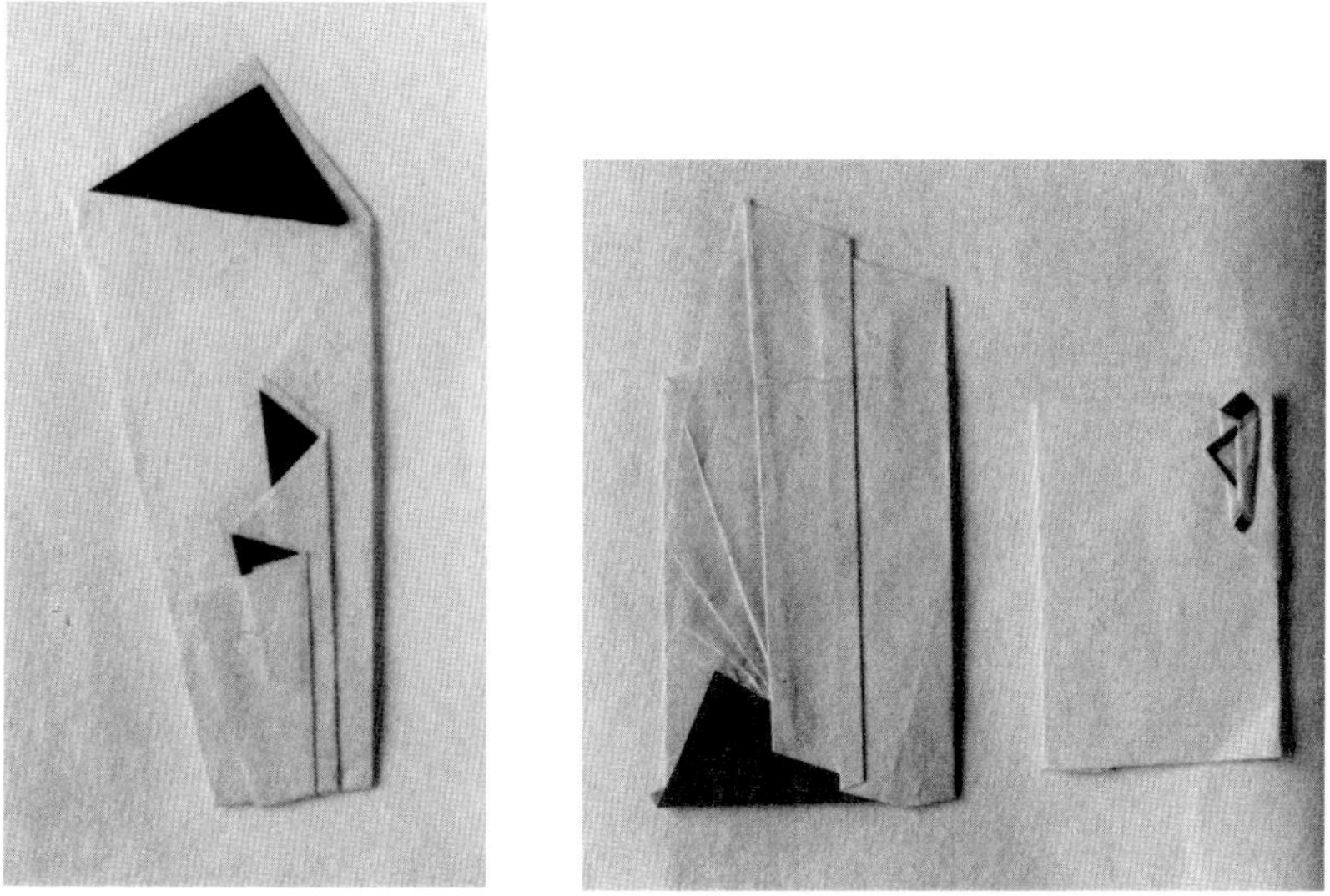

松浦彦操大人作の熨斗

松浦彦操大人作の恵比寿・大黒

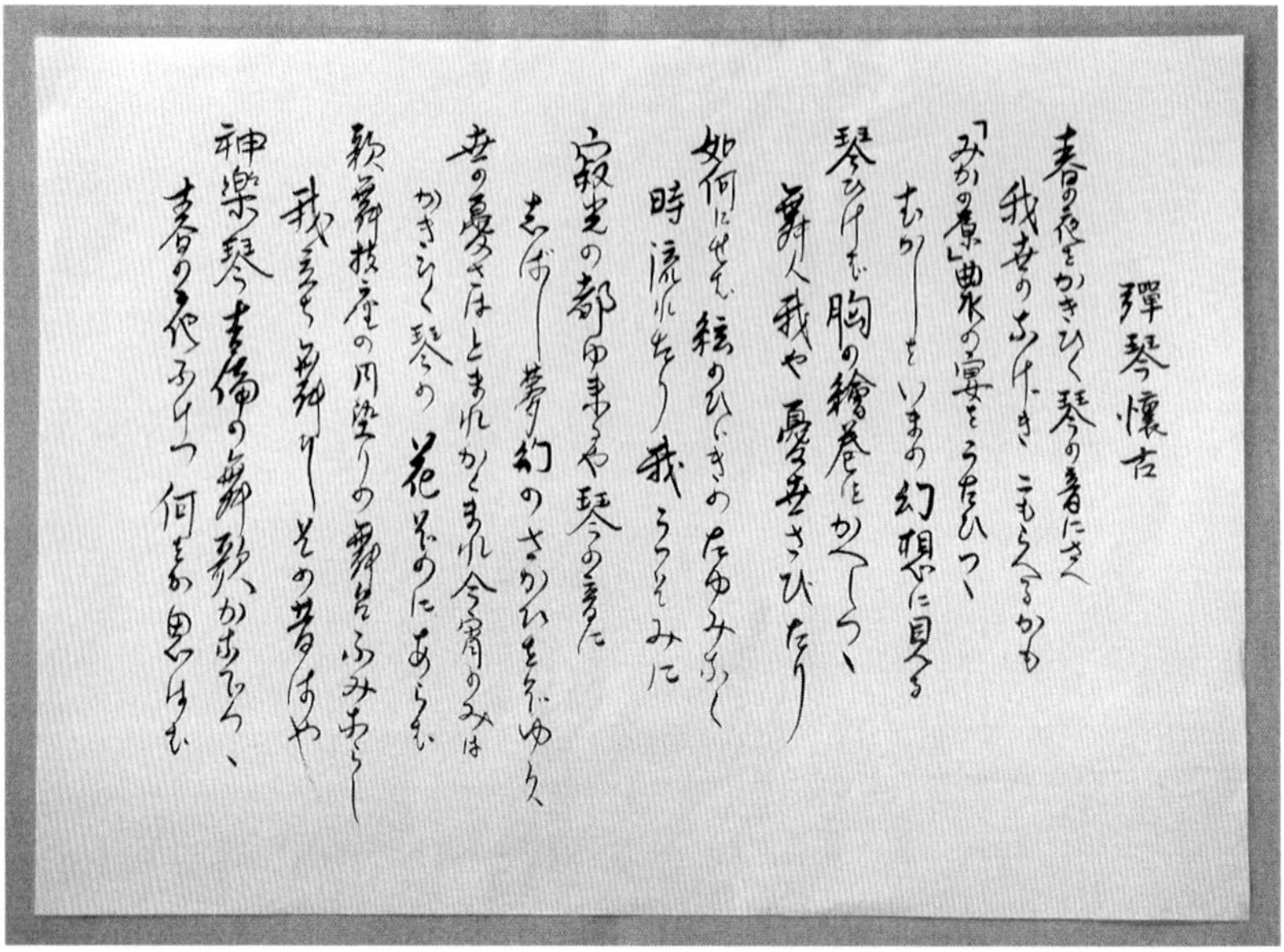

弾琴懐古（松浦彦操大人直筆）

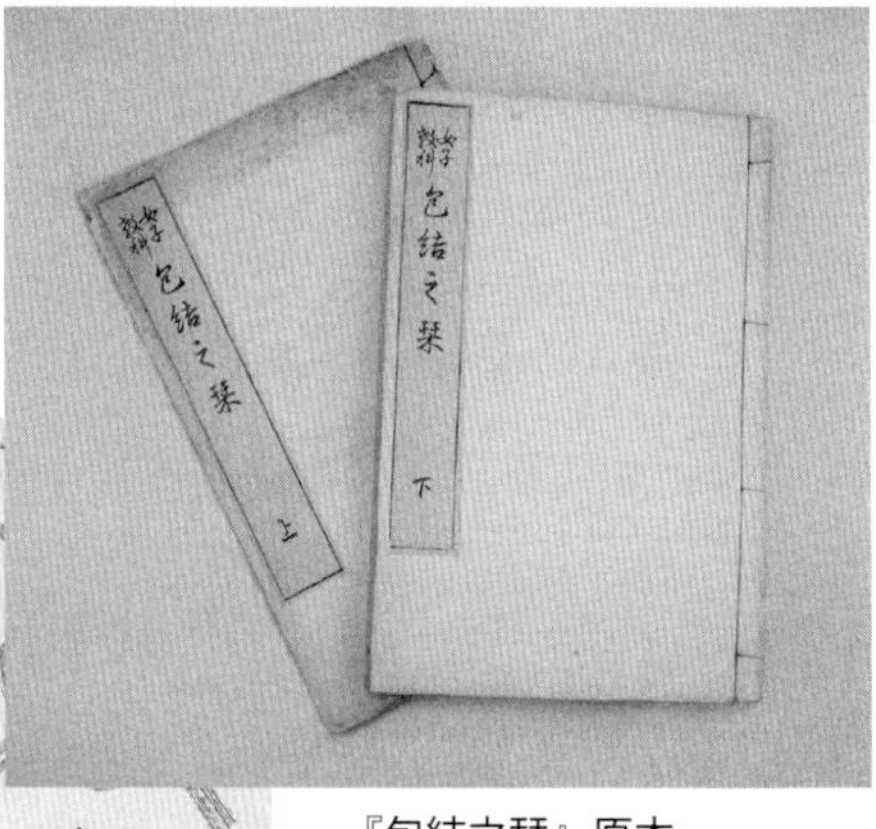

『包結之栞』原本

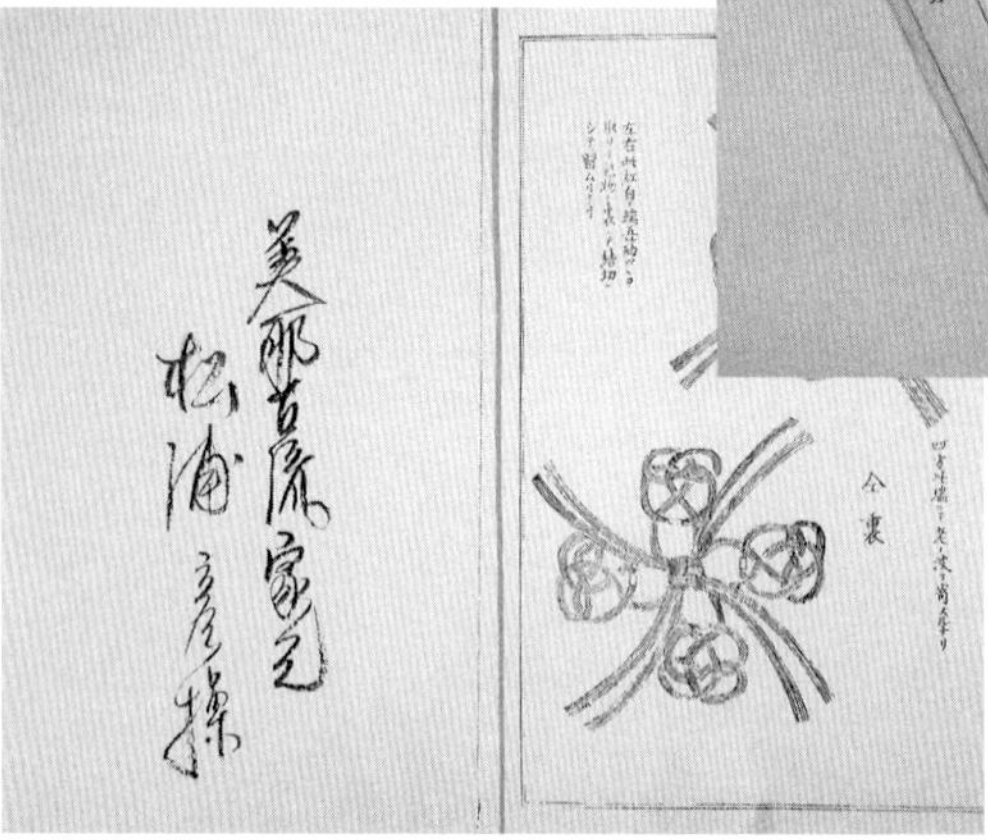

『包結之栞』に書かれた松浦彦操大人のサイン

神典形象

みふみかたどり

松浦彦操

みふみかたごり

松浦彦操著

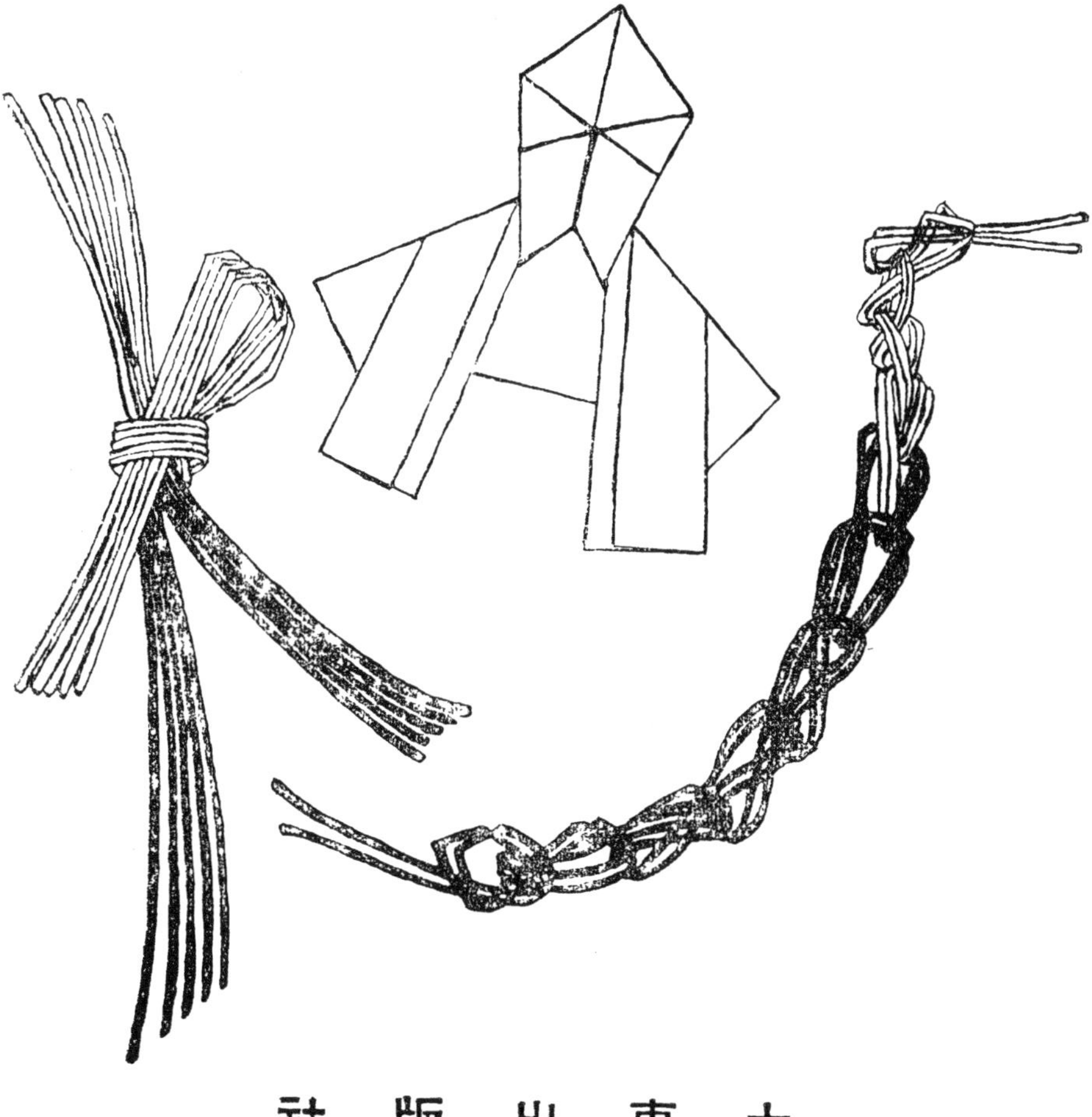

大東出版社

神業
海軍大将山本英輔

自序

日本が、萬國に君臨して其の肇國以來の大理想を實現すべき時代に際して、今日最も要望されるものは、天地の眞理に基く經國の指導原理である。これは勿論、あらゆる文化機能の根據となるものであるから、人間の小智小才による即應的謀策ではなくて、萬國誰も然りとする宇宙の眞理・神律に基く法策でなければならぬ。

私は、さうした見解のもとに、我家に傳承されて來た神代の『ひめこと』、すなはち、包みや結びの手法によつて遺された經國の秘策を何とかしてこの際有意義化し度いと念願し、今より六年前に皇都に出で、淺學菲才の身を鞭韃しつつ、今日まで、其の内容の整理と發表の方法を考究して來たのであつた。

神典形象（みふみかたどり）と名づける形象は、我國の神代文化の結晶せるもので所謂種子（しゆし）的な存在であつて、これらは現代まで其の活動を停止されてゐたのである。その傳承の經路や內容については、本書の中に述ぶるとほりであるが、これは最も古くより存し又最も新しい發見になるもので、今やその形象の指示する神約の機運に際會して、これらをそのまま空しく筺底に藏して千載一遇の神機を逸してはならぬと考へ、兎も角もかかる好機にこれを發表して、萬一讀者諸賢の胸底に流るる血潮に呼應する何ものかがあらば、卽ちそれら有緣の士によつてこの形象も有爲義化し、恰も種子が播かれて生育するが如くに、これら死灰の如き埋藏の神策も遂に生命を復活し、再び人類の腦裡に神代の淸明なる叡智が活動を開始するに到るであらうと念じてゐたが、幸ひこのたび諸賢の御勸めがあり、仍つて菲才を省みず發表するに至つた次第である。しかし、何分にも自分は敎養の淺薄な者であるから、其の意趣を充分に說明することを得ず、文章も至つて拙劣であるから、甚だ難解の箇所が多いことと思ふが、何とぞ微意のあるところを汲んで御淸鑑を賜りたいと思ふ。

本書の上梓に至るまでには、先輩諸氏の一方ならぬ御援助を忝うしたのであるが、わけて稻津紀三氏は、私の拙劣なる原稿の整理校正や出版社への交涉等、萬般にわたつて實に獻身的に御盡力下され、その熱心と謙讓にして誠實なる點に對しては感歎にたへなかつた。かかる高士の多大なる盡力の許に、一切を完了し得たるは、自分一人の幸のみならず、この神業の爲に何よりの仕合せである。ここに發表の序に略儀ながら深甚の謝意を表する次第である。

昭和十五年八月

松浦彥操

みふみかたどり（神典形象）目次

〔別名　つつみ・たたみ・むすび〕

みふみかたどり（神典形象）（別名　つつみ・たたみ・むすび）

第一章　みふみかたどり（神典形象）の傳承と内容

一　みふみかたどりの傳承

（一）齋宮のひめこと『つつみ・たたみ・むすび』

『みふみかたどり』は一名『つつみたたみむすび』と稱し、上古より吉野朝の頃までは、伊勢の齋宮（いつきのみや）の比賣（ひめ）の御行事として世々傳承されてゐた。それは、上代にあつては木皮や麻紐を用ひ、中世以後は、紙や糸紐を用ひて、包み・折り・結ぶ手法によつて種々な法則や教訓を形示したもので、その形象を古來『みかた』とも稱した。それは、代々の女性が神に仕へる修行の道程に一種の行としてこれを製作して、それによつて精神を鍛錬して神人合一の境に到達してゐたと傳へられる。その中には神示を表現したものや、上代人の大理想を遺訓したものなど數百種が含まれ、女性の傳承に相應しく、優美な藝術的手法の中に、我國の神道奥義を形示したものである。それは、比賣（ひめ）の御行事であつたので『ひめこと』と稱せられ、また、文字言語以外の方法によつて傳へられた神典であるから『みふみかたどり』と名づけられて來た。『みふみ』のみは神（かみ）を意味し、ふみは文であるとともに踏み行ふ道であるから、『みふみかたどり』と言へば『神道（かみのみち）を形象に顯はした聖典』といふ意味になる。それ故これには『神典形象』といふ文字を當てることが最も適切である。そして『つつみ・たたみ・むすび』は形象（かたどり）を作製する實際的手法に依つた名稱である。

これが伊勢の齋宮（いつきのみや）の御行事になつてゐた事情については後に記するが、吉野朝の際、伊勢に戰禍が波及して、當時の齋宮（いつきのみや）が神寶を奉じて難を避けられた折、故あつて奉仕の女官某（なにがし）が、この形象の神典を守護して潜かに吉備の山里に匿れ、爾後、其の女官の直系たる松浦家の女系の間にこれを守護することになつた。

されば、『みふみかたどり』は吉野朝の時より民間に隱れて、室町・戰國・徳川・明治の時代を経て今日に及んだもので、松浦家に於ては、世々姑から嫁へと女系の間に秘かに守り傳へて來たが、私に至つて初めて男子が傳を受けたのである。

此の種の傳統については往々世の疑惑を受け易いものであるが、史實の考證は史家に委ねるとして、みふみかたどりの意義と價値は何よりもそれ自體の內容によつて決定されなければならない。私は幼時より祖母から家傳を受けて、その只事ならぬものたるを感得して、祖母の遺訓のままに之を國家の爲に有爲義化さんと念願するやうになつて、已に幾年かを經過した。今や神代精神復活の時運に際會して、初めてその一端を發表する機會を得たので、茲に、甚だ個人的なことに關するやうではあるが、私が祖母からこれを傳承した經緯を大略述べて見たいと思ふ。それによつて幾分たりとも神典形象（みふみかたどり）の內容と、並びに世々の傳承の有樣とを、具體的に示し得れば幸ひである。

（二）我家に於ける傳承と私の傳習の經路

それは私が十位の時のことであつた。當時家にゐた祖父母が古い小櫃や葛籠（つゞら）を神棚（かみだな）の上に置いて、それに向つて朝夕禮拜してゐることに氣がついた。子供心には別に不思議とも思はなかつたが、その年の夏の或る日、祖父母は神檀からそれらの煤にまみれた箱を數多下して、その中から赤黑くなつた紙包や麻繩で束ねたものや、古い書物などをごたごた取り出して蟲干をしてゐた。見るとそれらの中には兎や龜や人形などの折紙があり、古い錦で作つた樣々な細工物や地圖のやうな圖面なども交つてゐた。また、何やらむづかしさうな字を紙一面に書き連らねたものが、どれもこれも一樣に蟲が食つて中にはぼろぼろになつたものもあつた。私はその中で動物や人形などの折紙が第一に氣に入つて、あれこれと取り上げて見てゐるうちに面白くなつてきた。ふとしたはづみにその上を跳び越えると祖母は急に烈しく怒つて、『神樣に對して勿體ない』と言つて私をたしなめた。そして靜かに古櫃の中の品物について遠い昔の神代からの物語りを聞かせて呉れたのである。

私が何心なく弄んだその折紙や錦の袋は、實は神代から傳はつた寶物であると聞かされて、子供心にも私は急に興味をおぼえて、それからそれへと祖母に質問して、だんだんと不思議な事實を話されて驚いた。何分にも子供であつたからそれが何んな重大な意味をもつたものかはわからなかつたが、この古櫃の品物を家に傳へて守つてさへ居れば天地の神樣は皆お守り下さると聞かされて奇異に感じたことを記憶してゐる。

その後は古櫃の中に納められた折物の兎や龜や鳥の類が習ひたくてならぬので、祖母にたのんで學校の放課後毎日のやうにそれらの動物や人形の作り方を次々に教へてもらつた。

初めは、家やお宮や花形などを折らせられたが次第に動物や人形のやうなむづかしい折方に進んで、三ケ月も過ぎた頃には大きな箱に二杯出來上つて、時折は八疊の間に竝べ切れないほど竝べ立てて遊んだものであつた。

それらの折紙を習つてゐるうちに、不思議なことには、折方に一定の法則のあるのが悟られて來て、常に紙の中心を基準として左右上下を折り合はせなければ正しい折方には仕上がらないことがわかつた。しかし子供のことであつたから、日頃はそれさへ忘れて一つでも多く作る事に專念してゐたが、實はその間に折紙を通じて頭腦の均正が行はれてゐたのである。後年長じて當時を追懷すれば、祖母は注意深く私の有樣を見守つてゐたらしく、平素の教授方法も次第に嚴格を加へて來た。

さうかうしてゐるうちに、面白かつた折紙細工も、千羽鶴といふ折方を終つて一段落ついた。この千羽鶴折は一枚紙で小さな鶴を無數に折り上げるもので、其の鶴が皆一つに連絡してゐて中央の親鶴を守つて子鶴が輪形に連つてゐるのであつた。今から考へると、これも我國の姿を象(かたど)つた作品であつたかと尊く思はれる。

この千羽鶴を濟ませてから暫くして、祖母は神檀の前に私を連れて行つて嚴かに祝詞(のりと)を上げてお祭りをした。そして、私の爲に赤飯を祝ひ、神樣の御供物を下げてそれを皆私に與へて、折紙が上手に出來る樣になつたと賞め、そのお祝ひにお祭りをしたのだと言つた。それから母を呼んで、神前で母にむかつて何事か訓誡めいたことをながながと述べてゐた。

私の生母は産後間もなく世を去り、この母は後添へに來た人であつたが、日頃から祖母に對しては一種の畏れをもつてゐた。これは後年知つたことであるが、私の家には古くから、姑から嫁へと女性の間に守り傳へられた巫女(みこ)の式や神事の祕事が數多あつて、嫁たるものは一通りその傳統を受けて資格づけられたもので、その傳を受ける素質のない者は、今日まで皆離別されて來たといふことであつた。そして母は後添へとして來た農家の娘であつたから、機を織ることや田畑を耕すこと以外は何もわからなかつたので第一祖母の氣に入らず、また祖母としては家傳をゆづることの出來ないのを歎き、常に私の生母を惜んで義母の無能を責めた爲に、母は日々針の莚に坐する心地であつた。また當時或る事情から家運が傾いて、父母は專念家業に沒頭してゐたので古傳などを受けてゐる餘裕がなかつた樣である。さうしたわけで、祖母も、誰に讓ることもできぬ大切な家傳は、皆私一人に望みをかけてゐたのであつた。

それは私の尋常四年の冬休みのこと、祖母は常になく上機嫌で紋付羽織を着け、私にも紋服を着せて、山の上の常宇根(とこうね)といふ所に祀つてある宮へ參拜させた。この宮は私の祖先が此の處に奉祀したといふ由來のあるもので、その下は家の墓地になつてゐたので參拜後は墓參も濟ませた。そして家に歸ると、祖母は突然私にむかつて、今日から神樣の御用をさせると言ひ、第一にお行儀から善くせよと命じた。そして私の爲に古葛籠(つゞら)の中から折紙をたくさん取出して、

『これは　天照大神樣が日本の神寶として遺されたつゝみ・たゝみ・むすびといふものであるこの中には世界中の神樣がお守りになつてゐる尊いものがあるのだから今日からは毎日この折り物を敎へる』

と命令的に言ひ渡した。そこへてうど母も來合はせてゐて、『私が毎日忙しくて習はれないから、お前がその代りにみんな習つてこのお寶を守つておくれ』と言つて泣いた。私は内心こんなものを寶物だなどいふのを可笑しく感じたが、二人の眞實味に打たれて受けることを承知したのであつた。だが、それからが大變なことであつた。

祖母は其のつゝみを習はせるときには、古い見本を一つだけ出して私の前に置いて作れと命じて、それ以上は一切教へてくれなかつた。私は内心こんなものは何でもないと考へ、その見本の通りを作つて、上手に出來たつもりで祖母に見せると『いけません』と強く言ひ切つて突き返された。私は不服ながら又も作りかへて今度こそはと差出せば、又も不合格で突返された。かくして幾度か作り直した末に、やうやく祖母の思ひ通りに出來上つて、はじめて『宜しい』と許されるのであつた。それから祖母はそのつゝみの急所と分量とを注意しそのつゝみに籠められてゐる傳を説明してくれた。それは最初はよくわからなかつたが、次第に深い意味のあることが悟られるやうになつた。毎日の日課としてこの修業が續けられてその年も暮れ、明くる十一歳の新年には、生れて初めて神樣の飾り物を自分で作らせられ、それを飾つて神祭りをさせられた。

學校の授業が始まつてからは、毎夜その修行が續けられて、早くも五年生の夏休みになつたがその頃から折りたたみの修行が始められ、また時折は神様を祭る方式を敎へられたり、琴や神歌なども習はせられた。その秋からは麻紐を用ひてするむすびの修行が加へられ、それらの一つ〳〵にはむづかしい口傳があつたり、神様との契約があつたりして、なかなか大變な事であつたが、不思議に平易に記憶することができてそれほど苦痛を感じなかつた。それと同時に學校の成績も急に良くなり、頭腦は次第に冴へて物の善惡理非が明瞭にわかるやうになつてきた。また、その頃から直感力が强くなつて、友達と遊んでゐても友の言ふ事が直前に悟れて不思議がられたりした。或る夕暮れなど、寺の大木の中ほどに老翁が落ちかけてゐる姿が突然に見えて一瞬のうちに消えたので、子供心に驚いて聲を立てた。後で聞いたところによれば、この寺の爺やが廿年前この木の實を取りに登つて落ちて死んだといふことで、その亡靈が見えたのであつた。さうした不思議な事が度々起つて私は反つて臆病になり、亡靈や惡鬼の姿が見える度びに熱が出たり鼻血が出たりして、一時は祖母も心配してゐたものである。

尋常六年を卒業した頃には、傳承された『つゝみ・たゝみ・むすび』は一通り形象だけを祖母から繼承した。祖母はそれらの何百種とある作品を整理して、その一つ〻〻に名稱を記入し、全部を箱に納めた上で神前に奉告した。それから後は朝夕これらの形象に關する昔の物語りを繰返し聞かせてくれた。それは、この神寶たる『つつみ・たたみ・むすび』(みふみかたどり)の由來と、これを世に出して運用する爲の鍵を早く受取れといふことで、私が子供だからまだ敎へられないが大人になつたら敎へてやると言ひ、一日千秋の思ひで私の生長を待つてゐたのである。

その頃から、本來の『みふみかたどり』のほかに、包み結びの手法で作る手藝や、神代錦を織る方法などを敎へられ、一枚の紙で六歌仙の人形を折つたり、有職故實(いうそくこじつ)に合つた三十六歌仙の姿を一つ〻〻紙で折り上げてそれに繪具で彩色したり、板一枚に金銀や絹の絲を連ねて竹篦を用ひて神代錦を織る方法を授けられ、また、小切れ布を利用した押繪細工や切りばめ細工其他の御殿手藝も作らせられた。學校から歸るとさうした女の子のする手藝を稽古し、それから本式の飾り物の床置の島臺に至るまで幾年かの間に何百種となく作らせられたものである。

そのうちに父が突然病ひに仆れ、私も學校を退いて家業をたすけて母と共に働かなければならなくなつた。それは私の十七歳の夏のことであつたが、母校の校長先生が非常に殘念がられて自宅で私のために國文を講じて下さることとなり、週に三回夜一里の道を通ふやうになつた。そのために祖母の稽古を受けることも一時取りやめてゐたが、一旦興味づいた私の要求は、深夜まで時間を求め研究を續けたので、祖母も喜んで古代の植物染の方法を何百種となく授け、古代衣服の十二單衣や狩衣などの裁ち方縫ひ方までも敎へてくれた。そして一年に一二度は例の神棚（かみだな）から『みふみかたどり』を取り出して、一々口傳の復習をさせたり、むつかしい折物は繰返して折らせられた。

その頃は私の頭腦もかなり調つて來たので祖母はぼつぼつ神道の口傳を傳へてくれた。それは實に驚異すべき眞劍な問答であり、相傳であつて、深夜人の知らぬ間に秘かに行はれた。私はその頃、昔の物語りの武者修行者が師匠より武道の秘傳を受ける場面を讀んでゐたので、自分も物語り中の主人公になつて祖母から熱心に習ひ、神代の神秘な行事や傳を守る上の注意を聞いて、日本の尊い所以を膽に銘じて體得した。祖母は女のことであるから別に學問的に説明するのではないが、神樣の事になると、急に神々しくなつて尊いことを申すのである。

祖母は『つつみ・たたみ・むすび』（みふみかたどり）のほか、有職手藝や儀式行事の傳承について、度々次のやうに語つた。

『この神寶は、大昔　天照皇大神樣が天孫を御降しになつたとき、日本の國の行く末を悉く御見透しになつて、次々と世の中が變つてゆくにつれて惡者共のはびこる時が來るから、その時の爲に御用意になつた神策（かむはかりごと）を、皆包んだり結んだりして女の神樣にお傳へになつたものである。それだからこれを姫事（ひめごと）（秘事）といふのだ。

これらは古へは　天子樣の三種の神器につけられてあつたもので、古いお祭には、それぞれ『ひめこと』の事があつたのであるが中昔からは伊勢の五十鈴の宮の姫君がお守りになつて、代代の天子樣と生き別れをなされて次々と長い間を守り傳へられたものであつた。それが吉野の朝（みや）の御時に南朝の姫宮が伊勢のたけの宮（或はたきの宮）といふ所で、御幼い折からこのつつみやむすびの修行をなされて神樣に仕へて居られたが、北方から屢々この寶を窺つて來るので、伊勢の神官達は楠正行の軍と心を合せて五十鈴川原に兵を擧げた。しかし程なく北方の討手に燒き拂はれて、たけの宮の姫宮は、松浦の家から女官に上つてゐた松の前と豐の前といふ二人の侍女をつれて、この宮の神寶（かむたから）を從者に負はせて、吉野の方へ落ちられた。しかし何とかいふ峠にさしかゝつて、姫宮の御供をして妹の豊の前が一足先に行き、姉の松の前は供の者に唐櫃を負はせて少しおくれてゐたとき、行く手から賊があらはれてにはかに姫宮と豊の前を奪つて行つた。松の前はこの有様を後方から木立がくれに見て、驚いて供人と共に急いで木の間に隠れたのであやふく難をのがれ、この神寶も賊難を免かれたのである。

松の前は吉野の宮に歸らうとしたが賊の兵に阻まれて歸る事ができなかつたので、楠正行の手の者に守られて、とうどうの宮に從ひ奉つて吉備の山奥に分け入り、河佐の村の高嶺に世を忍んだ。そして人を派して百方姫宮の御行方をたづねたが杳として消息なく、遂にその高原の山陰に庵(いほり)を立てて、天照皇大神樣を奉祭し、高木の神を配(あわ)せ祭つて、この神寶を守つたのである。其處には今でもみこ(巫女)といふ地名がのこり、とうどうの宮の居られた處は今のどうどうの宮である。また當時の侍達の一門がその地に榮えて村をなし、松浦家は松の前が祖先であつて古い祭りの式や神樂や女官達の手すさび事を後々までも傳へて來た。

松の前は伊勢の神寶を守るために、これらを櫃に入れて常宇根(とこうね)の宮に隱し、また、神宮の定めの通りに一代一度は作り更へることを教へて、後の世のために書きものにして傳へた。その書ものや家の系圖は、元祿の頃まで保存されてゐたが、時の御領主のお布領で、系圖のある者は差出せば家の格をつけて士分に取り立てるといふことで、系圖を差出した。そして、兩刀を帶する事は許されたが、系圖は遂にそのまゝ戻らなかつた。それを苦に病んで當主は亡くなり後は誰も古いことを知る者がなくなつた。そんなわけで元祿以後の人々は皆書いてあるが昔の人はわからなくなつて殘念である。これにこりて、以後は誰が何と申しても、宮中へこの神寶をお返し申し上げるまでは他人には語るな、見せるな、この神寶の謎を解く鍵は二十歳になつたら渡してやる』。

私は、以上のやうに繰返し聞された上に、神道の奥義はこの『みふみかたどり』の中に一切印されてあると知らされた。祖母が最も殘念がつてゐたのは、野々口先生との交渉だつた。明治初年に野々口隆正先生がわが家に見えられて、古く傳はるものを見せてくれるやうに言はれた。先生は京都の御所へも參られる序があるとのことであつたから、祖母はまだ若い頃で大變喜んで神寶の一部分を作つてお目にかけたところ、非常に驚かれて、『これは日本神道の極意である。またこの世に在るうちに人間が神樣の位を頂く印物(しるしもの)であるから、古事記よりも大切なものだ。必ず朝廷から禮を正しうしてお迎へがあらうから、その時には御返し申し上げてくれよ』と申され、記念として短冊に『松浦家の神寶に感じ入りて』と前書して歌を一首遺されたが、遂に待てども野々口先生は御迎へに來ては下さらなかつた、と祖母はよく涙を流して語つた。それは大國隆正先生のことであつて、祖父達は二三日師事して神道の講義を承つたらしく、當時の御說を書きとめた雜記帳は今も保存してゐる。

今一つ祖母の殘念がつてゐたことがある。それはやはり明治初年の頃古い唐櫃の中に鼠が巣をつくつて、代々遺されてゐた女官の裳束や古文書などが大部分食ひ切られてぼろぼろになつたので祖父はそれらを取り出して、この樣になつてはもう役に立たぬからとて弓の折れたのや古い錦の袋などと一緒に燒いてしまつた。祖母は其の折てうど近所に出てゐたが、歸つて見て驚いて火中から拾ひ取つたものが少々遺り、また古文書の中でも稍完全なものは危ふく火難をまぬかれて保存された。幸ひ古葛籠の方の神寶(みふみかたどり)は少しも害はれることなく、一代毎に新しく作り更へられて、今日も尙數百種の多きが遺つてゐる。

さて、私も義母と共に苦心しつつ家運の挽回に努めたが年若くして力及ばず、遂に二十歲の春私の生母方の叔父と共に上京して、しばらく苦學することになつた。この叔父はやはり昔の一家一門でその家には古い神代神樂舞が傳へられてゐて、叔父は其の妙手として近在に聞えてゐたので、しきりに私に神樂舞（かぐらまひ）を教へ、その原理を傳へてくれた。そして私の身體が苦學に不適當であつたため、再び叔父に連れられて歸郷することとなり、その後は一心に家傳としての熨斗（のし）、水引結、御殿手藝を研究し、傍ら叔父から神樂舞（かぐらまひ）を習ひ、そのうちに漸く一般の人々が知り初めて、地方では國風熨斗道の家元として稍〻認められるやうになつた。

當時は既に祖母から『みふみかたどり』の秘義を解く鍵ともいふべき規矩を傳授されてゐて、それまで無關心であつた大自然の動きと包みに範らふ法則との關係や、天體の運行の根本法則が折り紙に表現されてゐることを悟つて驚歎したのであつた。祖母は女のことであるから、深い眞理を説明することはできなかつたが、一定の法則に照してこれらの形印を研究してゆけば、自らその包みや結びに範められてゐる謎が解けてくるのである。

私は深夜神前に端坐してその形印の一つづつを供へ、一心に天地の神明に祈念しつつあれば、次第に心境變化して靈感によつてその形印の秘密を悟らされるやうになつた。しかし、神寶の意味を悟つても、それを殊更に何うしようといふ考へも及ばず、唯だそれを祖母に語れば、共に祖先に奉告せしめられて、いよいよ神業の時が來たぞと聞かされた。それはこの『みふみかたどり』の謎が解ける時が來たなら、日本の御爲にこの形印が必要になる時節が來たのだと教へられてゐたからで　皇祖の神々の御神業が始めて現世の御用に立つのだと祖母は語つた。それから後は祖母は急に衰弱して、私が二十二歳の秋遂に病床に臥し、それを限りに再起しなかつた。臨終に際し私にむかつてくれぐれも「この神寶の謎を解き、みことの理を立てて、これを日本の御役にたててくれ、今この大役の謎がとけて、これから先の大事な時に行末を見ることのできないのは殘念だ。もう少し生きてゐたいが、これも皆神樣の御はからひで、役目がすんだのだから、今後は神樣にお伺ひしながら進めよ」と言つて、神に仕へる者の守るべき大秘事と、神業奉仕者の合ひ言葉を二つ教へてくれた。てうどそこへ母が來てゐて、祖母にむかつて『妾が行きとどかぬ爲に古い傳へもよう受けずに濟みません』と言ふと、祖母はきつぱりと『この子が傳へてくれます』と一言言つて、眠るやうに息を引き取つた。母は私の手を取つて頼むぞと泣きに泣いた。

　私を育てた母は實によく出來た婦人であつて、人々から神の化身のやうに尊ばれてゐたが、祖母とは合はなかつた。私はこの母の苦勞を思へば其の後の如何なる勞苦も物の數ではなく、この母の故に、私は今日まで御神業專一にこの神寶を守り續けて來ることができたのである。

祖母の死後『みふみかたどり』の謎は次第に解けて私には日本神道の如何なるものであるかが段々明らかになり、その意義に照して世上の宗教を見るとき、神社神道をはじめ、佛教も基督教も教派神道も皆一長一短で、根本的に何か一つ缺くる所のあることが理解された。それは實に久しい間秘められたる神策の賜であつて、現代人の想像も及ばぬ大宇宙の神律より來る絶對的な理法にもとづくのである。私は若い胸にこれを如何にしたならよいかと迷つた。幸に佛教の信仰篤い友人達と計つてその一部分を語つたところ、旨目を瞠つて驚き、神代の秘策を公表することこそ御神業の第一であるとて、熱心に私の言葉を聽いてくれるやうになつた。

私は當時廣島縣山口縣の各地から求められるまゝに國風熨斗道を講じてゐたが、折もよし昭和五年に　今上天皇陛下が備後正戸山へ行幸遊され、急に私にも町として非公式ながら熨斗水引結の飾を奉るやうにとのことであつたから、いそぎ謹製して奉獻した。されども神寶（みふみかたどり）の存在については奏上する由もなく、實に殘念であつた。この年の秋の暮、私を育ててくれた母も遂に私の手を握つて悲痛な別離の言葉を遺して長逝した。その遺訓は實に母の一生を通じての體驗の結晶であつて、私に家傳を以て神業に仕へてくれとて、死んで影身に添ふて私を守るとまで言つてくれた。私は母の死後はじめて、萬難を排して一意東上しようと決心したのである。不思議にもその年の暮から私の腦裡に數々の神示的な暗示があつて、色々なことが大抵その通りになり御神業の時機が熟するにつれて『みふみかたどり』の形印の謎も次第に多く解けて來た。或時は神示によつて二度も九州地方を漫遊させられ、また或時は山に籠らされて筆舌につくせぬ辛勞を嘗めたが、常に祖母の生前の教訓が活いて私を誡めるので、神寶を守つて其の內容を研究すること以外は一切眼中に無く、早くも昭和九年を送ることになつた。

昭和十年の夏八月十九日、曉のねざめに、直觀的に神示があつて『八雲琴を持つて空木(そらぎ)の高木の宮へ參れ』と知らされた。驚いて起床して大急ぎで用意し、未明に八雲琴に舞衣を持つて登山姿に身をかため、私の町から三里程山上にある宮へ行くことになつた。町はづれまで來ると折から町長某(それがし)氏が朝の散歩をして居られて『松浦君どこへ行くか』とたづねられ、神示によつて空木の高木神社に參ると申せば、某氏も驚かれ、それは不思議だ、では、幸ひ今日は日曜だから自分も行くと申されて急いで用意をされ坂道を共に登つて行つた。折から同じ道をゆく職人があつて日頃顔見知りの間であつたから、打ちつれて四方山の話をしながら高木の宮に着き、まだ眠つてゐる神主を起して事の次第を物語つた。神主も驚いて、では神前で琴の奉納をして下さいと、森の中の宮の方に案内された。それは山頂の森林の最中にある神さびた古い宮で境内には年中絶えることなく清水の滾々とわき出る眞名井(まない)がある。私がその泉のほとりまで來ると、また急に神示があつて、この所で禊(みそぎ)せよとのことであつたから、他の人々には先に行つてもらつて、私は全裸體となつて氷のやうな泉の水で禊をし祝詞(のりと)を唱へて祈念した。それから宮に參拜し、神前に八雲琴をすえて菅掻の曲を半ば頃まで彈奏したと思ふ頃、頭から鐵の棒を突き入れられたやうにじいんとなつて、電氣にでもうたれたかのやうな衝撃を感じた。同時に腦裡には祖先を通じて遠い神代の神々の御心が明かに悟れて來て、皇都に出て神業に事へよと神示が下され、遠き祖先は今この通り日本を憂へてゐるぞとの仰せを聞き熱湯の様な涙が止め度なく流れ出て感極つて私は遂に琴の上に泣き伏してしまつた。私は無意識に、ひたすらに神意に順ひて上京し神業に事へ奉りますと答へ上げて居ると、今度は急に天津瑞(あまつしるし)の秘義が瞭々と悟れて來た。これは私の守つてゐる神寶の中でも大切な一部門の折り物で、上古の神符であるがその意味はどうしても解らなかつたものである。驚いて有難く再び三度び禮拜してゐると側にゐた某氏からどうしたのかと問はれはじめて我に歸つて今の神示を語つたので一同も大變驚かれ、そこで神主は更めて神樣をおなぐさめするために神樂を奏上して下さつた。私はなほも涙が止め度なく出るので別室に下つたが、しかし腰がぬけたやうになつて氣力が續かず、言葉も出ず、そのまゝで二時間位靜かに休んでから夕方まけて歸宅したことであつた。それから上京の準備をすすめ、秋明治節の曉の滿ち潮に神示の通りに東京の品川驛に到着して、以後六年間辛酸をなめつつ、神業として神寶に奉仕してゐるのである。

上京するまでは祖母から讓られた神事や口傳が最上であると考へてゐたが、皇都であるから東京での一切は完備してゐて、私が田舍で考へてゐたやうなわけにはゆかぬことがわかつた。そこで私は東京の一切を知ることに努めるやうになつた。また、祖母の傳には斷篇的に古代の神事が傳へられてゐるので、その一つ〻〻は珠玉の如く眞理に輝いてゐても現代に於ける綜合された神事に對しては比較にならず、私は一人その破れ衣の如き古祭事の運命に涙してゐたのである。しかし、神寶たる『みふみかたどり』の眞理は獨得のものであり、形式そのものが眞理であるだけに一切を自ら實證してくれるので、その意義に照らして一切の出來事に善處し、神道の眞髓を悟ることに努めて來た。

以上が今日に至るまでの、我家に於ける傳承の大略の經過である。

二　みふみかたどりの内容

傳承されたる神典形象(みふみかたどり)は、大別して、折形象(おりかたどり)と結形象(むすびかたどり)の二部門から成り、更にその各部門が細別されて、折形象(おりかたどり)は十六部類に分れ、その各々の中に少きは數種、多きは數十種の折方樣式のつつみ物が含まれてゐる。結形象(むすびかたどり)は十部類に分れ、これも折形象(おりかたどり)と同じく各部にそれぞれ幾種かのむすび物が含まれ同一部類に屬するものは同一意義のもとに統括されてゐるものもある。そしてその折形象(おりかたどり)及び結形象(むすびかたどり)の中、或るものにはその折目を通じて口傳があり、或るものには全體の仕上がりの上で教訓がついてゐる。また、結形象(むすびかたどり)は本來が神人の契約から發した形象であるから、それらの中には神約めいたものが多く、てうど現代の印鑑の如き役割をなすものもあり、或はその結びの道程に、神に對して契約した或る事實を自然に想起するやうに仕組まれたものもある。

悠久なる神代よりこのかた、神事の秘義として相傳され、或は宮殿の奥深く秘藏されて來たので、時代的にも人爲的にもその樣式が自ら變改されてはゐないかと考へる向もあるが、それらの形象は幸にも形式の傳承なるが故に案外古代のまゝに保存されてゐて、その樣式を習得すれば夢にも區分をあやまるやうな事もなく、婦女子にも充分これを繼承し得られるものである。しかし口傳や神事樣式は大部分が忘失されて、現在では形象に附隨してゐるものゝみが、わづかに斷片的に遺されてゐるに過ぎない。また、現存せる形象は今後も古傳のまゝに分類し、その運用に際しては古代のままの順位を追うて發表しなければならぬ。それはその順位にも深き仕組みが成されてゐるからである。現存の形象は約四百種あるが、この中には中古以來まぎれ込んだ異形も混入してゐるであらうし、また、散逸したものもあらうと思はれる。左に簡單な說明を附して大略を列記することにする。

（一） 折形象の部

この部門は古來『たたみ十六法』と稱して、正道十六部に分類され、次に記載する通りの順序を經て習得するやうに出來てゐる。

（イ）古稱、みなか折

別名を御柱折と稱し、この部類に屬するものは、天御中主・高皇產靈・神產靈三神の神格を教示し、萬有の道の根底を明示して、神人一如の法則を悟らせるものや、萬有活動の原則を形示して吉凶禍福の起因する天理を指示せるもの等で、その細目には左の如き名稱のものが存する。

かいしき折	たかみ折	かみ折	供物敷折
風流疊紙	いわくら折	かむろぎ折	かむろみ折
いつき折	いつくし折	ひち折	さかき折
ひもり折	みまき折	其他略	

（ロ）古稱、まつり折（或はまつり）

別名をまつろひ折と稱し、この部類には天孫民族の臣民道を示したものが多く、報本反始の禮道の本義や、日本人としての交際法則を神律として教示してある。また、この部には、神代に於ける皇祖の御神勅に對して臣下より誓約せる神文的なものが多くあり、また未來に對つて國土の一切を祝福した意味のもので祖先達の祈りが脈々と我々に感得されてくるものもある。この部に屬するものはその數が最も多く、大要を列記すれば左の通りである。

まつり折　太熨斗　熱田神宮神米包　筒包

ひこ折　ひめ折　毛知折　うしほ包

かむやらひ折　うつし世折　きじめ折　かためめ折

あはれみ　ゐやまひ　きよみ折　あがりひ折

さがりひ折　つとめ折　おもひかね　さかな折

其他略

（八）　古稱、みむすひ折

この部類には、古事記に說かれた神々御出現の神話の通りに、三貴子（みはしらのうづみこ）出生にいたるまでの神秘的な創造の道理が表現されてゐて、天の眞名井の傳、生宮（いくみや）の傳といふ口傳が、この折を通じて傳へられてゐる。大宇宙の活動法則と人體の法則との關係や、人間に下されてゐる宇宙の神命を悟らせる折であつて、我々が現世に於て必ず經過すべき運命の律動法則とも謂ふべき眞理を表示したものもあつて、その形象も數が多い。

みむすひ折　神衣包　あまくら折　かくらみ折
みのり折　短冊包　おがたま折　いのり折
あほき包　大國魂折　ひとしき　ひおとき折
年賀熨斗　昆布包　產衣包　岩田帶包
ひかり折　のりこと折　いわと折　ひちり折
生兒命名書　末廣包　其他略

（二）古稱、なほひ折

この部類には、我神道の極意と神社の意義が口傳と共に形示されてゐて、天孫民族の直情による神中心行爲の基準が明示されてゐる。口傳としては『神歌（かみうた）の傳』『へつかかみ傳』がある。細目は大略左の通りである。

なほひ折　いなほ折　すなほ折　かんなほひ折
遺物包　つえなほ折　幣帛料包　銀子包
供物包　結花包　萬品物包　其他略

（ホ）　古稱、ほこ折

一名劍先折と稱し、天の沼矛の口傳がある。又、中には經津の魂の傳といふ口傳の存するものもあつて、この折には神意がいかなる形で地上に働きつつあるかといふことが教示されてゐる。また、天津瑞の折の如く、天孫民族の割符として我國の大理想を合理的に形象化された神符もこれに屬してゐる。なほ、祝ひの象徴たる熨斗折もこの部門に包括さるべきものである。細目は左の如くである。

ほこ折	ひちゆき折	神符各種	神酒口折
箸紙折	地　符	ゆき熨斗	折熨斗
短熨斗	長熨斗	食國の傳	其他略

（へ）　古稱、つつしみ

上古より謹身の法として一般教化の爲に神宮より下附された包物で、守り包みや封じ包等である。この部には、古來伊勢の齋宮につつしいみの式法といふ行事があつて、その形式の遺されたたものが主となつてゐる。往昔から民の守りとして神社から一般にお守りを下される風習は周知の如くであるが生児が初めて産土神に宮参りする時からこれを受けて一生の守りとなし、女子は婿家に輿入れする時は新しく神社からこれを受けて一生を契る良人の手に渡したものである。一名これを掛け守りとも謂ひ、また愛敬(あいきょう)の守(まもり)とも稱した。彼の花嫁が懐中する箱迫(はこせこ)はその掛け守り袋の變化したものであつて、やはり守り入れの袋である。また、家に不幸が續いたり悪疫の流行するやうな時は、神社からこのお守りを受けて門口に貼り附け、朝夕門を出入する毎にこれを見て謹んだものである。中古武士は戰場に行く際、必ずこの神符を自己の旗差物の蟬口に封じ込んで神明の加護を祈念したといふ。これが後世は一般化されて各種の品物包となつて禮式に使用されるやうになつたのである。細目は左の如くである。

つつしみ　守包各種　封包各種　金子包各種
香包各種　たとう包　蟲よけ包　まがふせ包
かな符　其他略

(ト) 古稱、むすひ折

此の部類には生命發生の法則が形示されてゐて、口傳としては『あしかひの傳』や『たねの傳』

等があり、また、生魂（いくたま）・足魂（たるたま）の如く國家經綸の基準を示してゐるものが多い。なほこの部には産土の原理を教示せるものや、地球の秘事を暗示してゐる折が數多あつて、それらは今現に研究中である。細目を擧げれば左の如くである。

むすひ折　生むすひ　たるむすひ　龍爪折
地むすひ　あしかひ折　もりさき折　たまむすひ
出雲大社神米包　六角折　弓弦包　矢羽包
つぼゆき折　守矢形折　其他略

（チ）古稱、よほこ折

この部類のものは、神力の働き出る法則を形示してあつて、我々天孫民族の思想的混亂時代を救ふべき指導原理を教訓されたものが多い。また、この部は伊勢の内宮外宮の神明造の秘事と一脈相通じてゐて、『天蠶（あまご）の傳』といふ口傳がついて居り、我國の經綸秘策を示すものがある。中には『高千穗の傳』がついてゐて天孫降臨の法位を示された折もあつて、それらの細目を擧げればば左の如くである。

よほこ折　高千穂折　銚子飾和合蝶　千木内宮
千木外宮　神米包　大豆粉包　雄蝶花形
雌蝶花形　行器飾一對　其他略

（リ）古稱、かんなび折

これは、伊邪奈岐・伊邪奈美の二神の夫婦神を形式に表して、相對的なるものの道理を教示した折である。これは人類の相互交際上の神律を形示してあるので、この部類は自ら陰陽相對の原理を以て解かれなければならぬ。

かんなび折　ふたはしら折　神柱折　美はしら折
心の御柱の傳　かつをき折　ひもりき折　かつらき折
まくあひ折　かんさち折　たたみ折　たまみ折
其他略

（ヌ）古稱、おほやしま折

別名をすめら折と稱し、天地の初發から國家形成に至るまでの發展過程を折りに表し、天皇(すめらみこと)

の在す寳御座（たかみくら）の法位を形示して、折りの過程には古神道のすべての教義を表出してゐる。即ち、惟神の神立國家たる日本の根本義を形示したもので、高天原（たかあめのはら）の傳や岩座（いわくら）の傳などの神道古傳が附隨してゐる。その細目は左の如くである。

大八洲折　まめのこ包　美須ま留折　うら形まち形一對
かけまき折　むつみ折　八意（やこゝろ）折　田頭（たがみ）折
瓶子口折　みづらくくり折　其他略

（ル）古稱、よひらき折

この部には、天地開闢の初めより今に至るまでの不變の大道たる神道の極意が教義として遺されてゐて、やがて神代が復活するといふことを神約されたものや、我國の大理想の秘文に相當するものが多い。なほこの部には比二美（ひふみ）の傳があつて大宇宙の謎が言靈的に説明されてゐる。細目は左の如くである。

よひらき折　かつら木折　かな木折　色紙包
まかね折　みみかね　ひれつつみ　かくつち折

へつかかみ折　ひこぢ折　するめ折　あふり折
うつくしみ　ころも包　其他略

（ヲ）古稱、あひほひ折

この部には、夫婦陰陽等の相對的な關係を顯はして、それを中央に統一して和合の神律を合理的に説明したものが多く、中には神人感交の秘義を暗示して信仰の哲理を教へたものもある。

あひほひ折　熨斗頭折　さか木折　ひら木折
羽割熨斗　とびの尾一對　的矢包　夫婦熨斗
其他略

（ワ）古稱、みつくた折

この部類は大八洲折と共に叡智を養成する智育折物で、その折り上がりは我國の祭政一致の原則を示してゐる。中にはまた、萬教の歸一を指示したもの、神樂舞の原則を示したもの、神祭式や日本作法の原理を示したもの等があり、これらは皆中心より分派に及ぼす日本的な法則によつて折られてゐる。主要な細目は左の如くである。

元ゆひ包各種　みつくた折　うつまき折　おろかみ折
八花咲折　ひこひめ折　ぬかつき折　かつ木折
四方木(よもき)折　四方沼矛折　まなひ折　八拳劍折
祭四方殿(まつりよもどの)折　其他略

(カ)古稱、さしこもり折

これは實に神秘的な折である。これを實際に折つてゐると、遂には自己が曾つて一度も思ひ及ばなかつた靈智が湧出して、眞理が自づと感得されてくる。傳によれば、これは、皇祖の神が天の齋殿(いはと)にこもりたまへる故事によつて忌事を斷つて修行する際の折物になつてゐるといふ。

まめ折　ぬほこ折　神こもり折　みくら折
ひめこもり折　みかた一對　ひめこと折　みかた別形
とぢめ折　多留口一對　玄猪餅包　其他略

(ヨ)古稱、かたどり折(象形折)

この部類の折は、萬有の形を象りて教訓した折であつて、母體の法則が示されてゐる。また、後世の兒童教材用の手工折紙はこの部類から案出されたものである。左の如き細目がある。

かたどり折　せきれい折　かぶと折　鶴のかいしき、桃の實折
形代一對　いざなぎ折　いざなみ折　鶴付大豆粉包、龜付鹽包
蝶花形　賀の海老折　鶴龜出產黃粉包　兒童教材用手工折紙各種
舟形相生折　人形折　有職風俗折紙人形各種　其他略

（タ）神器折物（古稱不詳）

上來列記したほかになほ神器折物の部があり、この中には、十種神寶折、あじひめ折、かちゆき折等が現存してゐる。これはたたみ十六法中の最も大切な部門であるが殘念ながら古名が傳へられてゐない。隨つて內容も充分には解かれてゐない折物である。主要細目は左の如くである。

黃金包　かちゆき折　ひらもの折　神寶折
あじひめ折　其他略

（二）結形象の部

むすひの形象は十部類に分けられてゐて、その各部に更に數々の結形象（むすびかた）が含まれてゐる。それ

らは主として神人の契約に用ひられたもので、現今に於ても『締結』『完結』などのやうに結に よつて最後の約束を致したといふ意味を含んだ言葉が用ひられてゐる。また結納の際には、兩家が婚約を結んだ印物として必ず結びを納める意味で金子包や品物に水引を鮑結に結んで取り交はす風習が行はれてゐる。これらは現代に於ける代表的な結びの行事であるが、古代に於ては、重大なる神事には必ず結び形印を用ひて、神と氏子との間で神約の形式を行つたものである。古傳によれば、伊勢の五十鈴の宮に於ては比賣の御行事に『みたまむすひの式』といふのがあつて、その方式や意義なども傳へられてゐる。

神代には人々の言葉を文章に書き記す事のかはりに藁や麻を用ひて結びをなし、これをゆいふと稱したと傳へられ、誰が何とゆいふた・ゆいはぬなどいふ言葉は、皆言ふことと結ふこととを兼ねた表現法である。現代でも山間の樵人達は、山林の樹木を伐るにも草の葉を結んで、數取りや長短の寸法などを記しておくといふ。また明治中葉までは琉球の八重垣島邊の住民の間には結繩して文字にかへてゐた風が存し、それに關する記録も發表されてゐる。

上古には神に祈念するに松や草の葉を結んで神約をしたといふ。これは上代より信仰行事として一般化されてゐたもので萬葉集には至る所にそれが詠まれてゐる。

齋明天皇御製

君が代も我が代も知るや磐代(いわしろ)の岡の草根をいざ結びてな

讀人不知

妹が門去き過ぎかねて草結ぶ風吹き解くな又かへり見む

古人は結ぶといふ事に信仰心を表現した。また、自分の魂を結びこめてその將來を祝ひ且運命を占つたもので風吹き解くなと祈る心には神へ祈念する心持が盛られてゐる。自己の運命をトする爲に結んだ例は、同じく萬葉集の有馬の皇子の

磐代の濱松ケ枝を引き結び眞幸くあらば亦かへり見む

といふ歌が最も有名である。當時大伴家持も活道(いくぢ)の岡の松ケ枝を結んで

たまきはる命は知らず松ケ枝を結ぶ心は長くとぞ思ふ

と將來を祝つてゐる。彼の有馬の皇子が自己の悲痛な心境を磐代の濱松に結びこめて祈つたことを傳へ聞いた者は、皆その哀れなる最後を惜んで歌つたらしく、長忌寸意吉麻呂は、

磐代の崖の松ケ枝結びけむ人はかへりて亦見けむかも

いわしろの野中に立てる結び松こゝろも解けずいにしへ思ほゆ

と詠んでゐる。かくの如くに記してゆけば限りがないが、上代民族の信仰心には、結びの行事は必然的な表現であつたことが窺はれる。されば、この結形象の部には古代のそれらに用ひられた結びが古式のまゝに各部類別に遺されてゐるのである。大部分は古神事に供されてゐたものでこれが十部門に分類されてゐる事についても一通りの理由が存するが今はそれは省略する。

（イ） 古稱、もとゆひ

この部に屬する**むすひ**は、いづれも萬結の基となるべきもので、天御中主神の神格を形示してあつて、その結びの意義は陰陽和合の神律である。この部の口傳としては『神はしらの傳』『天事の傳』『探女の傳』『逆矛の傳』等が附隨してゐる。細別すれば左記の通りである。

まむすひ　かたかぎ　もろかぎ　逆結　切

さわらび　老の波結　はた糸結　つなぎ

其他略

（ロ）古稱、うけゆひ

この部類に於ては、夫婦和合の眞中に新しき生命の生ずる理が表示されてゐる。總じてこの部のむすひの中には、大は宇宙的なものから小は微細な一點に至るまでの一切の相對的なものに必然に發生する活動の秘義が示されてゐて、日本の太陽章の秘義を形示したものなどがある。

あわび結　陰の鮑結　二重鮑結　夫婦鮑結
相生結眞行草　連鮑結　かけ鮑結　巴結
かへし鮑結　釣鮑結　其他略

（ハ）古稱、かけまき

この部に於ける結形（ゆひかた）は、大宇宙の活動相を形示して、其の意義を以て對人の契約を行つたものである。故に絕體的な誓約にのみ使用されてゐる。また『神籬（ひもろぎ）の傳』『磐境（いわさか）の傳』等が結びついてゐて、神事には重要な役割をなしてゐた。『玉の緒の結』や『瑞（みづ）の緒紐（をひも）の結』などはこの代表的なもので、古典にも記されてゐる筈である。

井形結　叶結　うろこ結　うのくび結

男　結　女　結　五　行　結　露　結

うさぎくび結　麻　糸　結　其他略

（ニ）古稱、あげまき

この部に於ける結形は、大宇宙發展の過程に様々な因緣を産み、それが結果となつて更に次の因をなすといふ因果の法則を形示したものや我皇統を連形的に示した結びもある。口傳としては『幽り世の傳』『かけ帶の傳』等があつてその細目は左の通りである。

あげまき結　あきつ結　たまつめ結　かけおび結

几　帳　結　ひきて結　其他略

（ホ）古稱、とぢめゆひ

太古より結繩文字として用ひられたのは此の部類に多く、神記號としても使用された。又農事の暦や月日の數取りにもこの結びで印づけてゐたものである。正月注連繩や神事の標繩等はこの部のものであつて、神境を附し淨地の境を印附ける等にも用ひられた。萬葉集にも額田の王が

斯からむと豫ねて知りせば大御船泊てし泊に標繩結はましを

と歌ひ、但馬の皇女の歌にも左の如く見えてゐる。

後れゐて戀ひつゝあらずは追ひ及かむ道の隈目に標結へわが夫

これは、卽ち印附けて後の者の爲に栞とした結印の風を意味するものである。

菊とぢ結　片結　一對　蜷　結　むち結

たづな結　其他略

（ヘ）**古稱、たまむすひ・くくり**

この部類は『たまむすひ』と『くくり』の二種類に區分されてゐるが、運用に際しては兩者をかねて役をなすやうに出來てゐる。卽ち、前者は玉頭樣式のもので、男性の能力を表示してゐて男性又は陽性の形印として使用され、後者はその反對に、女性又は陰性の形印として用ひられた呪物形である。主要なる細目は左の如くである。

たまむすひ　蜻蛉頭結　くくり　小兒拳結

略式くくり　其他略

（ト）**古稱、はなかづら**

これは幾分裝飾的な結びで、神々の約束が籠められてゐると傳へられてゐる。最も數が多く、連形式のものや象形（かたどり）に近い結びもあつて、口傳としては『花かづらの傳』や『玉だれの傳』等がある。多くはこれらの結びを飾つて神主が祭事を行つたもので、萬葉集の

　齋串（いぐし）たて神酒（みき）すゑまつる神主のうづの玉かげ見ればともしも

といふ歌などは玉だれをかけた神主の姿をうらやましいと見たものであらう。それらの細目は左の通りである。

はなかづら結　よつで結　こてふ結　緒〆花結各種

其他略

（チ）古稱、しばり

この部類に屬するのは、多くは惡魔封じ、蟲封じ、災難よけ等の呪縛に使用されてゐたもので神寶を守る爲に活用されたものである。この部の口傳は多いが記す必要もないし、細目を省略する。

（リ）古稱、かたどり結び

この部に屬するのは、花鳥や器物などの形を結形（ゆひかた）に表現した象形文字の如き性質のものである古代では文字同樣に使用されたらしいが、現代では、風流贈答の場合や、飾り物に紐結びとして用ひられてゐるに過ぎない。口傳らしいものはないが四季の花遊びなど遊戲的なものが傳はつてゐる。德川時代頃までは五節句の贈答などに桃櫻・菖蒲・菊・楓等の形を結んで贈り、これらが充分に先方へ祝意を通じ得たものであるが現今はすたれて仕舞つた。當時『はなむすび』といふ女藝があつたが、この部類の結びであつたといふ。細目の大要は左の通りである。

一重梅結	八重梅結	櫻結	菖蒲結
橘結	藤の花結	桔梗結	菊結
楓結	瓶子結	雁形結	鶴結
龜結	蝶結	藥玉結	袋口紐結各種
文箱紐結各種	丁字車形	松竹梅飾	萬年青飾
日の出結	月に兎結	寶船飾	伊勢海老結
花筏飾	其他略		

以上によつて、神寶としての『みふみかたどり』の大要を、分類順に記し終つたが、この他になほ神事用の切飾りと稱する部もある。

神事の切飾りの代表的なものは、現在神道で行はれてゐる幣帛や玉串の切紙及び注連縄の垂紙（しで）などである。上古の樣式はわからないが我家に傳承された切飾りは、主として一枚の紙で諸種の形を切り出してそれが一樣に連結されてゐるもので、昔は神事の祭場飾や供進する花枝果物の飾りとして使用された。

さて、神典形象（みふみかたどり）の次第は申し述べたが、これらの運用法については残念ながら茲に記述する事ができない。何となれば、これが文字言語によつて表現できる範圍のものならば、殊更に以上の如き形象に依つて秘傳として遺される必要はないのであつて、これらはその形象を實際に作りつつ或る一定の規矩によつて指導されなければ、到底その眞意を悟り得ない性質のものだからである。萬一在り來りの手工教育の如き説明を加へたのでは、遠き祖先の神意に添はず、また、それでは此の形象による神傳の生命が失はれる。元來我國の道は言擧げせぬことを第一とするから、神道の秘義も説明を聞いただけでは充分なる悟りを得る事はできない。現世に於て悟りを開く方法として佛教に禪の道場がある如く、我國に於ても神道の悟りは自らの工夫によつて天地の正氣と感交しなくてはならぬ。この神典形象（みふみかたどり）は、人間が現世に於て悟りを開く爲め一規矩として遺されたるものであつて、これを一々說明づけるべきものではない。唯だ、自己の心境が進むにつれて形象の印が解けて、各自に規定の神格を昇つて行くことができるのである。要するにこれらの形象は、神道を行ずる者には悟道の標準となり、その奥義を體得したる上は百般の政教の原則をも悟るもので、我が國家の祭政一致の實際は、これらの形象から始められなくてはならぬ。これ太古の祖宗の遺訓なるが故に、根本に歸る大道を歩むには、最も肝要な基準たるものである。

（三）神典形象より出でたる禮俗と藝術

（イ）儀禮用の包み結び

上古以來の神典形象（みふみかたどり）からその一部が分裂して、室町時代以後一般世上に、諸禮式用の儀禮折紙が異常の發達を遂げた結果、各種の贈答用包結（つゝみむすび）の形式が傳承されてゐる。

これらはその淵源が伊勢の齋宮（いつきのみや）の御守り包みの形式に發してゐるので、贈答に使用された形式が何百種となく遺存してゐる中にも、前述の神事用の形象が不完全ながら溶け込んでゐる。しかしこの部類には前者の如き區分が定められてゐないから、各々形態も異り、雜然としてゐて統一を見出し得ない。

室町以後に起つた小笠原流の傳による折紙は、皆武家の儀禮に用ひられ、一般の教養として流布されて來たが、これは本來が中昔の出生で、陰陽五行道から編出されたものであるから、本來の神事用樣式とは全然區別さるべきものである。但し上古以來の風俗習慣の中には本來の神事樣式のものも溶け込んでゐるので、中古以降の諸種の包み樣式には其のまま兩者が混淆されてゐるしかし禮式用の形象はいづれも俗化が甚しく、今日では特にこれを論ずる價値がない程になつて仕舞つた。現今店頭に飾られてゐる包(つゝみ)、結(むすび)の類も同樣である。要するに、この部類のものは前記の神典形象の通俗的に應用されたもので、現在ではわづかに裝飾として一部の禮式用に供されてゐるに過ぎない。

我家に傳へられてゐるこの部類も非常に數多いのであるが、到底現代ではその全部は必要なく唯だ、結納、婚禮、出產等の祝儀や、葬儀法要等の凶禮、見舞等の場合に、禮儀上國風として使用する限られた部分のみが有效である。

これを國風禮俗として、一般婦人の教養に普及すれば、優美高尙なる情操を高め、日本的な技法で頭腦の均正を期することができ、併せて日常の贈答に純日本趣味が活用されて、眞に實際生活に卽した國體教育が成されるのである。これらは吉凶禍福によつてそれぞれの禮意を包み結び(いい)の手法に表現し、或は時候の色目重ねにした紙で包み、四季の色合はせの水引を禮意に結んで贈答するなど、風流典雅なる情操が表現されてゐる。その代表的なものは婚禮用の長熨斗や雄蝶雌蝶の銚子飾瓶子飾結納用の包みもの等であつて、一般に金子包、香包などが最も廣く用ひられてゐることは周知の通りである。これらも其の淵源に遡(さかのぼ)れば神代の形象に發する故に神事用のものを通俗化したものと言ふことができる。此の禮式用の折紙は室町以後に發達したもので江戸時代に及んで大名の儀式に盛んに使用されたのである。

（ロ）　**國風藝術**

江戸時代以降は、前述の禮式用折紙より分離變化して、美術技藝折紙及び美術紐結（一名はないいむすひ）水引細工等が異常な發達をなしたので、この部類に屬するものは數限りなく現代に傳へられてゐる。我家に於ても、鳥獸蟲魚の形態をはじめ花形や袋形・人形折物等國風藝術としての資格を有する諸種の藝術品が作製され、折紙藝術の部は略ゝ完成されてゐる。また、むすび手法から發達したものは、水引細工として花籠・動物・器物等一切を平易に結び上げて美麗なる造型美術をなしてゐる。

この部類は一般的にも兒童教材用としての手工折紙が普及されてゐるから專門家も多く、また水引細工も禮式用のものと相俟つて女子技藝教材として行はれてゐるから、別に特長として擧げる程のことはない。

この外に古代衣服の型紙や、植物染の秘傳、くくり染、摺り文、刺繡や刺子等の加工手藝の樣なものや、板一枚で樣々な神代錦を織る方法や組みものなど、昔の女官の手すさび事が數々傳へられてゐて、祖母の言へる如く、女系に傳へられた神事の傍證となるものが多い。

以上は技藝的なものであるから別に本論に關係が無いやうではあるが、實は神代から相傳された口傳がそれらの技藝にも存してゐて、一脈連結があるので一應茲に記す必要があるのである。

例へば、神代錦を織る技法には、『神機錦の傳』、『大和錦の傳』等の口傳があり、「組みものには『玉だすきの傳』がある類である。

三　『つつみ・たたみ・むすび』の名稱と意義

『つつみ・たたみ・むすび』は神典形象の手法樣式上の名稱で、それは、太古の文字の一般化せぬ時代にそれらの手法を以て各々意志を通じ合つてゐた遺習を示すものであり、そのすべてに東洋的な綜合精神が表現されてゐる。祭政一致の時代に於ては、これらは神と人との契約や神示による神訓の如きものを以上の形式で表現し、それによつて一般を教化し、またこれを子女の教養としてゐたので、現代の教典と同樣の役割をなしてゐたと言つてよい。そしてその內容は、實に我國の發展過程の原則を其のまゝ形象を以て顯示するため、自然に國體を表現する形印となり言語文字に表現し得ない哲理を教示するものになつた。卽ち、我民族性の根幹をなす神道思想の形示であるから、一つの形象の中にもこれを開けば萬法と化する內容を有し、これを閉づれば一の形式に攝まるといふ性質のもので『つつみ・たたみ・むすび』といふ名稱そのものにも深き神秘が籠められてゐる。今その名稱の意義について、簡單な說明を加へて置きたいと思ふ。

（一）つつみの意義

『つゝみ』とは、包むべき中味を本體として他のもので隱し覆ふことを謂ひ、『つつみ』の語意はその中に何ものかを宿すことを意味してゐる。そして宿される中味になるものは何であらう。つゝいみの『み』は、眞・善・美文は身を意味するから、それは、眞なるもの・善なるもの・美なるもの・萬有と自己自身の本體、を宿すことに外ならない。故に神典形象の『つつみ』は、その中に我々が常に自身の本分として守り謹みて行はねばならぬ眞理が秘められてゐるといふ義になる口傳によれば『つつみ』はまた『つつしみ』とも稱し、神訓を謹み畏みて、身にしみて承認させるものといふ義で、この中味、卽ち神訓に背けば『つみ』となるぞと敎示されてゐるものだといふ。よく一般では『つつみ』は『つつみかくす』ことだから罪を意味すると說かれてゐるやうであるが、それは『つつみ』本來の意義ではなく『かくす』といふ言葉が結びついて出て來た意味である。『つつみ』は要するに眞理の形示であり、神訓なるが故に、これに逆ひ、これを害し、これを誹謗する等の事あらば卽ち『つみ』となるといふ事を傳へた大和言葉である。

（二）　たたみの意義

『たたみ』は一名これを『折り』と稱し、また『しわ』ともいふ。『おり』は『天降り』といふことで、經緯の交錯する所を『おりめ』といひ（又は織るともいふ）一つの折り目毎に天意が天降つてゐる意義を言ひ表はしてゐる。またそれと同時に『天降り』とも約言されて『天孫降臨』の内容を盛つたものであることを意味してゐるのである。また『しわ』はしばしば、たまたま、節々等の言葉に轉化して一般に用ひられてゐるが、本來は、時間的經過の一劃りごとにその折り節に天意が降されてゐるといふ意義をあらはして、太古より傳へられた言葉である。

『たたみ』は、『折り』が紙の折り目を基準にして次第に疊み込まれて其の折目が積み重さねられる有様を指していふ言葉であるから、其のたたみ目を基準として四方に分散してゐるものを積み重さね納める事で、『み』は前述の如く眞實美を意味するから、『たたみ』の語の本義は、眞なるもの善なるものを基準にして種々雜多に分散したものを積み重ね纏め納め統一することを顯はす。これは併せて神典形象の運用法を垂示された言葉なのである。

口傳によれば『たたみ』『折り』『しわ』は皆一樣に神意表現の印であつて、そのたたみ目・折り目・しわみ毎に神示が表はされてゐるから、これを一定の法則に照して解釋すれば、天地間の一切の眞理哲則が明瞭にわかるといふ。事實、折方の進行につれて自身で體得すれば、初發（はじめ）より一定の法則に隨つて自（おのづ）から然るべく疊まれて來て一切が折りの法則に相違することがない。またこの『たたみおり』の神秘を垂示されたるものに古代祭祀の遺風として『しばおり神事』といふ儀式がひそかに傳へられてゐて、遠き祖先が未來を達觀して數々の神策を遺したことを暗示してゐる。

（三）　むすびの意義

『むすび』は、陰陽相對的なるものが和合すれば必ず一つの新しい活動が起るといふ事を意味した言葉である。神代の御神名にも産靈（むすび）といふのが見え、靈（ひ）を産むといふ文字が顯はれてゐるが、この神典形象にも『むすび』形式を修行すれば必ず靈（ひ）が産まれてくる事を約束されてゐる。卽ち結び形式を修行して居れば自（おのづか）ら靈性が開發されて來て、大宇宙の神明に通ずる様になるといふことである。

これを法則的に説明すればむすびの哲學となる。『むす』は『すむ（濟む）』の義で、これは始めより終りまで相對的なものが相和して中央に歸一し、中心によつて統一せられるといふ原則を表示してゐる言葉で、相對交叉の中央點を『め』といふ。靈女（ひめ）の語はこの意味ではないかと思ふ。要するにむすび形象は、相對的なものが相交はり、相和してゆくべき原則を教義として表示せる形式である。我國では上代より男女陰陽の和合によつて生れた子供を『むすこ』『むすめ』と稱するが、これは『むすびひこ』『むすびひめ』といふ言葉の略稱であつて、むすびの哲理を自ら表現してゐる。

古代神事の中には『みたまむすび』と呼ぶ儀式があつて、これらの結形象（むすびかたどり）によつて神を祭り神意を人々に傳へることを秘事として奉仕したものである。むすびは天地陰陽・萬有一切の根本法則の總稱であるから、あらゆる意義を包藏し、生命そのものを顯はした言葉であり形式である。地上一切も結びの法則によらぬものは一も存在しないから、これらの言葉と形象を有する我國はその根柢の如何に深く遠く廣きかが思ひ知られるのである。

以上によつて、『つつみ』『たたみ』『むすび』の名稱そのものの裡に秘められてゐる意義を略ゞ明らかにしたが、これを總括すれば、つつみ・たたみ・むすび形象の中には神代よりの生命ある眞理を數多秘匿し納めて置くといふ意味となり、しかもこの謎を解けよと無言に垂示されてゐるのである。

これらの形象が上古人の間に於て文字同樣に交換されてゐたものである以上、その傳承され來つた數多の形象の神秘を解けば、再び往古の清明なる思想精神が感得されて來る理である。即ちこれらは我々の祖先の生命の記録であるから、てうど、我々が今日の出來事を日記に書き記して置くのに似てゐる。日記は何十年後に於てもこれを讀む者の心に往時を復活せしめる。それと同樣に血脈の一貫せる我々には特に上代人の心持が全的に感ぜられる筈である。これらの神典形象（みふみかたどり）は、神事に用ひられて神人感交の結果作られたものである故に、時間空間を超えて常に我等の血潮に感交し、遠き祖先の心にはこの形象を通じて、現在我々の心に溶けひそむ靈的な能力を喚び醒まし、これを保育して遂には清明なる肇國の精神にまで還元せしめずには措かない。過去世の文化の精粹は、一にこの形象に一切の鍵を遺して空間に消えてゐるもので、我々が今日、無意識に包んだり結んだりしてゐる形式の中にも、我々の遠き祖先の神策が隱されて傳へられてゐる。故に現在では唯だ形象が遺存するのみであつても、その『つつみ・たたみ・むすび』の秘義を解けば、偉大なる精神文化の内容が自づと感得されてくるのである。

佛教渡來當時に於ける物部氏の排佛運動は一面では政治的關係に起因するものと傳へられてゐるが、決してそれのみに止まるのではなく、一面に於ては、すでに我國に斯くの如き高度の精神文化が存して國風としての神道思想が根強く國民生活を支配してゐたが爲であらねばならない。而して外來の宗教思想が、神國日本の純然たる國體精神に何等か相反するもののあることを識別し得た結果と考へられる。佛教は久しからずして當時の國民生活を支配するに至つたが、それは佛教の長所を取り入れて我が神國の内容をより豐富にしたのであつて、それを然らしめたる原動力は神國本然の思想たる大和の精神卽ち『むすび』の活動であつた。その後我國に勃興した諸佛教はすべて神道との間に結ばれたる國風化された佛教であつて、神道の影響を多分に蒙つてゐるから、今日の佛教にも我上代人の生活を窺ふことができるのである。しかし上古の精神文化は、これを形式に表現して後世に遺したものを文章以外に發見し得なかつた關係上、その眞相を知るべき確實な方法がなかつたのであるが、この神典形象は太古文化の盛時より秘かに傳承され、上古の傳說、口碑と共に我々の風習裡に溶けてゐたもので、此の中にこそ過去の精神が宿されてゐるといふことができる。

四　かみの意義

(一) 紙と神

神典形象(みふみかたどり)は包み・折り・結びの手法によつて惟神(かむながら)の道を說く關係上、その材料についても一應考慮されなければならぬ。古來、これらを形成する材料には純日本紙を使用したもので、言ふまでもなくかみと稱する。周知の如く我國は名教の國であつて、大和言葉の中には實に深遠な意義が含まれてゐて、諸種の物品に附されたる名稱にも、多分に密意が籠められてゐる。

つつみ・たたみに現今使用する和紙は、其の製法を傳へた歷史は韓土交通以後の事で、楮や梶の木皮を用ひて製する樣式は大陸文化の傳來によるといふ定說になつてゐるが、當時の日本固有の文化を考へて見ると、太古以來神を祭る儀式が存し、且つ神訓を形示する樣式が包み、結びの手法であつた當時に、何等かの形式に於て現今の紙にかはるべき材料のない筈はなく、韓土より楮や梶によつて製造する方法が傳へられる以前に、不完全ながら或程度の材料が製作されて一般の需要に供されてゐたであらうことは容易に推測される。我家の古傳によれば、上古の神事には或る樹木の皮を剝いで其の廣い所を用ひて包んだといひ、また、契印として用ひる神典形象には兎の皮で製したかみを用ひたと傳へられてゐる。但し、その實物の遺品は一切無く、わづかに古文書にその事が記されてあるにすぎない。

かみといふ言葉は、古來精神的方面と物質的方面の二樣の意味に用ひられてゐて、精神的方面では、神・上等を意味し、物質的方面では紙・髮を意味してゐる。

神を意味する場合は、その解釋は多方面にわたるであらうが、要約して語意的に説明すれば、『か』とは、隱れてゐて目には見えないが實在するものといふことであり、『み』は、たとへば靈魂のことをみたまと呼ぶ如く、靈・身・美等、眞實のものを意味する。故にかみといふときは、目には見えないが靈的眞實の存するを意味した言葉となる。神つ代・上つ世等は、この意味の神の世である。

次に、かみが紙を意味する場合は、有形の物質的存在に神と同様な名稱を附してあることについて、そこに何等かの意味が伏在してゐなければならない。實に、紙は太古以來種々なる製法によつて作られてはゐるが、大體に於て神事に用ひられて來たものである。即ち、この紙を折り疊みつけて神意を表現し、紙と神との不二一體物心一如の表現によつて天地の神慮を形象したものである。神は隱り身なるが故に、神意を直接には示現されず、種々なる物質的なものを通してその働きを現ずる。即ち、我々人間を通じ或は萬象を通じて神示を現ぜられる。神典形象はこれらの神示を悟つた聖人達が後世に傳へる一方法として紙を用ひて神意を形象に表現したものである。故に、紙は、それら神示をその面に形付けて示現する物質で『神意を形示する物』といふ意味のものになる。

一枚の紙を用ひて神を祭る儀式に、神と氏子との間に介在せる神主が神典形象の一つを折りつつ神意を窺ふ神事があつて、古來これを『しばおり神事』とも『しおり(栞)』とも呼稱したと傳へられてゐるが、これらの神事や、姥捨山の古傳說には、太古の我々の祖先が後世の爲に神策をたてて、遺言してくれてゐるのである。しば折り神事も、姥がその子の爲に柴を折つた話も、皆後世への栞りとして眞實のものを隱し遺したといふ謎を秘めてゐる。何故なら、しば折り神事は紙を用ひて表面に皺を折りつける事によつて神意を問ふ行事であつて、その延長は隱れたる神典形象へ及び、形象(かたどり)は全部、太古文化の精粋たる大宇宙眞理や神律の寶藏を開くべき鍵であるから姥捨山の柴折は、神事の皺折(しわをり)りに誘導して、やがて神代の栞の存在を秘示したものと思はれるからである。

栞りである以上、過去世に於て一度は人間の腦裡に感得された眞實のものを形付けて後の世の爲に遺してその印(しるし)となされたものであらねばならぬ。この規矩のもとに神典形象(みふみかたどり)を見るに、事實その形象を見つめてゐれば、自然に靈的な何ものかが感じられて來る。一度その實際として折方を紙面に附する時、其の折り目に天意が示現されて來て、悠久なる大宇宙律動が我々に感得されて來る。これは紙に折り目付ける緣にふれて我々の血脈に、祖先がかつて感得した偉大なる眞實が再び感應され來るものである。實に『つつみ・たたみ・むすび』の形象を修する事によつて、我々自身の心身に靈血(ひち)のむすびが成され必然的に神人化される合理的な行法であるから、古代より神事の重要なる部門をなしてゐたのであらう。

以上の如く神事に供する物としての紙には、神意を表現した皺を折つて、これが折る人の心身に感應をおこして神慮を悟らせ、或は神慮の存するところを實證せしめたものである。されば、紙は神の表現としてその全體の上に天御中主神の神格を表示してゐるが故に、これを古來かみと稱したのであらう。次に、神格形示としての紙一枚について、古く傳へられたる『天事の傳』の一部を現代的に説明し、神典形象を作る材料との關係を一層明らかにしたいと思ふ。

(二) 天事の傳

一枚の紙は必ず表裏・陰陽・上下・左右・天地等の相對的な關係を有する清淨なものである。この表面に折目も何もない場合の樣を名づけて『天事』といふ。即ち、大宇宙の活動し始めない以前の靜止狀態と同意義であつて、あまは天の原の義で大宇宙を意味し、神の世界といふことである。こととは混沌であつて、未明なる有樣を指すとともに、靈的な本質が滿ちてゐるといふことを意味してゐる。これを要約すれば、あまことは顯幽二界を通じて神靈的な本質、即ち眞實なるものがみちわたつてゐるといふ事實を指示してゐる。

紙は未だ折目を附けない以前に於て、すでに折包むべき一切の内容を包（か）ね具へてゐるものであつて、この狀態を稱して古傳ではかみつまりといふ。かみつまりは天事（あまこと）の未發狀態であり、折り包む以前に於て一切が完備してゐる相（すがた）である。これは即ち、折包む行爲を加へざる以前の紙も、折り上げた後の紙も、その量と質に於て少しも增減はないものであるから、天事（あまこと）は終始一貫して同質同量であるといふことを示してゐる。また、事前にしてすでに一切の綜合統一が成就されてゐるといふ事實を如實に示してゐる。

この有樣を自然現象にあてはめて見れば、大宇宙の初發以前に既に完全なる綜合統一が成されてゐたといふ事を示すものであり、これを哲理的に說けば天事（あまこと）即ち眞理の靜止狀態であり、これを宗教的に見れば神つまりの狀態なのである。活動開始以前にしてすでに完備せる神の世界である以上、この紙を用ひて折り包む形式が如何に千差萬別に變化されやうとも紙は同質同分量であつて、その一切は天事（あまこと）の相對的表現に外ならない。始めも終りもなくて存するものは道であつて天事（あまこと）は、神の世界の全體を表現した大和言葉である。また、始めあれば必ず終りある現象の法則に即して考へて見ても、その初發より、悠久なる未來に於て一切が完成される終末に至るまで、大宇宙の天事（あまこと）の總體は終始等同である。これは實に偉大なる天御中主神の神格そのものを表現したもので、此の紙一枚が折方以前に暗示してゐる天事の秘理は、到底言說を以て盡くし得るところでない。

大宇宙が活動以前にすでに一切を完成してゐたといふ事は、一面に於ては、その終息に到る道程中の有情非情をもらさず救濟して神の內容たらしめてゐるといふ靈示であつて、この紙が示してゐる通り、初發も終息も神界に於ては同一の事で一如の相であり、實相は常に時間空間を超えてゐるものである。かくの如く說くといへども、この神と紙との不二一體の事實については、眞に靈覺が開かれぬうちはその眞意を悟ることができないであらう。紙を單なる物質と考へてゐる間は以上の如き靈的事實を悟り得ないし、神典形象（みふみかたどり）を通じて天孫民族の信仰たる神道の奧義に通ずる素質が未だ顯はれてゐないと言はなければならぬ。紙には、我々日本人がこれをかみと尊稱して、神と同じ言葉によつて表現するところに、神代以來の秘密があり、その謎を解くには、神祭る我國風の精神に融合して、神明の神慮を紙の上に悟らなければならぬ。精神と物質の兩方面にわたるかみをただ物質上にのみ視てゐては、到底精神との相關や神意を悟ることができない。

天事（あまこと）の傳に於ては、紙を形成する素材は植物性・動物性のいづれにてもよし、かみと名づけたる靈素を全紙の上に見よと傳へられてゐるのである。

五　みふみかたどりの本義

（一）宇宙法則の形示

前述の如く、神典形象はつつみ・たたみ・むすびの樣式から成り、そして折り又は結ぶ手法には、實に天地の大法則がそれらの手法を行ふ裡に示現されて來て、そこに自らなる宇宙の神慮が旋律的に生じて來るわけである。

如何なる折り包みといへども、先づ折る行爲の加はるとき、必ず天地剖判現象から始められて一定の造型法則の過程を經なければ仕上がらない。これはてうど萬有の生成し來る道程と一致してゐる。かりに一枚紙を片端より折り進んでゆけば、次第に全紙は小さく折り縮められ、原形から全然異つた形態に變化されて來て、ついには全部が疊み込まれて仕舞ふ。この縮小の現象を稱して斯道ではしわみといふ。しわは皺の意でみは靈（み）を意味する。これは前述のたたみと略々同意義であるが、實際手法は少々異つてゐる。卽ち『たたみ』は疊み込んだ中に數々の靈的な眞實のものを積み重ね納めておくといふことをあらはすに對し、『しわみ』は、その形示化される以前に旣に一切が法的には完成してゐて、それが次第に形象化され來る理を表現してゐる。

我が古傳の說明によれば、神はかりによつてすでに法の世界に於て完備されてゐるものが地上に顯現して來る場合には、この皺の現象と同樣に折目となつて現はれるといふ。但し茲にいふ折目は單なる紙型上の折ではなく、歷史的經過の折々に、その際に相應しい現象が成されて來るといふことである。例へば、萬物が發生し生育する等の事が時代的に成就されて來て、折目はその時代の一切を代表するわけである。そして、折紙の折は折り進むにつれて次第に固まりゆき、折目も小さく結ばれて仕舞ふが、自然界の一切もそれと法則を同じくして時代の變遷とともに原始時の如き大形な生物から現代の如き狀態にまで縮められて來てゐるのである。我々はこの事實を見て、何故にかくの如き現象が時代の降ると共に行はれてゐるのかといふ大宇宙の神秘をこの折方の上に實證しつつ考究し、その奧に潛む宇宙の神意を悟らなければならぬ。

折り包みの際に必然的に起るしわみの現象は、前述の如く地球收縮現象を象徵するとも解釋され、そのしわ（折目）の一つ〻〻には、實に無限の祕意が籠められてゐる。これを『あふり』ともいふ。あおりは折りの義であつて、折り目に天意の天降る事を意味するといふことは前に記したが、このあふりは大宇宙律動を言ひ表した言葉であつて、あおりが縱的な表現であるとすればあふりは横的な表現である。これらは共に折目の神秘について古來說明づけられた大和言葉である。また折りのことを一名あめおり又はあもりと稱し、それはあおりの訛語と思はれるが、いづれも皆天降りの義で卽ち、天孫降臨の御事を端的に表現する言葉になつてゐる。その點から考へて見ると、實にこれらの折りものは、天孫降臨の際にこれを持(たも)ちて天降らせたもうたものであるといふ事が暗示されてゐるやうに思はれる。

また、折目が十字形に交叉したところをめと名づけ、波狀に重なるところをひだ（襞）と稱する。めは芽であり、ひだは靈田(ひだ)を意味する。故に、紙面に折付ければ、あふりやひだなどが生じて、そこに大自然の神律が形示されて來る理である。この形示の秘義を一定の方式によつて解決することが神典形象(みふみかたどり)の本義である。

言教には言語の法則があり文教には文字文章の法則があると同様に、この神典形象(みふみかたどり)にも形示上の法則があつて、これらの秘義に關してはその法則に照して普遍的解釋が行はれなければならない。しかし、これは本質的には實習に際して形式を通じて教示し、或は悟るべきものであるからこれを充分に記述し説明づけることは到底不可能である。まして神典形象（みふみかたどり）に範らふ先天の神律を全的に説示することなどは思ひもよらない。或程度までは説明することができても、それは到底不完全であつて、また神典形象（みふみかたどり）の本義にもとるので、その方法では眞意を正しく傳へることができない。故にこれらはその形示を實際手法によつて體得するより他に仕方のないやうに出來てゐるのである。

また、これを他に教授する場合にしても、甲が一つの折包みを通じて感得したる眞理を其のままに同一の形式を通じて乙に説明したのでは、單なる智識として受け取られるに過ぎない。それでは眞に神典形象（みふみかたどり）の生命たる直感による靈性の開發には資することができない。例へば、數學にしても、教授者が生徒に向つて「二と二を加へると四になる」と言つて、その答へを直ちに教へたのでは生徒の頭腦を啓發することができぬもので、教師は問題の性質と答へを豫め知悉してゐて、生徒に或程度までは考慮の時間を與へて練磨しなければならない。それと同様に、神典形象（みふみかたどり）

の指導に際しては、自己が悟り得た所をそのままに他に教へるといふのではなく、形式を通じて或る程度は修得する者に考究させた上、漸次に法則を應用して定義線上に導かなければならない。これらの形象を教材化するならば實に神ながらなる心靈開發の神法となるのであるから、各人の靈的考究の期間を無視した方法であつてはならない。

神典形象（みふみかたとり）には天地初發（あめつちはじめ）以來鳴りわたれる天地の大法事（のりこと）が形示されてゐて、それらのあふりの中には神命が籠つてゐる。故に、我々の血潮に符合してそこに民族的本然の叡智がよみがへり、久遠の過去も永劫の生命律動も直感されて來るのである。我々は、人體中に籠らふ生命をそのまま他人に説明することはできない。生命は生物の生きて活動してゐる生體でなければ存在しないもので、かりに生物の肉體を一旦切り取つてそれを如何に解剖して、檢査したとて生命はすでに去つて、もはや屍骸になつてゐる筈である。それと同樣に神典形象も形式手法の實修裡に我々の生命が血潮によつて感得する眞實のものでなくては、その神髓を悟つたとは言へない。要するに斯道は、知る學問ではなくて人の靈魂に喰込んで本然の我に自覺させる行である。されば教導者は單に形式を通じて定則による指導をなし得るに過ぎない。

天地自然の生成から歴史文化發展の諸現象にいたるまで、悉くが産靈（むすび）のちからによるものである以上、神典形象（みふみかたどり）も同様に産靈（むすび）的に綜合統一性を有するものでなければならない。宜なる哉、これは現象界に於ける百千の理智的なるものを要約して形式に納め、大宇宙の叡智的なものを總括して形示し、これを開けば百千の教說と化し、閉づれば一の形式に納まる。されば傳承されたる形象を開閉してその間の消息を體得すれば、誰しも大地の理法に通じ得る性質のものである。また神典形象（みふみかたどり）を學的に體系づけるならば、多分に東洋的な綜合性を有する形象的哲學となるが、折り結ぶ手法中にのみそれの生命にふれて眞理が悟得される關係上、これを文章によつて說明することは甚だ難事である。

（二）『みかた』と神典形象

（イ）『みかた』の名稱と意義

神典形象（みふみかたどり）の諸種の形象は、一名『みかた』と稱して古來より尊ばれてきたが、この名稱にも深い意味が籠められてゐて、これも神典形象の本義を明かにする上に大切な手がかりをなすのである。

『みかた』といふ語は、古くは日の大神の御神像、或は神意表現の代として存するものを意味して用ひられてゐた。その例を古文獻に求めれば、日本書記の神代紀岩戸隱れの條に、

『時に高皇產靈尊の息、思兼神といふ者あり、思慮の智あり、乃ち思ひて白して曰さく、宜しく彼の神の象を圖し造りて招禱奉らむ。故れ卽ち石凝姥を以て冶士と爲し、天香山の金を採りて以て日矛に作らしむ。又眞名鹿の皮を全剝にはぎて、以て天羽鞴に作る。此を用て造り奉る神は、是卽ち紀伊國に坐す日前神なり』

と記され、また、古語拾遺の同條には『鑄二日像之鏡一』とあつて　天照大御神の御神像として天日矛や天日像鏡が鑄造されそれぞれに對して『みかた』の尊稱の奉られた事が記載されてゐる。勿論茲では、『みかた』の語は日矛と日像鏡をさす意味のものになつてゐるが、その他にもなほ矛や鏡以外に御神像として『みかた』の尊稱を附されたものがなかつたとは考へられない。要は如上の記事によつて、日の大神の御神像、又は神意表現の代として存在するものに附されたる尊稱が當時より存したといふことが明瞭化すれば足りるのである。

斯くの如く、『みかた』といふのは、日の大神の御神像、又は御神意表現の代(しろ)即ち御手代(みてしろ)に對して附されたる古稱であつて、御神像としてのみかたは矛や鏡等であり、同じく御手代(みてしろ)としてのみかたは、日の大神の御神意をうかがふ爲の形示物であつて、御神示を形式に表現したのである。これが神典形象(みふみかたどり)(一名ふみみかた)にほかならない。故に神典形象のことをそのまゝ『みかた』と稱してもよいのである。

傳承されたる幾多の形象の中に、特に御手代(みてしろ)として祭事を行ふ部門があり、また、みかた折といふ部門には、特に『神典形象(みかた)の本義』の説明書とも見るべき折物が遺存してゐる。それによつて考ふれば、『日の像(みかた)』『日の神(みかた)』等、『みかた』といふ言葉が啻に御神像をさすばかりでなく御神體そのものをさす如く用ひられてゐる所以が明らかになる。結論を先に言へば『みかた』の語はそれ自身の中に造化三神(天御中主・高皇産靈・神産靈)の御活動を總稱する意味を含むでゐる。試みに析字的方法を用ひて解説すれば、みかたはかみとたかみの和合した言葉で、みかたを逆に呼稱すればたかみとなり、中より逆稱すればかみとなる。故に「みかた」はかみとたかみの和合を最も明潔に表現した言葉となり、それは天御中主大神延いては　天照大神を主神とし、高皇産靈神・神皇産靈神を副神とした大宇宙三神の總稱に相當してゐる。このことは次に『みかた折』を解說すれば一層明かになるであらう。

（ロ）みかた折

折紙形式の中にたかみとかみの折方があつて、その兩者は積極と消極の象徵物とでも謂ふべき形式である。卽ち陽形、陰形の折形象（おりかたどり）であるから、兩者は一對にしてはじめて完備するもので、古來この二つの折を特にみかた折と名づける。されば『みかた』は伸縮自在に活用し得る神意の形示であつて、併せて御神像にも通ふ意味の言葉となる。これは單に古代の祭具的な存在であるのみならず、現代活動しつゝある一切萬有の原則を形示した形象であつて、實は人體の性別に關聯してゐるのである。

たかみむすび・かみむすびは、共に產靈神であつて、一切萬有を產み出し活かし育てたまふ神能力を發する神である。これは陰陽に別れて相對的機能を司る相對神であるから、人體に表れては男女の性別となり、宇宙的には陰陽活動となるもので、その神を形示したのが前述のみかた折である。如何なるものといへども產靈（むすび）の法則によらずしては創成されることなく、產靈作用（むすびのはたらき）を行ふには必ず相對的なるものが各自の性に随つて各自の機能を全的に發揮し、兩者一體となつてはじめて新しきものを創造し得るのである。この原則によれば『かみ・たかみ』は要するに男女・陰陽等の相對法の名稱であることがわかり、それの統合された『みかた』の語は、完全に相對を中和した絶對中尊の境地にある天御中主神の御神格を表示してゐると解される。この意味の事は、古傳説花咲爺の物語には臼（うす）と杵（きね）を作つて餅を搗いたといふ風に象徴されてゐる。

問題のみかた折の部は神像として完全なものであるが、これを記述したり、形象のまゝを圖に示す事は遠慮すべき質のものであるからたかみとかみの産靈（むすび）の原理や、兩者の相對的な形示を知り度い人は各自に人體の性別について注目せらるればよい。そして『みかた』乃至神典形象（みふみかたどり）と名づけらるる形象のすべては、この産靈相對神（むすびふたはしらのかみ）の形象を基として産出されたる教義としての神典であると言つてもよいのである。

一切の萬有が陰陽の和合によつて産出されたものであるからには、その産出されたるものの守るべき法則もまた、大宇宙の産靈法則によつて完成された神律でなくてはならぬ。この定義のもとに、傳承された神典形象を検討するに、驚くべきことにはその一つ々々に天地開闢以來の法則が發展過程のまゝに形示されて來て、しかもかゝみとたかゝみの産靈法則のまゝに一切の教義が合理的に産出されてゐるのである。よつてその完成された形態である形象を『みかた』と稱するのも宜なるかなと知られるのである。更に近年に至つて、日矛や寶鏡の如き神器を神像と稱し奉るのに鑑みて、神典形象としての『みかた』は、器による傳であるからこれを器敎とも稱することがある。

（ハ）みかたと御手代

みかた（神典形象）は包み結び形式のものであつてそれ自體は一つの形示に過ぎず、そのまゝでは何等の役にもたたないが、一旦これが所を得て御手代による運用祭事が行はるるならば、たちまち人類の腦裡に神智靈覺が復活して宇宙の神意が悟られ、天照日の大神の御神命を體して萬般の活動を開始し得るに至るのである。故に、このみかたの運用には必ず御手代が必要であつて、古典にはこの事を象徴的に記載してゐる。

日本紀の神代卷には天孫降臨の前に高天原の精鋭を總動員されて御神慮により萬代不易の神策をおたてになつた事が記されてゐる。

『卽ち、紀伊國の忌部の遠祖手置帆負神を以て定めて作笠者と爲し、彥狹知神を作盾者となし、天目一箇神を作金者と爲し、天日鷲神を作木綿者と爲し、櫛明玉神を作玉者と爲す、乃ち太玉命をして弱肩に太手繦を被け、御手代として此の神を祭るは始めて此より起れり』

作笠者とか作盾者とかいふのは、太古の一切の文化機能の名稱であつて、これはてうど現代に於ける哲學者、科學者、乃至佐官・大工等の職名にも相當する呼稱である。そして神代文化は現代からは理解し難い靈學的な部門が多く、しかも當時の精神家を集中して神謀られたる事であるから、現代人がそれと同じ程度に精神的に高められないと當時の神慮を悟ることが難しい。當時にあつてはそれらの博士達をして研究しつくさせた上で太玉命を御手代として神を祭り、神意によつて何事も爲されたものである。そこで太玉命は、御肩に太手繦を被けられて御手代となられた。これは神意を畏みて神の御許しを頂いた上で御手纏りとなつて立たれた事を意味した記事である。卽ち、太手繦を被けることは神の信任を受けることであつて、現代で言へば大命を拜して事に當るにも相當するのである。

御手代は祭事を行ふ上に必ず立てらるべきもので、天孫降臨の際より以來代々の神事となつて繼承されたのである。そして、神典形象（みかた）を運用して神慮をうかがひこれを一般に具體化すには、先づ神事に通じた御手代（みてしろ）によらねばならぬ事が教へられてゐる。斯くすることによつてはじめて經國の神策がつゝみ・たゝみ・むすびの形式で表示され來り、神代ながらの祭政一致の實を擧げ得ることとなるのである。みかたは御手代の冊立によつて始めて世上に運用されるやうに秘匿された神典であると言ひ得よう。我國は神國であるから、神洲の靈氣が民族の血に作用を開始する時こそ、枯木に花咲く如く、これらの神典形象もまた面目を新にして登場し、歴史の現段階に於て再び神智靈覺が開顯進展するに至るであらう。

六　伊勢の齋宮

（一）高御座と比賣事

悠久なる神代の昔、皇祖の御神意に基いて天孫降臨遊ばされてより以來（このかた）、わが皇室には代々高御座（たかみくら）に共殿同床して三種の神器あり、その神器には、併せて神代以來の神事、並びに神策の形示物たる諸々の神傳されたるものが、一切ひめ事として傳承されて來たのであつた。勿論これらは宮中の奥深く奉仕する女性達、わけても最高の女性の守護し奉祭したまへるが故に、比賣ことと申すのであつて、實は皇祖が女性の特長に秘めて相傳したまへる神事の一切が傳承されてゐたものである。

わけても皇祖の御神影とも申すべき齋鏡には、御前の如く齋き祭りたまふ定めであつて、それには最も神秘的な神事が共に傳へられてゐて、歷世最高の女性が神事に奉仕遊ばされた。かくの如く高御座を中心として萬策を樹てるは我國古來の國風であり、天皇の治し召す國内はもとより海外にまで御稜威を及ぼしたまふ折は、必ず共殿同床の寶鏡を御神體として皇祖の御神靈に對し奉つて、御手代による御神示を伺ひ立てられたのである。この事は古典にも隨所に記されてゐるが、その最も著名なるは仲哀天皇の條である。古事記の記載を抄記すれば、

『其の大后、息長帶日賣命は、當時神歸りたまひき。故、天皇、筑紫の訶志比宮に坐して熊曾國を撃たまはんとせし時に、天皇御琴を控かして、建内宿禰大臣、沙庭に居て、神の命を請奉りき。於是、大后歸神して、言教覺詔したまひつらくは。西の方に國あり。金、銀を本めて、目之火耀く種々の珍寶其の國に多在るを、吾、今、其の國を歸賜はむと、のりたまひき』中略

『爾、建内宿禰、恐し、我が大神、其の神の腹に坐す御子は、何の子ぞもと白せば、男子ぞと答詔たまひき。爾具に請ひまつりけらく、今、如此言教たまふ大神は、其の御名を知らまく欲しと白せば、答詔へたまひつらく、是は　天照大神の御心なり』

以上大略の記事より見ても、最高の女性奉仕の神事には大神の御神靈降らせたまひし例あり、西の國の珍寶たる支那及び西洋の文化が其後次第に我國に傳來せる所以のものは神示の通りで、これも偏へに皇祖の御神意によるものである。そして當時すでに御琴による歸神行事があつて神意を伺ひたまふた由が記されてゐる。これは正しく神典形象に附隨せる神傳中の、琴占神事と一脈相通ずるもので、琴占神事は神宮祭祀の古式であつて、神依板に弓絃を張り、其の音によつて歸神する神事であるが、我國の神樂の最古の樣式である。神事や行事を全的に説明する事は許されないが、要するに、古來神の御手代として神意を伺ふ正法が宮中深く傳承されてゐた事を知れば足りるのであつて、これらの神事が次の代には齋宮による神事の護持となるのである。

(二)　齋鏡奉遷と齋宮

神功皇后の御親征によつて韓國との交通が開け、彼の國の朝貢品によつて西の國の文化思想が滔々と傳來するに及び、遂に我國固有思想と相剋を生ずるに至つたが、これより先すでに崇神天皇の朝に於て、和光同塵の政策をお採りになつたので外來思想が朝廷にも蔓延し、爲に神代以來の御神事に差つかへる事を憂慮遊ばされた結果、かの有名な齋鏡分離の重大事をなさしめたまうた。

和光同塵政策が行はれるときは、自然外來思想の爲に本來の神策さへも覆蔽される恐れありと思召されて、それまで共殿同床に奉祭したまへる寶鏡其他の神傳を、一切宮中より分離したまふこととなつた。そこで平素御手代として御仕へ遊ばされたる內親王豐鉏比賣（とよすきひめ）命に仰せられて、神代の天孫降臨の故事に則りたまうて、天皇御一代中再びお會ひ遊ばされぬやう一生の御生別を遊ばされて、伊勢の渡會の里に降したまうたのである。皇女豐鉏比賣命は勅命かしこみたまひて、皇祖の御神鏡其他一切の御神事たる比賣事（ひめごと）を御守護遊ばされて、伊勢に於て朝夕皇祖大神に御奉仕遊ばされた。これ皇女の御一代中の事であるから御一生をかけて神の御手代（みてしろ）となりたまふた最初の御方であつて、これより後は　天皇の御一代每に必ず皇女御一方が御手代として下りたまひ奉仕遊ばさるる例となつた。これを伊勢の齋宮（いつきのみや）といふ。

口傳によれば、齋宮は天孫降臨の御儀式に則りたまうて　天皇と御生別遊ばされ、一生を神に仕へたまうた由であつて、我家の口傳ではこれを『五十鈴の宮の姫君』と申し奉つて來た次第である。

豊鉏入比賣命を第一代の齋宮として、第二代は景行天皇の御宇の倭比賣命であるが、この倭比賣命の御時には、國史で有名な倭健命が伊勢に姨の倭比賣命を訪れたまひ、比賣命が倭健命に寶劍と火打袋を賜りたまひし事もあつた。この倭比賣命の御時には、神事も萬端調ひ古來の儀式も復興されて、齋宮の基礎をお定めになつたと申されてゐる。そして、倭比賣命の後は御十一代の長い間にわたつた、代々の皇女は『倭比賣命』の御名を繼ぎたまうて、五十鈴の宮にて皇祖の大神に奉仕遊ばされたと傳へられてゐる。

（三）齋宮の御行事

口傳によれば、五十鈴の宮の比賣君は、幼き御時より忌火を用ひて禊齋したまひ忌言葉をさけ、忌み物を見たまはず、常に心を神明に通はせて日常を過したまふ事になつてゐたといふ。又、日頃忌み籠りの間には包み結びによる御修行が成されてゐて、紙や布を用ひて常に神意を直感したまふやうに長年月にわたつて修養あそばされたと申されてゐる。

神を祭る儀式はもとより、朝夕の御食事物を奉らるゝにも一定の法式があり、朝夕には河原に幕を張つて比賣禊（ひめみそぎ）を遊ばされたといふ。それらの儀式の次第は斷片的ながら今もなほ傳へられてゐて、常に太陽と關聯して行はれてゐた模樣である。實にこれらは日本獨得の神事であつて、皇祖を日の大神として太陽を御神影と拜し、一切の祭式が行はるるものである。その最も重要なる禮拜を『日の神拜禮』といふ。これは天地にみなぎる天事（あまこと）の音、卽ち五大母音を神言として呼稱しつゝ上下左右に手を振つて拜する作法で、この手振りの中には鏡手と玉手と劍手の仕樣が渾然と溶けてゐるもので、その表現の意義は天孫民族にのみ理解される質のものである。その他『日の輪田植』『月の輪田植』による米作法や、米粒を單位として度量衡を定められたる事など擧げ來れば限りがない程で、我國政治の原則的なものは皆これら比賣事の祭祀から割出して然る後に現代的に考慮さるべきものである事がわかる。卽ち　天照大神樣に一念を捧げ、御神示に順ひ、日の神を中心として一切の原則を定め、ひたすら皇孫を奉じて政治を行へばよいと傳へられてゐるものである。

神典形象つつみ・たたみ・むすびは、五十鈴の宮にて姫君の御修行に供されたもので、つつみ折りはこれを『つつしみの式法』と申して神意を伺ふ神法となし、また、一般教化の資として下附されたといふ。後世お守りや封じ包みが一般化されたのも、此の五十鈴の宮より始まると傳へられてゐる。またむすびは神人合一の契印として神事に供され『みたまむすびの式法』と呼ばれた。其他にも齋宮の御手すさびに板一枚にて竹箆を用ひて錦を織り、これを神衣の代(しろ)として奉らせられたる事や、四季の花を用ひて門代(かどしみ)を立てて神招(かみお)ぎの飾りとせられたる事など、いかにも比賣達の所行らしいものがあつて、それがなほ一般の風習として遺されてゐるに照して、齋宮の御事に關する認識を一層深くすることができるのである。

その齋宮の御傳承は、鎌倉末期より吉野朝時代の亂世に及んで遂に一切が中絶されることになり、そして神典形象は一時難を民間に避けて、潜かに守護されて今日に至つたのであるが、その間の事情は、前にすでに書き記したので茲に再記しない。それは家傳のままを述べたものであるが、それによつて幾分でも大方の史家の參考に供さるるものあれば甚だ幸ひである。

第二章　みふみかたどりによつて顯彰せらるる（神典形象）

國體國風の眞姿

一　天津瑞（あまつしるし）

（一）　天孫民族の契印としての天津瑞

『あまつしるし』とは、天ツ神の子孫としてのしるしものといふ意味で、天孫民族の表徴であり、天孫民族が天業に奉仕する上の契印である。故に天孫の在すところと、並びに、天孫を奉體する民族の活躍するところには、必ずその證據として『あまつしるし』が存する。

古典には『天爾』『天表』『天津瑞』等の文字があてられ、古語拾遺には三種の神器が『天爾（あまつしるし）』とせられてゐる。その場合には『あまつしるし』は、天孫としてのみしるしものを意味して、臣下の持（たも）つべき契印ではない。しかし、日本書紀の神武紀には、『天ノ羽々矢』と『天ノ歩靫（かちゆき）』の二種（ふたくさ）の表物（しるしもの）を以て、天皇御所持の『天表（あまつしるし）』とし、且つ『饒速日ノ命をはじめ多（さわ）にある天ツ神の子』の共通のしるしものたることが明記されてゐる。私が玆で特に民族の契印としてその意義を明かにしたいのは、この羽々矢と歩靫、就中歩靫のことである。順序として左に古典の記載を揭げる。

『卽ち八咫ノ鏡、及び薙草ノ劍の二種の神寶を以ちて皇孫に授け賜ひて、永く天璽と爲しむ』（古語拾遺）

『故爾に、邇藝速日の命參り赴きて、天津神の御子に白さく、「天津神の御子天降り坐しぬと聞きつる故に追ひて參り降り來つ」と白して、卽ち天津瑞を獻りて仕へ奉りき』（古事記、神武天皇御東征の條）

『時に長髓彥、乃ち行人をして、天皇に言し曰さく。嘗天神子有り、天磐船に乘りて、天より降りませり。號を櫛玉饒速日命と曰す。是れ吾妹、三炊屋媛を娶りて遂に兒息を有しむ。名を可美眞手の命と曰ふ。故吾れ饒速日命を以て君と爲て奉る。夫れ天津神子豈兩柱在さむや。奈何更に天つ神子と稱りて、以て人の地を奪ひたまはむ。吾心に推りみるに、未必爲信。天皇の曰く。天津神子も亦多にあり。汝が君と爲る所是れ實に天ツ神子ならば、必ず表物有らむ。相示よ。長髓彥卽ち饒速日命の天羽々矢一隻及び歩靫を取りて以て天皇に示せ奉る。天皇覽して曰はく。事不虚と、還りて所御天羽々矢一隻、及び歩靫を以て長髄彦に示せ賜へば、長髄彦其の天表を見て益々踖踧を懐く』。（日本書紀）

（二）神典形象に示されたる天津瑞の意義

古事記の記載は極めて簡單で、ただ『天津瑞』といふ言葉が出るのみで其の内容は示されてゐない。それを『天ノ羽々矢』と『天の歩靫』の二つとして明示してゐるのは書紀の記事のみで、したがつて『あまつしるし』の研究にはこれが文献上の第一の根據になるのであるが、この羽々矢と歩靫とは抑ゝ如何なるものであらう。上古に於て天孫民族の證據物とも貴重視されたものが何等かの方法で後世まで保有されぬ筈はないのであるが殘念ながら今日まで、その我が民族の割符とも申すべき重要性を有する天津瑞の的確なる考證が案外なされてゐない。古典を解釋したものの中には、或は天の羽々矢とは巾廣の矢であるとか、歩靫とは、羽々矢を入れる靫であるとか言はれてゐて、それらの『しるしもの』が如何なる意義を有するかさへ明示されてゐない。唯だ天神の御子の證印としての御しるし物なりと說くのみである。せつかく古典に以上の通り明記されてある天津瑞であるから、かかる解釋のままに放任すべきにあらざることは誰しも考へるところであるが、今日まで其れを解明するに足る根據を見出し得なかつたのであらう。

然るに、傳承されし神典形象の中で、劍先(ほこ)折といふ部門には天表折(みしるしおり)といふ折物があつて、それには『天津瑞の傳』といふ口傳がついてゐる。この折物には折目に神代の神約が暗示されてゐて天の羽々矢及び天の歩靫に關する説明折とも申すべき性質のものである。私もはじめは天津瑞のことについては格別不思議とも考へなかつたが、天表折を通じてその秘意を解くと共にその餘りにも重大なるに驚き、そして、その後古典を見るに及んで案外これらが未解釋のままであることに驚いたのである。以下天表折の傳によつて大體を解明したいと思ふ。

（イ）天表折（みしるしおり）の傳

天表折(みしるしおり)の口傳によれば、天津瑞(あまつしるし)は上代に神宮が祭政廳であつた頃、天孫民族の契印として神宮から下附されたものであるといふ。そしてこの天表折はてうど天ノ歩靫の説明になつてゐる。（天の羽々矢については別に形象が存するが今は歩靫の義のみを解く）

それによれば『歩靫(かちゆき)』の『かち』は、糧(かて)又は餅(かち)の義で、糧食としての主食物を意味し、『ゆき』は容れ物を意味する。故に歩靫(かちゆき)は、主食物を容れる器(うつは)といふことで、この中に上古以來稻穗を容れてこれを瑞稲と稱したといふ。そして、天孫民族の食物とせよとて、皇祖の定めたまひし稲穂をつつみ容れる器は、これを劍先形に折つた。それは日本人の生命の糧であると共に、その糧はまた卽ち天業遂行の爲の料に供せしめられたものであつて、上代人はこれを奉持して世界の各地に進出し、何處の地にてもあれ、土地を耕して、この稲穂を植えて食糧を得、各自に天壽を全ふしつゝ代々に傳へて天命を遂行したといふ。皇祖の御神勅たる、

豐葦原の千五百秋の瑞穂の國は、これ吾が子孫の王とますべき地なり。

の瑞穂は『しるしの稲穂』を意味してゐて、この稲穂の豐かに稔る地ならば、皆天孫民族の住むべき處であり、それは卽ち、皇孫の治し召すべき地であるぞとの御神意にて、地上萬國を統べ治らすべき神命をこの瑞穂に意義づけて下したまふたのである。

天の歩靫の形は劍先形の包みであつて、それは天ノ沼矛の天勅の形示であると傳へられてゐる卽ち、そのかみ、伊邪那岐・伊邪那美二神が別天神より修理固成の天勅を受けたまひしとき、その天業に用ひよとて下されし天表たる天ノ沼矛に象りて折られたる最も合理的な形象である。古來これを『ほこがた』といふ。これらの遺風はながく神社に傳へられて來て、今日もなほ『お供

米包み』と申して神宮から一般へ下附されてゐる。

されば、天ノ歩靫を奉持するのは、天勅に由來する修理固成の大任を遂行する神使の資格を神より賜はることに相當してゐて、その中味の瑞穗は、皇祖の御分靈とも視るべき神格的存在で、これを宇迦の魂ともいふ。

日本人は誰も皆米を主食物となし、誰も皆　皇祖の御神靈の籠れる食物によつて成長してゐる。これは實に日の族の實證であつて、我々は遠き祖先以來、先天的に、皇祖の御神靈の御加護をかふむつて生れしめられてゐるのである。されば天のかちゆきが形示する通り、天業遂行の實を擧げることが我々の第一義的な使命であり義務たるは當然のことで、日本人たる者は自己を生成されたる天地の神意に想到するとき、それらの洗米と劍先形の折の上にも自ら、皇祖の御神命が想起され來る筈である。なぜなら、これらの稻穗は前述の通り、宇迦の魂として皇祖の御分靈が宿されてゐるからもはや神靈的な存在であるからである。

（ロ）齋庭の穗と天津瑞

稻穗のことを一名『齋庭の穗』といひ、天孫降臨に際して、皇祖から齋庭の穗を下したまはつたことが古典に記されてゐる。これは、皇孫に仕へまつらん爲に天孫民族の食ひて生くべきものぞとの思召しであるから、米は皇祖の御神勅の意を形示した象徴物であるとも言ふことができる。神典形象の中の大八洲折(おほやしまおり)の部門には、この米の意義に基いて國家統治の規範を示したものや、我國體の原則的なものを表示したものが多い。

稲穂は物質としては生命を養ふ食物であり、これを精神的に解すれば高天原時代の祭政一致の原則となり、天皇の大御心による國家統一の原理を示す。『齋庭の穂(ゆにはのいなほ)』といふのは、傳によれば、齋庭(ゆには)は、天皇御統治の領域を意味し、一國內又は天孫民族全體が、天皇の大御心のものとに一致團結して、天皇にまつりあひたるすがたを象つてほと稱し、そして 天皇が皇祖の御鏡を齋きまつりたまふて之を治めたまふ義をあらはすとせられてゐる。ほは萬民歸一の姿であると共に『高千穂』のほの如く、ものの頂きを意味し、即ち、皇位をさす。故に『齋庭の穂』は、天皇のみが御統治の大權によつて治らせますべき原則を示してゐるもので、これを大八洲原理と謂ひ、これを折にあらはしたのが大八洲折である。この原則は神宮祭祀の上には八神の祭式として表れて來るのであるが要は、瑞穂の國の名に恥ぢず米を世根(よね)として來た日本の國體原理を傳へた樣式である。

以上のごとく、天津瑞としての歩靫は天孫民族の神符として古來その神靈的價値を認めて神檀に奉祭されて來たのであるが、我々は何故にこの劍先形の包物が天津瑞とされてゐるかを考へて見なければならない。

天孫降臨の際には皇祖の御經綸によつて、天上の神々と天孫側の神々との間に種々なる神約が結ばれたが、その中核をなすのは有名な神籬磐境の神約であつて、そして天孫側の神々よりその神勅を實踐する證しを立てる爲にこの『天ノ歩靫』を奉持して、謹み畏みて神意に添ふべきことを誓つたものと傳へられてゐる。卽ちこの契印によつて、天業に奉仕することを天ツ神に誓約したのである。故にこの折や結びには、天神地祇は皆天業奉仕者を守護すると約束したまうた意味が表示されてゐる。

なほ詳しく言へば、天孫降臨の際には、高皇産靈神より神勅が下されて、天津神籬を奉持して中津國に降つて、皇孫の爲に齋ひまつれと宣はせられ、天上に於てもその通りになさると約束せられたが、神典形象の中には神勅を實行する神使の資格とその實行者に對する神約や神律を示されたものが多く存し、わけて天ノ歩靫は天津瑞の一として天孫民族の神格を象徴されたるものであるから、特に天表折を用ひてその眞意を說明し、皇祖及び高木の神と我々祖先との間に成されたる神代の神約を想起せしめ、これを完全に實行せよと垂示されてゐるのである。私はこの天表折を用ひて各人の靈格に合はせ各自の異つた神命を喚起せしめたいと思ふが、如何せんこれは文章では實際化することができない。必ず人と人との生命の交渉のもとに靈的に誘導しなければ現代人には靈覺が阻止されてゐるから、その眞意を悟らせることができないのである。

往昔、伊勢の齋宮（いつきのみや）に於てはこの方法によつて一般民衆の教化を行ひたまひ人々の次第に應じてお守りとして包結び（つゝみむすび）の形象を下附されたといふ。そしてこれを神訓として神檀や門口に貼付して朝夕にこれを禮拜し、これによつて一層自己の神命を自覺したのであると傳へられてゐる。これを一名「つゝしみ」ともいふ。その名殘は現代もなほお守りの風習となつて遺つてゐる。

我々が生命の根元にさかのぼれば必ず天地の神意に到達する筈である。されば神意をつつしみかしこみて仕へ奉る行爲に直（なほ）る標識として見ても、天津瑞は絶體の權威を有してゐる。人間は常に自己の欲望を制することができないで、とかく邪道に墮ち入り易いから、人間出生の至上命令の御意趣に直るといふのは最も大切な事であつて、それが卽ち、神使の位に住することに相當してゐる。故に、天津瑞は單なる風習的存在にあらずして、悠久なる神代より傳統的に遵奉し來れる民族の標識であり、神格の形示物である。又以て、これは皇孫の御神業に奉仕すべき天孫民族の使命の表示であり、皇祖及び高木の神に對し奉りこの天津瑞を通じて誓約を新しくする國體信仰の表徴である。けだし神示物としての形式のすべてには、完備せる神策と並びに神守りの神約が合理的に表現されてゐるので日本人ならば誰でもその形印に對するとき、自ら神約を想起せしめられるのである。天津瑞の活用法については、神事の別傳にその使用法と並びに神占法が傳へられてゐるが、要するにそれは神と我々との信仰的應答の代(しろ)とせらるるものであつて、神意を伺ひ又は神に奉告する神事的行事である。

また、劍先形(ほこがた)を昔から神の依り代として立てた風習があり、神典形象の中にも『ふつの魂(みたま)の傳』といふのがあつて、天ノ沼矛をはじめとし劍や矛に意義づけられた上代の哲理學な傳が存してゐる。

（八） 天津瑞の風習化

日本紀の天孫降臨の條の一說に、天孫は眞床(まとこ)おふすまをかむりて天降りたまうたと見えてゐる。これは口傳によると劍先形（ほこがた）に包ませられた意味だと言はれてゐるが、それか否かは不明であるが、日本古俗に生兒は必ず卷布團となして古來これを『ほこにする』といふ。古老の說によれば、日本人は必ず生まれたらば產土神に參拜するまではほこに包まなければ神の氏子にならぬと傳へてゐる。かくの如く、日本の民間古俗にはいろいろ神代の遺習が傳へられてゐて、大部分は

皇祖の御經綸を裏書する意味のものである。天津瑞（あまつしるし）の一般化されたるもので現代になほ生きてゐる風習は、前述の御供米（くま）包や神符お守りの類であるが、その他にも、一般に進物に附する熨斗となつて無意識の裡に天表の精神が實踐されてゐる。

稻を食する日本人が米を原則として國家を統治し、米を民族の割符として奉持し、米の上に皇祖の御神命を視て、米に祈念し米に誓約しつつ、米を下し賜りし　皇祖の御神命に奉仕する事は最も當を得たる國風であつて、けだし茲に天孫民族たる所以が存するのであらう。天津瑞（あまつしるし）は神に對する信仰的象徵であるから我神道の極意はすべてこれらの形象に垂示されてゐて、色々の意味からこれはまた、神まもりとも名づけられるのである。

二、祝ひの精神

（一）天上の儀の如く

天孫降臨の際に、天孫に隨つて降られる神々に對して高皇產靈神の下されたる神勅を古語拾遺によつて見れば、我國の風習は高天原の通りにせよと宣はせられてゐる。卽ち
『諸部の神を率ゐて其の職に仕へ奉ること、天上の儀の如くすべし。と宣り給ひき』。
と記されてある。この『天上の儀の如く』とあることから考へて見るとき、我國風こそは高天原時代より神々の世界にて自然に構成したまうたるもので眞に神國の相を保有してゐるものと言ひ得よう。天孫降臨の際の神々の御誓約はもとより皇祖の御神勅にもとづいて成されたるものであつて、彼の神籬磐境の御神勅は後世の神社その他の祭祀の風習となり、齋鏡齋穗の御神勅は後世天津瑞の神符下附の風となり、ついには天業遂行の實を擧ぐるべく、皇祖の御神靈に對し奉り各自が誓約する儀式として、一般に祝ひの風習を生ずるに至つた。これは實に天祖以來の神々の大御心の一般化したるもので、皇祖が皇孫に對して賜りたまへる天壤無窮の御神勅にもとづいて

ゐる。

『豊葦原の千五百秋の瑞穂の國は、これ吾子孫の王(きみ)とますべき地なり。いまし皇孫ゆいて治らせ、さきくませ、寶祚(あまつひつぎ)のさかえまさんこと天壤とともに窮りなかるべし』。

と宣はせられて皇孫の御行末を祝ひたまひしことは、そのまま神代の遠き祖先達の心であつて神代精神はこの祝ひの心を本質としてゐる。

皇祖の下されたる稻穗によつて生育したる我々天孫民族は、皇祖の大御心を奉戴して皇孫の御神業に奉仕しなければならぬ。それには、天業の主旨をよく了解して、皇祖の大理想を全的に知悉し御神意にそふべく我々の心に神の御心を頂いて萬般の行爲の規矩と致さなければならぬ。我々の遠き祖先達は、皇祖の御神勅をかしこみて、御神勅にもとづいて我國の風習を定め、この風習を通じて子孫が自然に皇祖の御神意を體得し、これを表示するやうに誘導し、天孫民族獨得の國風を完成したのである。これは單なる人爲的なものではなく、前述のごとく、神代の手振りとしての天上の儀を地上に移してそれに神々の御神意を加へたのであるから、神國の風儀は眞に神靈的な内容をもつてゐるのである。

我國の道は惟神であつて祖親習(おやく)への教を以て後世の子孫に及ぼして來たもので、祖孫はこの皇祖の御神勅を奉じて天業に仕へ奉る點に於て一致してゐる。故に、皇祖が皇孫を祝ひたまひし御心はそのまゝ我が遠き祖先を通じて現代まで一貫して脈々と血潮に通ひ來る。我等は、日の大神の神族として神代以來祝ひの精神を保有してゐるのである。祝ふ心は、皇祖の大御心に通ひ、大神の御神意は常に我等が一切を祝ふ心持から悟られて來る。

（二）祝ひの風習と其の心

祝ひは、大にしては天地の大神業を御遂行遊ばさるる天皇の御經綸から、小は個人々々のささやかな慶事にいたるまで、よかれかしと祝ふ心が卽ち神に通ふ心である。子孫の爲に祝ふ心は、夫婦の結合たる婚禮祝から始まり、姙娠五ケ月の腹帶祝を始めとして出産祝、宮參り祝ひ、初節句等の小兒の祝ひとなり、以て行末幸あれかしと皆して祝ふ風習となつた。親類知友に對する祝ひの精神は、日常の風習に他の慶事をよろこび、他の成功を祝ひ、知友の出陣に際しては其の武運長久を祝ふ等すべて神國の民らしく共存共榮の思想から發する精神美の極致であつて、祝ふ者も祝はれる者も共に其の奥には神に祈るといふ我國獨特の精神がある。即ち產土神社に參拜して神に感謝し、神命奉仕を誓ふ儀式を一般的に擧行してゐる。これは實に說明し難きまでに感激あふるる儀式であつて、自覺するとせざるとにかかはらず、現世に於て過去の久遠の祖先達を通じて、皇祖の御神慮に添ひ奉る事を意味してゐる。

人間は幼年の頃はいざ知らず、成長するにしたがつて善惡の兩面を有し、他人との交際に當つて常に心の持方が變化する。その場合々々の感情による行爲が天地の神意に合するときはこれを善行爲とし、それに反するときは惡行爲とされる、その善惡の識別は常に自己の良心又は周圍の者の良心に照して判斷される。要するに、自己の心が他に働きかけるとき、その根柢に他の爲よかれかしと祝ふ心があつて爲された行爲ならば、それは眞の行爲となる。即ち、祝ふ心は神心であるから神に通じて必ず相手もよくなるが、反對に人を讒謗し、他を陷しいれる行爲、即ちその奥に人を害する心が動くなら、それは既に惡魔に魅せられてゐる證據である。

祖母が神典形象（みふみかたどり）を通じて私に傳へてくれた神使の資格の第一義は、皇祖の大御心に合して人を祝ふ心を養へといふことであつた。現代の世相から考慮するとき、あまりにもこの精神が人々の根柢に隠れてゐて未だそれが表面化されないのではないかと思はれる。日本の眞の姿を識り、神業奉仕の神命に自覺した人々は期せずして、皇祖の大御心を自己の心に奉體し、自己は　皇祖より神命を賜はつて現世に下されたる神の子孫であるといふことをさとり、榮ある神使となつて一切をよかれと祝ふ眞の神命奉仕者たらねばならぬ。神代の神々は皆皇祖の御手足の如く一切を捨てて神命に随ひたまうた事が古典に記されてゐるが、一切の爲によかれと祝ふ心持は『御代榮の百千萬代や』と歌つた上代歌謠にも表現され、また、齋きの祭祀や祝ひの儀式の上にその姿が表はされてゐる。されば、祝ひの國風は皇國の眞姿であるから我々はその精神たる一切のよかれと祝ふ心を大いに振起しなければならぬ。

祖母はまた、その臨終にのぞんで私に世に立つ上に注意すべき惡魔の合ひ言葉を教へてくれたそれは要するに、他人を害し苦しめ且滅亡させることをよろこぶといふ思想であつて、人と人とを争はしめ、人の親密を害し、また、人を侮辱し誹謗するのは、皆他のよくあることを嫌ふ嫉妬心の表はれである。他の惡口を言ふ者があれば、それが善意から出るか嫉妬から出るかを靈性に照して考へよと教へた祖母の言葉は尤もであると思はれ、我遠き祖先達が我々子孫の爲に、祝ひの風習と神祭る祈りの風習とを遺し傳へてくれたことに對して、その眞實に打たれたのである。

天孫民族は直情的な性質を有し、感激性の強い純情の民族であるから、祝ひの風習もまた、實に藝術的である。言擧げて申さずとも、御大典の如き國家的な祝典から、一般民家の祝事にいたるまで、その儀式は典麗を極めてゐる。よかれと祝ふ心持は、美しきが上にも美しかれと願ふ心となり、國民性のあらゆる長所を發揮して儀式を行ふ。お芽出たうといふ言葉にも神代ながらに皇祖の御神勅たる『さきくませ』との御神意が通うて來る。我々は未だ生れぬ先から祖先や父母知友から祝はれて來たものである。遠き祖先は我々子孫に無限の期待をかけて、皇祖の御神慮に奉仕せよと祈念し、その行末よかれかしと將來の榮光を祝つてくれた。されば我々現在にその活動を期待されてゐる者は、この　皇祖の御神意に奉答すべく先づ各自が天業遂行の爲お互ひによかれかしと祝ふ心持から始められなくてはならぬ。この祝福の精神から神代文化は現代に復活し皇祖の大理想は次第に進展するに至るであらう。祝へ祝へ、いざ諸共に祝へ、御代榮の百千萬代やと歌ふて祝ふ心持から、第二の天の岩戸が開けて明朗なる神代が再び現出されるであらう。

以上の如く祝福精神はわが神代思想の精華であつて、そのかみ萬國の基を成したる高天原朝の遺風である。そしてその實證としては、祝福精神の形印として天津瑞が我國に傳承されてゐる。それはまた神代文化の一切を象徴せる形印である。凡そ文化の要素は時代と共に變化するから、太古に於て有用なりしものが現代では死灰の如くなつてゐるものもあるが、この天津瑞は、様式こそ多少の變化はあれ、今も現に活きて風習裡に存する太古文化の遺法である。されば日本が眞に天業遂行の大神命を成就する爲には、そのかみの　皇祖の御精神を現代に復活し、神代の種とも申すべきこの天津瑞に基づいて諸種の神策を探り、肇國の神々の御神慮に順つて行爲しなければならぬ。我等は今こそ過去の一切を代表して現世に立たされてゐるのである。我々が、皇祖の御神慮と合一する時、現世のまま神代は今に復活し、過去の神策の一切が有意義化するであらう。

次に、この祝意の籠められたる天津瑞の意義を、その最も近代化されたる熨斗の風習と形式によつて說いて見たいと思ふ。

三　熨斗の風習

(一)　天津瑞と熨斗

皇祖の御神勅にもとづく御神業は、地上天國樂土を出現せしむる爲の　天皇の萬邦御統治の大業である。この神業に奉仕する天孫民族は、その資格として、天皇の御爲に齋ひ奉る祝福の精神を養ひ、皇祖の大御心を心として萬般の行爲皆この天意に卽して行はねばならない。そこで、我々の祖先達は神宮から下附されたる天業奉仕の神符、卽ち天津瑞を平易化して熨斗を用ゐる風習をはじめた。熨斗は天津瑞の一たる天の歩靫（かちゆき）の延長であつて、稲穂のかはりに鮑（あわび）の貝の干した延鮑を包んで、長く延びるやうにと延喜を祝ふやうになつたものである。それはもとより祝ひの象徴であり、且つ天孫民族の神印としての意味で儀式の最初に用ひられ、その形式は天の歩靫と同樣に劍先（ほこ）形（かた）である。その熨斗形には天業成就を祈る祝ひの形示と共に、天の沼矛の修理固成の天勅の意味を含み、且つまた、破魔顯正の劍の發動を含意してゐる。

如何に天神地祇の神意が一切のものよかれかしと祝ふ御心であるにもせよ、それを妨害する惡魔の活動がある限り、天業遂行の爲には邪魔を除く劍の行使はまぬかれない。この點は天孫降臨の際の高木の神の御神勅に『皇孫の爲に防護となれ』と宣はせられてゐるから、皇孫の尊の天業御遂行の御前には、まつろはぬ者共を平ぐる爲に天劍を執つて戰はねばならぬ。しかしその場合にも天津瑞（あまつしるし）に示されたるごとく、常に、皇祖の大御心に照して　天皇の御爲に齋ひ奉る精神を根柢として武力が用ひらるべきものである。

熨斗は祝ひの象徴として一般化され、その形式は天沼矛を象（かたど）り、皇祖の御神意を表示してゐる。その起原を探究すれば太古の天孫民族の神符に到達し、延いては神籬（ひもろぎ）の神約に連結するものであるがそれは別としても、熨斗の風習は伊勢の五十鈴の宮より始まると古文書に記されてゐて、皇祖の御神慮をかしこみて伊勢の齋宮（いつきのみや）に於てこれを一般化されたものと拜察することができるのである。

（二）熨斗の秘義

古來武家にては熨斗をたのしと稱して、高位の者より下位の者に賜物のあるとき、この熨斗のみは手づから賜はる習はしであつた。それは何物にもまして最も重い祝儀の禮とされてゐて、その意味は天孫民族の神格を認められることに相當してゐたのである。それが時代の降るにつれて祝儀の進物に付して先方を祝ふ風習となり、今日に及んではその意味さへ失はれて只形式のみ一般化されてゐる状態である。

熨斗を交換する風習は、即ち先方を天業奉仕の資格ある者と認めることであり、また、先方を祝ひ壽ぐことであつて、且つ天津瑞の意義から言へば、この形印のあるところ必ず天地の神の守りたまふといふ天孫民族の信仰の表現である。故に熨斗を附して祝へば必ず人の心に神々の祝ひの心が通じ、その意義をさとる者は、皇祖よりの神命を再び自覺するのである。これは實に我國にのみ存し、我國人にのみ理解することができるやうに仕組まれたる神印であつて、實は、この形印は過去世の神代文化の一切を感知し得る鍵に相當する神記號なのである。故に、熨斗に向つて自己の心持を正し、悠久なる神代に思ひを致すときには、我々の血潮の裡にひそむ靈覺によつて神代の寶庫が感知され來る。現代では儀式の飾り物の樣になつてゐるけれども、この形印の存する限り、その由來する本源にさかのぼれば、すべて皇祖の御神策に到る筈である。故に口傳によれば、この熨斗の謎を解くことによつて第二の天の岩戸は開かれ、神國の眞の經綸神策が現代に復活すると言はれてゐる。

天の歩靫（かちゆき）に更へてこれらの熨斗が作られるやうになつたのは、餘程の上古であつて、その最も古い文献としては、景行天皇の御代の事を記したる肥前風土記の値嘉(ちか)島の條に、往昔、この島に景行天皇御幸ありしとき、その島の土人が捕へられて天皇の御前に出たが、その土人は木の皮を用ひて直ちに長延(ながのし)、短延(みじかのし)、羽割延(よわりのし)、鞭延(むちのし)等を作つて奉つた爲にその罪を許された事が記されてゐる。これは、當時熨斗が天津瑞と同様に天業にまつろふ精神を表示する意味で用ひられてゐた爲に、天皇もその土人の罪を許したまうたものであらう。上代は熨斗を作つて天業を祝ひ奉つたので前述の長熨斗、短熨斗、羽割熨斗、鞭熨斗の形式は、今もなほ、神典形象の中に遺存されてゐるから當時に於けるそれらの意義がわかるのである。神典形象の數多ある熨斗形象には、すべてに天業遂行の成就を祝ふ祖先の心が表示されてゐて、私は實に我々が今日まで祝福され期待されて來た事實に心づいたとき、計らずも今日の歴史が天業遂行の一大轉機に遭遇してゐて、我々が千歳一遇の天運に惠まれてゐることを感知したのであつた。

口傳によれば、熨斗や天津瑞の謎が解けたときは神代の神策が實現される時期に入つたことで皇祖がそのかみに於て民族の血潮の還元する度合ひと天運の循環律と合致せしめられたる其の神約の時がいよいよめぐり來て、神代の神智靈覺が神典形象を通じて現代人の腦裡に復活する様になるといふ。即ち、神靈文化時代に入つた證據である。

何故に熨斗の謎が解けたる時が神靈文化の段階に入つたことになるかと言へば、熨斗形即ち劍先形(ほこかた)には、天孫降臨の際の高木の神と我々の祖先との間に結ばれたる神籬磐境の神約が伏在してゐるからである。熨斗形には、神代の天孫民族が其の血潮に銘記して神約をした一大事實が盛られてゐるから、眞に心を神に通はせつつこの謎を解けば、時運さへ到來してゐれば誰にでも理解し得られる性質をもつてゐる。この形印こそ過去の神靈文化の結實であり、次の新しき文化を創造すべき種子的存在であつて、その中に祖先の祈念の形示されてゐることを知らなければならない。

四　皇祖の御經綸

（一）神代の追憶

現代から見れば、神代は未開原始の時代で文化の程度が低かつたやうに思はれるのであるが、それは物質文化を主とした見方で、種々な點から考慮して、我が神代は高度の精神文化を實現してゐたことが首肯される。彼の肇國の御神勅は現代もなほ我國の最高の指導原理であり、一切の日本文化は皆その根源を神代に發し、萬古不易の神啓のまにまに今日まで發展し來つてゐる。それは實に皇祖をはじめ我々の遠き祖先の遠謀深慮によるもので、我々の間には上古以來純一無雜の天孫民族特有の精神文化が保有されてゐるのである。このことは今日すでに朧げながらも國民一般の信念となりつつあるが、更にその事實を明瞭化して、一は我々自身の皇國への認識を確立すると共に、一は世界文化史上に於ける日本文化の特質と地位を明らかにする必要がある。然るに、學的にこれを實證するとなると、從來その資料が不足してゐて、種々な努力がなされたにかかはらず、充分納得し得るだけの成果があらはれてゐない。そこに今日國民精神生活が究極の一點に於て何となく安定感を缺いてゐる理由があると思はれる。つまり自己の家が明らかでないのである。

從來、上代文化の研究資料となつてゐたのは、文獻と太古の遺品である。記紀等の文獻が實に貴重な存在であることは言ふまでもないが、共等はその編纂の事情や年代や、漢字を用ひた書寫の様式からして自ら或る制限があつて、それらの文獻に據るのみでは、雲霧を通して日を仰ぐ如き感を免れない。茲に於て近年は、古墳や神代文字石や日の神拜禮座等の太古よりの遺蹟を探つて、そこに神代文化の實體を把握しようとする研究が頻りに行はれるやうになつた。しかし此の方法は實に困難であつて、わづかに地表に遺された巨石の配置や、その表面に印された神代文字等によつて大體の見當をつけ、これを古文獻の記載や現代人の生活様式に照して神代の生活様式を想像し、以て前代文化の內容と、遠き祖先達の遺した思想や遺訓を感得するものである。故にその研究の困難にして進展せず、或る場合は意外の相違を來し、或る場合は獨斷論となるも無理からぬことである。

　これに對して神典形象（みふみかたどり）は最も有力な資料であつて、我々はこの形象を通して上古の精神文化の內容や、皇祖の御神策に基く天孫降臨の當時の御模樣、『天津神籬（あまつひもろぎ）』『齋庭（ゆには）の穗（いなほ）』の御神勅の意義等を、極めて如實に、我々の生活と關係深く知ることができるのである。その一端はすでに『天（あま）津端（つしるし）』の條や『神籬（ひもろぎ）神約』の條に述べたところであるが、茲ではそれらを總括する意味で　皇祖の御神策の最も神祕な一點を、神典形象を通して指示して置きたいと思ふ。

　先づ第一に考慮しなければならないのは、我々の認識能力の問題である。皇祖の御經綸の如き深遠な内容を有するものは、よしその資料が完全に保存されてゐたとしても、我々の側に　皇祖の御神意に相應するだけの精神が復活して來ぬかぎり、到底これを了解することのできぬ性質のものである。この認識能力の問題を度外視して單に客觀的に神代文化を探るのでは、徒らに自他を迷路に彷徨せしめるに過ぎない。我々をして神代の精神に通入せしめ、神代文化の復活を可能ならしめる鍵ともいふべきは、追憶の情操である。

現代人の實證的な知識では數千年の過去まで想像することはできるが、それ以前の文化の內容は想像を絕してゐる。しかし、人々は皆各自に過去を追憶する情操を有してゐる。これは實に學問では解決できない神祕現象であつて、我々が靜かに頭腦を休めて無心になり、大天地の實相と合一するとき、何處より來るとも知れぬ新たなる智識が想起されて、曾つて一度も考へたことのない偉大な眞理を想はせられる場合がある。その最初の一點の想念が擴大されて後には遂に一大發明となり、或は、偉大な藝術作品として表現されてくるものである。わけても、繪畫彫刻等の造型美術に從事する藝術家にあつては、その製作に着手する以前にすでに大體の構想は自己の腦裡に完成してゐるといふ。これは卽ち、これらの人々の頭腦を通じて過去の文化內容が復活する不思議な現象である。過去の追憶は人間のもつ最も床しい情操であつて、この現象を通じてのみ過去世の文化內容を現代に結び止め得るものである。

然らば、この追憶現象を通じて知ることを得る過去世の內容は、現代の如何なる方面に充滿してゐて、如何なる樣式のものであらうか。それには先づ我々自身の追憶現象から顧るのがよい。例へば、昨日の自己の行爲や見聞した事どもを今日の頭腦を通じて追憶すれば昨日直面した時より幾分朦朧としてはゐるが去年の出來事よりははつきりと想起される。それは昨日の行爲や出來事が自己の內容として腦裡に印記された證據であつて、換言すれば、人體の中に記錄されたことを意味するのである。去年の出來事も十年前の出來事も同樣である。斯樣にして、我々人類が幾百萬年間に體得したる幾多の文化內容は、我等の人體に追憶の鍵を遺して空間に散逸してゐる靈的智識である。人間が或る外界よりの緣にふれて思ひがけなく意外な記憶がよみがへる場合と、純主觀的に內部より追憶して過去世の夢を現在に結び止める場合との別はあれども、これは實に人間のみに許されたる尊い情操である。過去の文化を構成した幾多の人智情操が刻々と靈智となつて虛空に消え、その事實はわづかに人間の肉體上に追憶の機能による鍵のみを殘してゐる理である。この故に人類の追憶情操は過去にさかのぼるほど深く尊く、偉大なるものを含むでゐて、この情操の發動は、人間の精神が天地の活動相にふれて神秘境に入つた證據である。故に追憶は神人合一顯幽感應の現象なのである。

然らば、その追憶の内容として復活再現されてくる文化は、如何なる範圍を含み、且つ如何なる特質を有するであらうか。最近の人類學者の說によれば、人類の發生は今より約百萬年前であるといふ。その長久なる年代には人智の發達にも幾多の變遷があり、その間に於ける文化は精神的にも物質的にも各々交互に極度に發達し又は極度に退化したであらうことが容易に想像される。これについては、折形象の中に自ら悟り得るやうに仕組まれたものがあつて、神代に一大變動が起つて一切の文化が滅亡したことが暗示されてゐる。このことは猶太や印度の神話にも同様に記載されてゐて、太古人の間には、前世記の覆滅に關する何等かの記憶の存したことが示されてゐる。そして今世紀の文化は、それらの過去世の文化破壞後に改めて新しく興されたものであることは、大體異議のないところである。

しかし、人類發生以來興亡せる幾多の文化がそのままに地變の爲に空しく滅亡したといふことは、人類が現在此の地球上に棲息してゐるかぎり、有り得ないことである。何となれば、大宇宙の法則として、すべての有機體はその發達の過程に於ける一切を包容して後に傳へるものであるからである。この間の法則は神典形象のむすび折の部門に明示されてゐて現代人の裡には過去一切が保有されてゐると教へてゐる。それは、てうど地球上に於て成されたる一切の動きが地上に印されてゐるごとく、百萬年以來の文化興亡の歴史は我々の身内に脈搏つてゐて、人體はこれ實に人類の發達史とも見るべきものなのである。

たとへばこゝに一つの種子があるとする、その中には發芽すべき活力が籠つてゐて、適當な土地に播けば時節さへよければ自然に發芽して、大地からの養分を吸收し日光と結んで枝葉を茂らせ遂には天をもつくばかりの大木となる。また、豆の如きものなら、その中には芽を含み、適處に播かれるのを待つてゐる。これを時ならぬ折に播いては自然にまかせて生長することができないが、播くべき時運に播けば完全に發芽して生育し、遂には花咲き多くの實を結び、それが又も種子となるが今度の種子は前の種子ではない。かくの如く多年にわたつて生命還元をしてゐるのが地上萬物の相であつて、またその種子を生育させ結實させるには季節が作用し、而して季節の循環は天體の運行の法則によつてゐる。また、これらの種子を地に播かずして外部との交渉を遮斷して保存すれば、その種子は何時までもそのままになつてゐるが、その中にある活力は死滅したのではないから、また地上に播かれる時を得れば再び芽を出す。それと同樣に生物の全部が親となり子となり又も親となつて生命還元を繰返しつつあるもので人類もその法則の支配に洩れてはゐないのである。

生體が還元すると同樣に人類の構成したる文化內容もそれぞれ人間の能力の還元につれて還元する。神代の文化內容に於て有用なりし事で後世に長く忘れられてゐたものが、又もその能力の復活すべき時運に際會すれば、再び神代のままに活動を開始するものである。そして、この文化的循環の背後には、神典形象の指示によれば、大宇宙の周期的循環が存して、その律と合致して自づから人間の精神的更新が行はれることが示されてゐる。それによれば、今日神代追憶の情操の湧起しつつあることが、すでに天運の循環を意味するのである。

要するに、人類の發生以來この地上に於て營まれたる一切は、人類の文化現象として世々に光彩を放ち、その內容は靈智となつて空間に消え、その一部は人體に封じ込めて傳へられ、追憶の機能がこれを復活再現する鍵として與へられてゐるのである。されば、人類の追憶現象によつて刻々新らしき文化が構成されてゆくことは、半面過去世の文化內容がその現象を通じて復活再現されつつあることを意味してゐる。而も追憶は神人感應の高度の精神現象である。故に、追憶が根柢になる文化は必ず精神的なものであつて、決して物質文化ではあり得ない。物質文化は必ず過去を忘却した心の上に成立してくる特徴をもつてゐる。古聖は忘却は罪惡であるとさへ說いてゐる。そして追憶は深ければ深いほど、そこに實現されてくる精神內容は偉大であつて追憶の極まるところ、ついには我々の生命の親たる大宇宙神にまで歸入する。これを我々の祖先は、天御(あめのみ)中主(なかぬし)・高皇產靈(たかみむすび)・神產靈(かみむすび)といふ三柱の神を以て顯した。無言に動いてゆく大自然の一糸亂れぬ威容の中には大宇宙の意志があつて微小なる人間の窺知し得ない大精神の大理想のもとに、且つ一定の規律によつて着々未來へ進展してゆく一大事實を、我々の祖先は謙虛に認めてそこに『天御中主』『產靈』等の萬邦に比類なき神名を顯はして、この神意神法に則つて國を肇め、文化を創始したのである。それは日本書紀の記載によれば一千七百九十二萬四千七百餘年以上の昔であつたといふ。今や天運循環の期に會して、我が國土に偉大なる精神現象が起り、その久しき間忘れられてゐた神代文化の内容が、人々の追憶現象を通じて現代に復活再現されんとする時代に至つたのである。而して神典形象は、正しく人々の追憶の機能を惟神に復活せしめて、皇祖以來の經綸神策を現代人に悟得せしめる秘鑰をなすものである。

（二）神典形象より見たる皇祖の神策

神典形象（みふみかたどり）の中には、天孫民族の血潮に後世不純なるものを生じたる時、これを再び神代ながらの純潔なる血潮に還元し、それと同時に、皇祖の御神意と、天孫降臨の本義が民族の血潮を通じて復活するやうに仕組まれた神策の折形象（おりかたどり）がある。これ實に、血潮の純化と同時に如何なる時代にあつても卽座に清明なる神代の神智靈覺が民族の頭腦によみがへるやうに神策されたもので、これを恢復することによつて、皇祖が高天原を統治あそばされたる惟神の經國法が新しくこの地上に復活し、神代の皇祖の御理想を實現する神代復古となるのである。

皇祖（すめみおや）にまします　天照大神は高天原を治しめす神として、神代の精神とその一切の文化を御代表あそばされる。我々は、皇祖の御經綸を拜察し奉る上に常にこの事を念頭に置いて、皇祖を御代表者として神代の一切が集中され表現されて來てゐる關係を忘れてはならない。そして皇祖(すめみおや)天照大神に代表せられる神代文化の精神的な深さといふものは實に筆舌の能く盡し得るところでない。たとへば『天御中主(あめのみなかぬし)』『高皇産靈(たかみむすび)・神産靈(かみむすび)』等の御神名に顯はさるる精神思想内容さへ、實に尊く無限の意義を包含してゐて、それは單なる觀念的な神ではなく、『天の御中』や『むすび』の神徳は、今後日本が現實の世界關係に處して實際に世界の中心となり、世界のむすび(大和)を實現してゆくことによつてのみこれらの神徳を開顯することができる。これを開顯することを約束づけられてゐる點に日本の神國たる所以があり、瞬時にてもこれを忘ることあらば日本は自らその存立の意義を失ふものといふも過言でない。またこれらの神徳は如何にこれを開顯しても開顯し盡すことのできぬもので、それ故彌〻その實現に向つて邁進せしめらるることあるのみで、そこに『天壤無窮』の神勅の下されてある所以がある。際限のあるものならば『無窮』ではない我々は斯かる絶對無限の神徳神法がすでに神代に於て實現され、それが我が皇國の根基とし且つ目標として明示せられてあることに想到するとき實に驚喜を禁じ得ないのである。天照大神は、斯くの如き神代の精神を御代表あそばされ、その靈覺神智によつて地上の將來を達觀されたる上で當時の能力の精粋を總動員あそばされてあらゆる御神策を計畫あそばされた結果、かの天孫降臨が行はれ、萬代にゆるぎなき天壤無窮の御神勅を下したまへるものと拜する。即ち、天孫の御降臨に際しては、皇祖の御神勅を中心に諸部の神々が神議り（かむはかり）に議り（はかり）たまひて、天孫の御將來に起るべきあらゆる出來事を豫知された上で、それに善處すべく諸種の御神策を立てられたことが、神典形象の各部門に表示されてゐる。古典に記されてゐる天孫降臨の御事情はすでに周知の通りであるが、ここに、降臨に際して皇祖より皇孫へ三種の神器を下されたる事について考へて見ても、皇祖の大理想と我國の使命とがわかるのである。

御神策の全部を窺ふことはできないが、古典及び神典形象の本義に照し、折形象（おりかたどり）を通じて靈的に考察するとき、如何にその時の御神慮が深遠なるものであつたか、その内容の一端が感得されるのである。彼の三種の神器はもと造化三神より下されたる修理固成の神勅と、〔天沼矛の神勅〕伊邪那岐命より皇祖に下された御頸玉（みくりたま）の御神勅の上に更に、皇祖の天壤無窮の御神勅が加はつたもので、基礎を宇宙神（天御中主神・高皇産靈・神産靈神）の大勅に置く至上命令の象徴である。故にこの神器には天地の神々の御經綸、即ちそれを御代表あそばす　皇祖の御神意が籠められてゐるものであつて、その內容の說明が神代文化の特殊な手法樣式で遺し傳へられて居らぬ筈はないのである。それが卽ち神典形象にほかならない。また神器の意義內容については古典には言擧げて說明されてはゐないが、神器は高御座に共殿同床に奉祀されてゐて、この神器の在すところに至尊の玉座が存すると定められてゐる。そして高御座の御本質は神典形象の上に垂示せられ、それによつて皇祖の御經綸の內容が拜察せらるるのである。それは實に我國體の基礎となるものであつて、そして一面では大宇宙の神德神法に合致すると共に、一面では人類の生命の消長に合はせて、天孫民族の純潔なる血潮にのみ感得されるやうに神祕されてゐるのである。如何に御神策としての神典形象が完備してゐても、大宇宙の循環法則による周期的な時運が到來しなければ、神策の謎を解く叡智が人類の頭腦に復活されて來ないものである。卽ち、皇祖は其の時運の運行と、親より子へ傳はる血潮の還元の律とを一致させたまひ、以て絕對的に偉大なる御神業を天孫によつてこの地上に成就させせんとあそばされてゐるのである。これは神典形象（みふみかたどり）を通じてのみ明かにせらるる祕義である。そして、皇祖は如何にして大宇宙法則と天孫民族の血潮とを一致せしめられたか、また如何にしてそれが事實一致してゐるかと考へるとき、我々は更に天津日嗣　天皇位の御本質の尊嚴なる所以に想到せしめられるのである。

抑々、皇祖の御經綸たるや、その由來するところ造化三神に在り、而して天地の神慮に基ける皇祖の御理想實現に萬全を期せられて、天地の神々は皇祖にすべてを神示され、この故に皇祖は眞理哲則洩るるところなく御知悉あそばされてゐたと拜察しなければならない。その皇祖を繼がせられたる天孫であるから、天孫に從ふ民族には、天地の神業を遂行すべく使命付けられた血脈が流れてゐるのである。さればこそ、皇祖の御經綸によつて天地の法則と民族の血が天業遂行の大義の上に一致し、天意は卽ち我々民族の神命となり、血潮となつて、神の使として天業に奉仕せしめらるるのである。

皇祖が地上を修理固成せしめんとの御神慮によつて下したまひし　天孫にましますゆゑに　天皇はそのまま　皇祖の地上に成りませる御神姿に外ならず、天意繼承の　天津日嗣にまします故に現人神にして天孫民族の宗主（そうしゆ）にまします。されば、天皇の御神業を奉體して我民族の血潮の躍動するところ、天上地下諸々の精靈はもとより、幽れては萬神皆悉く御神業を援け在します。されば國史の聖蹟に照して考ふる時、我々は悠久なる大宇宙の動きの中に天祖以來の神慮を悟ると共に、時運に際會して天孫民族の血潮の高調子に脈搏つところ、そこに皇孫を中心として地上の神業が着々と進められてゐる事實を知るのである。

神典形象（みふみかたどり）の指示する理由によれば、太古は天文學が優れてゐて、長年月間に循環し來る天體の星座の運行につれて、天皇の寶座を中心にして地上に起り來る大變動が大體靈智を通じて豫知されたらしく、その折形象の數部門には天地間の循環法則なるものが示されてゐる。これによつて察するに、神典形象に神祕されたる能力は、一定の神策によつてその循環の時運が到來するまでは、人智の上に復活せぬやうに祕められてゐるもの丶やうに思はれる。

宇宙の循環法則といふのは、てうど圓を畫いてその外周を一方にたどれば一周してまた元の一點に還る如きもので、天體の星座の運行も幾萬年を經過する間にはまた元の狀態に還つてくる。現代の天文學では、天體の進行の循環期間は約二萬六千年で一週すると謂はれてゐるが、それにつれてすべての能力も天體の法則に支配されつつ變化する。これらは小なる人智もて測り知ることのできない大法則であつて、神典形象（みふみかたどり）によつて解けば、皇祖は當時の神智を綜合あそばされて、宇宙の周期的循環法則に合はせて大理想實現の能力を御神祕になられ、將來時運の到ると共に發動するごとく神策を定めたまうたものである。そして現代は正しくその時運に際會したので今日まで祕められたる神典形象の神祕がいよいよ解けそめ、また神代追憶の情操が湧然と國土の上に現起し來つてゐるのである。

以上によつて、皇祖の御經綸の最も神祕なる一點を大略述べ竟つたが、我家の傳によれば　皇祖はこれらの御神策を皆この神典形象に祕められて、比賣の神業として、天孫に奉侍して降られた女神に授けたまうたので、これらを總稱して比賣事といふとのことである。それかあらぬか神事の別傳には、特に『比賣の神事』といふ行事があり、婦人の特徴に寄せて御神策の大事を祕められたことが暗示されてゐる。これを一名『うなばら』といふ。『比賣の神事』は女子成熟の經水を見た時に天の忌火をまたぐ行事であり、『比古の神事』は男子十五歳の正月岐の神を奉祀して御前に於て陽の皮を絶つ割禮の行事である。共に神代以來の神事で神業奉仕の資格を神より授かる意味である。この神事こそ實は皇祖がその大經綸祕策を比賣事として日本の最高の婦人に傳承せしめたまひしことを物語るものであり、男子の行事は、御神命遂行の大義を誓約する名殘りと見るべきであらう。その眞意はここに明示することはできないが、神代の淸明心に還つて考へて見れば、男女の子供を產む行爲に卽して神策を秘められたる合理的な事實が感得されると思ふ。これが『うなはら』の傳の指示す意義で、これによつて、皇祖の御神策は、これを雲上の高きにのみ仰ぐべきにあらずして、天孫民族が稻穗を食し、夫婦相和し、子を生み育てて、以て天業奉仕を全うする地上の現實生活の上に圓現せらるべきものであることが知られるであらう。

五　神代の神約

我國の神代は上來述べしごとく神靈文化時代であつて、天地の神律を奉じて偉大なる精神文化を完成してゐたのである。當時の宇宙觀人生觀によれば、天地間にありとしあるものは、皆天地の大神靈の愛の表現たる陰陽のむすび（產靈）によつて生じた現象であつて、天を父とし地を母として、そこに微妙なる『むすび』の作用（はたらき）が行はれた結果地上に萬物が產出されたものと見られた。そして人間は、さうしたむすびの結果、悠久なる時を經過する間に自然に素質が向上して天地の靈を體得し、神意を地上に表現すべき唯一の靈的存在として靈性を與へられて來たものと認められてゐた。それは、人をひと（靈止）と稱する言葉の上にも表現されてゐる日本獨自の人間觀であつて人のひとたる本義は、靈の道を知ることである。

萬有の生成されたる發展過程は、決して單なる機械的自然法則によつて理解されるものではなく、悠久に活動してゐる自然界にも天地の神意が働いてゐて、我々の祖先は自然界の全體を神格の表現と觀てゐる。それほど自己自身の存在を神の中に發見してゐたのである。その神は皇親なる親神である。かく神の裡に沒し切つた魂でなくては、自己のことを靈止と呼ぶ人生觀は出て來ない。それは人生觀であると共に宇宙觀である。たとへば、我々が今日生かされてある事實を考へて見ても、突然に自己が現身のまゝに現出したのではなく、その根源を探れば、父母祖先を通じて實に久遠の過去世にさかのぼり、それより今日までの發展過程をたどらねばならない。故に我々は親を通じ、祖先を通じて、ついには生命の原子を作りたまへる造化神の御神意にまで到達し、その御神意を悟つて以て一切の思想と行動の根本義となさねばならない。

この法則を上古に於てはヒチと稱した。ヒは日であり、また靈であつて、チは道を意味し、ヒチは靈を實現する道である。またチは血であつて、ヒチは我々の血潮の上に天地の神靈の感應を受けて地上に神意を布くことを意味する。そして、この道を知る人をヒジリと呼んだ。それは日(ひ)知(し)りびとの意味であり、また靈血(ひち)知りびとの意味である。またそれは、皇親神(すめらかむつ)の御心に従ふ道であるから、近古以來は、親祖習(おやく)への道といふ意味で神ながらの道といふ。

かくの如く我々は今日自他各々分裂してはゐても祖先に還れば、靈的には皆天地の神に歸入するものであつて、各自が別々に行爲し思考してゐると思ふ事も、根元に於ては一に歸するものである。故に、天地の神律、卽ちヒチの公道に合致せる行爲でなければ、一切が無意義化するものである。

我國は、この天地を貫きて存する公道を根本義として惟神に成り來つた國で、ヒチが具象化されてゐるものである。故に靈(ひ)の本(もと)つ國といふ。また我國は言靈(ことだま)の幸(さき)はふ國と言はれて、太古より言葉によつてこれらの神律や國情を表示して來た。卽ち現代的に言へば標語のごときもので、我國の一切を簡潔に表現する言葉を國名に附して遺したのである。たとへば『靈(ひ)の本(もと)つ國』といふのは、前述の通りヒチの公道實現の國、卽ち一切の親國(おやぐに)であることを意味し、『葦原の中津國』といふのは、天意によつて成された地上一切の中心となる國といふ意味である。また大宇宙には實に微妙な力が滿ち々々てゐて、上古はこれをことと名づけ一切はこのことの結合によつて生じたものであると傳へられてゐる。そして神代に於ては、人を命(みこと)と名づけ、言靈(ことだま)の力によつて直感的に行爲し、靈性を向上させて生きながら大神格に到り得たのであつた。これらのことはいづれも、我國が無始以來今に到るまで大宇宙精神のまにまに天地の發展過程のままを根本義として成り來つた國であることを語るもので、その本體は大宇宙の萬物を生成化育する法則である。

たとへば、一本の木にも根があつて大地の中から養分を吸收し、これを根を通じて枝葉に送る故に、梢に花も咲き美しき實を結ぶのである。それと同樣に、我國の如き優秀なる國家が生成されてゐる事實の根柢には、神代以來の過去の一切が幽れてあらゆる養素を現代に送つてゐるのである。されば、何故に祖先は一切を捨てて子孫の爲に犧牲となつてゐるかといふ問題も考へて見なければならぬ。植物の如きものさへ根を大地に下し葉は天空に擴げて生ひ茂るに、萬物の靈長たる人類が、その根元を悟らずまた將來の進路も定まらぬとすれば一切が無意義ではないか。我國は過去の一切を根幹として成立せるもので、それ故にまた根本が最も大切なのである。即ち神代に於て、我が皇祖がその神智靈覺によつて大宇宙の生命の原則に範を取りたまひ、萬物生成の原則に合致させて我國の根基を定めまひしことを深く心に銘記しなければならない。

天照大神は、その御神名の通り天にかがやく太陽にも等しき大慈大悲の圓滿なる御神格を具へたまうた神に在しました。故に、天地の生成化育の法則を以て國の根基を定めたまひ、諸部の神に神命を下したまうて、神智靈覺による大經綸を立てたまうた上で、萬代に搖ぎなき國是を勅したまうたものである。そのみことのりこそ君臣の分明かなる靈(ひ)の本つ國の根本義であり、現人神たる　天皇にまつろひ奉る道であつて、これこそ我國家統治の根基であり、個人的には行爲の規範たるべきものである。これを稱して天御中(あめのみなか)の道といふ。天の御中の道は、また萬有を生成する法則であつて、その法則を具體的に神議りの上で　皇祖の御神訓として神策化されたものが、この神典形象(みふみかたどり)で、その各部門は言靈(ことだま)と相俟つて完備するのである。

如何な大木も結局は根本(ねもと)から養分を吸收して生育したものであるからには、その根元は地中にある筈で、大木の生成の全體が大地の意志表示とも見ることができる。もとより天空より降りそそぐ太陽がなくては生育することができないから、天意にもよると言へよう。一切は天地の兩極の作用(むすび)の中間に發生するものである。この法則にもとづき、天孫降臨の際、我々の祖先は天地の神意を地上に遂行する爲に、皇祖から絶對的な神策を授かり、その神業遂行の大義のために、別離にのぞんで　皇祖との間に神命の遂行を誓ひ、一方、皇祖は我々の祖先達の前途を祝福したまひて、双方から誓約をせられた。これが『つつみ・たたみ・むすび』の様式で取りかはされた契約物であつて、實に神籬神約の内容をなすのである。傳承されたる形印の各部門には、その間の消息を垂示されてゐるものが多く存する。

神典形象を解いて見れば、この契印の締結されたる所以や、或は、その秘訓を信認して實行する者は天孫民族として神業奉仕の資格ある者と看做し、幽界より神々が守護されてあやまちなからしめると約束された事が表示されてゐる。故に、その秘義は誠ある人ならでは知ることを得ず天業遂行の大義に殉ずる信念の人でなくては、如何に説明しても理解することができないのである。

神代の神々が地上萬國を救濟せんとの大悲願を起したまひて最愛の皇孫を降したまうた御神意を思ふとき、また、萬有を生成化育する大法則の道を現在まで保有する日本の存することに心づくとき、我々は天孫民族の一人として、皇孫の爲に神業奉仕の大使命を完全に遂行しなければならぬと思ふのである。それには神命を拜受した神代の淸明心に復歸し、根源に遡つて、皇祖の御神慮を旨とし、我國が萬國の宗家として、天地の公道・靈の道を傳へてゐる事實を立證しなければならない。如何に過去世に偉大なる文化を有してゐた民族にもせよ、現在が低下してゐたのでは過去の一切が無意義化する。されば現代の我國が萬國に向つてその宗國たることを示現するには第一に我々國民の一人々々が、皇祖の大御心・卽ち　天皇の大御心を旨として、神國の民らしく各自が神格者たらねばならない。萬國の宗家たる事を世界に宣言したとて、實際に我國人がそれに相應しい規範を示さなくては誰も承服するものではない。この故に、皇祖の御經綸になる御神策が現代に復活する時機に遭遇して、萬國の龜鑑となる神格養成の教義が發表さるるならば、自ら國内的にも國外的にも偉大なる効果を擧げるに到ることと思はれる。

凡そ、よろづの宗教は祖宗の教へといふ意味であるから、萬國の宗國たる我國の　皇祖の御遺訓に如くものはない筈である。わけて神典形象の中には神代の神策が秘められてゐるから、その神示に從つて行ふならば、萬國如何に民族性や風習を異にするといへども、人類が眞に幸福を願ひ平和を愛するものであるかぎり、皇祖の大御心は必ず通ずる筈であつて、共存共榮の精神を擴大强調する念願のある者は一人も洩るることなく救濟されぬ筈はないのである。

神典形象（みふみかたどり）は、前述のごとく、皇祖と我々の祖先との神約の形示であるから、天業遂行・即ち萬國救濟の大悲願を遂行する神典である。故に、佛敎に經典あり、基督敎に聖書あるがごとく、我國にも天地の神慮にもとづく惟神の神典が存してゐて、萬國の敎義は一も洩るることなく、皇祖の御神策のもとに統一さるるものである。これによつて、萬敎はそのままの姿に於て即座に面目を新たにし、世界の宗國（そうこく）たる我國の敎に依つて活きて各自の領分を敎化するに至るであらう。何となれば、佛敎や基督敎をはじめ世界の諸宗敎は、敎祖によつて開敎されたもので、一地方に限定されて發生し、且つ敎祖を通じて說かれた敎說であつて、現實に實存して世界を左右すべき中心がない。然るに我國には　皇祖直系の　現人神が高御座に在して常に萬民の幸福を祈りたまふが故に、萬國の宗家（そうけ）として完全にその中心を守護してゐる。しかも皇祖の神典は、現人神を中心として運用さるべき萬國經綸の神策であるから、具體策を有するものである。この點に於て諸宗敎の敎義が如何に眞理を說くとも、結局は個人的解脫の範圍を出ないもので、現實に實在の　神在す我國とは次元を異にするのである。

されば、我國人にして眞に神典形象の意義を解して、皇祖の御神意を旨としたならば、最早やすでに神策遂行の使徒となれるもので、かくて全國民がその神使と化するとき、萬國は自然にわが皇祖の御神徳に感泣して　天皇の御前にまつろふに到るであらう。神典形象はわが言擧げせぬ國ぶりに相應しく、それらの形式の中に獨特の方法で教義を說くものであつて、自己が自らの血潮に聞いて心に背づく質のものである。それはその形象を通じて、神代ながらの國體精神を感得せしむるものであるから、天孫民族の契印であると言ふことができる。

なほ『神代の神約』としては、神籬神約の內容を明かにせねばならぬが、それは『天津瑞』『祝ひの精神』『神歌』等の條にそれぞれ一端を述べたので、玆では唯その本義を說くにとどめておく。

第三章　みふみかたどりの運用（神典形象）

一　みふみかたどりによる行

（一）宗教的行と其の種別

行とは或る目標に到達する爲に必然に定められてある道を實踐することである。劍には劍道の修行があり、茶には茶道の修行があつて、それらに於ては、いづれもその目標とせらるる最高の境地があり、且つそれに到達する爲のそれぞれの規矩が存して、行はその規矩に從つて眞實を傾けて心身を鍛錬し、以て最高境地の體現を期するものである。

そして宗教的行の場合は、その目標は人格そのものの最高の完成、卽ち靈格の圓現にあつて、その點に於て何等か特定の技術の修錬を必然とする諸餘の行とは相違してゐる。劍道や茶道の修行も一種の行ではあるが、それはそのままでは宗教的行ではなく、唯それらが靈格完成の要道として行はれる場合にのみ、宗教的行たり得るのである。また日常茶飯の生活も、それが靈性向上の要道として誠心を籠めて營まれるならば立派な神行であり佛行である。總じて宗教的行は神人一體、心佛不二の境涯を目標とするので、念を最高の靈體たる神乃至佛に通はせ、熱烈な信仰を起して靈性の向上に眞摯な精進が爲されねばならない。卽ち宗教的行は全的に信仰體驗の實踐であつて、またそこには自づからなる規矩（神律・神法・佛法）が存する。故に、いづれの宗教でも信仰と律法を說かぬものはなく、律法は肉身を通じて信仰を實現する最も自然な範疇である。故に諸宗教に種々な律法が立てられてゐるが、その要諦は詮ずるに罪穢の拂拭と魂の神化にあつて、その點から諸宗教の示す行には自ら二三の類型が生じてゐる。

人間が肉體を有する以上其の精神の指示通りに肉體を働かす事には制限があるから神人一體・物心一如の至上境に到達する道程として、肉體的に或程度の慾望を制して精神の至上命令に合せんとする努力が爲されなければならぬし、勿論精神的には純一無雜の心境で行ずべきであつて、その行の性質上、神に祈る樣式や佛前の勤行も必然に生じてくる。以上のやうな意味から宗教的行を大別して體行と心行と勤行に分つことができる。

（イ）體　行

體行は、自己の身體を苦しめ慾望を制して、體的に不純を除き心身を鍛錬するもので、或は食を絶ち、或は特定の食物のみを少量攝取し、或は冷水を用ひて禊し、火食を絶ち、劍の上に坐し或は針の蓆に直る等、身體を千苦萬惱させる行をいふ。勿論、神に一心を捧げて行ずるものであるから、その眞實は必ず神明に通じて、偉大なる活力を復活し得るのではあるが、その行の苦しさにこれを難行苦行とも稱するほどである。これらは、人間の慾望怠惰を除いて眞劍に神命に仕へんとするものであつて、その意味では實に稱揚すべきではあるが、これを國家的見地から論ずれば、國民全部がこの水や火による行の爲に一定の期間を苦行する事は實に至難である。もとより特定の道場を設けて修業上の一方法としてなさしむる事は必要であるが、この體行を國民全部に推薦するにはなほ考慮を要する。また國民としてもこの苦難の體行が目的ではないから全部が進んでこの行に參加するとも考へられず、また眞に自覺せる者は、勤めてかかる苦行に參加すべきではない。かくの如き行より以上に重大な仕事が山積してゐて、今更らしく苦行を修する餘裕はない筈である。この意味に於て、私は體行は修行の道程にある者に課するためには必要な場合があるが、一般に自覺した人々は其れ以上の行によつて各々其の本分を實際化して頂かねばならぬと考へるものである。

（ロ）心　行

次に心行は廣義に解すれば一切の精神の動くところ心行ならぬは無しとも申されやうが、特に行として行はるるものについて言へば、坐禪や神道の物忌み、お籠り等の行である。これらは精神的なものであるから、神明に通じ神慮を悟り得てその目的通り偉大なる靈驗を表した例も少くない。然し、前述の體行と同様一長一短で、國家として國民全部を參禪させ、或は神社に參籠させて心行をさせる制度を設けたところで、國民は生計の事で一杯になつてゐるから、その心行は表面的な僞行に終つて仕舞ふ。よしや心から參加し得たにもせよ、その結果は心行のみが全部ではないから再び實生活上に逆もどりする。但しこの心行は、何もしないよりははるかに有益であるが、私は行の本質から論ずるので實際の效用上の良否を申すのではない。私見としては心行も單に靜坐したり、參籠したりして神に對するのみでは眞の心行にはならぬと思ふ。それよりも實生活上に行爲しつつ心行する方法があればより實際的で、神の使としての本分を全うする所以ではないかと考へるのである。

（八）勤行

次に勤行や祭典等の行がある。これらは大體眞實の心持を態度に表現して神佛に仕へ奉るといふ精神的な行であつて、體行と心行との中間をゆくものと考へられる。もとより斯かる行のみが全部ではないから、一部の人々には必要であらうが國民全部に强ひるわけにはゆかぬ。同じく勤めるならば寧ろ自己の天職に全力を傾け、同じく祭りをするならば、自己の心を　天皇陛下の大御心にまつろひ、皇民としての本分を遂行するを以て第一義とすべきであらう。この意味に於て藝術家や武道家達が自己の天分をより以上に發揮せんとて寒中にもかゝわらず一心に鍛錬する行は眞實そのものであつて眞に神心に叶ふと思ふ。行は決して實際行爲をはなれて虛僞であつたり遊戯的であつてはならぬ。

以上は行を大別して其の長短を大體記したもので、細別すればなほ種々な行が存するがその本質から見れば大同小異で、大體以上の範疇に屬してゐる。そしてこれらに對して神典形象の行はより合理的に完備してゐる。

（二） 神典形象による行

（イ） 其の方法と本質

神典形象による行は、前述の心行と體行との織り込まれたものであるが、この行は包みや結びの形式を通じて天地の眞理哲則を自己の靈性の度合ひによつて悟る行である。白紙を用ひて紙面に折目付けつつその折目の有する謎を一定の法則に照して解き、それによつて自己の腦裡に悟られる神靈的な指示を捉へて現實の世界に活用せしむる神法なのである。故に單なる心行にあらずして、神明と直接に感應道交して神人一如の境地に到達しつゝ神意を悟る神行である。この神行は、皇祖の御神策の一つであつて、現代人をして神代の叡智を復活せしむべく神代より用意したまへるものである。これが昔伊勢の齋宮に於て『謹しみの修法』と稱し、又は『物忌み』とも申されて傳承されてゐたことについては已に述べたところである。

されば、この神行を修する者は單に形象を通じて悟道の要諦を知つたり、形象による精神統一をなしたのみでは何等の效果もなく、それだけでは一般の智育と同樣に單なる智識として知るだけであるから一種の學問に過ぎない。神典形象による神行は、決して智識的な學問であつてはならぬ。如何なる無學文盲の者でも、平素體驗によつて眞實の道を悟つてさへ居れば、斯によつてその究極の目的に達し得る質のものであつて、たとへ山程の富を有し、或は最高の學府を出た學者であつても、身に神命を奉體して信仰體驗を積むか、或は自身が天地の哲理神法に通じて神命に仕へむとする純情の無いかぎり、絶體に神行の究極を悟ることはできないものである。

かくて、神行による行者は日常の行爲卽ち是れ行であつて、世間が道場であり、眞實の行爲が累積されて後に神に仕ふる信仰體驗となる。そして斯くのごとく神人一如の修行が重ねられた末に神行の形示の謎がその神業奉仕の程度に合して解けてゆくのである。故に、これらの形象によつて、神行者は自己の神格を悟り、形象は神階を昇る程度を視る標識ともなるのである。

この神行は、前述の通り形式を通じて過去世の神智靈覺が現實の上に復活するものであつて、血潮の純化の度合ひと靈の復活する程度が合致して形象の謎が解ける神策である。故に、行者が形式を行ずるに隨つて自己の靈血(ひち)のむすびが行はれ、その現在に有する神格に適應して心靈が開發される。しかし、或る一定の限度まで昇つたならば、その後は自己が世間に於て行者としての眞實の行爲を積んで神人一如のすがたで信仰體驗を積まなければそれ以上に靈格の向上することはできない。故に　全的に神階の形示であつて、且つ悟道の形式化であると申すことができる。

（ロ）　魂の素質と神化

神典形象によつて行ずる時、自ら人間性には先天的に魂の表裏のある事がわかる。祖母の口傳によれば、人間には上り魂と降り魂とがあつて現世に於てそれらが一段づつ上下する定めである。人生は神の試驗場であつて、上り魂は神階を昇りゆき、下り魂は畜生以下に退墮する。これを稱して『みたまめぐり』といふ。

上り魂は、自己の性分が常に下劣なりと信ずるが故に他の長所のみを見て神習ひ、自らその長所を學びて長ぜんと努力する魂であつてそれ故に魂は次第に進展向上して遂に神格に到達する。されども常に油斷なく進歩向上せざれば、時に下劣なりと信ずるところに落ちつきて卑屈となり魔界に迷ふ者もある。

下り魂は、自己は勝れたる者なりと信ずるが故に他の短所缺點のみを尋ねてこれを誹謗し、人を見下げて侮辱するによつてその魂は次第に低下して遂に我利の畜生道に墮落し、或は自己を極端に勝れりと信ずる魂は、天狗魔界に住して常に人を傷け、常に嫉妬心を起して他の名望を失墜することをよろこぶ。これを禍津(まがつ)といふ。

此の禍津(まがつ)者は、神界とは波長のちがふ世界に住してゐるのであるから、此の種の者共は神道によつて救濟することは至難であつて、一旦この禍津の世界に入つたものは、中々出ることができず、遂に一生神使の道を知らずして終るといふ。

上り魂と下り魂の傳は、古來神話、またはお伽語として民族間に傳へられてゐて、この魂の素質は神典形象による神行によればたちまち正體が現はれて來て、上り魂の者は飛びあがるほど驚喜し、下り魂の者は自己の認識不足なことは悟り得ずして却つてこれを誹謗する。これは自己の不明を悟る能力のない者であつて、眞實心の乏しいことを證明してゐる。皇祖の御神策に成る宇宙の神律神法に向つてさへ、誹謗するのであるから推して他を知るべく、天下に我一人との考へから何事に對しても傲慢である。しかし利慾には敏感であつて名利の爲には虚僞の賞揚をなし、自利のみを念として他人を害することを喜ぶ魂である。

眞實に行ずる者は世間を道場として自己を謙虚になし、一切に對して禮拜する心持で對ひ、相手の長を賞し、短を誡しめ、共存共榮して以て神使としての本分を遂行せんと努力する。それ故祖母は、御神業に仕へる者は必ず下から出て先方を見よ、先方の出方によつて上り魂か下り魂かを知つて善處せよと言ひ、魂の素質の低い者ほど頭が高いから表と裏とを比べて見よと訓へた。神行はこの魂の淨化から始められ、眞人間を語らつて眞實行爲による信仰體驗を積ませるを以て本義とする。決して單なる學問的な智識を得るのが目的であつてはならない。もとより地上社會を道場として、天地神明に通ふ靈血（ひち）のむすびによる神行なるが故に、これ實に絶體の行であり天地の心卽ち、皇親（すめらがむつ）の神々の御神慮を體得すべき實際法である。

二　神典形象による教育

教育は、如何に知識を養ひ體育を奬勵しても、かくして訓化された者がなほ自我欲望に執はれてその知識能力を惡用するか、若しくは善用し得ないときは、甚だ遺憾なる結果を生ずる。故に教育は德性の涵養を第一義として、人間を神の使たらしめ、その有する能力を完全に發揮させて天業奉仕の使命を全的に遂行せしむるやう一切の智能を授けなければならない。

天地の作用（むすび）によつて生育せる萬有は各々その特定されたる性能に隨つて全的に其れを發揮（はつき）して

ゐる。植物は植物としての各自の本性のままに繁茂し、動物も各自が天性のままに生息してゐる有樣は實に驚異すべき事實である。若し、彼等がその本性に逆ふ行爲をなしたならば、必然的に自滅する他はない。萬有に對する天地自然の權威は絶對的なものである。人間は他の動物より一歩超越して、靈性を與へられてゐる。これは人間が萬物の靈長としての靈的特質を發揮すべき本性を有してゐる證據であるから、靈性の教養は寸時も忽がせにすべきではない。萬一その靈性の向上を怠るときは、直ちに禽獸と同樣の境涯に墮される。天には天道あり、地は絶えざる律動によつて我々を生成化育してゐるのであるから、靈止たるものはそれらの天地の活動の本體たる大なる力に對して、その奧に籠らふ神意を感得し、以て天地の神律と一如一體にならなければならない。

天地の神意に卽して人類の文化が興されたるものならば、常に平和な樂園である筈であるが、不完全な現象のみ起つて人間に苦惱の絶え間無きは如何なる故であらうか、實にこれは人間本來の靈性天理に逆つてゐる何ものかがある證據である。されば天意を悟つて、各自が本分を全ふするには眞理に卽した教育によつて靈性の向上を計るより他はない。眞理は天地の規律であつて、神意は眞理であるからこれを體得して行爲する者は眞人間である。然るに、この神律を無視して獸的本能を恣にするのはその靈性が低下してゐる證據であつて、靈能特權を捨て魔界に墮した る者と言はねばならぬ。その心の持方の如何によつては、神ともなり、禍津ともなつて行爲百般に影響し、無始以來の因緣にふれて、萬端の波紋を起すのである。

現代の教育の如く、科學的な智育偏重主義では、眞に神意を奉體して天業に奉仕する眞人を養成することはできない。この故に、我等の遠き祖先は神國の青人草を養ひ育てるに惟神なる靈性教育法を施したのである。それは言ふまでもなく 皇祖の御神策になる神典形象の一部門であつて、天孫民族の大神業遂行の神使を養成する最も古き教育法なのである。この神典形象による教育の内容は大體、(一) 信仰的教育、(二) 道德的教育、(三) 美的教育の三種に分けることができる。

(一) 信仰的教育

萬有は天地の所産であつて、而して天地の神・卽ち生命の本體を信ずることは人間のみに許された靈性の特權である。故に我等をして、かくあらしめたる神を信ずることは、卽ち自己の本性を信ずることに相當する。てうど生みの子が本體の親を認識するやうに、萬物の靈長なるが故に我等は我等自身の本體なる親神を信ずるのである。これ實に母體を中心として道を行ふ報本反始の大道の根本であつて、天の道である。

神典形象（みふみかたどり）による教育は、先づ第一にこの天地の神靈たる生命の本體を各自に認識させ、神を信ずることから始められてゐる。そして神を認識せしめると同時に神命を自覺せしめる。我等天孫民族としては、皇祖の御神靈を自己に悟つたとき、皇祖よりの御神命がすでに降下してゐるのを自覺するもので、神典形象は第一に神を信仰する實際の體驗から入門するのである。

神を認めない者は自己の本體の親を認めない者であるから、勿論神命を自覺することもできず神使たる働きもできないので眞の人間とは言はれない。人として自分が何の爲に生れさせられたかといふ大問題を捨てて、ただ本能的欲望に生きるだけでは動物と大差はない。人たらんとする者には先づ自己の本體の何たるやを悟らしめ、その使命の自覺にもとづいて行爲の規範を知らしむべきであらう。自己の使命も悟り得ずして何で教育が意義を成し得よう。何を遂行する爲に學ぶのであらう。されば教育の第一歩に於ては先づ自己の神性を自覺せしめ、天地と自己との相關聯せる事實を實證せしむべきものである。如何に神を認めず、神に反逆するとも神は絶體の權威を有したまふが故に、ついには信順歸入するに至ると、神典形象には教へてゐる。

天地の現象は絶對神の神意の表現とも視るべきもので、有りとしあるもの皆各自に行くべき道がある。即ち、天地の活動は言ふまでもなく、萬有一切が其の本性に隨つて各々の道を歩み行ひつつあるのである。萬物の靈長たる人間にあつても、おのづからその行爲の基本たる大道が定められてゐて、この道は當然人類ならば歩み易く行ひ易い自然の大道たるべきものである。萬一この道に背反すれば必ず苦惱を生じ、强ひて逆へば必ず滅亡するに至る。この道は大宇宙の神意によつて定められた先天の神律であるから絶體の權威を有してゐて地上萬國の人類が等しく守るべき萬古不變の道である。我國に於ては古來この道を『天の御中の道』といふ意味でヒチといふ。神典形象(みふみかたどり)による教育はこの形象の様式を通じて人類共通の大道たる先天の神律を教へ、靈止(ひと)としての歩むべき道を平易に授けるものである。その教授方法は、形式の實習の間に、時に言葉や文章で臨機應變の教示がなされやうとも、その形象そのものは變更されることなく、またその意義も靈血の大道に統一されてゐるから、萬古を通じて嚴として動かすことのできぬ權威を有してゐる。人間に神を認めさせても自己が神の使として歩むべき道を知らなければ、眞の行爲を以て奉仕する事は出來ない。それ故、我が遠き祖先はこの形象による道を遺して、以て神國の眞人を教育せよと教訓してゐるのである。

かくして天地の眞理を體得すれば、自然現象に對する心眼もまた開けて、萬物の眞の働きを感得するやうになる。すなはち物の觀方が變つて來て、今まで表面的にのみ觀察してゐた事でも、自己の靈性が高くなるに隨つて叡智が開けるから物の內部的觀察が行はれるやうになるのである。たとへば、こゝに野邊の白百合の花を見たとする、普通ならば單に美しいと感じ、よい香りだと思ふに過ぎないが、靈的な觀方が加へられてくると、花を見ると同時に先づ美を感じ、その花の出生の緣を思ふやうになる。卽ち、その花を咲かしめられし天意を考へ、久遠の昔から花となり、種子となり生命還元をくり返されて今こそ、現世に於て自分に美しく會はされたことであると悟る。自己もまた父母祖先と一系をなして生命還元の結果一切の過去の成果として現世に生育せしめられて來てゐる。百合の花も同樣に今を盛りと咲いてゐる。この兩者がゆくりなくも相過はされたのは遠き古よりの神縁によるもので、この花と自己との間には密接なる連絡があるといふことまで悟られて來るのである。そこでこの花と自己との間に下されたる神意に考へ及ぶとき、他人にはわからぬが自分のみ獨り背いて花を通じて久遠の過去世の神慮を感得する境地がある。これを神占境（ふとまにうら）といふ。

（二） 道徳的教育

眞の道徳は眞の智慧から發する。神典形象は眞智を涵養して徳育を完成する根源をなすものである。神典形象による教育法では、この形象の謎を感得する修行によつて、自己が相對する一切のものの内生命を感得するやうになる。故に、他人に對してはもとより、動物植物の末にまで及んで、萬物の靈長たる本分を完全に遂行すべく、萬物活用の智慧が生じて來る。而もその智慧は萬物の内生命を完全に活かすことを目的とする故に、これを悟得すればするほど世の中の一切を有用ならしめ、一切を益するものであるから、これを稱して神智といふ。神智は行きつまることなく、有らゆる機縁に於て萬有を向上せしめ、神格に到らしめる生成發展の智慧であつて、自我を助長せしめる悪魔の智慧とは異つてゐる。神典形象による智育は斯くのごとく、神智靈覺による神占境到達を目的とするものであるから、我皇祖の御神慮たる『一切のもの良かれかし』との大御心、即ち祝ひの精神の具體化であつて、眞の徳行はこれに基いてのみ生ずる。

こゝに注意すべきは、世上に修験道等を奉ずる行者の中で神智靈覺による靈術と稱するものを説く者があるが、これは自己が體驗を積んで或種の能力を得た行者であつて、神典形象による神智靈覺とは全的に相違するものである。彼等は體得したる靈術によつて主として治病方面に働く施術家であつて、特種な現象であるから、これを一般教育上に云々すべき質のものではない。またその神智靈覺も、自己の體行による個人の救濟に出發して、自ら高所に居て他に對する向きが多いから、萬有を有意義化すべき天地の眞理とは別ものである、教育の本旨に照し、萬人がかくあるべしとの妥當性を有する公道に立脚した上で、これらの靈道家の思想を觀るならば、自ら事理は明白に通ずる筈である。眞人間を養成する教育には決して自我欲望の權化たらしむる悪魔の智慧を混入してはならぬ。この意味で征服的英雄崇拜思想の如きも再検討さるべきであらう。弱肉强食の思想を肯定するは神使たる神格の墮落である。弱者劣等者は故あつて强者たり得ぬ事情にあるものであるから、強者優者がこれらを援助し誘導してこそ、強者優者として、且つはまた神使としての眞價がある筈である。優者が互に勝手に振舞つてゐては永遠に地上に平和樂土は招來し得ないであらう。その罪は一に優者の専横に歸すべきものであつて、眞に優者ならば自ら範を示して、世の弱者や不幸なる人々を救濟し天慮に添ふべきである。現代に於て一般人の正當なりと信じて教育する主旨の裡にも、神典形象の見地よりこれを検討するならば、今日大なる相剋爭闘あるも宜なる哉と肯かるる理由が存するのである。

人間が未完成で成長の道程にある間は、最初は肉體的五官六識によつて一切を視る故に、萬事にわたつて利害關係を中心として效用上から善悪を判斷するが、心眼が開けて本性が向上するにつれて靈的觀察がなされて來て、從來の五官を統御して、靈的に判斷するやうになる。體的時代にあつては、自己の靈性が開發されてゐないから、自我慾望が強くして度し難く、他人の靈的な心境も行爲もこれを理解することができないのである。しかし、靈性が向上すれば次第に萬有は靈質によつて生成されてゐることがわかつて來る。體的に自己の五官六識を通じて悟り得る存在は實相とは餘程相違してゐるのである。たとへば、我々が日常緣にふれて耳にする音は、五十音の様式になつてゐるが、その本體は、大宇宙間に鳴り鳴りてやまぬ大音響の連續であると、說かれてゐる。かくの如く、五官を通じて人間が感得する世界は誠に不完全であるから、未知の靈的な世界の事を語つても、靈性の向上しつつある人でないと、その眞意を解することができない。それ故に自己の內容の程度に應じて外界の存在價値が悟られるとも言ふのである。されば神を認めない者に尊嚴なる神慮が理解されよう筈なく、よしや已れが神慮を悟り得ないからとて、他の靈覺による一切を否認すべきものではない。眞に人生を眞劍に考へるほどの人ならば自己の認識不足を先に解決せんと努力する筈であつて、他を誹謗する者はすでに自己の中心を失つてゐる者とも言へやう。何となれば、それは、自分が誹謗せんとする相手に相遇はしめられたる天意を悟ることができないほど自己の心持が自我に偏してゐるからである。

神典形象（みふみかたどり）によれば、人間は靈體兩方面に於て完全に調和し、常に中心を保てよと敎へられてゐる。人は靈魂のみでは現世に生活することはできない、また肉體を主としたのでは、動物の境涯に墮する。故に當然靈體の圓滿なる一致を保持して神使としての本分を遂行しなければならない。我々の道德は、靈性を通じて神意を享け、この肉體を通じて地上にそれを行ふを以て本旨とする。自己の良心がよしと命ずるままに行爲して、それが神意に合する時これを善と思ふ。神意は自己の良心が常に感得するものではあるが靈性の高下によつて多少の差を生ずるから、神代よりの神典形象の教養によつて、常に自己の良心の標準を心得て置かなければならぬ。皇民たる我々は常に心を　皇祖に通はせ　大御心を奉體して、念々に誠の行爲を現在に實行すればよいのであつて、死後や未來の安樂を願ふ爲の善行爲や、現世の利益を目的とした交換條件つきの善行爲は純粹のものではない。神典形象はこの善行爲の標準を指示して、人々に神使としての行爲の規範を與ふるものである。

（三）美的教育

大自然の調和は美である。大自然は實に美であり、而かも眞なるものは皆美を表現してゐる。美は神の姿であり、それが人間性に反映してそこに藝術を産む。故に眞の藝術は最もよく神を表現し、一切を益する働きを有する。この美の教育は人々に眞理を認識させ、これを實現せしめる可能性を有するから、これによつて情操を陶冶しなければならぬ。

神典形象（みふみかたどり）の一部門には四季の色目重ねを應用して優雅典麗なる有職折紙が考案されてゐる。昔は貴族社會では風流なる贈答に用ひられ、近世では婚禮其他慶事の飾り物に供されて一般國風として流布されるに至つてゐる。これらを國風教材として作法科に於て課すれば國風儀禮の精神を知らせることが出來る。折形象を製作する道程に於ては直正なる行的統御がともなつて兒童の精神統一が行はれる。すなはち左右上下の均正を保つ折方の體驗によつて自ら頭腦が整理され人性が陶冶されるのである。また、色目重ねの樣式は四季の草花の感じを色目配色に表現し、水引又は、紐等の結び方に形象化して製作される關係上、兒童の情操陶冶には最も適してゐて、しかも上代人が洗練された趣味から時候の配色を四季の草花と合致させて硏究した結果、これを後世に傳へた定式であるから、眞に日本色豐かな明朗なる配色法になつてゐる。それらを應用して直線的曲線的な日本獨特な樣式で作製される形象は美術品としても實用品としても一般國風に用ひられ得るもので、第二義的には良風美俗を起す役割を演ずるものである。

美の存在を識るには、自己の內容に對象と同樣の美が宿されて居らねばならない。たとへば、名畫を觀ても繪畫に素養のある人はその程度に應じてそれを觀賞し得るが、美意識の充分に開發されてゐない人にはその眞價はわからない。同様に自己に善（道徳性）がなければ他の善行爲も理解できないし、自己の眞（神性）が開發されて居なければ相手の信仰も理解することができないのである。眞善美はすべて神の表現であるから、眞の人格者でなくては、他の人格を見出す鑑識眼がないわけである。そして美の教育によつて美に對する鑑識眼を養成することは、信仰や道徳的修養と同等な價値を有してゐる。體的な人物程美に對して冷淡であり、美を識る情操が高くなるほど靈性も向上して神を認識し得るわけである。

人間の追憶現象もこの情操からはじまる。思ひ出が過去にさかのぼつてゆく程その人は優れた情操の持主であつて、自己が生れ出ぬ以前までも偲んでその追憶が床しければ床しい程その人格は高いのである。思ひ出の内容も様々であるが、好ましからぬ事ばかりを思ひ出す人はそれだけ人格が低下してゐるもので、反對に好ましき事のみ思ひ出して、ついに一切に感謝する心持になつたときには神の使ひの心境に到達してゐるのである。美の教育はさうした情操を喚起させ向上させて、ついに神格者たらしむるを目的とするものであるから、神典形象の有職折物及び形象折の如きは、それらを學ぶに美的作品として修得せしめるに止まらず、更にそれらが有する日本的な趣味と、それを作り傳へた太古祖先の教訓を加味して課されることによつて、太古文化の精神が復活し、期せずして現代人の身内に太古の淸純なる血潮が還元されて來るものである。この意味に於て神典形象による教育法は祖孫一致の日本魂の教育法であると言ふことができる。

日本の教育は、皇祖の御神慮にもとづく惟神の法則を以て人類永遠の福利の增進と萬有善處の大道を明かにし、人々に神使としての道を赴かしめ、眞に神國の御民としての資格を充分に附與するものでなければならぬと思ふ。

三　國體藝術

（一）神典形象と國體藝術

（イ）日本藝術の本質

我國の藝術は、神代の手振りに始まり、神國經綸の根本義を織りなして獨特の大八洲藥術を現出し、幾多の變遷を經て現代に及んでゐる。その樣式は各方面に及び、和歌俳句のごとき詩歌や歌謠のやうな文學的なものから、繪畫・彫刻・造園・生花・祭典儀禮・茶道・香道・書道・手藝染織・演劇等各部門の廣範圍にわたつてゐる。されどもこれらは皆高天原時代以來の我國民性の表現なるが故に、それらの根柢には　皇祖の大理想を實現すべき國體精神が流れてゐて、嚴として犯すべからざる皇國の規則を表示してゐるものである。

即ち、一君萬民のわが國是は藝術に表れては中心分派の相となり、家族制度たる親子兄弟主從の關係を表示し、或は、夫婦・陰陽・主客相對の配列となり、或は、日月星辰・山河の樣式にて位階を表はす等、國風的意義を有するもの多く、しかもそれらは渾然一體となりて中心に調和し我大八洲の國の姿を象つてゐるのである。

これらの藝術は祖先が意識的に構成したものか、或は無意識に自然に形成されたものか、その孰れであるか知らねど、現に我々の腦裡にその國體原則が感得される以上、わが遠き祖先の遺言的な存在であるとも申されるのである。國體原則は　皇祖の御經綸であるから、皇祖の御神命を拜して守り傳へる我天孫民族の理想實現の根本義である。故に我々の祖先がその過去世の夢を現實に結び留めようと努力した結果、その藝術には自然それら原則が表現され來つたものであらう。

（ロ） 神典形象の藝斯性

神典形象はこの意味に於て申せば完全なる國體藝術であつて、その一つ〱に皇國の姿を完全に表現し、我國家の經綸祕策を盛つて皇祖の大理想を形示された神の藝術である。蓋しこれらの藝術を踏襲すれば曲れる心も自ら正しくなり、亂れし行爲も治まつて、人をして神命遂行の使徒たらしめるだけの權威を有する所以であらう。その一々は地上天國完成の形示であり、神々の祝ひの象徵であり、未來への祈念が籠められてゐるものである。

その樣式は包み折り、結びもの等による手藝的なものであつて、單純な清淨美を有してゐる。それらの作品の中には必ず中心があつて、その中心から一切が發し、一切分派は中心點に歸一して眞に皇國の法則を形示せるものと言ふことができる。

（ハ） 國風手藝の特質

この神典形象から發展した折紙藝術は、以上の法則を根據として動物・花鳥・器物・人物等を自在に折り上げるもので、現代では日本手工科教材として兒童に教授され、獨得の日本折紙藝術が完成されるに至つた。

その最も代表的なるものは、禮式用熨斗折紙の儀式用品數百種の美麗なる國風禮飾をはじめ、折紙人形數百種で、それらは一枚の紙を用ひてあらゆる人物を折り出した人形である。その中でも六歌仙や三才女、三十六歌仙百人一首の人形等は古代有職風俗の姿を折り上げたものに極彩色をした優美典雅なものであつて、その一つ〳〵が一君萬民の關係を保ちつつ綜合統一美を形成してゐるものである。

紐結びから發展したものは水引藝術となり、幾多の色目の水引を用ひて萬象を結び上げ、よく繪畫と彫刻との中間をゆく造型美術たるに恥ぢぬまでに完成された。これらの代表的作品には、雲龍の衝立、鳳凰の置物、牡丹に孔雀の置物、蓬萊山床飾、高砂島臺、武具飾、寶船の置物、花籠、花束等の各種があつて、目も綾なすばかり金銀きらめく作品が樣々に製作されて今日に及んだ。

すべて日本の藝術は、折るとか摘むとか結ぶとかいふ單純な一手法から出發して、それらを變化自在に活用して綜合的な大作品を形成するやうに出來てゐる。卽ち、一より出發して多に及ぼす仕方であり、外國の如く多をよせ集めて一を組み上げるのとは仕方がちがふのである。これら折紙藝術や産靈（むすび）藝術は、その淵源を神典形象に發する造型美術であるから、名づけてこれを國風手藝といふ。卽ち、その最も主要なものである禮飾折紙は、熨斗や金包樣式のものに色目重（いろめがさね）の包み物を加へ、水引結を加味して一般の贈答の飾りとなし、また、儀式用品として用ひられる關係上我國風儀禮の裝飾となつてゐる、がそれらの折物は前述の如く我國風の精神を敎示された折意義を有してゐる。また、折紙人形や兒童敎材用折紙の類や、結形象（むすびかたどり）より出發せる産靈（むすび）藝術も、共に國風手藝として皇國の姿を藝術的に表現したものである。

國風手藝は神典形象より出發した造型美術であるが、これらは一般手藝や繪畫彫刻其他の藝術と共にこれを總稱して國體藝術と名づけることができ、實に我民族性の表現たるものである。

（二）　藝術による皇國情操の涵養

大自然は天然の美であるが、それが人間の頭腦を通じて再現さるるとき、生命の躍動せる藝術となつて現世を潤色する。藝術は、人類の頭腦を通じて自然現象が表現されるものであるから、環境と民族性の如何によつて相違し、萬國各ゝ特長ある藝術を産出してゐるのである。而してそれらは人類の夢を現實に表現せんとせる努力の結晶であつて、其れらの裡には無限の感情が盛られてゐる。卽ち、有限の肉體を持つて無限なる絶對的なものを捉へんとした前人の努力が後人によつて繼承され、こゝに特長ある民族個々の藝術となつたので、これら藝術こそ有限の中に無限を内包して、宗教を產む母胎的な意味を有してゐる。

大自然には感情は無いやうに見えるが、人間はこれら自然の風物に對するとき、自己の心境の如何によつて喜怒哀樂の感情の眼を以てこれを觀る。故に、人類の腦裡に反映した大自然には、すでに情操的な個性が混入してゐる。この情操が頭腦に蓄積されつつ久遠の過去より血に傳承されて現代に及んだものであるから、人類の持つ情操が外面的に發展するときには、環境に應じて藝術的表現となり、これが内面的に詮索されるときには追憶の情念となる。

人類の追憶現象は人間の有するあらゆる機能中最も高踏的なもので、限定されたる肉身に久遠の過去を結び留めんとする現象である。

されば、現身に内在する心靈が悠久なる昔にさかのぼり、または、思ひを天上地下に及ぼす等の事實を如實に體驗するとき、我々は人類の精神機能の不思議さに驚異するのであるが、實にこの追憶や豫想の情操から、絶對的な神に通ずるの道が開かれてゐるのである。否、この情操の存在は、實は、一切の萬有の根元に共通せる精神的事實の伏在してゐることを證明してゐるものである。

我々は今日生育させられてゐる現實の姿をよくよく檢討すれば、天地大自然の恩惠は申すまでもなく、自已を産んでくれた兩親を通じ祖先を通じて人祖に及び、ついには神に歸入する。これらは萬物の靈長なるが故に有する最高の情操であつて、神を信じ、神恩を感謝するといふ心持は人間のみが有する境涯である。

恩を知る事は人類最高の情操であつて、それは事理に明るき神性の致すところである。而して其の起因するところ、情操を陶冶せる藝術の德化と申さねばならぬ。この故に藝術は宗教の母と申すので、土地環境の相違から來る民族性の不同によつて各地に特長ある民族藝術が發生し、それらの藝術は常にその民族の情操を涵養し、長年月にわたつて各自民族の姿をなして來たのである。

我々は、皇祖の御神勅に基きて肇められたる國體を有してゐるのであるから、國の姿たるべき皇風を無視してはならぬ。近來外來の風潮に混亂されて本來の皇國（みくに）風の眞意さへも忘れられ勝ちになつてゐる。我々は萬國の長所を採り容れてこれを活用し有爲義化して、より以上の優秀なる皇風を築かねばならぬことは論ずるまでもないが、今や皇國本來の使命に立ち上がり、萬國統御の上に立つ見地から考慮さるべき時代となつては、すめらの原則に基いて從來他より攝取したる美點を活用し、これをよりよく皇化したる上で世界萬國に向つて宣揚しなければならない。それには先づ我等皇民の皇風情操の涵養によつて皇國の眞姿を完全に把握しなければならぬと思ふ。それにはこの神典形象の藝術部門による方法が最も當を得たるものと考へられるのである。

四　祭政一致の本義

皇祖はこの地上萬那を統治したまふ　皇孫をお降し遊ばされたものであるから　天皇の在します高御座は高天原と同意義を有してゐる。

天皇は現津御神として　皇祖以來の御神業を遂行したまふゆゑに　皇祖の地上に成りませる御神姿（すがた）なりと申される。

天皇陛下は　顯には天皇として政事をみそなはし、幽には　皇祖と合一したまひて祭事を行ひたまふゆゑに、天皇と皇祖とは不二一體に在します。我國の祭事は古來　皇祖の御神靈と合一するを以て本旨となし、わけても　天皇陛下御親祭のすべての祭事は　皇祖と合一遊ばされて　皇祖の大御心を天皇の大御心と遊ばされて政事（まつりごと）を行ひたまふのである。卽ち神の心を政治に施さるるゆゑにこれを祭政一致といふ。

然らば、神の心とは如何といふに、それは事にのぞんで萬般に變化して表現されるものであるが、要約すれば、無限絶體の親心であると言ふことができる。到底拙き言辭を以てその内容を說明することはできないが古代の祝詞に『皇親（すめらがむつ）』とあるのが、この親心を端的に言ひあらはし、且つそれがそのまま　皇祖をはじめたてまつつて歷代天皇の大御心たることを顯示してゐる。

この皇親（すめらがむつ）の親心を全的に有したまへる　天皇陛下に對し奉り、國民全部がまつろひの誠を以て奉仕する事が卽ち祭政一致である。何となれば、皇親の心は絶體無限の慈愛であり、慈愛は日光と同樣に一切を暖め育てはぐくむ眞情である。この慈しみの心は、卽ち愛する者の將來をさきくあれといのる祝ひの心で　皇祖の御神意であり、天皇陛下の大御心に在します。されば、この顯幽一致の大慈大愛より發する政事ならば、必ず　天皇陛下を中心として國民全部が絕體愛に歸一し　皇祖の御神意に添ひたてまつることになるから、政事卽ち祭事となる。國民全體が　天皇陛下の大御心を旨として、現人神にまつろひの誠を致すといふ心持で萬般の事にあたつたならばそれで完全に祭政一致であつて、皇祖の御神約のとほりに天業遂行の實を擧げること火を見る如しである。これは祭政一致の本義を申したので、ここに到るには實行法としての具體策が必要である。然しそれも現代人が混亂した頭腦で考へたのでは眞の神人合一の神策が生れるものではないが、幸にも　皇祖の御神策が我國に祕傳されてゐて、皇室には其の實體が傳承されてゐる筈である。この事は神典形象に表示されてゐるもので、祭政一致の御神策は、高御座に祕匿されてゐると說明されてゐる。皇親大御心を素直に受けて國民全部が　天皇陛下にまつろひの誠を致すやうになるには、先づ第一に　天皇陛下の大御心の御內容を自已に奉體しなければならない。先づ各自が天業遂行の神格を藏いてゐることを自覺し、一切のものよかれかしと祝ひたまふ　皇祖の御神意と合致して行爲するとき、すでに個人的には神人不二一體となつてゐる。この自覺から出發して後に國民全體が神心に合するに及べば、完全に祭政一致の實をあげることになるのである。

神典形象(みふみかたどり)には、天地の經綸祕策が形示されてゐるのであるが、人々の心持が　皇祖の御神意に合一して或る標準にまで到達しなければその眞意を理解することができない。勿論自分も祭政一致の神策の全部を知つてゐる筈はなく、たゞ神人合一の道を開き祭政一致の方向のみを明らかにし得るに過ぎない。そのうちに、この奥に暗示されてゐる或事を悟り得た人々によつて眞に神々の經綸に相應しい方法で神典形象の研究される折が來たならば、その時こそ、高御座にまことの神策の祕められてゐることが國民全般に理解せられるであらう。

五　萬敎歸一の祕鑰

（一）諸宗教共通の特質

抑ゝ宗教は祭祀の形式によつて人間が神に合一するを本義として生じたものである。もとより人間は天地の神意によりて地上に生育せしめられてゐるのであるから、實は神の內容であるべき筈であるが、人間の方では勝手に罪を犯し、神より次第に離反して行くと考へて自ら神を遠ざかり、神と隔てを作つてゐるものである。しかしそのまゝが天地の大愛の裡に生かされてゐる事實を悟つたならば、實に人類の迷ひの甚しいに驚くであらう。

神は天地の親にましまして人間は其の生みの子である。誰一人天地間に自己の力で生育し得る者は無く、全的に天地の大愛によつて育つてゐる、さればこの天地の生みの親たる神を祀つて、その神命に順はんと努力する者が相寄り相會して自然に信仰團體となり、これが世界の各地に起つて現在の諸宗教となつたのである。世界各地に無數に存在する諸宗教は、その悉くが上述のごとく、天地の神に合一して神命を奉體し神の子としての生涯を送らんとするもので、いづれの宗教も衆生の救濟から出發してゐる。そして神と個々の人とを直接に結びつけ、謂はゞ親神と氏子との如き關係に置き、國家觀念は神人關係から排除される。佛教も基督教も回教も其他の宗教も皆天地の親神と氏子との直接の結合樣式のもとに成立してゐる。氏子が神に願へば神は氏子の願ひを聞きとゞけて必ず救濟したまふといふ信仰がその主體をなし、いづれの宗教に於ても實に强大なる信念を生み、偉大なる神威を發して人類の幸福を增進した例が少くない。されどもこれらの宗教は、皆それ相應に衆生を救濟し說法敎化によつて個人的には或る或度の慰安を與へてゐても、いづれも單なる個人的神人關係であつて、國家とは何等必然的な信仰上の連絡が無い。

或は、人間が神を信ずる心は、國家の權威もこれを左右し得ないと言つて信教の自由を唱へる人々がある。それも一應尤もな事であつて、これらの宗教に於てはその出發點が元來衆生救濟にあるから、時に國家と衝突し、國家よりもその教祖又は救濟主を尊び、政權を無視して教權を重んずるの風尙を存して來たのである。また、これらの宗教は、大抵一人の教祖によつて或る一地方から起されたものである爲に、その地方としては有用な教說であつても、他の國家民族には適合しない點があつたのであらう。もとより、個人をはなれて國家は存在しないから、いづれの國に於ても個人を救濟することは卽ち國家を救濟する所以になる筈であるが、實際問題としては一長一短で多くは宗教の弊害を生ずる場合があり、外國では國家と相剋して家を捨て國を竄れるごとき結果を生じた例が少くない。また、國家そのものも神意を充足してゐるとは言ひ難いのである。此點に於て我國のみはその根基を異にしてゐる。

（二）　我國體と宗教

我國は抑々肇國のはじめに於て、皇祖の御神勅によつて地上の一切有情非情を救濟せん爲に最愛の皇孫を下したまふたのであるから、國家の成立は惟神であり、その目的とするところも一切萬有の救濟にあつて、この大理想のもとに進展し來つてゐる。故に、佛教の一說にあるが如く、釋尊以前に已に彌陀の大悲願が成就されて一切衆生の救濟が約束されてゐるといふ教へとはよく一致してゐて、日本の國體精神と彌陀の本願とは、一切を洩れなく救濟し得るごとき淸淨國土を成就せんといふ大悲願の最大目的に於て完全に一致してゐる。この故に、日本神道の本旨を闡明する爲に佛教は必要なりと認められた結果、國體精神を發揚する爲にこれを取り入れられたものである。それ故決して佛教の功績を無視してはならない。しかし、本來が國體精神を有爲義化するために佛教を取り入れたのであるから、佛教は國體精神の內容を解釋するために有用なのであつて、國體精神が佛教によつて作られたと申すのではない。國體精神は皇祖の御神策によつて既に神代に一切が完備してゐたものであつて、その精神を發揚する爲に必要なものを海外から攝取されたのである。この點については、日本紀にも古事記にも神功紀の條に 皇祖の御神意によりて西の國々の珍の寶を引きよせんと約束せられたる事が記されてゐる。故に、佛教も基督教も共に我が國體精神に合致する點は全部有意義であつて、事實今日まで偉大なる功積を擧げてゐるのである。要するに外來宗教はわが國體精神を長養せんために必要なる要素であつたので、現在それらの宗教によりて救濟されたる人々は、その有する全能力をそのまゝ活用して、以て國家の大理想と合致し　天皇陛下の大御心に添ひたてまつるべきである。

（三）　諸宗教の歸趨

我國固有の神社神道は、天地の祖（おや）、皇親（すめらがむつ）の神々より下されし修理固成の天勅を根基として、天地の發展過程のまゝに惟神に成立した祖宗教（そそうけう）であつて、神社は我國體精神の表徴として存在してゐる。これはそのまゝ　皇祖の大經綸たる地上天國完成の大理想を指示する國教的存在であるから、佛教も基督教も其他の宗教も其の本質が一切萬有の完成を希ふにあるかぎり主旨に於て一致すべきものである。皇祖は地上一切を救濟せんとの大悲願のもとに皇祖を降したまひしものであるから、有情非情・國家個人一切洩れなく救濟の御惠みをかふむつてゐる。この點は佛陀の出世や基督の降誕と一致してゐるが、實はそれ以上に現世に實際性を有するものである。

何となれば、佛陀や基督は特に天地の神命を體して各地に出現した偉大なる聖者には相違ないが、國家の組織や家の制度を無視して唯だ天地の神の子たれとのみ教へ、人間社會の制度秩序を神ながらに組織するまでには到らなかつた。それは教祖としては一代限りであり、また、地方的色彩の濃厚な爲に世界を平等に教化する要素には缺けてゐた。かくの如く宇宙生命の原則を無視した宗教は、眞に萬邦を神國化するには足りないのである。我國に於ては、皇祖が神代に於てこの大宇宙の生命の原則に範を採りたまひ、天孫民族の血潮に合致させて一大神策經綸を樹てたまひ、地上一切の完成の爲に皇孫を降したひたるものであるから、萬世一系皇は連綿と續いて天祖以來の神の御裔（すゑ）たる　皇孫は今も現人神として高御座に在しますのである。この事を世界中の眞人間が聞いたならば、いづれの宗教宗派を問はず涙を流して　皇孫命（すめみまのみこと）の御稜威にまつろひ奉る筈であるが、如何せん今日まで說かれたる宗教々義が眞實の天地の神慮を信者に傳達して來なかつた爲に折角萬民待望の大救世主がすでに神國日本に天降らせたまひて、天下を神化せんと神業遂行の途につかせたまひつつあるを悟り得ぬのである。

それはてうど雨水の恵を悟らずして井戸水を尊ぶが如くに、各自が信仰する宗教が唯一絶體のものであるかのやうに心得てゐるから一歩外に出づればより以上の大なるものがすでに完備せる經綸のもとに着々天業を進めたまへる事實を知ちぬのである。

従前の世界の宗教は個人の救濟のみを目的としてゐた故に、これを信奉する者は家をすて妻子をすて國家も捨て、只自己一人の神人合一を願ひ、現實の世界を離れて夢の如き未來の世界にのみ安樂に住せんと念願する傾向にあつた。それが爲に現實の世界を五濁惡世として呪詛する者も出で、國家は滅亡し、家は破壞されて人類の眞の幸福樂土を現實に建設する事かできなかつた。唯わづかに日本佛教のみは我國體精神と合致して、衆生濟度の大悲願の爲に一切を放下すべきことを說いたり、我國體精神を理解して　天皇の御本質を認識し得たにすぎなかつた。

もとより、死して天國に生れ、乃至は未來の極樂世界に往生したいのは人間の究極の願望として尤もな事ではあるが、現實の世界に於て眞の天業に奉仕せずして何の天國があらう。大宇宙をはなれて生靈のゆくべき所があれば兎も角、生死も天地をはなれ得ざる以上、天地の神意に隨はずして如何にせんとはするものぞといふことが眞に悟れて來たならば、誰も天地の神意に隨ひて現實世界に住しつゝ天國を建設しなくてはなるまい。さもなくんば人間が現實の世界に出生せしめられたる意義を失ふであらう。

日本天皇は、地上一切の有情非情をして、この尊き出生を無意義化せしむることなかれとの大御心から天降らせたまひて、一切のものよかれかしと念じたまひて大慈大悲の大御心のままに天業を御進め遊ばされてゐるのである。されば、我々は萬有の靈長たる人間として一切を代表してこゝに各自が　天皇陛下の稜威に服し、地上天國完成の爲に一切を捨ててまつろひたてまつることそ眞に天意に叶ふ事ではないか。徒らに自己の安利をのみ夢想世界に求めて、得離き現實世界出生の意義を失ふ樣なことがあつてはならぬ。

從來の萬國の宗教はすべて產土神と氏子との關係に相當してゐて、現實を中心にして過去と未來を結ぶ焦點がない。故にそれは皆衆生相互を關係づける横の宗教であるが、日本には　天皇の在す高御座を中心として、過去にさかのぼれば御歷代　天皇を通じて皇祖に達し、天地の御神意は一貫して現人神の上に拜することができ、また現實に明津御神と在しまして蒼々と現實世界の福利を計りたまふ故に、顯幽一致の姿にましまし、唯一絕體性を有する祖親の教が垂示されてゐる。これは祖宗の教へであり、縦の宗教であつて、これが眞の意味の宗教である。

こゝに於て、我國の日女庫傳説（後述）の謎の歌が、十字の中央に神策が隠されたと語つてゐるごとく、世界の横の宗教と日本の縦の宗教との合致點たる高御座にこそ、萬教が古往今來を通じて一致し、歸一すべき鍵が祕められてゐるのである。

天皇の在す高御座は　皇祖の地上に成りませる御神座であつて、我家の口傳によれば、これを古來『天の齋座』と稱へてゐる。即ち　天皇の御法位を明かにしたものであつて、天上地下の諸々の神達が幽れて守護し在しますところである。この故に、天皇は常に　皇祖の神と合一遊ばさるるために祭り事があり、その最も重き御祭事には天のおぶすまをかむりたまひて御寢の儀ありとも傳へられ、眞に神人合一遊ばされて名實共に現人神として天業を御遂行遊ばされつつあるものである。

この高御座こそ萬教の歸一すべきところであり、また萬教の有爲義化するところである。それゆゑ神典形象には萬端の神策が盛られてゐて、高御座中に萬教歸一の實を擧げる實際的具體的方法が示されてゐる。

佛教の多寳塔や蓮華王座、基督教の天國は、いづれも萬教の歸一する高御座を指示してゐると解することも出來る。卽ち、多寳塔如來の說は我　皇祖の御經綸を暗示する意味をもち、蓮華王座は大八洲原則と合致してゐて、法理上に於てはわが高御座を示してゐる。佛教の說く彌陀も、基督教の說く復活再臨も、皆一救世主の出現を教示せるものであつて、實は待望の明津御神が我國にましまして一切を濟はんがために着々御經綸を進めて在しますのである。この事實を眞に認めずして如何でか彼等が佛教及び基督教の教說を有爲義化することができよう。今こそ彼等の教への眞實なりし事を高御座の法位によつて實證すべきではないか。

この意味に於て日本佛教も日本基督教も共に萬國救濟の爲に有意義なのであつて、今こそ佛教者も基督教者も今日まで養成されたる佛教的乃至基督教的能力を全的に發揮して以て我國に在します寳座の偉大性を萬國の同宗者に向つて教示すべく働きかけなくてはならぬと思ふ。若し然らずして、天皇陛下の御寳座を認識し得ぬならばその有する宗教の全部を無意義化するに到るであらう。

（四）神典形象の顯示する原則

神典形象に示されたる神策によれば、萬教は完全に統一されて世界萬民は同一の神の子の觀點に立脚して教化され、萬教を綜合して調和し、東西各地の僻見を是正して眞の天地の大道に歸一せしめられる。卽ち、日本天皇の御本質を認知せしめて萬教を統合し、陶冶し、靈血（ひち）の感交によつて神道の最大目に向はせ、各宗をして其のままの相に於て大成せしめ、天業遂行の同一目的の爲に歸入せしめ得るだけの權威ある理法を保有してゐるのである。

神典形象は皇祖の御經綸になる御神訓であるからそのまま大宇宙の神律神法である。故に神人合一を祈念し、神命遂行の神使たるべきを希求する信者は、洋の東西、男女老幼を問はず悉くがこゝに歸入すべきものである。其の教示は、神典形象（みふみかゞどり）なるが故に、各宗は各自に其の教說に隨ひてこれを理解し、而もその理の究極はわが　皇祖の御神意に歸入し、出でては萬教の教義となり入りては　皇祖の御神意に合するものである。この形象による教示は、時代と共にその說明解釋には變更があつても、その神髓は毫も搖らぐことなく、皇祖の御經綸のままに萬代不易のものである。言語文字による教說は時代と共に千變萬化するけれども、實體は形象たる『つゝみ・むすび』であるから形式は常恒不變であつて、文字や言語の如く國情民族によつて相違する不自由さがなく、誰にも理解させることのできるやうに仕組まれた形印である。故に、諸宗教はこれらの形象を教義化して高御座に歸一し、人々をして來世に救濟の道を求むるより前に、現實世界に於て神の使となり、宇宙萬有を有意義化する爲に奉仕せしめなければならぬ。

わけて天孫民族は高御座を守護し奉るべき大使命が下されてゐるものである。故に、世界萬教の宗家たる事を各自が自覺し而して折形象（おりかたどり）の教示に從つて萬教々義を檢討し、以て萬民をして遺りなく　天皇陛下の御神業に奉仕せしめなければならぬ。かくして國内全部が神の御使となつて天業に奉仕するとき、はじめて地上にも天國樂土が現出するに至るであらう。

天地の神律の形示たる神典形象は、皇祖の御神策を記せる形象の神典である。天地の眞理なるが故に萬國の諸宗教も、それが至上神との冥（めい）合を最大目標としてゐる限り、その教義を一元化して天意神律に相應じ來る筈である。これ即ち諸宗の教權を　天皇（すめらみこと）に奉還する所以であり、ひいては　皇祖の御神意に合致して天勅に歸一するものである。それには先づ我々は日本の國内の信仰の統一から始めなくてはならぬ。

現代の神社神道は祭祀のみを專門的に行じてゐて、教派神道以外には、他の宗教の如く教義を以て一般を教化してゐない。とはいへ、神職各自が皇祖の御神意を奉體して日夜國民の規範たる行爲をなせば大いに效果をあげ得るのであるが然し其れのみではなほ一般民衆をして眞に神人合一の神事を體得させて皇民たる本分を全的に自覺させることは期し難い。故に必ず惟神の教義が說かれて一般教化が爲さなければならない。また、教派神道及び佛教基督教等の教義は、眞に我國體精神と合致してゐるか否かを再検討する必要がある。自已の信ずる神以外には拜禮せずとなすが如きは最も利已主義であつて、凡そ大義の爲には犧牲となるをいとはぬ我國體精神との正反對のものと申さねばならぬ。わけて前述のとほり、信仰の目標たる神を架空の天地に求め、教祖の教へを絕對のものと信ずるが故に、遂には我國の大義を滅して　皇祖の神よりも已の信ずる神及び宗祖を主となす等の事あらば實に由々しき問題である。いやしくも皇國に生を享けて神使たるべき因緣を得たる天孫民族としては最も嫌忌すべきものと言はねばならぬ。

かくの如く從來の種々錯誤してきた點を改めるには、先づ誰も然りと肯き得る大眞理を明示して、天皇の尊嚴なる所以を全國的に認識せしめ、我國體精神の神髓に照して指導原理を明確に打ち樹てる必要がある。これは、現代人が小智小才を用ひて人爲的に作り上げたごときものでなくて、眞に無始以來嚴存する天地の發展過程の原則によるものでなければなるまい。而も、百般に疑ひを懷く現代人の心を小兒の如く素直にして天地神明の御神命に逆はぬ樣に體得させる爲にはどうしても『行(ぎやう)』が必要である。この故に國家の教育を惟神的に更新し、政治を祭事と一致せしめて、各部門相俟つて完全なる効果を擧げることを庶希しなければならない。

要するに、我天業遂行の國是は萬邦の救濟にあり、而して萬有を有意義化する爲には、先づ我々日本人が自己の自覺から始めて、國内的に完全なる整理を行つて萬國に對して範を示さなければならない。その際に外國から不合理な妨害があれば、それこそ神劍を發動して理非を正し、天業にまつろはせなければならぬ。世間には自己の信ずる宗教の見解からわが固有神道を誹謗する者もあるが、それらは自己の神使たるを自覺せぬ證據であつて、日本に生育する者が日本の教を宣揚せずして世界の何處の民族がこれを宣揚すべきものぞといふ事が眞に理解されたならば、おのずから自覺が生ずる筈である。さもなくんば既に神國の魂を失つて外國を祖國の如くに思ひ做してゐる者と言はれても已むを得ないであらう。

六　神代の復活

悠久なる時の流れには、人智を以ては測り知ることのできない法則が一切を支配してゐる。人類文化の消長はそれらの法則によつて或は榮え或は衰へる。隨つて現代文化必しも最大の文明時代ではなく、太古必しも原始未開の時代でもない。考察の範圍を近古に限つて、千有餘年前の文化の特質を今日と比較して見るに、當時隋唐の文物が渡來して、飛鳥奈良朝の盛時に於ける學問藝術の進歩は、實に驚異すべきものであつた。當代の文化を偲ぶ資料は、奈良の正倉院に多量に保存されてゐるから、今日もなほ一千年前を昨日の如くに見ることができる。それら遺品によつても當時の文化が如何に高かつたといふことがわかるのである。そして、正倉院御物及び法隆寺遺品、其他各地の出土品によつて研究せられたる結果、當時の文化が隋唐文化の影響をうけてゐたことは明瞭であるが、その遺品に盛られたる工藝美術の工作法に到つては、現代文化の精粹を傾けてもなほ及びもつかぬほど技術的に優秀であるといふ。當時の染織術は現代の化學工業の到底及ばぬ優秀なものであつて、千年以上の時代を經過せる今日もなほ昔日の如く、色彩も鮮麗であり、文樣等も現代の文樣より以上に高雅雄渾であると言はれ、また、當時の工藝品には、珠玉をちりばめ金銀を象嵌したる器物が多數存してゐて、これもまた現代の技術を以ては如何とも模造することができないといふ。それらの高踏的な遺品についてさへ現代文化はなほ及ばずとするのであるから、それらを自由に用ひ得た當時の社會、及びそれらを觀賞した當代の美的生活上には、今日より以上の精神文化的要素を多分に窺ひ得るものである。勿論科學文明の方面に於ては現代は長足の進歩を遂げてゐるが、美的精神に於ては、一千年前の文化は現代より遙かに高度のものを實現してゐる。それは、諸種の造型美術の上に立證し得るところである。

以上の如く、わづかに千餘年の時期を劃しても、その前後に於て性質を異にした文化の極度に發達した事實が存するのであるから、幾萬年とも知らぬ歷史の變遷の間には、なほ幾多の異つた性質の文化時代が幾度となく現出されて來たであらう。古傳によつて想像を逞しくすれば、曾て幾百世紀の昔に、地上萬國が一國の如くに交通し現代人智を以ては測知することのできない精神的な文化時代があつたと考へられるのである。我古傳による神代はさうした時代のことである。

されば、神代の故事は、現代的な科學的立場から考究したのでは、その眞相を明かにすることができないのであつて、神代文化の性質上、時空を超越した不變化的な神理神法から考察しなければならない。神代の高天原朝は、その神法に則つて永遠不滅の法の世界を現實化した時代を稱するので、我々の祖先はこれが幾萬年か前に實現された事實を信じ、且つ未來にわたつても過去世のままに實現せらるべき可能を信じたのである。そしてその信仰は、そのまま現在の我々のものになつてくる筈である。

抑ゝ大宇宙の活動相中に時間的經過のある如く考へるのは、人間の理智的分析による一種の觀念であつて、本來は過去世も未來世も現實の今を離れては存在しない。この法則から考へて見れば、過去世の文化のあらゆる要素が現在の中に含有されてゐる筈である。それ故、かの神代文化の精神は、現代人がその頭腦を清明になして神代の波長に合せんと努力するとき、自らその靈智が腦裡に復活して神代が現實となつてくるのである。しかし、この頭腦の轉換は、人間の思惟分別を以ては及び難き大宇宙法則に支配されてゐて、實は天體の運行にともなつて人類の能力に次第に轉換を生じ來るのである。

それは、天地間に出生せる萬有は常に天地の活動の作用によつて消長し、終始天地の領域を逸脱することができない。天に日月星辰の運行ありて一定の法則のもとに循環する如く、地にも天體の作用によつて一定の法則が定まり、或る機運に際すれば一定の變革が行はれる。これに隨つて地上萬有も、其の生の生命波長に變化を生じ、人類の如き靈性を有する者は、その腦裡に偉大なる能力が復活再現するに至るのである。この間の法則は神典形象に示現されてゐて、そこには現代人の想像し得ざる叡智的能力が活動した神代時代の法則上の認識が盛られてゐるのである。

神典形象（みふみかたどり）の一部門には、過去の神代文化の要素は遂に一定の時運を經過して再び地上に現出される事が示されてゐる。これは過去の再現でもなく、未來獨得の文化でもなくて、天地無限の活動より生ずる息吹（いぶき）のごとき實現である。故に、大局的には時間空間を超えて常に現實に現出する宇宙の内容であつて、榮枯盛衰、新陳代謝は地上萬有の上に假現する生滅の法則である。

神典形象（みふみかたどり）には、皇祖が天地の法則を根據として、天運循環の度合ひにつれて天孫民族の腦裡にやがて神代の叡智が復活される氣運を預知されたる上で諸種の御神策を祕めたまひし事が垂示されてゐる。故に、これらの形象はかつて、過去世に現出されたる高天原時代の文化の一切を解くべき鑰として遺されたのであるから、その謎が解けたときは、即ち神代復活の機運に入つた事を有力に物語るものである。されば、現代人の脳裡には、今や天運循環して、神靈的叡智がよみがへり來つつあるので、少くとも天孫民族たる者は各自がすでに神代の神策の祕匿されたる一大事實を感知し、意識的にか無意識的にか其れらを要求しつつある筈である。よしや其れらのことに無關心であつても、時代は滔々として躍進を續け、嫌でも應でも人類の自覺をうながさずにはおかないのである。

現代に生育せしめられたる我々は、現代が一切の基礎であり、現代に立つて過去世も未來も考慮しなければならぬ。されば如何に過去に優秀なる文化が存したといふ事がわかつても、現代にそれらが何等關聯して居らぬものなら無意味である。しかし、悠久なる時代の隔たりがあるごとく考へられても、地球上に住する人類の生活に大差の無いかぎり、現代の文化機構の裡に過去の一切は含まれてゐる筈で、實は過現未三世の區分は說明上の假稱であつて、その實體は地球能力の反覆的運動表示に過ぎないとも言ふことができる。卽ち無始無終にして永遠不滅のものであるその永遠不滅の生命體たる地球上に一生を限定されて生育させられてゐる我々人間は、その生存の過程に限られたる現代がそのまま天地の神より許されたる現實世界である。さればこの現實世界にて刻々がそのまま神命遂行の機會であつて、過去世も未來世も、現實の今を措いて他にあるべきものではない。

この意味に於て、神典形象は、前人の賢慮を素直に承けて現代に活用し、以て永遠生命の意志に順應するの方策をたてるべき基準をなすもので、この事を奉行するを稱して御神業といふ。

神典形象の神示によれば、現代人の腦裡には天運循環の時に合致して神智靈覺が復活し以て神代が再現されるといふ。さてそれに到達するには神典形象による教育によつて民族の特定能力を還起させなくてはならぬ。また、一切の機構を　天皇陛下の大御心に卽して更新し、神意を地上に表現し、萬國を統べ治らします　天皇中心の樂土を建設しなければならない。而して、こゝに至るには、先以て現代人各自が其の本性に隨つて各々神命に覺醒することから始められなくてはならぬ。

神を認め、神命を自覺せずしては、わが天孫民族の本務を全うすることはできない。如何ばかり國民精神運動を起したとて、それは恰も水無きに舟を進めると同樣に、勞して効果なきものである。日本は神の特定したまへる國であるから、その神意を發現すべき責任ある日本人が、それらの本義を忘れ、徒らに自己一身の利慾に迷ひ、自ら神性を拋棄してゐたのでは遠き祖先に對して相濟まぬことである。

神典形象の『つつみ』『たたみ』『むすび』の形式數百の意義を解けば、太古祖先の生命の記錄や教訓が明瞭化し、誰にも我國の尊貴偉大なる所以がわかるのである。而して、これらの形象の謎の解けたる時は、天運循環して、いよいよ　皇祖の大理想實現期に入つた證據であつて、天孫民族一體となつてその用意をなし、極力神命遂行の實を擧げるべき時節である。

今や萬國は空前の動搖を來し、萬民は等しく一大救世主の出現を望んでゐる。これこそわが古典に記されてゐるとほり、世界はくらげなす漂うてゐるのである。この漂へる國を修理固成するには神々の御神策に成れるこの神典形象に基いて、天地の公道に卽した萬策が樹立されなくてはならない。この方法は、我遠き祖先と我々子孫とが一致協力して一大改造を行ふことであつて、平易なる形式によつて日本人としての使命を自覺させ、靈的な物の觀方を教へる日本魂の涵養法である。また以てこれらは、太古より惟神に完備せるものである。

時代は正に人智萬能の盛時を越えて神靈文化時代へ轉換しつつある。卽ち、天地の悠久なる活動の過程中に、天運めぐりて神代が今に復活せんとすることである。さればこそ人類の腦裡に追憶現象を通じて前世紀の神代文化の精粹が復活し來り、萬國こぞりて　天皇陛下の御稜威に浴する一大因緣の天機が熟し來つた事を物語つてゐる。この際に於て我々日本人たる者はいかでこのまま空しく徒食して居られやう。爲すべき時は今である。成就すべきも今である。今を有爲義化せずしていつの日にか神命に奉仕なし得ようか。

靈（ひ）の本つ國、神國たる我國土は、神代以來生成化育の力のいと強く現はれる地であつて、我等の祖先はこの神の國土に生活し、神命を奉持して今日に至つた。天の御中の道たる我國體精神を守り來て、御代々々の天皇に仕へ奉つたその長久なる民族の歴史は、この國土のうへに靈的にそのまま印されてゐて、我々子孫にはその血潮の裡に脈々として純眞なる信仰と偉大なる能力と強固なる意志が傳へられてゐる。この血のみなぎるかぎり、この國土の存するかぎり、我等は天孫民族の榮ある神命を遂行し、以て皇祖の御神勅に對し奉り身を以て答へ奉らなければならぬ。

わが皇祖の神勅には、一切の行爲を回らして皇孫の爲に齋ひまつれよと宣らせられてゐるから、日本人たる者は其の全能力を擧げて專念一天萬乘の大君に仕へ奉るべきものであつて、これを我等の大義となす。けだし今日に至るまで身命を捨てて皇恩に報じ、天皇陛下萬歳を唱へ奉りて永久にこの國土に歸入する者相續ける所以であらう。天孫降臨に際して『さきくませ』と皇孫命の將來を祝ひたまひし　皇祖の御神勅は、遂に其の民族の子が死に臨んで大君の萬歳を奉唱して祝ひつつ歸り逝く精神となり、上下祖孫國をあげて　天皇陛下の御神業を祝ひ奉る事こそ、今日まで自然の間に行はれ來りたる國體精神の表はれである。我等は　皇祖の御神勅をかしこみて、天運循環せる今日、皇祖の御神策のままに萬全を期して　天皇陛下に仕へ奉ることを誓ひ、榮ある天業の神使として今の世に生育せしめれたる身を有爲義化すべきである。

第四章　みふみかたどりと傳說歌謠
（神典形象）

一　神典形象を暗示する古傳說と歌謠

神典形象（みふみかたどり）は皇祖の御經綸によつて天孫民族の最高の女性に受持せられた關係上、上代にあつては民族の思想信仰の中心をなして代々に傳承されて來た。したがつて天孫民族の住する所には必ずこの神寶の傳承を暗示する傳說や民謠が存してゐる。また、民族の信仰的行事をあづかる巫子の間には、古代よりの傳承を語り傳へて來たものであるから神典形象の存在を暗示した物語も數々語られてゐた。その語り部の物語りの大部分は推古朝時代に太安萬呂が勅命によつて稗田ノ阿禮から聞き取り、それらが古事記に輯錄されたことは周知の通りである。しかし齋鏡（みかがみ）を奉還せる崇神天皇の御時をへだつること多年に及んでゐたので、齋鏡（みかがみ）に添へて祕匿されたるひめことに關しては誰も言及することなく、また、それ自體が祕事であつて語ることをゆるされぬ性質のものであつたから、いつとはなしに忘れられて伊勢の『ひめこと』は完全にその內容を保存されて來たものである。若しこの祕事が公然と古典に記錄されてゐたならば、崇神天皇が和光同塵政策を御取り遊ばされた時に、神代よりの神事『ひめこと』を最愛の皇女に託したまひて齋鏡分離を御實行離ばされたるせつかくの御聖慮が或は無になつてゐたかもわからぬのである。それは秦の始皇帝が徐福に命じて蓬萊の島に不老不死の寶を求めに遣したといふ傳說さへ遺されてゐるごとく、外國よりの多くの歸化人が居り少しの油斷もなし難い狀態であつたと考へられるからである。されども稗田ノ阿禮の口述による古事記の中には、そのひめごとの存在を或る獨特の方法で巧みに暗示し、更に日本紀にはそれを一層委しく物語つてゐて、それら古典の中には意識的にか偶然的にか神典形象存在の事實がきはめて象徵的に記載されてゐる。ただそれは眞の天孫民族の精神に則つて皇祖の大御心を悟つた者ならでは理解し得ないやうに謎の如く封ぜられてゐるのである。この事は後日神典形象が一般的に承認された時に、史家の考證と相俟つて明示せられると思ふ。

以上の如く、神典形象（みふみかたどり）の存在は古典の文面に直接には明示されてゐないが、神典形象の內容そのものから言へば、古事記神代卷の神々御出現の過程や原則と完全に一致してゐて、古典とは實に不二一體の關係をなしてゐる。この事は神典形象を一見すれば直ちに了解せられる。古事記は天武天皇が『斯れ乃ち邦家の經緯にして王化の鴻基なり』と詔りたまひしものであるから、その裡に輯錄された古傳はそのまま惟神の大道であり、皇國の萬づの經綸の規矩たるべき質のものであつて、神典形象の內容とは正に表裏の說相を保つてゐる。文典としての古事記が肇國以來の我國家經綸の順序を時代的に記述したものであるなら、この神典形象は、それら文章に記載し得ざる部門を太古のままの樣式で保存したる神訓的內容を有する形象である。この事は後日神典形象が更に一般化されたとき、古典の記事と照合して明示されるであらう。

記紀の編纂によつて皇國古代史は一層明瞭化されたが、その輯錄に洩れた民間一般の諸種の傳說は、きはめて象徵的に物語化されて民族の子孫に傳へられ、それが今日各地方に遍在する古傳說となり古き民謠となつてゐる。そしてその中には、神典形象のひめられたる事や、皇祖の御神策の祕義が盛られてゐるものが少くなく、私は茲ではその方面のものを取扱つて見たいと思ふ。

上代より今日まで傳承されてゐる傳說歌謠は無數に存するが、その中でも最も一般的に知られてゐるものを二三拾つて見れば、先づ歌謠では彼の謠曲に重要視されてゐる神歌がある。其他文獻上の古歌謠は多く存するが、現在公けに謠はれてゐるものの中では、この神歌や日文祝詞の如きが最も神典形象と連絡がある。また、傳說の方では、全國的に存する日女庫傳說や姥捨山傳說花咲爺の傳說等であらう。其他かちかち山や猿蟹合戰、蓬萊島、桃太郎、浦島子、餅の的、舌切雀等の日本お伽話も異つた解き方によれば、それぞれの中に偉大なる上代民族性の一端が窺ひ得らるるものである。しかし茲では神典形象に特に緣あるものの二三を抽出して神典形象との關係を注意したい思ふ。

謠典の神歌や、日女庫傳說・姥捨山・花咲爺の傳說などは、その物語の中心が本來神典形象の祕藏された事實を指示してゐるものであるから、これらは一方では神典形象傳承の傍證ともなり、またこれを神典形象の理法に隨つて解釋することによつて、これらの傳說歌謠に祕められたる意義が解明されるから、これに準じて、傳說のみならず民族の一般風習裡に自から傳承されてゐる或る重大な神策を悟ることができるのである。

二　天津神籬と神歌

(一) 謠曲の神歌

古來謠曲の神歌(かみうた)に、

『とうとうたらり　たらりら。たらりあがりららりとう。ちりやたらりたらりら。たらりあがりららりとう』

といふ句がある。斯道では大變重要視されてゐて新年の最初に謠ふものと定められてゐる。この解釋については諸説があつて、或は呪語なりといひ、或は音頭を取る拍子なりと解し、或は西藏語なりとして右は『得物は輝き輝きて、輝きはああ　いづれも樣に、壽あれや　壽命は長く普く、輝き輝きて輝きはああ　いづれも樣方に壽あれや』といふ意味であるといふ説も發表されてゐる。

この神歌は獨り謠曲界に用ひられ來つたばかりでなく、實は我古傳の神事中にも大體これに似た神歌(かみうた)又は神樂歌(かぐらうた)の類が傳へられてゐるので、一般風習中にも此種の文句はなほ多分に現代に生きて歌はれてゐることであらうと思はれる。古くは古語拾遺の岩戸神樂の條に、天宇須女命が桶を伏せて其の上で『ひふみよいむなやこともゝちよろづ』と神歌を歌つて舞はれたと記され、また、『上つ記(うへつふみ)』の第十六綴には左の歌が記されてゐる。

トウトウタラリタラリ、(十十足ラリ足ラリ)
チチヤチチヤタラリタラリ(チチヤチチヤ足ラリ足ラリ)
トヨヤトヨヤ　トタラリタラリ(豐や豐や富足ラリ足ラリ)
モモチヨロツヨヤ　トタラリタラリ、(百千萬代や富足ラリ足ラリ)
ウツドタラリヤ　タナツタナツタラリヤ(内入足ラリヤ、穀足ラリヤ)
ミヨサカ　タラリタラリラ、(御代榮、足ラリ足ラリラ)(括弧内の解釋は多田井四郎治氏の説に據る)

これも神歌と連絡があり、この中には神代の御代榮思想が織込まれてゐる、人類の幸福を祝ひ壽くといふ思想は我々天孫民族の特有の思想で御代榮の百千萬代やと歌ふ心は神心であり、大君の御代を壽ぐ我民族特有の心のひびきが、現代もなほ我々の血潮に感ぜられてくるのである。神代に於ける歌謡が、そのまま我民族裡に傳へられてゐることは、卽ち、その歌のもつ思想が傳へられてゐることであつて、これら神歌の裡に神代の遠き祖先の神慮と、子孫たる我々の爲に完備せる神策を遺されたる謎が祕められてゐるのを看過してはならない。

すべて歌謡は人間の感激の發露した感情の表現であつて、原始時代より存するものなることは周知のとほりである。されば神代の、永遠に記念すべき天孫降臨のごとき大感激が誰かによつて、謡はれぬ筈なく、前記の神歌や上ツ記の神歌等に類するものが、必ずや歌はれたことであらうと推察せられる。宜なる哉、實は我神國の經綸祕策は、天孫降臨の際に高木の神より、天孫に奉侍して降らせらるる神々に對してひそかに傳へ給ふたといふ大祕事がこれらの神歌には垂示されてゐて、御代榮の百千萬代やと歌ふ内容には、神代の遠祖の靈に通じ得る者にのみそれが感知されるやうに謎として封ぜられてゐるのである。卽ち、高木ノ神より下されたる天津神籬の神勅の内容に皇祖の神意を具體化せる神策が隱されて傳へられた事實を、この神歌が指示するのである。

それが何故かを説明する前に、我々は先づ、天孫降臨の際に於ける天津神籬の神約が、如何なる形で行はれまたそれは本來如何なる意味を持つてゐるかを豫め見て置かなければならない。

（二）　天津神籬の内容

抑々皇祖の御經綸による天孫降臨の御時に下されたる幾つかの御神勅が、後世我肇國の國是となり、一切の指針と仰がるる程の重大性を有して來たことは、何人も知れるところであるが、それについて『共殿同床』の御神勅に對しては三種の神器があり『齋庭の穗』の御神勅に對しては稲を食する事實があるのであるが、高木ノ神の下されたる、神籬、磐境の御神勅に對しても、現代に遺されたる何ものかによつて明確に立證せらるべきであるが、それは今日までのところ未だ不明のままに措かれてゐる。御神勅であるからには、天孫民族たるもの、必ずや、其の淸く明く直き心から眞實こめて奉持し、神籬を樹て、磐境を起して答へ奉つたであらう。されども時は移り物は變つて現代に於てはそれを實證的に說明づける事が至難となつたのではなからうか。

一部の神道學者が唱へる樣に神社神籬論や神代研究家の稱する巨石文化の遺蹟を磐境となす說には、私は或意味での贊意は表するが、さりとて、それが眞意を得たるものとも考へられない。必ずこの他にも高皇產靈尊の御神勅に相應しい何ものかが、神寶として我皇室中心に遺されてゐない筈がない。

彼の古典を通じて神代の有樣を考究してもまた、各地より出土する古代遺物の優秀なる點から考慮しても、我々の祖先は神代に於て偉大なる文化を持つてゐたであらうことが窺知せられる。而して、それらの文化内容は、神代特有の直覺的なもので靈性の偉力を發揮されたものである。

されば、物質的遺品は僅少なりといへども空間に消えた精神的なものは遙かに偉大なものであつたに相違ない。近來、神代文化研究者の說によれば、神代には實に偉大なる精神文化があり、神神は皆、大宇宙法則を規矩として行爲されたといふ。また、その文化の精神は日女庫に納められ、或は神祕なる方法によりて隱されたといふ事が、古い神社の御神體や、高山の巨石等に、神代文字にて記し遺されてゐると報告してゐる。一寸考へれば、お伽話のやうではあるが、事實は其れよりも神祕であり、また、より以上の確實性を有するのである。何となれば、わが神代が高度の精神文化に到達してゐたことは、種々な點から考究して見て、今日もはや何人もこれを疑ふことができないであらう。そして神々が神智靈覺によつて、經國の大業を全うされた御事蹟が後世までの規範となる位であるから、當時の神策神寶が祕められたとすれば、必ずや相當の神謀りによつて成されたであらうことが想像される。端的に言へば、それが形象の神典であり、そしてこの神典が神籬の內容をなすのである。故にこの神典の祕義を解くより他に神籬神勅の內容を明かにする途はないと私は思ふ。そして神歌は、神籬神約と內面的に連關して神典形象を暗示するのである。その點を明かにするために、先づ神籬神勅が如何なる形で行はれてゐるかを見ることにする。

日本書紀には、上代口傳の諸說の中で、天津神籬に關するものが、數條記されてゐる。それによれば、當時高天原朝にては、豐葦原中津國に天孫を降したまはんとして、先づ大已貴神から國土を返上せしめたまひ、次いで中津國の大物主神及び事代主神が八十萬神々を天高市にあつめ帥ひて天に昇つて歸順の誠を陳した。この時の有樣を書紀には次のやうに記してゐる。

『時に高皇產尊大物主神に勅すらく、汝若し國神を以て妻とせば、吾れ猶汝を疎き心ありと謂はむ、故に、今吾が女三穗津姫を以て汝に配せて妻とせん、宜しく八千萬神を領ゐて永に皇孫の爲に護り奉れ。乃ち還り降らしむ。卽ち紀伊國の忌部の遠祖、手置帆負神を以て定めて作笠者と爲し、彦狹知神を作盾者となし、天目一箇神を作金者と爲し、天日鷲神を作木綿者と爲し、櫛明玉神を作玉者と爲す。乃ち太玉命をして弱肩に太手繦を被け、御手代として此神祭は始めて此より起れり。且天兒屋根命神事を主る宗源なり。故れ太占の卜事を以て仕へ奉らしむ。高皇產靈尊因て勅して曰く、「吾は則ち天津神籬及び天津磐境を起し樹ててまさに吾孫の爲めに齋ひ奉らん。汝天兒屋命、太玉命、宜しく天津神籬を持ちて葦原中國に降りて、亦吾孫の爲に齋ひ奉れ」乃ち二神を使はして天忍穂耳尊等に陪從へて以て降す。』

高皇産靈尊は高天原朝に於ける輔佐の神で高木ノ神ともいふ。高天原朝の主神は申すまでもなく　天照皇大神に在しますが、一切の神政はこの高木ノ神が直接當らせられたので、高天原朝一切の事は　天照皇大神の御神命を拜して此の神が處理せられたものである。されば、葦原中國の神達を還し降し賜ひてより、この高木ノ神の御指圖によつて神々には、それぞれの御役を下された。書紀にはこの事を笠を作る者とか、盾を作る者とか、品物の名前に依つて記されてあるけれども、實は、古代より日本は名教の國であつて、品物によせて神策の名稱をも附されたものである。この事については實際上、神典形象に表現されてゐる神法に照さねば、眞の了解は困難であると思はれるが、現代の理智分別を以ては測り知る事の出來ない方法で成就された神策を、當時の文化の各部門を受け持たれたる夫々の神に命じたまうたといふことがわかるのである。

書紀に記されてゐる『御手代』といふ神事の起源や、『太占の卜事を以て』等の事は、當時の神智靈覺によらなければ理解することのできぬ神法である。かくの如く天孫を降したまふについては高天原朝の諸神を總動員されて諸種の神策を神謀りになり、その末に御手代による天津太占の法を仕へしめられて始めて完結したので、因つて高木ノ神が勅を下したまうたのである。

前記の天津神籬の神勅はかくして下されたのである。この神籬、磐境の神勅の內容は、實に神祕的なるもので天ツ御手代による太占神事によつてのみ有爲義化する樣に出來てゐる神策である。

ここに注意すべきは、高木の神が天兒屋命及び太玉命に相對して神約をされたる事である。卽ち、高木ノ神は『吾は則ち天津神籬及び天津磐境を起し樹てて、まさに吾孫の爲に齋ひ奉らん』とおほせられて天上に於ても吾孫の御上を齋ひたまふと約束せられたのである。この齋ふといふ言葉の裡に千萬無量の意味があり、神祕的な謎が含まれてゐるのであつて、齋ひの精神は實に我遠祖の神代文化を代表するものである。

吾孫の命の爲に齋はんとおほせられたる高木の神の御神勅を實際化したまふには必ず、神籬及び磐境を起し樹てられなくてはならぬ。が、それには御手代を用ひて、太占の卜事によらねばならぬ。その前に太手繦を被ける必要がある。これらの順序を經て後、神籬、磐境の神約の意義は了解されるものである。そこで、葦原中國にお降りになる天孫に隨ひたまふところの、太玉命や天兒屋命には『汝達、宜しく天津神籬を持ちて葦原中國に降りて、亦吾孫の爲に齋ひ奉れ』と命じたまうた。神勅であるから、これら臣下の神々が絶體命令として遵奉されたることは申すまでもないが、然らば其後、この神勅を如何になされたか、といふことが明らかにされなくてはならぬ。

彼の高木の神の御神勅の條には『天津神籬を持ちて』と明らかに記されてゐて、高天原を總動員されて神謀りの結果一切を此の神籬に祕められて下されたのである。勿論、この神籬は天孫の爲に齋ひ奉るべき神策であるから臣下の爲にすべき質のものでないことだけは明かである。故に、神籬の神勅の內容を理解するには、皇孫の御神業を齋ひ奉るべき天孫民族特有の精神の自覺から始められなければならない。ここに傳說歌謠の『御代榮の百千萬世や』と祝ふ心との連孫があつて、これら神歌の內容には、天孫民族の血潮にふれてのみ悟り得る謎が祕められてゐるのである。それはそのまま神代の天孫降臨の大感激の神約を想起せしめ、當時の遠祖の精神が再び我々の心に復活するに至らしめるものである。これは實に時間空間を超えて、往時の神籬神約の事實が、現在の神命として復たび活きてくることを意味する。

前述の神歌は以上の意味に於て、神代の精神卽ち　皇祖の御神意の表現であり、神籬の神約の事實を祕めたる神歌であるが故に、天孫民族たる者が心を神明に通はせ、神人一如の境地に到達して、はじめて解き得る謎であると言ふことができる。然らば、如何にしてこの神歌を通じて皇祖の大御心を悟り、神籬の神約の事實を悟り得るかを次に述べなければならぬ。

(三) 神歌の眞意

皇祖の神が天孫を下したまうたのは本來地上の修理固成の爲である。これは、地上一切が天意にまつろひ、地上に天國を完成することで、高天原朝の　皇祖の御理想を地上に再現することにほかならぬ。故に、未來永遠に亘つて完成さるべき神業であつて、その本質は言ふまでもなく人類の幸福を願ふことである。一切の幸福を希ひ一切のものよかれかしと祈る心は、實に無始以來の宇宙の精神であり、　皇祖の御神意であつて、同時に今日まで代々の　天皇の大御心の御内容をなしたのである。そして實にこの精神が天孫民族の根本精神で、遠き神代より同族相敬し、相睦みて天皇に仕へ奉つた所以である。

我々の祖先は、天皇のかゝる大御心を體して各自に神使としての神格を認め合ひ、人類の幸福のため、即ち　天皇の御理想實現のために働く事を以て、天業奉仕の基準としたのである。これに反し、自己一人の利益のために行ふ行爲は、自我行爲であるから　皇祖の御神意に逆ひ反するもので、天孫民族たる者のなすべからざるものである。

以上の如く、齋ひ（いは）の心を籠めてある點に於て、神歌は天業の本義と一致し、且つはまた　天皇の大御心の内容を謡ひたてまつれるものと申すのであるが、然らば、何故に神籬の神約との關係が明かであるかといへば、言ふまでもなく、神籬の神勅は　皇祖の大御心による神業を實現せん爲の神約であるから、皇祖の大御心とは一致してゐる筈である。そしてこの神歌が大御心を謡つたものである以上、兩者に共通性があることは當然であつて、神歌の中には、その精神を悟りたらば、直ちに神業遂行の實践をなせよと垂示されてゐる。神歌全體にラリとリラとの反覆語があるが、これは口傳によれば『神命降りたらば行ひて後にまた、昇りて本に復命せよ』といふ意味だと訓へられてゐる。然りとすれば『トウタラリ、チチヤタラリ』の十百千（とうももち）萬代（よろづよ）の言葉にも神意がある筈で、一より始められて、十百千萬と發展する數の原理は、そのまま大宇宙原理であり、萬物の發展過程の原則が表現されたものである。それらの永久的なるものを表現しつつ、それに對してなほ足らへと祝ふ心が此の歌の骨子となつてゐるから　皇祖の大御心を顯はせるものと說くのである。

神典形象（みかた）と共に傳へられたる口傳によれば、謠曲の神歌は、皇祖の大御心に基いて成就された神業を高木ノ神が神籬に祕匿されたといふ謎を歌つたものだと言（ゆ）はれてゐる。この　皇祖の御經綸たる神業は、折り包む形式による神典形象（みかた）の內容であつて、それ故これらの形象は皆、太古以來神籬（かみもり）又は、神籬（かみまもり）と語りつぎ。又は御像（みかた）とも尊稱した。故に、この神典形象を守る者には常に天地の神が守りますといふ事が古來傳へられてゐて遂に神守りの風習が生ずるに至つたのである。

次に、神道學者の說の如く、神社が神籬なりとすれば、神社の本殿の奧深くこの神歌と一脈相通ずる何ものかが遺されてゐなければならない。また、神社の本義も此の歌の通りでなければならない。宜なる哉、我國の古き神社には、御神體として神代文字で記されたる御神名や『ひふみよいむなやこともちろ』といふ數歌を記されたものを納められてゐるのが多いといふ。これが事、實とすれば、數歌は大宇宙の發展の原理であるから神歌の理と共通してゐるのである。これによつて考へて見れば、前述の神歌は民族の感激から迸（ほとばし）つた情操的暗示であり、後の御神體文字は、民族の理性に訴へて、神代の法理を暗示したものであると解される。

宇宙法則が神社の本體だとすれば神籬も又宇宙法則に基くものであるから、結極神籬は、大宇宙法則に基く神策であり、神社はそれの形式化されたものの一つであつて、實に遠き籬先が神籬の謎を解くべき鍵として後世に遺せる栞（しほ）りとも見るべきものである。

以上の如く、神歌は　皇祖の大御心の表示であり、高木の神の御神勅たる神籬の内容と神社とは密接不離なる關係にあつて、一に大宇宙法則による天業經綸の神策の傳へられてゐる事實を暗示してゐる。その鍵は神典形象（みかた）にも祕められてゐるから、神籬を『持（たも）ちて』天降られた我々の祖先の心持がこれらの形象を通じて感得されるのである。

三　みふみかたどりと傳説

（一）　古事記の口傳と民間傳説

傳承されたる神典形象（みかた）によれば、古傳を形象化したることが一目瞭然である。我國を神國と稱する上は、神國の大經綸が傳へられて居らぬ筈なく、これらの形象には實に神祕的な方法で大宇宙の法則が示され、其れによる神策が形式化されて傳へられてゐる。

我々の住む國土は、過去の一切の出來事の記されたる活きた書物であり、人體もまた過去の一切の體系付けられた活きた記錄的存在である。大宇宙と國土と人體とは、其の各々が內容的に相關聯してゐる故に、一貫した法則によつて生滅流轉を繰返してゐるものである。されば、大宇宙の周期的運行の次第によつては、我々の頭腦に或る能力が活動を開始して、過去世に成されたる地上の遺物や、古傳說等の疑問も合理的に解け、隨つて國土に隱されたる前世紀の謎が明瞭化され、宇宙の最大目的の爲に一切が活動を開始するに至るのである。

抑ゝ我國は、大宇宙の發展法則のままに成立せる國であり、大宇宙の神意、卽ち　皇祖の御神勅にもとづいて天業恢宏の大理想の許に祖孫は靈的に一致し、以て天皇中心に仕へ來つた國體を有してゐる。彼の天孫降臨に際しては高天原朝の神々を總動員して當時の文化の精粹を集中し、思兼の神外八百萬神が神議られたる結果、宇宙の周期的法則と地上に於ける天孫民族の生命の法則との一致點に神策を神祕されたのである。而して後、天孫の將來を全的に豫測されたる上で彼の天壤無窮の御神勅を下したまひて天孫の前途を祝ひたまうたものである。何となれば、古事記の神代巻は、大宇宙の發展法則の說明であり、併せて天孫民族の發展史であつて、天然と人事とは渾然と一致してゐる事が示されてゐるからである。

周知のとほり古事記は、わが古傳說を輯錄したものであるが、勿論これに收錄されなかつた傳說も數多遺されてゐる筈である。或はまた、古事記書紀等に記されたる古傳も、我國固有の口傳樣式を經過する間に童話化されたるものもあり、何萬年の長き昔の物語りも現に昨日の如くに語られてゐるのもあるであらう。民族の間に祖孫關係で傳承された民謠や傳說の裡には、多分に祖先の夢ともいふべき民族の理想が童話化されて傳へられてゐて、それらは皆現代に於ても同樣の價値を有してゐる。これ實に民族の血潮に一切の過去が記されてゐる證據で、もはや時間空間を超えて大宇宙的に渾然と祖孫は血統によつて一致してゐるのである。否、理想に於て結合してゐるとも言へよう。故に、古傳說の裡には我々の祖先の大理想や神策が表示されてゐるものが多く、神典形象の口傳とは實に密接な關係があるのである。

無數に存在するであらう古傳說の中でも私は特に代表的なもののみを選んで研究せる結果、全國的に語られてゐる日女庫埋沒傳說に、我國の神策埋沒の事實を暗示されてゐるのを感得したのである。勿論、この傳說は古事記輯錄の主旨とは角度を更へて我國の神祕的內容を盛つた貴重なもので、これも上代の神策の一端を示すものとしての價値を充分に有してゐる。

（二） 日女庫傳說の祕義

（イ） 日女庫傳說

さて、昔から各地に傳へられてゐる日女庫傳說は、時代的にもまた傳說の內容についても、その傳播の事情の異るにつれて相違し、實に多樣式に語られてゐるが、その中で最も正しいと思はるものを以て全體を代表させて、その大略を說明しようと思ふ。

『昔、大地變があつて日の族（一說には長者）がその滅亡の際に神の指示に隨つて所有せる寶物を數多或る場所へ埋藏した。そして、その埋藏の場所を暗示して謎のやうな歌をその子孫に傳へた。その歌は、

朝日さす　夕日さすところ（一說には夕日かがやくところ）

一丈巾さ　一丈深さ

うるし千足る　朱千足る
こがねしろがね　とりつかへ。（一説にはこがねのとりがひとつがひ）

といふものであつて、日のやからの子孫は朝夕に日の神がこの寶を守りたまふことを信じて、いつかはその寶が子孫の爲に役立つ日が來ると言ひ傳へて來たが、遂に今日までその歌の謎は解けずして、寶の埋藏場所は依然として不明である』云々。

以上が日女庫傳說の大要であるが、この說の大體の要點は、日の神の神示によつて寶を隱したその埋藏の場所は必ず朝日夕日の射すところであり、それが發見されたならば日の族の爲に役立つといふ點である。

傳說のことであるから學理的に說明づけることはできないが、私はこの日女庫傳說には、天降降臨に於ける高木の神の神籬神勅の內容を祕められてゐると直感してこの謎を解いたのである。

（ロ）日女庫の所在

神寶の埋藏を暗示したこの民謠の謎は何と云つても『朝日さす、夕日さすところ』といふ一節にあつて、勿論これは高い山嶺を意味するが、それは單なる山の峯ではない。この傳說の筋が示してゐる通り、神示によつて祕めた寶庫であるから當然これは精神的に解釋すべきものである。私はこの祕められたる神寶の內容を探知したる上で、私の直感が的中してゐたといふ事實上の見地からかく言ふのであつて、決して架空の說明ではない。さて、精神的に前述の宇宙法則と我々の血潮とが一致して脈動してゐる見解から說明づけるならば、『朝日』は我國の肇め、卽ち、天孫降臨のことであつて、日の神は天孫の天降りませる高千穗（高山又は寶座）を常に守護遊ばされるが、朝日はその日の神の射し出でたまふ初めを申すのである。『夕日』は、その高御座を中心として未來を表すもので、朝日から夕日まで一貫して常に寶座を守り在します日の神の御事である。『朝日夕日の射すところ』は高山であり、國の高千穗は　天皇の在す高御座（たかみくら）である。故にそれは寶座ともいひ、常に天津神の守護ある所である。太陽が朝日から夕日へと運行して常に守護するといふ高山は、地球上では高御座より他にあるべき筈はないから、この民謠の第一節は　天皇の寶座（たかみくら）を意味したものと申すことができる。

次に、第二節の『一丈巾さ、一丈深さ』は法理上巾は「一」であり、深さは「｜」であつて、一丈といふのは數理上では無限を意味してゐるから、兩者を合すれば『十』となる。これは天地と東西との形示であつて、十文字の中央は大宇宙の中心であり法理上の　天皇位を意味する。

次に、第三節の『うるし千足る』は、てうど謠曲の神歌に『トウタラリ、チリヤタラリ』とある如く、寶庫の内容の充實せるを暗示してゐると共に、寶位に榮光あれと祝ふ心が表現されてゐる。

第四節の『こがねしろがね、とりつかへ』といふのは、寶庫が探知されて其の眞意たる寶物が得られたならば天孫の御爲に取つて仕へ奉れよといふ意味に外ならぬ。(この第四節は、地方によつては『こがねのとりがひとつがひ』と歌はれてゐる向もあるが、勿論久しい流傳の間に訛傳したものであらう)

以上は要するに、天孫降臨以來、天津神庫は高御座に祕めてあり、天皇の御神業を完全に御遂行遊ばさるるやう一切の神策を神庫に祕めて完備してゐるから、此の寶座の謎を解いたなら、此の寶を以て天孫に仕へ奉れよといふ意味になるのである。然らばその取つて以て仕へ奉るべき神寶とは何であらう。『うるし千足る、朱千足る』ほどの寶は、唯だ天孫に仕へ奉り天業の御遂行にのみ有意義なものである。私はこの謎を解いて、神寶を探り、その豫想以上に大規模なるに驚き、且はまた、神典形象（みかた）と關係深きことを知つて、今更のごとく神代文化の精神的に高かりしことに驚いたのである。以下大略ながらその日女庫の内容について述べたいと思ふ。

（ハ）日女庫と「ひめこと」

最近一部の神代文字研究家によつて日女庫說が傳へられて以來、各方面の神祕家がその埋藏の神寶を尋ねて、或は四五年來四國の山を大仕掛けに發掘し續け、或は大臺ヶ原山に、或は信濃の山に、千葉の山にと各方面に太古の遺蹟を求めて研究されつゝあると聞く。しかし、我國の神代文化の內容を考慮されたならば、それが如何に見當ちがひであるかといふことが直ちに悟られてくる筈である。

現代人から考へると日女庫の中に祕められたる神寶は、大部分金銀寶石の類が、又は太古の記錄か、或は神仙に昇る靈藥かと、樣々に想像されるであらうが、實は、この『日女庫』といふ言葉が示すとほり、姬庫（ひめくら）であつて、上古以來女性の特長に祕めて女性の間に守り傳へられてゐる日女事なのである。『日の本は岩戶神樂の昔より女ならでは夜の明けぬ國』と歌はれてゐるとほり、日女庫を開扉するには、日女事としての鍵を我國の女性に託されてゐる事實を悟らなくてはならぬ。故に、我國の女性史を繙けば、先づ第一に　皇祖が大靈留芽貴とて最高の女神たる事を表現された稱名で記されてゐる。日の神としての　皇祖が天孫降臨の際に其の大神智靈覺によりて御經綸遊ばされたる御神策を、我民族の生命線を守る女性の特長に神祕されて、これを日女事として比賣の風習の裡に隱されたのは當然である。この間の事情は古典の岩戸隱れの條に記されてゐて、彼の齋服殿の變によつて、皇祖が天の齋殿に籠らせたまひたる物語は、そのまゝ、日の神の本質的なものが齋殿に隱されたといふ事を暗示してゐるものである。その後諸神達によつて齋殿開きを成されたる有様は、卽ち、後日の日女庫開きにかけられたる神示的な古傳である。要するに、神代の齋殿開きは現代に續いてゐて、宇宙の周期的時運に際して自然に行はるるものである。齋殿がくれの神事は神代の事であるが、これ實に前世紀に於て日女事が神祕されたるものならばそのまま後世紀の日女庫開扉に連絡してゐる筈であつて、我古典の齋殿開きは現代になほ活きて行れつつある神祕的な一大事實である。

　我々大和民族は神代より文化の前後期を通じて一貫せる或る本質的なものを保有してゐて、これが皇祖の御經綸たる日女事に相當する。思ふに天孫降臨の際は皇祖の御旨を拜受して天宇須女命がその日女事を承つて降り、地上に於て御神業として傳承されたものであらう。古典にも宇須女命の子孫は猨女君と申して神樂神事を傳承したと記されてゐる。

神代以來の祕策は日女事として代々の女性の行事に傳承されたもので、その本質的なものは前述の民謡によつて解説したとほり我國の最高位たる高御座に祕匿され遺傳されてゐるのである。この事は、三種の神器について　皇祖より共殿同床の御神勅が下されてゐるのを見ても、天孫を中心に一切の祕事が隱されてゐるといふことがわかる。日女庫を祕められたのは　皇祖の御神策に基くもので、その内容が皇祖の御神意である以上、女神に在す皇祖に最も近い比賣神にこの神寶を託したまうたといふことも肯けるのである。宇須女命以後の比賣達が代々に傳承されたる寶庫の鍵とは如何なるものであらうか。ここに神典形象との連絡が存するものであつて、一より出發したものは如何に多様に分れてゐても結極本に還れば一に到達する筈である。

高御座に祕められて代々の比賣達に守られた日女事は、卽ち女性奉仕の神事たる『つゝみ・たたみ・むすび』の手法による神典形象であつて、この裡には上代文化の精粹が盛られてゐて、この形象を解けば宇宙の法則にもとづく御神策が再び我々の腦裡に復活する。それ故これは、大宇出に消えてゐる御神策、神智靈覺を繙くべき寶鍵に相當するものであると言ふことができる。この日女庫（ひめくら）傳說の解釋を詳しくすれば、なほ際限がないので、今はただ神寶の存在場所とそれを開くべき鍵を暗示するに止め、次に同種の古傳說たる姥捨山の意義を考へて見たいと思ふ。

（三）　姥捨山傳說の意義

姥捨山傳說はすでに、あまりに人口に膾炙してゐて、知らぬ人もないことであるが、順序としてその大要を記して見る。

『昔、年老いた者を山奧に捨てる風習があつた。或る若者が老いたる母を捨てる爲に姥を負うて山奧にわけ入つた時、その道々で姥は若者の爲に道邊の柴を折つて印として、その子の爲に道しるべとなし、捨てらるる身をもかへりみず、その子の爲に栞（しほ）りを作つて元の我家へ迷はずに歸れと敎へた。若者はその事に感じて姥をひそかに連れ歸り、床の下に隱して孝行した。其うちに敵國から大變難題を持ちかけて來て殿樣が苦しんだ爲、國中におふれを出してその問題を解かしめた。誰にも解けなかつたが老母を隱した若者は、その老母に敎へられて遂にその難問を解いて國の難儀を救つた。殿様は後で其の若者から老母の智慧を聞いて始めて老人の大切な存在を悟り前非を改めた』云々。

この物語については改めて言ふまでもなく、老人を山に捨てる様な風習があるところに時代の道徳性の頽廢がある。そしてこの物語りは、前時代にかかる事實が存在したと解するよりも、前時代人からみて後世に、かかる本末顚倒したる時代が來たならばかく致せよと教示したる傳說であると解すべきである。その姥が、捨てられつつも我子の爲に柴を折つて迷はず歸り來よと教へた親心は、實に　皇祖をはじめ神代の我々の祖先の心である。我々の祖先はその絶體的な大きな愛情によつて後世の我々を導く爲に大經綸による御神策を樹てたまひ、栞としての折紙形式による鍵を遺された。この事を傳說では『柴を折る』といふ物語の形式で語り、また、古神事には『柴折り神事』として遺されてゐる。されば申すまでもなく、姥捨山の傳說中の姥は過去の祖先にあたり、若者は子孫に相當し、殿様といふのは時の政治家を意味し、親を捨てるごとき制度を以て古來の良風美俗を害するやうな時代を指す。卽ち、日本の過去の努力を無視したる時、外國より難題のふりかかる事を暗示してゐるのである。

老人を尊びその敎へを守るは、我國の美風である。それが惡思想の爲に破壞されて、遂には我が特有の國風の何たるやさへ理解し得ざるに至ることを憂ひて、遠ッ御祖（みおや）達がしばおりに言寄せて、それらの思想難を救ふべく皺折（しわお）りの方法で遺した栞（しほり）が、申すまでもなく神典形象である。故に、この形象を通じて神代の清明なる肇國の精神に還元せよと敎示されてゐるわけで、それは姥捨山の姥が、柴を折つておいたから其の柴折りを尋ねてその道の示された方へ行けば家に歸れるぞと敎へたことに相當する。

此の傳說の若者が姥の言葉に感じて秘かに老母を連れ歸り孝養したり、その姥の敎へによつて國難を救ふた物語は、皆後の世のためにこの栞の德を示されたものと解すべきで、遠き祖先は實に我々子孫の行末を案じ、眞に大慈悲心を以て我々に敎示されてゐるのである。

（四）　花咲爺物語の意義

次にお伽話で有名な花咲爺の物語について考へて見たい。但しこの話は周知のことであるから筋書は略して直ちに解釋に進むことにする。

(イ) 土を堀るとひちを堀る

『昔々爺と姥があつて一匹の犬を可愛がつた、犬は其の恩に報ゆる爲に或る日畑の土を前足でかいて「ここほれわんわん」と爺と姥に教へたので、堀つて見ると黄金白銀等の寶が山ほど出た、云々』

爺姥といふのは、我々の祖先が過去一切の恩を老主人にたとへたもので、忠犬は即ち祖先を意味する。我々の祖先は、犬の態度を借りて『ここ堀れわんわん』と土地を堀ることを教へた。これは實に天孫民族特有の思想を盛つた言葉で、日本が古來農業國として、土を耕して生計した事を考慮し、土地を堀り耕すことと第一也と教へたものである。また、土は一に『ひち』と稱し、ひちは靈血(ひち)であるから、土を堀れといふのは一面には民族の血に呼びかけて、血潮に秘められてゐるもの、即ち、鬼を奥深く堀れといふことにも相當する。何となれば、我國古代に於ては血に靈(ひ)が作用することを靈血(ひち)といひ、人間をば靈(ひ)を止むるとの意味から靈止(ひか)と稱した。何故に人は地上に生じ、何故に日本では靈止(ひと)と言ふかといふ問題は、非常に廣範圍にわたる解說を要するが今はその大略のみを述べて、この忠犬の教へとの關係を明かにしたいと思ふ。

凡そ人類の生存を意義あらしめるには、如何にしても宇宙の生命原則に範を取り以て一切の行動に及ぼさなければならぬ。反對に生命の發展過程を無視しては、あらゆる行爲が無意義となるのである。卽ち、我々は親を通じ、祖先を通じ遂には生命の原子を作りたまへる大宇宙精神にまで到達してその神意を悟り、以て一切の行動の根本義となさねばならぬといふ法則があつて、これを太古はヒチと呼び、此の道を知る人を稱してヒジリと曰つた。それは日知り人、又は靈血(ひち)知り人の意である。これを近代では『親々(おやおや)習への道』といふ意味で神ながらの道といふ。

物を製作するにも、その材料と方法の如何によつては、出來上がつた結果に良否の差を生ずるごとく、日本の如き優秀なる國家が出來て保たるるには、それ相當に基礎となる法理がある筈である。宜なる哉、我國には、この天地を貫きて存する公道、卽ちヒチが傳へられてゐて、無始以來今に至るまで大宇宙精神のまにまに天地の發展過程の原則を根本義として惟神に成立した國であることを證明してゐる。

ヒとは靈を意味し、日の大神の精神を指示した言葉であり、現象界では日光のごとくに天より降つて人體に止つた人間の根本精神をいふ。

チとは、其の精神の動き出る力を意味し、物質的には血に相當してゐる。故にこの言葉を有する民族は、日の精神を血に受け持つて靈の働きを地上に表現する使命を先天的に附與されてゐると言ひ得る。我々天孫民族は神の子孫也とはかかる故に申されるのである。

さて、過去世に祖先が成したる一切の功業は、精神的には靈となつて大天地間に神として働き、物質的には日本人の血潮に印されて傳はつてゐる。故に、現象界に於て或る縁にふれて我等の血潮の躍動するところ即ち靈氣の發動となる。これは靈血の感應であつて、この靈血は不二一體なる事を證するものである。これによつて實に、祖先の靈は子孫の血に感應して偉大なる力を發現するものであるといふ事がわかる。

我國では土地のことをツチといふが、太古はこれをヒチと呼んだもので、今でも土方等の姓氏が存してゐる。これは前述の靈が血に感應して偉大なる働きをするから、それを産出する國土も同じく土と稱したのであつて、これは一切の過去を記してある生命の物體といふ意味を有してゐる。言ひかへれば、我々の祖先が過去に於て此の土地の上に、血と涙と汗を以て、あらゆる努力をした聖場であるといふ事に相當する。此の國土には萬有を産み育てる大生命力がひそんでゐて、天空より降りそゝぐ日光と結んで一切の萬有を産出してゐるのである。

地より生じて地に住し、地に生ふる食物によつて育ち、地に一切の行爲を印して、やがては又、地に歸つてゆく人間の姿が、そのまま大地の精神の表現であるから、我々は地の精にあたるのである。これが靈の存する地、即ちヒチであり、日本の國の名に負ふ所以である。

土地を堀れよと教へた忠犬は、以上のとほり我民族の血潮の奥に籠らふ眞實の魂を堀下げて大宇宙精神に到達せよと教へてゐると共に、大地の精神を悟れよと暗示してゐるもので、一切の人類は人間としての根本義に照しても、自己が住む國土の精神を悟らずしては一切の行爲が無意義化すのである。即ち、我々の祖先は、かかる深き教義を殊更に平易化して忠犬に譬へて教示したものである。

（ロ）　松と臼杵・毛知比の意義

『忠犬の教によつて土地から、寶が堀出されたから今度は悪い爺さんがそれを眞似て忠犬をかり受けて無理に土地を堀らせやうとして失敗し、今度は瓦や瀬戸物のかけらばかり出たので、悪爺は怒つて忠犬を打殺して仕舞つた云々』

茲に惡い爺といふのは勿論性根の曲つた者であつて、この場合、我國に仇をなす外國を意味し、或は、天孫に仕へる心の失はれた逆徒をさす。我々の祖先（忠犬）は遂に惡魔の爲に屠られた。良い爺姥は忠犬の死骸を受け取つてこれを手厚く葬り、其上に松の木を植えた。松の木は一夜のうちに大木となつたので良い爺姥はその木で臼と杵を作つて餅を搗いたら、餅の中から又もや寶物がたくさん出て來た。

良い爺姥が忠犬を手厚く葬る事を示したところに、上古以來我君臣の情の濃やかな有樣が窺ひ得らるると共に、その上に松を植えたことに深い意義が寓されてゐる。松は待つの意であり、上代人は松を植えたりそれを結んだりして神に祈りを捧げたもので、萬葉集には、この種の物語りや歌が數多のせられてゐる。たとへば、

岩代の濱松ケ枝を引き結びまさきくあらばまたかへり見ん。

等の歌によつても松が信仰の對照として一役を持つてゐたことがわかるのである。さて、松を墓印として植えたといふことは、後の世の爲に栞とし、印として植えたもので、これを一應神典形象の中にある結形象（むすびかたどり）と考へて頂き度い。しかしこの物語には結びと明示されてはゐないから、

姑くそれとは切りはなしてその意味を理解しなければならない。

松は一夜の間に大木となり、それで臼と杵を作つたといふことは、神典形象の本體を研究して見れば、實は、伊勢の内宮と外宮の御造營といふ事に相當するのであるが、今の場合その說明は省略する。そして實はその臼と杵によつて餅を搗いたといふことに重大な意義が存するのである。餅は　皇祖の御神勅にもとづき、　皇祖より天孫民族の主食物たらしめよと下されたる稻を用ひてこれを搗き固めてねばり强き毛知比（一致して生ずる力又は靈といふ意）となし、百千の靈の力をもつて成せば黃金白銀の寶が出るぞと敎へたものである。勿論、米を食する日本人の一致團結の結果生ずるものを敎示されてゐるのであるが、その餅は、忠犬が松によつて天意を祈り、松は天意によつて大木となり、それで臼と杵を作り、そして臼と杵が突き合はされてはじめて餅が出來たのである。これ實に創造の原理によつて成せと、祭政一致の根本原理を敎示されてゐるものである。しかし如何に道具が完備しても魂の籠らぬものには寶も出ないもので、惡い爺さんはその臼と杵を借りて、又も眞似て餅を搗いたところ、きたないものばかり出たので大變に腹を立てて遂に臼と杵を燒いて仕舞つたといふ。これは祖靈の守護の無いものの行爲は如何に表面がよくても結果は失敗であるといふことを教へてゐるのである。

（八）　物語の本義と神典形象

次に、良い爺さんはその臼と杵を燒いた灰を貰つて泣く〳〵歸り、これを用ひてせめて木々の肥料にしやうとて灰を播いたならば枯木に皆花が咲いたといふ。

松の木を植えて祈りの印としたものが大木となり、次いで臼と杵に作られたといふのは、萬有を產出する法則を形象化したものであつたが、これがまたも惡人の爲に燒かれて、今では灰の樣なものになつてしまつた。それはてうど、太古に於て祈りの對照にせられた神典形象が、長い時代の經過の裡に遂に灰同樣な存在になつて仕舞つてゐるのに似てゐる。

かく考へ來れば花咲爺が灰を撒いて枯木に花を咲かせたといふお伽話は單なる物語でなく、神典形象を中心として解くべき暗示的物語なることが悟られる筈である。現代に於ては、神典形象もてうど灰のやうな忘れられた存在となつてゐるけれども、これが一度び、天皇の御稜威によつて用ひらるる時、今までは枯木だと思つてゐた諸々の存在が皆一時に花が咲いて來るのである。

花咲爺の働きによつて一面に枯木に花が咲いた時殿樣が通りかかられて大變喜ばれて、爺には御賞めの賜物があつた。悪い爺さんはまたその眞似をして今度は殿様の目や口に灰をまいて遂に罪人として召取られ仕置きせられた。

これは、忠犬の靈が働くからたとへ灰の様なものになつてゐても用ふべき人が用ふれば枯木に花が咲くし、同じ灰でも利己の慾心から事を爲す者が用ふれば、花は咲かずして害をなすといふ事實を敎へてゐるもので、此の物語りの中心は忠犬の誠心にある。これは祖先の靈の働きかたを物語ると共に、子孫に對して呼びかけた祖先の祈りが物語り化されたものである。傳へられたる神典形象は今では灰同様の存在であるけれども、これは祖先の神々の祈念の對照であつて、この中には太古以來の神策が隱されて傳はつてゐる。これを祖先の心に契ふた者が用ふれば枯木に花が咲き、反對に慾深い者が利己の爲に用ふれば反つて自己の害となる事を敎示されてゐると思ふ。

すべて傳說やお伽話は誰にもわかり良い様に物語化されてゐるから其の奥に籠らふ眞意は、祖先の御心をよく理解しなければ、解くことはできない。それと同様に、神典形象も遠き神代の神心に一致した上でなければ絕體にその謎を解くことのできないものである。

以上の外にも、神々の神策が秘められて傳へられた事實を暗示する傳説が數多存するが上述の三種はその内容の最もはつきりしたもので、これらをよく玩味すれば推して知ることができる。また、日本古來の儀式風俗の中には、實に深き神策の籠められたものが多く、それらについてはまた別の機會に充分觸れて見たいと思ふ。

昭和十五年八月十五日 印刷
昭和十五年八月二十日 發行

みふみかたどり 【定價壹圓五拾錢】

著者 松浦彦操

發行者 岩野眞雄
芝區芝公園七ノ十

印刷者 長尾文雄

印刷所 日進舍
芝區芝浦二ノ三

發行所 東京芝區芝公園七ノ十
株式會社 大東出版社
振替東京一九四七一
電話芝(45)三九四四

付録　其の一　松浦彦操著作

神道の器教

松浦彦操

我々が過去を追憶するといふ事は、学問ではわからぬ不思議な現象である、それは、或る外界よりの縁にふれて、思ひがけなく記憶がよみがへる場合と、純主観的に内部より夢の如く或何ものかを思ひ起してなつかしむ場合とがあつて、これは実に人間の尊い情操であり詩想なのである。古い過去世を追憶して現実の世界に結び止めるといふ事は、人間の気持が天地の活動相にふれて神秘境に入つた証拠であり、それは神人感応の現象なのである。自己の過去を追憶する情操はそのまゝ本体の親を追懐するに及び、又以て神を信仰するといふこともこの情操から始まるのである。そうした情操の無い国家は乱れて闘争絶え間なき修羅道を現出し、万物の本体たる神を信ぜず神律を遵守しない人類は必ず滅亡するといふ事が本来宇宙の法則なのである。

或学者は、我々の住む地球上には今より何十万年前かに精神的にも物質的にも恵まれた偉大なる黄金時代があつて、其の後幾度びも文明の極致に達してゐたものであるが、世界的一大地変の為に一切が亡んであたら其の文化も又元の原始の状態にかへつたものであると説いてゐる。それかあらぬかは別として過去の人類が地球上に於て為した行為の一切は其のまゝ此の土地に又は空間に止められてゐて、我々人間は縁にさへふれたならば、必ず其れら過去の文化の内容を追憶する事が出来る能力を持つてゐるのであつて、これが強固なる民族性となり、大発明能力となり、大芸術作品として表現されてゐるのである。故に観方によつては現代文化も皆人間の追憶現象を通じて現出せる過去世の内容であるとも言ひ得るのである。

物質は動かず精神の作用があつて始めて動くものである以上、無言に動く大自然の一系乱れぬ威容の中には、大宇宙の意志があつて微小なる人間共の窺知し得ざる大精神の大理想のもとに又一定の規律のもとに着々と未来へ進展してゐるのである。過去幾十万年前かに現出されてゐた大文明の内容は今や天理の循環期に会して、各処に偉大なる神秘現象が起り、何十万年間か忘れられてゐた太古文化の内容が人類の追憶現象を通じて現代に復活再現されんとする時代となつたのである。

天御中の道

凡そ人類の生存に意義あらしむるには、如何にしても宇宙の生命原則に範を取り以て一切の行動に及ぼさなければならぬ。反対に生命の発展過程を無視しては、あらゆる行為が無意義となるのである、即ち、我々は親を通じ祖先を通じ、遂には生命の原子を作りたまへる大宇宙精神にまで到達して其の神意を悟り以て一切の行動の根本義となさねばならぬといふ法則があつて、これを太古はヒチと呼び、此の道を知る人を称してヒシリといつたのである。ヒシリのシはチに通ずるから又ヒチリともいふ。これを近代では祖親習(おやおや)への道といふ意味で神ながらの道といふ。

物を製作するにも其の材料と方法の如何によつては、其の出来上がつた結果に善悪の差を生ずる様に日本の如き優秀なる国家が法理なくしては偶然に成立する筈がない。宜なる哉、我国にはこの天地を貫きて存する公道、即ち、ヒチが伝へられてゐて、無始以来今に到るまで大宇宙精神のまに〳〵天地の発展過程のまゝを根本義として惟神に成り来つた国であるといふ事を証明して居るのである。

ヒとは霊(ひ)の事で日の大神の精神、即ち、大宇宙精神を指示した言葉であり、現象界では日光と同様、天より降つて人体に止つた人間の根本精神をいふのである。

チとは其の精神の動き出る力を意味し、物質的には血(ち)に相当してゐる。故にこの言葉を有する日本民族は、日の精神を血に受け持つて、霊(ひ)の働きを地上に表現する使命を先天的に付与されてゐる民族であるから神の子孫と言ひ得るのである。

過去の祖先が成したる一切の功業は、精神的には霊となつて大天地間に神として働き、物質的には日本人の赤き血潮に印されて伝はつてゐる。故に現象界に於て、或る縁にふれて我等の血潮の躍動するところ即ち霊気の発動となる。これは霊血(ひち)の感応であつて、このヒチは不二一体なる事を証するものである。こゝに於て我々は、祖先の霊が子孫の血に感応して偉大なる力を発現するものであるといふ事が明瞭に悟れてくるのである。

我国では土地の事をツチといふが太古はこれをもヒヂと呼んだもので、今でも土方等の姓氏があるのは其の名残である。これは前述の霊が血に感応して偉大なる働きをするからそれを産出する国土を称しても同じく土と呼んだのであつて、これは一切の過去を記してある生命の物体といふ意味を有してゐるのである。言いかへれば、我々の祖先が過去に於て此の土地の上に、血と涙と汗を以て、あらゆる努力をした聖場であるといふ事に相当し、それ故にこそ我等の住むこの大地は実に尊いのである。此の国土には万有を産み育てる大生命力がひそんでゐて、天空より照りそゝぐ日光と結んで一切の万有は産まれ出たものである。地より生じて地に住し、地に生ふる食物によつて育ち、地に一切の行為を印して、やがては又地に帰つてゆく人間の姿が、其のまゝ大地球の精神の表現である。故に我々は地の精であるとも言ひ得るのであつて、これが霊の存する地、即ちヒチであり、又、日の本の名に負ふ所以であるといふ事を霊的に説明してゐる言葉である。

天地を貫きて存する大道は万物を自然のまゝに生成化育する法則であつて神代に於て我皇祖はこれを神訓として後裔に遺したまひ、万代にゆるぎなき国の基礎を定められたのである。これが君臣の分明らかなる霊の本つ国の根本義であり、現人神たる天皇にまつろひ奉る道なのである。又以てこれは我国家統治の洪範であり、個人的には行為の規範であつて、日本が今日まで生命の原則を行ひ、宇宙の発展過程のまゝに成り来つた神立国家であるといふ事を立証する大理法なのである。この道を一名「天御中の道」といふ。

我国には神代の事を記した古典や、大和言葉、風習行事等によつて、優れたる文化の遺風が伝へられてゐるから、それらの縁にふれて我々の血潮が脈々と活動し、其の精神は、そのまゝこの血に感応して、天地に消えてゐる過去世の内容が追憶によつて直感されてくるものである。故にそれら文化の遺風を考究して見れば我国の太古にこの天御中の道を以て、政治、経済、教育、宗教、芸術等一切の根本原理となし、偉大なる精神文化を建設されてゐたものであるといふ事がわかるのである。

神代文化の遺法

天御中の道は申すまでもなく、神代以来の精神文化を伝へられるには大別して五つの方法がある。第一は国名、地名、神名姓氏による方法である。我国は太古より大和国、日の本つ国、瑞穂の国等数多の国名が称へられてゐて、それ〳〵其の名の通りの内容を有してゐるのである。国々の地名は上古の人類が様々な縁によつて行為した記念に土地の名を遺したものでこれ又過去の歴史である。神代記に記されたる御神名は、各々其の神の御働きを神名化して伝へられたものであつて、彼の天照皇大神をはじめ諸部の神名を読んだならば、誰も其の神の御神格が拝されるのである。一柱の神が御一代になしたまへる御働きを以て、其の御神名を尊称して遺した風習は、其のまゝ上古以来、御歴代天皇の御尊名となつて伝承される様になつた。又民間では氏神を中心とする姓氏が定められて、其の姓氏の為には命を賭するまでに尊重されるに至つてゐたのである。古歌にも

男の子やも空しかるべき後の世に
かたりつぐべき名は立てずして

等、武夫は毎に其の名を命にかへて尊んだもので、彼の戦場に於て相互に名乗り上げたる風習は、今なほ我等の内に流れて、家門高く世に上げる事を最大の名誉としてゐる次第である。

第二は大和言葉による方法で、これは日常日本人が相互に用ひてゐるので説明するまでもないが、其の言葉の内容にひそむ意義は実に高遠なる哲理によつて成り、如何に太古には我国が精神的に高い文化を持つてゐたかといふことがよくわかるのである。

第三は、文字文章による記録である。古事記、日本書紀等の古典をはじめ、諸種の文献類である。これは直接それを読む事によつて事実を窺知し得るから、最もよく太古の文化を認知し得るものである。

第四は風習行事による方法で、古来の行事や日常生活の風習中に太古以来の名残を止めてゐるのである。そも〳〵風習は古人の精神表現の遺風であつて、我大和民族の風習は日本精神を根幹として生れ出た姿であるから、我民族の赤き血潮に言論を越えて肯定せしめる迫力が存してゐるのである。我々の祖先は代々、祖親(おやおや)習への道の法則に照らしてよく其のかみの手振りを現代まで守り伝へて呉れたものであつて、祖先はこの風習行事を通じ以て我々に祖親習への道の規範を示してゐるのである。

以上述べたる四方法は誰も知つてゐる伝統であるがこゝに第五の方法として器による伝がある。これは器を用ひて其の使用法と形式手法の特長を以て教訓されたもので、彼の三種の神器は最も著名なる代表的な器教であるがこれは天皇の神器であつて臣民には又それとは異つた器教法が隠れて伝へられてゐるのである。これは我風習中に古来形式のみは一般化して伝承されてゐても其の真意は、長く忘れられてゐたものであつて、名づけてこれを太古より「つゝみ」「たゝみ」「むすび」といふ。

器教の範囲

「つゝみ」「たゝみ」「むすび」は包み、折り、結び形式によつて前述の天御中道を説明し、其れらの形式手法の習得につれて、大宇宙の発展過程と其の長久なる大宇宙発展の旋律の中に籠らふ天地の大法事（のりこと）を自己に習得する方法である。古代より風習に伝へられたる形式には、皆其の中に言語や文章では説明出来ない真理哲則を、平易に折つたり結んだりする手法で表現してあるもので、此の器教法の中にこそ我神国の秘伝は極秘の裡に伝へられてゐるのである。

「つゝみ」「たゝみ」「むすび」の技法は、古来様々な変遷を経て現代に至つてゐるが大別して三種類に分かつ事が出来る。

第一は太古に於て神事に使用せられた包み物で、それらの包みの中に籠らふ神訓を以て「つゝしみ」となし、此の神訓に逆へば即ち「つみ」となる事を教へて人々の守りとさせられてゐたものである。この神事用包折結の中には天御中の道が意味されてゐるのであつて、神米包を始め、幣帛や神符包、祭事用の飾折紙等に其の形式が一般化されて伝承されてゐる。

第二は儀礼用包結飾で、これは上古の神事用の包結（つゝみむすび）から変化して中古以来礼式用として進物飾や儀礼飾に使用されたものである。すべて吉凶禍福によつて、各々礼意を包み結びの手法に表現し、或は又時候の色目重の紙を用ひて包み、四季の色合はせの水引を結び付けて純乎たる国風様式で、風流典雅なる情操を表現されて来たものである。其の代表的なるものは婚礼用の長熨斗をはじめ銚子飾や結納用の進物包、金子包でいづれも優美高尚な国風である。

第三は近世に及んで礼式用の飾折紙より分離変化して美術技芸折紙及紐結や水引細工が異常な発達をなした事でこれを総称して手芸折紙、結細工といふ。主として子女の技芸教材に用ひられたり、児童折紙は初等手工教材に供せられてゐる事は周知の通りである。其の代表的なるは純国風美術として恥しからぬ一枚折三十六歌仙折紙や、同じく一枚を用ひて平安風俗六歌仙、三才女、能人形等の人物を自由に折り上げる技術的なるものや、一枚で花鳥、虫魚等動物類一切は申すまでもなく袋物から器具類に至るまで折りなして折紙芸術を完成してゐるのである。又、太古の「むすび」から発達して諸種の紐結類がありこれは又水引細工に進んでは花籠、各種鳥類、器物等一切を平易に結び上げて実に美麗なる造型美術とまで称せられるに至つた。

以上の中で第三の部類は、第一第二より変化した技芸的なものであるから此の部は別に稿を起す事として、前述の神事用及び礼式用の包み、折り、結びの手法のみを別に左に摘述して其の範囲を一層明らかにして見よう。

イ、神符

昔から民の守りとして下附される包様式又は紙札様式のもので、其の形式の如何に拘はらず、太古謹身(つゝしみ)の神訓として各自がそれを奉持してゐた遺風なのである。昔はお守りは、生児始めて産土神に宮参りする時からこれを受け、一生守りとし、女子は婚家へ輿入れの時は新しく神社から受けて一生を契る良人の手に渡したもので「はこせこ」は其の守りを入れる袋物である。又家に不幸が続き悪病が流行したならば神社よりこの神符を受けて門口の上に貼付け、朝夕に門を出入する度びにこれを見て謹んだものである。又中古武士は戦場に行くには、必ずこの神符を自己の幡差物の蝉口に封じ込んで神の加護を祈つたものである。上古伊勢の斎宮に於ては謹身（つゝしみ）の式法としてこの種の包み結びの形式が代々伝へられてゐた。これは又神示、直覚力を養成する方法として用ひられると共に、一般へ教化を兼ねて下附せられたものであると伝へられてゐる。

ロ、御供米（くま）包、熨斗（のし）包

これは時代によつて其の様式が変化したもので、御供米包は一名これを「お劔先」ともいひ太古に於ては天孫民族の神印とまで貴重視されてゐた表物（しるしもの）である。委細は後に述べる事とするが其の様式は白紙を劔先（ほこ）形に折つて中に洗米を包んだものであつて、これは御幣と共に神事には重要なる形式である。昔から民家では、この御供米包を受けて帰りこれを神壇に奉祭する風習がある。それは、神の氏子として神印を拝受し、その旨をかしこみて朝夕に礼拝する天孫民族特有の祭事様式なのである。熨斗はその御供米包が中古以来、縁起を尊ぶ国民性によつて中に延鮑（のしあわび）を包み、武家の儀式に祝ひの形式として用ひられてきたものである。其の様式として用ひられてきたものである。其の様式も使用される場合によつて異り、長熨斗の様に儀式専用の大形のものをはじめ、進物用熨斗、折

熨斗の如く形の小きものに至るまで種々変化した形式が伝へられてゐるが、すべて其の源は、神宮より下附された神印として、御洗米包等と同意義を有する祝ひの象徴である。又現今使用される折熨斗は、最も装飾化されたる略様式のものなのである。

ハ、料金々子包、各種品物包

これは他人に料金を贈る場合や進物用品物を包む種々の様式であつて、それぐ使用する場合によつて吉凶禍福の礼意を現はしたものである。結納用の包み物の中には色目重ねや飾り水引を結び付けて典雅な包みものもあるが、一般では白紙で包み、金銀、赤白、黒白等の水引をかけたものを主として使用し折方及び結び方は、上古の手法がそれらの包みに様々に応用されてゐて、現代に一般化されてゐる包みの中にも古代の神訓が盛られてゐる事を知る事が出来るのである。

ニ、儀礼用飾折紙

神事及儀式に使用する飾折紙で、神祭用の御幣や神酒口飾、婚礼用の銚子飾等であつて、これらの中には太古以来の神訓が意味されて遺されたものが多い。特に神祭用飾紙は我国神事中最も貴重なるもので其の意義たるや、真に天孫民族のみが悟り得る質の秘義を有してゐるのである。

ホ、結飾、飾水引

包み及び飾折紙には神事用には麻又は紐を用ひて結飾りを付し、一般用には水引結をなす。これは結びの形式で包み折物の芸術的効果をあげるのみならず、古代より、神事に於て神人の契約を結び止めた儀式の名残であつて、実に重大なる意義を有するものである。又風流贈答の場合には、色目合はせといつて例へば、春は桜の合せ水引として銀水引に薄紅の橡取りに合せたり、秋は白菊、紅葉等様々の合せ様によつて四季の自然を形式に表し、其の結び方によつて体意を表す等の方式がある。又、飾水引は花鳥や紋形等を結び作つて、これを祝儀の包物に付けて贈るのである。松竹梅飾や、鶴亀、宝船等の飾水引は其の代表的なものである。

へ、敷紙（しきがみ）、畳紙（たゝみがみ）

神前、仏前、又は客の前に供進する菓子や料理物の下に敷く紙を敷紙といひ晴の衣服を着した時懐中する重ね紙を畳紙といふ。其の折方、及び色目重ねの如何によつて吉凶、四季の感じを表す仕方で古来各方面に応用されて来た様式である。例へば四月の供進菓子は卯の花重ねの敷紙を車に重ねて藤其他時候の花を挿添へる等の風流様式である。

以上述べた部類を以て、包結び手法よりなる我国体芸術となし、中古はこれを折紙の式法と呼んで子女の精神礼法を教養すると共に、一般の進物及儀式飾等に国風として行はれてゐたのである。武家の儀式には盛んにそれらが風流として行はれた事が、文献には至る所に見えてゐて、折紙は、重要なる認可の場合最も証明をなすものとされて今もなほ「折紙をつける」といふ言葉となつて残つてゐるのである。又これらは上古に於ては「つゝみ」「たゝみ」「むすび」と称し、神事に、一般教化に、子女教養法として代々の女性の間に伝習されてゐたものであつた。

意義と其の神秘性

「つゝみ」「たゝみ」「むすび」は其の手法形式の名称である。如何なるものと雖も無意義には生じない。この技は太古文字の一般化せぬ時代に、それらの手法を以て各々意志を通じ合つてゐた遺習で、其のすべてに東洋的な綜合意義を表現してゐるのである。又、包み、折り、結びの様式で子女を教養してゐたもので、太古に於てはこれが宗教々典であり、形式によつて言語や文章に表現し得ざる哲理を教へたのであつた。これは実に我国の発展過程の原則をそのまゝに形を以て表す為、自然に国体を表現する芸術となつたものである。又、我民族性の根幹をなす天御中の道を形式によつて認知せしむる太古ながらの教材として其の名称には深き神秘が籠められてゐるのである。

「つゝみ」とは、包むべき中味を本体として他のもので隠し覆ふ事をいひ、「つゝみ」の語意は、其の中に何ものかを宿す事を意味する「つゝみ」の「み」は、真善美又は身を意味するが故にこれは真理を宿すことに相当する。又一面これを「つゝしみ」と呼びなして、神訓を謹み身にしみて承認させるものといふ事である。故にこの中には真実のもの、天御中の道が神ながらに秘められてあるから此の包の神訓に逆けば「つみ」となるぞといふ事を言ひ表した言葉なのである。

「た丶み」は数々のものを納め重ねるといふ事で、或何物かを積み重さね納めておく事を意味し、「み」は美、即ち真理を多く納める事である。「た丶み」は又「折り」ともいひ「しは」ともいふ。「折り」は「天降(あお)り」といふ事で、経緯の交錯をいひ、一名織るともいふ。一の折り目の度び〳〵に天意が天降るといふ意味であり、「しは」はしば〴〵にと言ひ時間的の節々にといふ意味である。故に折り畳みは、其の度びにしば〳〵折り〳〵に節々に、たま〳〵に等の言葉で表現されてゐるがそれらは折り節に天意が降る事を太古より時代的に言ひ伝へたものである。

「むすび」は陰陽相対的なものが和合すれば必ず一の新らしい活動が起るといふ事を意味したもので、それは御神名にも産霊と呼ばれてゐて霊を産む事、即ちこの形式を行へば最後には必ず霊(び)が産まれて来るといふことである。ムスは又スム（済）といふ事でこれは初めより終りまで相対的なものが相和して中央に帰一し、中心によつて統一せられるといふ原理を言ひ表した言葉である。故にこのむすびは相対的なものが相交り相和してゆくべき原則を教義として表されてゐる形式なのである。我国では太古より男女陰陽の和合、即ち結びによつて生れた子供を「むすこ」「むすめ」といふ。これは「むすびひこ」「むすびひめ」といふ言葉の略称であつて日本の男子、日本の女子といふ意味である。そうした意義を結びの形式で水引を使用して表現した技芸を水引結といふ。

以上を総括すれば、包み、畳み、結びの中には神代よりの生命ある真理を多く秘匿し納めて置くといふ意味となり、しかも此の謎を解けよと無言に垂示されてゐるのである。これらの手法が太古人の間には文字同様に交換されてゐたものである以上、其の伝承されてきた数多の包み結びの神秘を解けば、其の頃の清明なる精神状態を感得し得られる理である。即ちこれらの形式は我々の祖先の生命の記録であるから、丁度我々が今日の出来事を日記に書き遺して置く様なもので、何十年後にても其の日記さへ読めば今日の出来事が又復活して知る事が出来るのと同様なものである。これら結び形式中には我々の遠き祖先達が天地の真理のまゝへに各人謹んで交際し、契約を結んだものであつてそれが其のまゝ秘められて伝つてゐて、我々が今日無意識に結んでゐるそれ〴〵の形式中にも、太古以来の神訓が隠されて伝へられてゐるものである。故にこの技を深く習得すれば言語文章に表し得ざる独得の哲理が体得され、其の形式の意義を考究すれば太古以来の日本精神の真随がわかるのである。一面これは天御中道を知る惟神の鍵であるとも言へよう。

太古の遺習

我国の上古民族の間に生まれて発達し、今日までにはたゞ形式のみを遺存されてゐても、其の「つゝみ」「たゝみ」「むすび」の内容を解する事によつて自然に上代の精神文化が如何に高かつたかといふ事がよく理解し得られる。

仏教渡来当時に於ける物部氏の排仏運動はすでに我国に斯の如き高い精神文化があつて国風としての神道思想が根強く国民生活を支配してゐたが為であつた。これは実に我が神国日本の純然たる国体精神に相反することを識別し得た結果である。仏教はまもなく当時の国民生活を支配するに至つたが、それは国風化された宗教として神道の影響を多分に蒙つて居るから、今日の仏教にも上代民族の生活を窺ふ事が出来るのである。夫のみならず我々が日常用ひて居る大和言葉や、神代の記録たる古事記等にのせられた天御中主神、天照皇大神、高皇産霊神産霊神等の御神名、又は各家の古き姓氏や土地の名にも、それぞれに高い精神文化の様が偲ばれるのである。

但し精神は他の物質の如く形式に表現して後世に遺存されたものを発見されることがなかつた関係上、其の真意を知る確定的な方法がないから証明し難いのであつた。しかし、上古精神文化華やかなりし頃よりの教養法として、「つゝみ」「たゝみ」「むすび」の手法は、上古の伝説、口碑と共に、我々の風習の裡に隠匿されて伝はつたもので、此の中にこそ実に上古の精神が遺されてゐるのである。

国風の起原

古代大和民族が皇室を中心として天御中道にもとづいて行為してゐた事は、記紀の神典に記されてある通りで、彼の天孫降臨の場合高皇産霊之神が天孫に随ひたまふ神々に対して下されたる神勅を古語拾遺によつて見るに

> 吾は天津神籬度び天津磐境を起し樹て、当に吾が孫の為に斎ひ奉るべし。汝(いまし)、天の児屋根の命、太玉の命二神(はしら)、宜しく天津神籬を持ちて、葦原の中つ国に降りて、亦吾が孫の為に、斎ひ(いは)奉るべし。惟ふに爾(いまし)二神、共に殿(みあらか)の内に侍ひ、能く防護と為れ。宜しく吾が高天原にしらしめす斎庭の穂を以て、爾当に吾が児にしらしむべし。宜しく太玉の命、諸部の神を率ゐて、其の職に仕へ奉ること、天上の儀(よそほひ)の如くすべし。と宣り給ひき。

と、明記されて、後世の風習は神代の高天原時代のまゝ天上の儀の如くに行はせられたのであると考へ得る、ましてや天照皇大神の御神勅は、緊要なる我国の大理想を神示せられ、後世の指針となり、其の際の種々なる御契約は、すべて我国風習の起原となつたものである。

天孫をはじめ奉り諸部の神々は天祖の御神勅を奉じたまひて、日向に降らせられ、先づ天上の儀を其のまゝ行はせられたといふことは、其の精神をいつまでも天孫民族に伝へて、長く子孫を通じ以て神勅の使命を遂行しやうとの御神意に外ならぬと考へられるのである。故に日本の風習は神国の姿、天上の儀の延長であり、即ち、天孫民族たる所以であるといひ得るのである。

高皇産霊神の御神勅の中にある神籬は、其の際の契約を意義付けられた契印で、これが後世は神社と祭られたのである。又高天原を治しめす為に用ひられた斎庭の穂は皇祖の御神勅の意を形式化した象徴物であつて国家統治の洪範であり、我国文化の原則を表示したものである。それは日本人の主食物たる稲穂即ち米の事であつて、よく天孫民族たるを象徴してゐるのである。但し、この稲穂は物質として表面的な表現であつて、斎庭の穂を精神的に解すれば、現人神天皇の大御心による国家統一原理である。即ち、天皇が皇祖を祭祀遊さるゝ斎場に於て神はかり給ひ皇祖皇宗の御神霊の御旨として皇祖の御神勅の御鏡の洪範に合一したる指針によりて国を治めたまふ事に相当するものであると伝へられてゐる。これが斎庭の穂、即ち神議（はか）りの上での最も精選されたる決議をホといふのである。物質としての稲穂は又、天津瑞（しるし）であると共に国魂神の穂出しになる宇加の魂ともいひ我国民は皆米を世根（よね）として生命を保つてゐるものである。この世根を法理化したものが皇祖の神鏡を洪範とせる国体憲法でありその事を表示されたものが「つゝみ」の中の大八洲折の原理なのである。これは又、我国祭政一致の結合点であつて、天皇のみが御統治の大権によつて治らせますべき原則を表示してゐるのである。天孫降臨ましてより、神武天皇の御代までは実に宏遠なる年月を経過してゐる。この事は彼の日本書紀巻三、神武天皇御東征の條に、日向を発せられるまでに一七九二四七〇余年を経る。と明記されてあるが、其の長久なる年月の間にも神代のまゝに天上の儀の如く行はせられたことがわかるのである。

天孫民族の神符

上古神々の世界では、重要なる使命をおびて遣はされる場合、必ず天孫民族としての表物（しるし）を下附されたもので、これは彼の三種の神器に付いても知られる通りである。天祖が天孫に神鏡を下したまふ時、

吾児、此の宝鏡（みかゞみ）を視まさんこと、なほ吾を見るが如くせよ。

と、宣はせられてゐる通り、天孫としての「しるしもの」は、最も貴重なものであつたのである。

神代、神宮が祭政庁であつた頃の大和民族の印として、神宮から下附された印物が今日まで遺し伝へられてゐる御供米包や熨斗包の前身で、当時の形式は代々に伝承されてゐる熨斗形であつて、上代はこれを剱先（ほこ）形と称したのである。此の中には、大和民族の食物として第一位の稲穂を包ませられたものであつて我々の祖先達はこれを以て何処の地にてもあれ、土地を耕し此の稲穂を植えて食糧を得、

各自に天寿を全ふしつゝ代々に伝へて天命を遂行したものである。皇祖の御神勅たる

豊葦原の千五百秋の瑞穂の国は、これ吾が子孫の王とますべき地なり。

の瑞穂は「しるし」の稲穂を意味し、此の稲穂の豊かに稔る地ならば皆天孫民族の住むべき所であり、それは万世一系の天皇の治し食すべき地であるとの意にほかならぬのである。天津瑞の語は古事記の中下巻、神武天皇御東征の條に、

故爾に、邇芸速日の命参り赴きて、天津神の御子に曰さく、「天つ神の御子天降り坐しぬと聞きつる故に追ひて参り降り来つ」とまをして、即ち天津瑞を献りて仕へ奉りき。

と、あるによつても知れよう。この天津瑞が上代人唯一の証拠として貴重された事は、其の他にも日本書紀巻三の同條に、

時に長髄彦、乃ち行人をして天皇に言し曰さく。嘗天神子有り、天の磐船に乗りて、天より天りませり。号を櫛玉饒速日命と曰す。是れ吾妹、三炊屋媛を娶りて遂に児息を有しむ。名を可美真手の命と曰ふ。故吾れ饒速日命を以て君と為て奉る。夫れ天津神子豈両柱在さむや。奈何更に天つ神子と称りて、以て人の地を奪ひたまはむ。吾心に推りみるに、未心為信。天皇の曰く。天つ神子も亦多にあり。汝が君と為る所是れ実に天つ神子ならば、必ず表物有らむ。相示よ。長髄彦即ち饒速日命の天羽々矢一隻、及び歩靫を取りて以て天皇に示せ奉る。天皇覧して曰はく。事不虚と。還りて所御天羽々矢一隻、及び歩靫を以て長髄彦に示せ賜へば、長髄彦其の天表を見て益々踧踖を懐く。

と明らかに記されて、其の表物も何であるか分明となつてゐる。これによれば天羽々矢と歩靫といふ二つのものであるが、上古に於て民族の証拠物とも貴重視されたものが後世まで伝へられぬ筈がなく、天津瑞は太古神宮から下附された風習をそのまゝに遺されて、今神社より下される御供米包となりその中には斎庭の稲穂の意味で洗米を包んである。又民間にも熨斗として一般化され、祝事には必ず使用されるに至つたのである。天の羽々矢は天孫民族最上の証拠となる神印であり、歩靫は即ち「かてを入れる器」といふ意味で斎庭の穂を入れた包形式の天表である。

天の歩靫は其後時代が降るにつれて次第に形式化し、遂に神事に其の名残を止める様になつて稲穂に更へて洗米が包まれるが包み形式は古代の通り劔先形である。いつの頃からかこの天表の精神を汲んで「のし」といふものが木皮や獣皮等で作られる様になつた。その最も古い文献は景行天皇の御代の事を記した肥前風土記の値嘉(ちか)島の條に往昔、此の島に景行天皇御幸ありし時、其の島の土人が捕へられて天皇の御前に出たが木の皮を用ひて直ちに長鮑(のし)、短鮑(のし)、羽割鮑(のし)、鞭鮑(のし)、等の様を作つて献つた為その罪を許された事が記されてゐる。当時はまだ熨斗も天表と同様に「まつろひ」の精神を表示した印物と認可されてゐたのであらう。これらは鮑(のし)を作つて天業を寿ぎ祝ひ奉つたのであるから天皇もその民を許されたものではあるまいか。前述の長鮑、短鮑、鞭鮑、羽割鮑等は今もなほ形式は伝へられてゐて、中古以来其の中に延鮑を入れて「のし」といふ縁起を尊び祝の象徴として用ひられる様になつた。これは、其の形式は御供米包と同じでそれが一般化した祝事に使用されるだけの相異であるから大和民族の印としての意義に変りは無いのである。

以上は単に天津瑞として伝へられてゐる御供包や熨斗に付いて述べたものであつて、上古以来伝承された幾多の包み、結びの手法の秘義を解けば、其の中に籠つてゐる種々の上古の約束や教訓が明白になつてくる。これによつて我国の古文献を見れば風習行事、祭典の意義を一層明らかにし、一切は生命付けられるのである。

神籬の契約

大和民族は神の子孫なりと言ふ。神とは万物に普遍的に霊在せる精霊であり、万有を動かす原動力たる大精神をいふのである。すべて、天地間にある万有は宇宙の大神霊の愛の表現、即ち陰陽のむすびによつて生じたる現象である。これは天即ち太陽を父とし、地を母として、そこに微妙なる「むすび」の働きがなされた結果、天地間にあらゆる有情は生れ出で、又日夜に天地大神霊の守護を受けつゝ、生育してゐるのである。人間はそうした結合によつて産れた上に、天地の霊を体得して、神意を地上に表現すべき唯一の霊的生物である。故に人即ち「霊止（ひと）」といひ日の神の霊を身に享ける事を意味する。これは大宇宙の大神霊の分霊を各自が受けてゐて、神意を地上に表現すべき一分子であるといふことで丁度各々は神より発せられる神性を受けるラヂオの受信機の様な肉体であるとも言へよう。

大宇宙間には実に微妙な力が満ちてゐて、現代科学者がエーテルとか宇宙線とか名づけて研究されつゝ、ある力のことを我国では古代「こと」といひ、其の「こと」の結合によつて一切は生じたものであると伝へられてゐる。又太古は人のことを命（みこと）とよびなした。これは御言葉といふ事であつて上古神々の世界ではこの言葉の力即ち言霊をもつて、直感的に行為をせられた事が古事記や日本書紀の上巻には至る所に記されてある。それによつても太古は、人が神の表現として造られたものである以上、霊的に向上して大神格に到り得たことがわかるのである。

天照皇大神は、其の御神名の通り天にかゞやく太陽に等しき大慈大悲の円満なる御神格を具備せられた神様であらせられた。これは即ち、大宇宙主神の御神意其のまゝの「みこと」を下したまふ神様であらせられたといふことである、彼の天壌無窮の御神勅こそは大宇宙主神の御神命であるとも言ひ得るもので、今に至るも炳として天地日月と共に輝き、我が大和民族は其の御神意を奉戴してこの地上に神意を発現すべく、天孫に随ひ降つた神民なのである故に、我々は神の子孫なりと言ひ得るのであつて神代より絶えぬ日嗣の天皇を現人神と称へまつり仕へ奉るは周知の大義である。

皇祖の御神勅は天孫民族の大使命を秘示せられたものであつて、我々の祖先は天孫降臨の際皇祖との御別れに望んで其の大使命の遂行を誓ひ、一方皇祖は我々の祖先達の前途を祝福されて、両方から契約をされたのである。これが「つゝみ」「たゝみ」「むすび」の様式でなされた契約物で、天津瑞は其の主体をなすもの丶一である。現代まで遺伝されたる形式の意義を説いて見れば、此の契印の秘訓を真に認め行ふ者は、天孫民族として其の神業を遂行する資格を有する者と看做し、幽界より神々が守護されて、あやまち無からしめると約束されたことが表示されてゐるのである。故に其の秘義は誠の人ならでは理解し得ず、日本魂の失はれた者には如何に説明しても解し得ないのである。

仏教に経典があり、キリスト教に聖書がある如く、日本には惟神に天御中道を形式化した「つゝみ」

「たゝみ」「むすび」の器教典があつて、言あげせぬ国柄に相応しくそれら形式の中に大宇宙主神の真意を示し、独得の方法で人道教義を説くものである。器教は自己がその形式によつて各々血潮に聞いて心にうなづく神典であり、天孫民族としての割符なのである。故にこの神符の意を認めぬ者は神命奉仕の契約に参与せぬ者であり、神を認めぬ唯物主義者なるが故に決して神霊宿るこの天津瑞ほか神ながらの器教典の真意は理解さるべき筈は無いといひ得る次第である。

生命の教材

風習行事は言論をこえて実在を認識せしめる。何人か我風習の精神を否定し得るものがあらう。風習行事は遠き我祖先の思想の表現であり皇国の真姿である。「つゝみ」「たゝみ」「むすび」は神代ながらに準備され、培養されたる皇道教材で、これを以て日本魂生命の教養をなすといふことは神意であるとも云ひ得やう。熨斗は又、神守りの印として古来日本人の精神教育をして来たものである。神を認めずして我国の精神教育をしやうとするのは、水無きに舟を進めると同様、労して効なきは当然といひ得るのである。必ず民族の根幹より大宇宙の隠れたる源泉に根ざしての真の神中心教育ならずしては、神聖なる徳育は成功しない。時は今である。国風の発揚と民族の自覚は、包み、結びの道によつて其の秘義が示されてある。これによつて我が国祖孫一致の不平なき精神教育が行はれるといふ事が表示されてゐるのである。

日本は神の特定したまふ国である。神意発現の資格を有する日本人が其の本義を忘れ、徒らに自己一身の利欲に迷ひ、神性を自ら抛棄して、それで祖先の神々に対して相済むであらうか。ましてや、神を認めず、国風に弓をひくのみならず、我国史を誹謗する学説を立てる者があればそれは逆徒であつて、いやしくも皇国に生育した日本魂ある者としては、国家に汚点を附す学説を公表すべき義理では無い。身の程を知らぬといへよう。

「つゝみ」「たゝみ」「むすび」は我等の生命の教材であるから、神の子孫たる者は血潮に聞いて一たび此の教育の旗が立てられる時、日本人なればこそ頭をたれて我等の遠き祖先の遺訓を聞き、身を以て大和民族の大使命遂行の大義に殉じ得るのではあるまいか。

要するに斯道は平易なる形式によつて日本人としての使命を自覚させ、霊的な物の観方を教へて心魂を培養する皇道教材として、太古より神ながらに完備せるものである。

神秘の解けたる時

伝承された「つゝみ」「たゝみ」「むすび」の手法数百の意義を解けば、太古祖先の生命の記録やその遠大なる大理想が明白化すると共に今更の様に我神国の使命の重大なる事がわかり、現代日本民族の思想上に神国民として相応しからぬ一大暗雲のある事に驚くのである。この漂へる精神界を建直す為には神ながらに祖先が遺したるこの器教によつて天御中の道を感得せしめ、大天地の道に即した行為をなす真人を養成なさねばならぬと考へる次第である。これは祖先と我々子孫とが一致協力して思想の改造を行ふ事に相当するものであつて祖親習への道の根本義に合致した最も日本的な方法であると信ずる。

これは平易なる包み結びの芸術的手法を用ひて、形式より入る上古の器教法であるから、其の秘義を説明することによつて習得者は各自に肇国の神秘にふれ、自己各々の血潮は日木魂に触れて自覚する。そこに空間より祖先の霊気が其の復活した血潮に感応して偉大なる力を喚起し、各自日本人としての心構えが出来、すべての物の観方が変つて来て今まで表面的な方面ばかり見えてゐた者も次第に霊的観察がなされる様になるのである。

現代人はあまりにも唯物的になつて理智的にのみ物を観すぎはしないであらうか。我国は言あげぬ国、直感の秀でた国民性ではなかつたか。我日本は如何なる使命のもとに進みつゝあるのか。なぜ皇太神宮を奉祭する事が日本人の根本信仰であるかといふ様な問題に付いて正確な答への出来る様に常に心すべきものではあるまいか。

天照皇太神が天孫に下したまひし御神勅、即ち、

豊葦原の千五百秋の瑞穂の国は、これ吾子孫の王(きみ)とますべき地なり。いまし皇孫ゆいて治らせ、さきくませ。宝祚(あまつひつぎ)のさかえまさんこと天壌とともに窮りなかるべし。

と、我が国の将来の隆盛を祝ひたまひしことは、すべての祖先の心である。遠き代々の祖先はみな我々子孫に無限の期待をかけて其の大理想の実現を祈り、子孫の栄光を望んで此の「つゝみ」「たゝみ」「むすび」に遺言してゐる。そうして祖先は現在の日本のよりよくなる為に、犠牲となつて幽界から我々子孫の活動を守護されてゐるのである。我神洲の地がこの祖霊の霊気によつて守護されてゐると

いふ事は日本人ならば誰も認め得る事実である。我々は神の子孫たるべき日本民族の一人として現代に生かされてある身の、如何で比のまゝ空しく過して居られよう。先づ上古の精神を知る為に器教の秘義を解いて純粋の日本精神を探り、遠き代々の祖先の遺言を承らねばならぬ。これらは何千年来か民族の風習中に隠れて伝承されたけれど、遂に其の神秘は開かれんとす。これ時の勢であり、天の命である。神ながらに使命付けられたる我大和民族の純潔なる血潮に割符を合す如く符合して一大覚醒をうながす時は今である。

今や世は唯物主義の嵐が吹荒み、虚偽と罪悪の横行するにまかせ、我国体の精華、其の真髄たる神の道を行はず、神霊の実在すらも認識せぬ者がある様になつた事は、これ外尊内卑の迷夢、深く欧米の物質文明に惑溺せる結果であつて、皇国を憂へる真の日本人の最も忌避する所である。

　秋津洲、神の治むる国なれば
　　君しづかにて民も安けし

と、古人の讃へた我国に生を受け、我等は現代に如何に有意義なる生活をなすべきかを考へない者はあるまい。日の本つ国、神国と称へる我国土は神代以来、生成化育の力いと強く現はれる地であつて、我等の祖先は此の国土に生活し、天御中の道の教を守つて、御代〳〵の天皇に仕へ奉つたのである。其の長久なる民族の歴史は、此の国土を根拠として空間的に其のまゝ印され、我大和民族の血潮には純真なる信仰と偉大なる能力と強固なる意志が伝へられてゐる。かゝる過去の神秘的内容をも悟らず、天地の神をも認識せぬ者があれば当然其の者は自己の霊的進路の定まらぬ刹那的享楽主義者で、それは無意義な存在でしかない。

「つゝみ」「たゝみ」「むすび」の秘義の解けたる時は大和民族が皇祖よりの神命を奉戴して過去幾千年か待望し来れる大理想の実現期に入つた何よりの証拠である。今こそ我々現代日本人は急遽本来の日本精神にかへつて、各自其の本分たる使命に目醒め、極力其の用意をなすべきではあるまいか。

我国は玉垣の内津御国といひ、神助の国といふ其の名に恥ぢず太古より万国に秀でたる諸種の神策は用意されてゐて、今非常時の思想界に惟神の方法をもつて斯の包み結びは活動をするのである。これは皇祖と我々の祖先との契約の実践にほかならない。我等は現代に表現されつゝある大宇宙の動きを見つめ、其の真意を直感して今や再現されんとする幾万年前からの大精神文化の内容を血潮に感得し以て自己の本分を全ふなし、現人神たる天皇に仕へ奉らねばならないのである。

形式による徳育

『つゝみ』『たゝみ』『むすび』に就いて

松浦彦操

『つゝみ』『たゝみ』『むすび』の教育特長

『つゝみ』『たゝみ』『むすび』は平易なる形式によつて徳育する方法であつて太古の遺習を活かし、其の秘訓を説く関係上、最も古くより存し、又最も新らしい発見であるから祖孫一致の教育法と言ひ得る所以である。左に其の特長とする所を大略述べて見よう。

一、これは神ながらに日本魂を養成する国風教材である

如何に善人であつても、道徳行為だけでは不完全である。それに信仰心が加はつてこそ生命付けられ得る関係上、徳育は多分に宗教的でなくてはならない。

神代神人の契約を成された『つゝみ』『たゝみ』『むすび』の手法によつて、其の中に籠つてゐる

先天の神律を説き、我が国の惟神なる大理想や祖先の遺訓を知らせるのである。この事によつて、各自の血潮に割符を合す或ものが働いて、唯物化した者をも遂に神ながらの純潔な日本魂に自覚させる事が出来るのである。其の秘意は日本人としての心構えを教へるから、我が神国の大義名分を悟らせ、現世に於て誠の道の実行者たらしめることが出来て真の日本人を養成し得る理である。

其の教授方法としては各々の包に籠らふ先天の神律を主として、それ〴〵の形式中に、国史美談、文芸詩歌等をも例話として其の包みに相応しいものを取入れ、以て教授者の如何によつては、あらゆる方面より説明し得るのである。其の方法や説明は各教宗派の教義又は例話を加味し得やう共、包み結び形式のもとに統一されたる教育は皆日本の神命遂行の大義に遵ふ事になつて、一切は有意義となり日本人ならば如何なる者も異議あるべからざる絶体の権威を有するものである。それは、前述の通り、神国の契約に参ずる事になるからである。

我か遠き祖先の遺風は日本人として遵守すべき国の姿である。故に、これは　明治天皇の御製に

我か国は神のすゑなり神まつる

昔の手ふりわするなよゆめ

と、おほせられてある御聖旨に副ひ奉ることであつて、我が国体精神を明らかに知ることを得るのである。

一、形式を以て天地の真理を説き、各自の霊性を開発して神格に至らせ得る

折方及び結び方形式によつて大宇宙の真理を教へ、各自の物の観方を養成して、心霊を開発する

のである。これによつて万物の霊長たる霊能力を発輝し、万物善用の道を講ずる神智をも得て、人間の本義を全うしなほ神を認識することによつて霊性は益々向上し、神意を体得する事が出来るに至る。これは我が神業奉仕の実をあげる天使を養成することになるのであつて、遂には人間をして終極の目的たる神格に至らしめるものである。

一、技芸手法によつて芸術的美育をなし得る

折方の方正であることはよく規律正しき精神を形式によつて教へ、結び方は智能を啓発し得るもので、其の手法中に頭脳を働かす必要上よく考案力を養ひ得るのである。色目重ね及び合ひ水引にはよく自然の四季を取入れ、其の色彩の応用法を悟らせ、形と色と意義を以つて情操の陶冶をはかるのである。其の技芸的なものは、実に偉大なる芸術作品をも平易に作り得て、よく絵画と彫刻との中間をゆく造型美術たるに恥ぢないものである。

以上の特長ある技能を課すれば今後其の折、包み、結びを見聞する度び其の霊的真理、神律等の教理を直感的に想起して、丁度文字と同様の働きをするものである。これを広く国習に用ひて良風美俗を興し礼儀作法を発揚すると共に、其の包みに籠る国訓は一般世人の知るところとなる。

これを普及してゆけば期せずして精神文化の表現たる神中心時代は新たに復活するに至るであらう。

神縁ある人々へ
器教道場の提唱

松浦彦操

今や世界は動きつゝある、国際間に於ても、又国内の情勢に於てもあらゆる方面に行詰り、人類は苦悩に迷ひつゝ何とかしようと光明を求めてもがき続けてゐるのである。これは過去二百年の世界を指導し来つた欧米の物質文明が今将に崩壊せんとする時であり、やがて来らんとする東洋の精神文明の復活の序曲である。

◇

世界は常に東洋と西洋とそして精神と物質との交渉である。過去の歴史は、西洋の物質文明が乱れた時に、東洋から精神文明を以て救済せることを語つて居る。故に我々は常に精神の力を以て本能的な物質至上主義を統御せんければ、人類に平和はないといふ天則を悟らねばならない。

◇

大宇宙は一定の法則のもとに動いてゐる。今は人類が始まつて以来の大変転期に逢着し、世界は物質的なものより次第に精神的なものへと変化して、太古神代の神秘文化が現代に復活しつゝある時代だ。これは丁度日本が三千年来の雌伏期を終へて東西両文明を吸収しつくし、一切に完備した上、大和民族本来の惟神精神に自覚して民族的大使命に立上る時が来たといふ事を意味する。

◇

神代以来我日本国風の裡に隠されて伝承された熨斗が解けた事は、天祖の御神勅を明記されてある古典の示す通り我々天孫民族が天祖の御理想を実現すべく世界に雄飛すべき時が来た証拠であつて、古典の天津瑞の御神業を仕へ奉らねばならぬ一大事の秋なのである。

◇

神国の人に生れてその神命を自覚して居らぬ者は無いか、日夜に天地より天啓を受けてゐてもそれを悟り得ない者はないか、自我慾望を去つて天地に大なる眼を開け、真の神の声が聞えるまでに自己の心を浄化し、大義の為に大望をいだかれよ。

◇

自己が無始以来の一大因縁の故に現世に生れさせられ、今この歴史的な一大変転期に生かされてありながら、其の大切な神命を忘れてはゐないか、日本人にして真に自己の内部にこの大和民族の大使命を悟り得たならば、既に其人には神意が宿つたのだ、其人のにはゑらばれたる神命がかゝつてゐるのだ、すぐ様動き出さねばならぬ、其のまゝに埋れてゐては絶好の機会を失ひ、自己が無意義な存在となるといふ事を悟られよ。

◇

自分は此のまゝでは満足が出来ないと現在にあきたらず思ふ人はないか、そこには未来へ進出せよとの神命を受けてゐるのだ、立上がれ、行け、神業に仕へて全身全霊をあげて悔ひなく一生を有意義化せよ、それが本心の要求である。

◇

青年よ、立上がれ、集つて日本の神々が包み結び形式に遺して教へられたる神訓を聞け、そうしてこれを全国に説きひろめられよそこに我々若人の進出すべき道が開かれてゐるのだ、君は何の為に現代に生れさせられてゐるか知つてゐるか、君は今、如何なる道をゆけば自己の一生を有意義に生かし得るかといふ事を悟つてゐるか、今やらねば永遠に時を失ふぞ、青年は重ねて来らず。

◇

真の女性よ、御身は大和なでしこの名に恥ぢず、いづこに在つても美と平和を産み出す愛の女神である筈だ、たとへ世の中が見苦しく汚れてゐても、真の女性は天女の如く世の中を浄化する使命がある、それでこそ日女であり神国の女性である。

◇

悩みある友よ、淋しき女性よ、お互ひに、神縁に結ばれて共に語り、共に尊び合ひ礼拝し合つて、理解の上に神の楽土を現出しやうではないか。絶体に信頼し得るものゝ前に、自己の悩みを返し、共に手を取りかはして、むすびの実践で各自の天分を輝かさう。自己の悩みは絶対の道に至らせる為の神示だ。

◇

人知れず嘆き悲しんでゐる人は居らぬか、正しく生き様として苦しめられてゐる人は居らぬか、名乗り出られよ、君には実に驚くべき道が待つてゐるのだ、君には万人の知らぬ神啓が降つてゐるのだ、現代文化の蔭に泣く人々を通じてのみ今や神代の神秘文化は復活せんとしつゝある。

○お互に神代の「むすび」に明朗の人生を楽み度い。（以上）

一人の力は弱いが協力すれば強い、神の加護のもとに立ち上がつた者には必ず神命を遂行する力が生じる、それには各自の本心の命令に随つて神業道場に飛込んで来ねばならぬ、君涙ある人よ、日本を思ふ人々よ勇者となつて働かふではないか。

◇

天神瑞（しるし）の御神業に奉仕するといふ事は全国に神国の秘訓を伝道する神使となつて奉仕する事である。神命に仕へ以て天祖に答へ奉るのである、これが真の自己の使命ではないか、こゝに器教振策の為美耶古道場を提唱し広く一般に問ふ次第である。

付録　其の二

包結之栞

斎藤圓編

東京美術学校教授小杉榲邨君校閲并序
女子高等師範学校教授冥杉正並君序文
女子高等師範学校教授佐方鎮子君校閲
女子成立学校教諭高藤園子編輯

女子教科 包結之栞

東京 大倉書店藏版

色紙の栞序

花ちるさと短冊短しひなと後世につたへしこと短冊の
色紙にみやこの何とかいふは古しへより伝はる見えて世々
く夏さら色紙の續き方何それとあやめしきかた本綴
ふうりうなる書ならひてしくなる事を平安紀ふるきまてめて
もてる風流はつみにぞつまりて天暦よりか寛弘乃比まで
うけつく器二階棚やかなの短冊のたとへの飾りは何葉
なれしものは地模をはさみ宿のたとへにかきすまつて世
おもひあはせてこれを結ひ又つらねては東まてみなるへし

武家まではかは代々と歴々の寺まで仏法をまもりて
おさまりき人々評論をもなしつゝあるへき
足利家徳川家代々まもりつゝをさめまいらせし家
取りやさしくてみやびやかなる一揆さしますに於て専門と称す
家業あるべし但し株の御免あり年皆人ふるまひかなはざる
し一流の園の流れとは道の奥仙家の人ならすとも
いふへしやがて性の如し紛れず[illegible]さとく
古やうにやむなく[illegible]して[illegible]園の[illegible]
あそびの[illegible]様の衿にいひなつし中に[illegible]

かくて續古方の法式は因縁の清水某の細見許をとへよ
旅付ら(?)れしほとゝすゝしく いまや后のきはなるよし知されれ
も其法式をとゝめしく 新宮本体 後世の補ひとすらかたきや
の門あまりたるに おもひをよせ居つきしひて へきし出立つまらとゝ少しつ
かるきもりと法を揺つきぬ 程数宮てきしく程を経つゝと謳揺む
まひの 上なる母まては 親しくする料で 一てんのよしみしるや年
うなきものにて 生の法を傳へるに 法式のくらかしこ 圓をまねし
て 宗とかく さきを料る條 かくるやうのいかほど わきまへ
ま條 少女の為には いとゝ 当なりしも 相俟の料を伝まれ

ほいのことを千ゝによゝもとに傳へし印可あらはれて
入細のほしことをすゝむるなりちりんは様のことゝ此方は家乃
あらつたえたるはまたは東屋宣ゝあすまひらくこまぬ
傳へ山まのみ雅なりき敬ゝ乃余ちゝ山まあくいのちをと
一とゝつゝたま井

小松園あるし人
さつゝれ

包結の栞序

人は物をまとめらするには、紙に包み水引にて結ぶことゝし、古よりの世ならはしにして、其作法にたがふ者、世にあり。失禮なれども、物識らずとて識者嘲るめり。これ我が國固有の風俗のうるはしく禮儀乃あつまりの致す所なり。又衣裳調度のかさねまでも、組糸を色形ともに結びて付帯、物つゝむにも、さまゞの式あまたし、やさしき思ひよく志るしたるも、やゞもし我が國固有なる人情の優美にして、趣致乃高尚なるものゝ知らるゝ所なり。

しの様式あつくして、且優美高尚なる物なりたりし
の、一わたびは煩はしく益なしとて、はたゝみの後のかい
破り棄てられむとせしを、近年また女子教育の
道開けゆくなるべし、かゝればむすびとゝのへられし、女子
は心得べきわざとして、教へも習ひもするやう
にぞなりける。然れども、之を冊子に綴れるもの
て、其は結髪の栞ともならば、以前天保の頃、伊勢
貞丈大人の伝へとて、屋代弘賢ぬしの校刻されし、
包結図説のみなるべし。それすらまた今は世に稀なれ
ば、此の書は更に編まれたるなるべきなめり。

さて此乃書は、彼の図説よりも志など増して、正倉院の御物のむすび様を多く載せられたる、いとめでたきのよ多かりし。いでや弓矢のつかみやう、太刀の緒、貝桶乃紐の結び方などは、今はしなては、はせる用なかるあれど、皇国の人のいのくはかなきすぢにも、心を入れて、優美なる意ある当時乃風を、教へのこるべきよなはひとはらむりし。こはめでたき書の出で来れは、よく後づ絶えたる業を継がれ、廃れたる事のおこなはるゝ、真盛りの大御代にあへればなからしと、おもひまゝ述べぬるなりし関根正直、著はしゝを小野鵞堂書けり。

緒言

一此包物、折形及ヒ結物ノ書ハ、小笠原流ノ道ヲ受ケ傳ヘラレシ、仙臺ノ淸水廣長ノ大人ニ就キテ學ビタルヲ基トシテ、其他目ニ觸レ耳ニ聽キシ折節、疊ミ重子結ヒ合セテ手筥ニ入レ置キタルガ、ヤガテ積レルナリケリ、斯ウ樣ノモノ、徒ニ秘メ置キ蠹魚ノ腹ヲ肥スモ益ナク、マシテ此頃ハ斯ル物教フル人モ學フ輩モ匱シクナリユキ、果テハ折リシ紙結ヒシ絲モ朽チ果テナハ、後ノ世ニハ知ル人モ無ク學フ可キ便モ無キニ至ラン、ソヲ思ヘハ拙キ身ヲモ顧ミス折リ疊ム術結ヒ組ム業ヲ、順序ヲ取リ揃ヘ自ラ作リ得ラルル樣ニシ、幼ナキ兒等ノ文學ブ暇ニ手スサミトモナサハ、知ラス知ラスノ間ニ其術ヲ覺リ得テ、斯ノ道ヲ後ノ世ニ傳フル便リトモナリ、且ハ此業ヲオシ廣メテ裝飾ノ助トモナサハ、世ヲ稗益スル一助トモナリナンカト、遂ニ梓ニ上セテ世ニ公ニスルコトヽハナシツ、名ツケテ包結ノ栞ト云フ。

一此書ノ編ミ方ニ就キテハ、小杉榲邨師ノ指導尠ナカラス、殊ニ解釋及ヒ結物ニ於テ切ニ敎正ヲ加ヘラレタリ、コレ師ニ深ク謝スル所ナリ、唯自ラノ粗漏ナル、或ハ誤謬

ナシトセス、コレヲ以テ師ノ名ヲ煩ハサンコトヲ恐ル、コレ亦玆ニ一言スル所ナリ
看者若シ錯誤ヲ見出サハ示敎ヲ吝ムナカレ、編者ハ必ス改ムルニ憚カラサルナリ。

一包物、折方圖ニ水引ヲ結ヒ掛ケサルハ、折方ノ錯綜シテ、不明ナランコトヲ恐レテナリ、故ニ別ニ水引ノ結ヒ方ヲ圖解シ、解釋ニ於テコレヲ説明セリ。

一包物ノ名稱ニハ別ニ解釋ヲ付セス、コハ其名ニヨリテ其用ヲ知リ得ヲルレハナリ、故ニ繁冗ヲ避ケンカタメニ省キツ。

一水引結方ノ名稱モ亦解釋ヲ付セス、コハ末ニ出セル紐結ヒノ條リニ解キ明シアレハナリ。

一紐結ハ上ハ御物ニ付屬セシモノヨリ、器物、衣服其他ノ裝飾、下ハ童ノ戯ムレニ結ヒナスモノニ至ルマテ、大方書キ載セタリ、其用方、由來等ハ解釋ニヨリテ知ヲル可シ。

明治三十三年春

編者誌

女子教科 包結の栞

解釋

凡て物を包むにはさるべき法式ありて、其物によりて異なり。又その包む紙にも大小種々ありて、檀紙を最も貴きものとす、さて此の檀紙にも大小あり、大なるものを包むには、大高檀紙を用ゐ、小なるを包むには小高檀紙を用ゐる。其の次は杉原、或は奉書紙を用ゐるなり。奉書紙は、平人一般に使用する所なりとせしも、輓近は紙の種類、甚だ多くなりければ、其の包むべき物によりて、適當なる紙を撰び用ゐんに、何の妨げかなかる可き。何れも紙一重にて包めども、物によりては二枚を重ね、或は横に併べて包むこともあるなり。

物を包むには、其の物の兩端を包紙の上下へ少しく出して直ちにその物と見ゆる様に包むべし。されば少さきものは、紙を短かく折りて包む、又物によりては包み込む可きものもあるなり。凡て物の名、又は其數などは、目録に認むるもの故に、包紙の上に書かぬが法式なれども、通常は略して、其の包紙の上にかくもさまたげなし。

今包物の方法を圖に示すに、點線及び實線を以てす、點線は內に折り、實線は外に折る、何包一、或は二と記したるは、其の折方の順序を示すものにして、全とは折り上げたる全形を示すものなりとす、其の數總べて百十五なり。

此包物の折形を、もし參考に殘し置かんとならば、西の內程の紙を、竪横十文字に四等分して折る可し、全紙と其形異なることなし。

包物を結ぶに、紅白色の水引を用ゐるは通常なれども、時には金銀色の水引をも用ゐることあり、黒白色の水引は、凶禮のときにのみ用ゐる。總べて色付きたる方を右になし、白の方を左にして結ぶなり。

片輪結は、一名をかたかぎ、又は引ときといふ、丸きものを結ぶには、片輪結を用ゐ、平なる物を結ぶには、兩輪結を用ゐる、これ天地陰陽にかたどれるなり。

兩輪結は、又もろかぎ結といふ、包物の平扁なるものを結ぶに用ゐること、前に陳べたるが如しと雖ども、今時は包物の丸平に拘はらず、一般に兩輪結を用ゐるに至れり。結方の名稱等は、紐結の所に精しく記しつ、水引の結方は、茲に十六種を掲げたれば、圖に就て見るべし。

結切は、輪に結ばずして、兩方へ端を出し置く結方なり、婚禮又は凶事に用ゐる。但し水引の兩端を、螺旋に巻き縮めて、波の寄せ來るが如くする、これを老の波を寄するといふなり、老の波を寄せざるは、凶禮の時と知る可し。

又水引二把を束ねて結ぶこともあり、老の波を卷くには、箸の如きものの先を、少し細めになし、先より元の方に卷きてよき程に至らば、其のまゝ手を放つべし、其の長短形狀の如きは、圖を見て知るべし。

包物の丸きもの、平なるものを結ぶには、前に陳ぶるが如しと雖ども、或は物によりては、包紙に穴を穿ちて、水引を引透して結ぶもあり、又楔狀なるは、主に下部の方にて結ぶなり。紐の結樣は、中古以來種々あるが如くなりしと雖ども、其の用法のさだかならざるものも多し。夫より世を經るに從ひて、其の數も倍多く、足利家時代より德川家を經ては、其數更に增加せり。こゝに用法、及び由來の概略を左に記す。

硝子尺の紐

硝子尺は、舊と聖武天皇の御物なりしが、崩御の後に奈良の東大寺正倉院といふ寶庫に納められしものなり、此尺度は黄色、緑色の二つありて、長さ曲尺にて二寸强、之を三寸に分ち、一端に穴を穿ちて紐を付けたり。其紐の長さは凡そ一尺四寸程ありて結様は圖に示せるが如し、されば此硝子尺は御物に屬するものとす。

組紐

仝じ御物にして、長さ七寸餘、其間に結目十五個あり。

刀子の紐

仝じ御物にして、刀子の鞘の小環につけ、腰に佩ぶる様に紐を付したり、此刀子には、小刀一本、或は錐、其他を合せて、二本三本又は五六本を鞘に納めたるものなり、これらを二合刀子、三合刀子、五合刀子など古く稱す、此紐の長さ凡そ一尺もありて、結樣圖に示せるが如し。

太刀頭の紐

仝し御物にして、太刀頭に付けし紐の結方なり、長さ凡ろ四五寸ばかり、即ち露結なり。

魚符の紐

仝し御物にして、これ亦、色硝子を以て作れる、魚形に付けし紐なり、長さ凡そ九寸程もあり、この物は支那に魚袋といふ一種のさげものありて、式禮に用ゐる、其種類なり。

鑑の紐

仝し御物にして、海馬葡萄模樣の御鑑に結びし紐なり、長さ凡そ一尺もあり、此他に同し結方にて、第二の結目一ト筋づつ結びて二つあるもあり、又二本とも紐の長さ同じきもあ又第一の結目のみにして、紐を長く垂れたるもあり、後世のものは叶結、總角結などを用ゐたる最も多し。

日蔭蔓紐

二條の白絲にて、總角と蜷結とを結び、冠の角巾に八筋或は十二筋つゝ纒ひ垂るゝなり、日蔭とはもと假字にて神代にこのかつらを引かけて、頭にかざりしに本づき、後世日蔭の字によりて、日の影を覆ふために垂るゝより名づけたりなどいふ事となりぬ。

されば神祀を始て、朝儀大禮の時にこの事をなして、女嬬などを用ゐたりしを、中古以來は白絲に替ふることゝなれり。

掛角紐

邪氣を拂はんか爲めに、犀角を網袋に入れて室内に掛けおくなり、古は此角を削りて藥用とせしが、後には掛角を以て室内、装飾の用に供したり、圖に示せる前のは、正倉院に藏せらるゝ御物にして、後のは後世のものなり。

掛鏡紐

總角結の下にある輪は、鏡の紐の穴に通り、上の二つの輪にて鏡掛にかくるなり。

檜扇紐

檜扇の親骨の上の方に結ひ垂るゝ、飾紐なり。長さ凡そ三尺五寸餘、各條其色を異にす。曰く綠、赤、白、紫、黃、紅などゝ補色の六條を用ゐる、又男子は主に蜷結と蜷結との間を總角になし、其總角の輪と輪とを以て、六條を連續するなり。

茱萸袋紐

茱萸及び菊の剪綵花を挿し入るゝ、錦或は綾、又は羅の袋を結ぶ紐なり、之れは重九に用ゐるものなり。

鵜首結

鷹に山緒かくるとき、又は腰の綱を轅につくるときに、此結方を用ゐるなり。

男結

籬などを結ぶときに用ゐるなり、これは水干、直垂等の袖下に垂るゝ露にも用ふるなり。

女結

男結と左右異る所あるのみ、結様仝し。

五行結

表に三つ、裏に二つ、結目あるを以て、木、火、土、金、水に配して、五行結といふ、機糸などを結ぶも、此結方を用ゐる、故に又機結とも云ふ。

叶結

結目の表は口裏は十の字なる故に、叶結と云ふ、鑑の紐、其他文字の意を取りて、目出度事は勿論、種々の物に此結を用ゐる殊に多し。

露結

直垂、狩衣、水干、長絹などの、袖括の下に垂るゝ緒の結方なり、即ち男結に同じ。

蚫結

一に淡路と云ひ、又は二葉の葵に似たるを以て、葵結とも稱ふ、然れども、古書には見えず、水引の結方、其他文筥の結方等に多く用ゐらる。

總角結

鎧の後、又は御簾などに付くるなり、又旗竿にも付ることあ其り、他振振、釣香爐掛角掛鏡等種々の物の飾として、多く用ゐらるゝ結方なり。

相生結

相對生するの意にて、目出度結なり、水引などにも用ゐらる。

蜻蛉結眞

主に旗竿のせみ口に付る結なり。

蜻蛉結草

此結も亦旗竿につくるなり、唯た結ひ方眞に比して、簡略なるのみ。

蜻蛉結別法

眞草の蜻蛉に比して、少し變りたる結方なり。

片結

一名思結と云ふ、片片の紐にて結ふを以てなり。

鳥首結

鷹の餌袋に付る結なり。

兎頭

これ亦鷹の餌袋に付くる結なり、一方には鳥の首を付くれば、一方には兎頭を付くるは例なり。

掛帯

総角に似たれども、紐の結ひかた異なれり。

掛帯別法

一に思結、又単に掛結とも云ふ。

寶珠結

貴人の鞭に用ゐるの説あり、一に思結とも云ふ、寶珠と名づくるは、其結べる形の、寶珠に似たるを以てなり。

四手結

袋の長緒等に之を用ゐるなり。

纐纈

一に菊とぢと云ふ、直垂等の縫目に綴ぢ付くるなり、もの字結と云ふは即ちこれなり。

蜷結

蜷と云ふ貝の形に似たるを以て、此結をみな結と云ふ、此結びは泔坏の臺、又は御厨子棚などの打敷を綴ち付くるに、蚫結とかはる〲に用ゐるなり、又檜扇の紐、日蔭蔓の紐等、其他用ゐる所少なからず。

六葉結

褥、筵等に付くる結なり、即ち葵結を六つゝけて結びたるなり。

笙袋紐

笙を入るゝ袋に付けし結紐にして、總角を二つ結びて、一つの總角の輪を蜻蛉頭となし、他の總角の輪に引掛け留むるなり。

琴袋紐

琴を入るゝ袋の口を留むる結紐にして、蝶結二つを拵へ、一つの蝶の頭の輪を蜻蛉頭とし、他の蝶の頭の輪に引掛け留むるなり。

蜻蛉頭

琴、琵琶、笛、篳篥、笙等の袋の留結として、總角又は蝶結等の上の輪に、蜻蛉頭を結びて、他の一方の輪に引掛け留むるなり、其他袍、狩衣、合羽、比布等の裝束には、右の肩先に蜻蛉頭を付けて、上より來る緒に引かけ留むるなり、此蜻蛉頭を結ぶには、緒の端を引通して段段小さく引締め、中を押し窪めて、紙を丸るめ心に入るゝなり、紙は兼て打紐と同色に染め置くこと必要なり、こはいと古き形にして、正倉院に存れる袍のかけひも表裏とも、皆この結び方なり。

吾妻結

几帳等に付くる結なり。

木爪結

しりがいの辻に用ゐる、其他にも用ゐることあり。

几帳結

此結几帳につくる故に云ふ。

能面袋紐

能面を入るる袋の口を留むる結紐なり。

鞭結

れきの寶珠結と似て、少しく簡略なるを似て、草の寶珠結とも稱ふ、平人の鞭に用ゐるの説あり。

馬首綱結

馬の首綱を結ぶが故に名づく。

泔坏臺及御厨子棚紐結

泔坏の臺、或は御厨子棚板の面を錦、金襴等にて張り、これを地板に綴ぢ付くるとき、蜷結と蚫結と。交交並べて結び綴づるなり。

襖引手結

襖の引手につくる故に云ふ。

蝶結

蝶の形に似ざれども、古來これを蝶結と云ふ。

機結

機糸などの切れたるを結ぶに、此結方を用ゐる故に、機結と云ふ。

緒締

諸の緒締に用ゐらるゝ結方なり、結様種々あり、圖に就て見る可し。

根付結

緒を結びて引締め、根付に用ゐるなり。

嚔結

小児生れて七夜の間の、嚔の數を取りて結ぶなり。

袋口紐結

袋口を締める緒の結方なり、其結様種々ありて、其結形によりて名を付けたることは、例へば梅花に似たるを梅結、櫻花に似たるを櫻結と云ふが如し、今二十五種の結方を圖解しあれば、圖によりて了知せらる可し。

文筥紐結

玉章を入るゝ筥を、封すべき紐の結方なり、これ亦結形によりて、種種に名を付けたること、袋の口結びに仝し。

五節句文筥紐結

文筥の紐を、時節の花の形に結ぶなり、例へば三月は櫻、九月には菊を結ぶが如し。

袋入文筥紐結

文筥を袋に納れ、其袋の紐にて封を結ぶなり。

掛物巻物紐結

一幅物の結方、二幅、三幅の結方を示せり、又巻物にも結方あれば圖を見て知る可し。

行器紐結

行器は餅、赤飯、饅頭の類、凡てこれらの食物を入るゝ物なれば、必ず紐の結目に封をして人に送る可し。

貝桶紐結

貝桶は貝を入るゝ桶にして、婚禮第一の物品に用ゐる故實あり、又おひ貝桶とて常に用ゐる貝桶あり、古の本式の貝桶は六角にして、四所にかつ、らを入れ、紙にてはり、金銀にてだみ、松竹、鶴龜又は源氏繪などを書き、臺も足もなきあり、或は八角にして臺に足の付きたる貝桶もありて、一様ならずと雖も、凡て其緒の結方は、諸輪か、三つ組か、蜻蛉等に結ぶなり、諸わなに結ぶは、主に婚禮の時に用ゐ、常の貝桶も亦諸輪に結ぶ、本式のも仝し、八角の貝桶は、紐一筋にて底の方にて十文字にかくる、故に一方にはわなあり、此貝桶世に多し、此紐の結方は、主にうろこか、蜻蛉に結ぶなり。

手筥紐結

手筥の紐は、一筋のもあり、又二筋のもあり、二筋のは後世のものなり、一筋の紐は、兩方の環に通して一結びし、其れより結方二筋のものに等し、二筋のは圖に就て見る可し、さて此結びを封結と云ふは、巻きたる緒の數をいくつと覺えおく故に、他人若しほどきて結び直せば、數違ふからに封をなしたると仝じ、故に封結とは云ふなり。

箱紐結

器物其他帖册等を入るゝ箱にして、一筋の緒にて箱の底に十文字をかけ、蓋の上にて結ぶなり、普通の箱には此結多し、圖に付きて知る可し。

刀類及守裝紐結

刀、脇差の降緒、其他太刀、守刀の袋、守袋の紐の結方等、其場合によりて種々あれば、圖に就きて會得すべし。

空穗紐結

空穂は矢を入るる筒なり、通常は圖に示せる如く、紐を結び置くなり。

挾箱紐結

挾箱は道中衣服を入るる箱なり、此ものの古はなし、衣服は袋に入れて供のものに持せしなり、其袋は上ざし袋と云ふ、此袋廢れて挾竹となれり、竹を割りて衣服を挾みしなりされば衣服損じ易き故に、其後挾竹の代りに箱を用ゐること丶なれり、これ即ち挾箱なり、結様は圖を見て知る可し。

素襖紐結

足利の頃より始まれり、古は直垂を以て庶人の常服とせしが、足利に至りて、直垂の紋の付所、腰紐、菊綴、胸紐等を變じて、素襖と名づけ、直垂よりも下品の服と定めたり、裁縫に至りては直垂と別に變はる所なし、圖に示せしは其胸紐の結方なり。

直垂紐結

直垂は、本は地下人、無位官のものゝ服にして堂上人などの着る可きものにあらず、足利義満将軍の比より、堂上人も着することゝなれり、但袖括りの緒あり、これにて地下人の直垂と分てり、本は武家の直垂にも袖くくりあれども、後には袖括なくして露ばかりあり、圖に示せしは胸紐の結方なり。

水干紐結

平人の服にして、幼年の人も着するなり、流鏑馬の時の着様、其外場合により着様も種々ありて。緒の取方も異なれども、結方に於ては異なる所なし。

包結の栞總目錄

包物の部（上巻）

水引の部（上巻）

結物の部(下巻)

包結の栞總目録終

結物別名

かめぐゝし	五	鶉首
かもぐゝし	同	同
かもさげ	同	同
わさぎ	同	同
かしつげ	同	同
かけむすび	同	同
もろむすび	五	男結
はいがしら	同	同
いぼむすび	同	同
めなごむすび	五	女結
はたむすび	五	五行
とんぼうむすび	六	總角
あふひむすび	六	鮑結
あはぢむすび	同	同
おもひむすび	七	片結
からすがしら	七	鳥首
とりのめ	同	同
おもひむすび	八五ノ	掛帯別法
かけむすび	同	同
おもひむすび	八五ノ	寶珠
きくとぢ	八六ノ	纐纈
かばきむすび	九二ノ	木瓜

此他別名尚ホ多シト雖トモ常ニ用キラルルモノノミヲ左ニ記ス

こまむすび	眞(ま)結(むすび)
こまかむすび	同
たまむすび	同
かたわな	片(かた)輪(わ)
ひつとき	同
かたかぎ	同
もろわな	兩(もろ)輪(わ)
もろかき	同
とんぼうむすび	同
ものじむすび	菊(きく)綴(とぢ)
うろこむすび	三(みつ)組(くみ)

○包物之部

熨斗包真

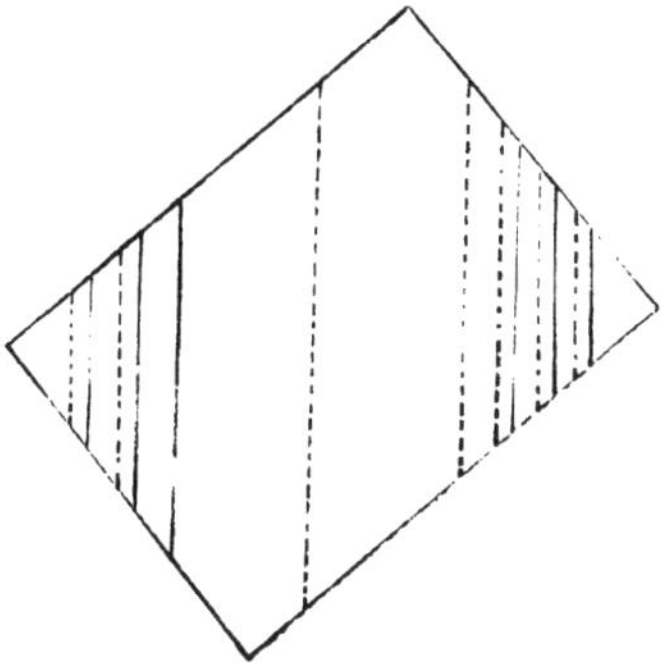

仝草全

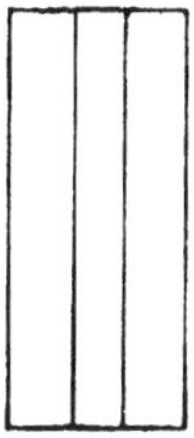

仝全

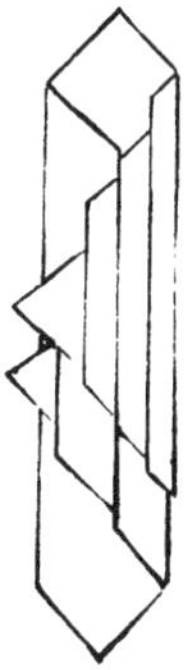

熨斗包行

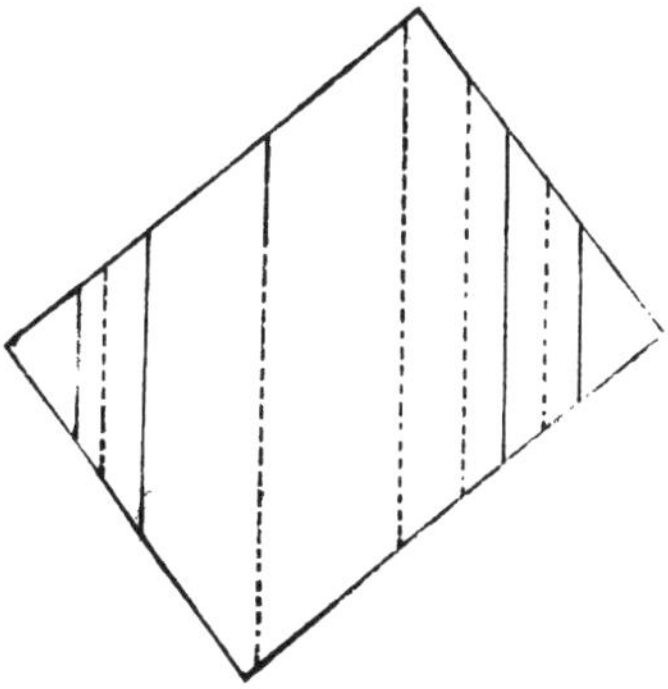

熨斗包草

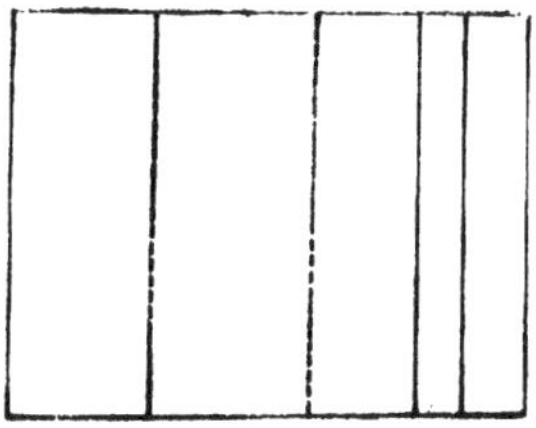

仝行全

初饗ノ熨斗包

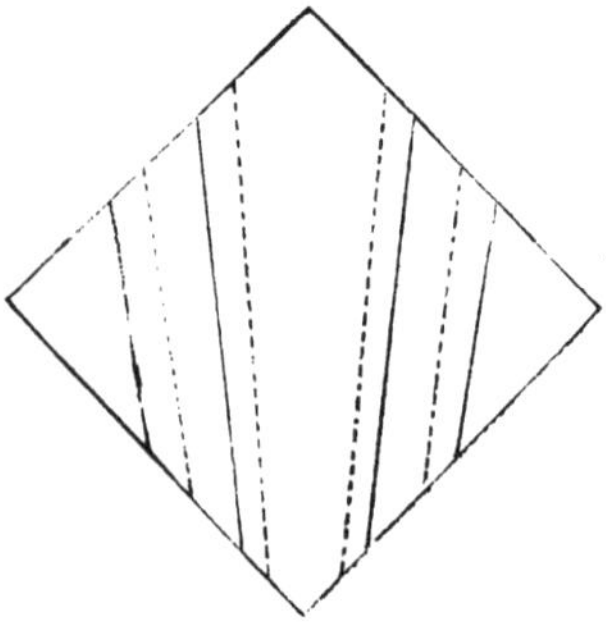

仝二

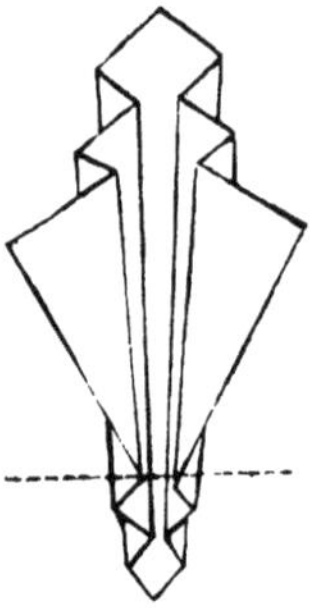

仝全

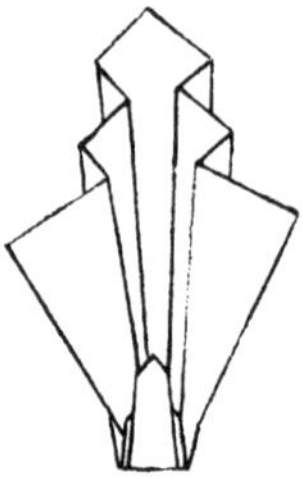

水引六本ニテ結ブ

昆布包真

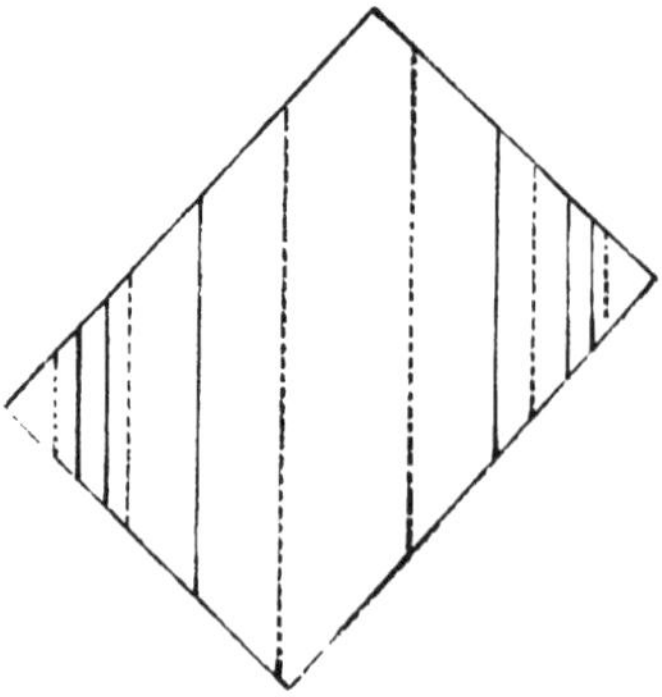

仝全

昆布包草

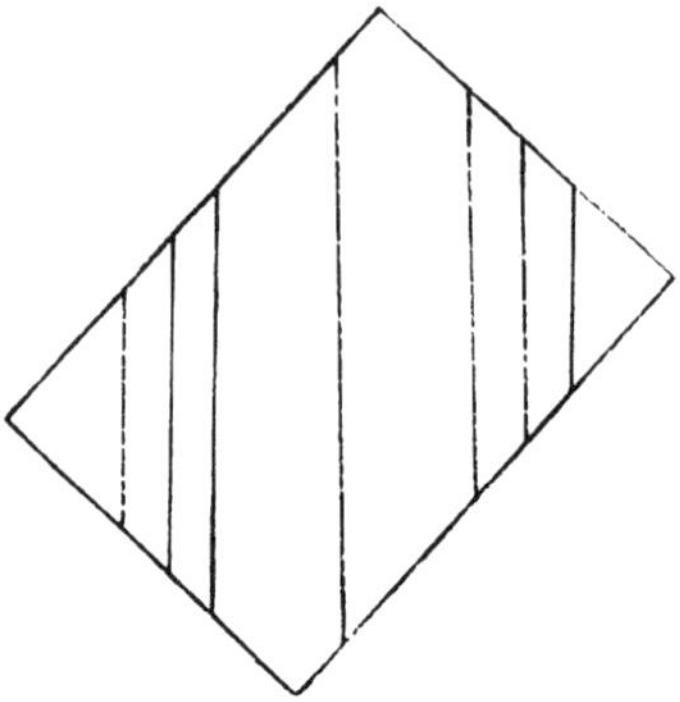

仝草全

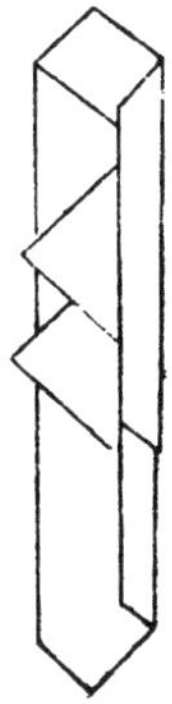

末廣包 紙一重

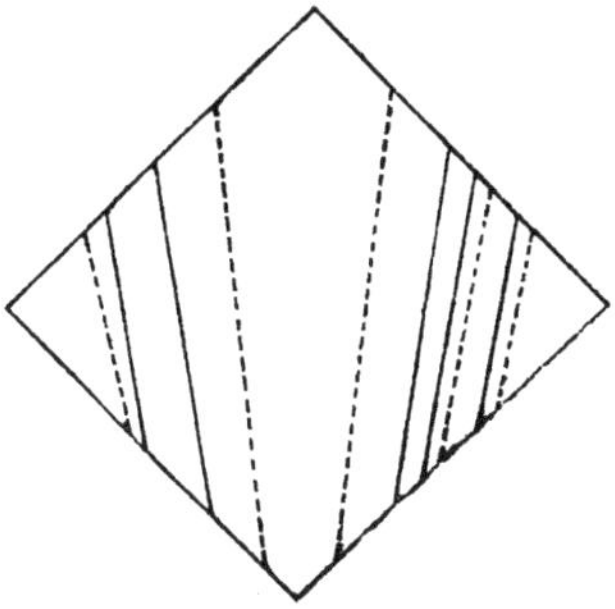

昆布包行

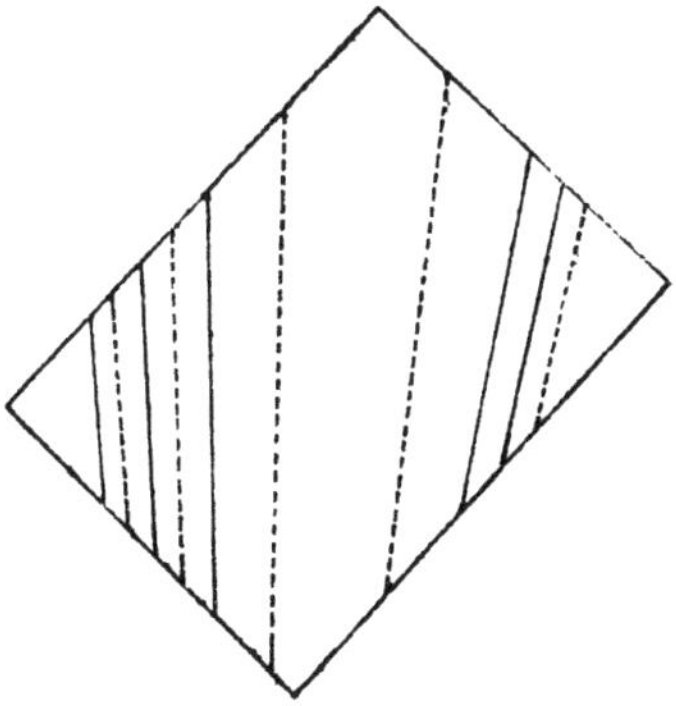

仝全

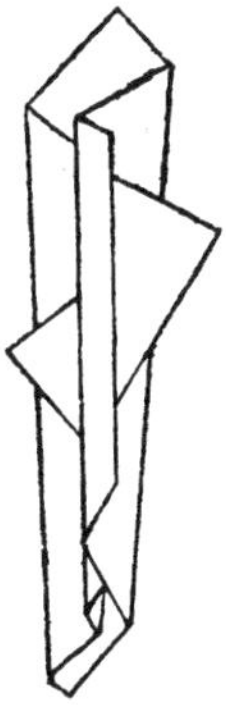

仝二

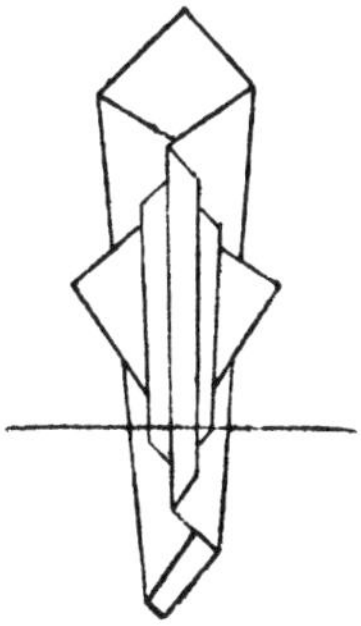

仝全

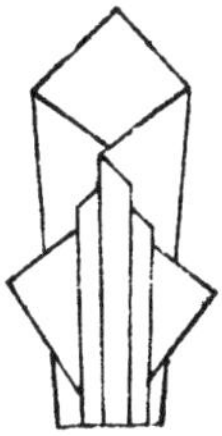

扇子包

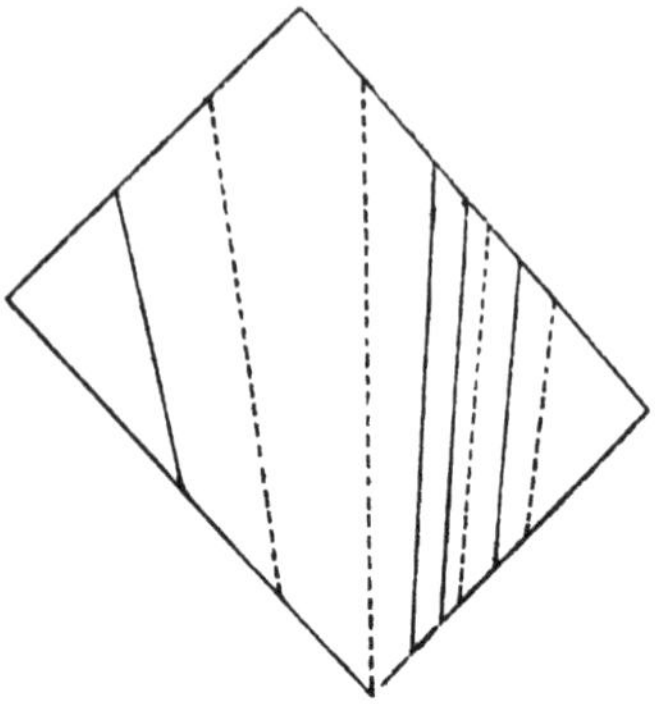

仝別法二

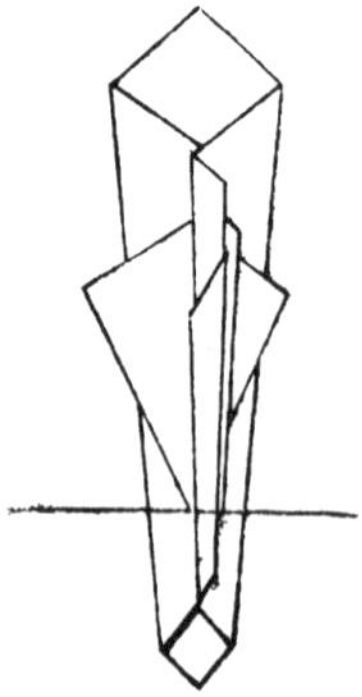

仝全

仝別法全

扇子包 別法

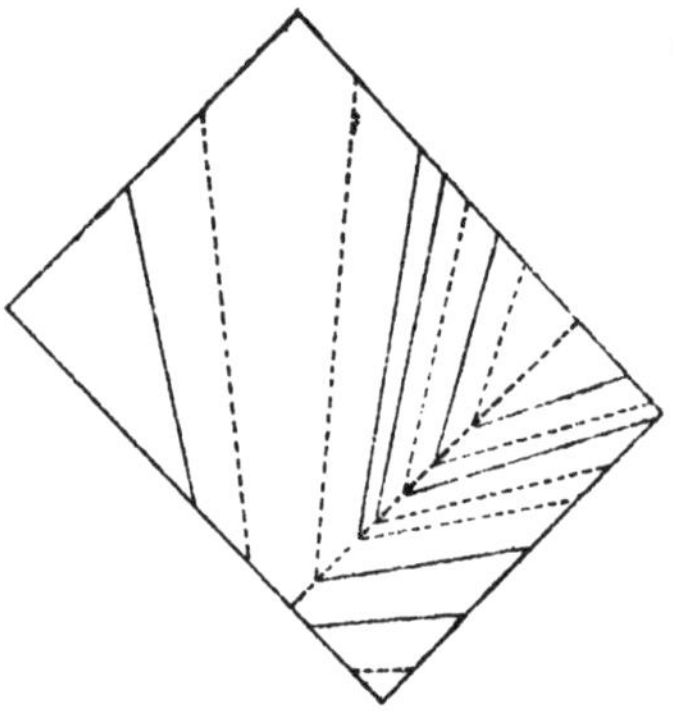

扇子類一

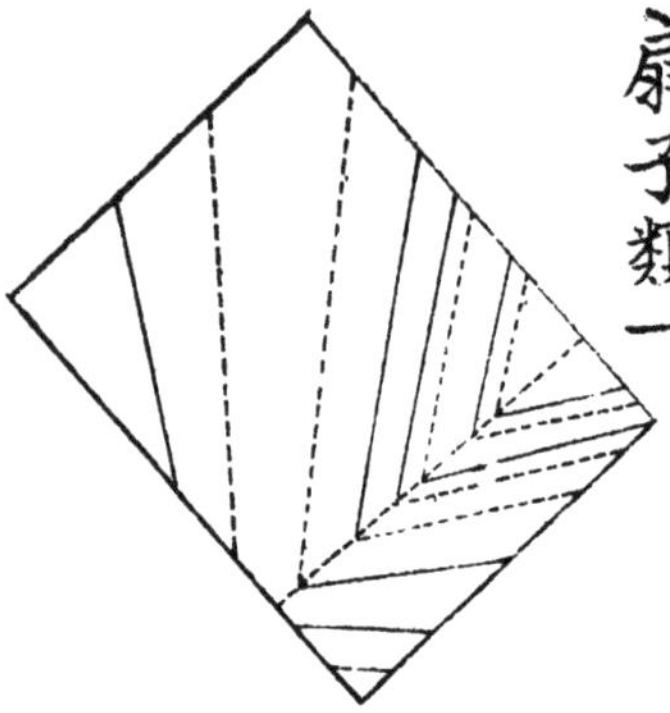

扇子類二

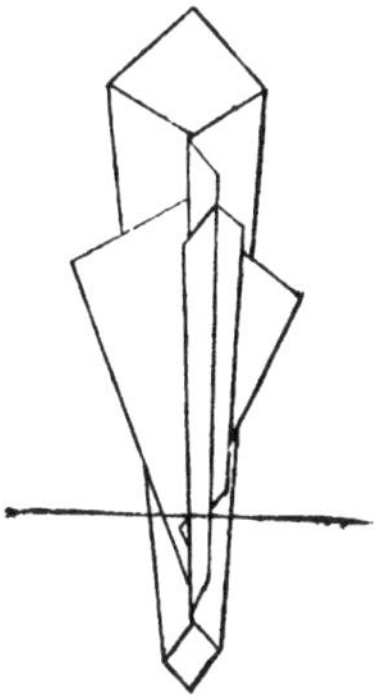

仝全

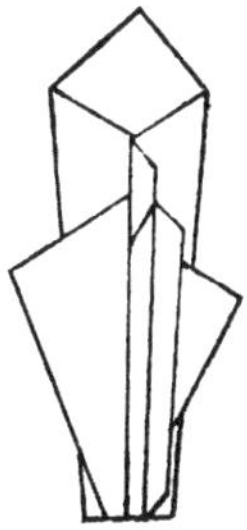

一束一本

紙一束一本七ッ包

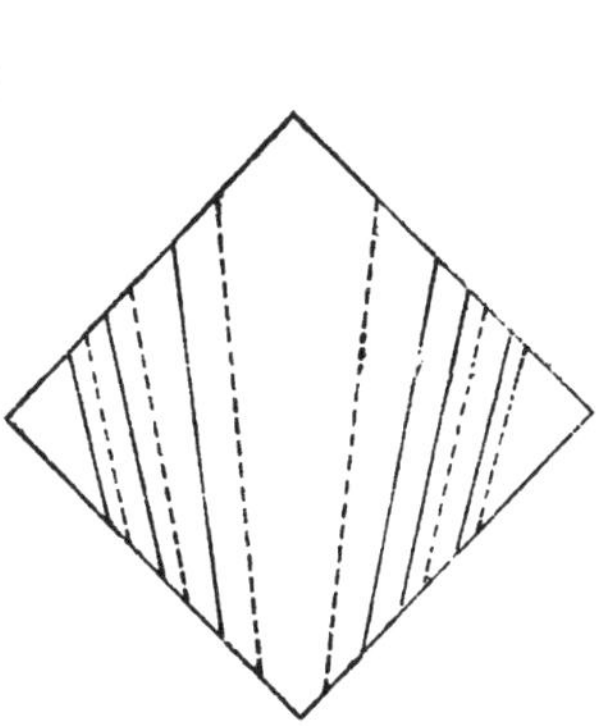

一束一本二

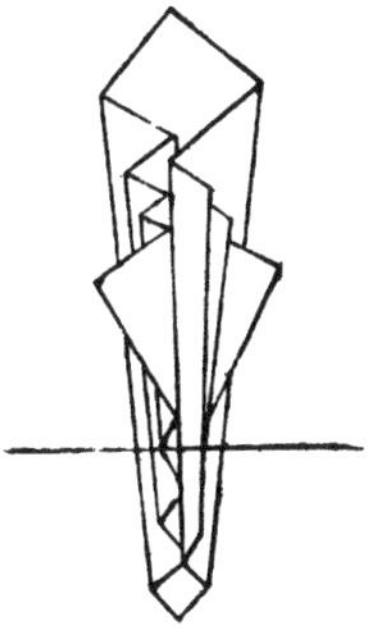

仝全

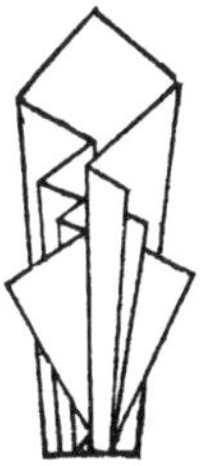

神酒口左

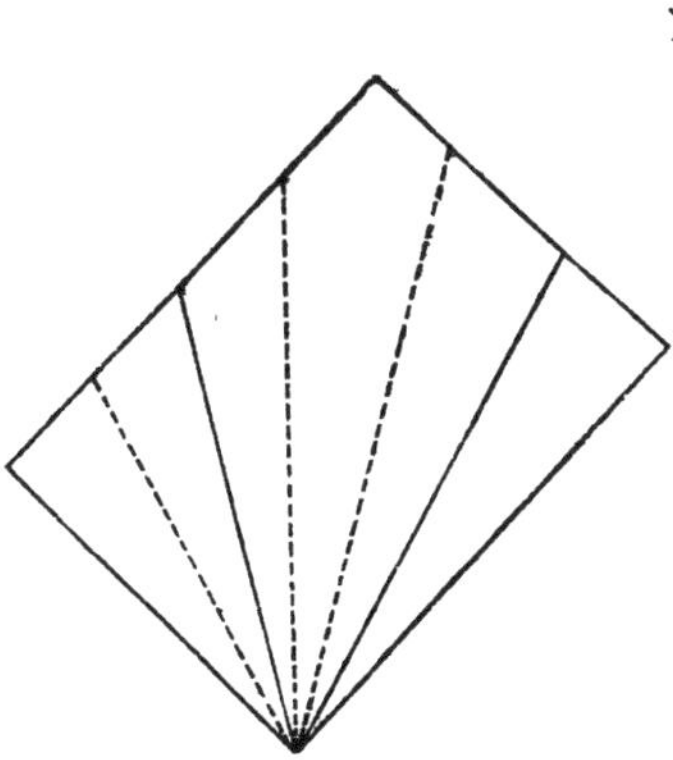

神酒口左全

神酒口

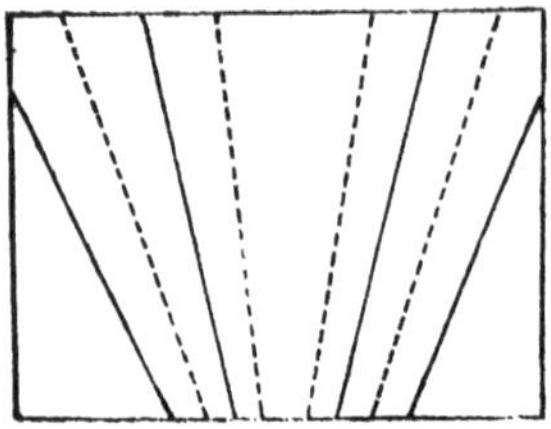

神酒口右

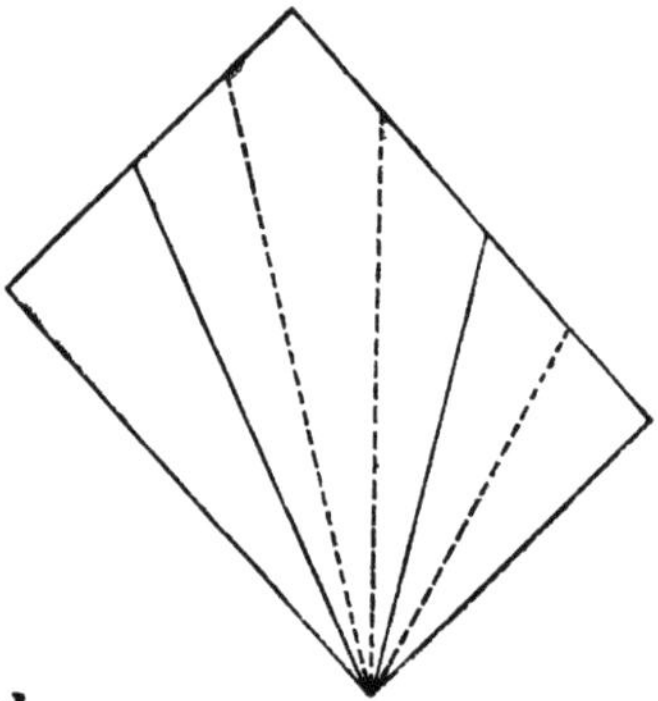

仝全

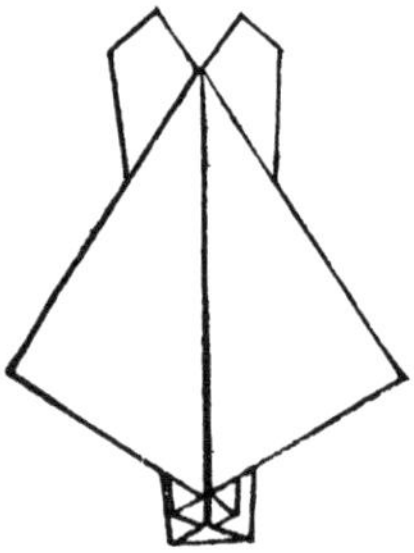

仝全

黄金包

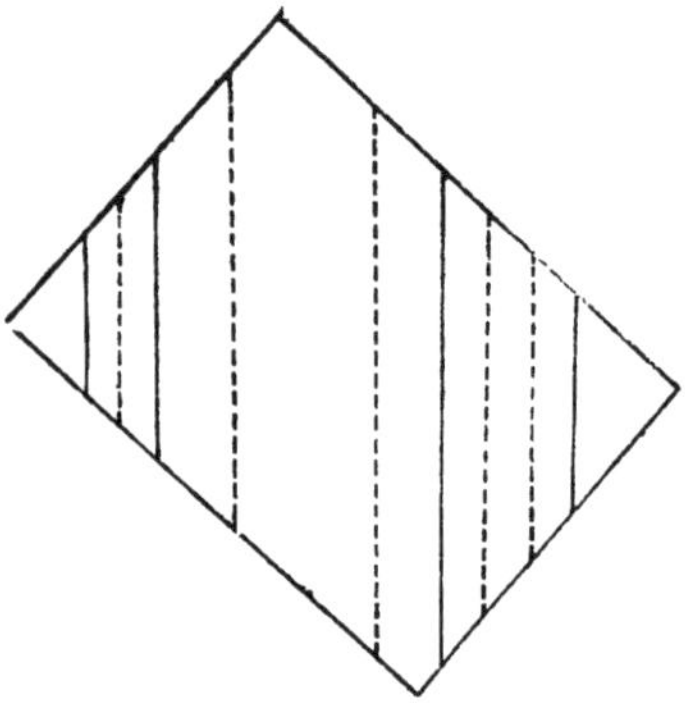

黄金包二

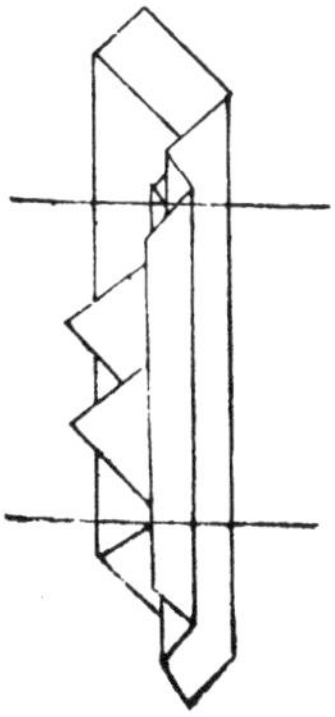

銀子包二

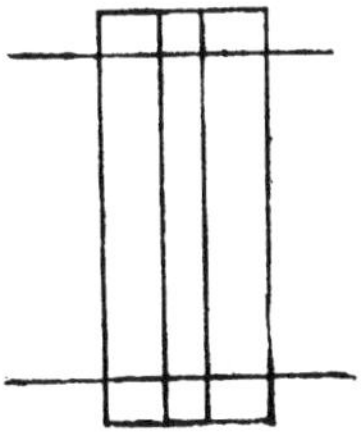

仝全

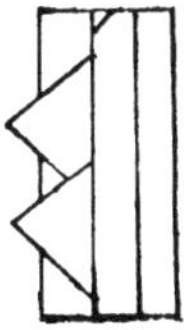

仝全

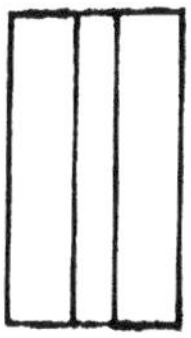

銀子包 金子モヨシ

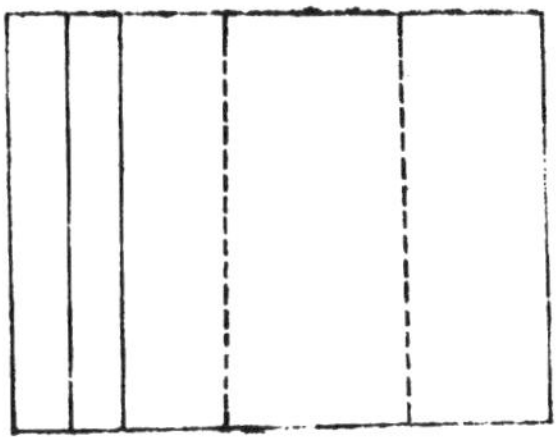

鳥目包

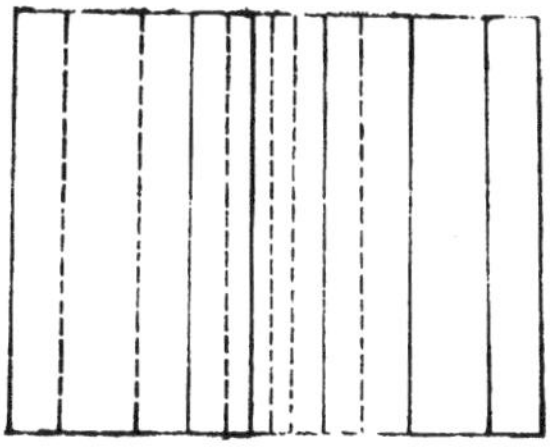

鳥目包二

仝全

喰初箸包

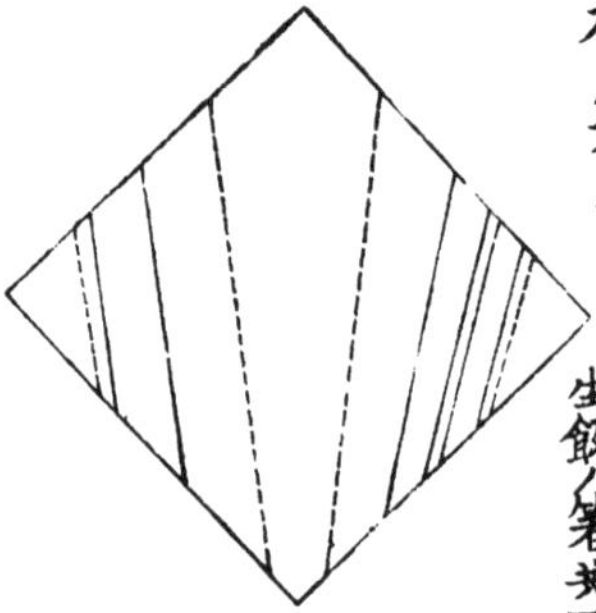

カツヌキ八寸
生飯ノ箸共一尺二寸

喰初箸包二

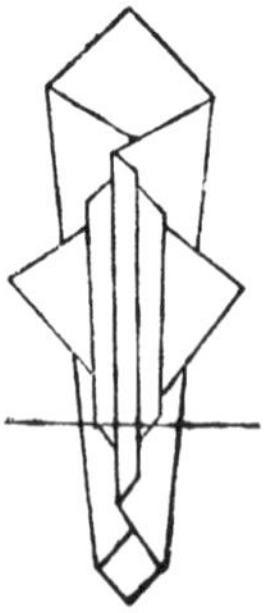

仝全

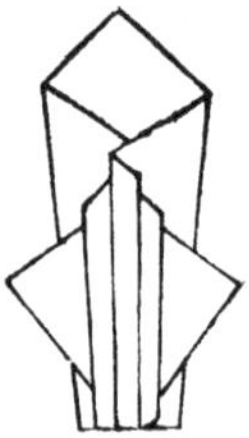

油小竹筒口包

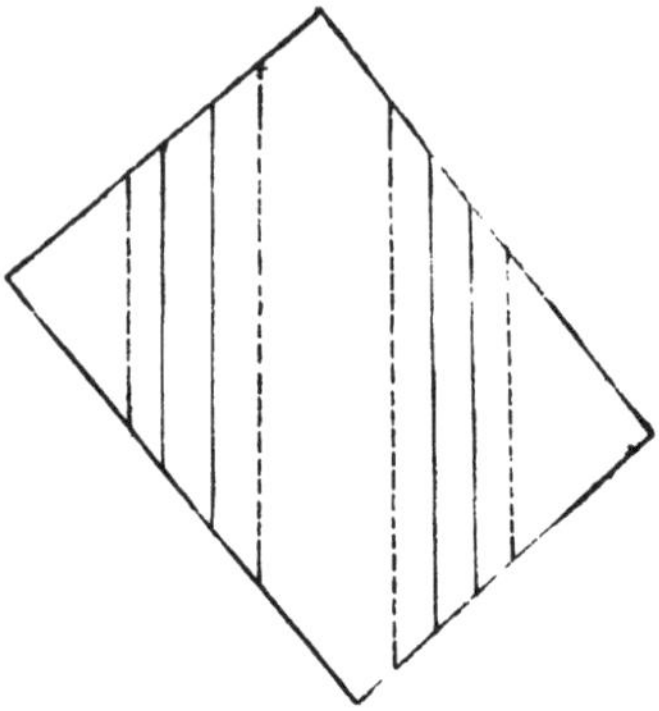

油小竹筒口包二

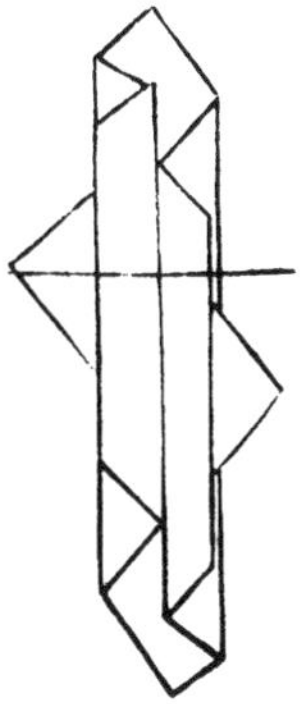

油筒柄包全

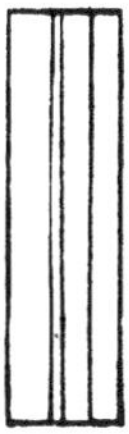

仝全

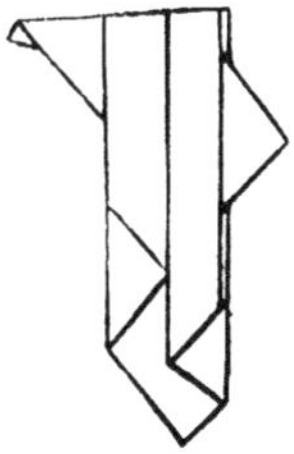

油筒柄包右

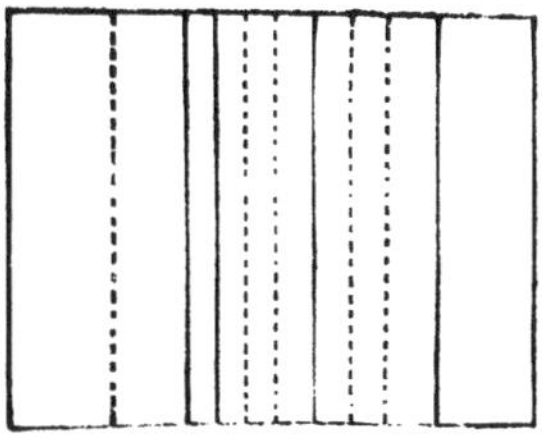

油筒柄包左

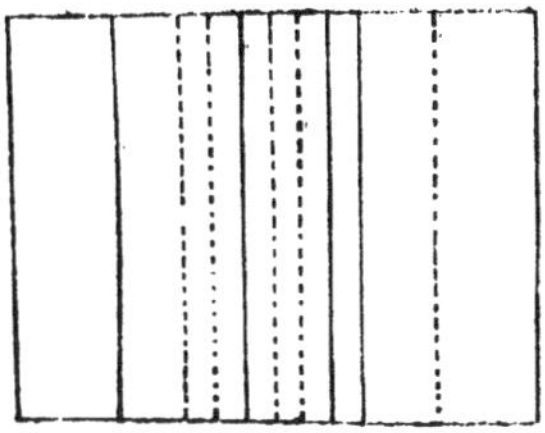

油筒柄包全
水引五ケ所又ハ七ケ所

全

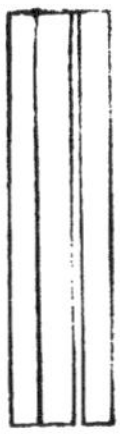

衣かう包

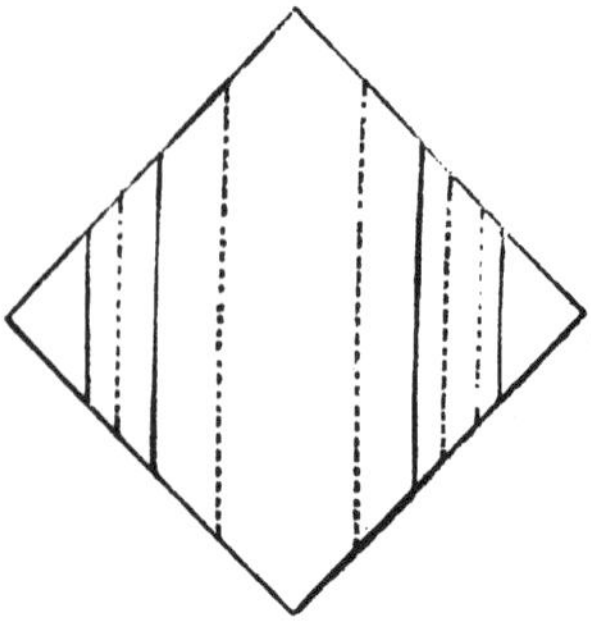

遺物包全

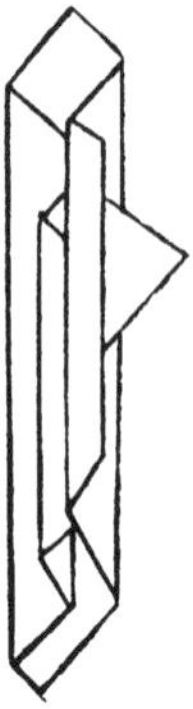

仝全

木花包 中ヲ結ブ

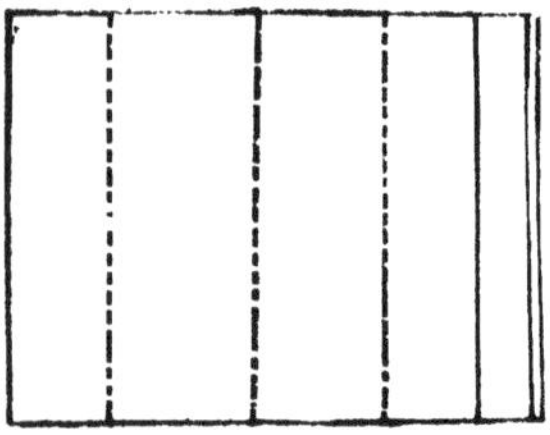

遺物包

白水引

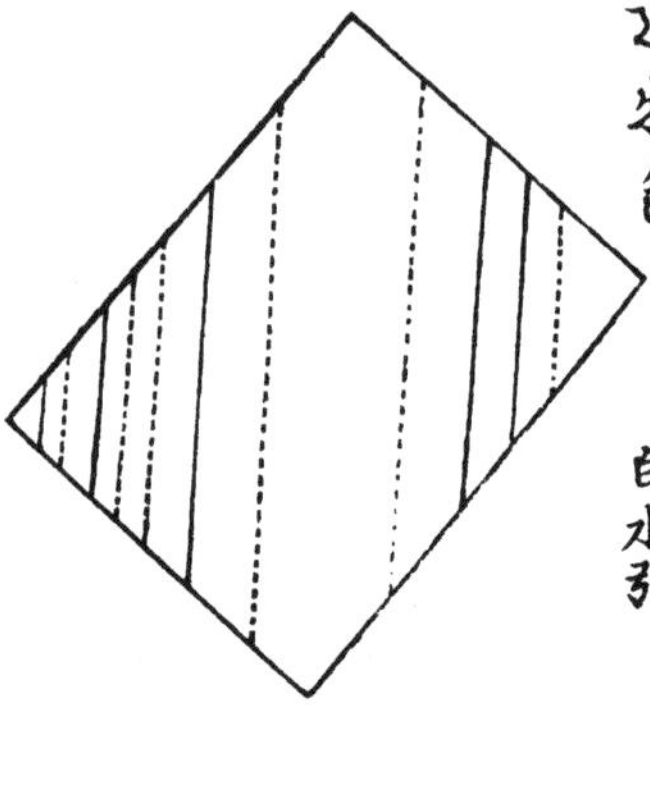

仝二

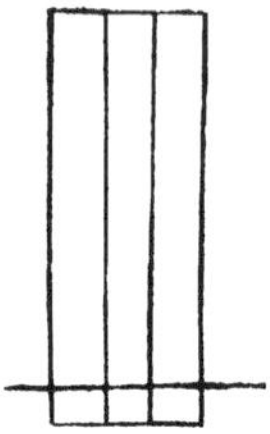

木花包仝

菖蒲よもぎ包仝

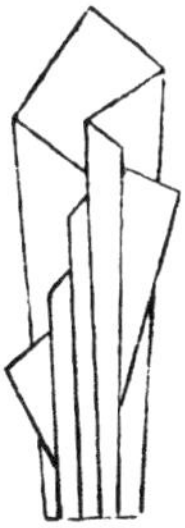

菖蒲よもぎ包

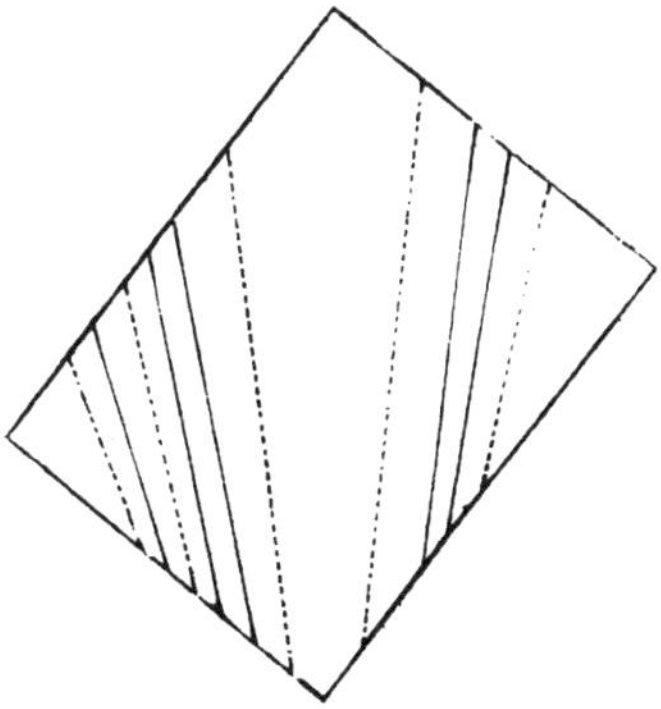

此包何ニテモヨシ

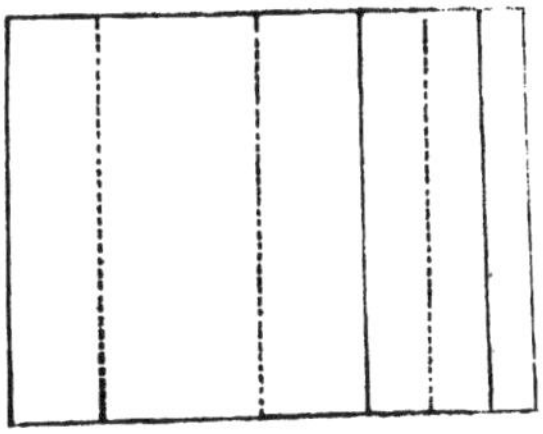

仝二

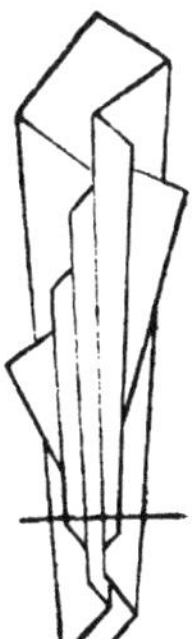

仝仝

楊枝包

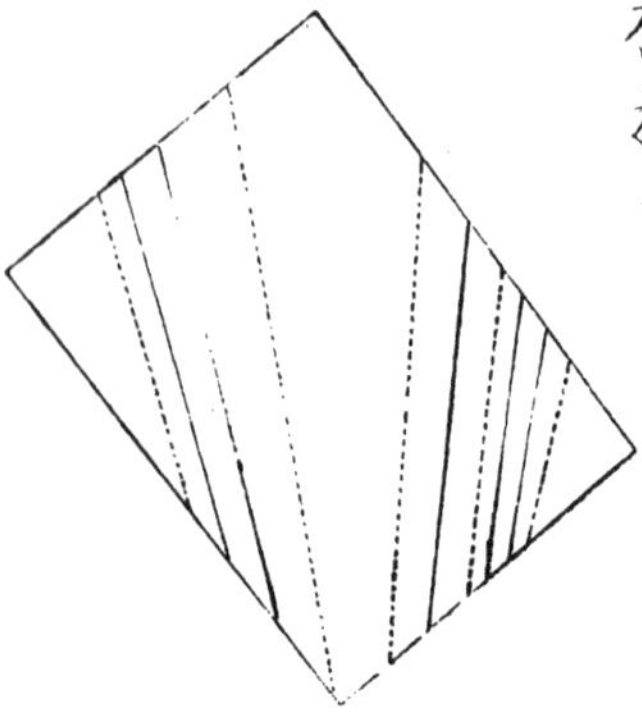

仝二

仝全

大豆粉包

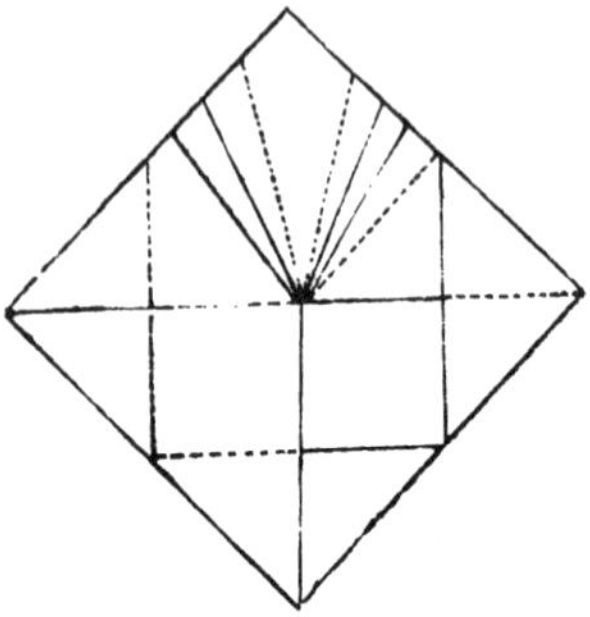

仝二

仝全

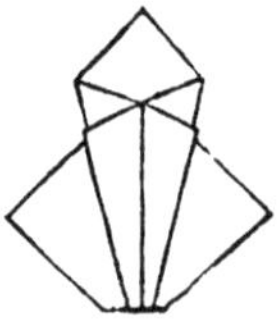

胡麻塩包

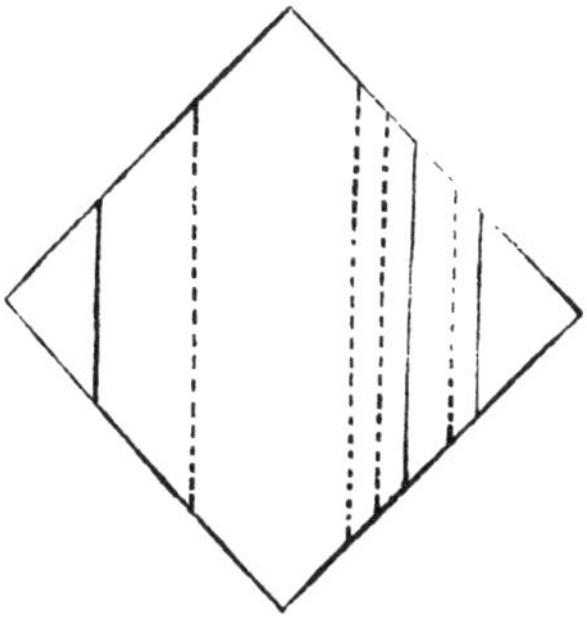

仝二

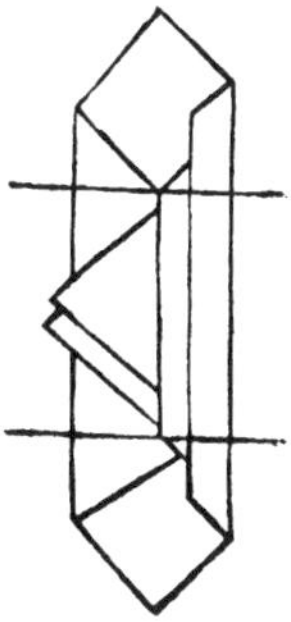

仝全

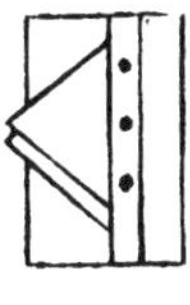

三ツ紅ヲ付ク

草花包

木花共

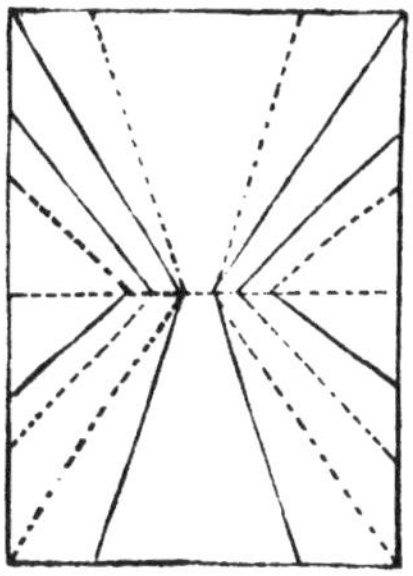

仝二

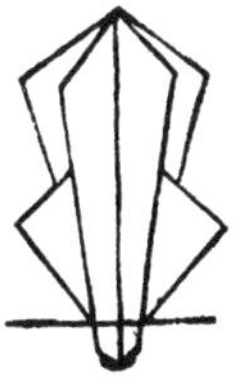

仝全

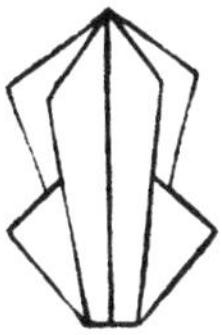

花包 草木共

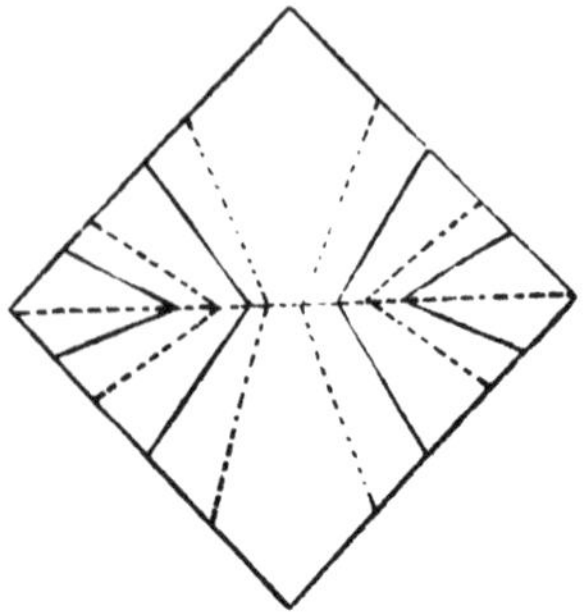

草花包二

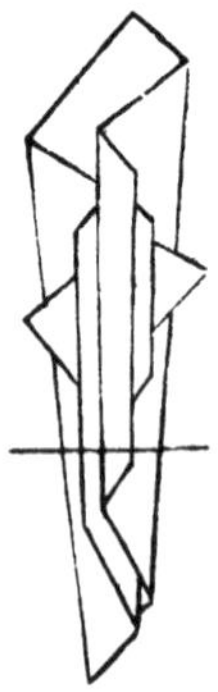

仝全

仝全

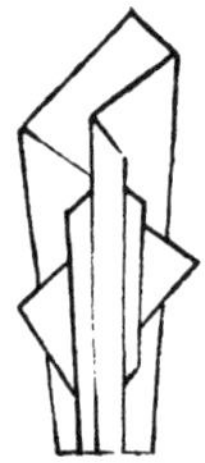

草花包

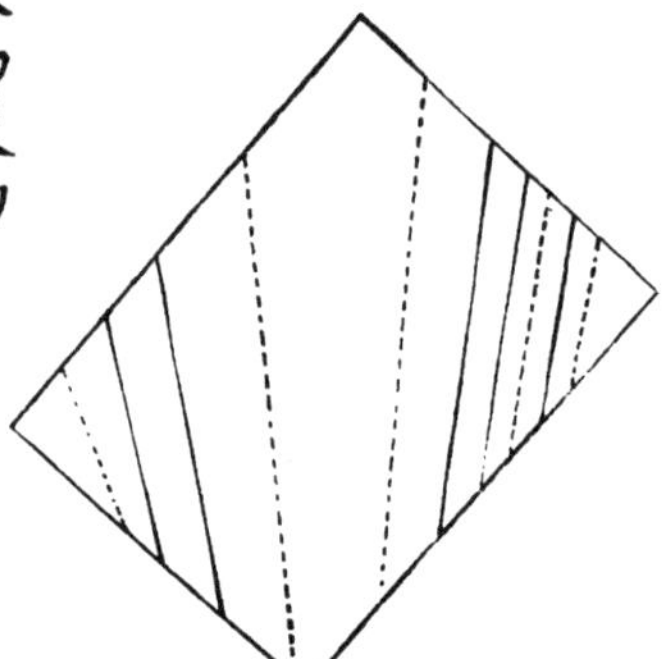

巻物板物
くけ帯類

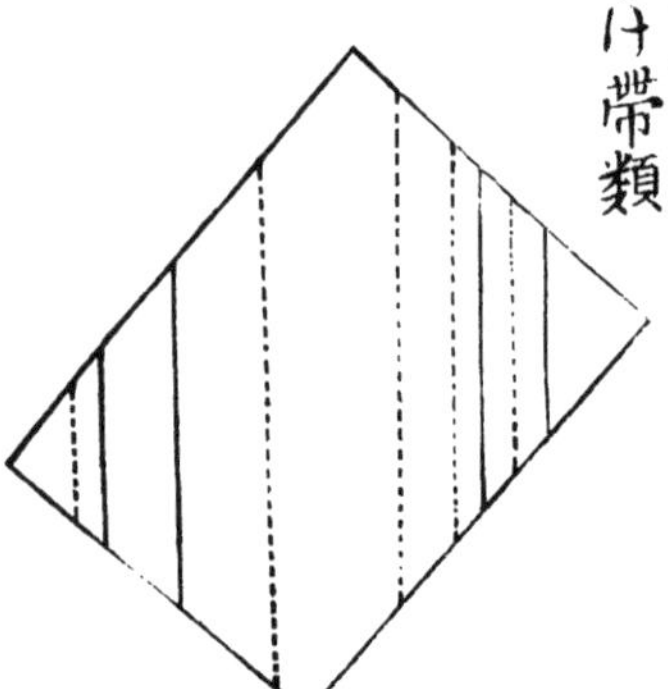

巻物板物

くけ帯類二

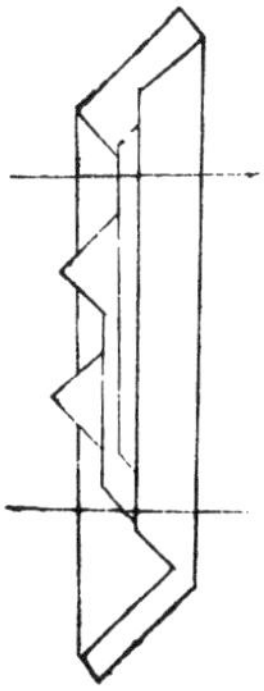

ほつゝみノ足包二

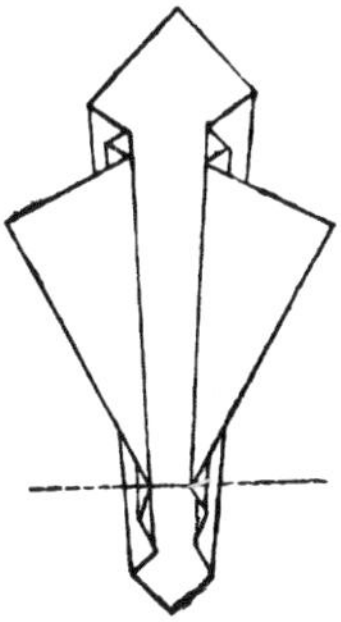

仝全

仝全

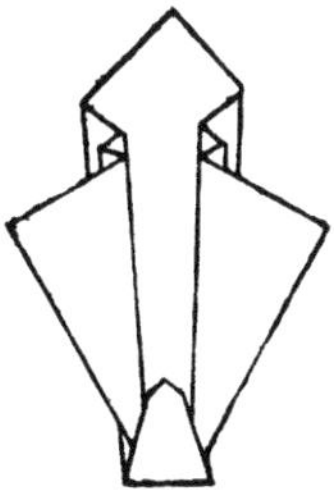

ほつゝみノ足包

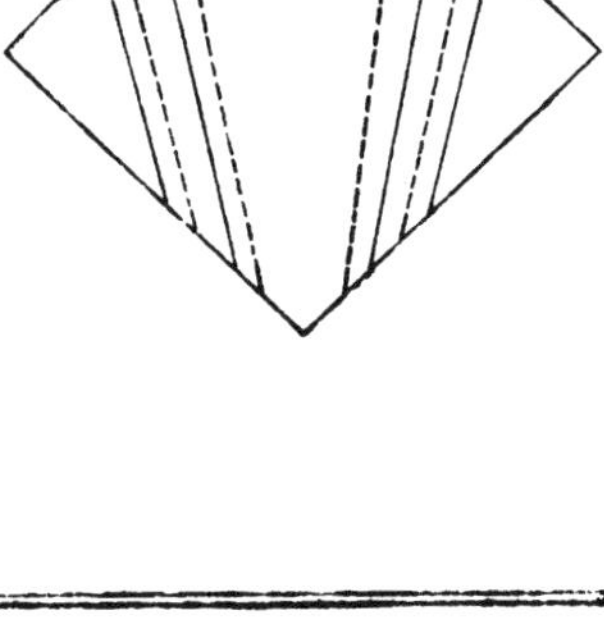

守袋包 叶留

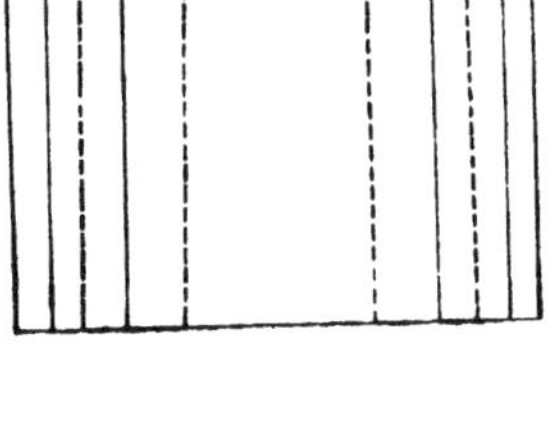

守袋包 全

産衣包 全

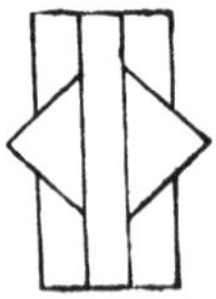

産衣包

ふくさニテ包ムナリ
絹糸カケヤウアリ上
下絹糸十二本ツヽニテ
カケルナリ

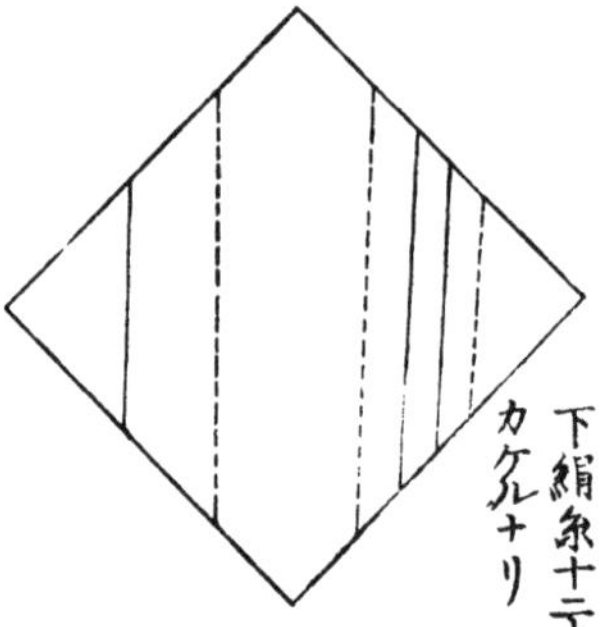

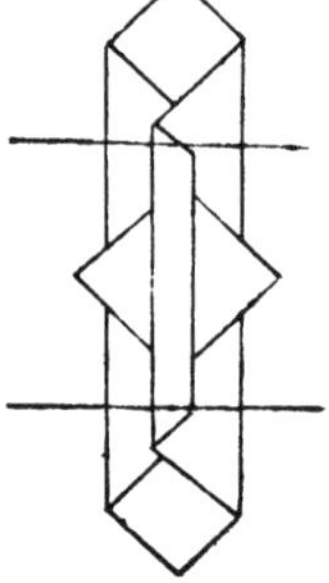

全二

くけざる帯包

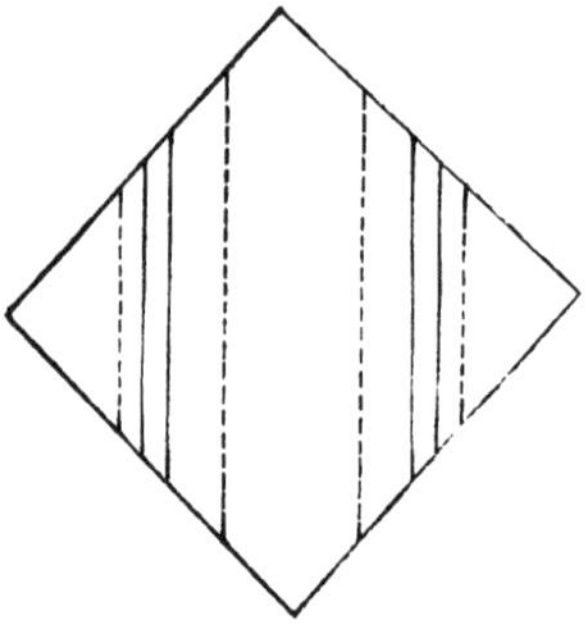

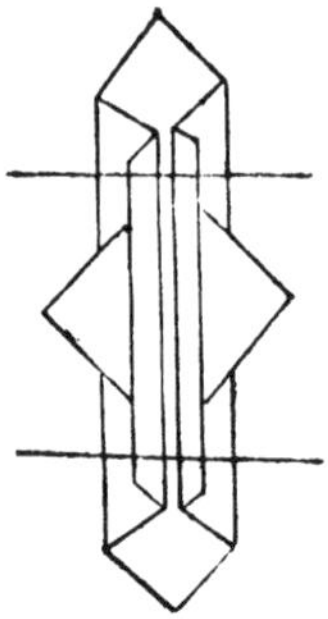

全二

くけざる帯包全

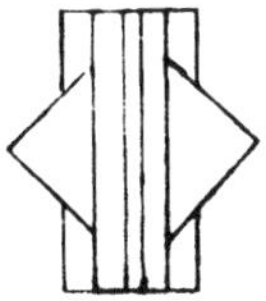

上下地包

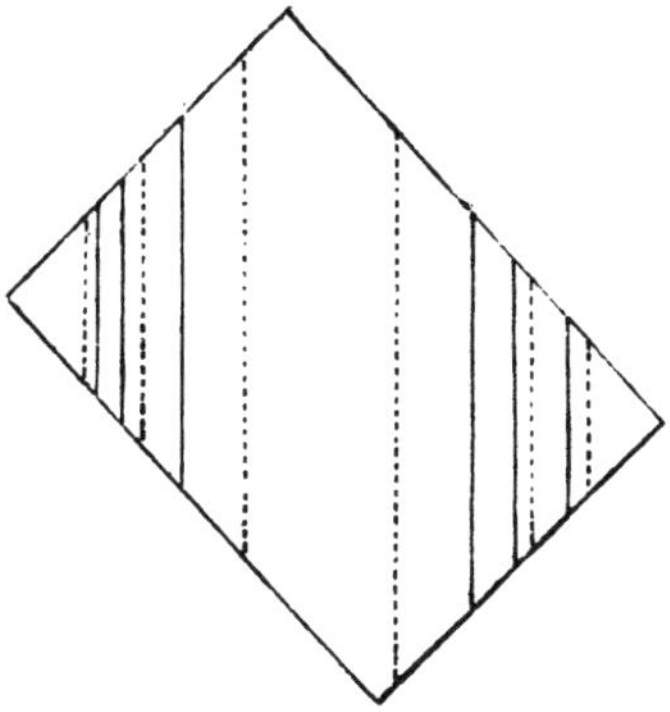

全全

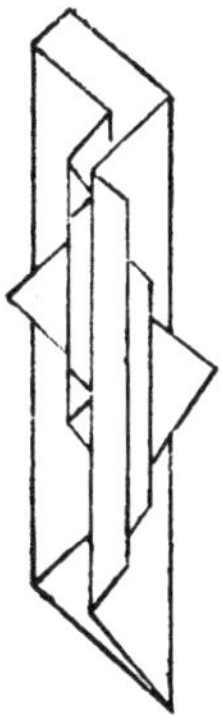

風呂敷包

ふくさの類共

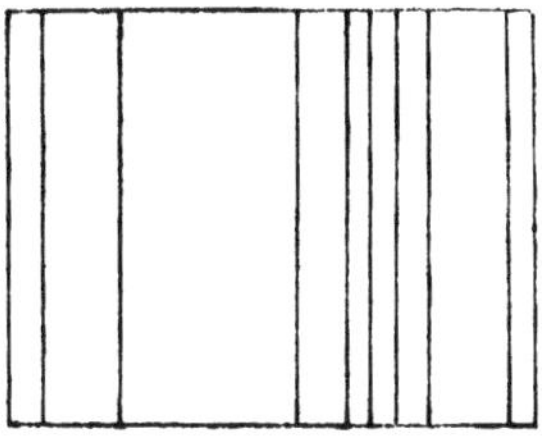

全二

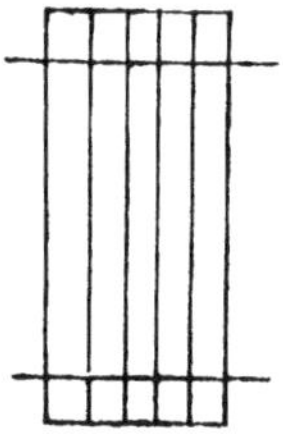

全全

呉服包

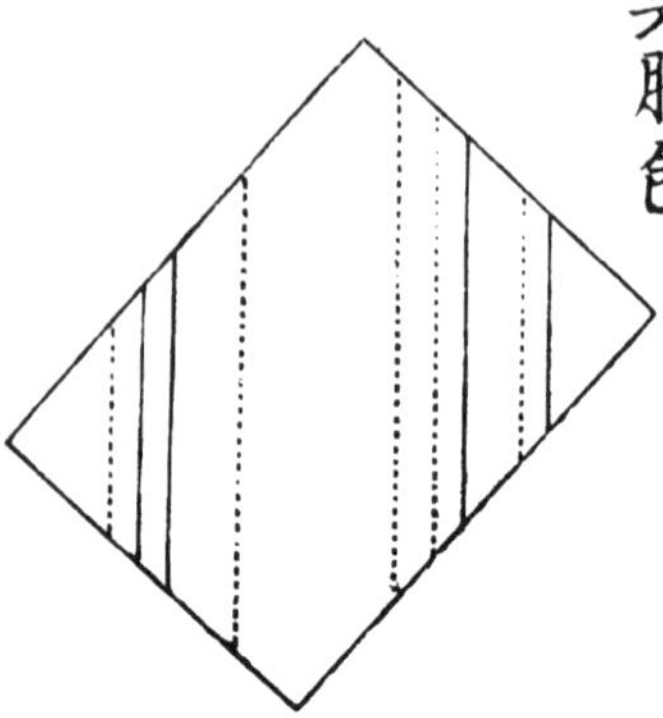

仝二

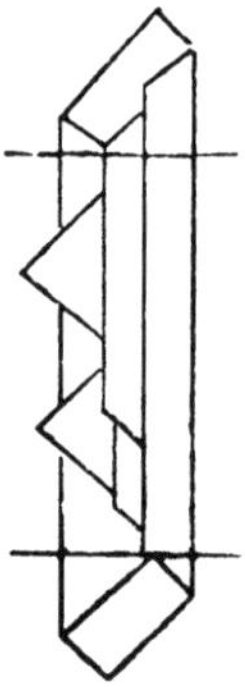

仝全

板ノ物

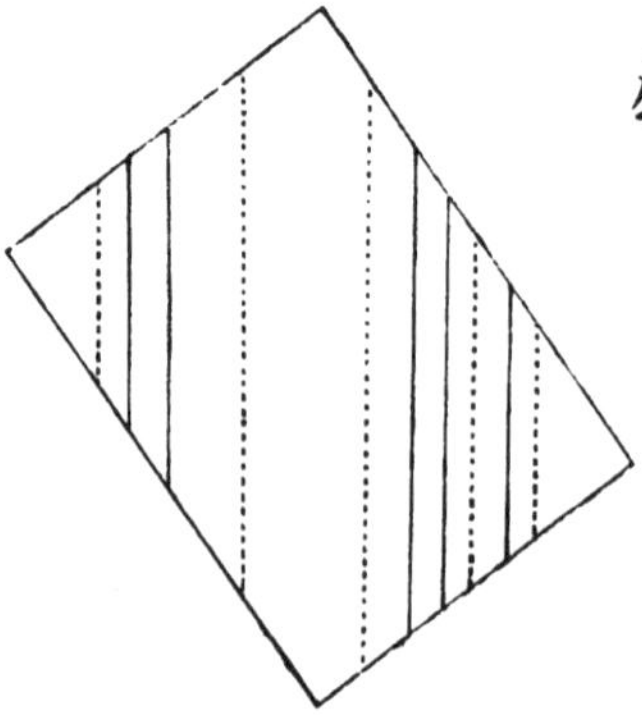

仝全

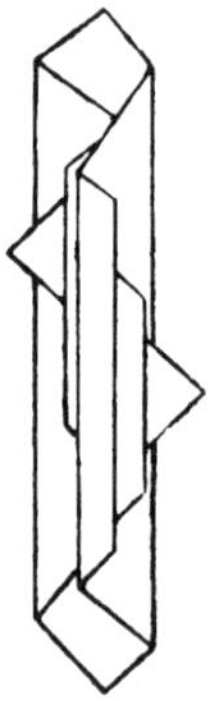

小袖包

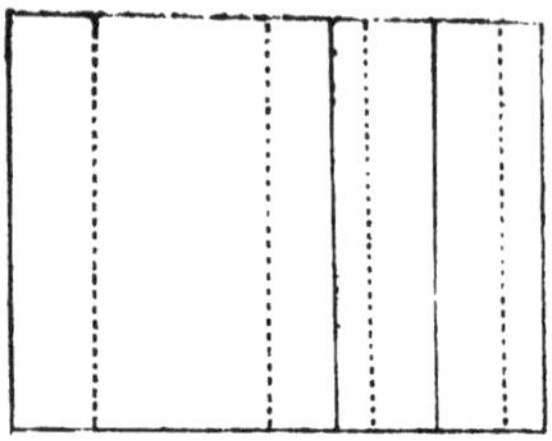

小袖包全

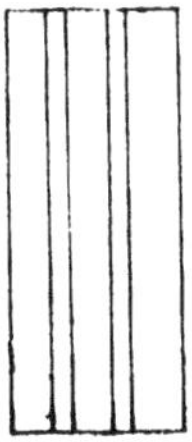

下ケ帯包

ヌハザル帯ト同ジク結ブナリ

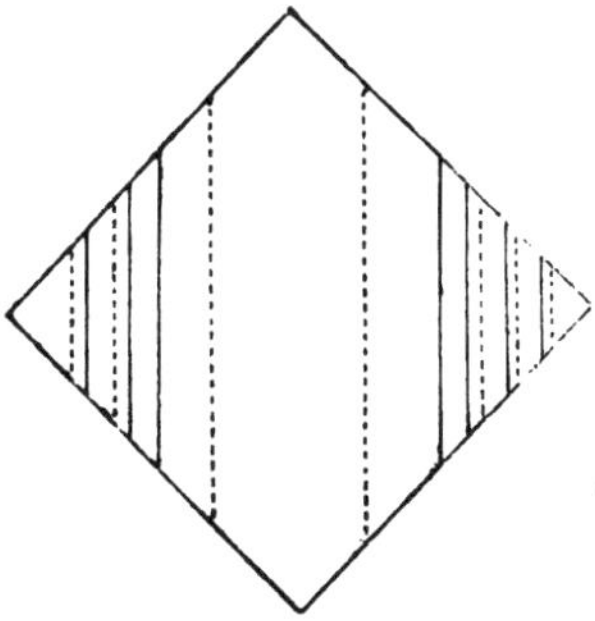

仝全

結肌帯包

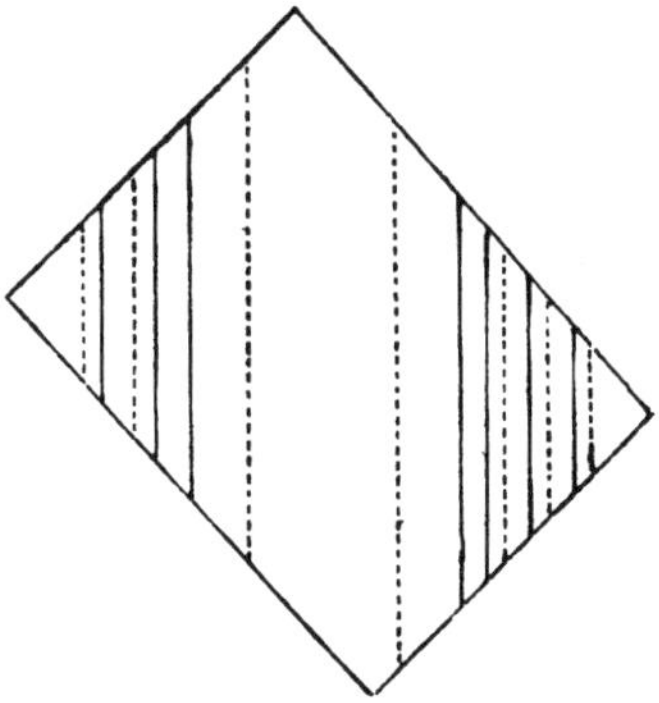

仝全

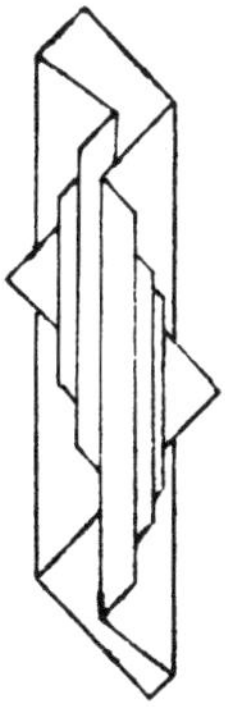

物縫針包

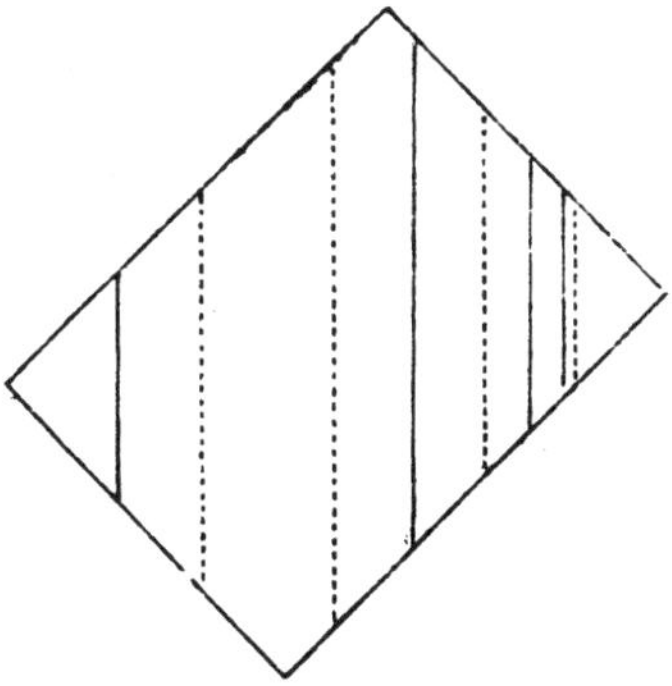

物縫針包二

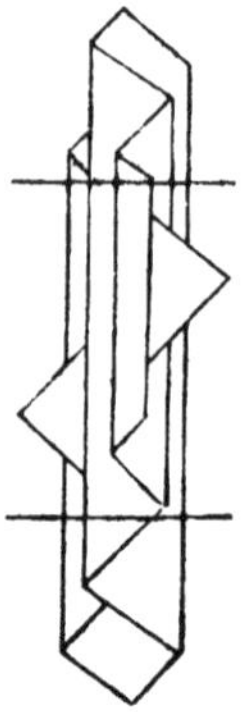

紅包全

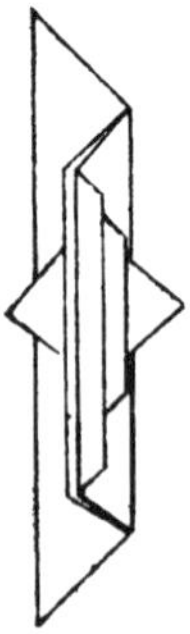

仝全

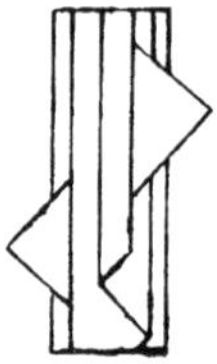

印籠包

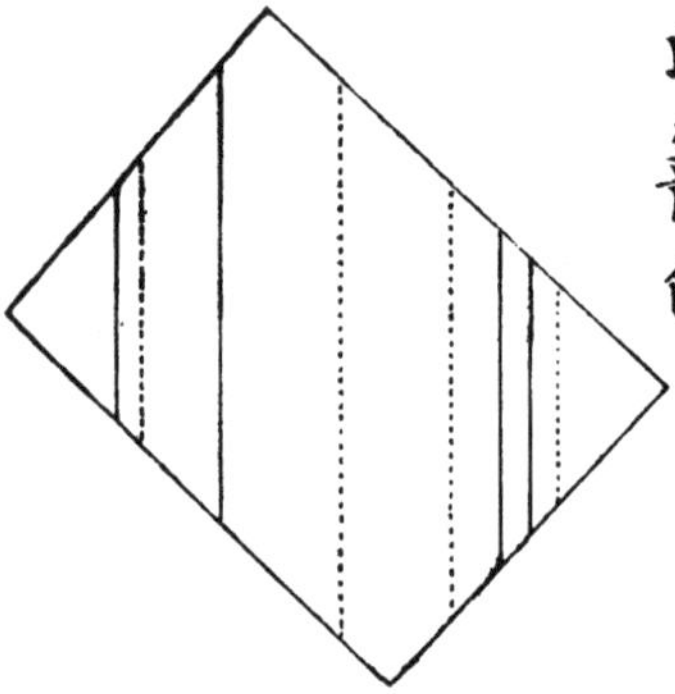

紅包

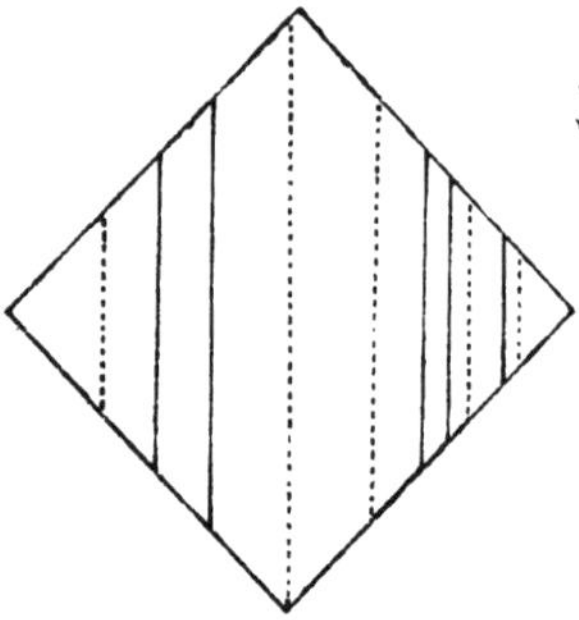

仝二

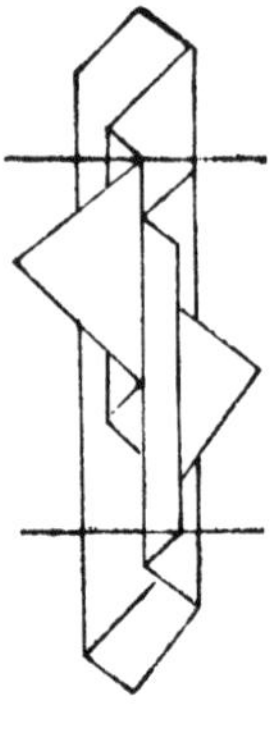

印籠包全

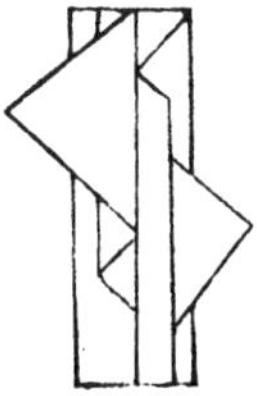

糸類包全

糸類包

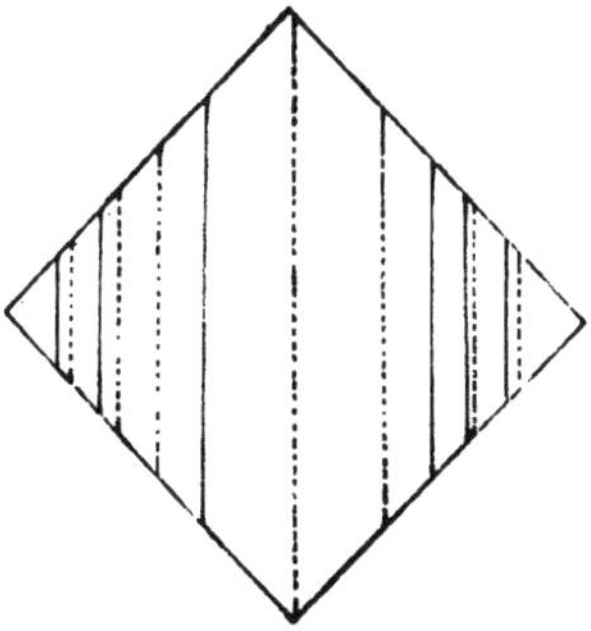

白粉包

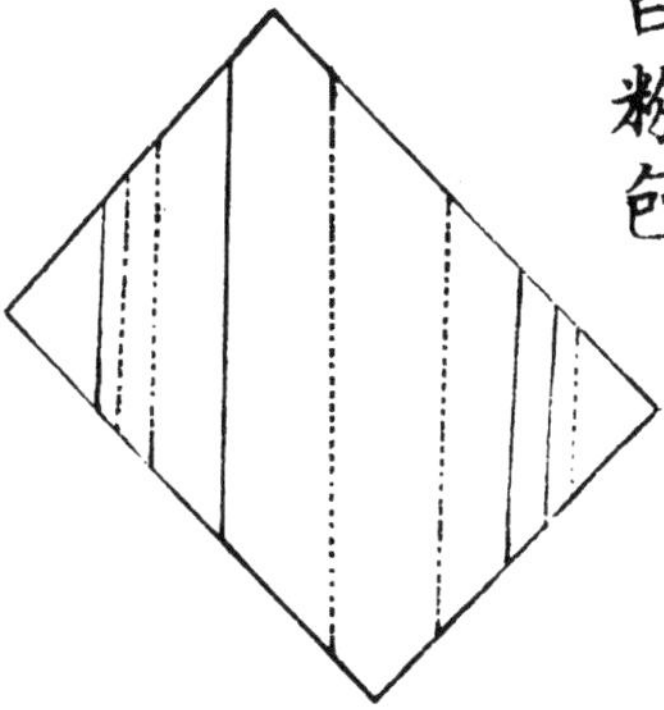

仝二

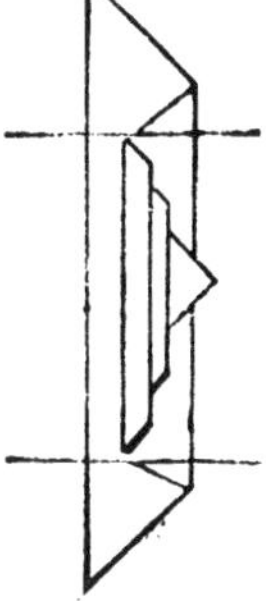

仝二

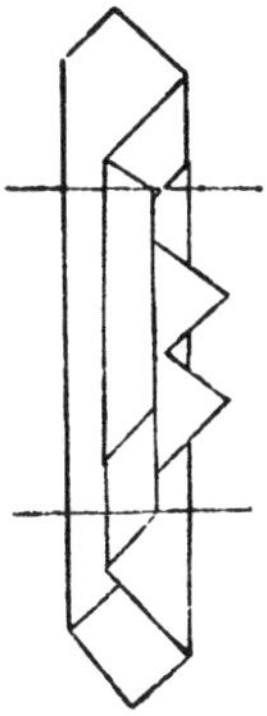

白粉包仝

立櫛笄包

硯墨モヨシ

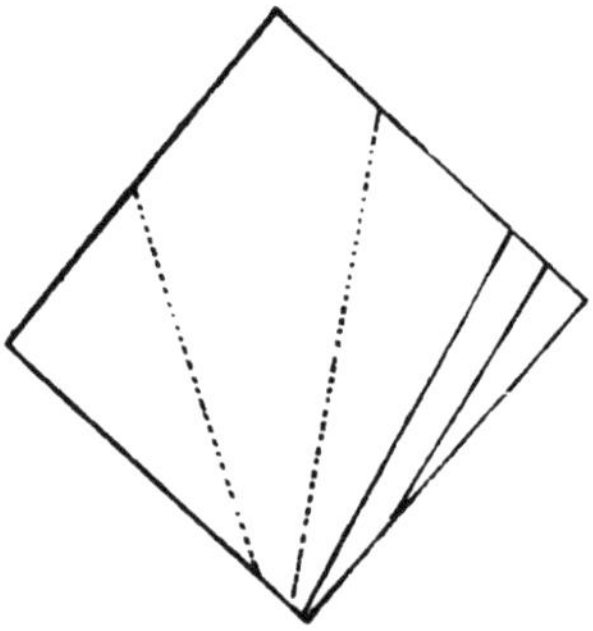

仝二

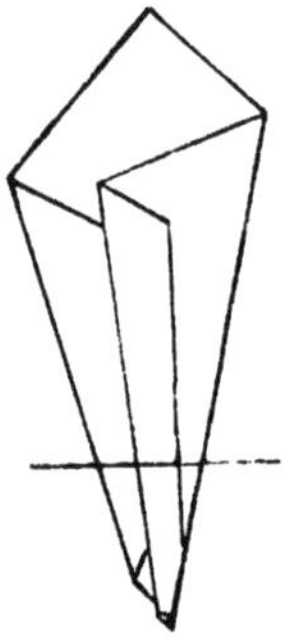

立櫛笄包仝

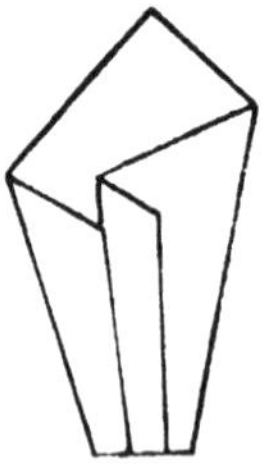

笄包

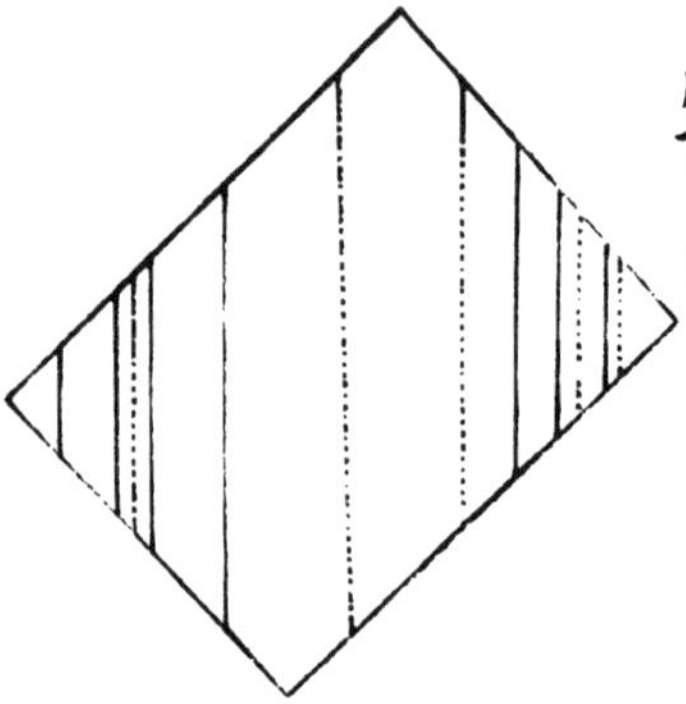

仝仝

羽子板包

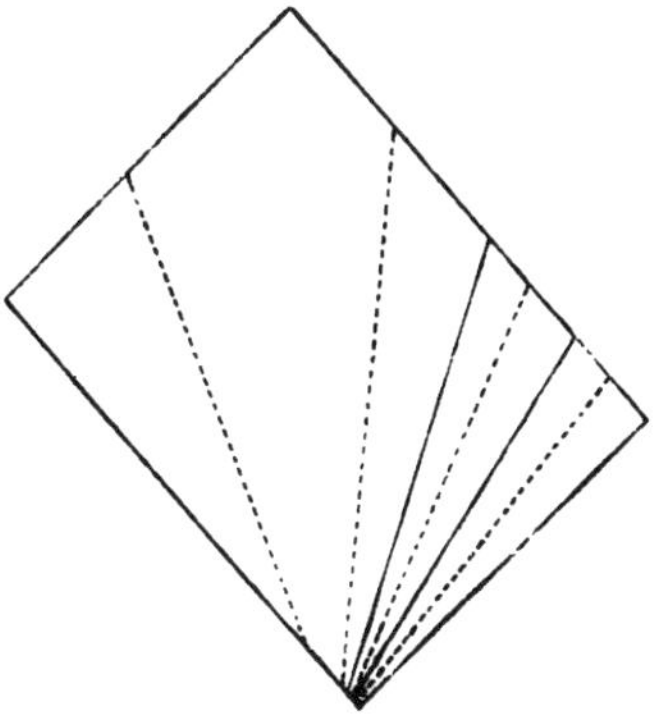

仝二

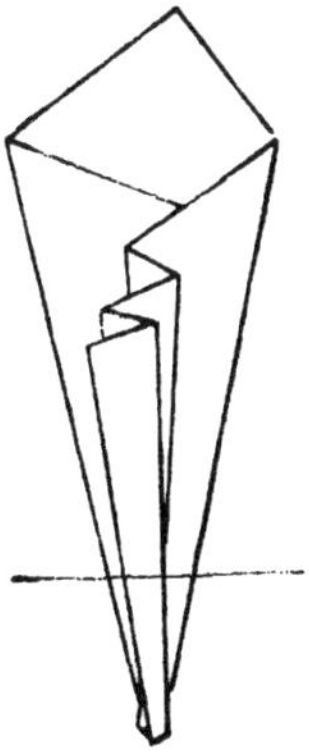

仝全

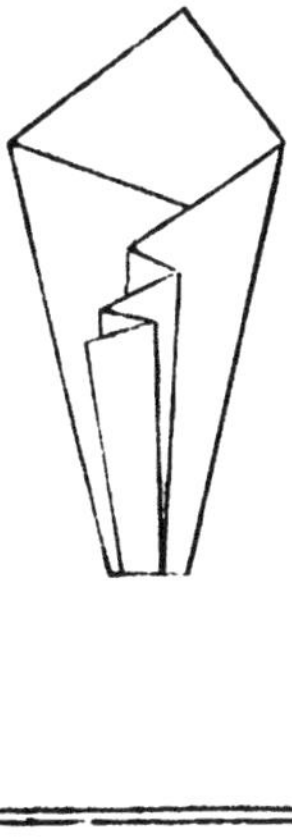

風呂手水櫛

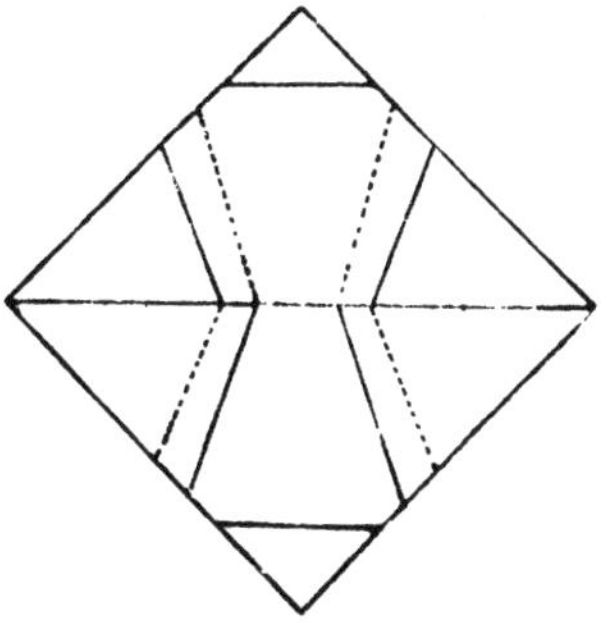

仝二

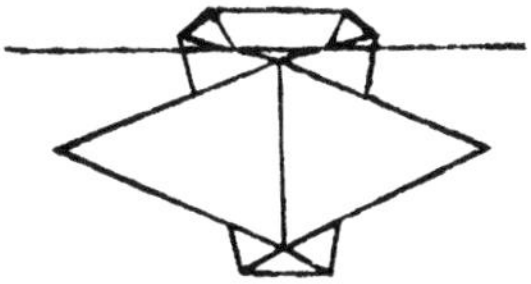

仝全

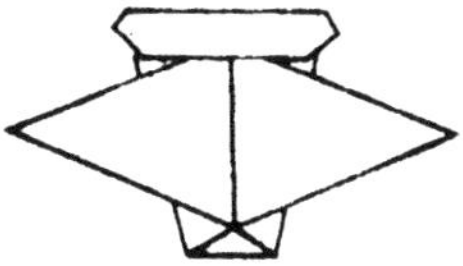

櫛包

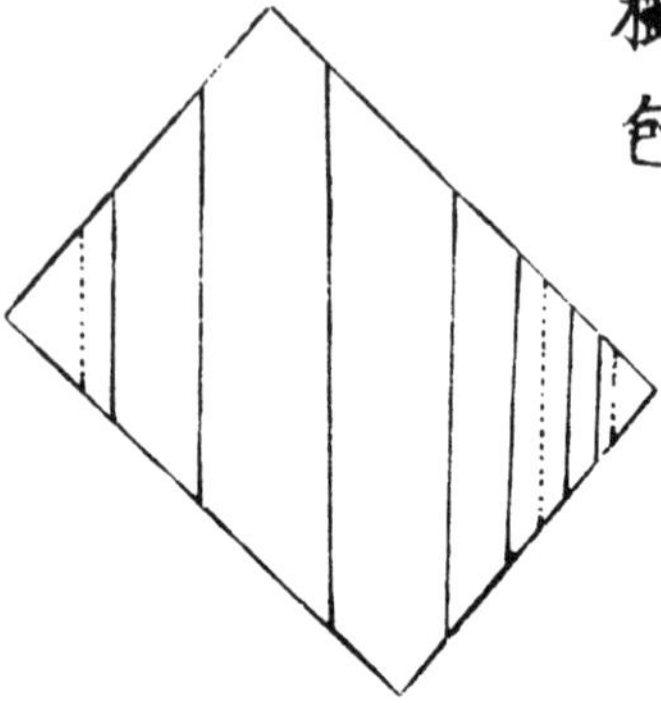

仝二

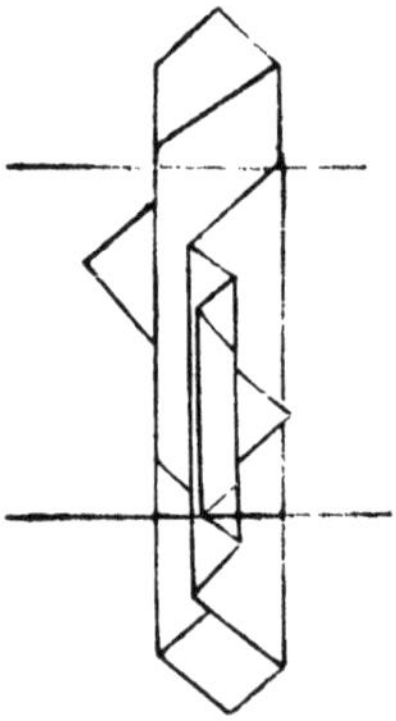

仝全

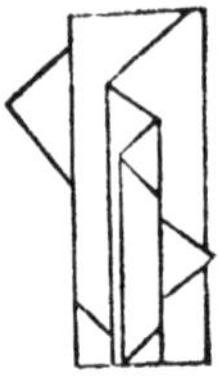

櫛拂包

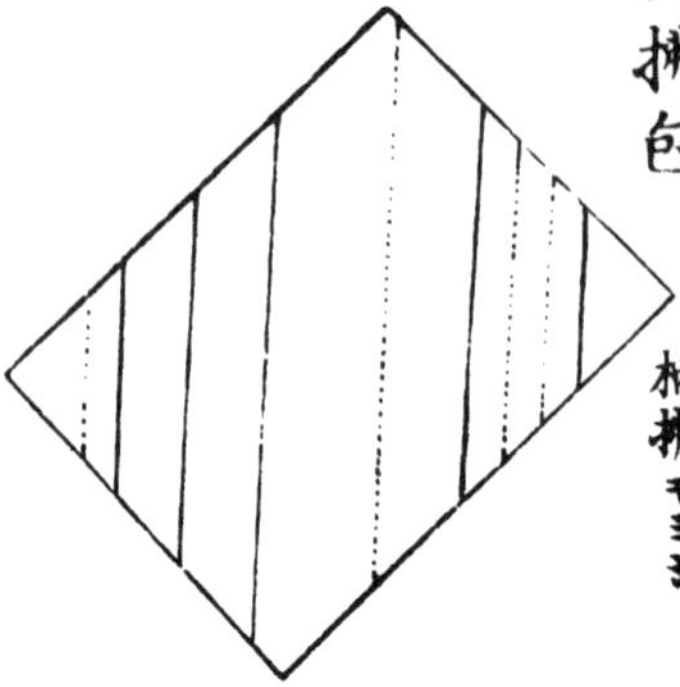

柄拂モヨシ

仝二

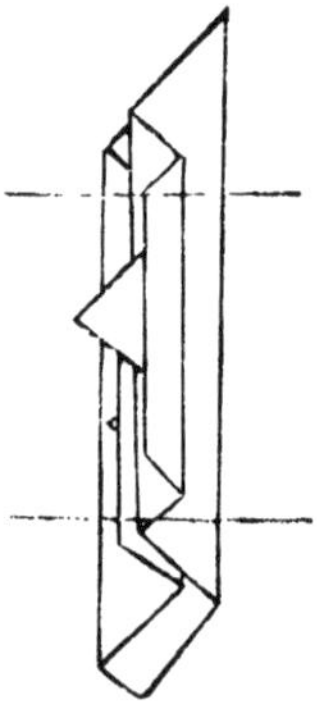

仝全

手縄手綱類

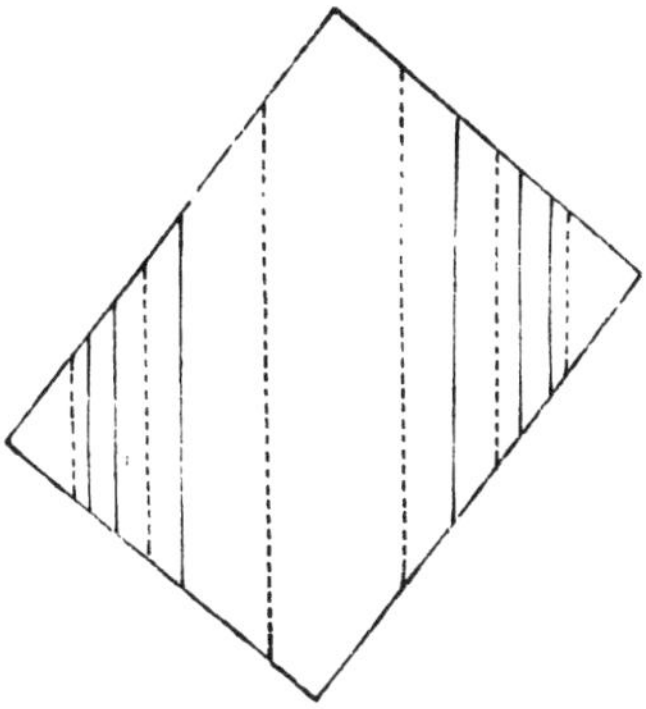

仝全

鷹ノ鈴包

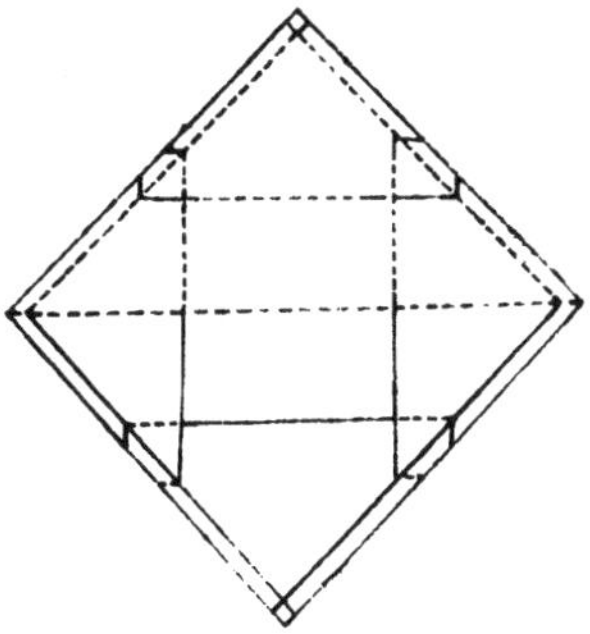

鷹ノ鈴包全

鷹ノ足皮包

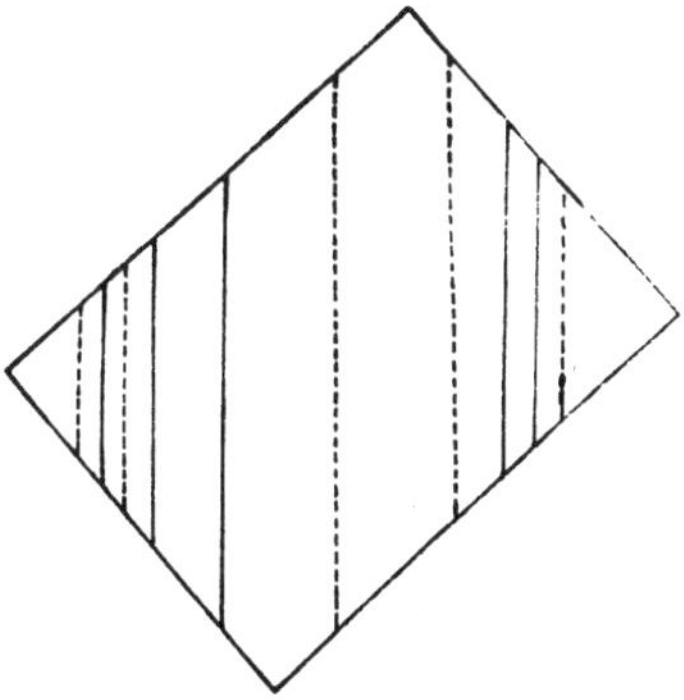

仝全

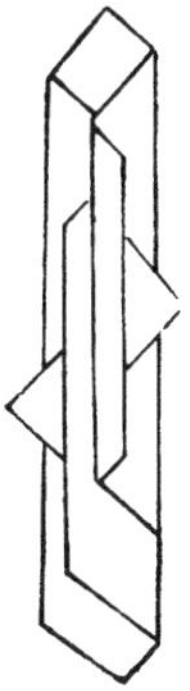

たすきノ類

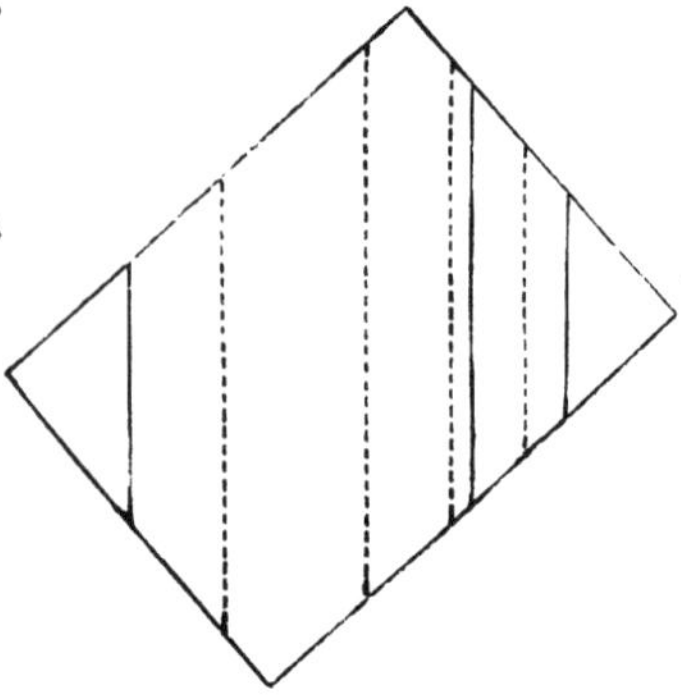

仝二

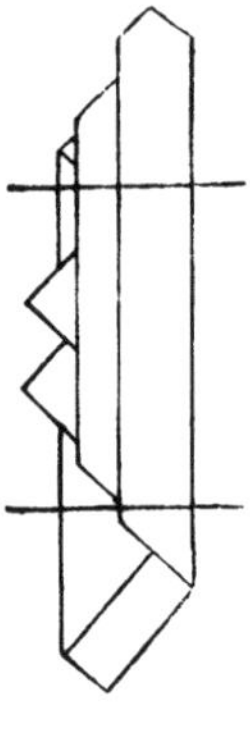

仝全

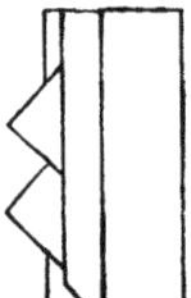

三ツ折包

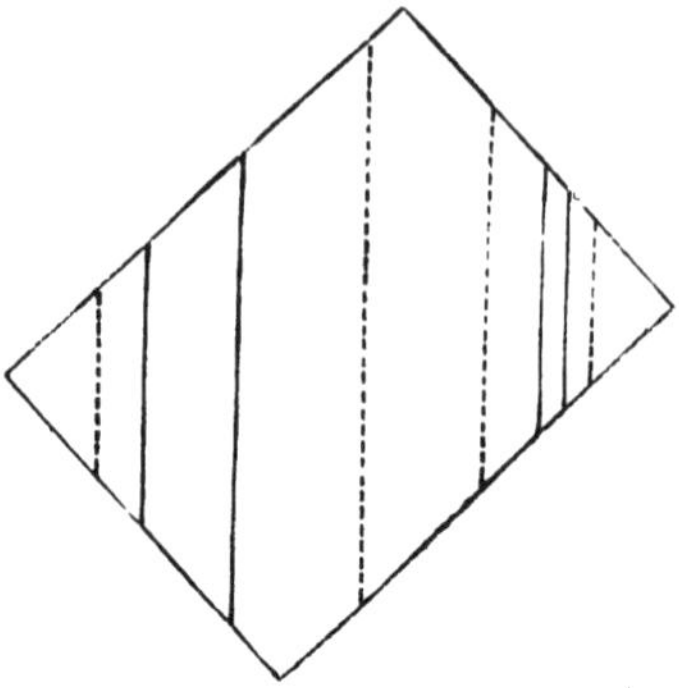

仝全

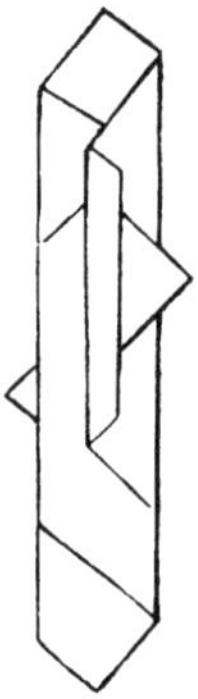

守袋包 盃共

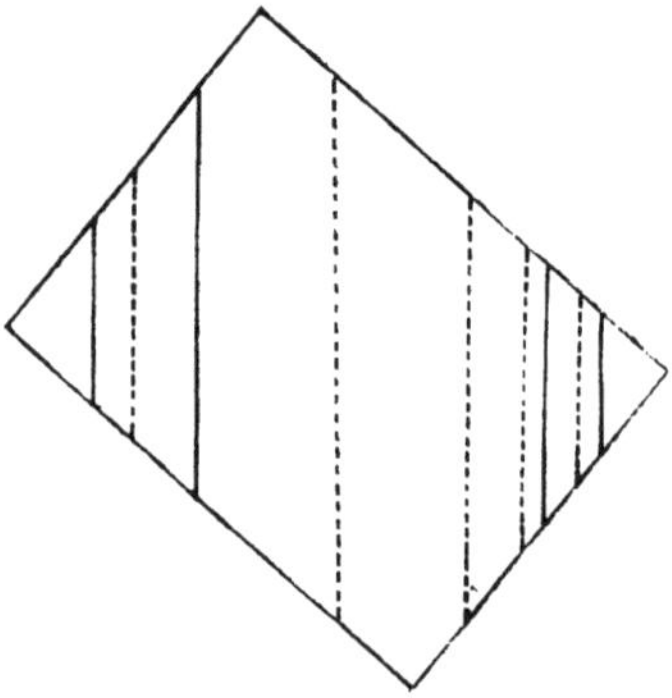

守袋二

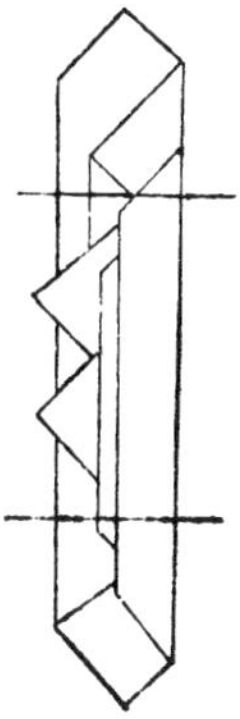

小刀包二

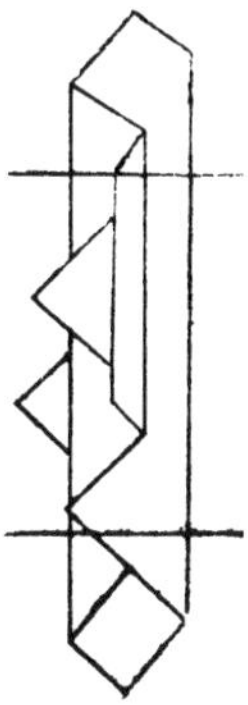

仝全

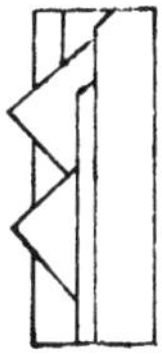

仝全

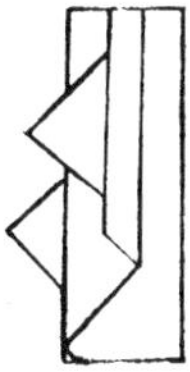

小刀包

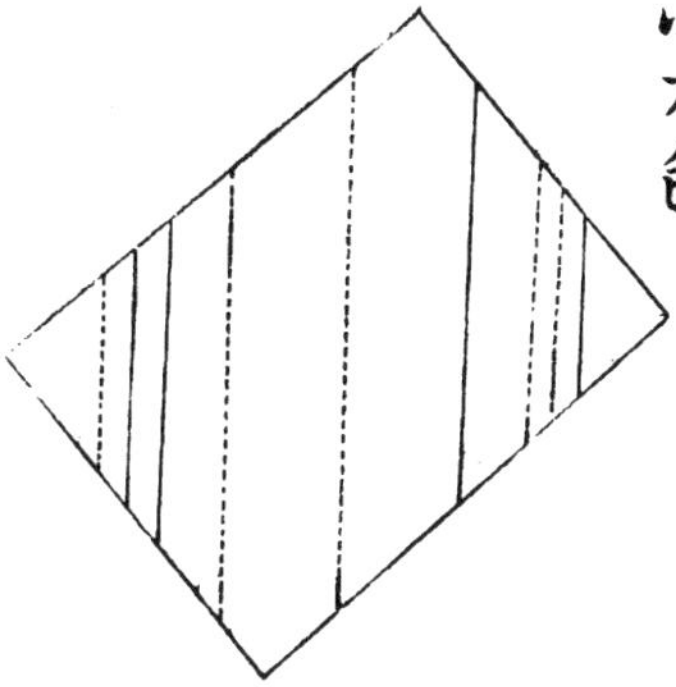

目貫縁頭包

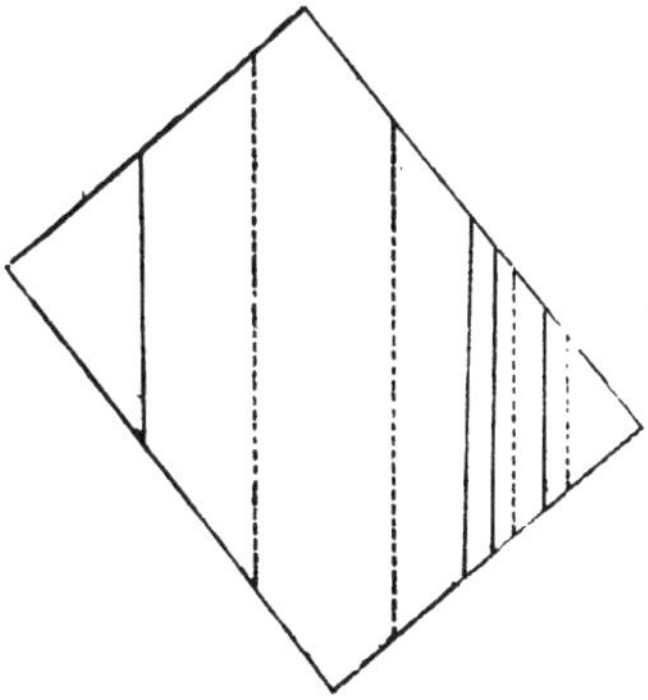

目貫縁頭包二

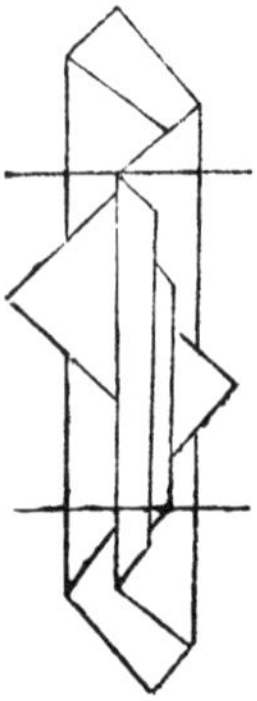

仝全

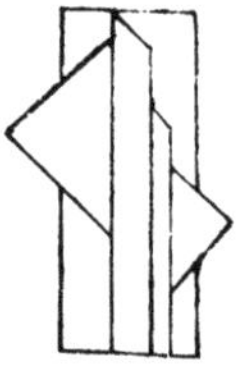

小刀柄包

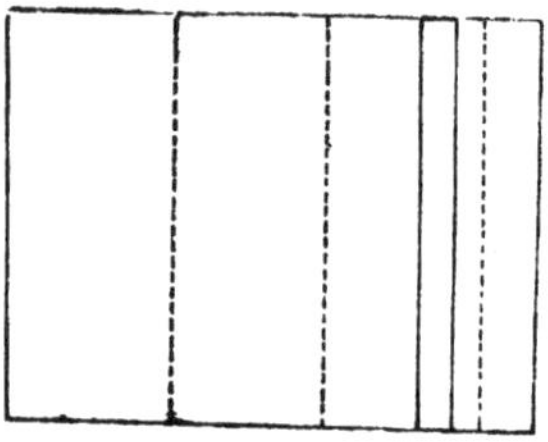

小刀柄包二

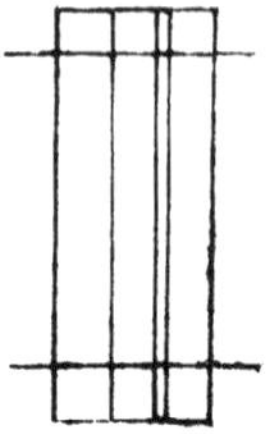

仝全

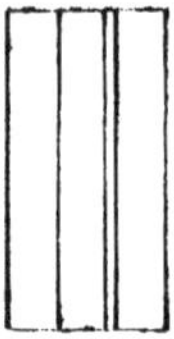

手拭包

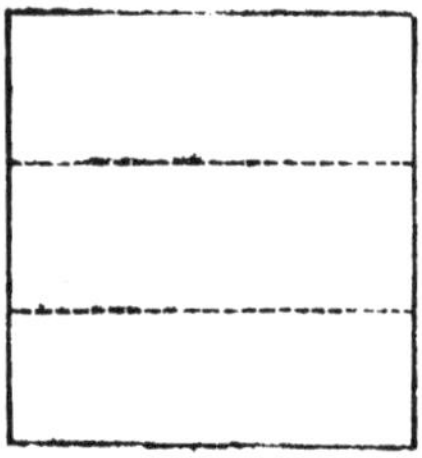

手拭包二

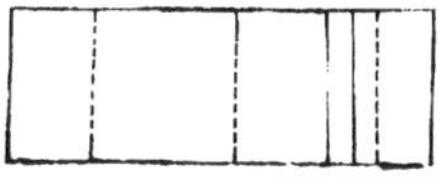

高名刀包二

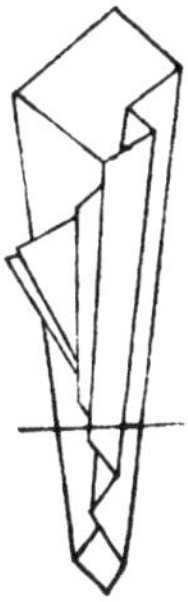

仝全

仝全

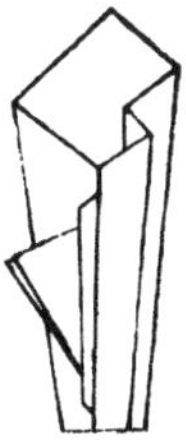

高名刀包

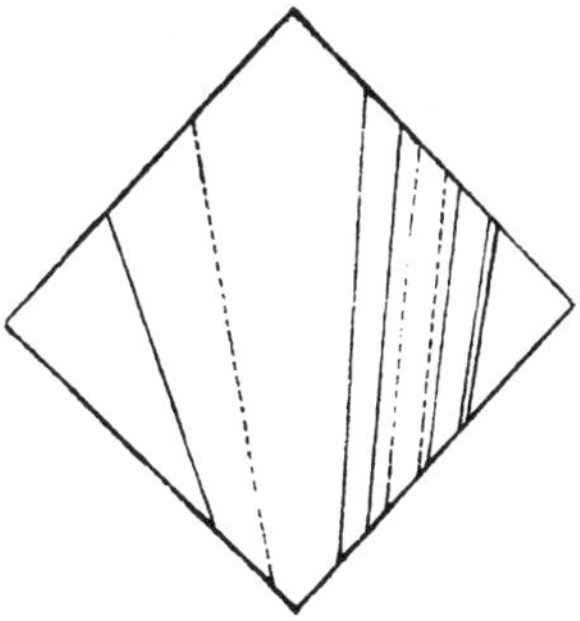

かみそり包

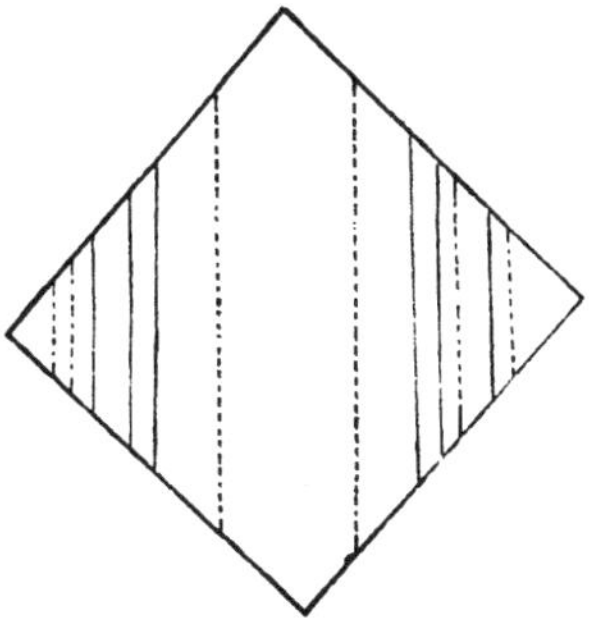

かみそり包二

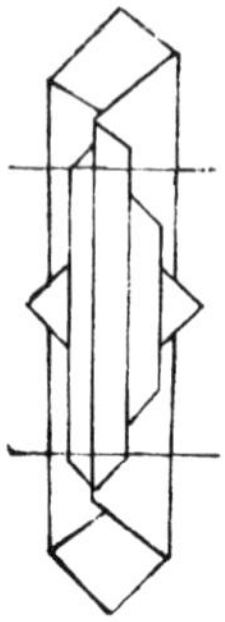

仝全

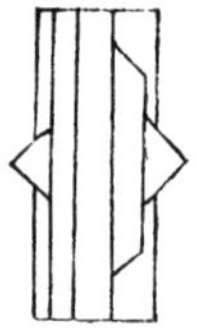

仝全

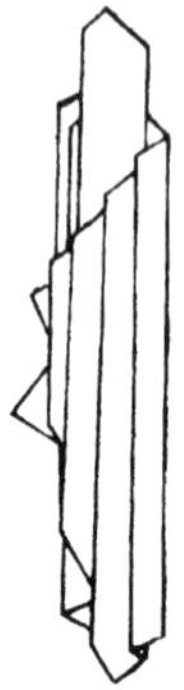

短冊手綱硯手拭包

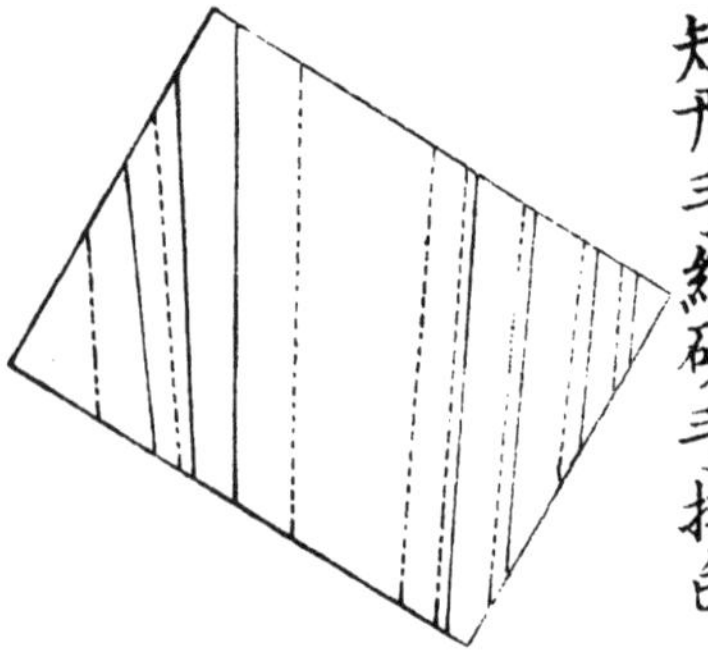

歯黒筆包

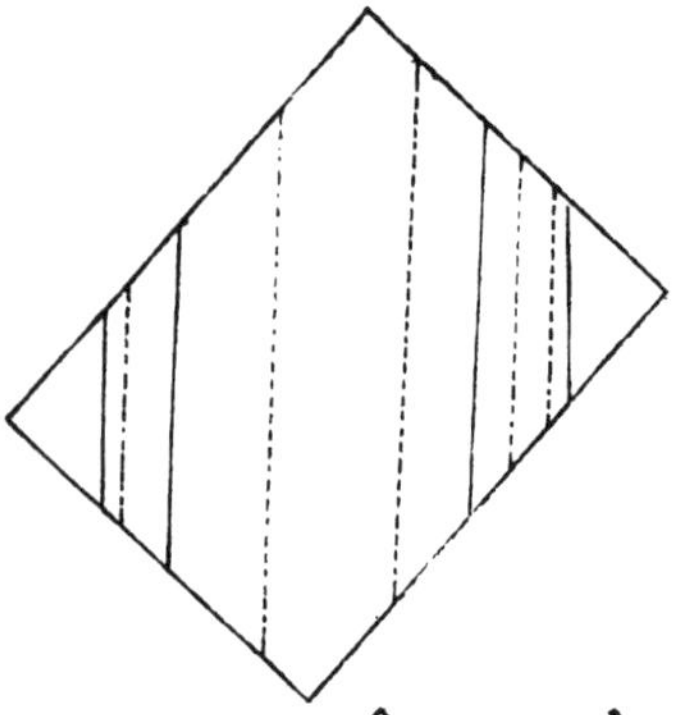

仝二

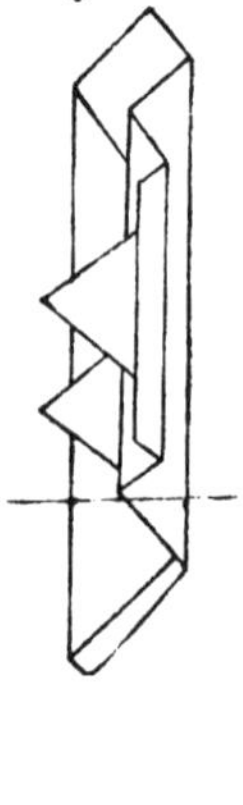

歯黒筆包
全

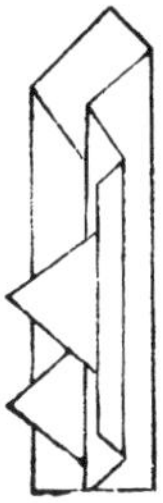

筆包全

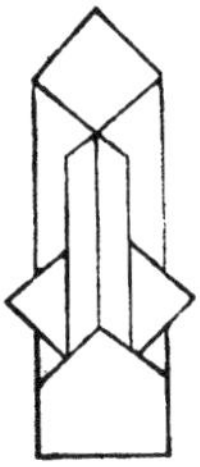

筆包

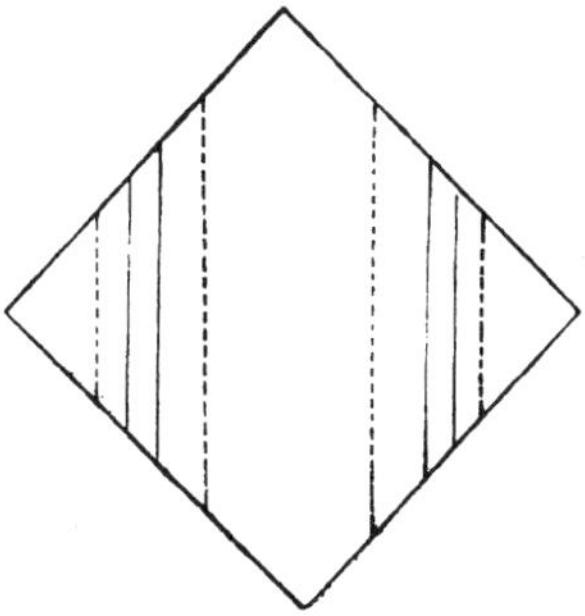

庖刀包

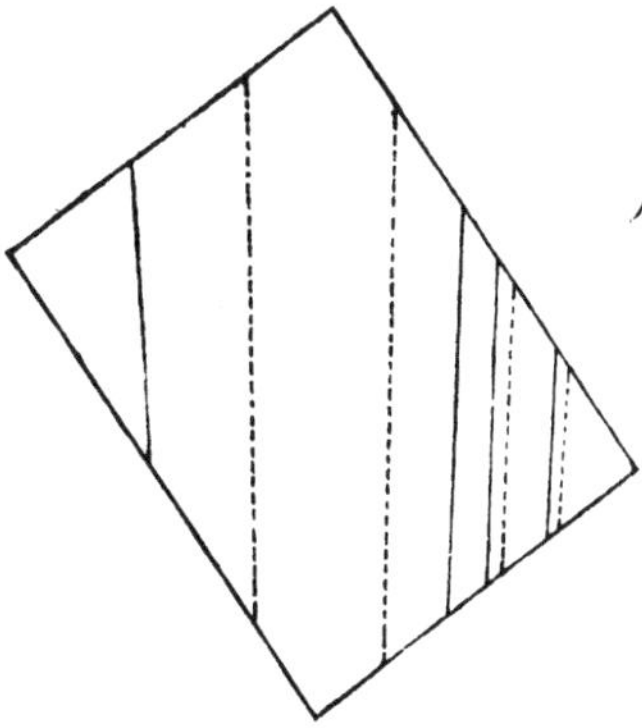

仝二

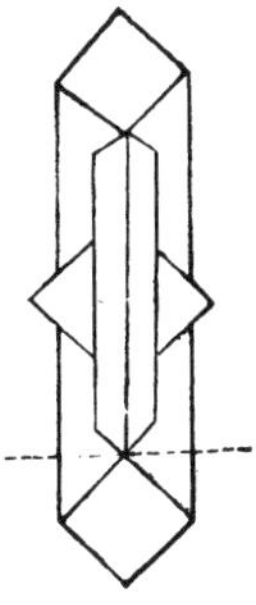

仝二

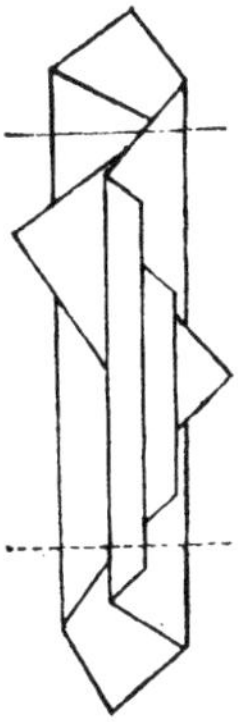

庖刀包全

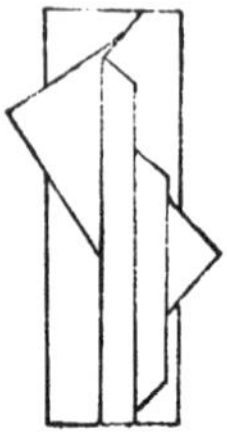

色紙包

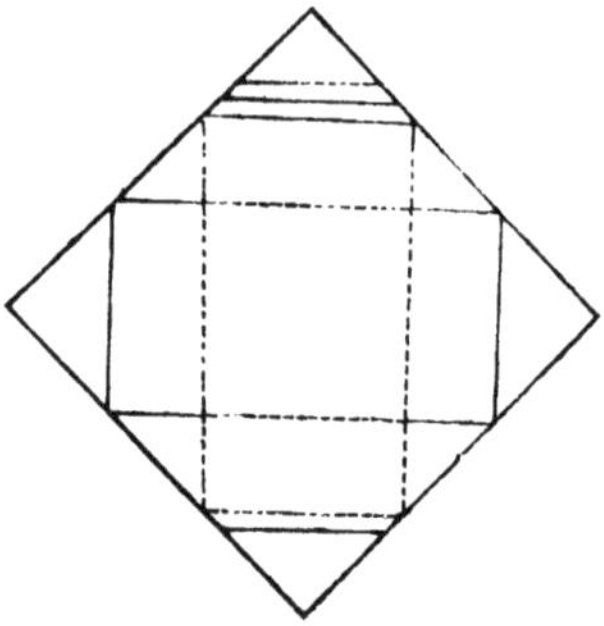

仝全

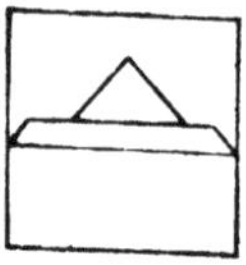

鋏包

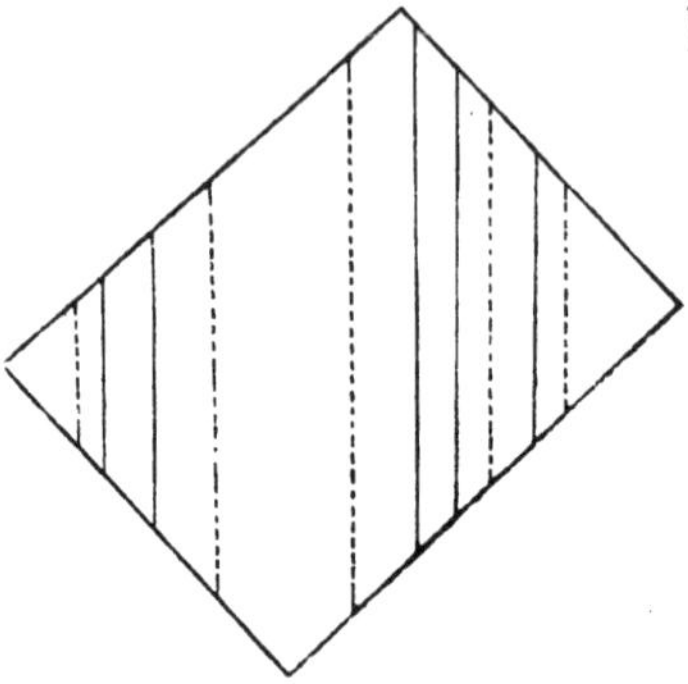

仝二

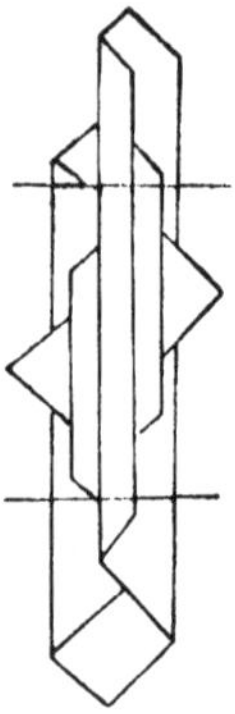

仝全

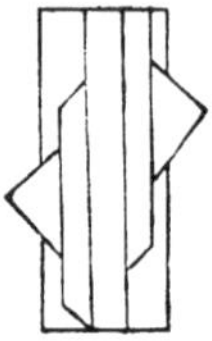

墨包

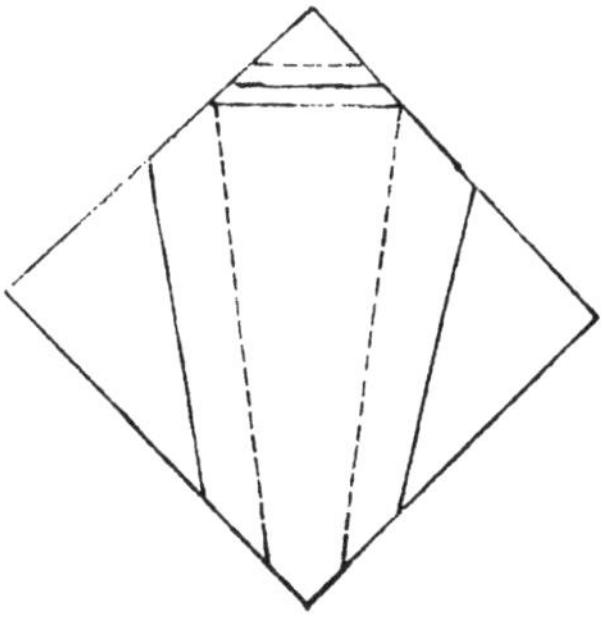

仝二

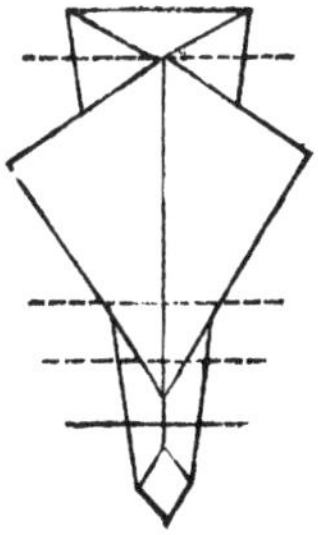

仝全

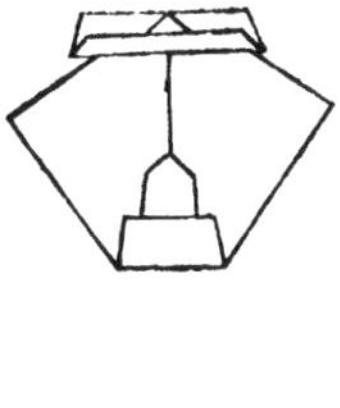

筆墨下緒等類

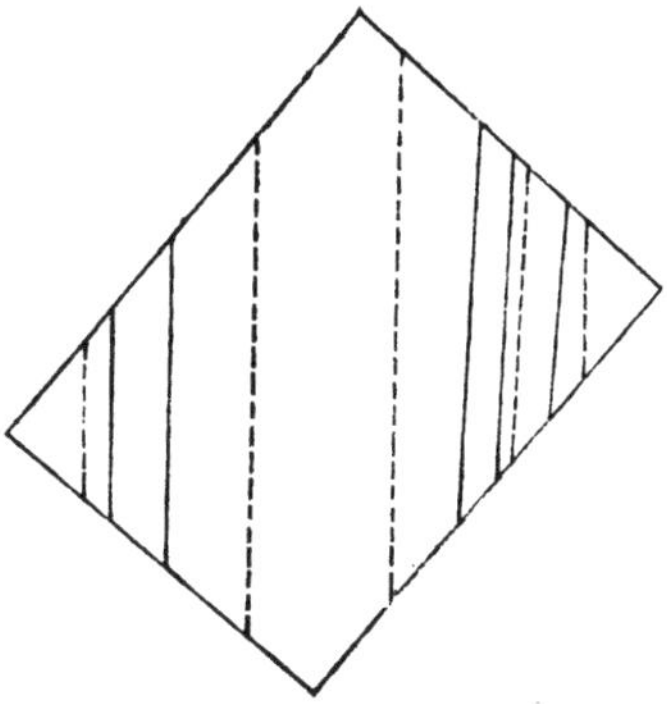

仝二

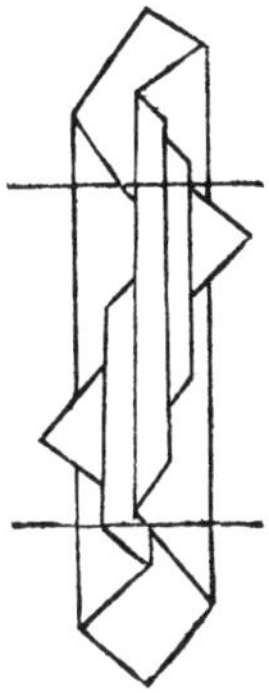

仝全

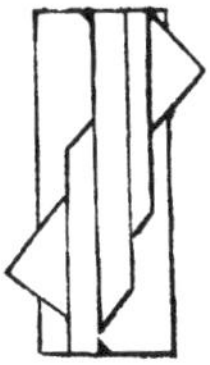

不書色紙包

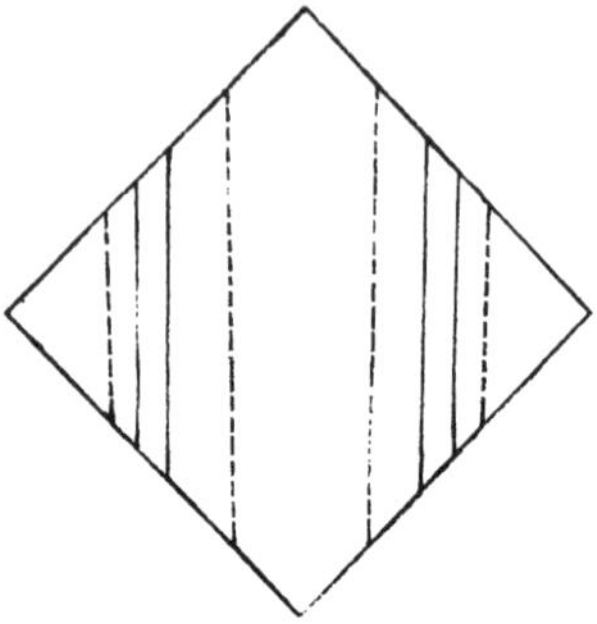

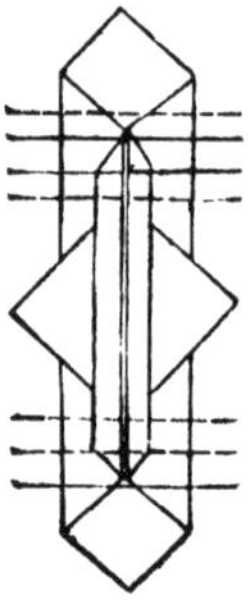

仝二

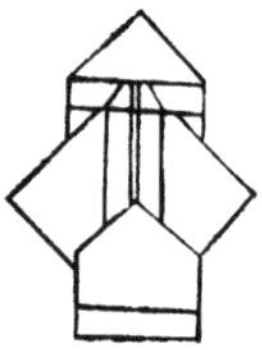

仝全

毛抜包

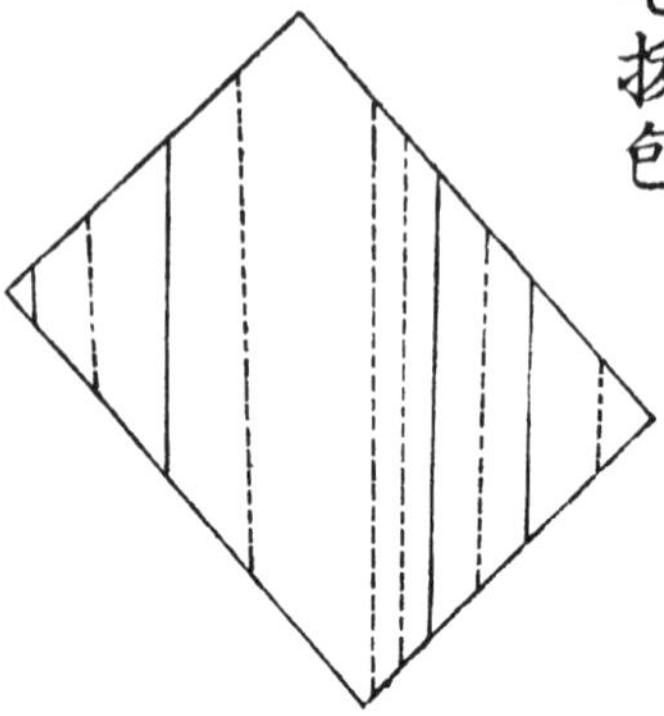

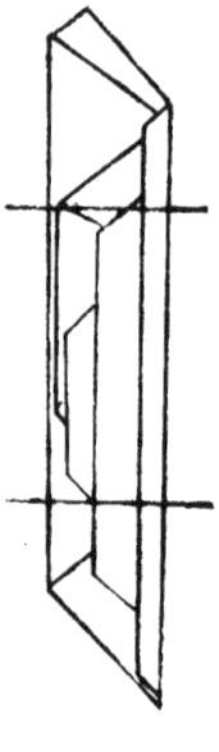

仝二

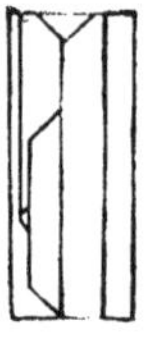

仝全

短冊包

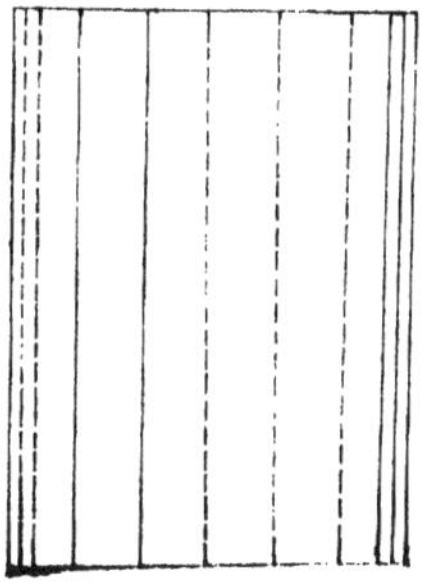

仝二

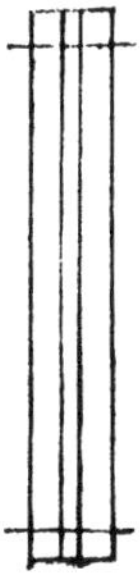

仝全

墨包別法

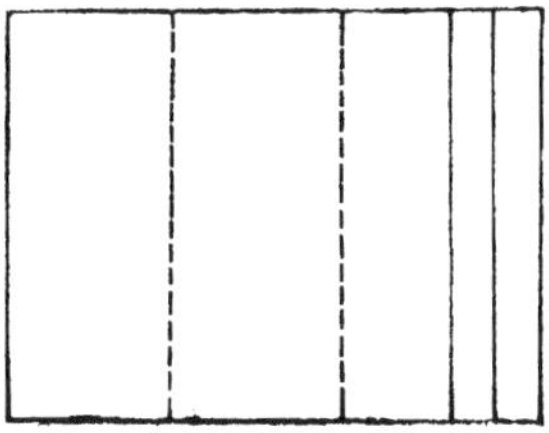

仝二

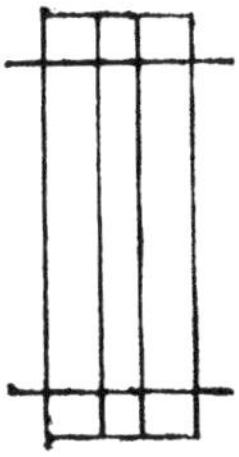

仝全

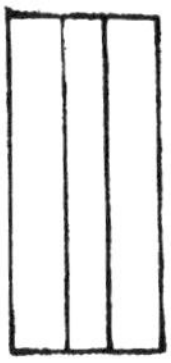

不張弓包

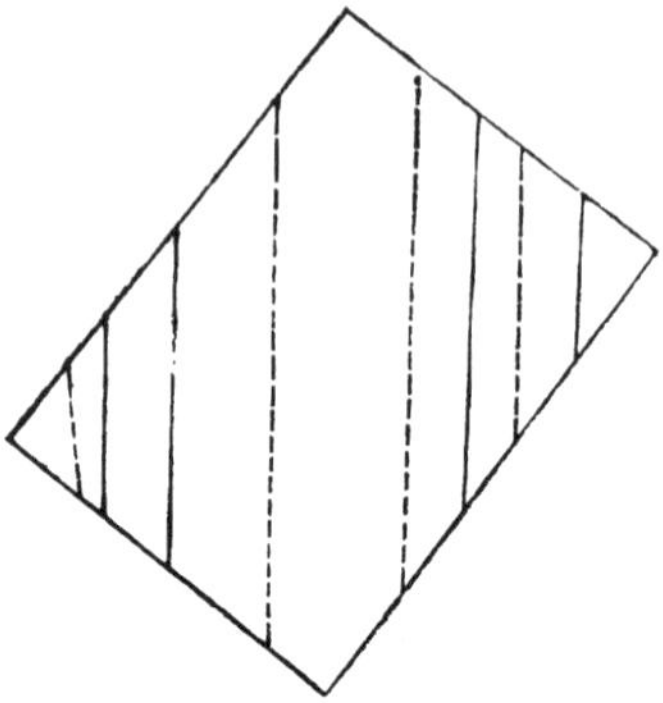

仝二

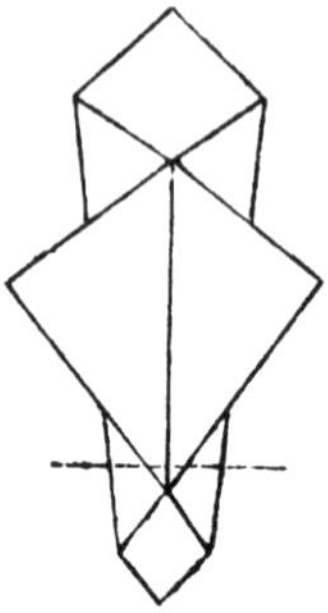

仝全

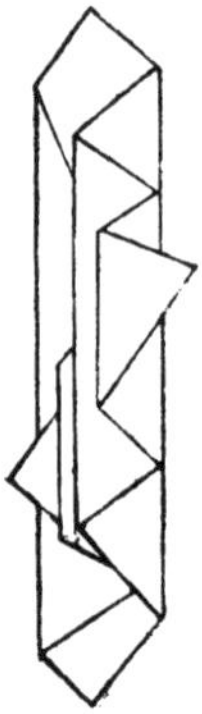

仝全

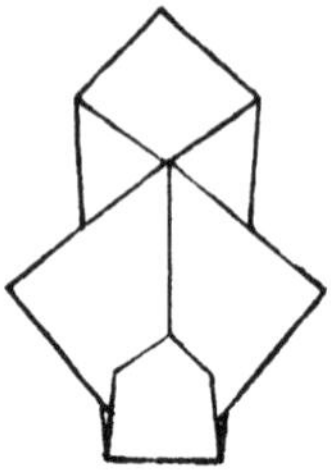

鷹うけ包

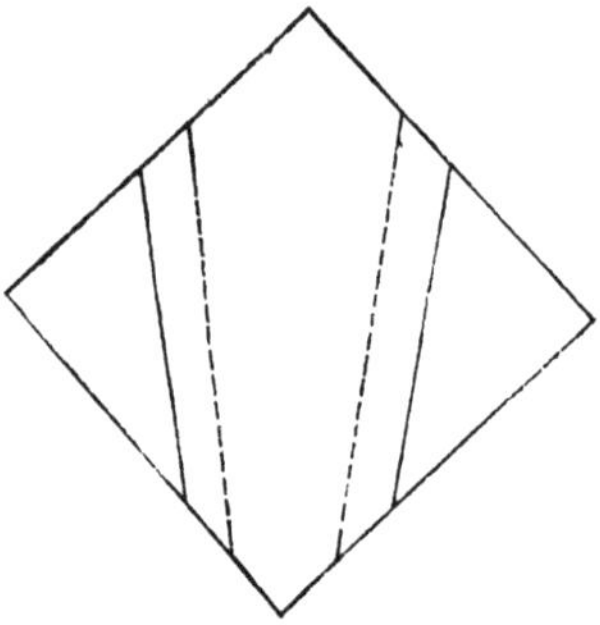

的矢包

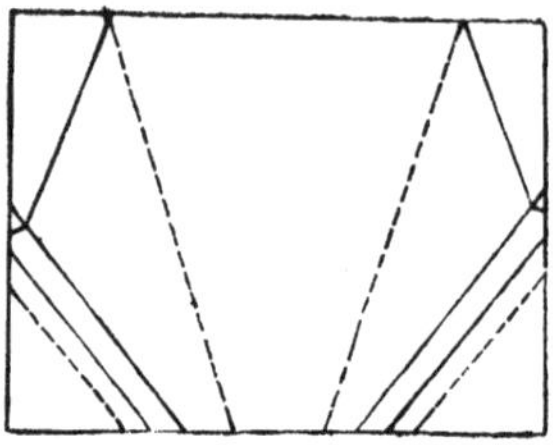

的矢包二

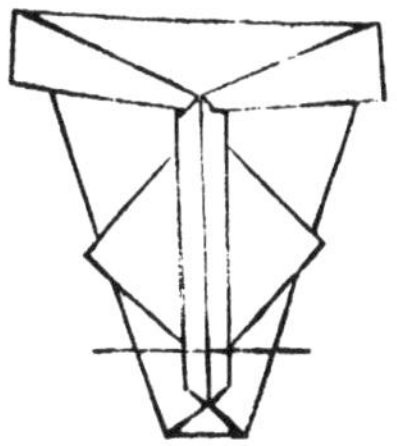

矢羽包二

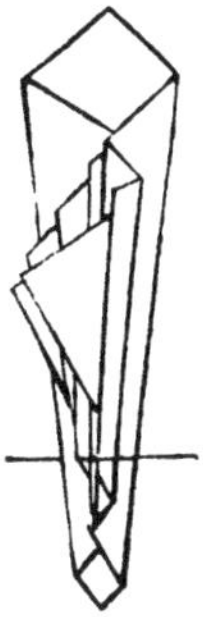

仝全

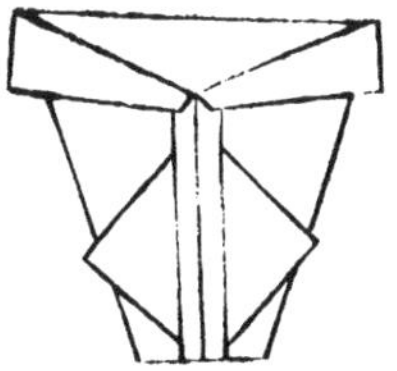

仝全

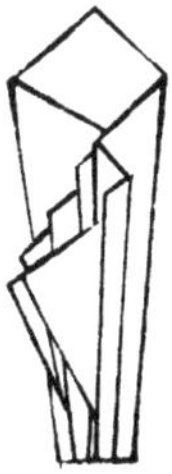

矢羽包

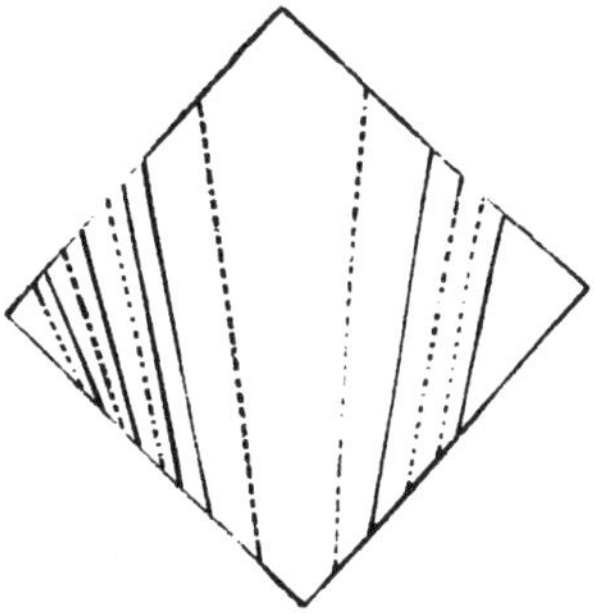

策包

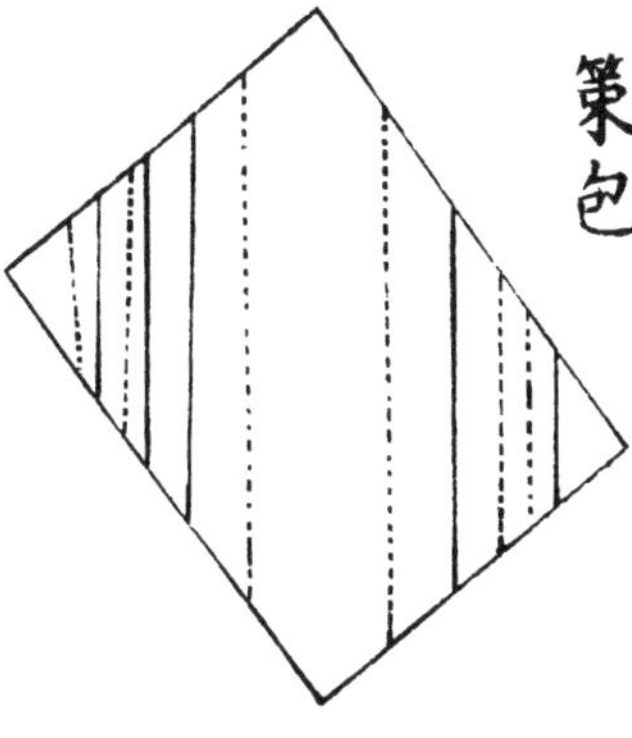

菓包仝

弓弦紙二重

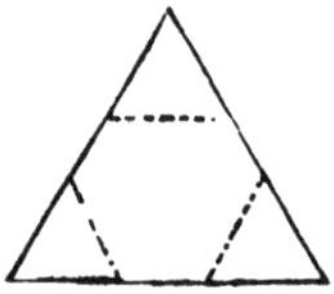

仝二

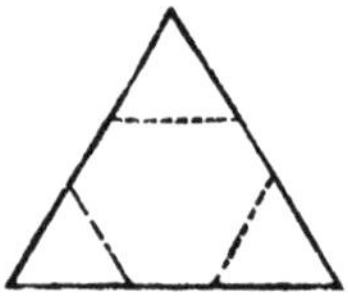

太刀帯くけ帯板物包

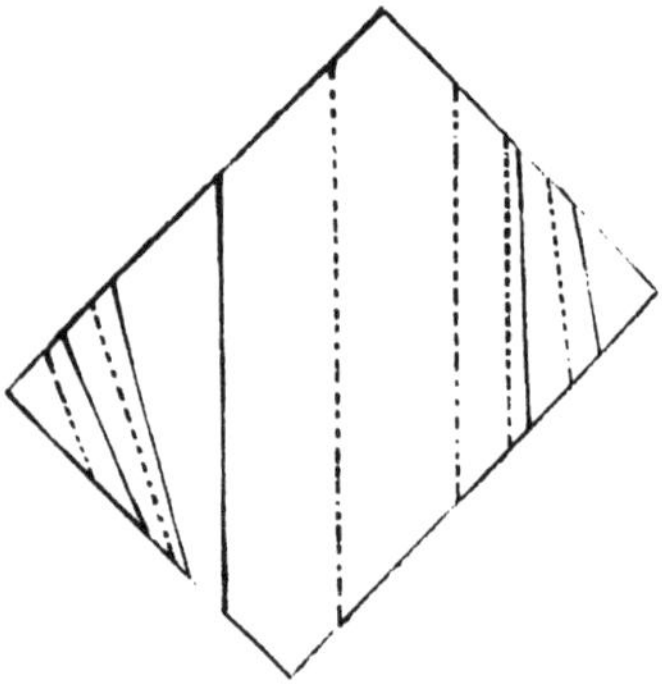

仝二

弓弦仝

仝全

弓懸包

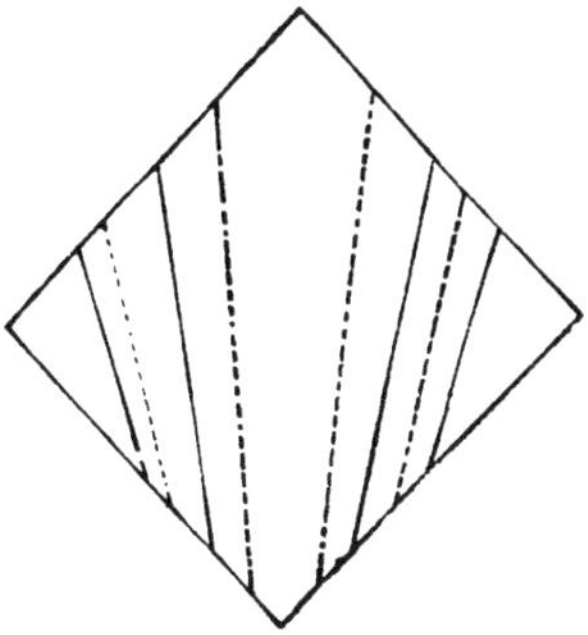

下緒包

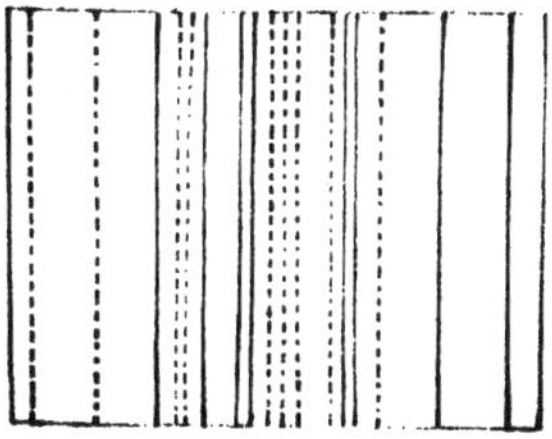

仝二

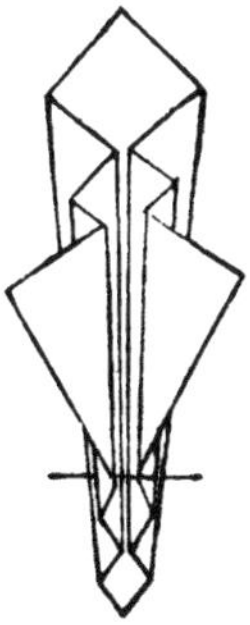

仝全

仝全

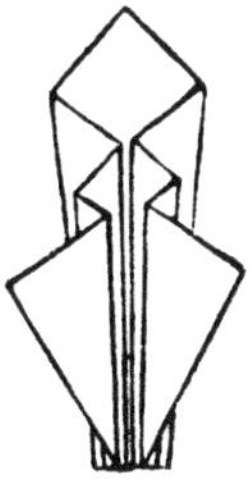

弓弦包 紙一重

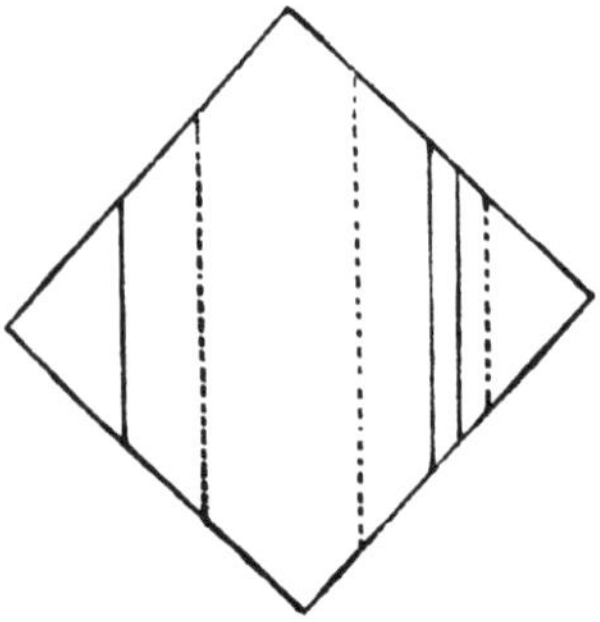

仝二

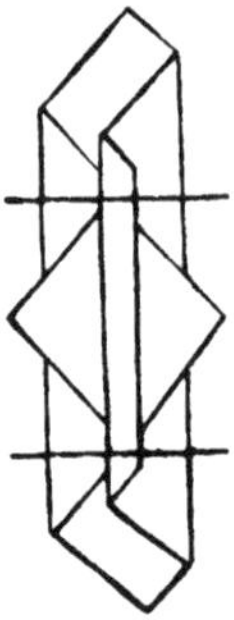

仝全

茶柄杓包

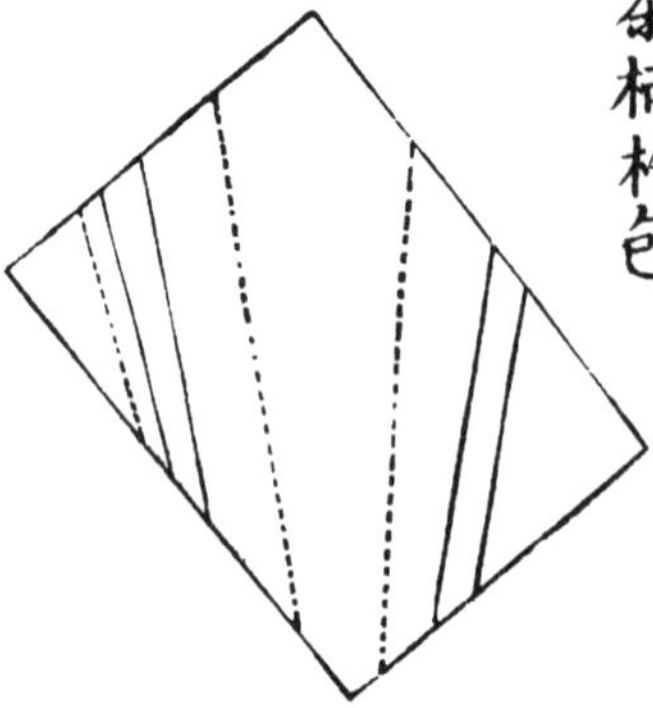

仝二

仝全

火敷包

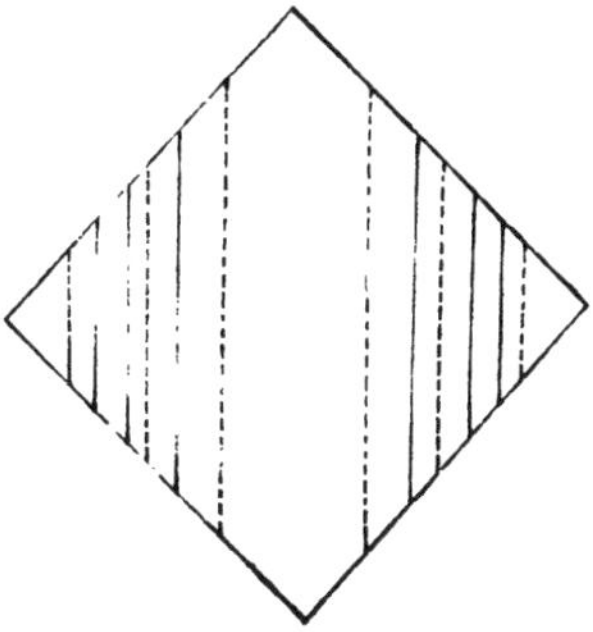

仝二

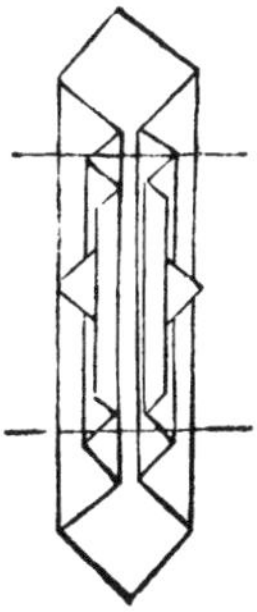

仝仝

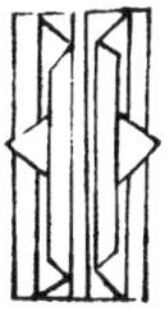

茶杓包

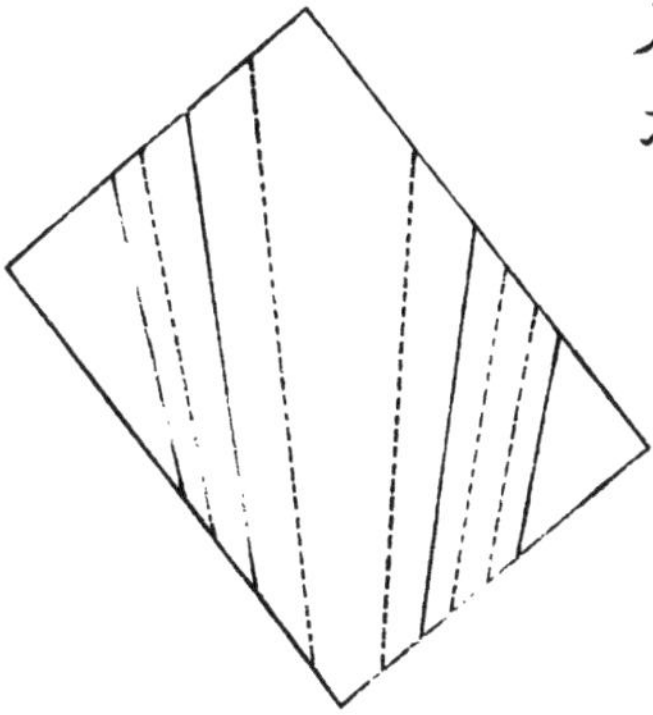

仝二

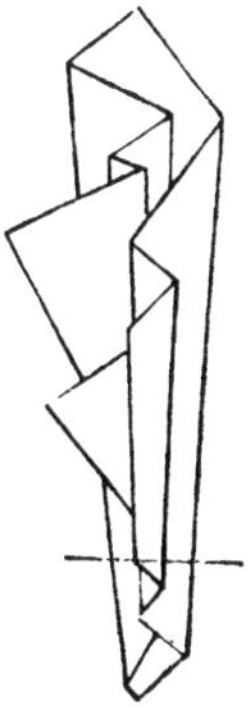

仝仝

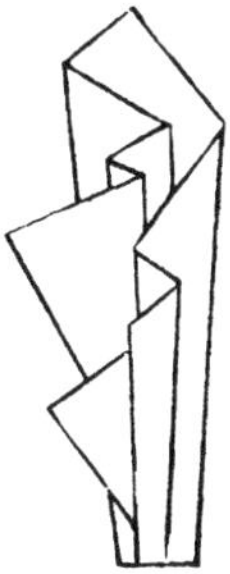

茶筅包

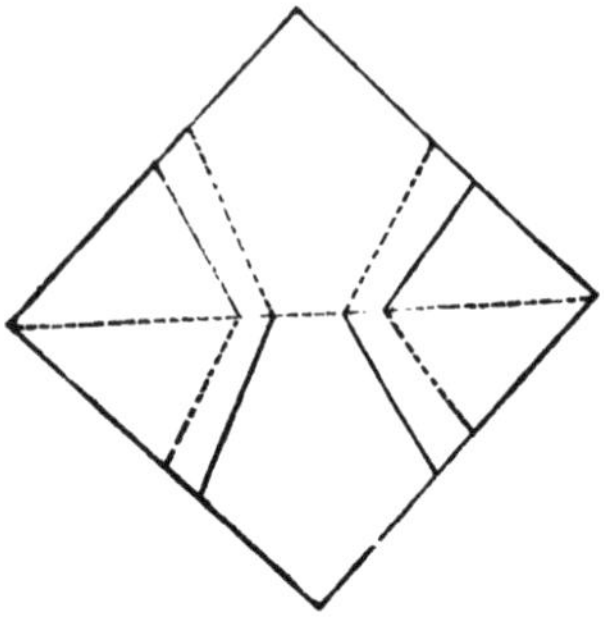

羽箒包二

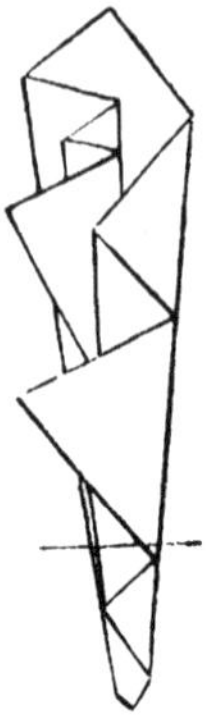

仝全

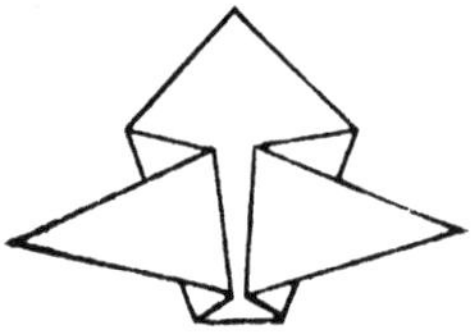

仝全

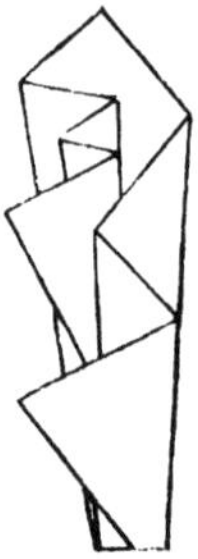

羽箒包

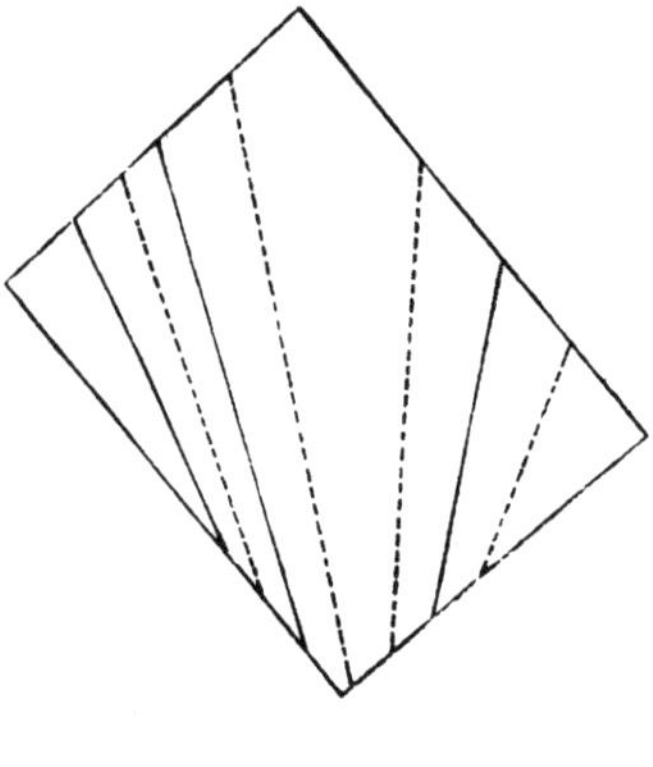

靈前ノ線香焚香包

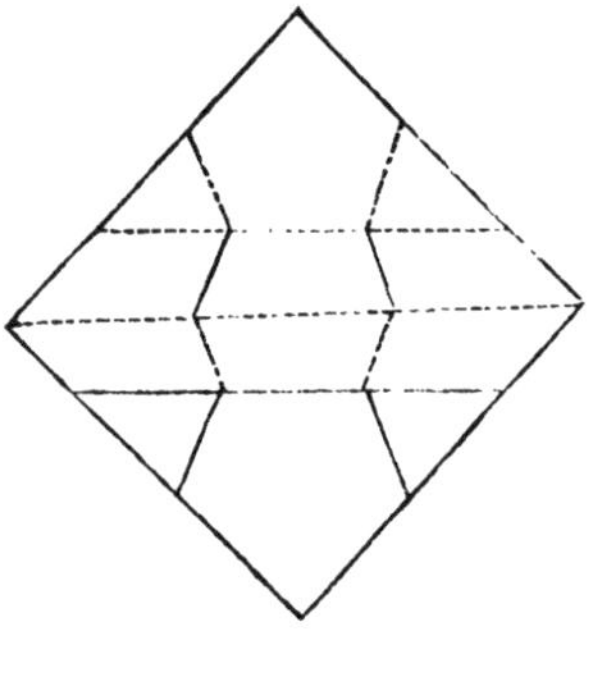

仝全

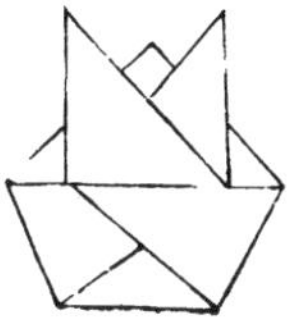

薫物包全

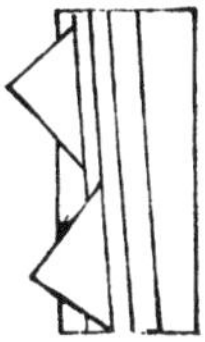

薫物包

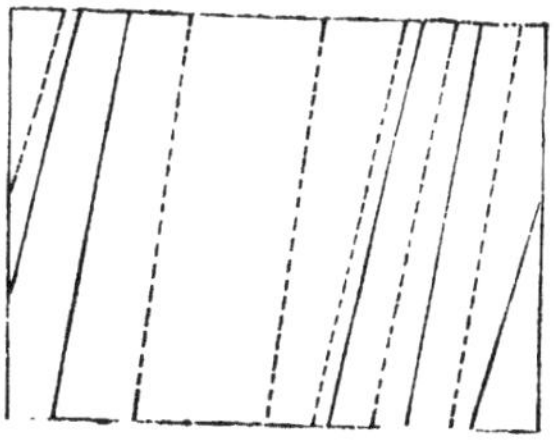

香包

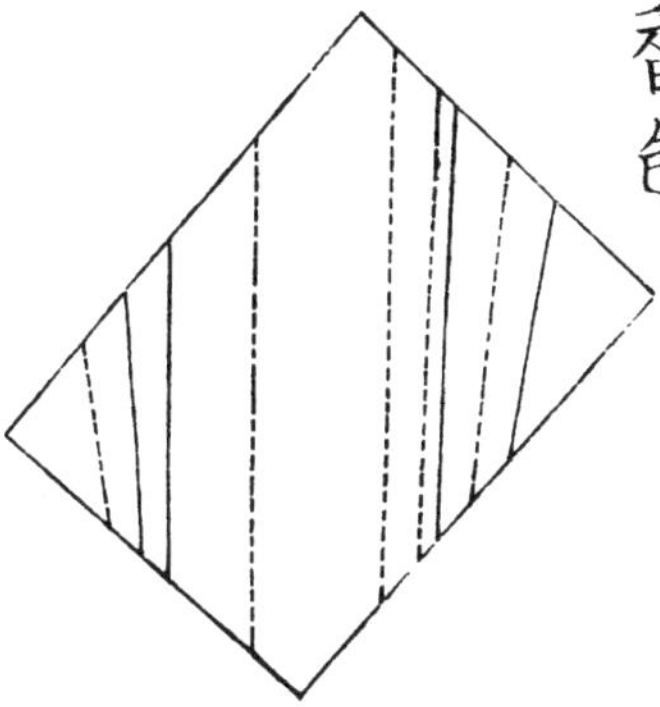

仝二

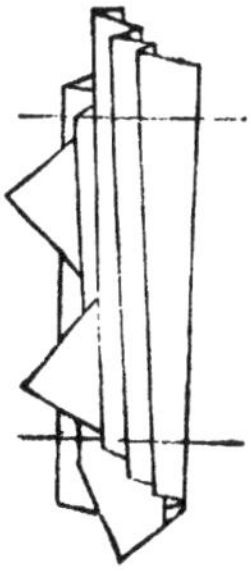

仝二

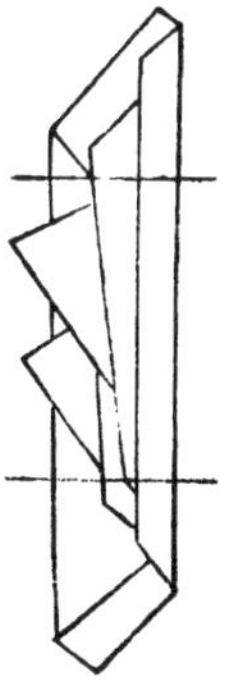

香包全

仝全

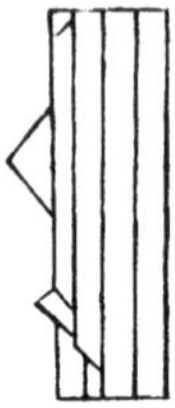

伽羅包

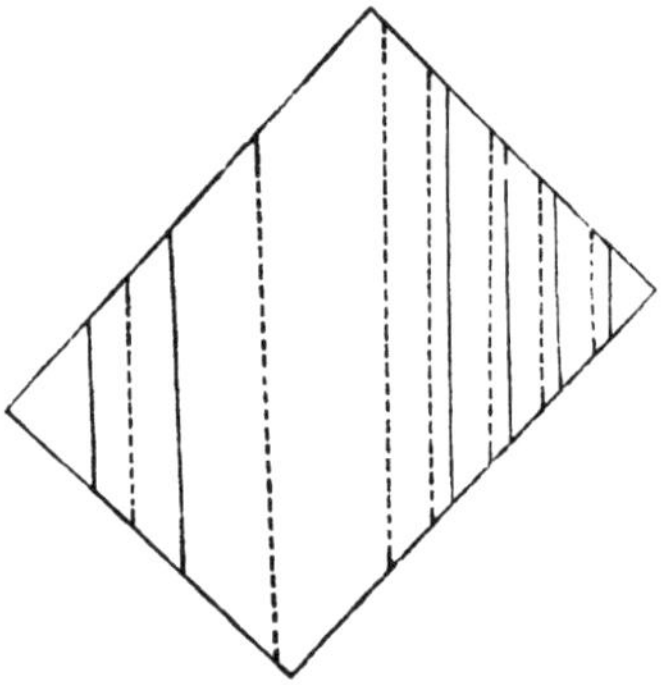

沉香包

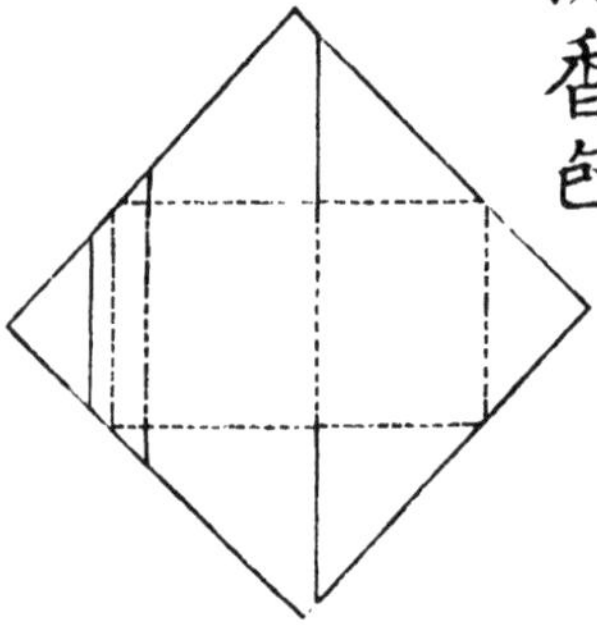

仝二

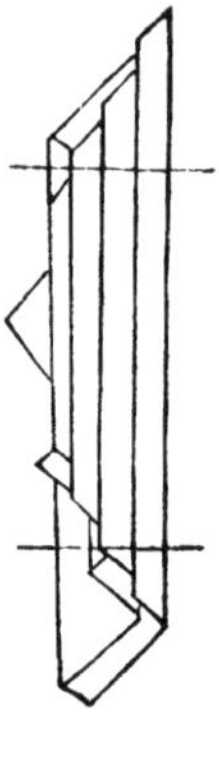

仝全

茶包

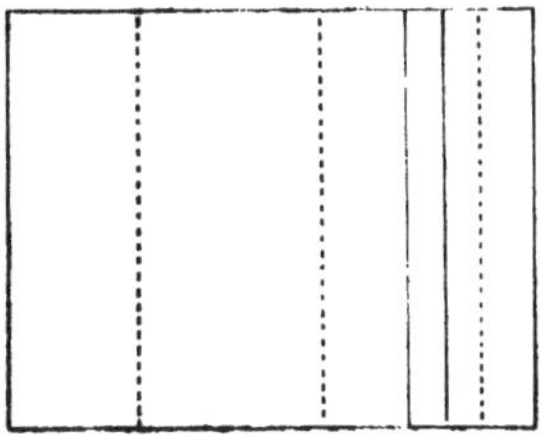

仝全

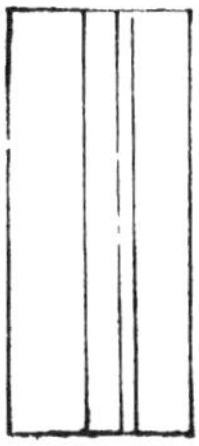

男蝶

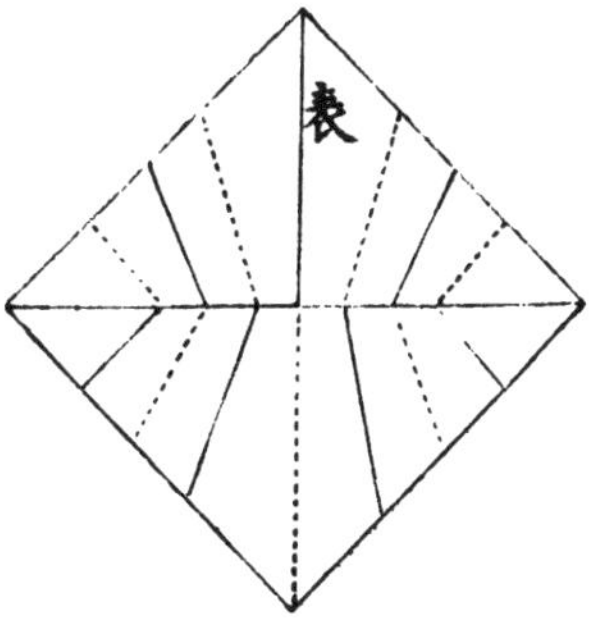

男蝶全

女蝶

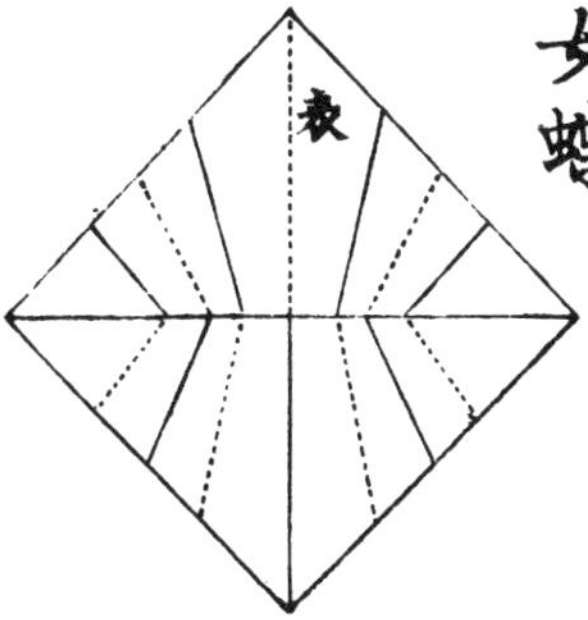

女蝶全

柳樽女

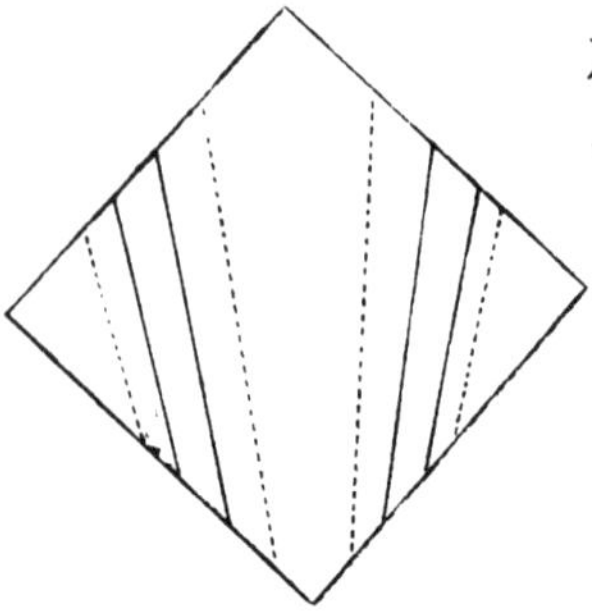

仝二

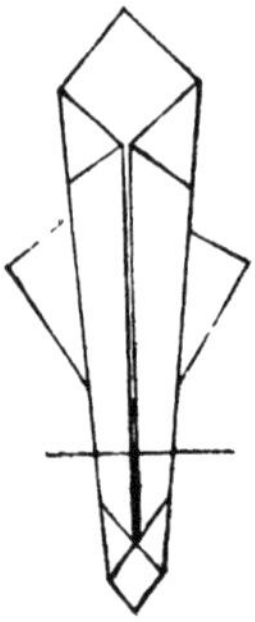

仝全

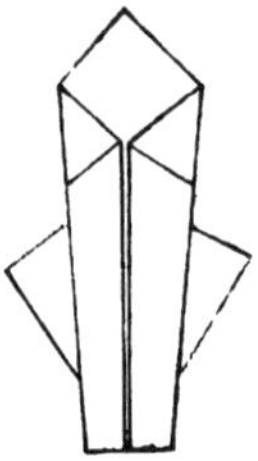

柳樽男

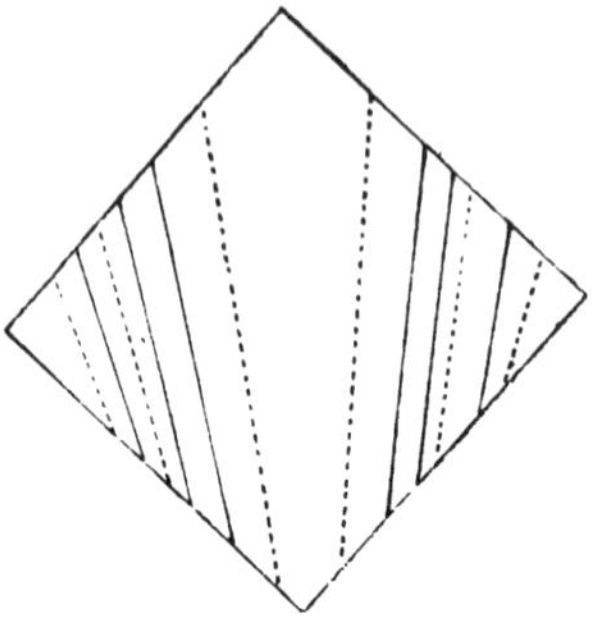

仝二

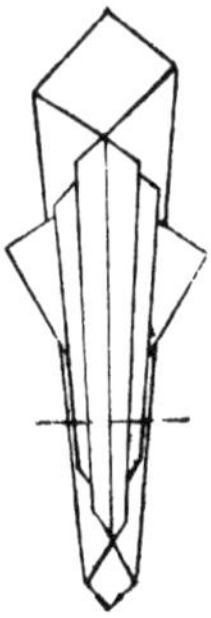

仝全

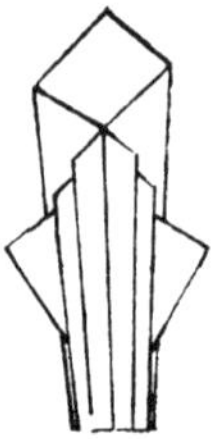

女蝶 鵲七夕用

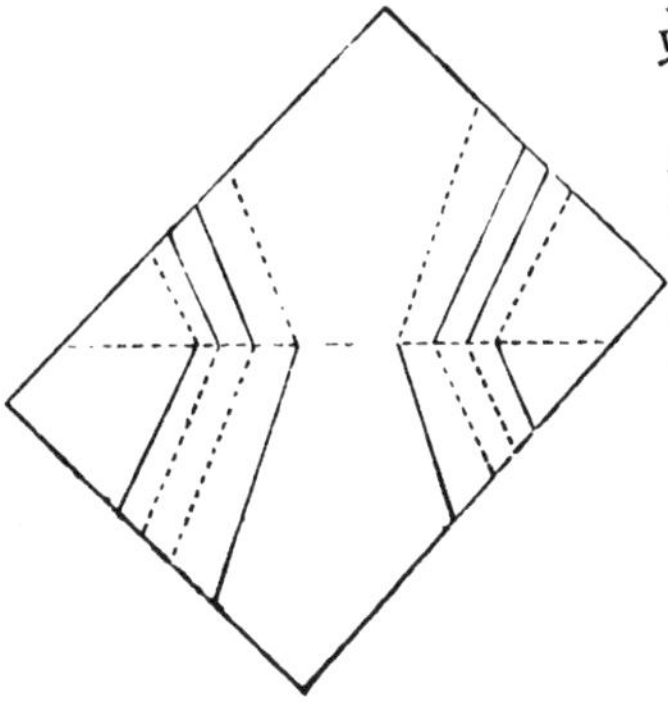

男蝶 鵲七夕用

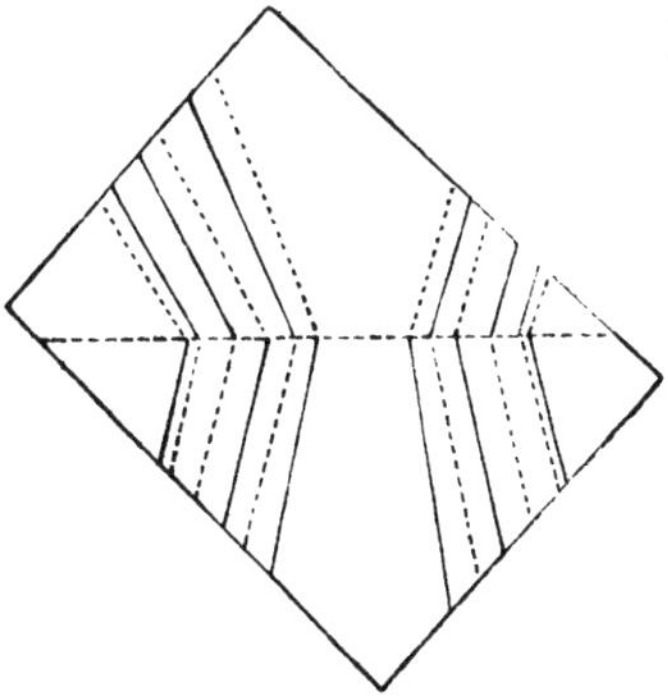

仝二

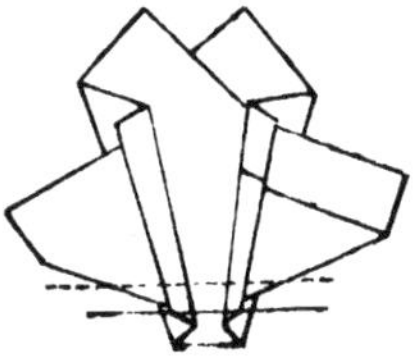

仝二

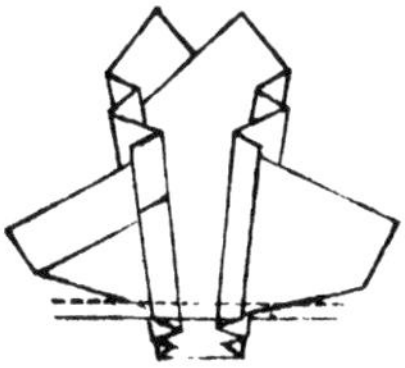

仝全

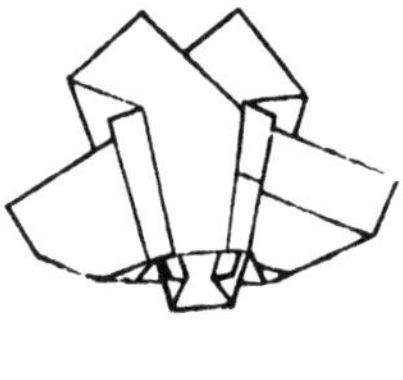

仝全

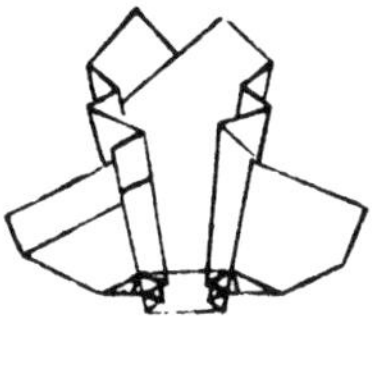

口包

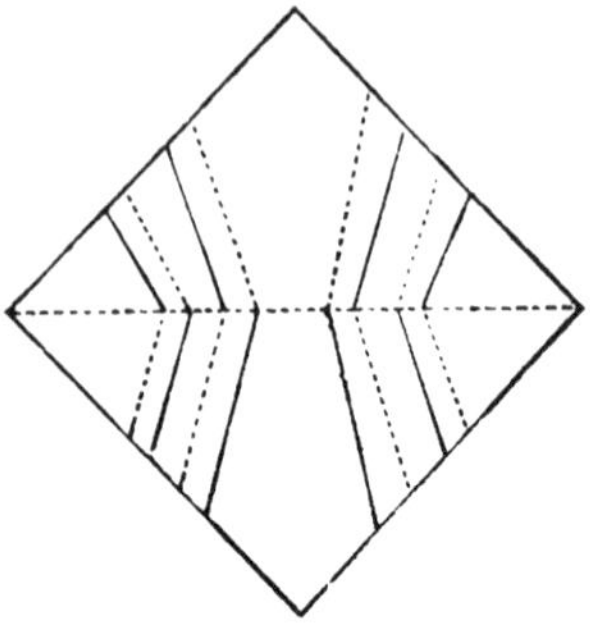

下髪包全

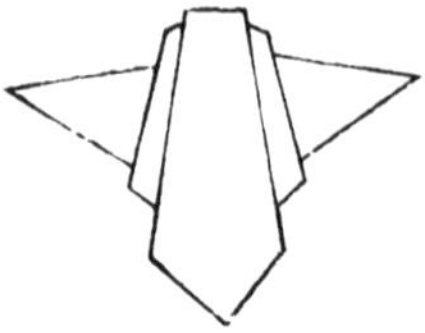

仝全

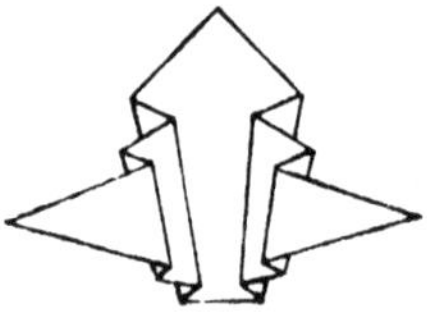

瓶子口左

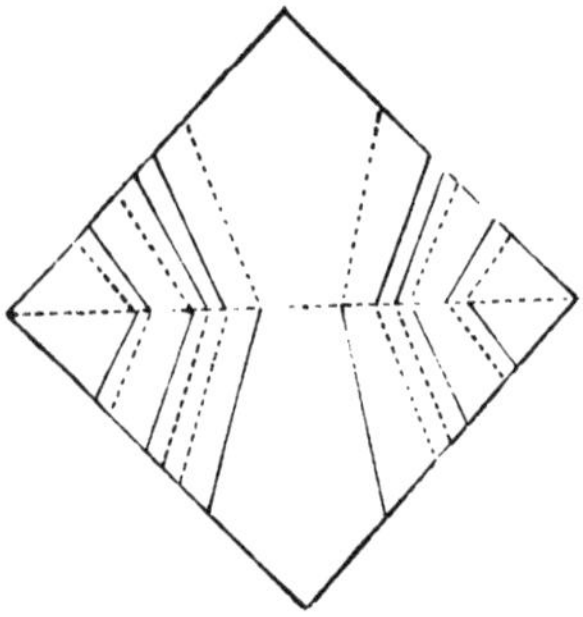

下髪包

元結三ツヒダ

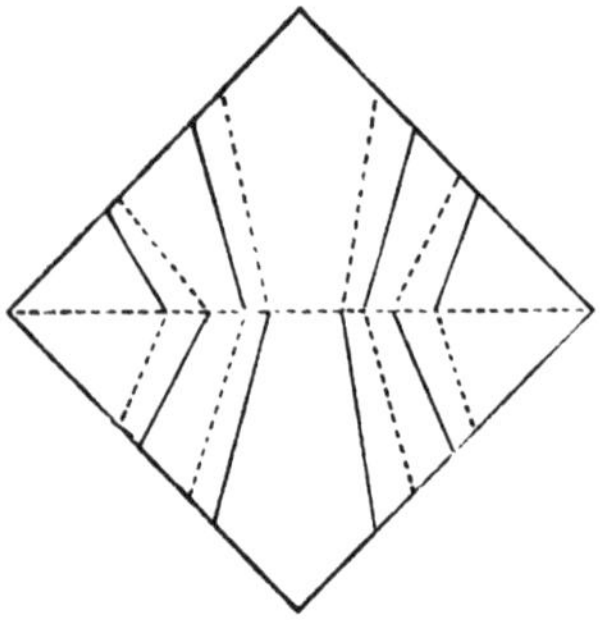

仝全

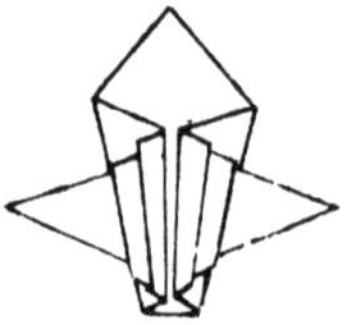

瓶子口右

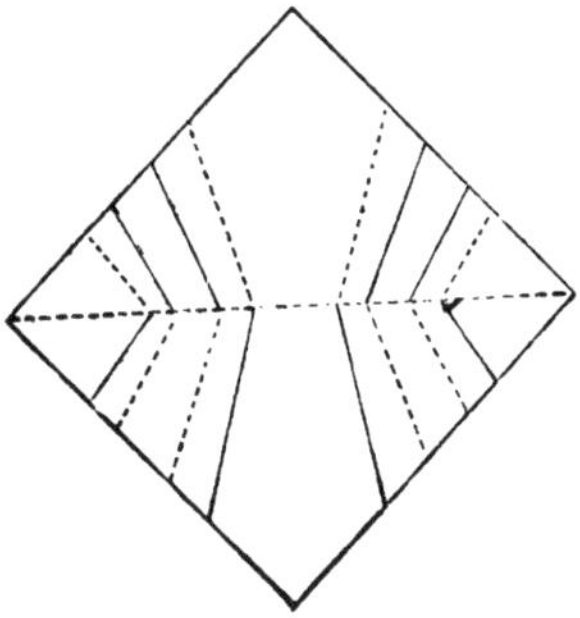

女蝶二

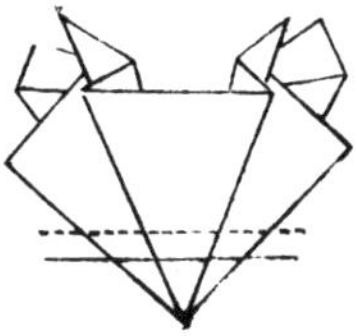

仝全

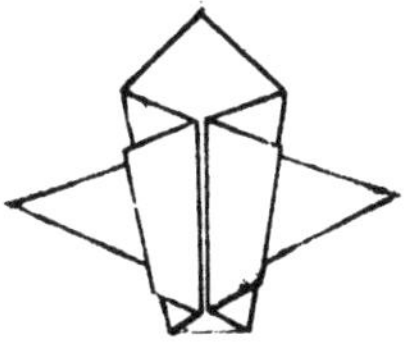

仝全

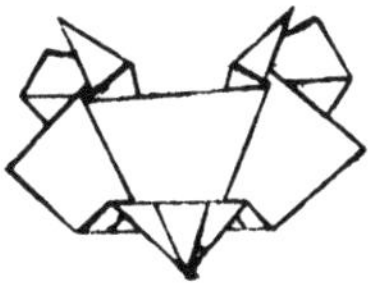

女蝶

亀ノ蝶ト云ヒ賀ノ祝ニ用フ

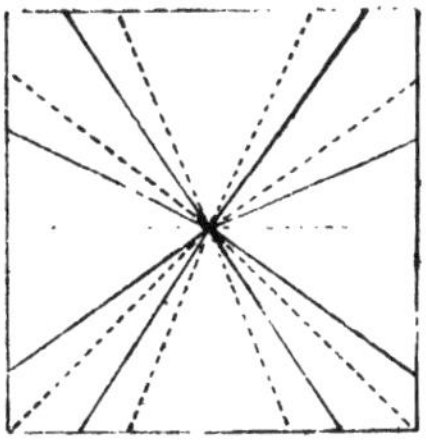

男蝶

亀ノ蝶ト云ヒ賀ノ祝ニ用フ

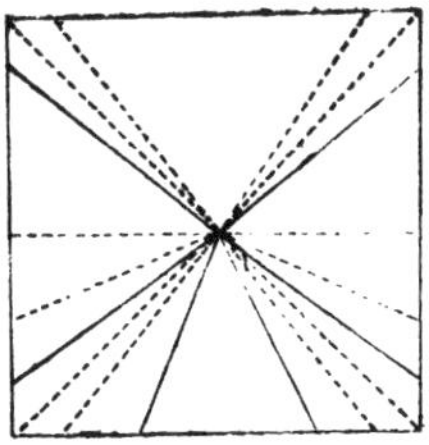

男蝶二

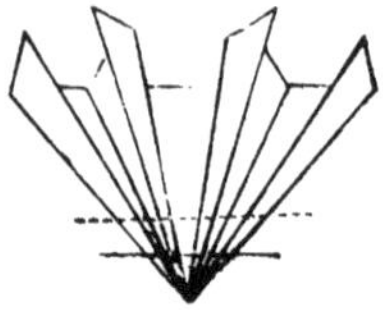

莭勺ノ蝶二

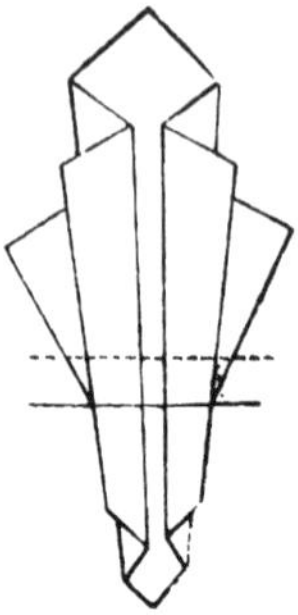

仝全

仝全

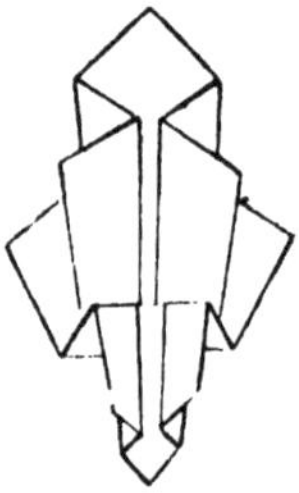

莭勺ノ蝶女

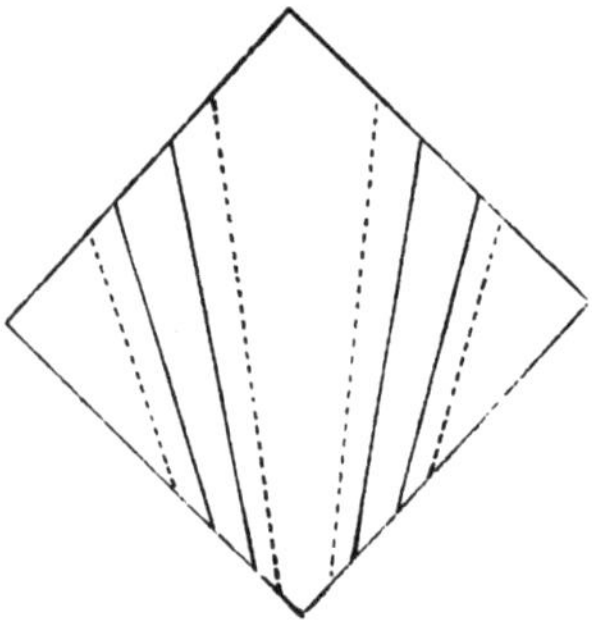

莭勺ノ蝶男

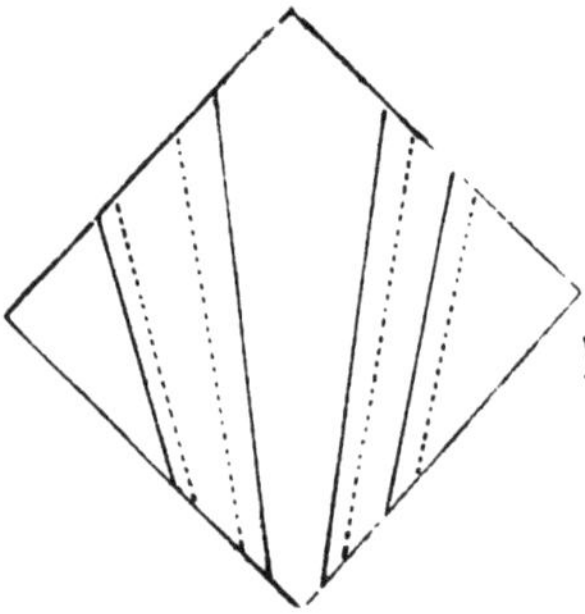

節句ノ蝶二

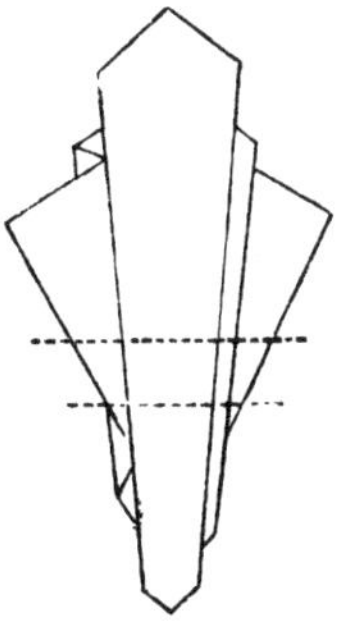

仝全

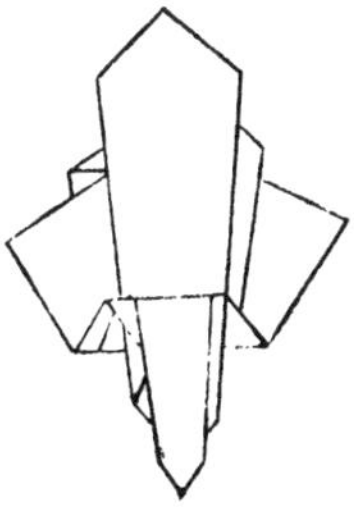

口包

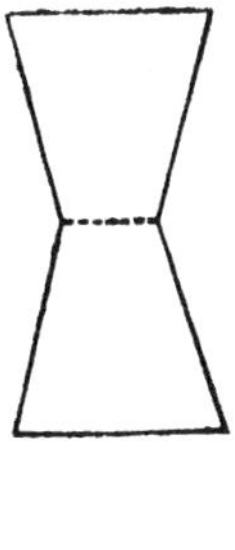

玄猪餅包

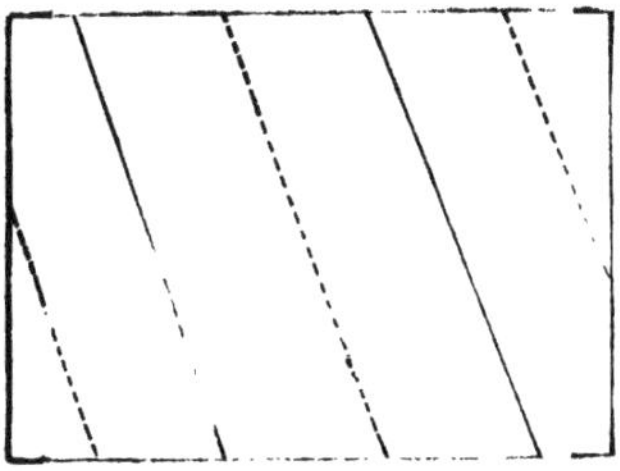

仝二

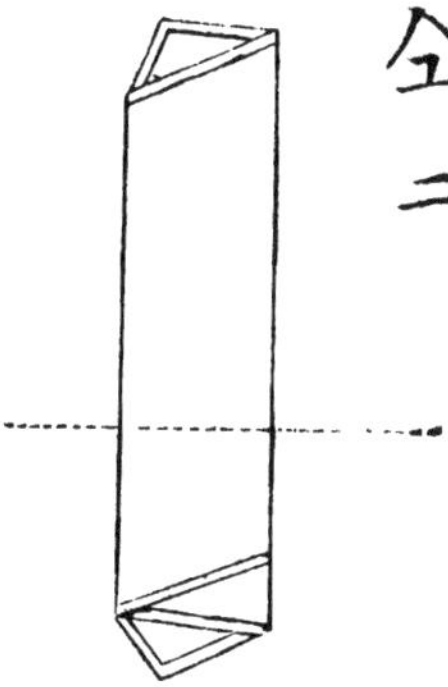

ロ包全

仝三

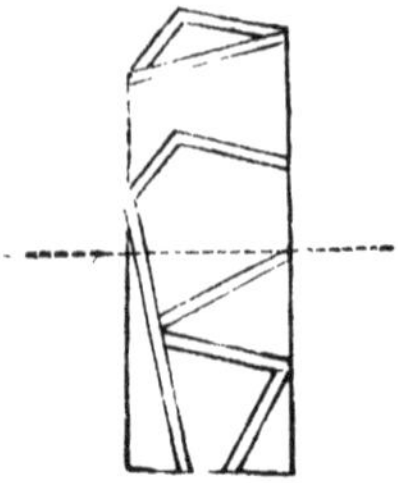

仝四

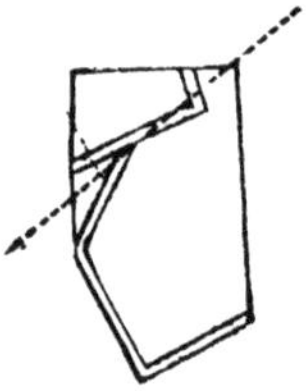

仝五

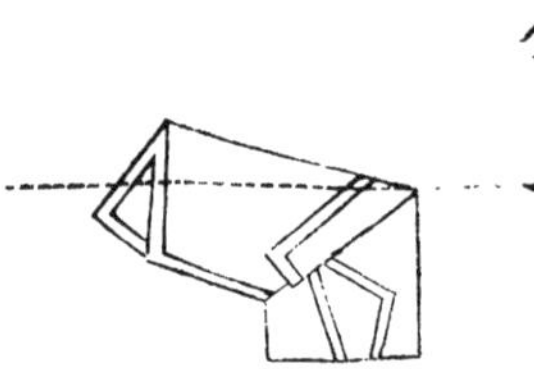

仝六

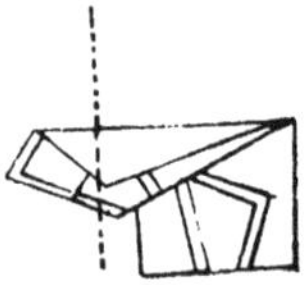

仝七

仝全

包物之部 終

○水引結之部

片輪結　一

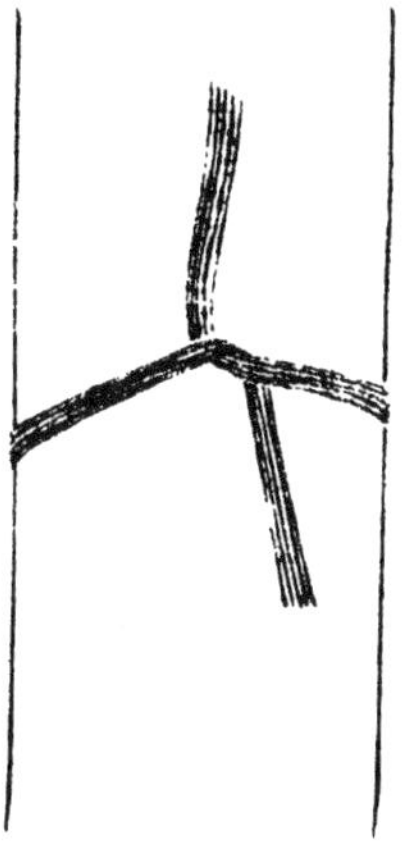

仝　二

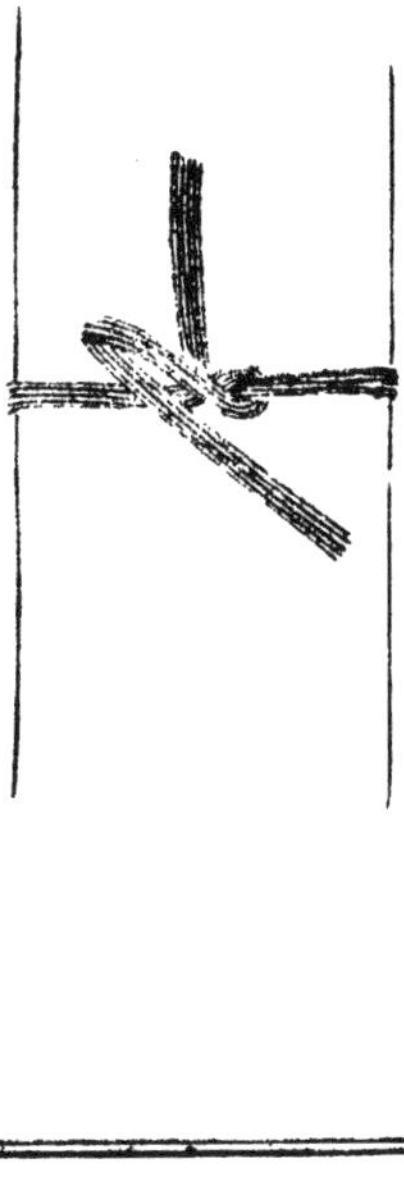

仝　三

仝　全

諸輪結

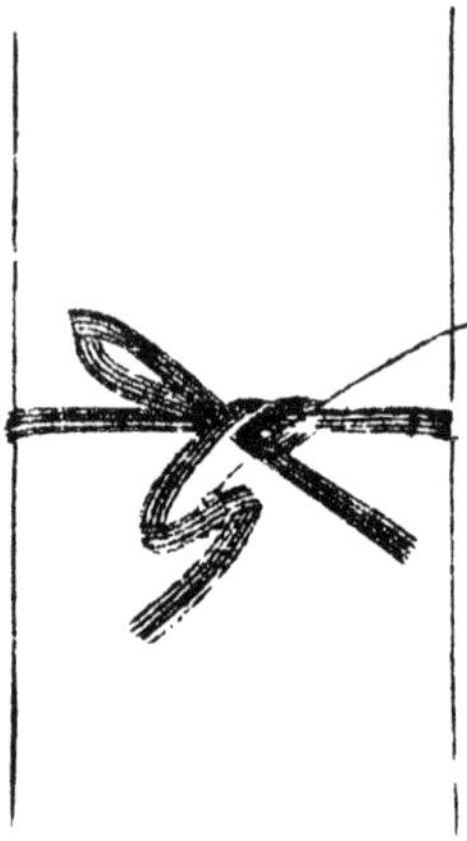

此端ヲ引出シ結ヒ締ルナリ

結切

婚礼ニ用フ

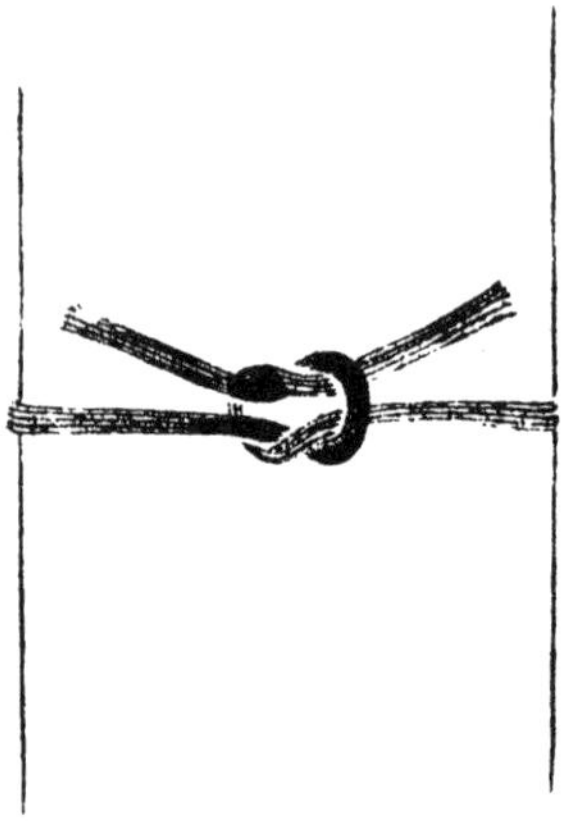

仝
全

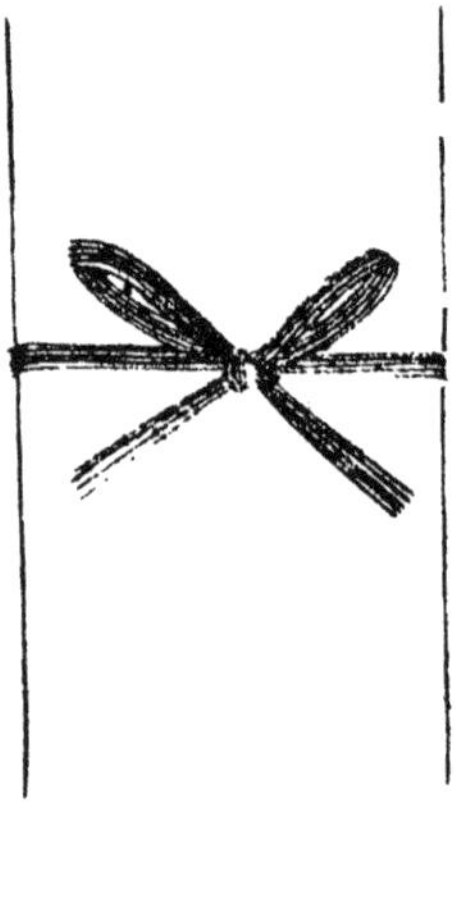

仝
全

叶結表

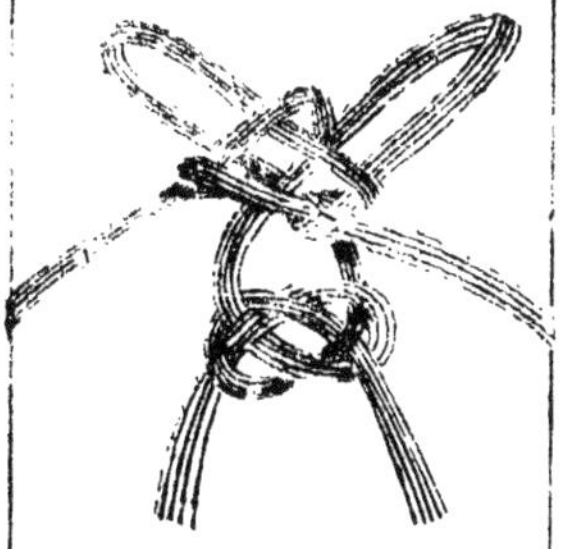

叶結仝表

仝裏

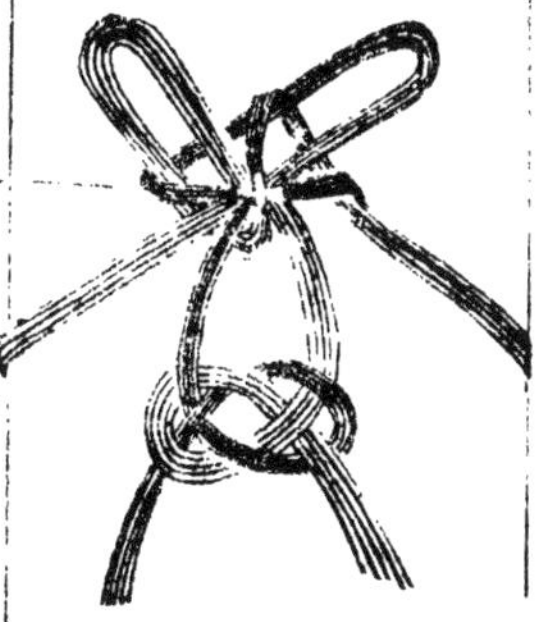

此所銀紙ニテ十文字ニ帯封ヲスルナリ

仝裏

梅花一

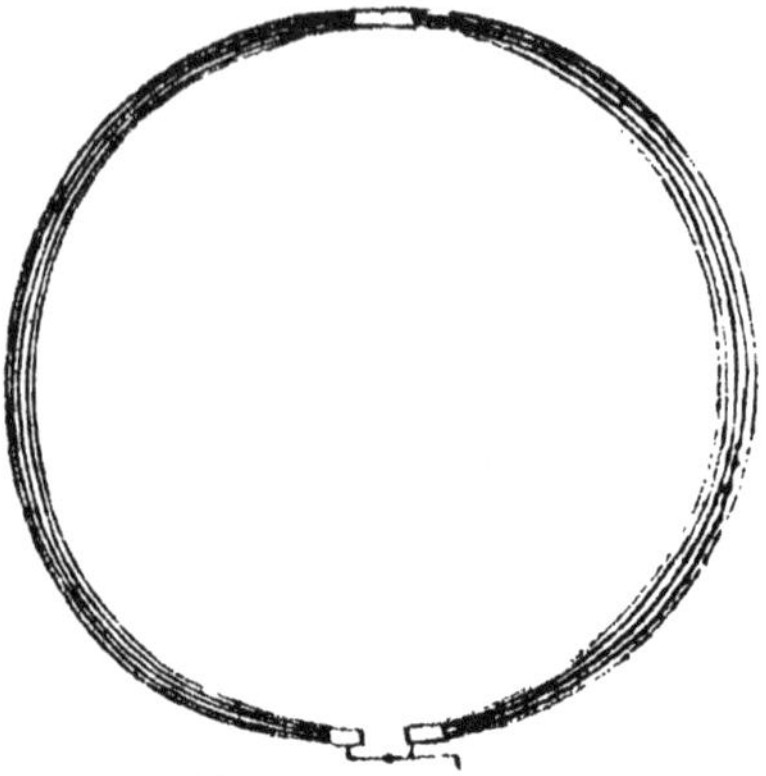

此所何レモ銀紙ニテ巻キ先ヲ切リ揃ヘ細キ竹針ヲ挿シテ継キ合ハスルナリ

仝二

如此輪ヲ作ル

仝全

第二圖ノ輪ヲ重子合セテ一筋ノ水引ニテ結ビ結切ニナシ老ノ波ヲ寄スルナリ

相生結 真

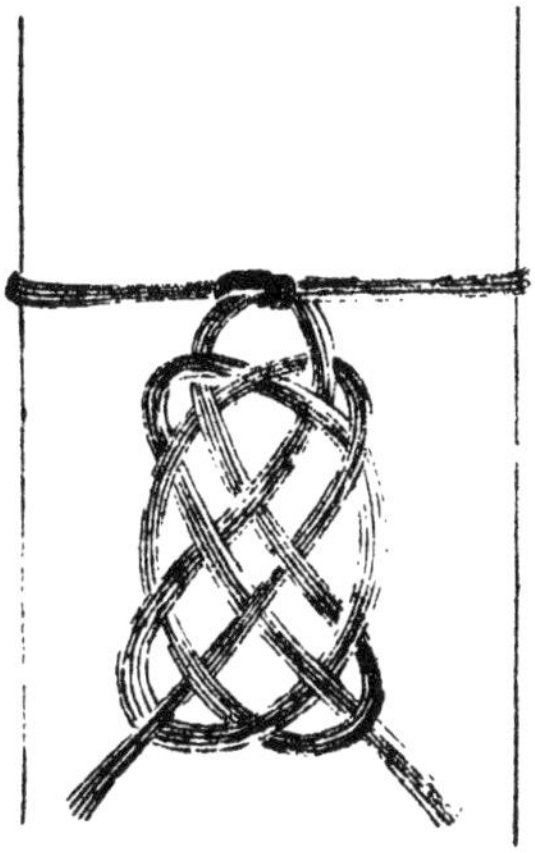

仝 行

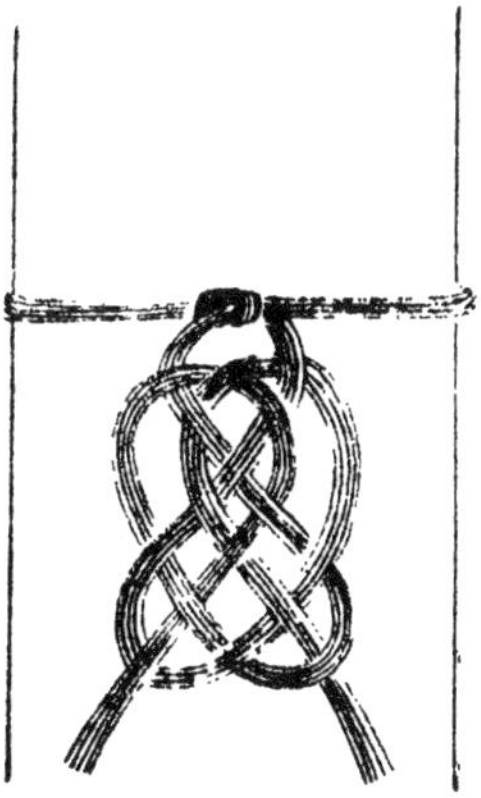

相生結 草

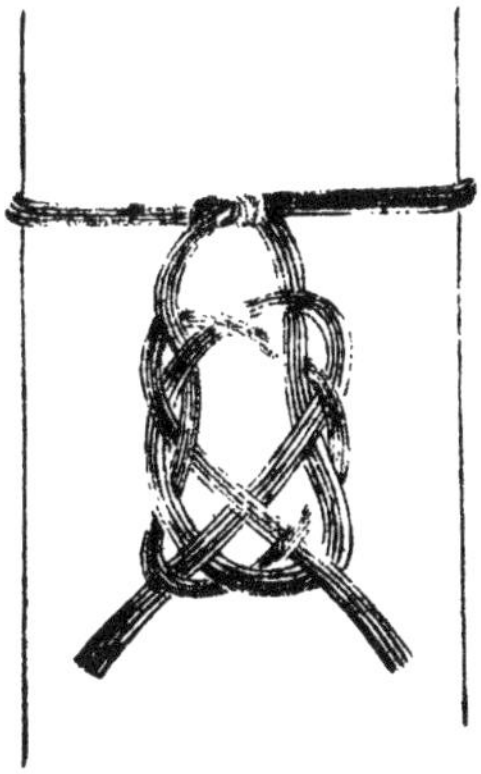

籠淡路一

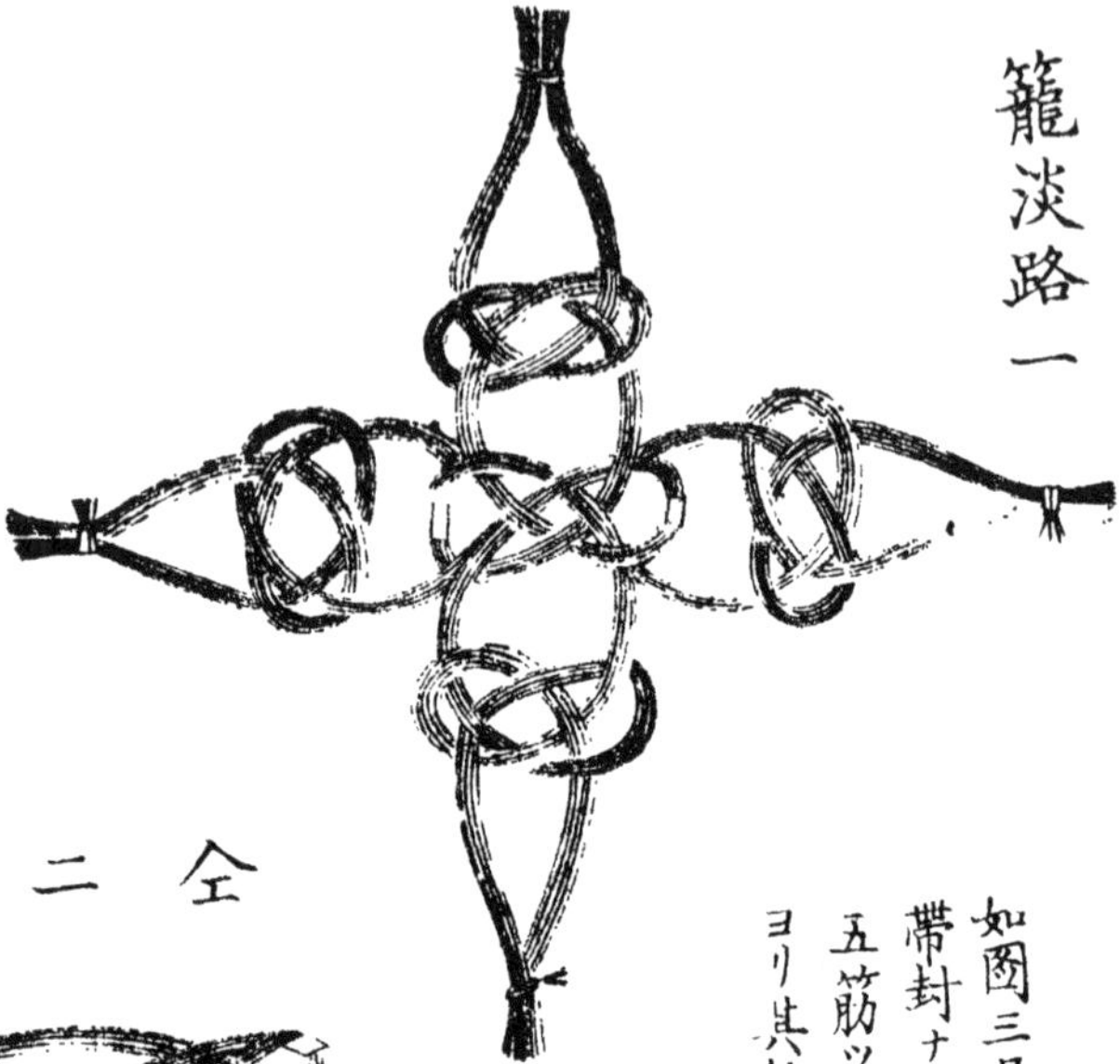

如図三尺水引十筋ヲ揃ヘ紅白ノ際ヲ銀紙ニテ帯封ナシタルモノ二ツニテ淡路ニ結ビコレヲ復タ五筋ツヽニ分チ四方ニ淡路ヲ結ブコト如図ソレヨリ其結端ヲ假ニ紙捻リニテ留メ置クナリ

仝二

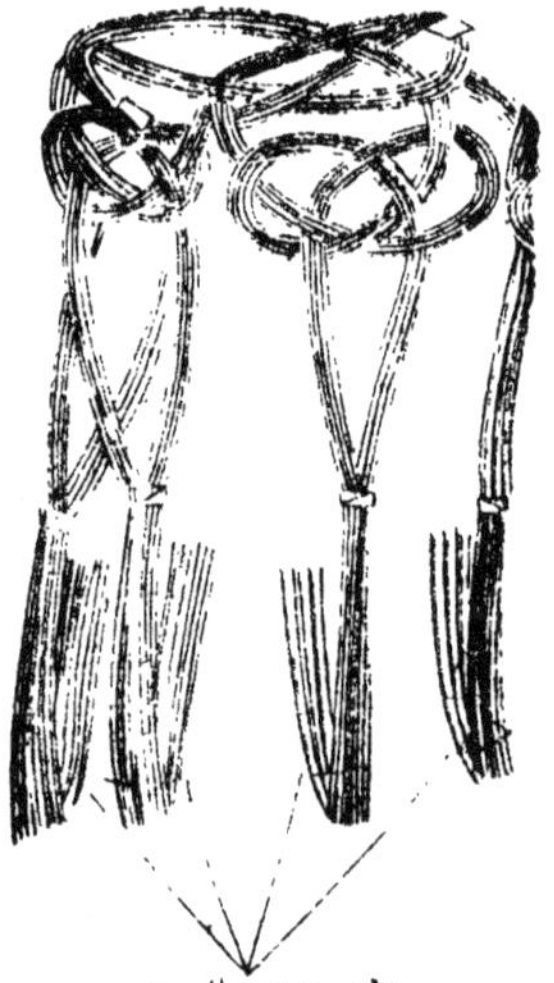

籠ノ底ヲ如此端ヲ折リテ四ツ組ニスルナリ

一図四方ヲ折リ曲ケテ籠ノ形ヲ作ルコト如図

籠淡路 三

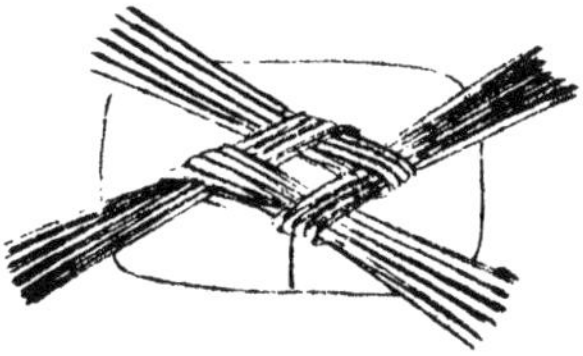

籠ノ底ヲ如此四ツニ
組ミテ籠ノ四隅ヨリ
端ノ出シ老ノ波ヲ寄
スルナリ

仝全

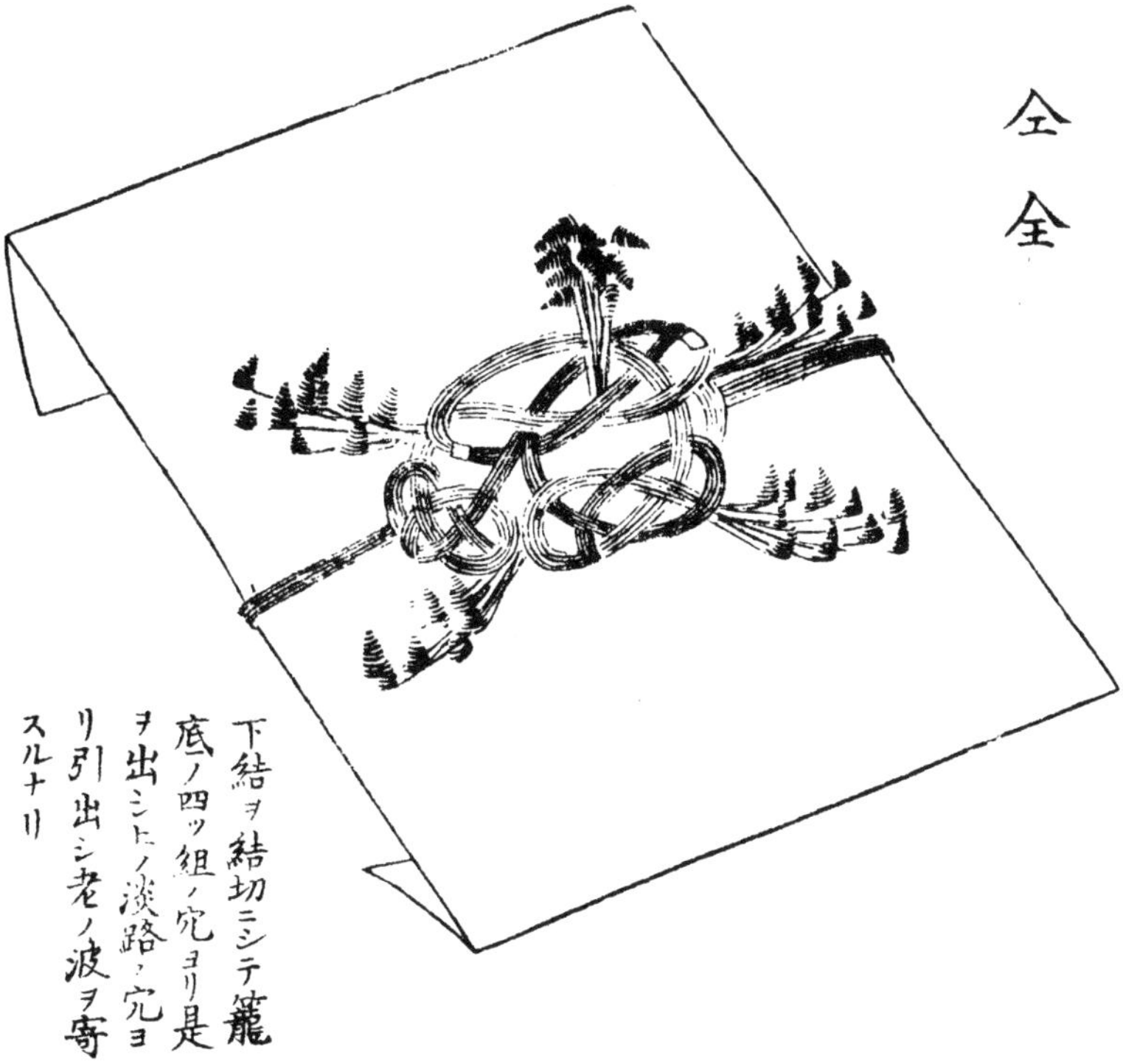

下結ヲ結切ニシテ籠
底ノ四ツ組ノ穴ヨリ是
ヲ出シヒノ淡路ノ穴ヨ
リ引出シ老ノ波ヲ寄
スルナリ

蜻蛉蝶

二尺ノ水引ヲ二ツニ切リ紅白二筋ヲ合セ輪ニシテ。

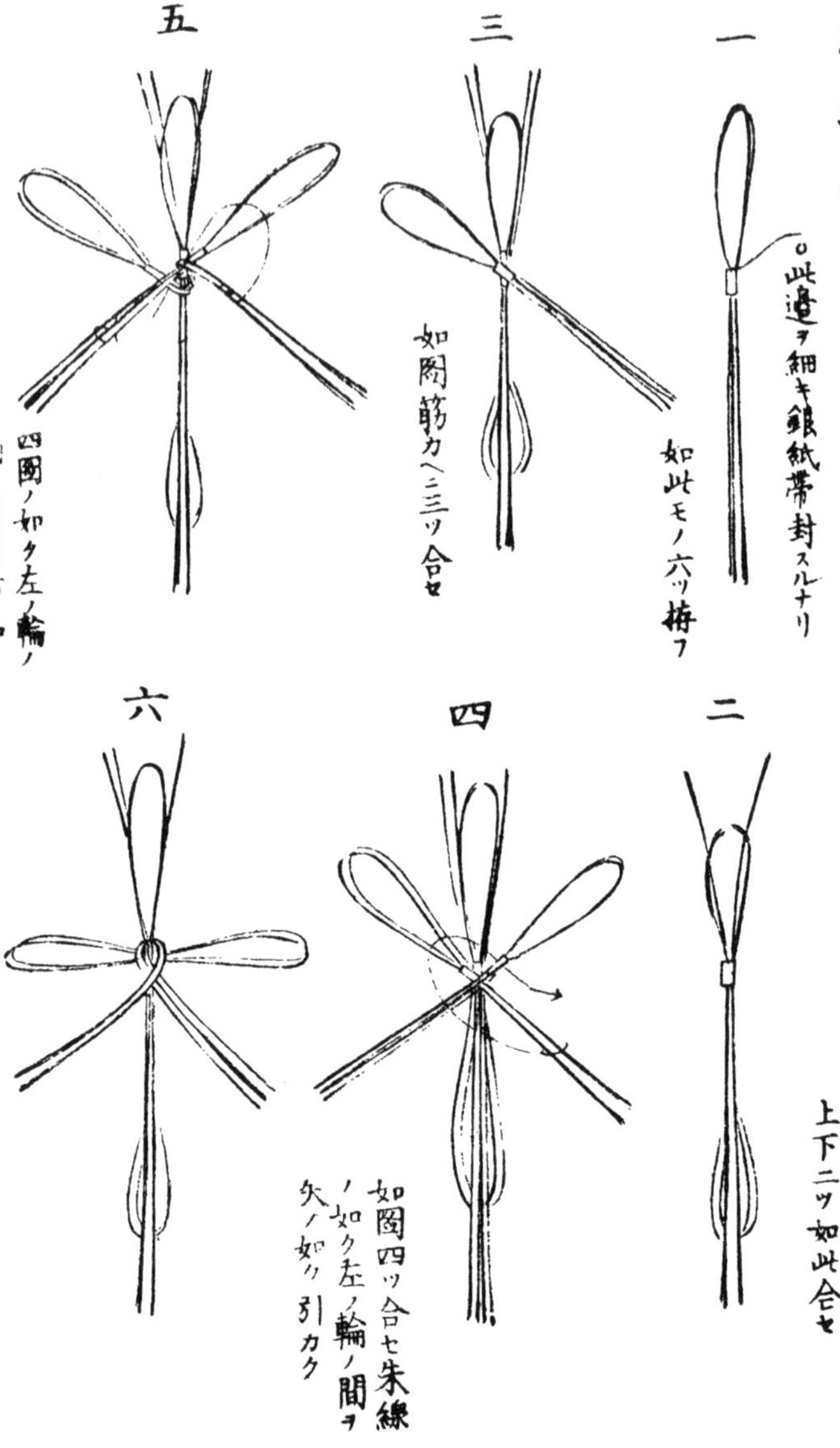

一
○此邊ヲ細キ銀紙帯封スルナリ
如此モノ六ツ拵フ
二
上下二ツ如此合セ
三
如圖筋カヘ二三ツ合セ
四
如圖四ツ合セ朱線ノ如ク左ノ輪ノ間ヲ矢ノ如ク引カク
五
四圖ノ如ク左ノ輪ノ間ヲ通セハ六ノ如クナル
六

七

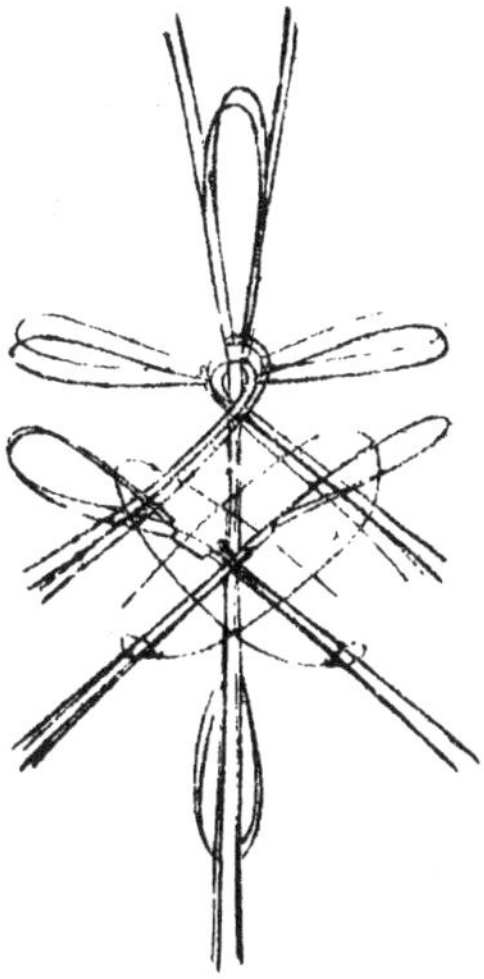

六圖ノ如ク今一組タ合スレバ七圖トナル

九

十一

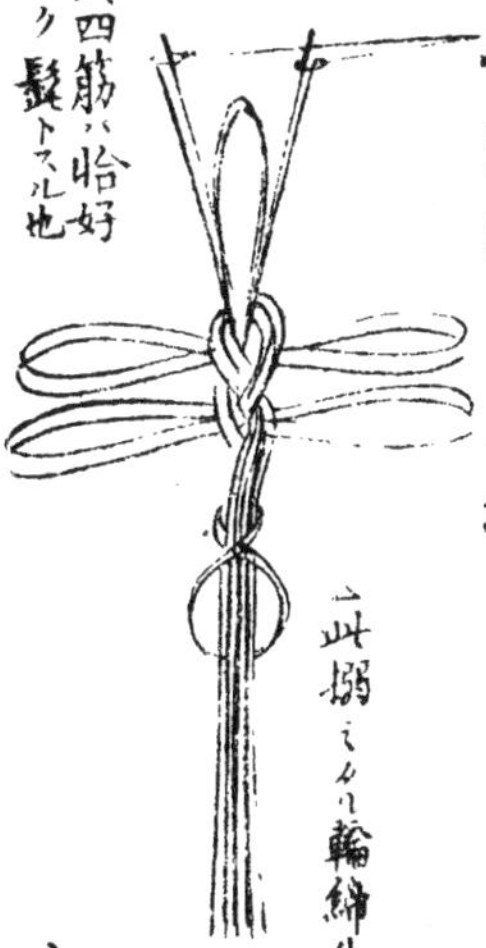

次ニ此四筋ヲトリテ引締ムレハム

ニ此搦ミタル輪締ル

此四筋ハ恰好ヨク鬣トスル也

八

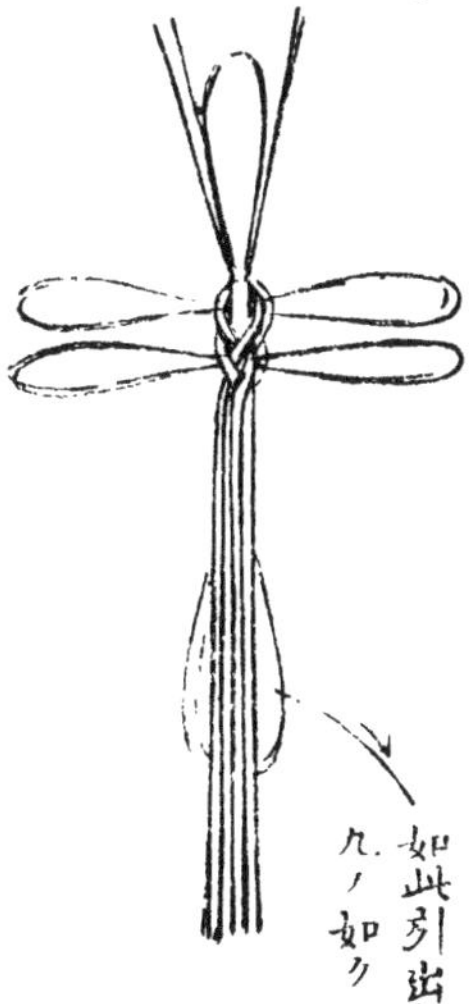

次ニ端ヲ不残引シゴキ揃ヘ

如此引出セハ九ノ如ク

十

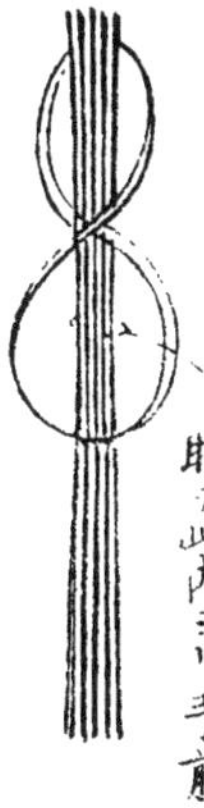

九圖ノ輪ヲ捻リテ復端ヲ不残取テ此内ヨリ手前ヘ引出ス

蜻蛉全

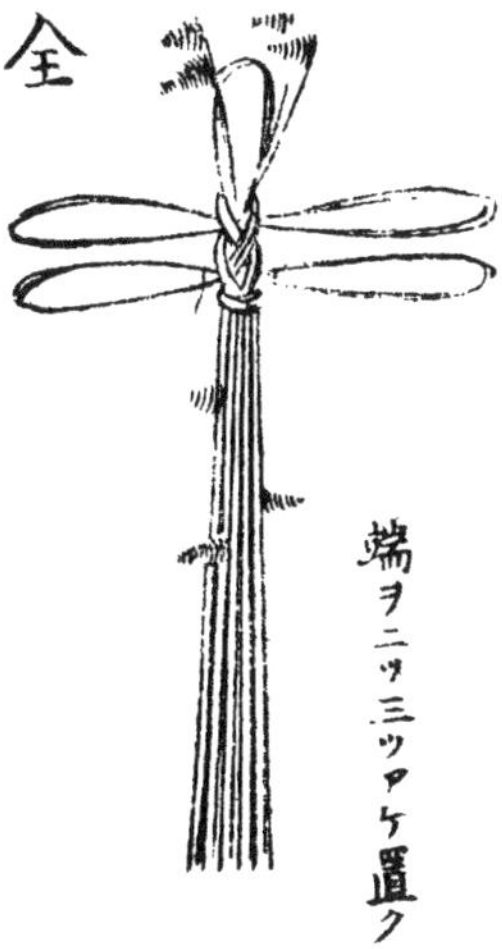

端ヲ二ツ三ツヲケ置ク

蝶　全

蝶ノ時ハ如此羽形ヲツクル

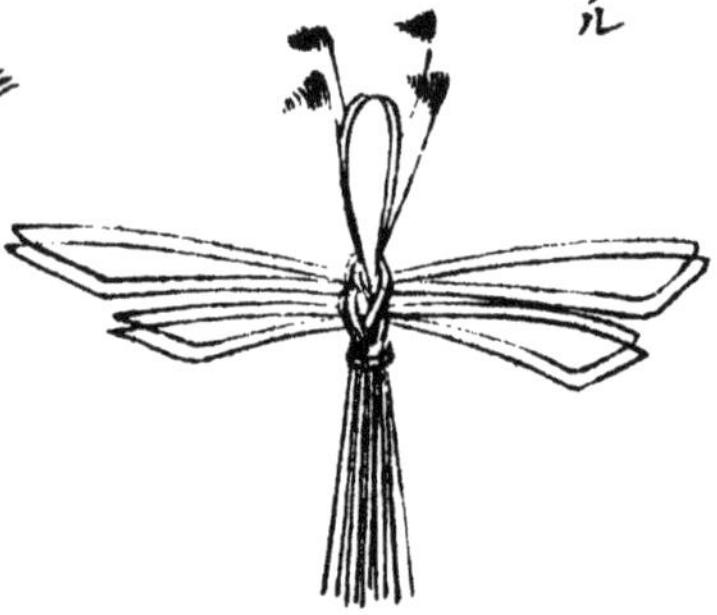

組淡路

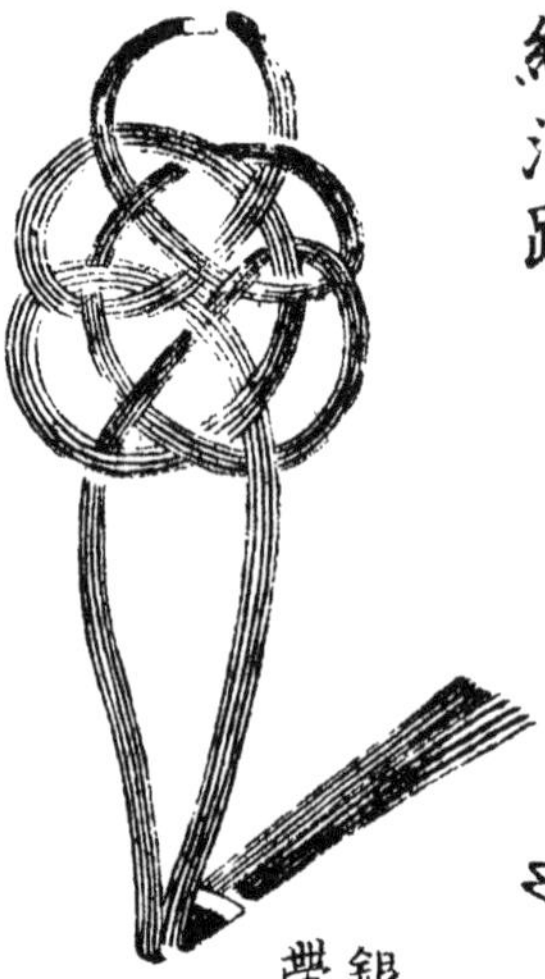

銀紙帯封

三尺ホドノ水引五筋ツヽ揃ヘ紅白ノ際ヲ銀紙ニテ
帯シ又テノ十筋揃ヘタル所ヲモ銀紙ニテ帯シコレヲ
三ツ拵ヘ下図ノ如ク三ツニ組ムナリ

全

三ツニ組ミタル端ヲ三ケ所ニテ淡路
ニ結ヒ其結切ノ所ヲアケ置老ノ波
ヲ寄スルナリ

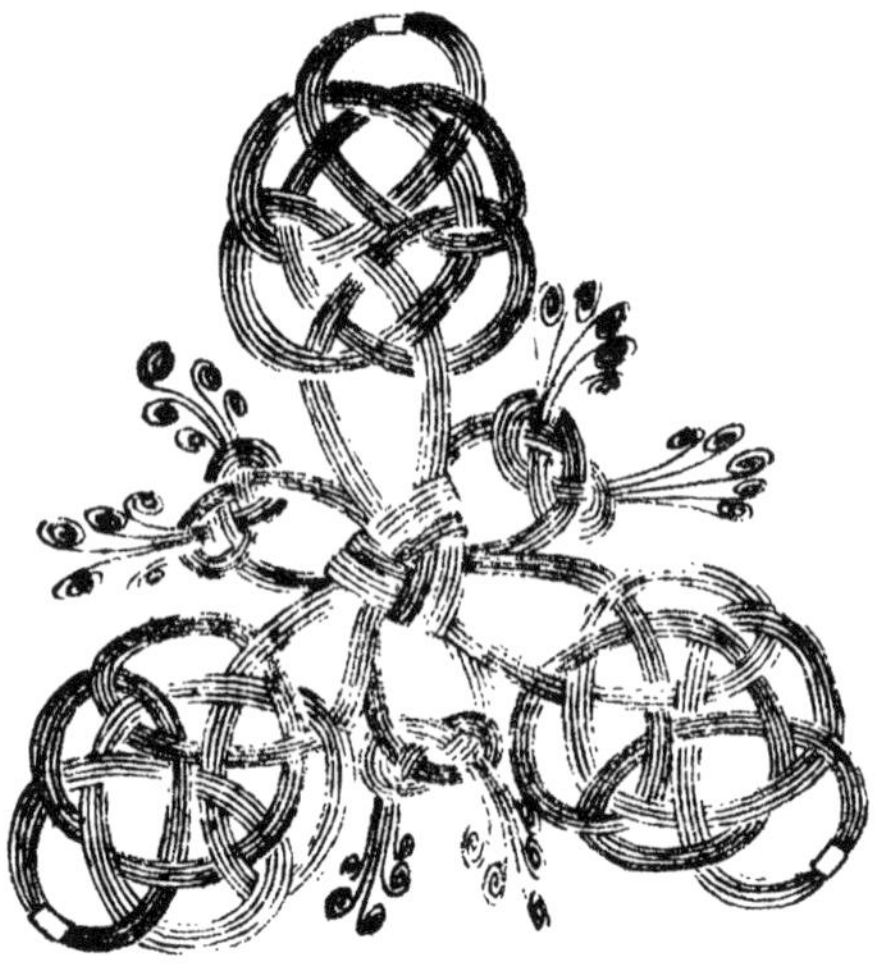

菊

三尺程ノ水引二ツ切

絹糸ニテ結フ

紅白トモ二十六揃ヘ

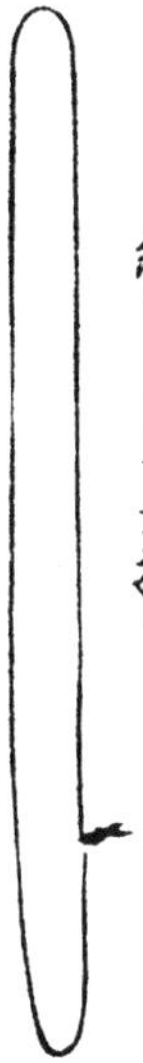

右ノ長輪ヲ折返シ中ヲ小ニスレハ重英トナル

此辺ノ絹糸ニテ結ヒタル所ヲ

銀紙ニテ帯封スルナリ

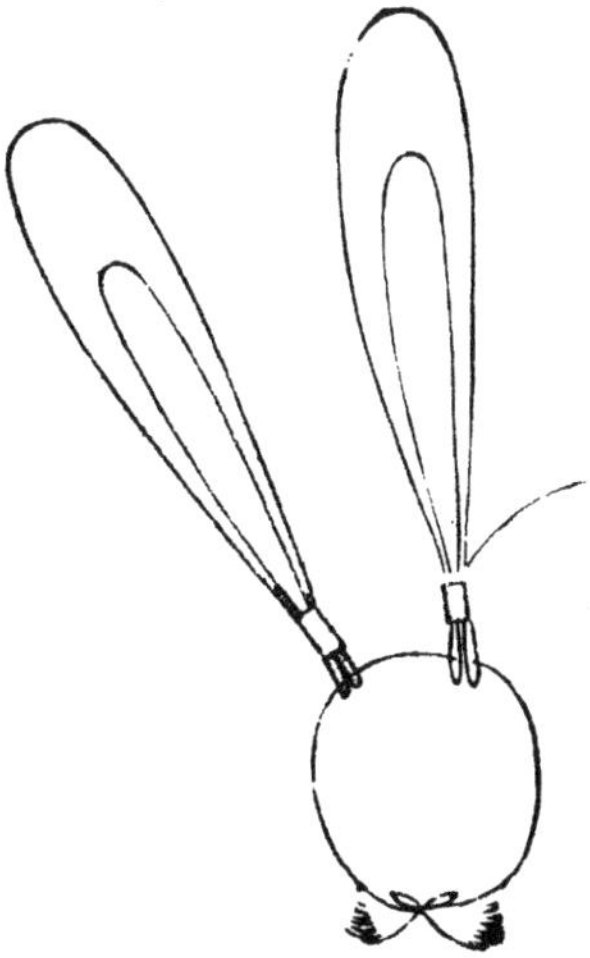

紅白互ニ十六個ヲ水引一筋ニテ

圖ノ如クシ引シメテ結切端ヲ

アゲ置クナリ

菊全

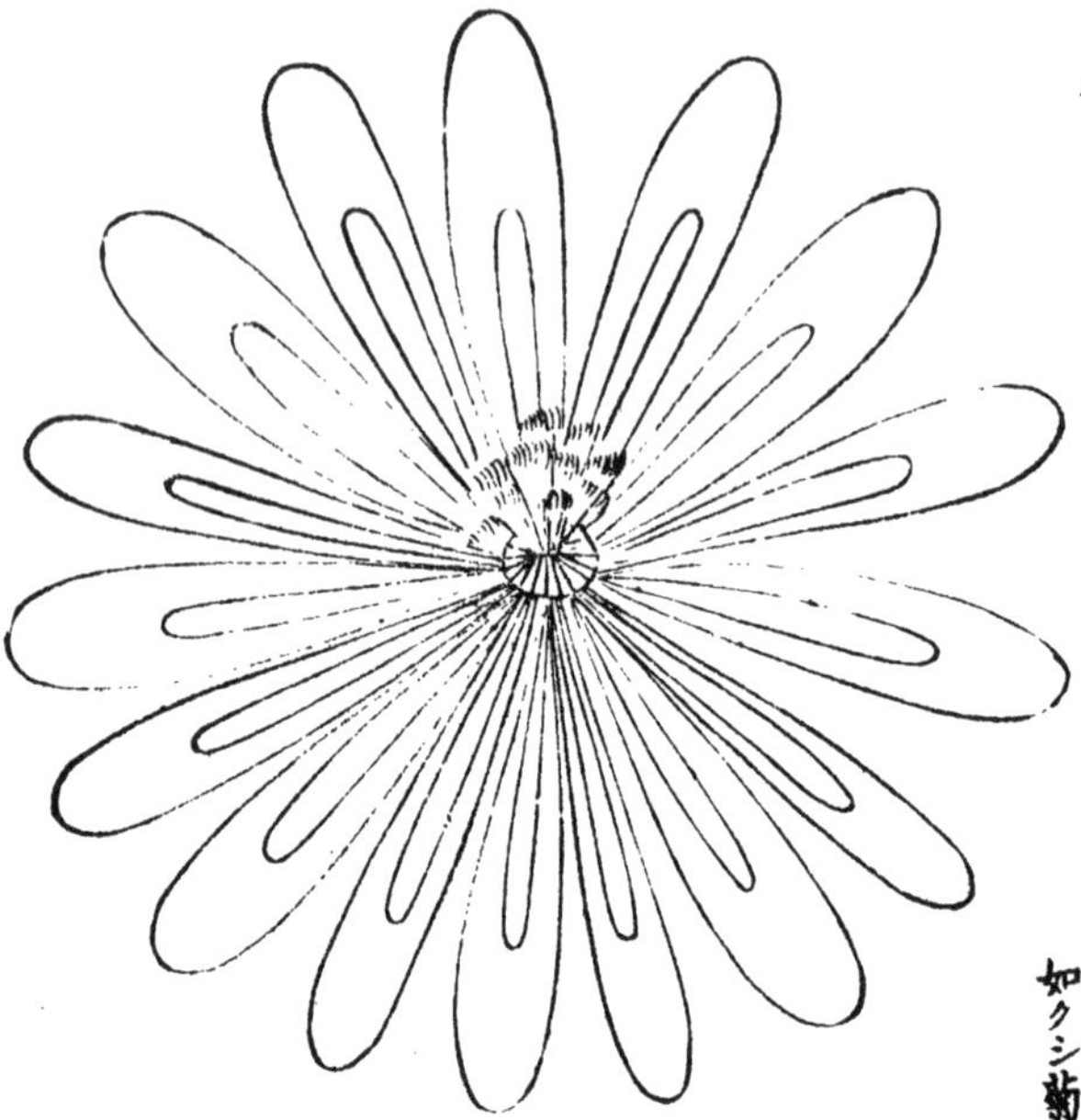

英ノ先ヲ上ケテ圓ノ如クシ菊花ノ如クツクハ

中括リヨリ下結ノ端ヲ引出シテ老ノ波ヲ寄スルナリ

丁子車

三尺ノ水引ヲ二ツニ切リ五筋又ハ三筋ツヽ揃ヘ
淡路ヲ結ヒテ圖ノ如ク紅白八ツヲ拵ラヘル也

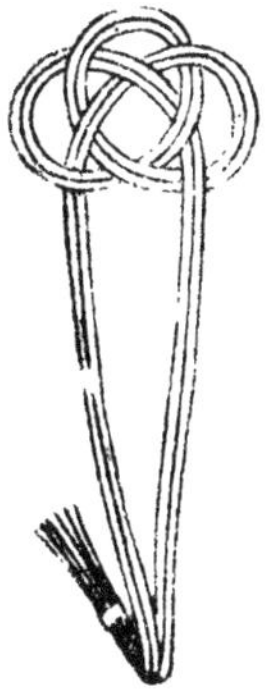

一

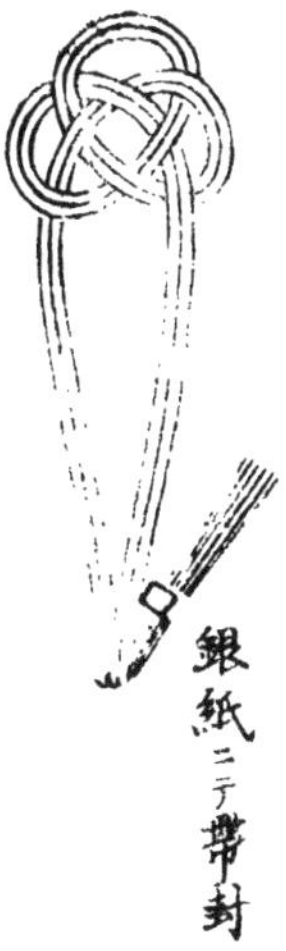

銀紙ニテ帯封

二

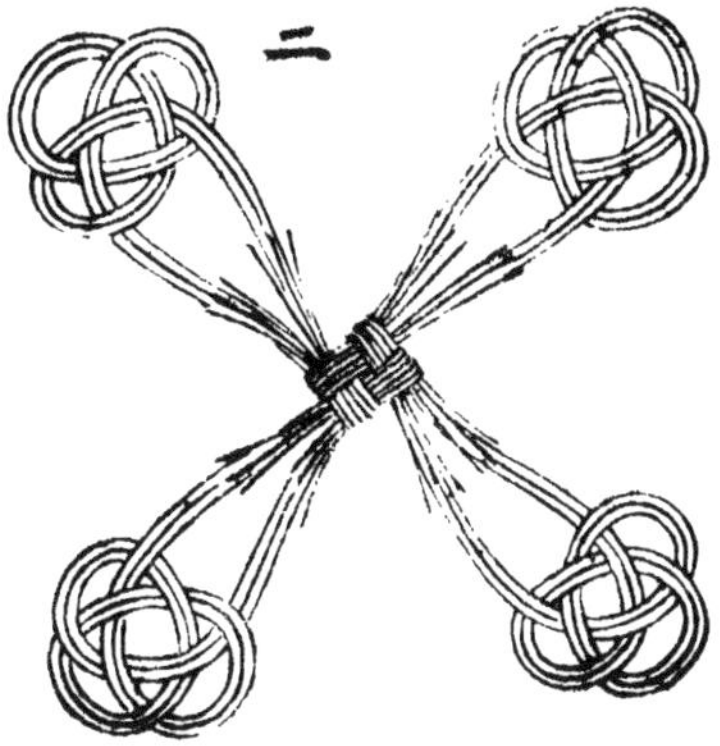

三

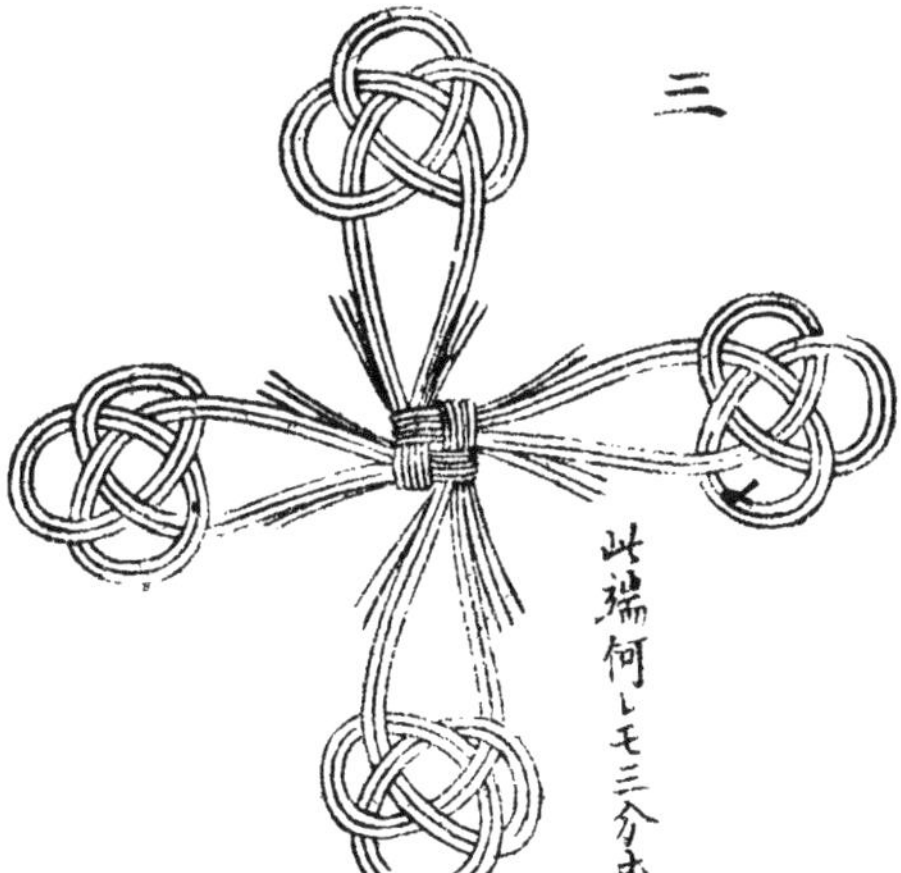

此端何レモ三分ホト残シ
切ルナリ

丁子車　全

紅ヲ白ノ上ニ重ネ水引
一筋ニテ二ケ所結ビ留

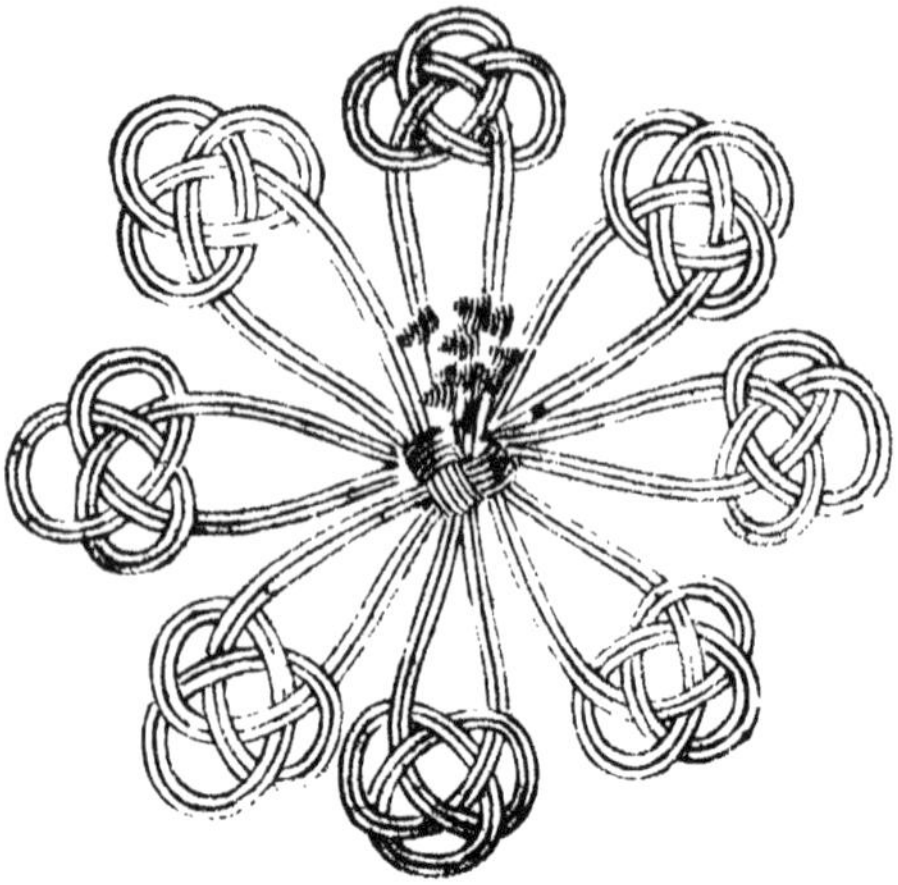

牡丹

花紅ニ葉白

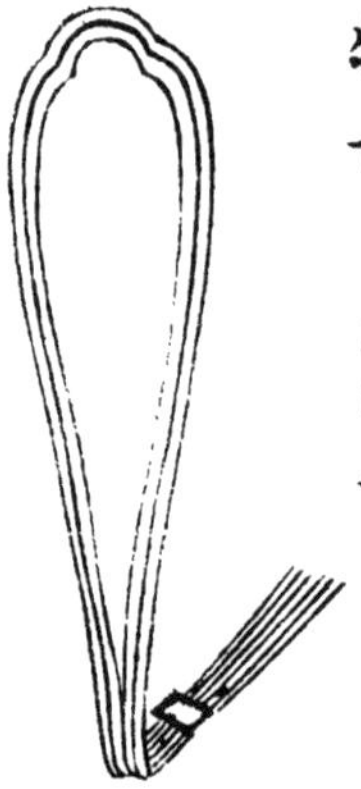

牡丹花　全

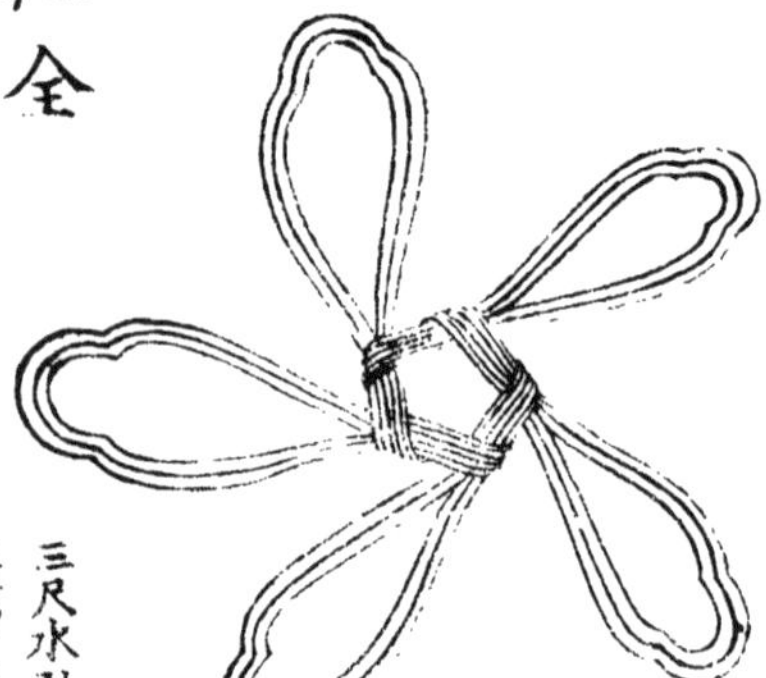

三尺水引ヲ二ツニ切リ紅
三筋ニテ如図葉ノ形ヲ
作リ三ツニ組合ス

花ノ全圖束ノ結切ヲ五ツニ組ミテ圖ノ如クセハ空シク解ケズ

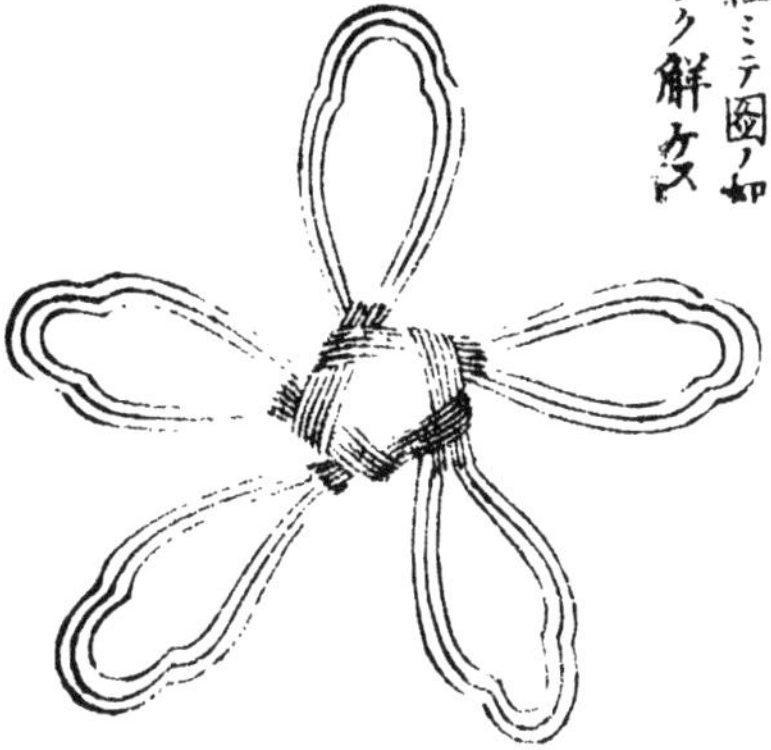

葉全

葉三ツヲ如圖三ツニ組ム

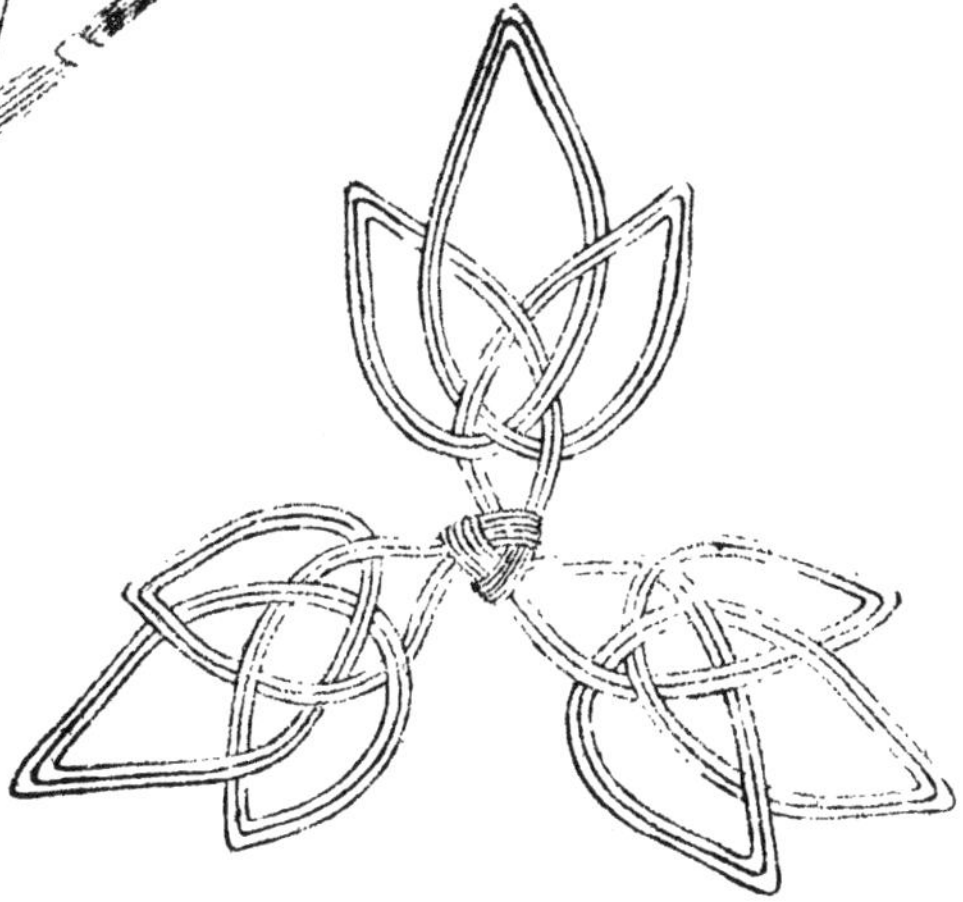

牡丹葉

葉ハ白ニテ之モ三筋淡路ヲ結ヒテ葉ノ形ヲ作ル

葉ヲ三ツニ組ミタル裏ヲ復
三ツニ組ムコト花ト全シ

牡丹全

葉ヲ下ニ花ヲ上ニ重ネテ下結
ノ端ヲ中ヨリ引出シテアケ置ク
ナリ

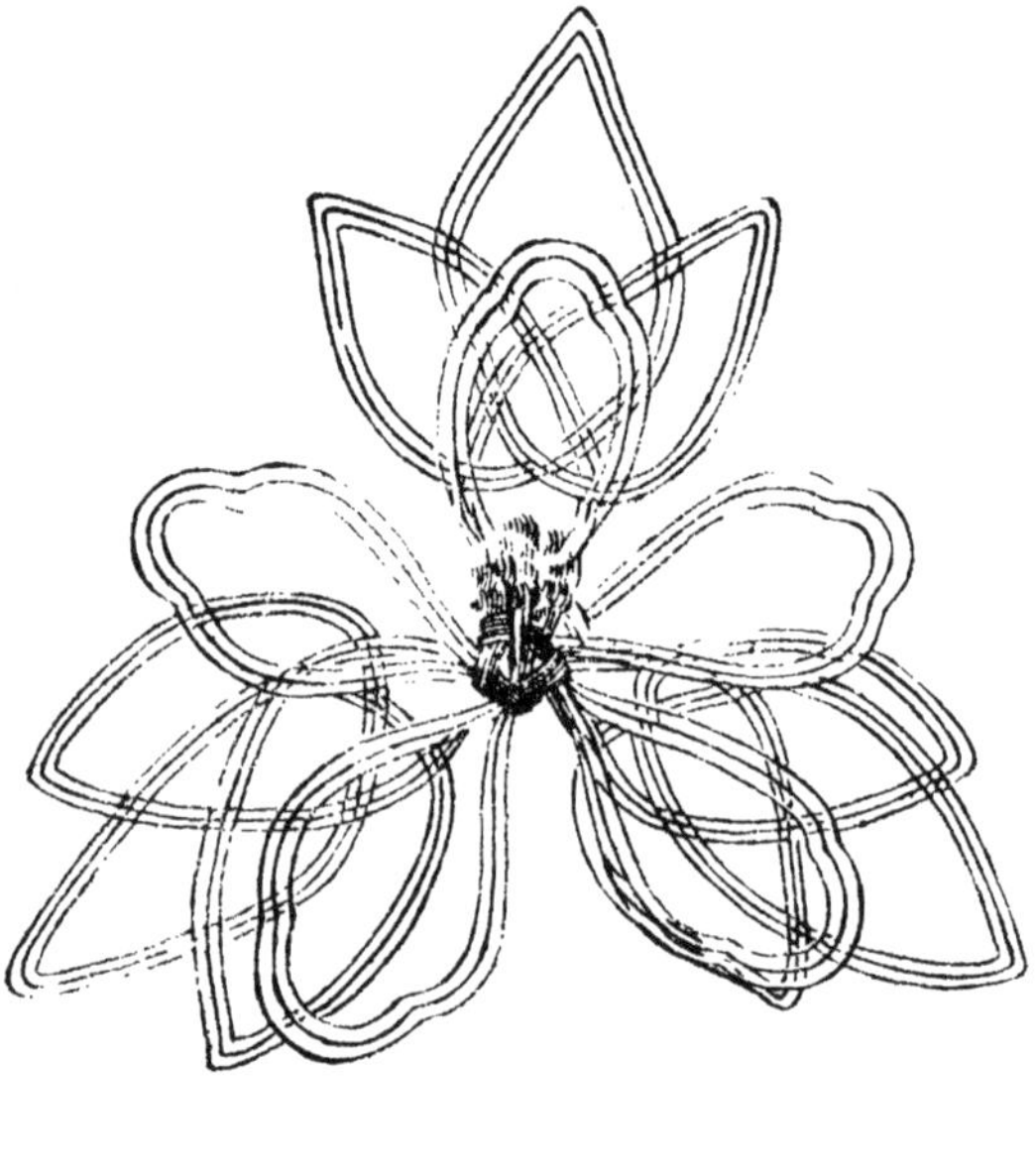

胡蝶

四方組

二尺水引二把

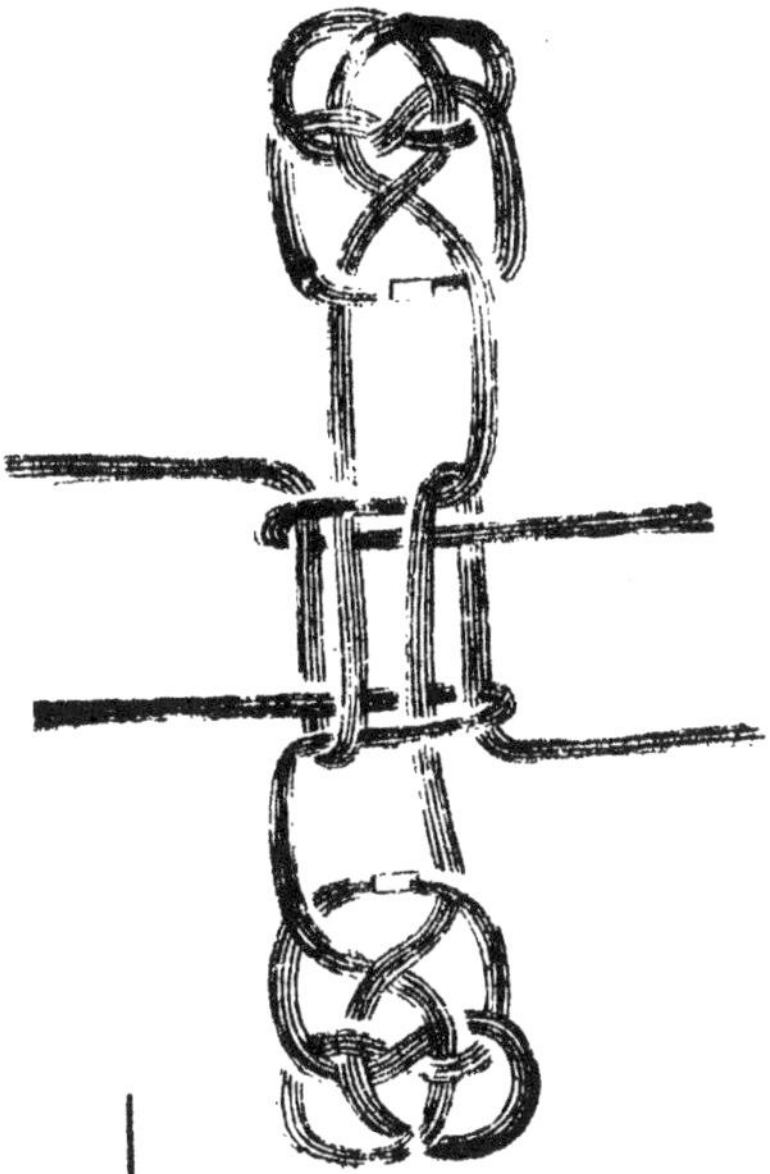

左右ノ端四ツハ包形ノ裏ヘ廻シ結切ニシテ留ムルナリ

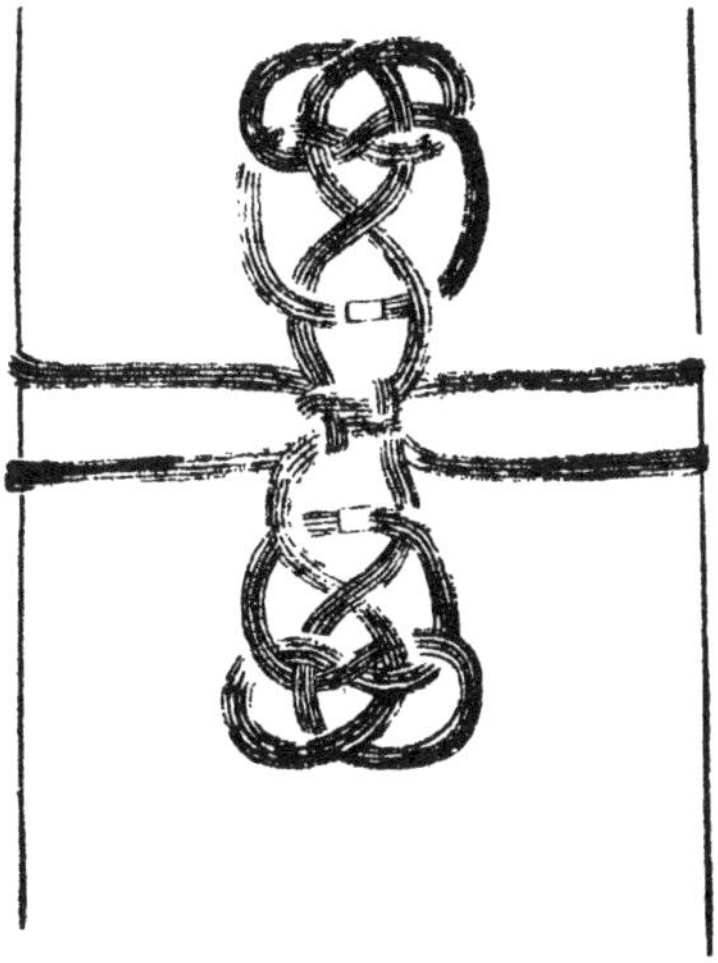

仝全

胡蝶　八方組

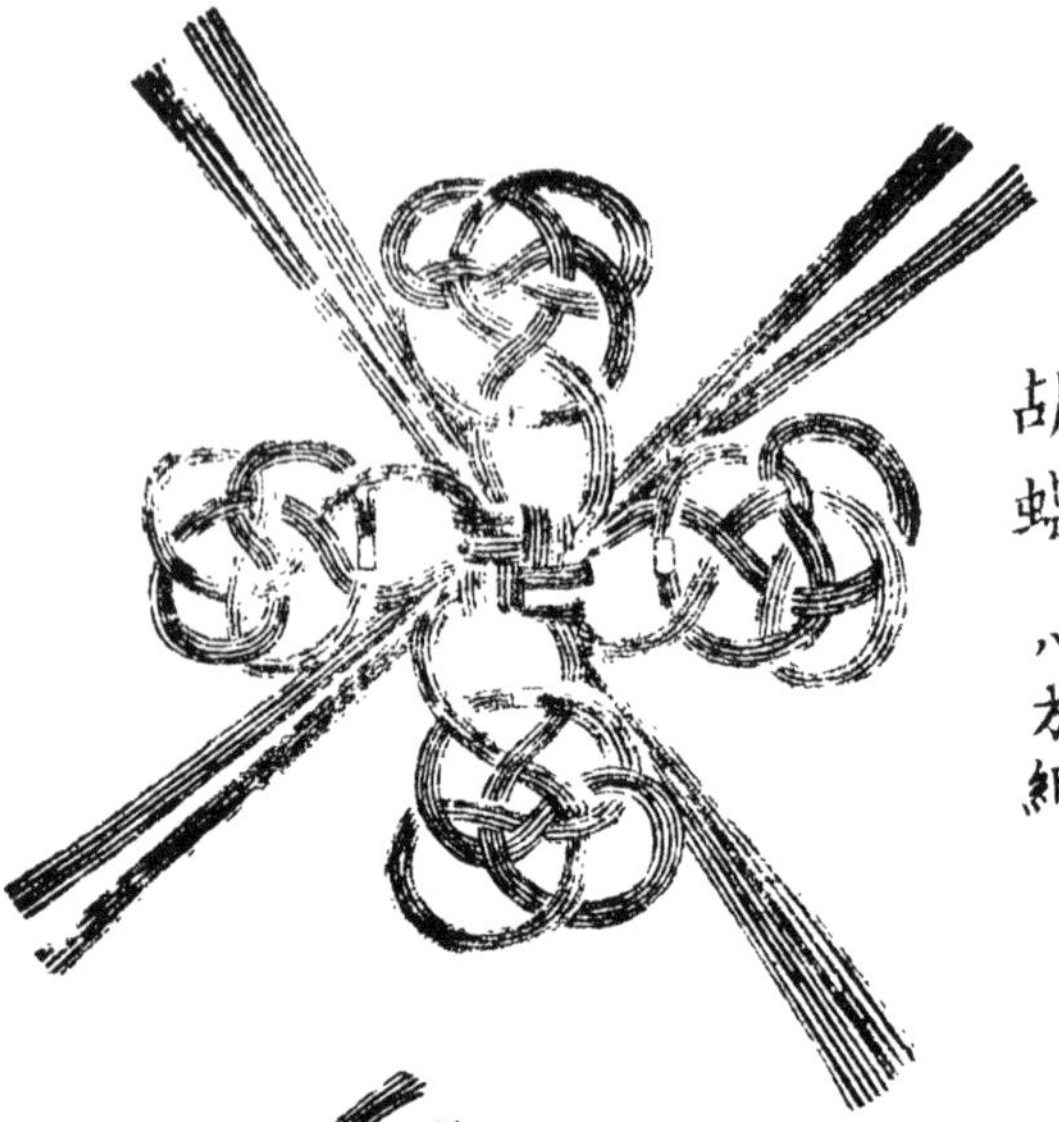

四方此端ニテ老ノ波ヲ寄スルナリ

仝裏

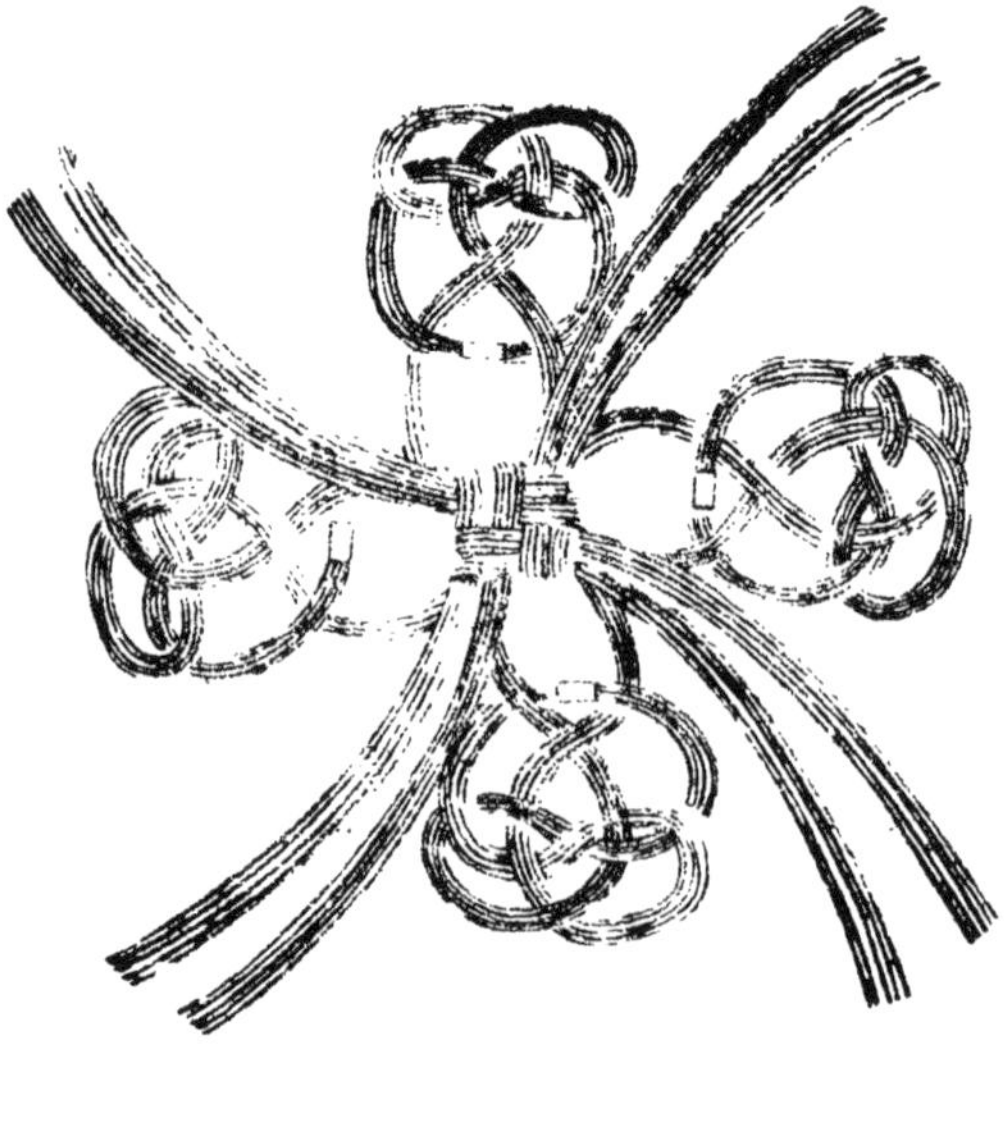

左右此紅白ノ端五筋ツヽヲ取リテ包物ノ重裏ニテ結切ニシテ留ムルナリ

○結物之部

正倉院御物硝子尺ノ紐結

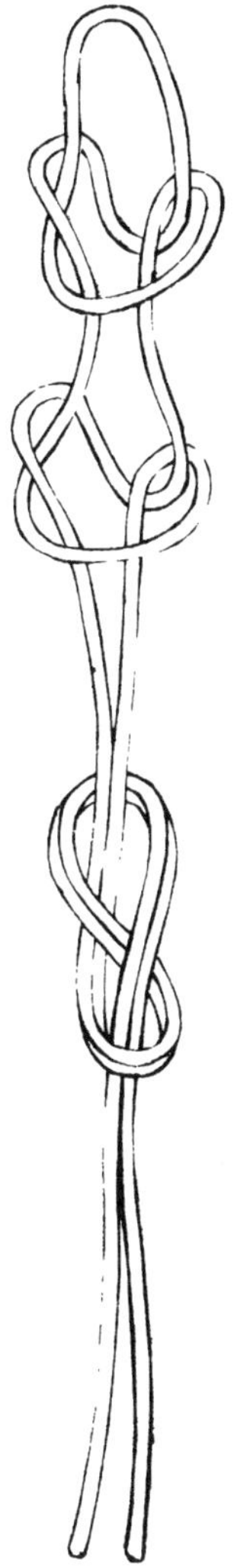

東京帝室博物館
御陳列摸造品

仝全

仝御物組紐

仝全　結目表裏仝シ

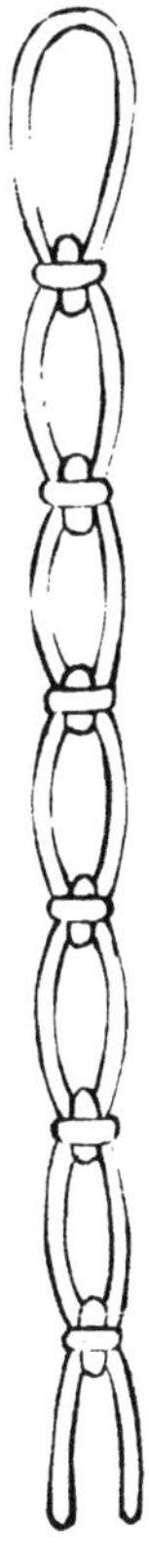

東京帝室博物館
御陳列摸造品

正倉院御物刀子結紐

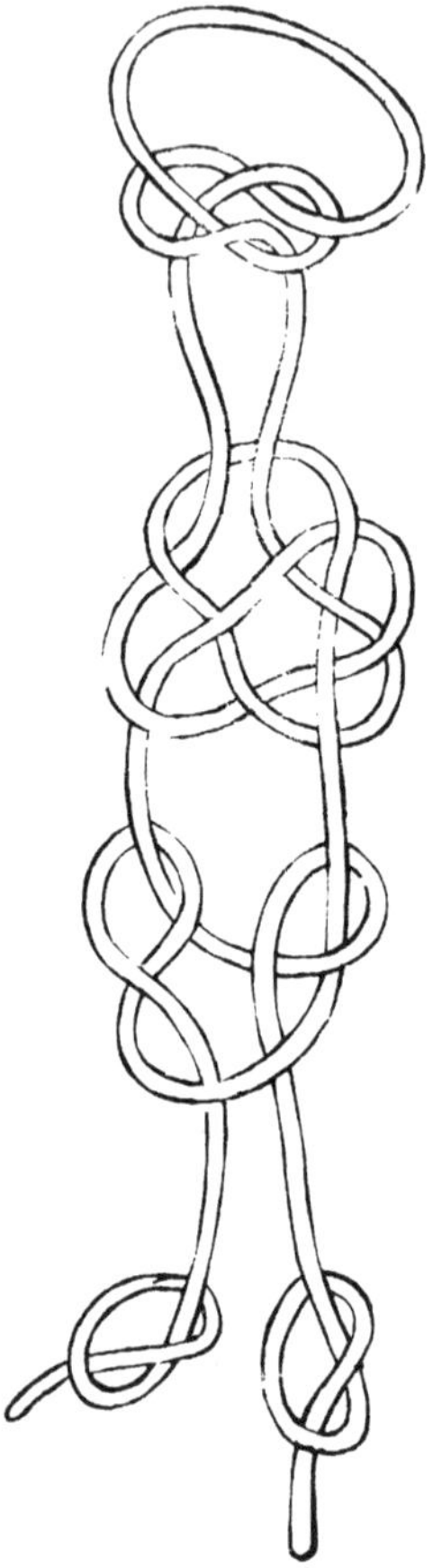

東京帝室博物館
御陳列摸造品

仝 全

仝 御物太刀頭紐結

仝 全

東京帝室博物館
御陳列摸造品

仝御物魚符紐結

東京帝室博物館
御陳列摸造品

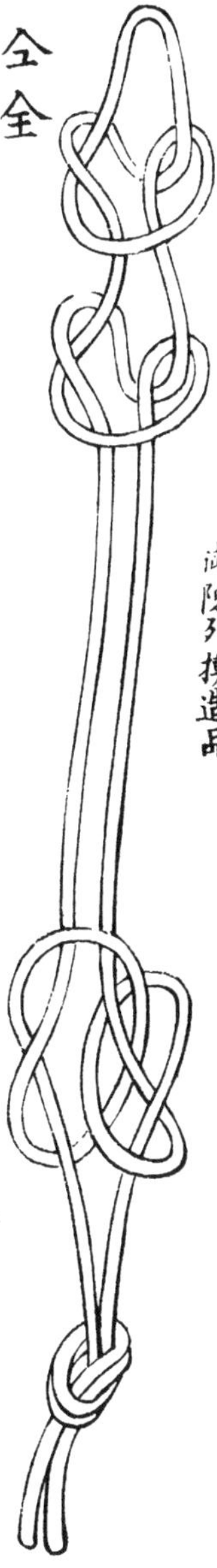

仝全

露結

表

裏

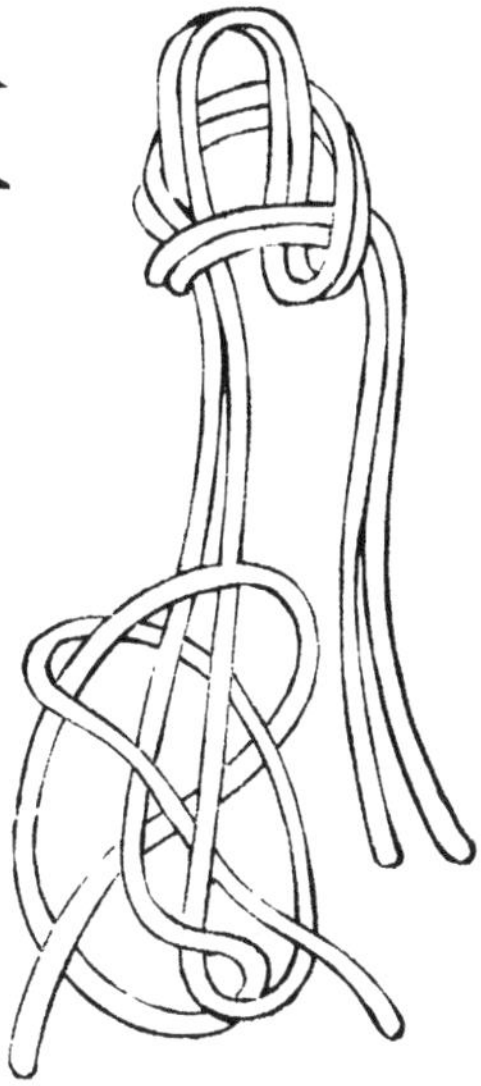

仝御物鑑紐結

東京帝室博物館
御陳列摸造品

仝全

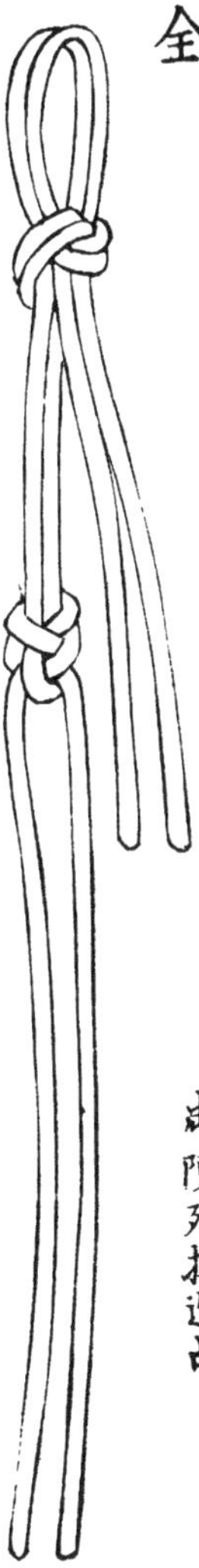

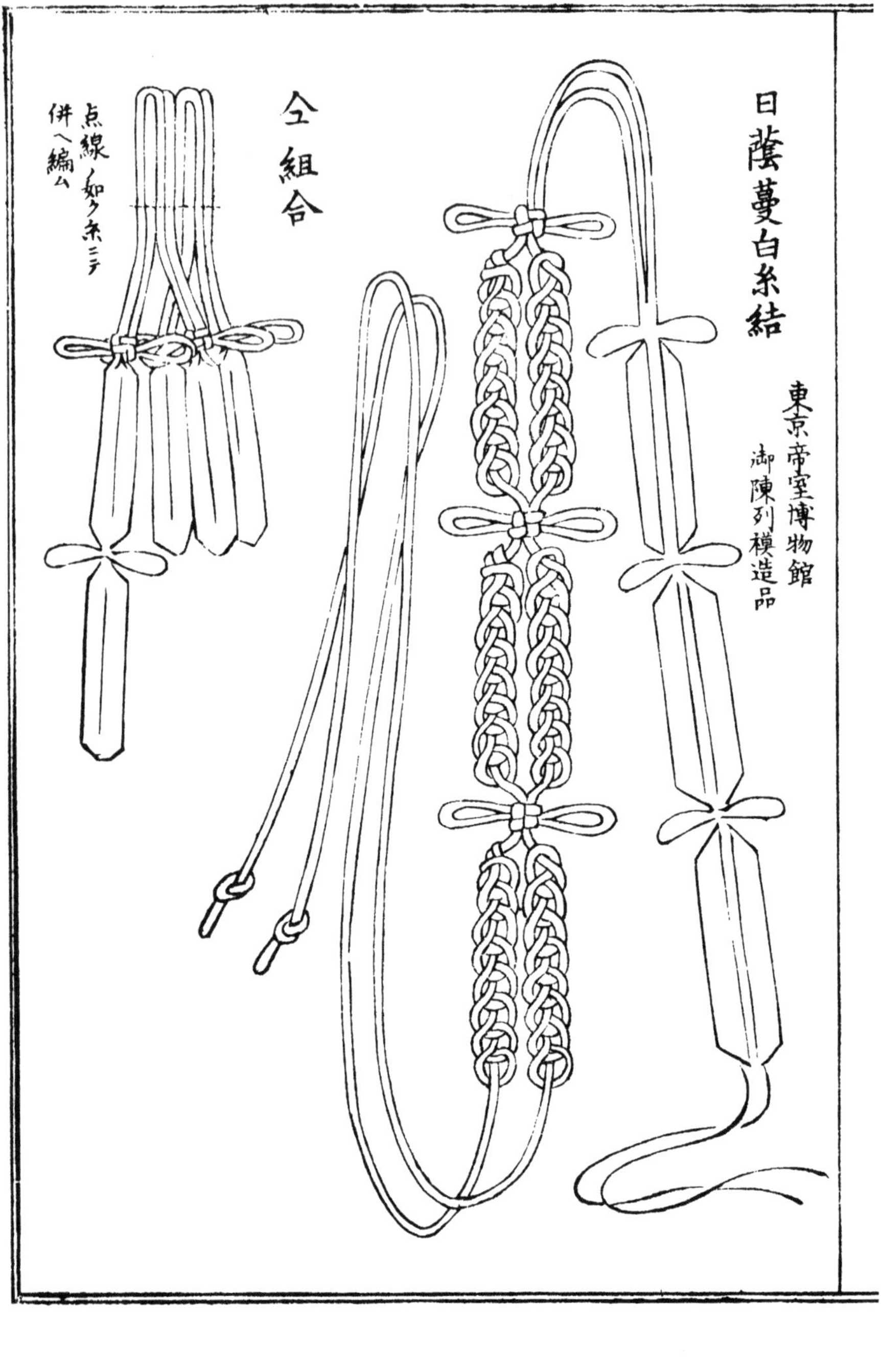
日蔭蔓白糸結
東京帝室博物館
御陳列模造品
仝組合
点線ノ如ク糸ニテ
併ヘ編ム

正倉院御物羊角御掛角紐結

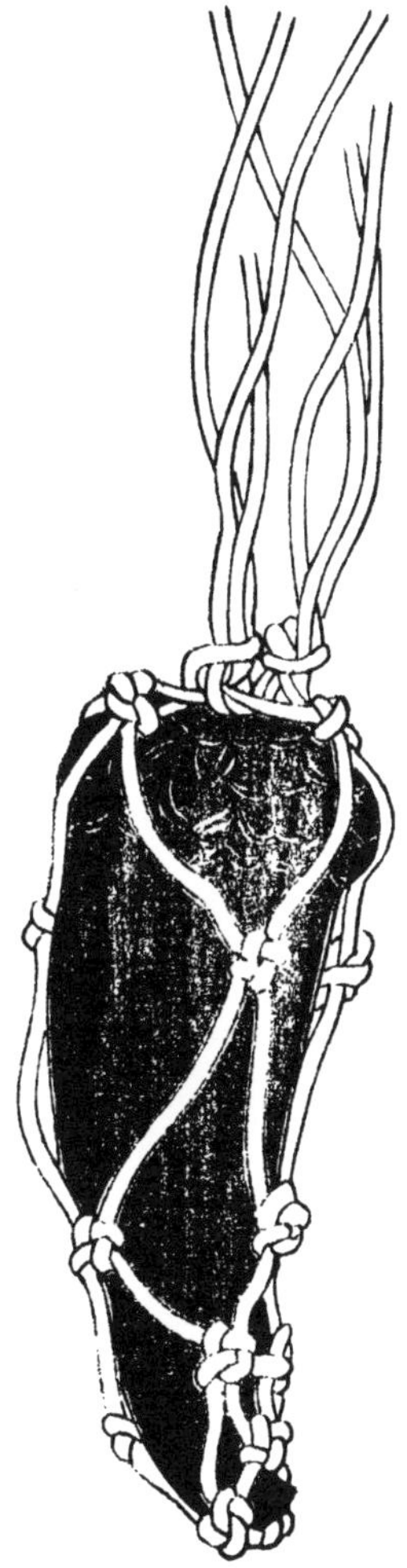

東京帝室博物館
御陳列摸造品

掛角紐結

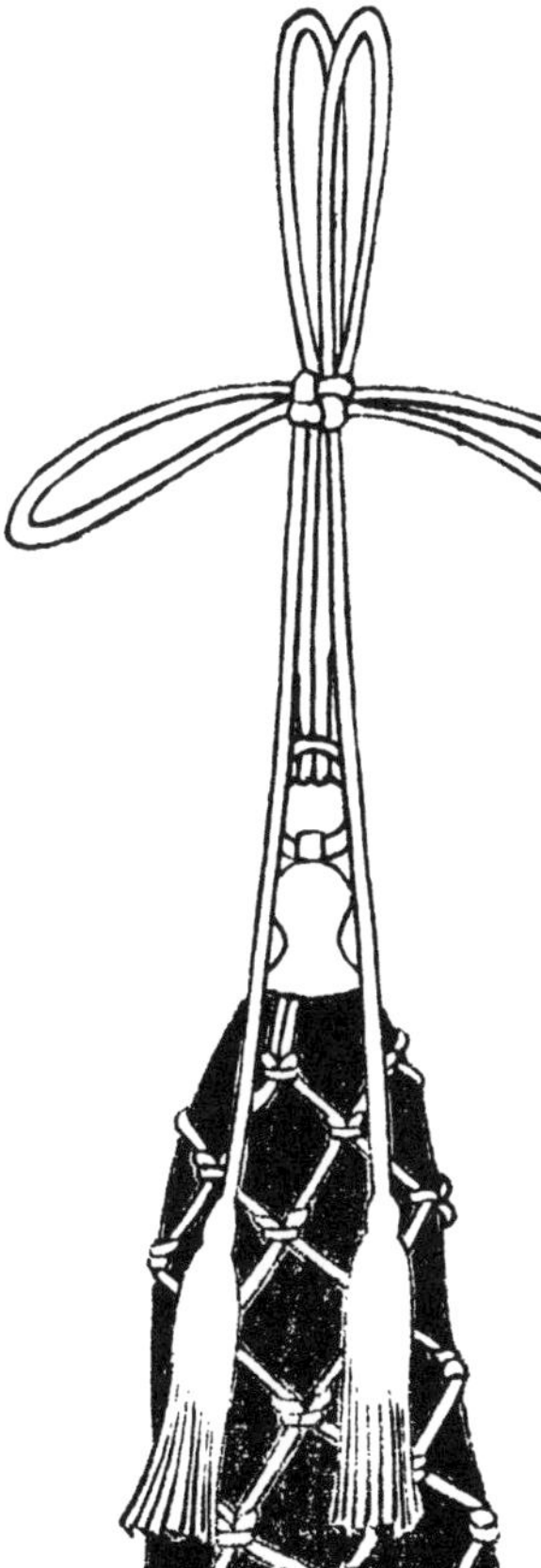

東京帝室博物館
御陳列摸造品

掛鏡紐結

東京帝室博物館
御陳列模造品

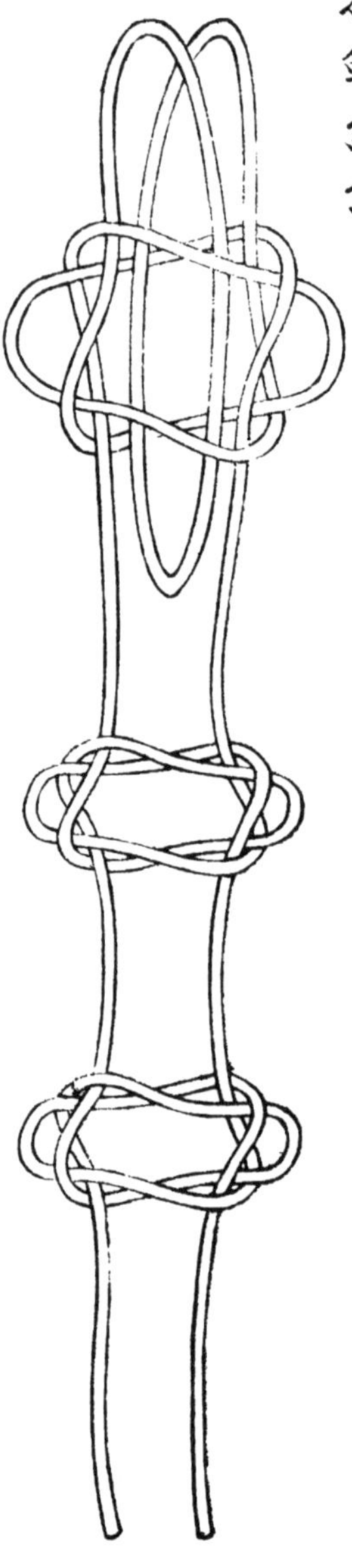

仝全

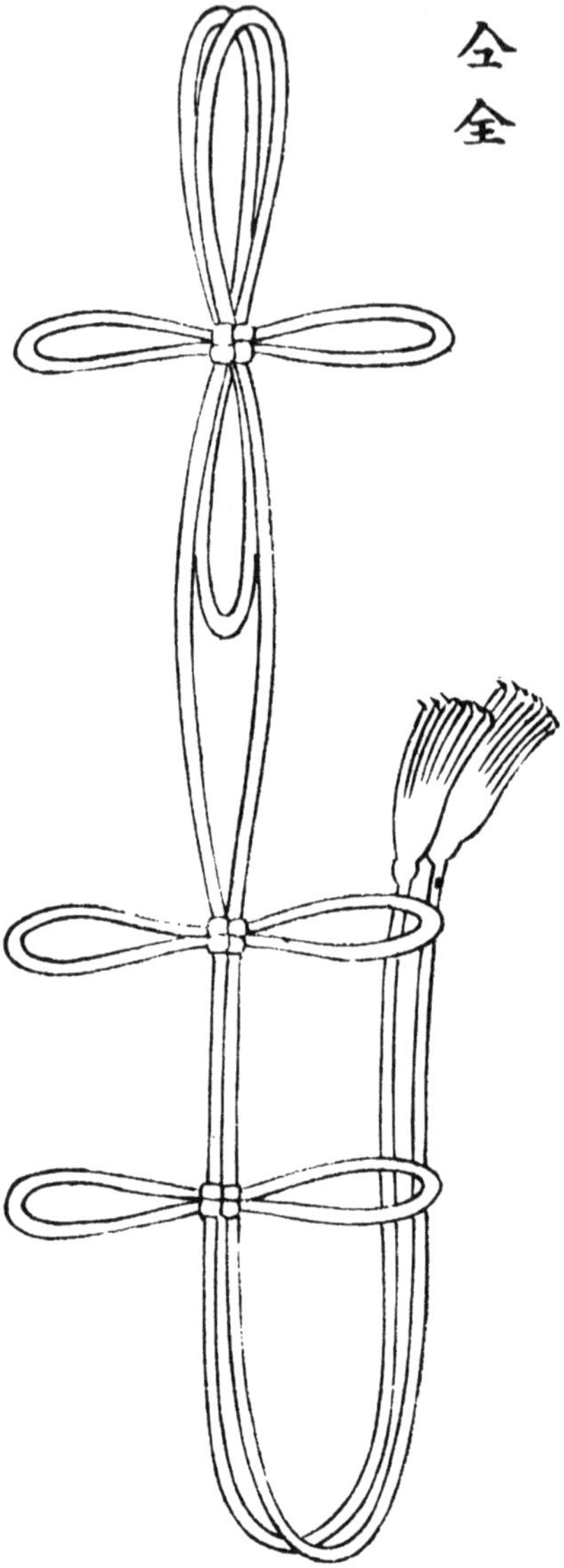

檜扇紐結

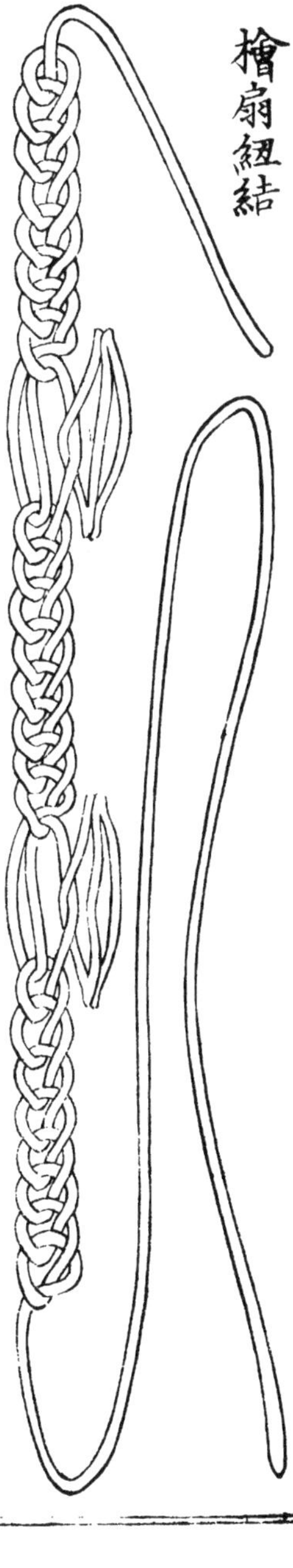

紐六條組合セタル圖

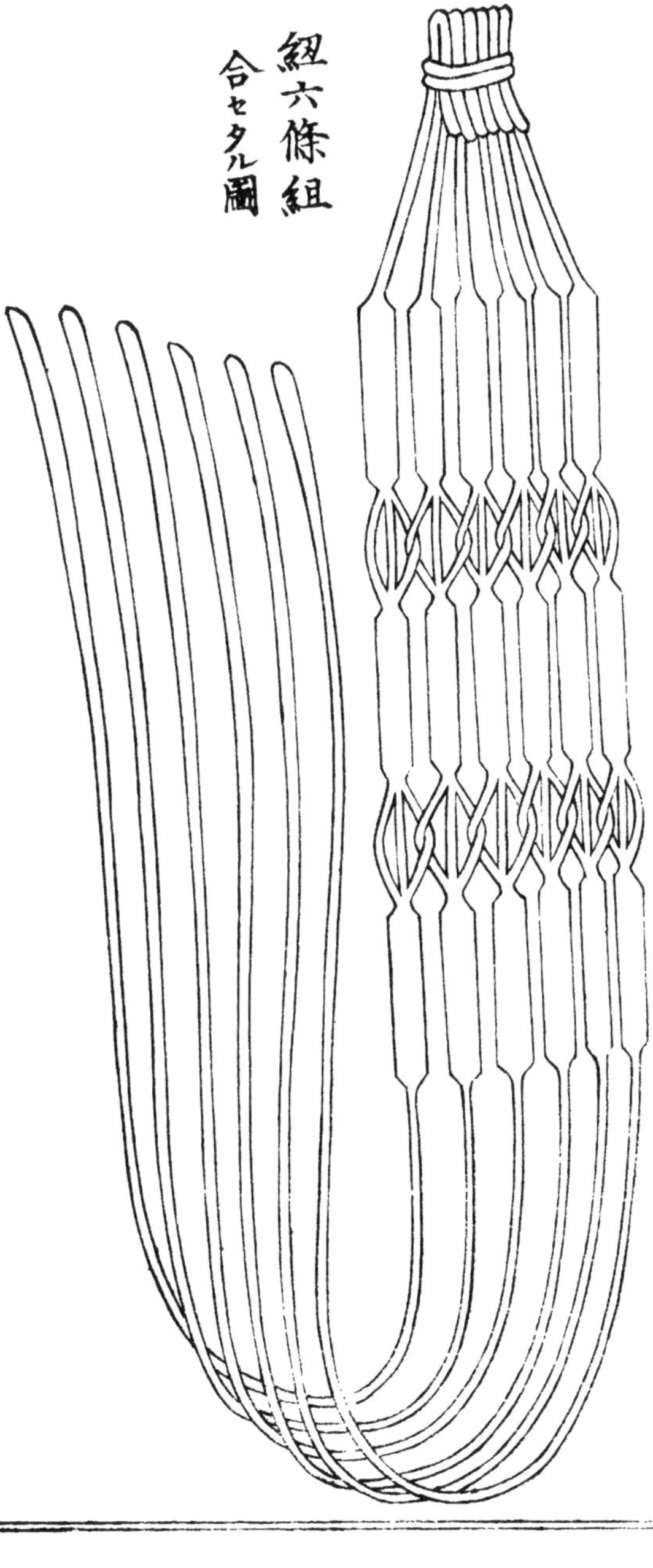

茱萸袋紐結

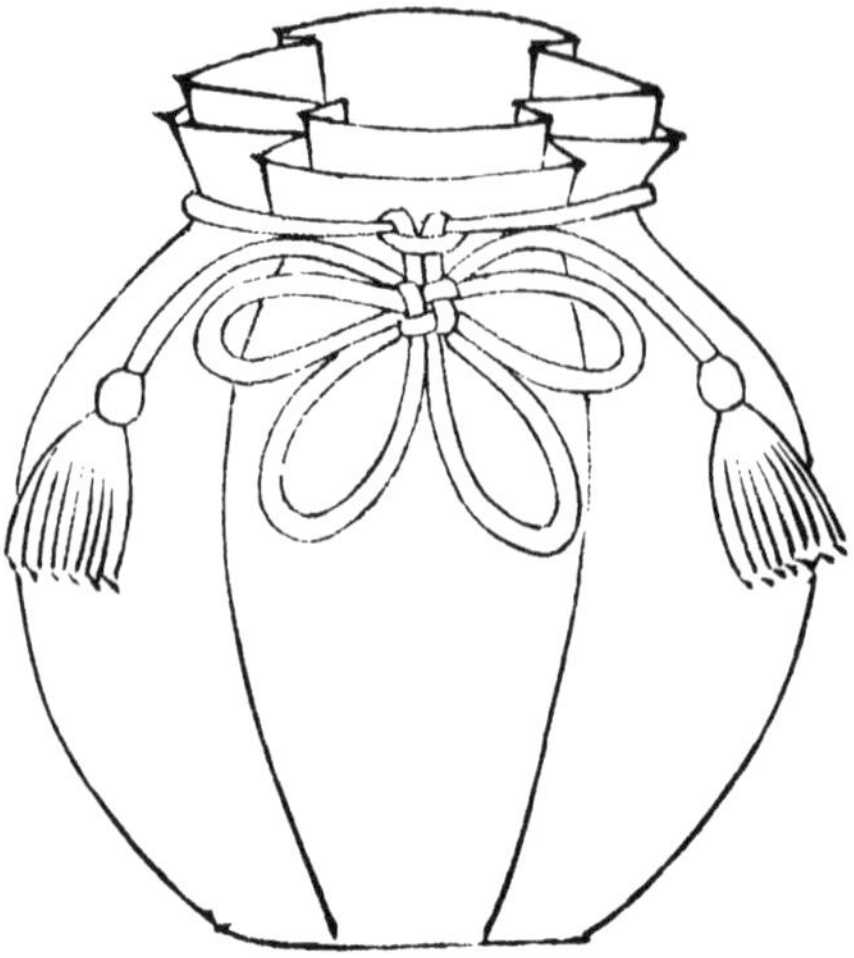

全　仝

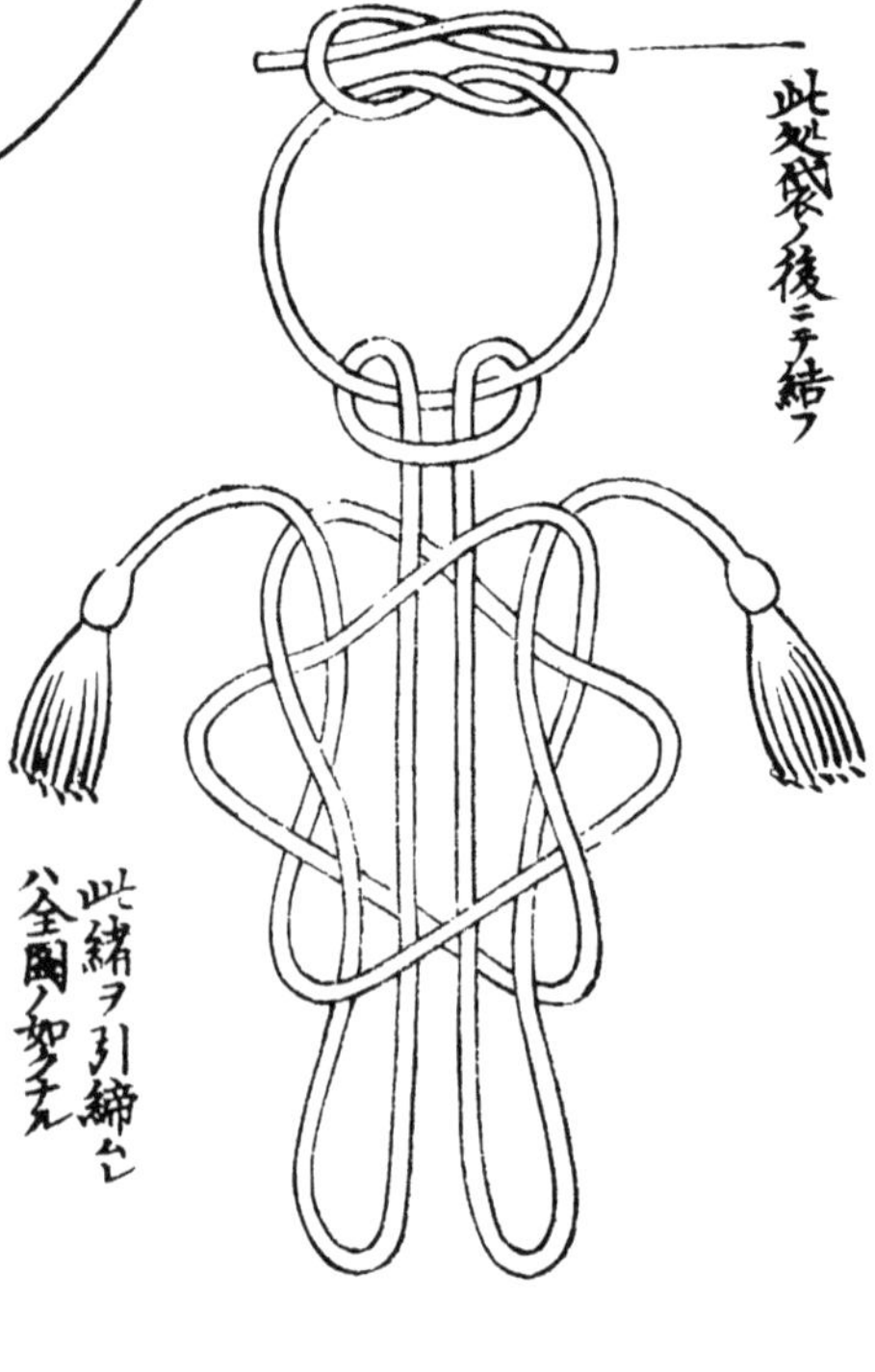
此処袋ノ後ニテ結フ
此緒ヲ引締ムレハ全図ノ如クナル

鵜首結

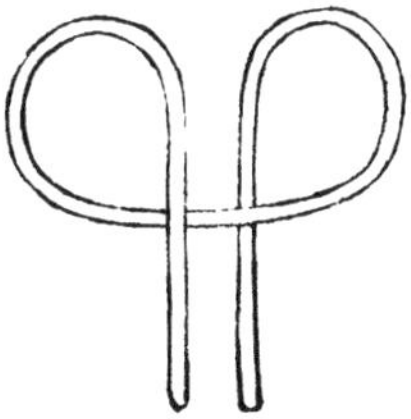

仝全

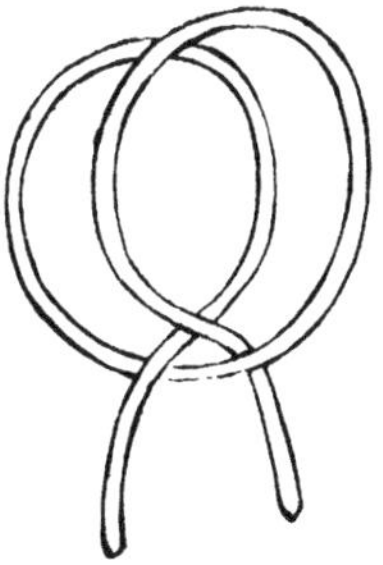

男結

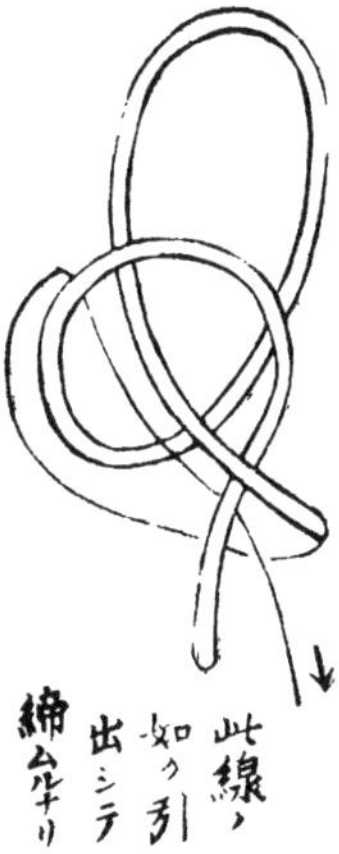
此線ノ如ク引出シテ締ムルナリ

男結全

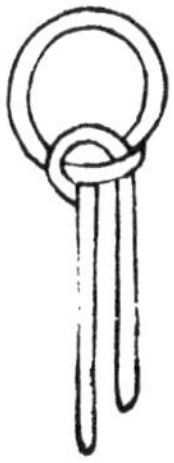

女結

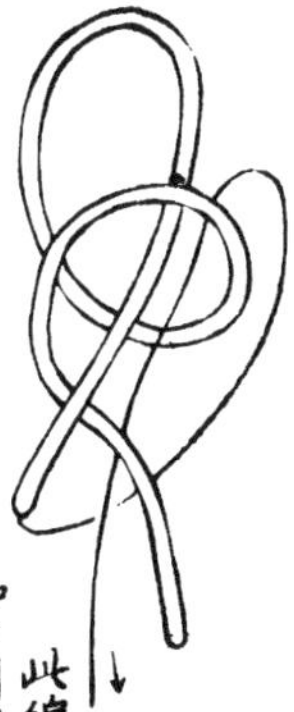
此線ノ如ク引出シテ締ムルナリ

仝全

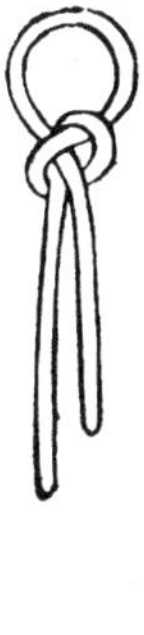

五行結

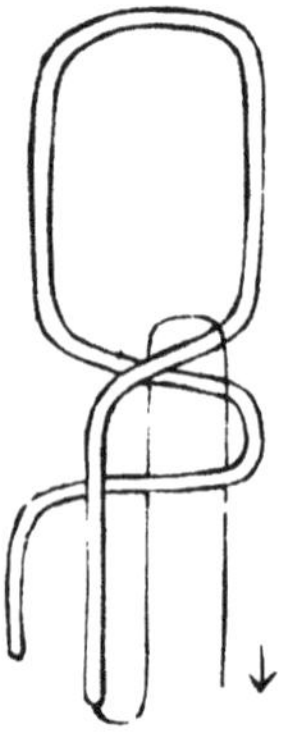

矢ノ如ク引出シ締ムレハ下圖ノ如クナルナリ

仝 全

叶結

矢ノ如ク引出シ締ルコト
五行ニ仝じ

叶結 全

裏十文字トナル

露結

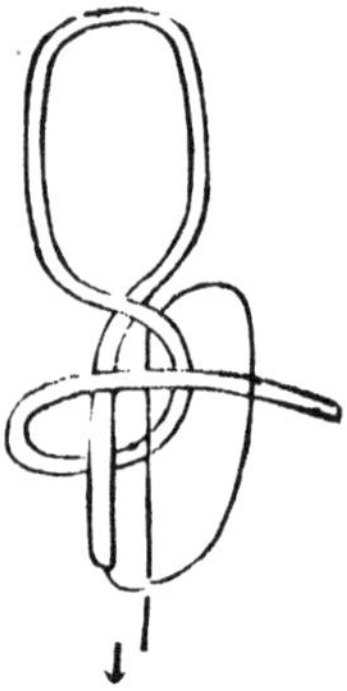

矢ノ如ク結ビ締メテ
前後一結シタル如クスヘシ

仝 全

蛇結

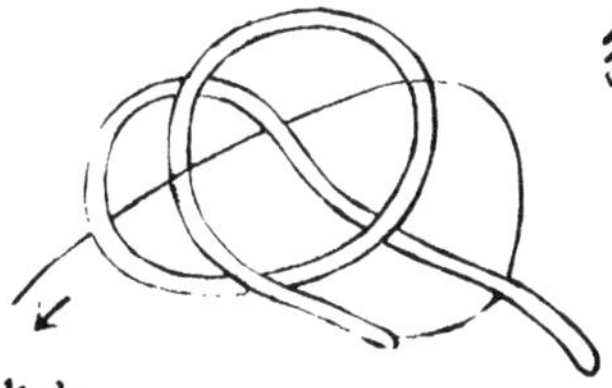

矢ノ如ク引出セバ下圖ノ如シ

総角結全

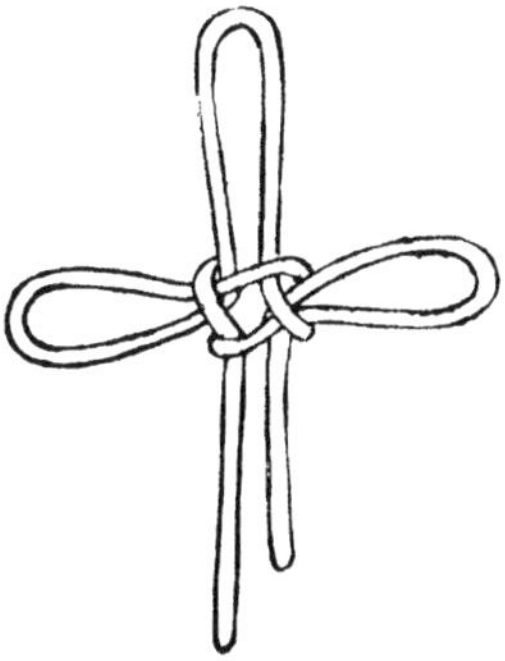

仝全

相生結

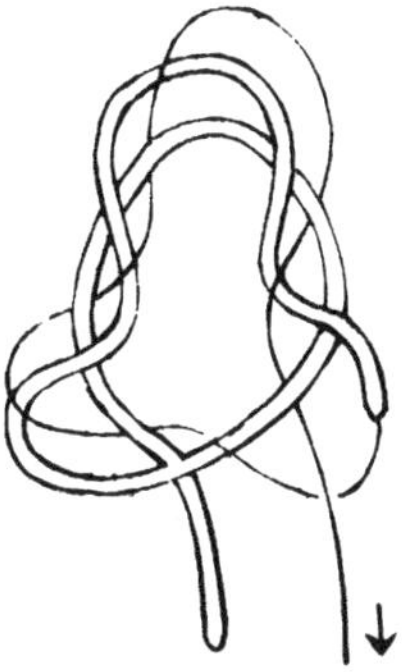

総角結

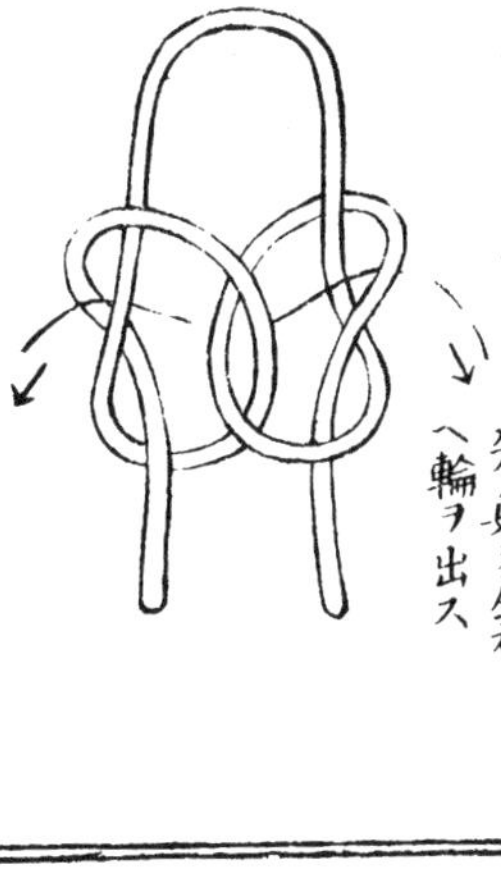

矢ノ如ク左右ヘ輪ヲ出ス

仝全

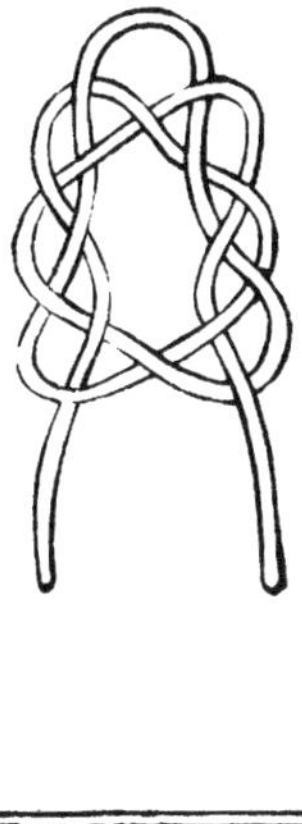

真蜻蛉結一

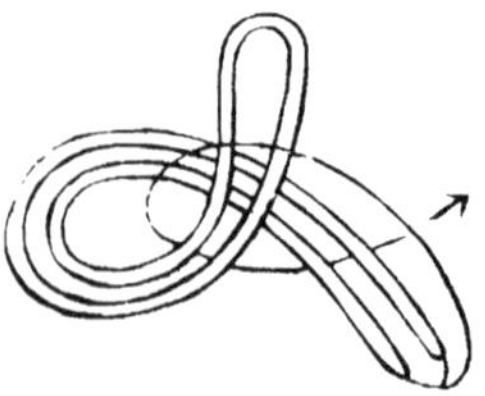

仝二

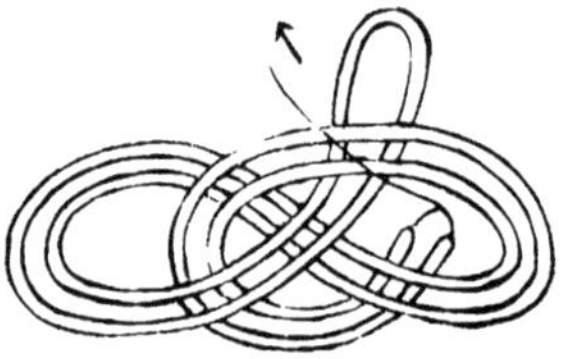

仝三

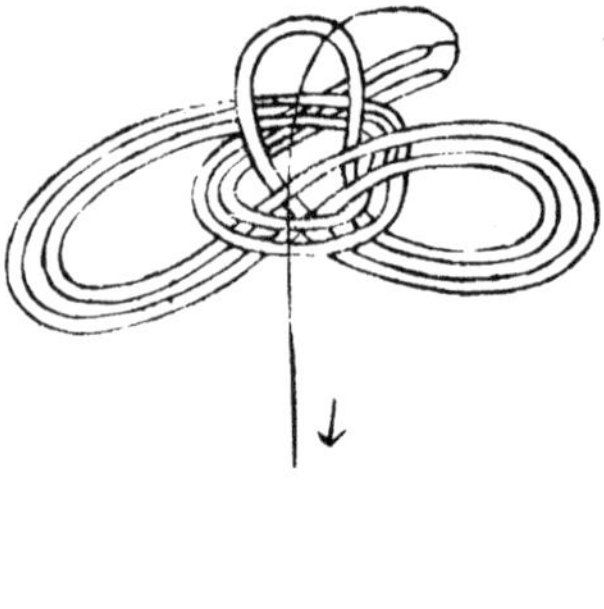

仝四

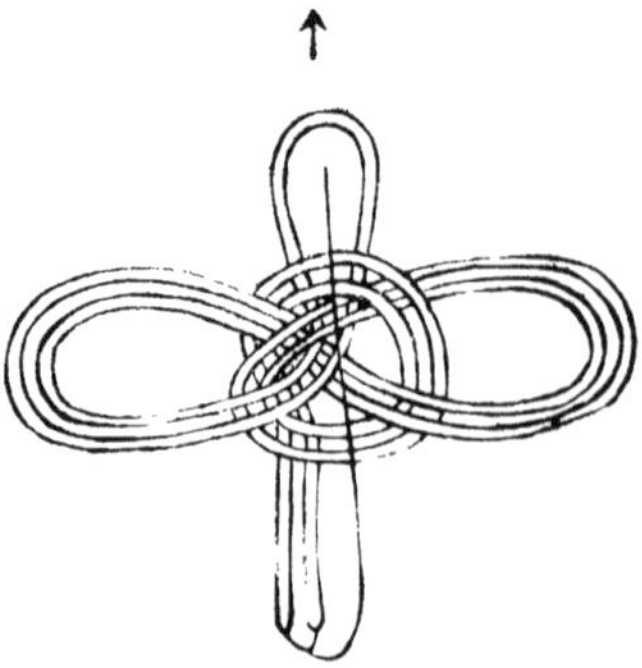

仝五

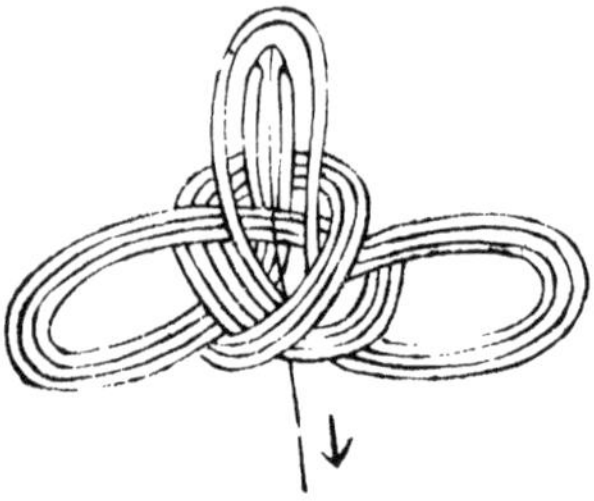

仝全

草蜻蛉結一

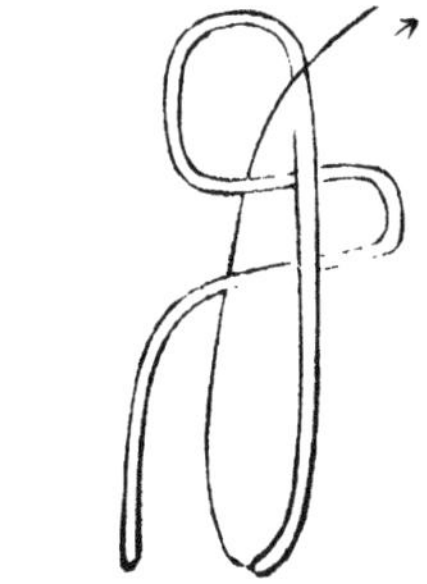

仝二

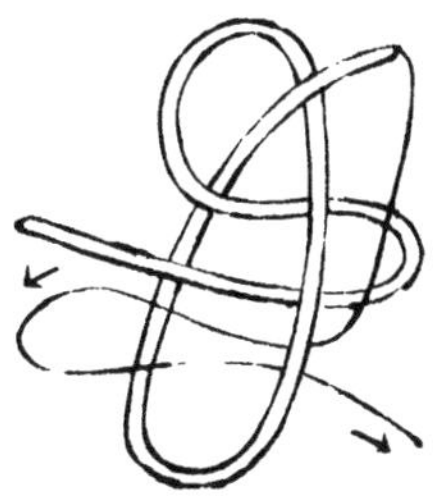

仝三

異蜻蛉結

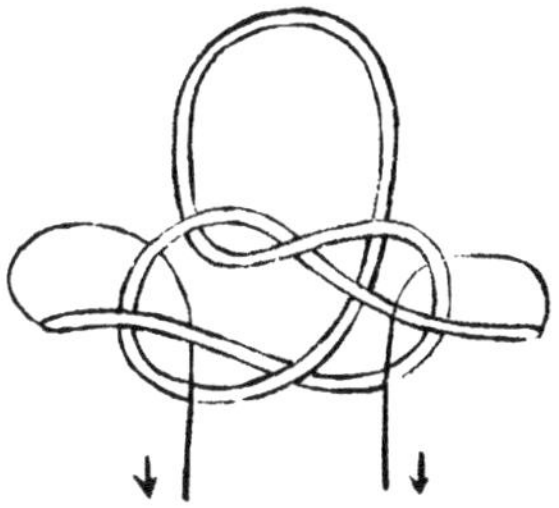

仝全

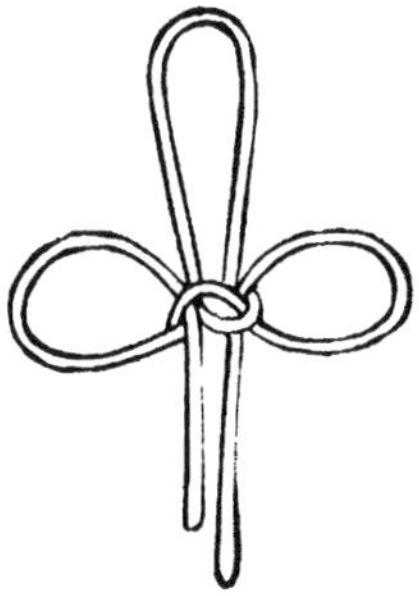

片結

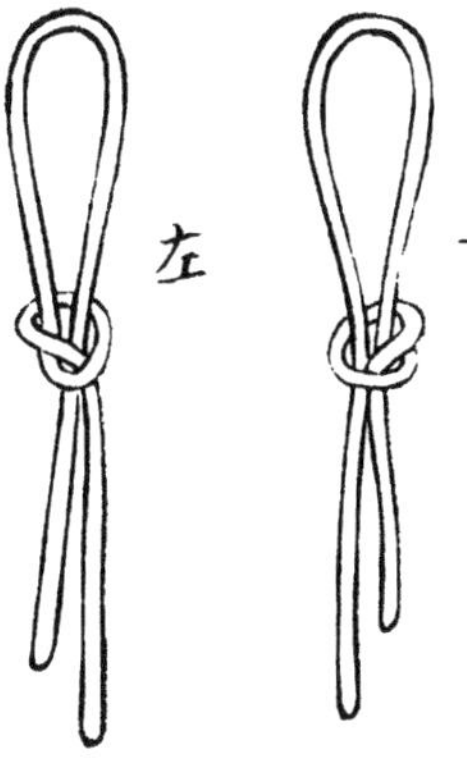

鳥首結

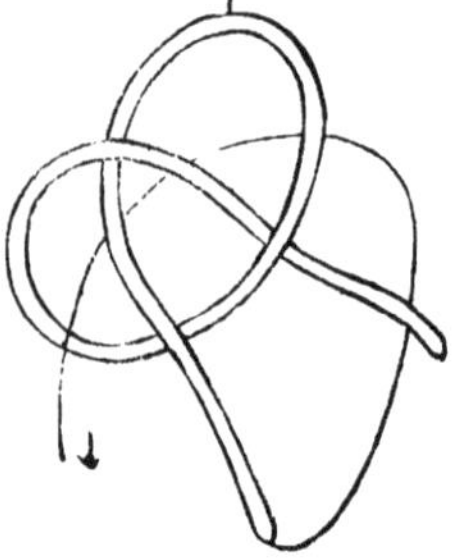
此輪ヲクズサヌ様ニナシ
矢ノ如ク引締メルナリ

仝全

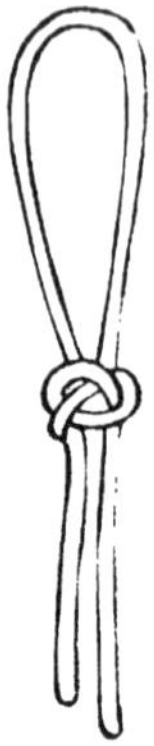

仝全

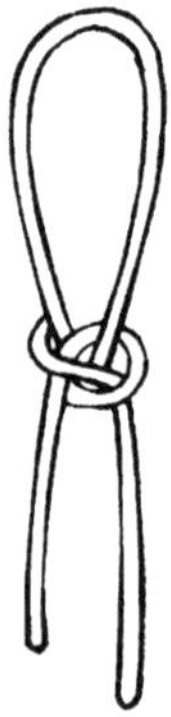

掛帯結

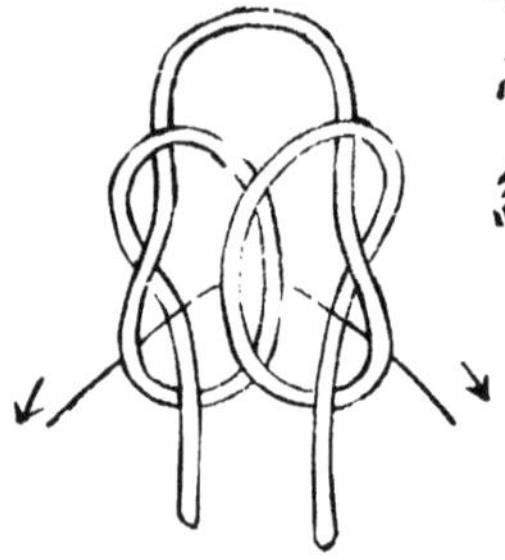

兎頭結

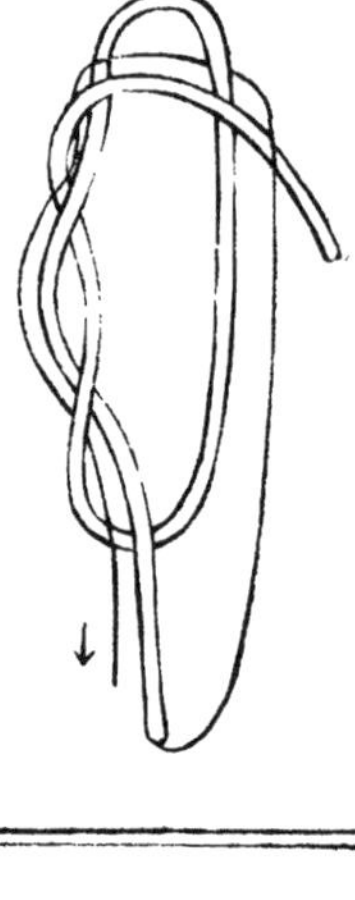
此輪ヲ引立テ矢ノ如ク引締ル

仝全

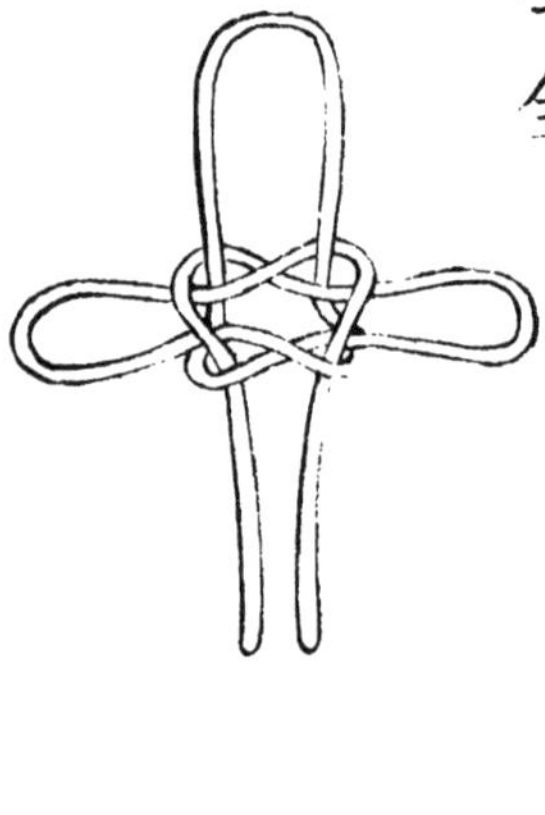

異掛帯結

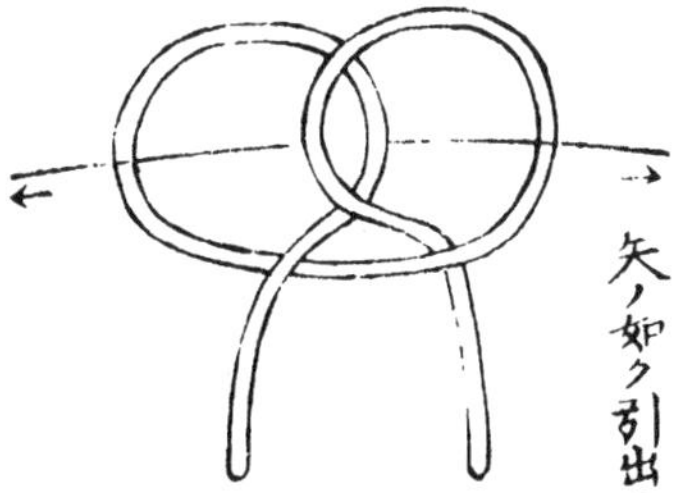

矢ノ如ク引出ス

寶珠結二

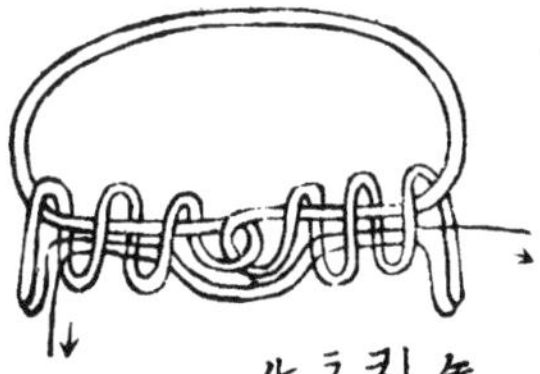

矢ノ如ク引締ナガラ形ヲ作ル

仝全

仝表全

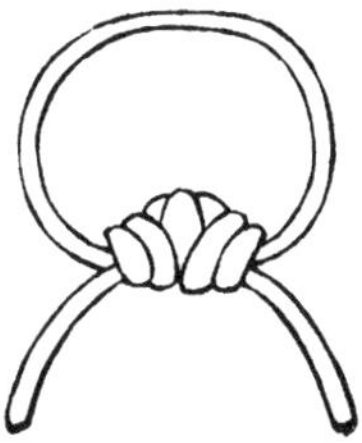

寶珠結一

左右矢ノ如ク前後ヨリ三ツヾカラム

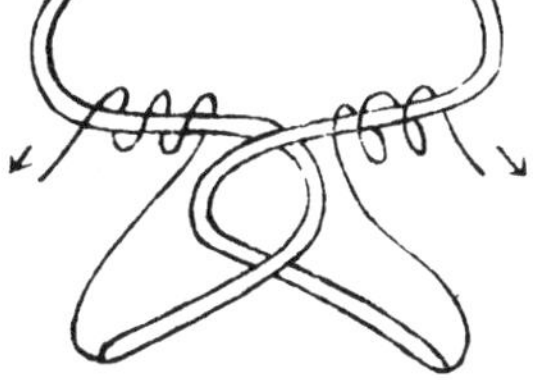

仝裏全

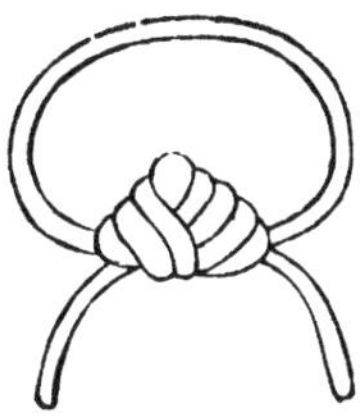

麻苧結

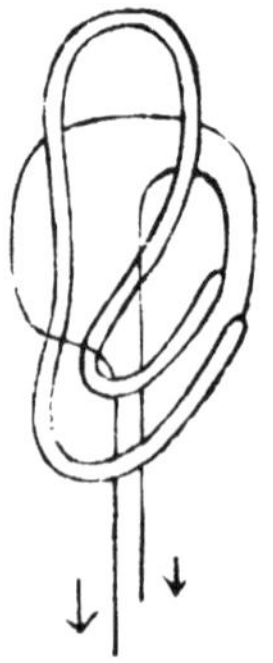

仝全

四ッ手結

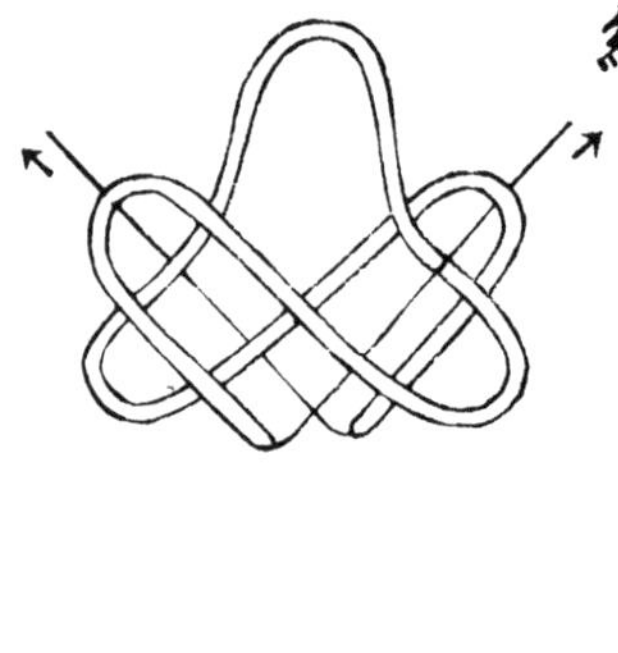

仝全

纐纈結

仝全

胡蝶結

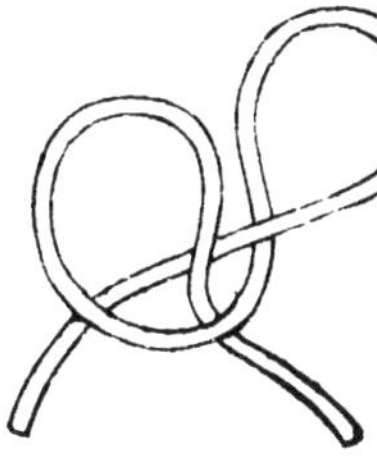

華鬘結一

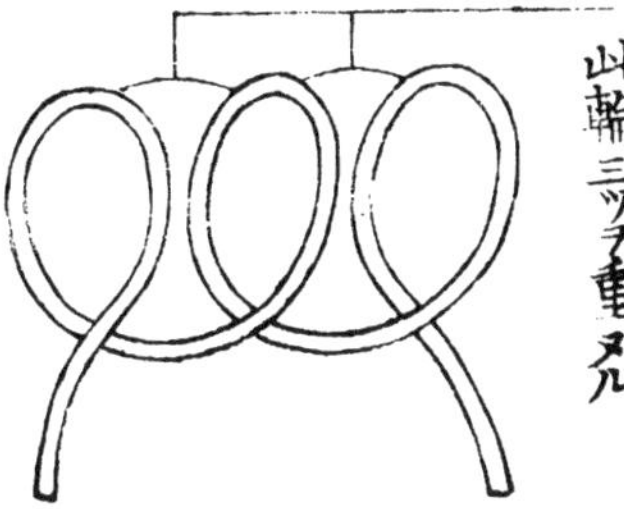

此輪三ツヲ重ヌル

仝二

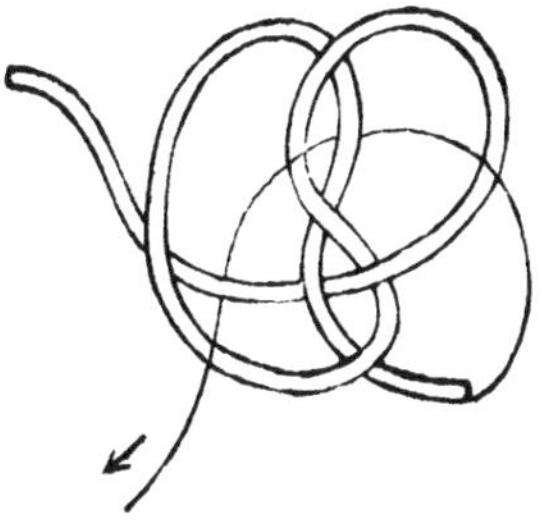

仝二

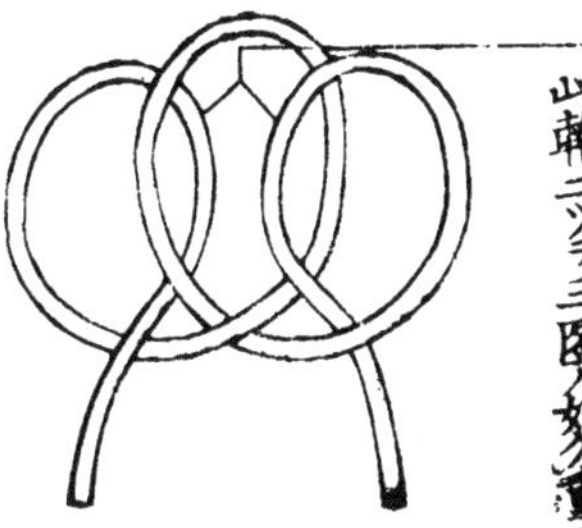

此輪二ツヲ三圍ノ如ク重ヌ

仝全

上ノ輪二ツヲ大ニシテ下ノ結目ヲ小ニスレバ形ヨロシ

仝三

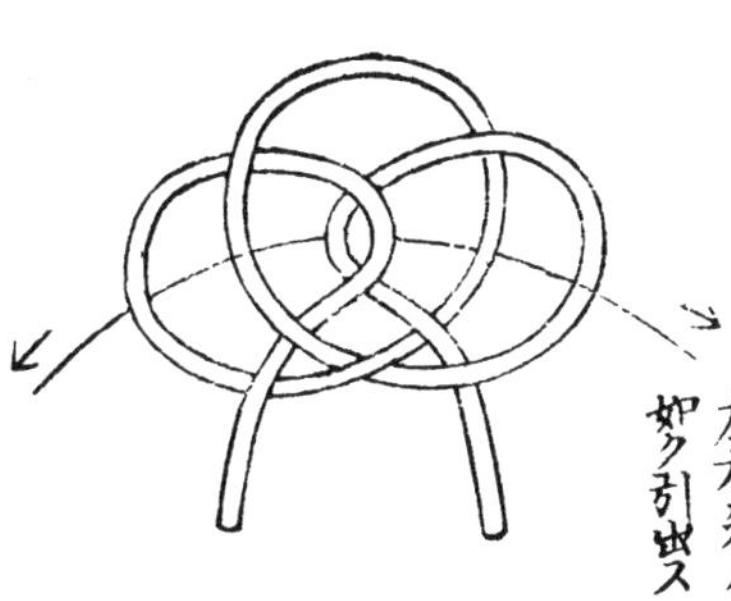

左右矢ノ如ク引出ス

仝全

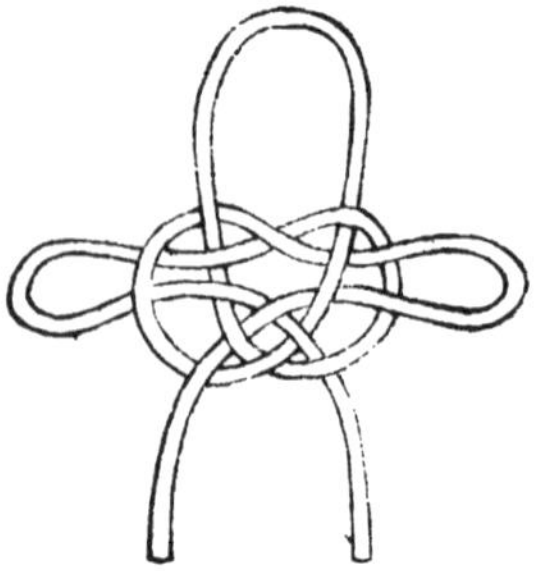

鈎淡路結

小児拳一

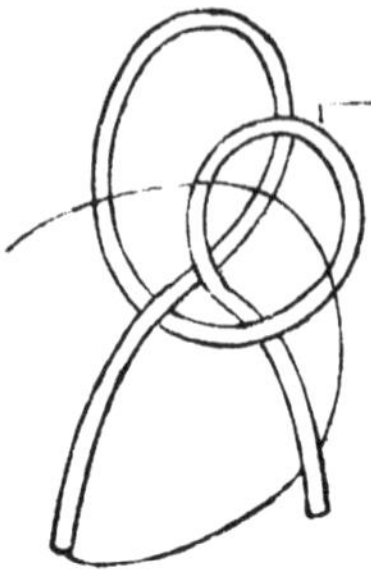

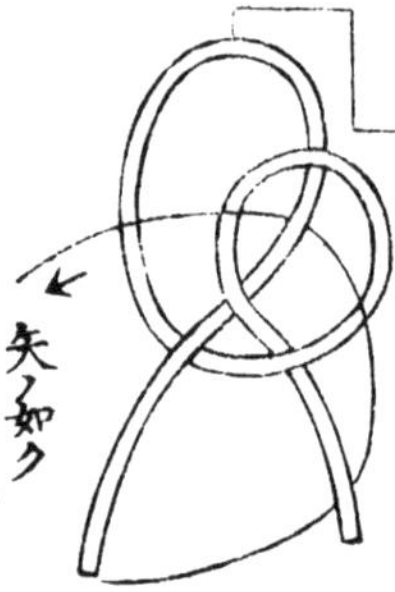
△然ル後此輪ヲ持チテ引立ツルナリ
矢ノ如ク引キ通シ△

仝二

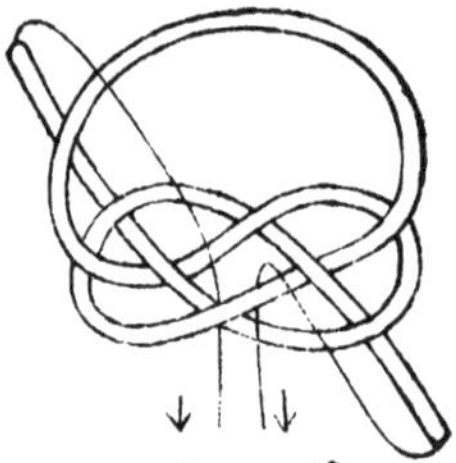
鈎淡路ヲ矢ノ如ク引出形ヲ作リナガラ引締ムルナリ

仝全

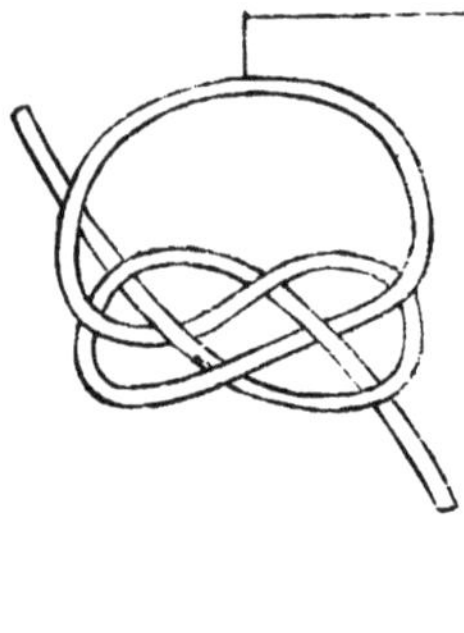
此所ヲ以テ鈎ルナリ

仝全

蜷結

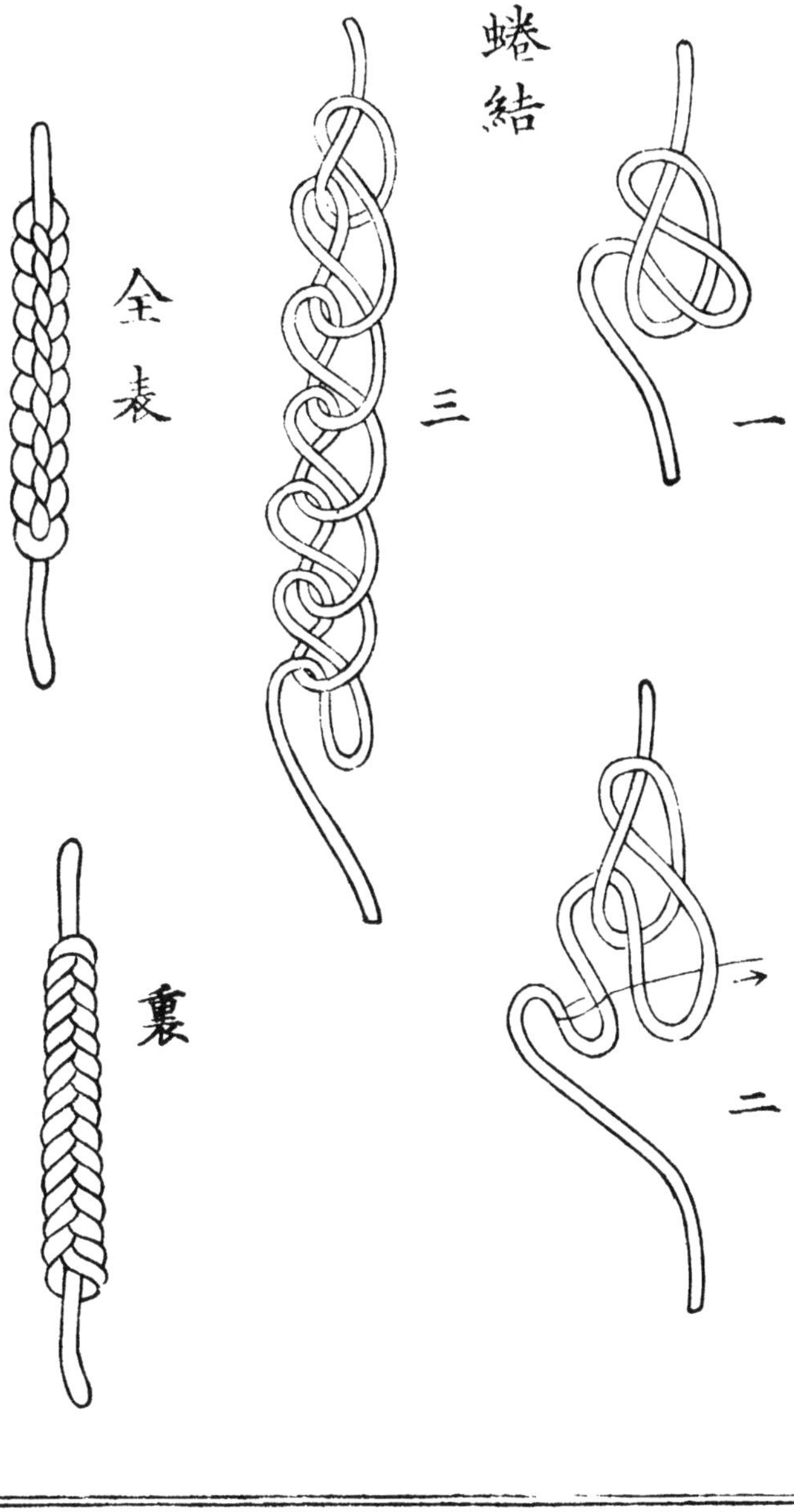

六葉結

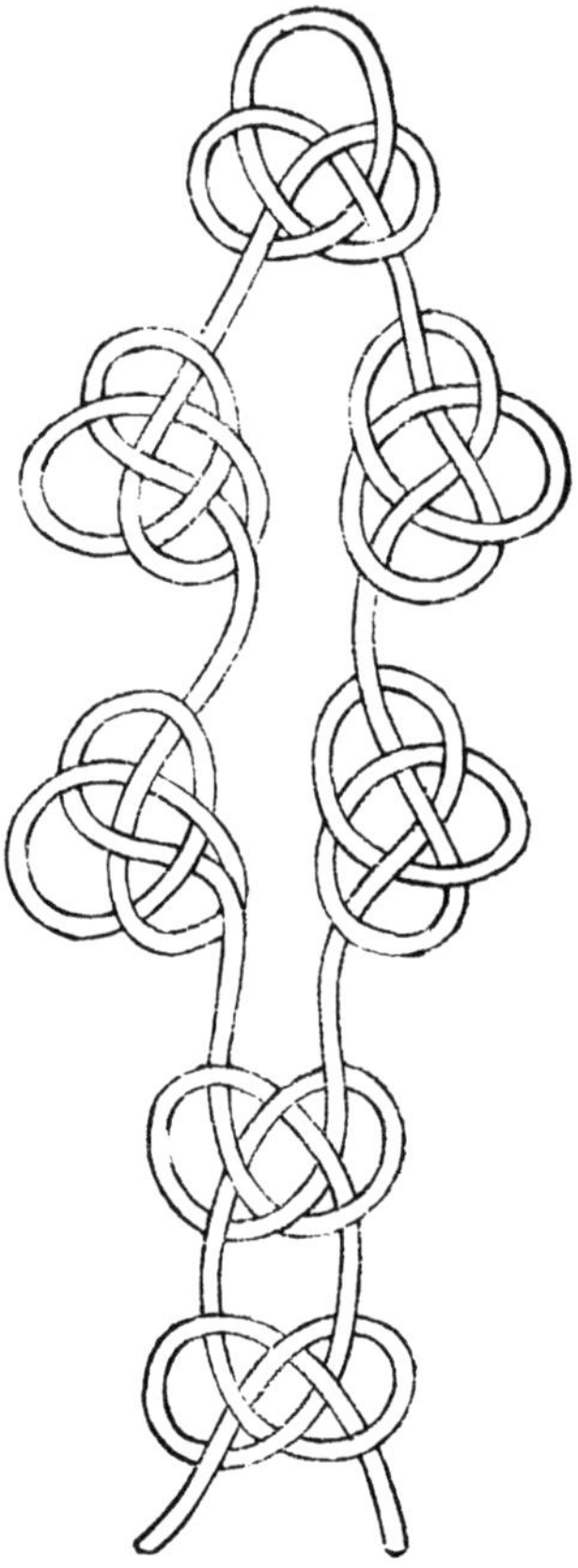

笙ノ袋紐結

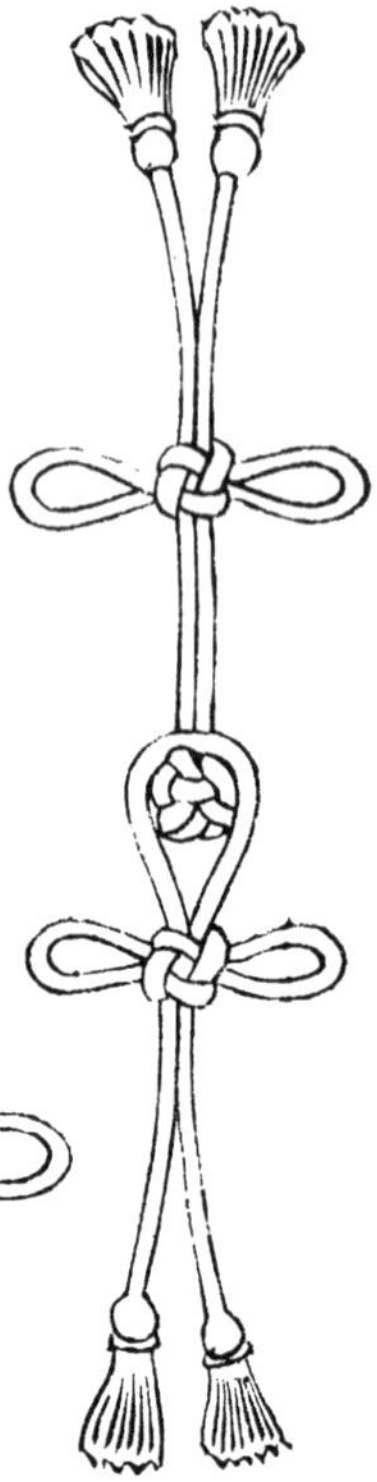

琴ノ袋紐結

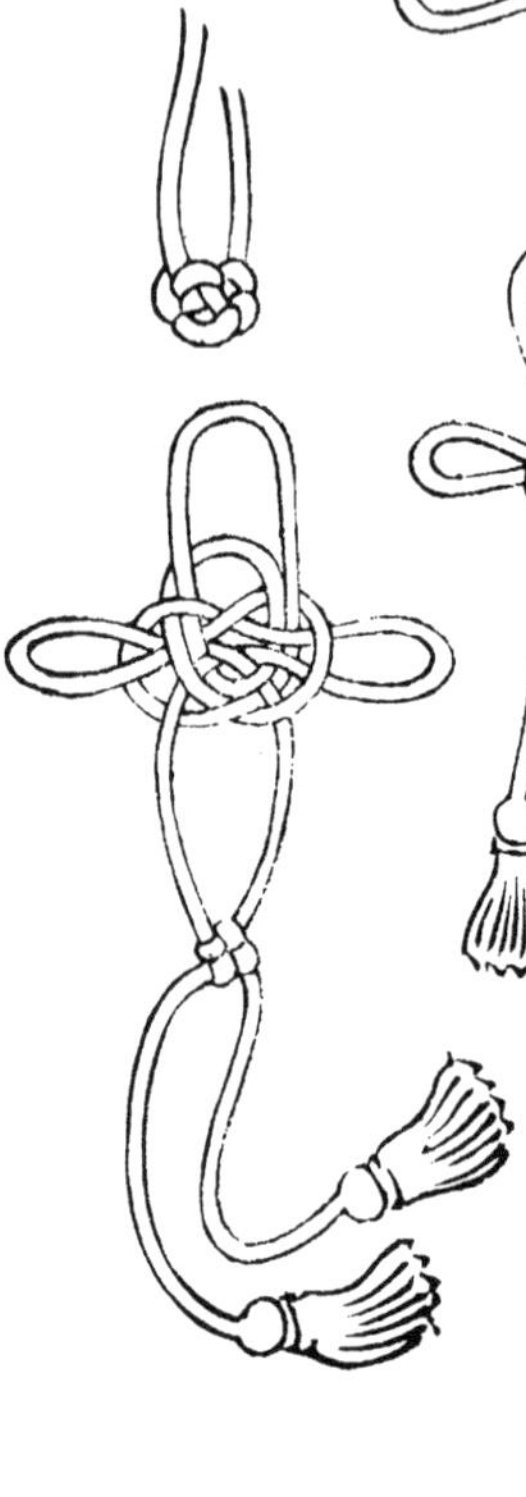

蜻蛉頭結一

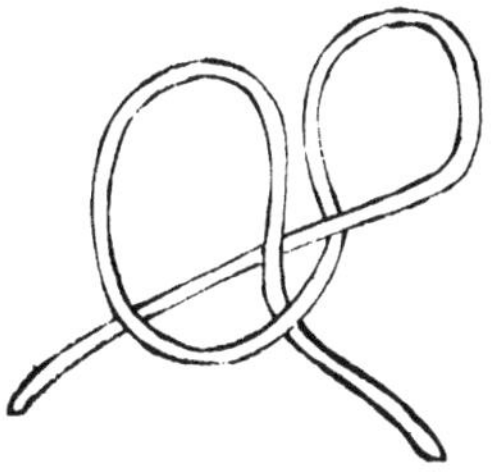

仝二

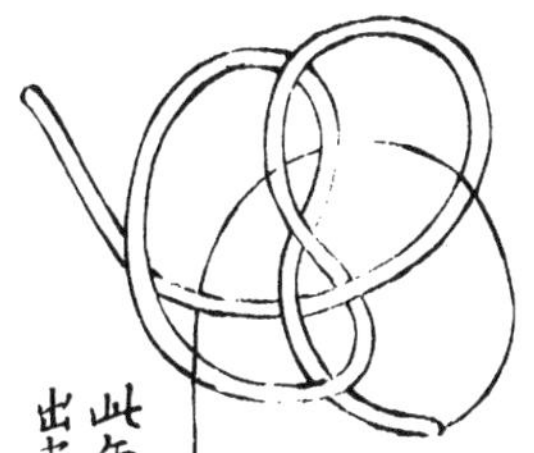

此矢ノ如ク引キ出セハ胡蝶結トナル

仝三

→矢ノ如ク引キ出シ形ヲ作リナガラ締ムルナリ

仝全

異蜷結

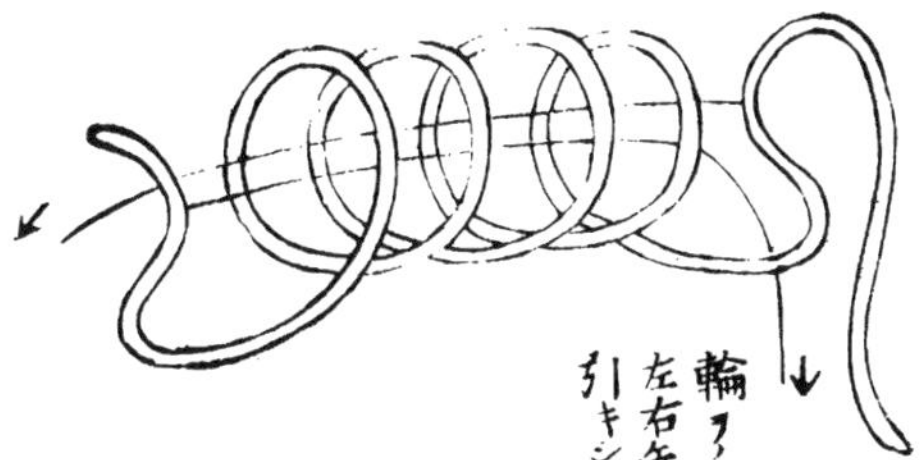

輪ヲコシテ左右矢ノ如ク引キシムルナリ

仝全

吾妻結

矢ノ如ク引出シ締ムルナリ

木香結全

仝全

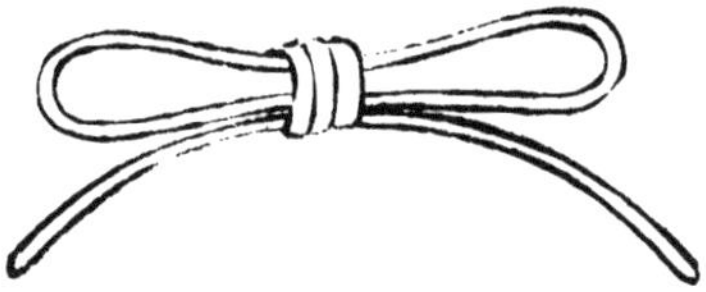

木香結

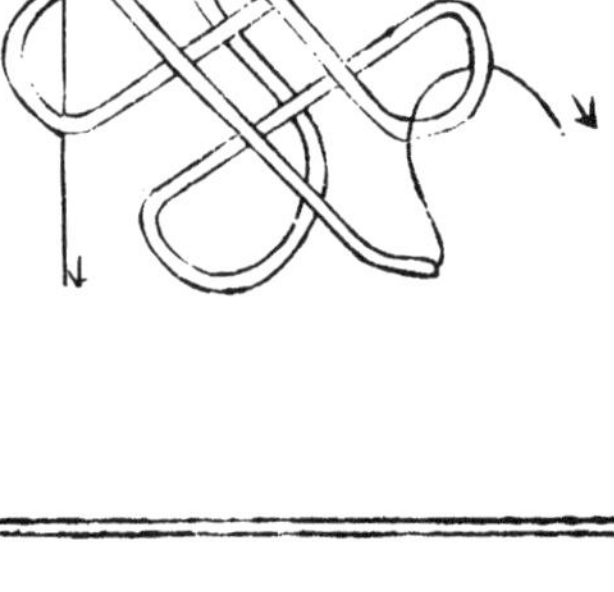

左右矢ノ如ク引出シ裏ニテ一ツ結フナリ

机帳結

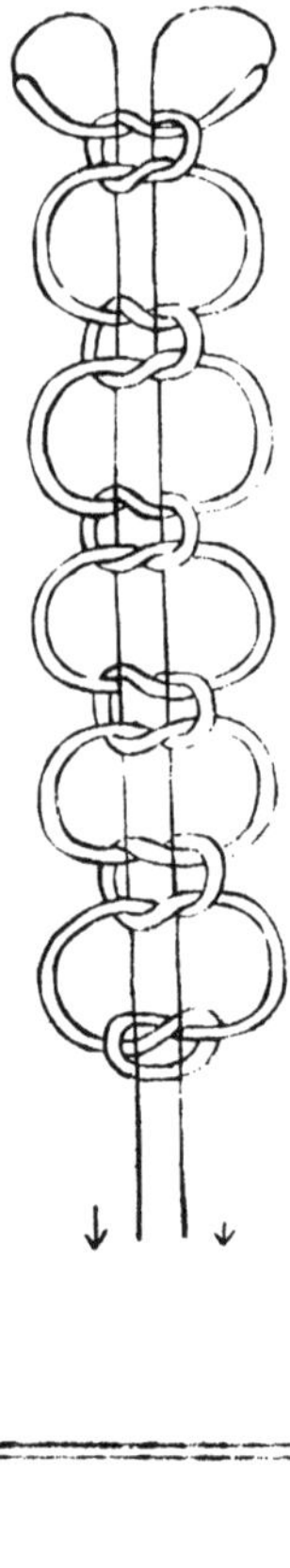

輪ノ數ハ五ツ又ハ七ツ九ツトスルナリ

机帳結全

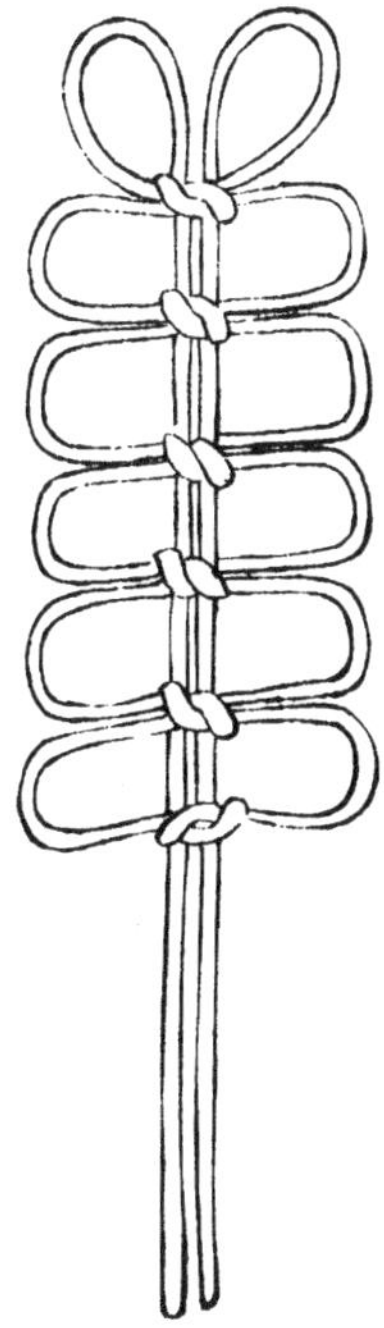

能面袋紐結

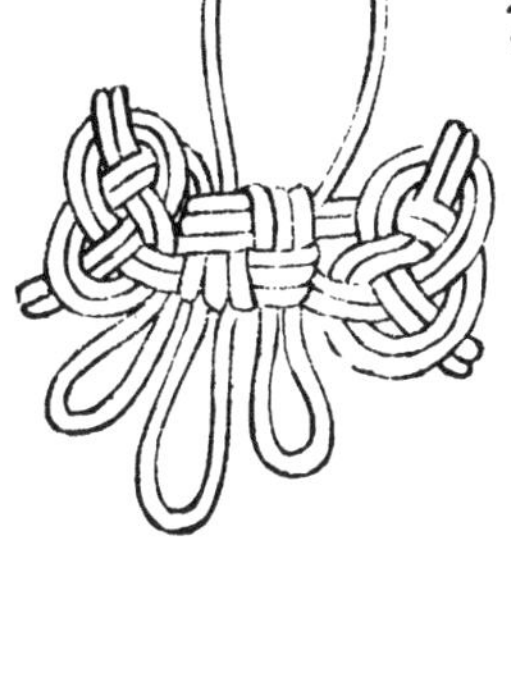

梅花結一

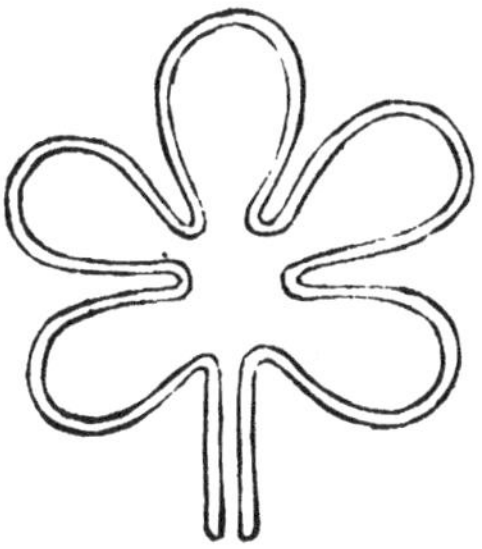

仝二

裏圖ノ如ニシコレヨリ矢ノ如ク外ヘ引キ出シ又裏ニテ五ツニ組メハ下圖ノ如クナル可シ

仝全

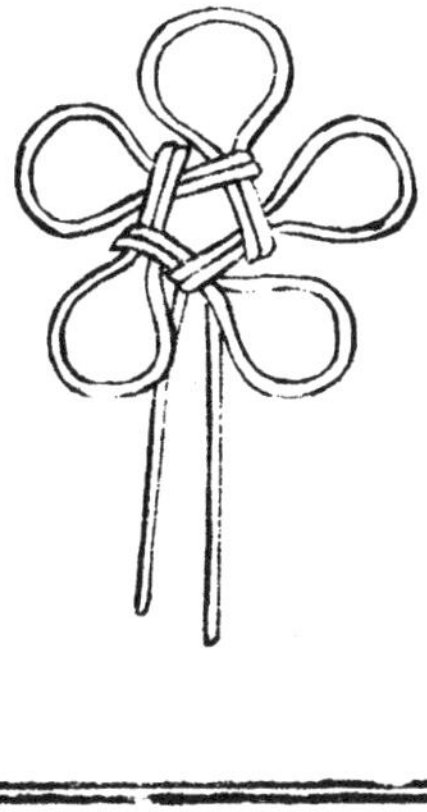

鞭結

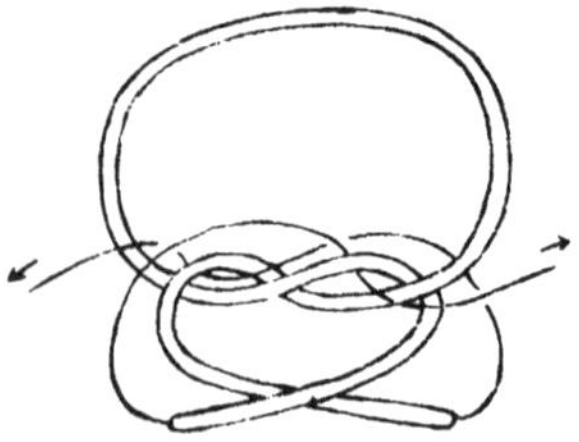

左右矢ノ如ク引出シチヾレタルヲ直シ締ルナリ

仝全

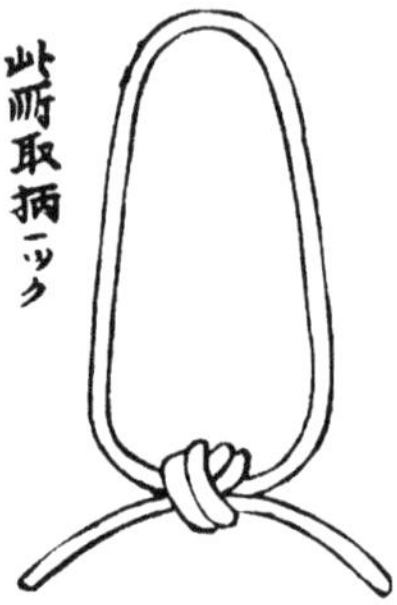

馬ノ首綱結

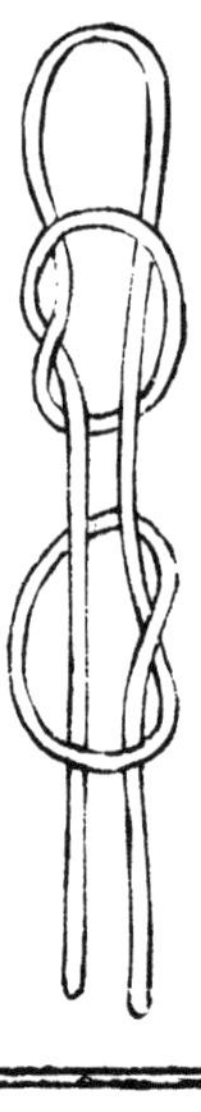

馬ノ首綱結全

泔坏臺御厨子
棚板緒結

襖引手一

此ヲ四ツニ組ム

仝二

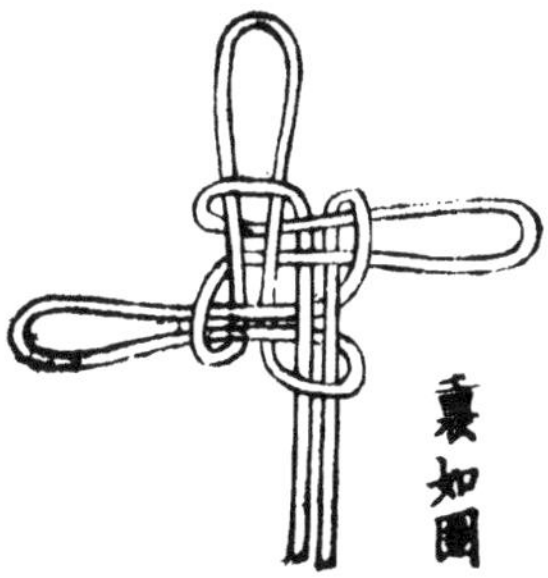

裏如圖

仝全

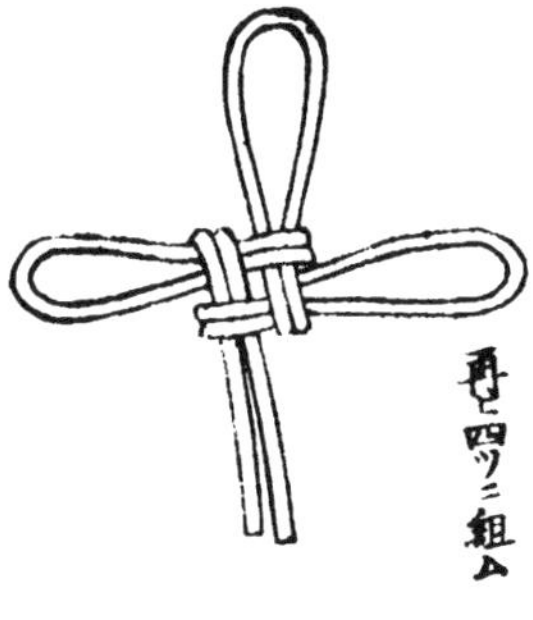

再ヒ四ツニ組ム

蝶結一

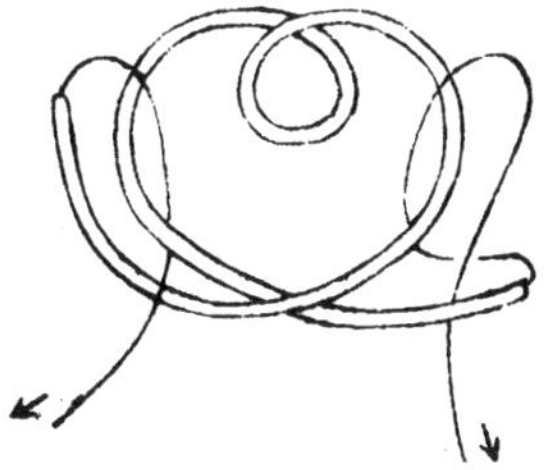

仝二

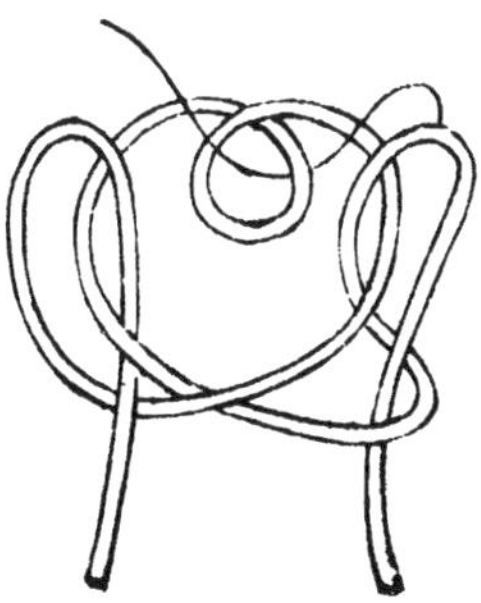

仝三

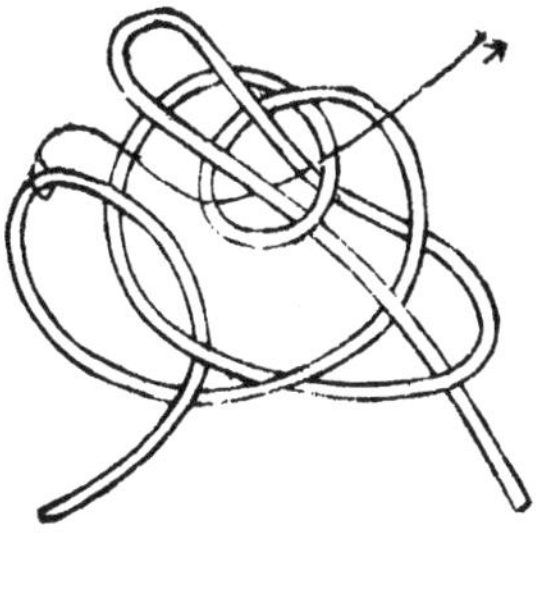

蝶結四

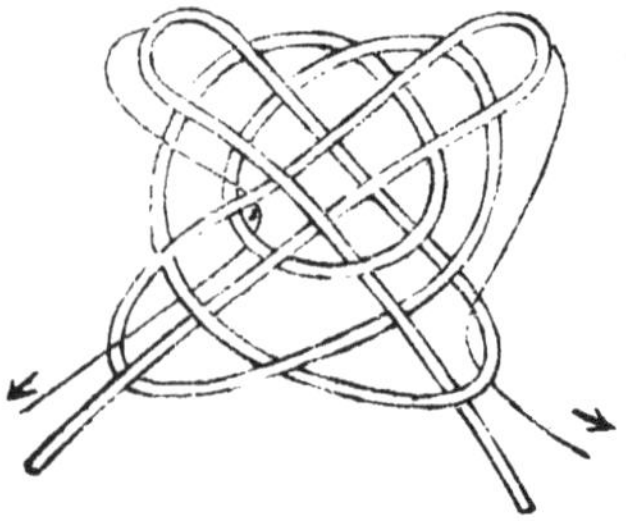

仝全

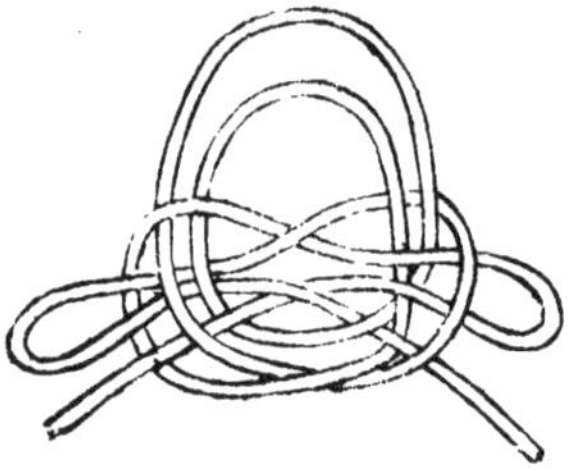

機結

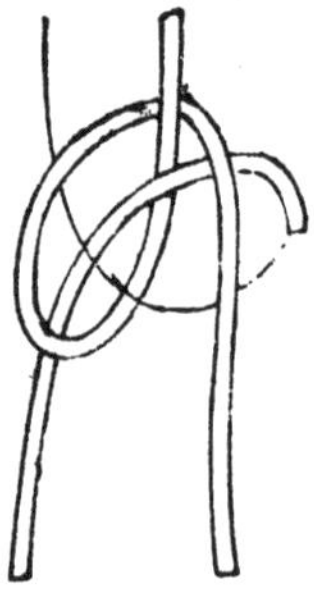

緒締一筋立

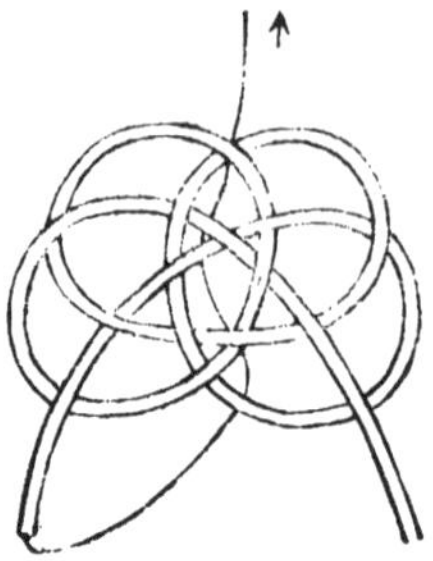

仝二筋以上一

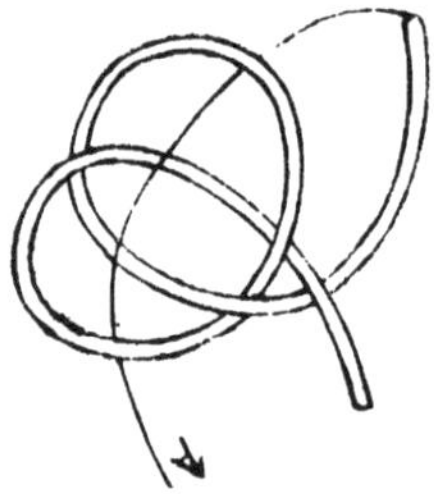

仝二

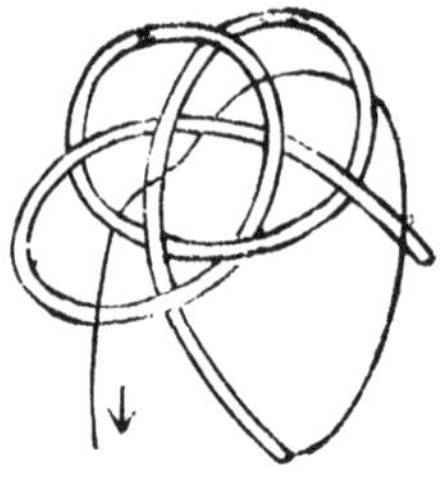

仝三

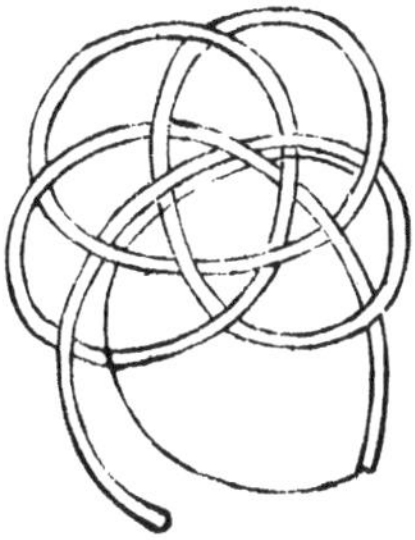

略緒締二筋以上

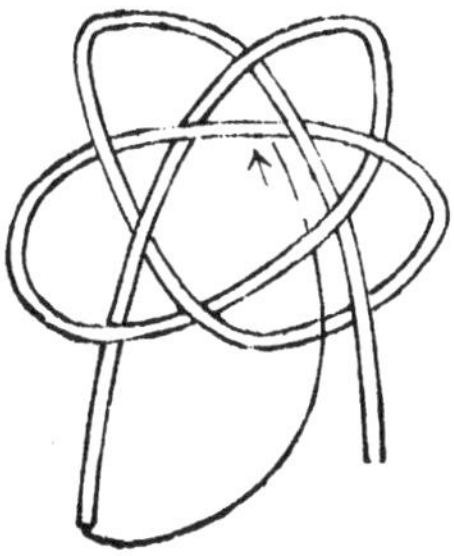

仝一筋立

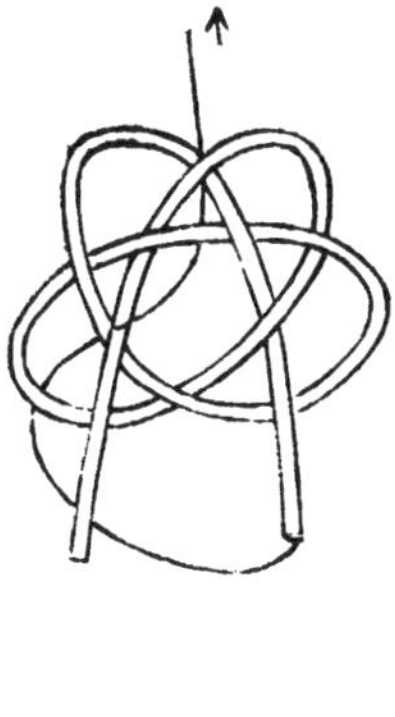

六方緒締一

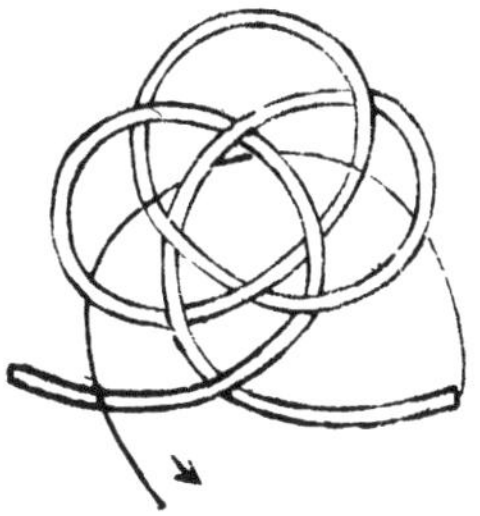

仝二

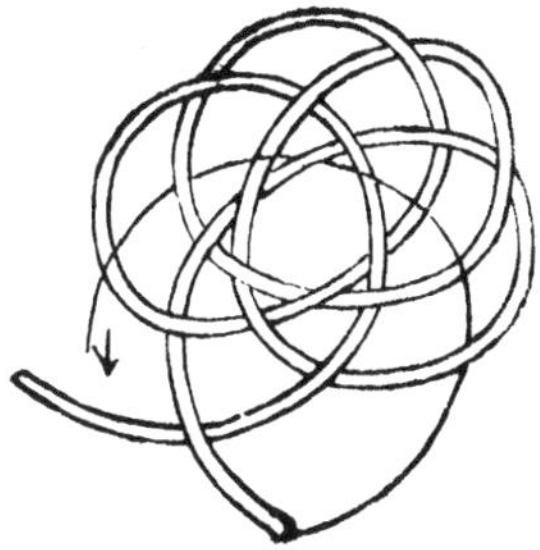

仝三

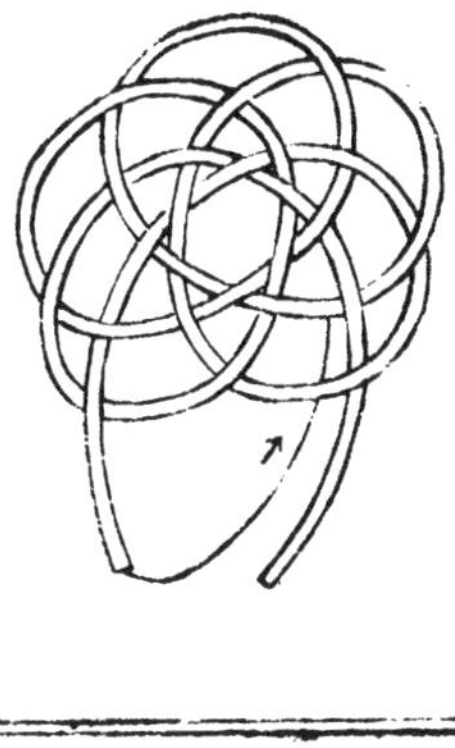

根付一

仝二

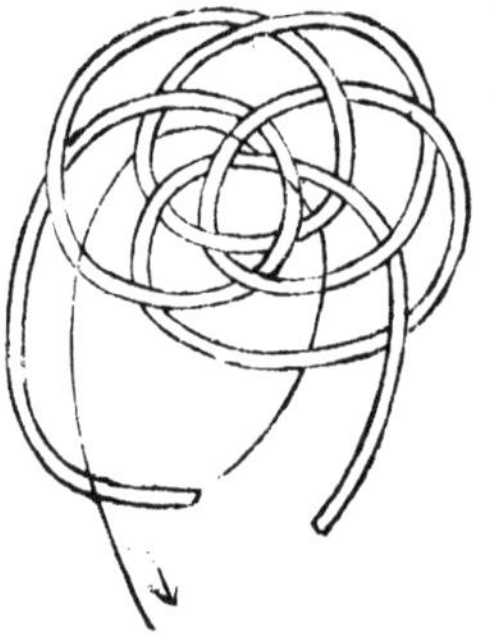

仝三

嚊結

小児ノ生レテヨリ七夜間ノ嚊ノ数ヲ取ルナリ

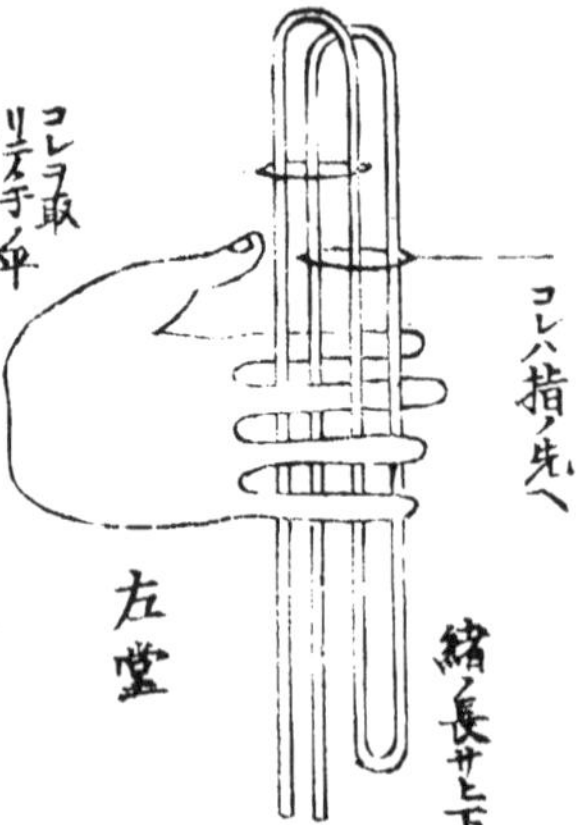

仝二

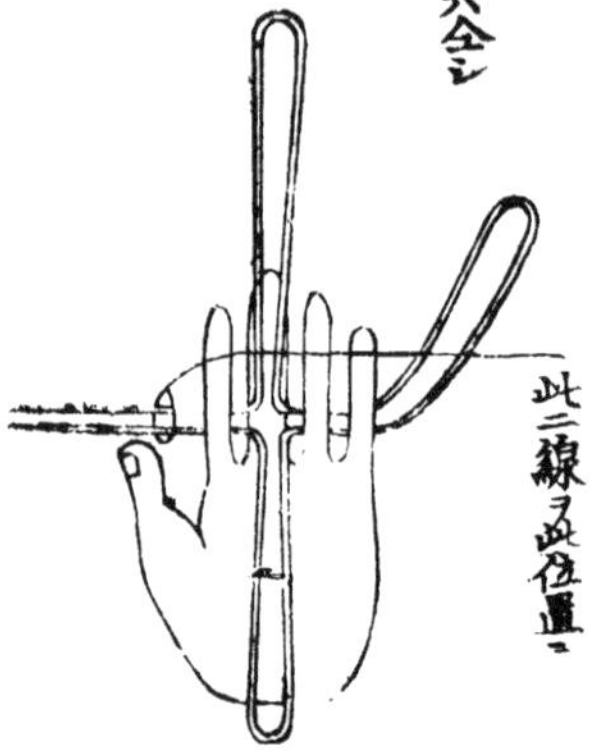

仝三

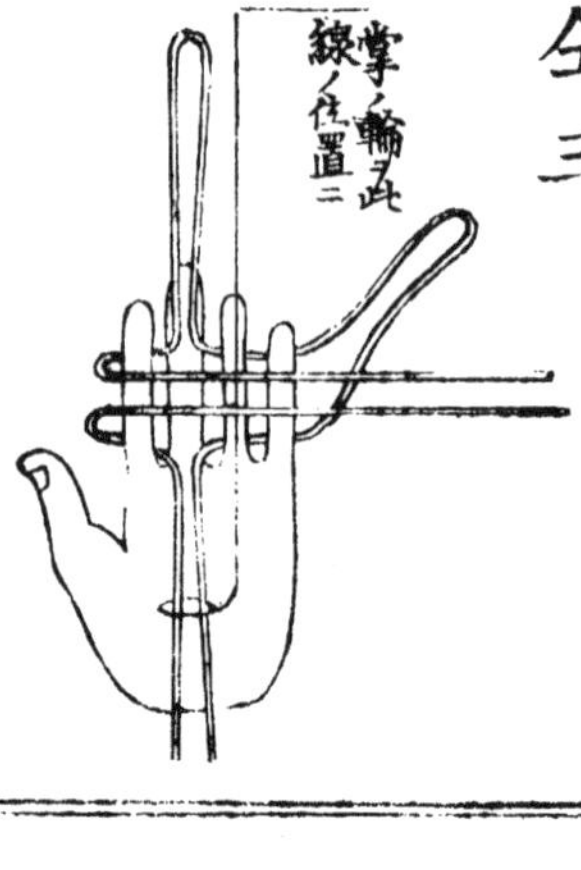

袋ノ口結様

仝四

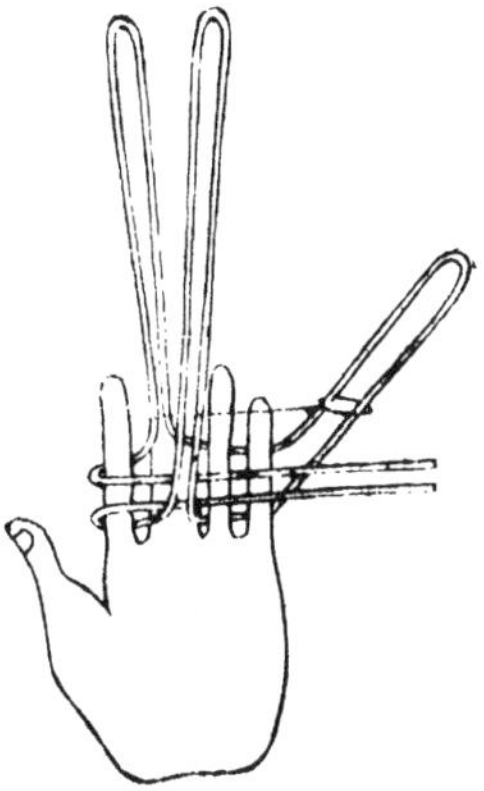

此輪ヲ此線ノ位置ニ横フ

仝五

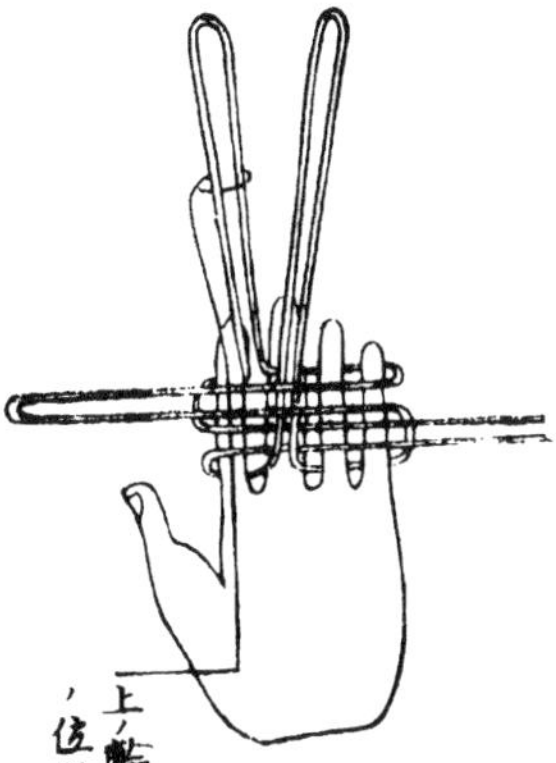

上ノ輪ヲ此線ノ位置ニ

仝全

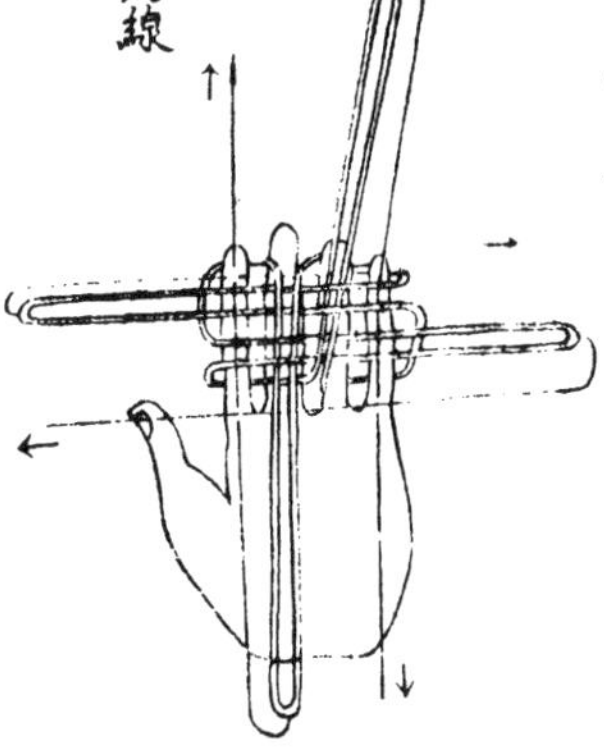

矢ノ如ク四ツニ組ミ其一ヲ三ニ組ツ重ヌルナリ

袋ノ口紐ハ其結方ノ何タルニ係ハラス左圖ノ如ク下結ヲスルナリ

梅結一

此線ノ如ク引出シテ輪二ツヲ作ル
此辺ヲ圓形ニナシ上ニ引上タ

仝二

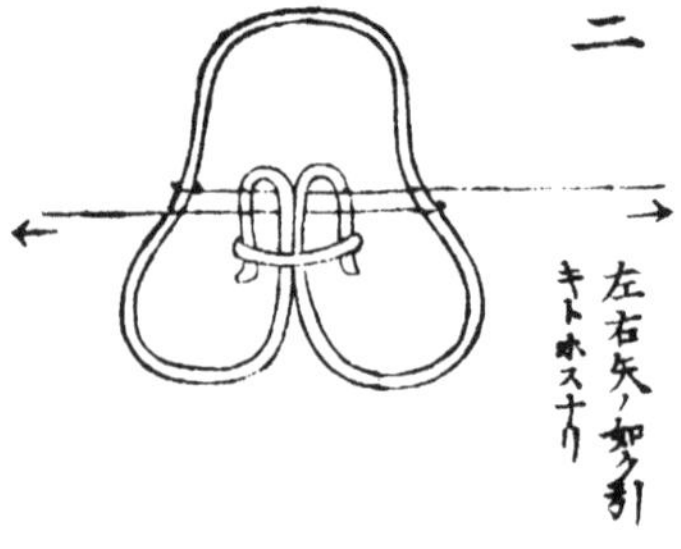
左右矢ノ如ク引キトホスナリ

仝全

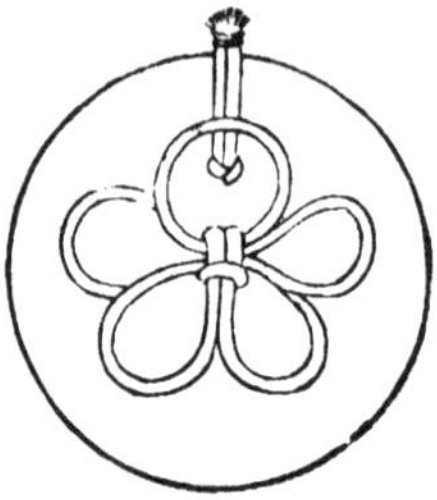

蜻蛉結一

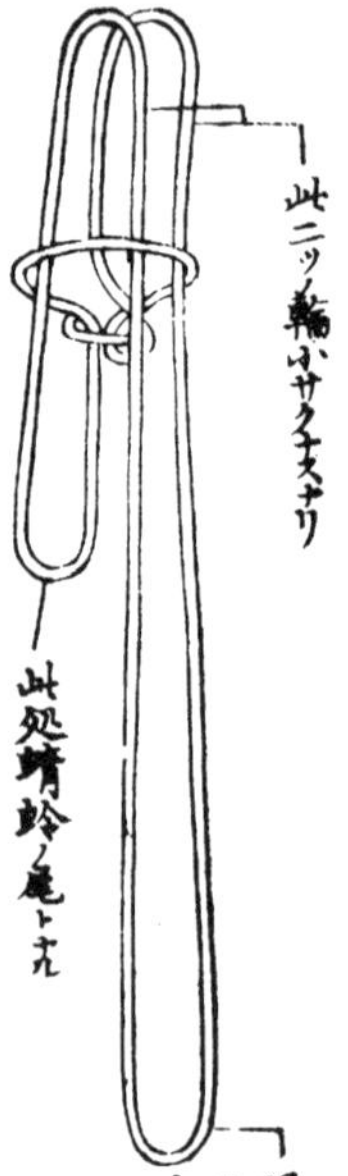
此二ツ輪小サクナスナリ
此処蜻蛉ノ尾トナル
此処梅結ノ如クニナシ円ヲ形リテ上ニ引キ上クルナリ

仝 二

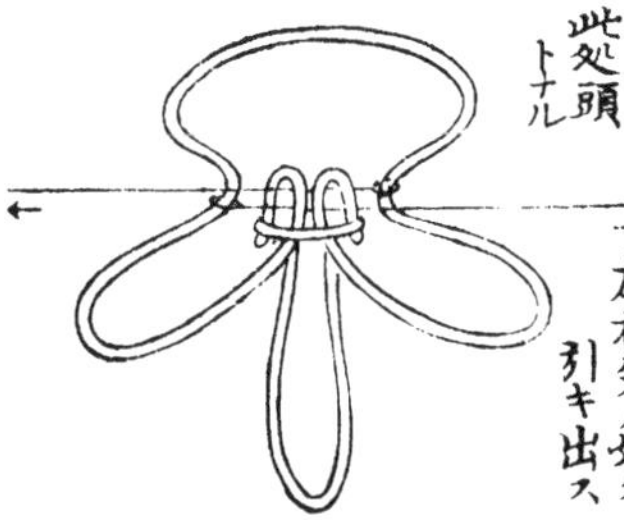

蟬結

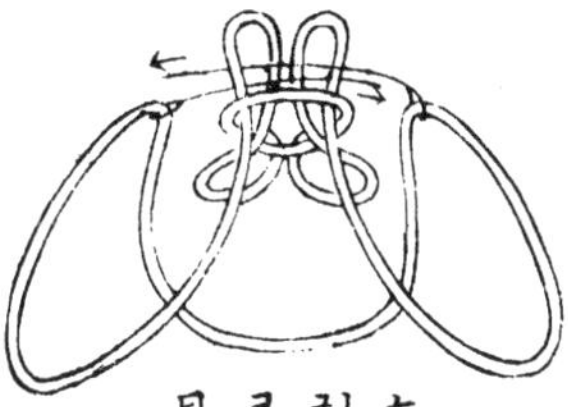

左右ヘ矢ノ如ク引出シテ小輪ヲ作ルコレ蟬ノ目ナリ

仝全

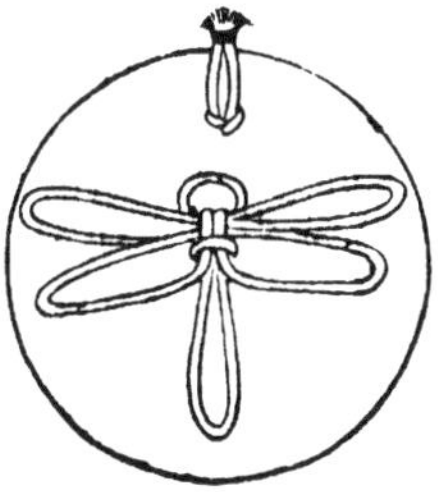

仝全

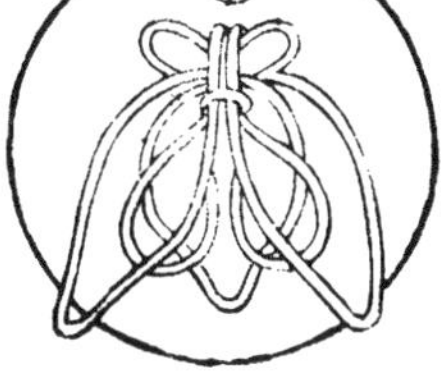

櫻結

結様梅ニ仝シ

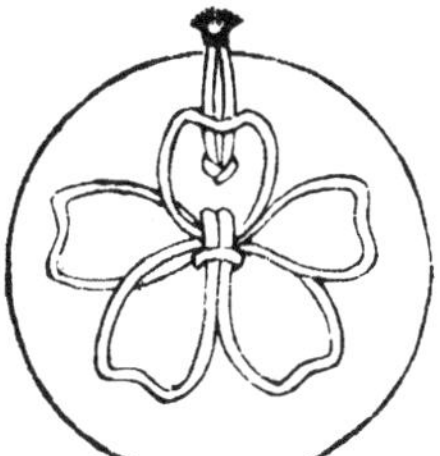

桔梗結

結様櫻ニ仝シ

蝶結

結様仝上

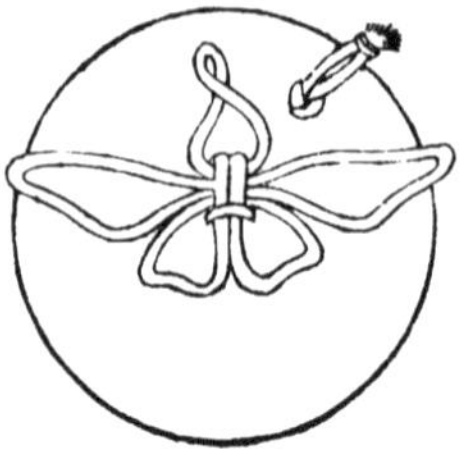

嘉多波美結

矢ノ如ク引出ス

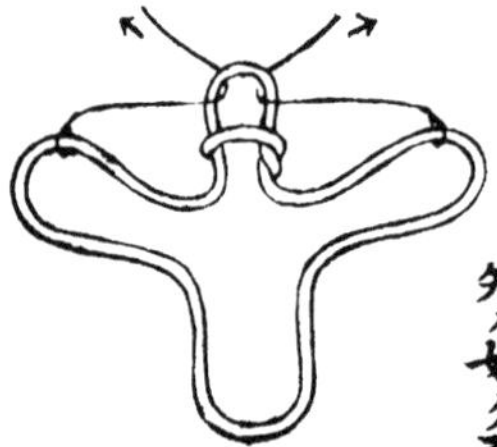

仝全

緒ノ短カキ時ニ結ブナリ

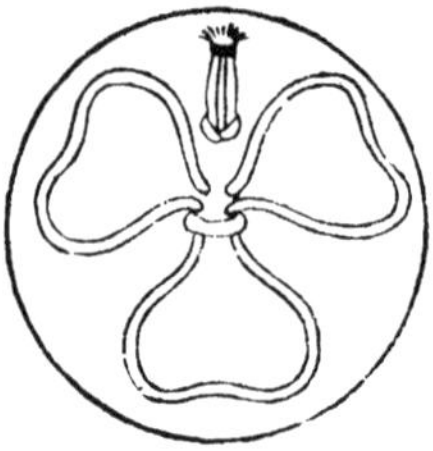

封結

下結圖ノ如シ

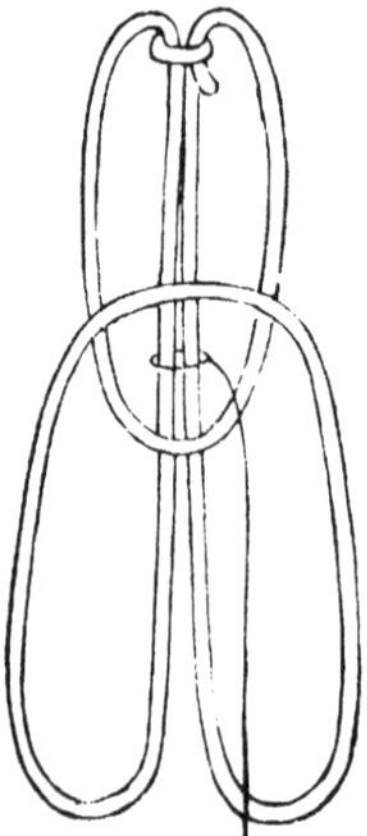

此辺ヲ取リテ引キシムルナリ

仝全

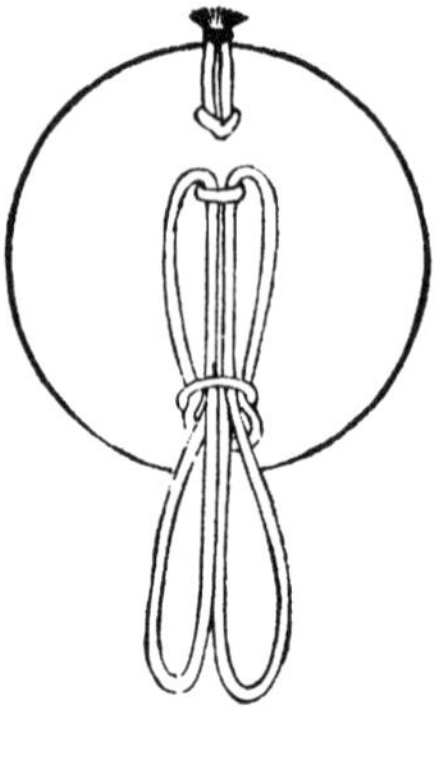

八重梅結一

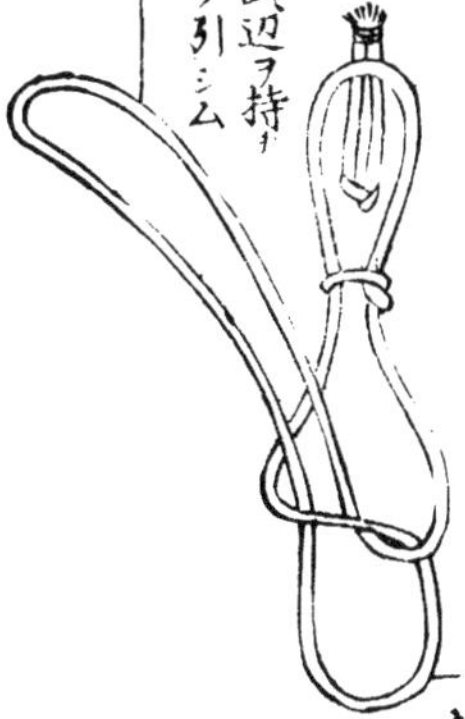

此辺ヲ持テ引シム

此輪ノ大サ見計ヘキナリ

仝二

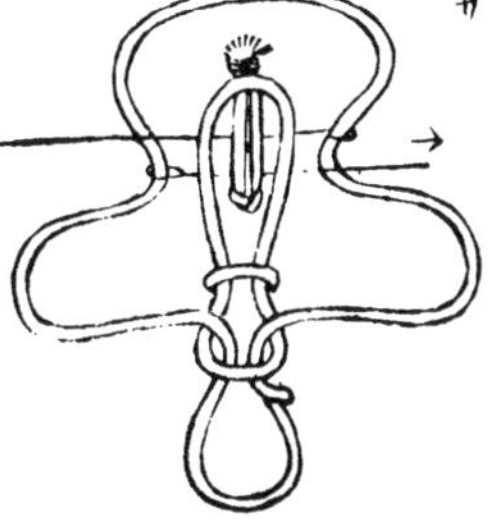

左右矢ノ如ク引出シ五ツノ英ヲ作ル

仝三

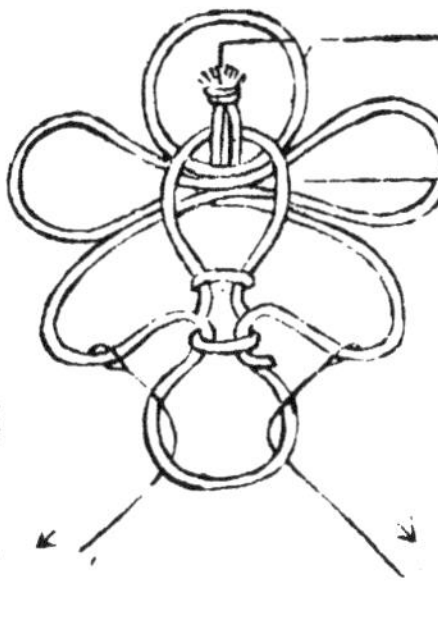

○此緒端ニ引キカクルナリ
圖ノ如ク輪ヲ○

上ノ輪ヲ矢ノ如ク引出ス

仝四

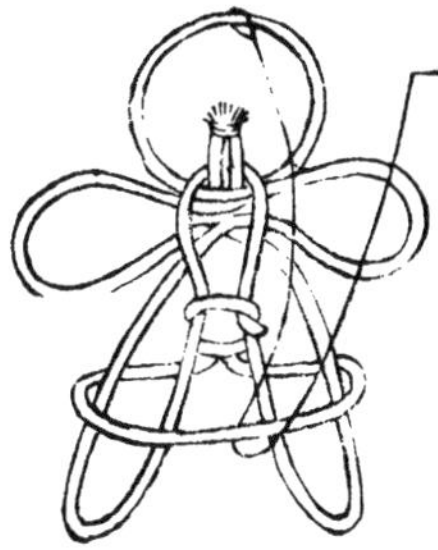

上ノ輪ヲ取リテ下ノ輪ヲクヾラセ下ノ輪ト共ニ再ヒ上ニ引戻ス

仝全

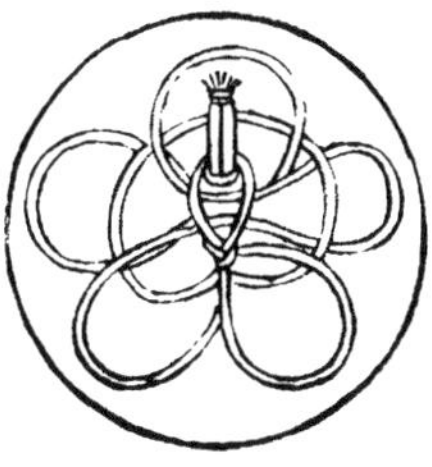

兎結一

結初ハ蝉ノ如シ
左右矢ノ如ク引通シ兎ノ耳ヲ作ル

コレハ耳ニナル

仝二

本ト同シ

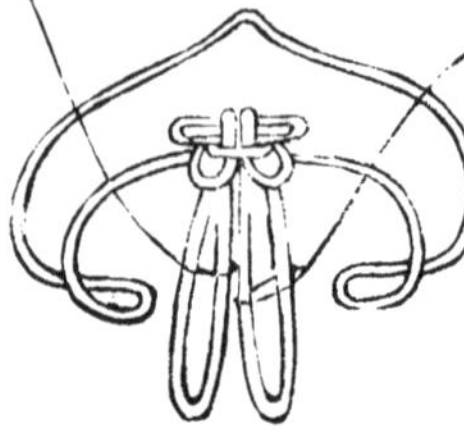

此輪ヲ線ノ通リ引キ上ゲ耳ヲ作ルナリ

仝全

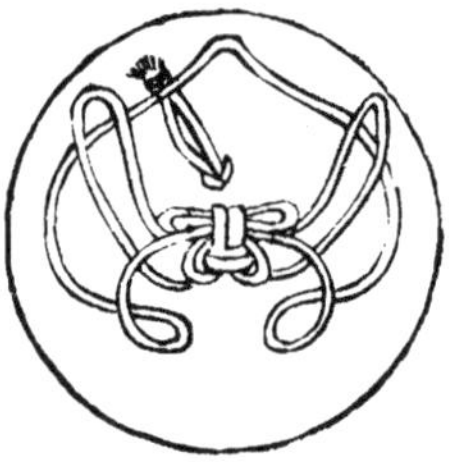

菊結一

下結図ノ如シ

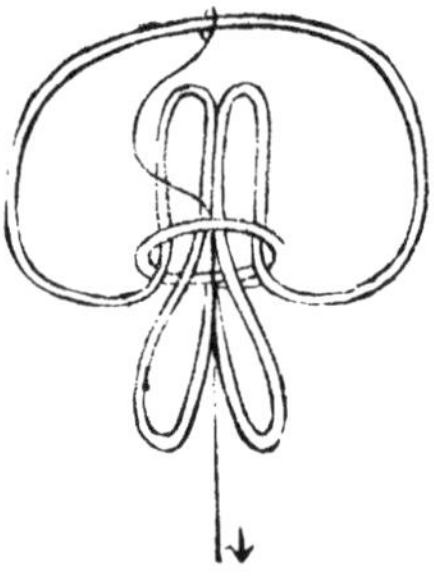

矢ノ如ク上ノ輪ヲ下ヘ引キ通セハ七英トナルナリ

仝二

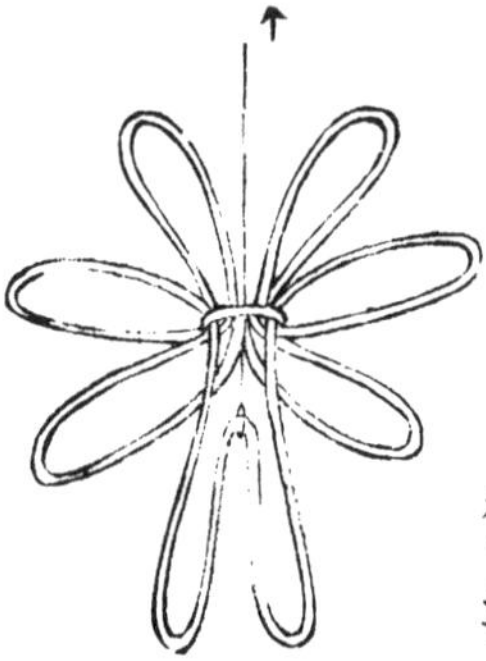

矢ノ如ク引キ上クレハ九ツノ英トナル

仝全

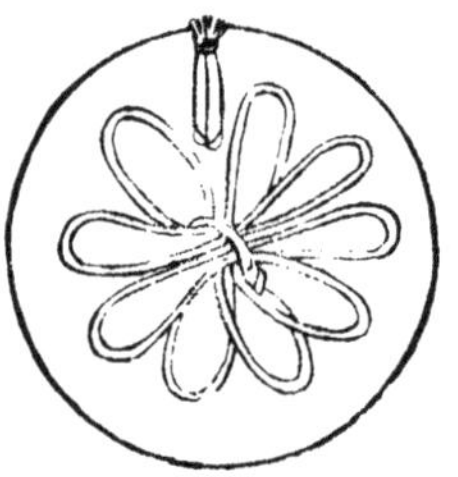

三輪結全

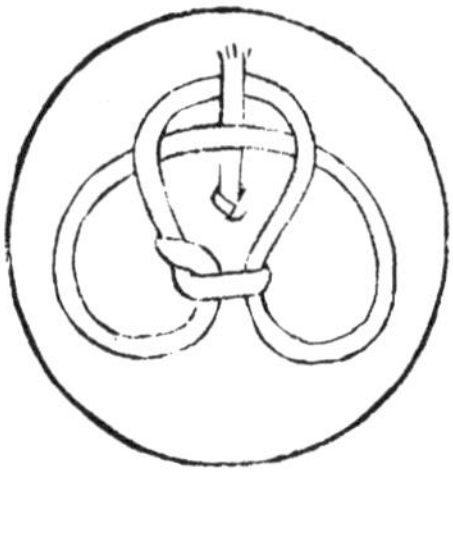

杜若結一

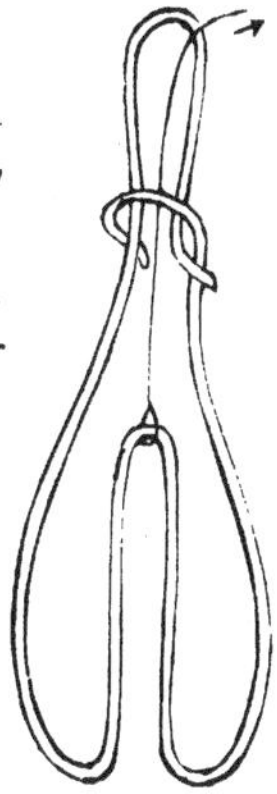

矢ノ如ク引キ上ケハ
四ツノ輪ヲナス

仝二

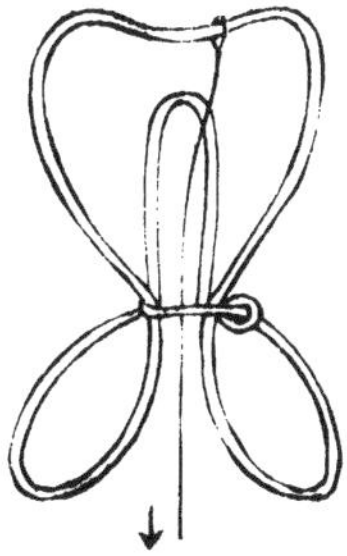

矢ノ如ク引通セハ六英トナル

仝三

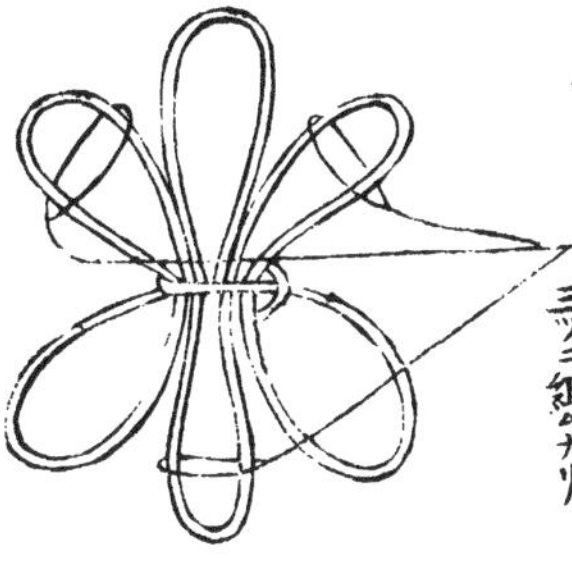

六英ノ内此三輪ヲ
三ツニ組ムナリ

仝全

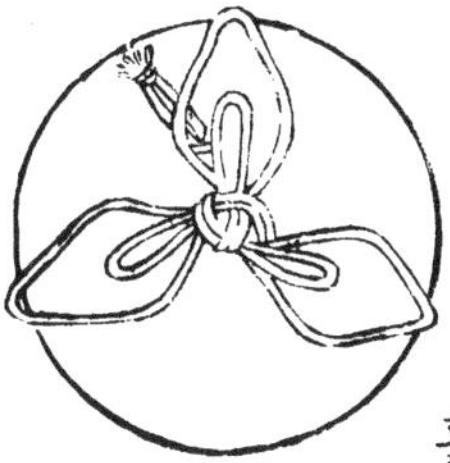

中ノ三組ノ廻ヲ引キ
立テ勢ヲ添フルナリ

長緒花結一

下結圖ノ如シ

上ノ輪ニテ二ツ下輪ニテ
三ツノ英ヲツクル下圖ノ如シ

仝二

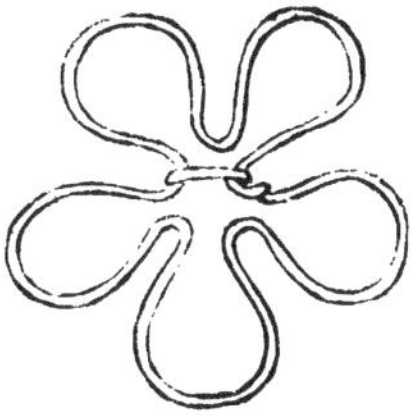

此五英ヲ五ツニ組ム

仝全

楓結一

緒端ヲ前ニナシテ結フナリ

下結如図

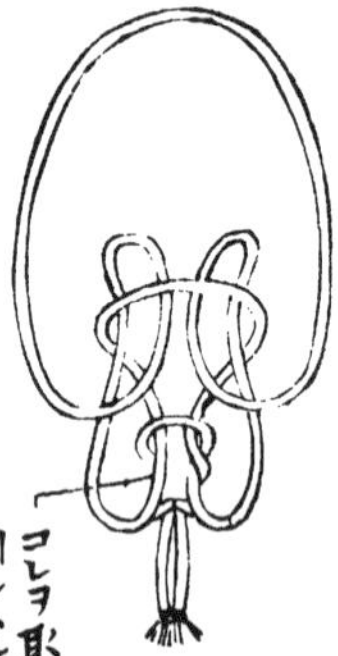

翁結

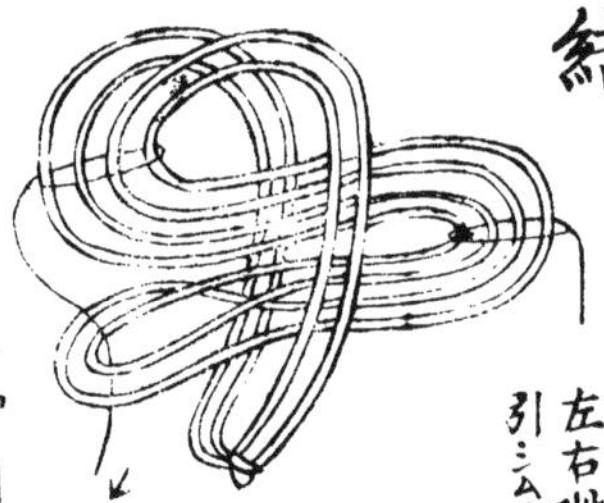

仝二

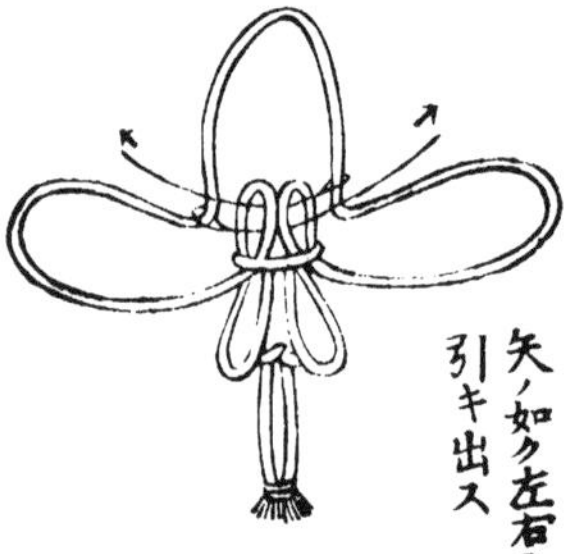

仝全

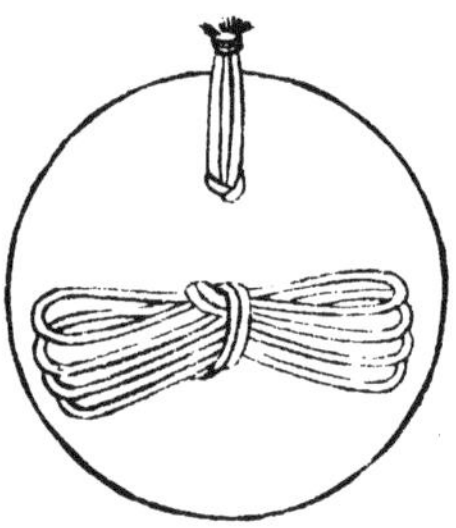

仝全

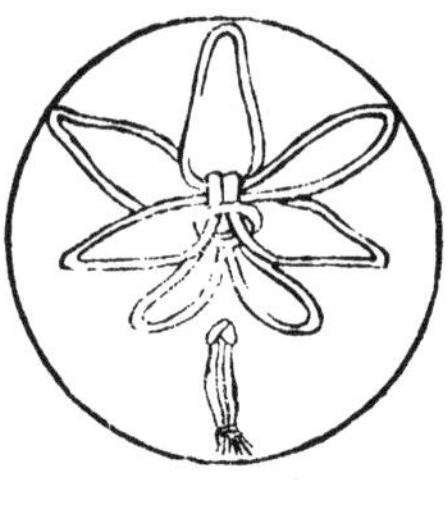

藤結一

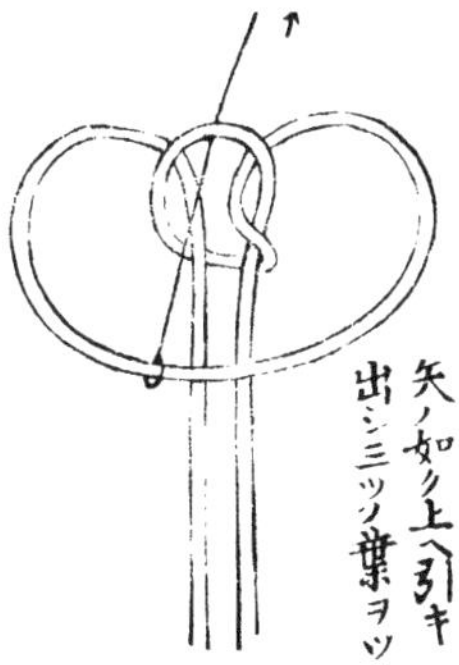

矢ノ如ク上ヘ引キ出シ三ツノ葉ヲツクルナリ

仝二

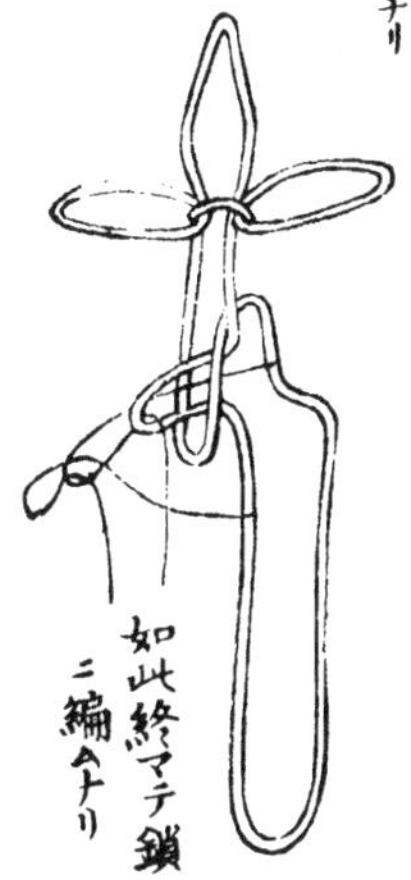

如此終マテ鎖ニ編ムナリ

仝全

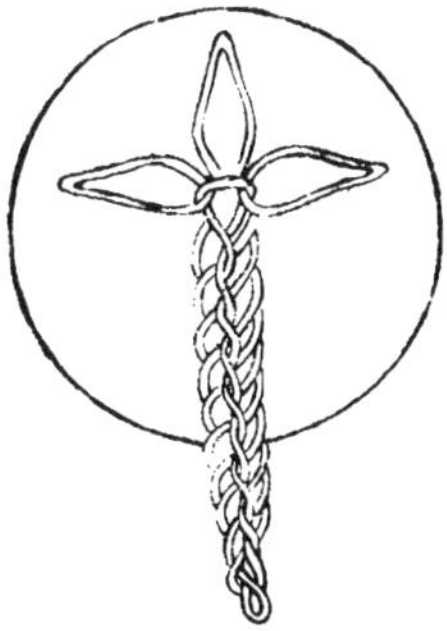

瓶子結

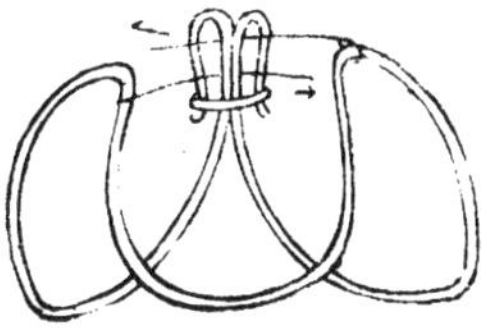

矢ノ通ニ引キ出シ形ヲツクル

仝全

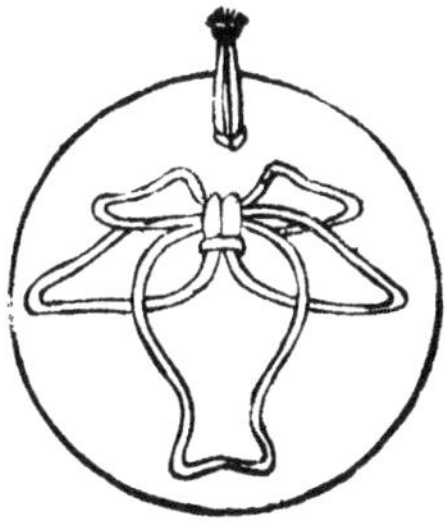

袋結

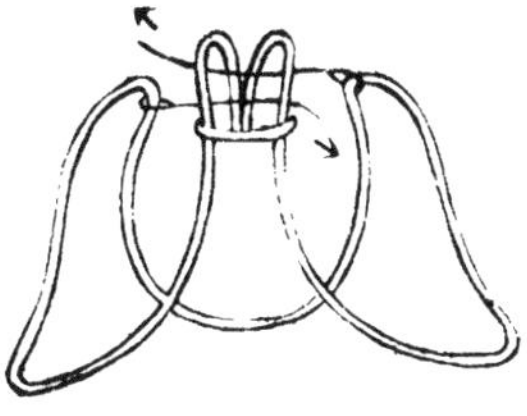

矢ノ通引出シテ全図ノ通形ヲ作ルナリ

仝全

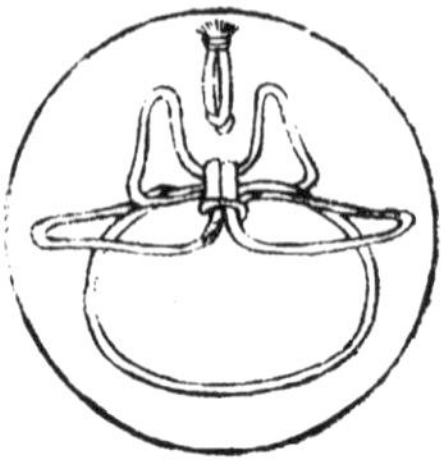

仝三

左右ノ輪ヲ上ニテ組違ヒ重ヌレハ四図ノ如クナル

千代久封一

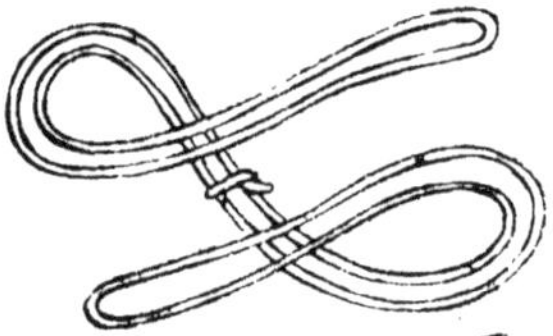

下結図ノ如シ左右輪ハ長サヲ仝シクナス左右ノ輪ヲ捻ケレハ下図ノ如クニナル

仝四

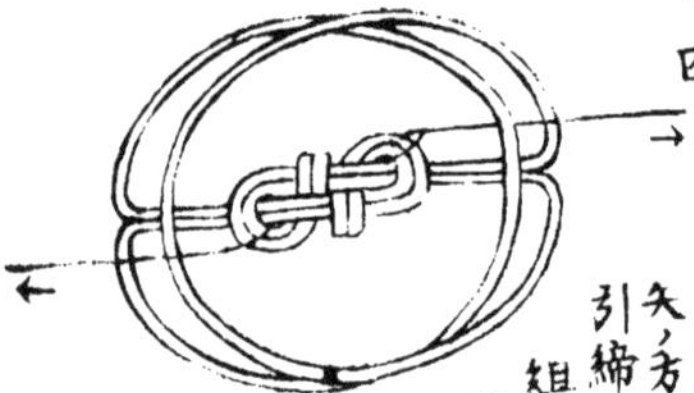

矢ノ方向ニ左右ヘ引締ムレハ上ノ組違ヒノ輪下結ノ元ニシマル也

仝二

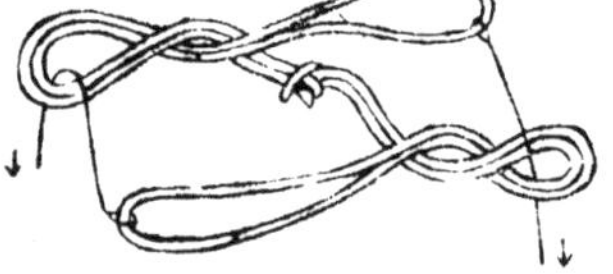

矢ノ如ク引キ通シ締ムレハ三図ノ如クナル

仝五

此輪此ノ如ク漸次シマリテ全図トナル

仝全

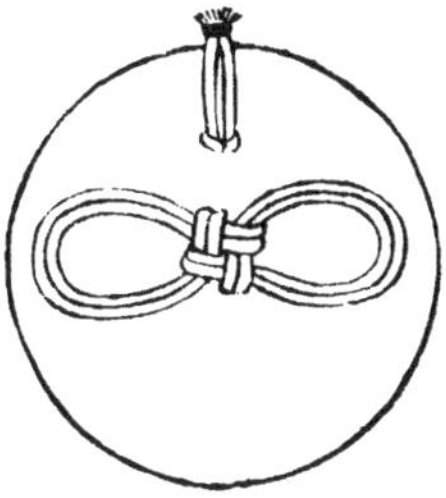

橘結一

下結圖ノ如シ

此緒ヲ引締ム

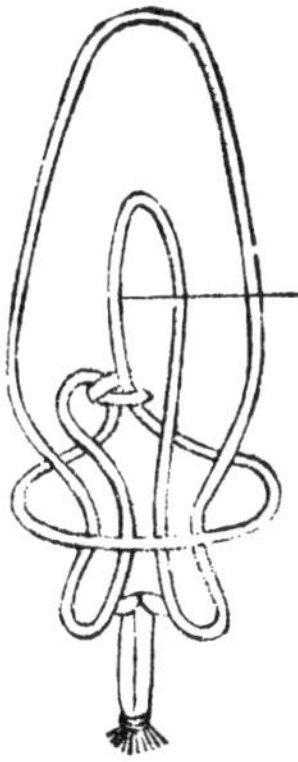

緒端ヲ手前ニスルコト楓結ノ如シ

羽子結

是ハ緒ノ短カキトキニ結ブ

矢ノ如ク引出セハ膝ノ葉ノ如クナル

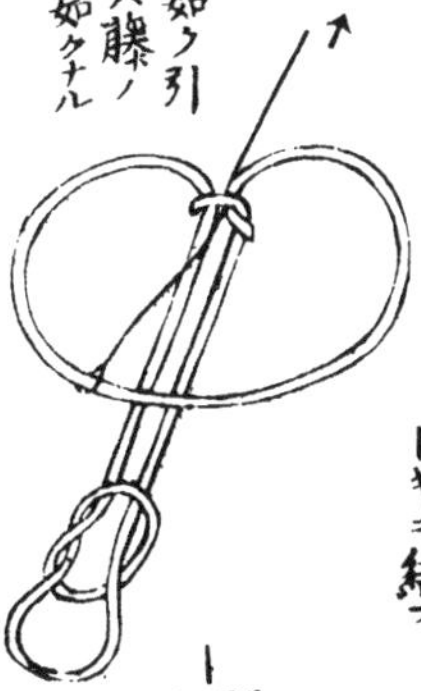

羽子ノ玉

仝二

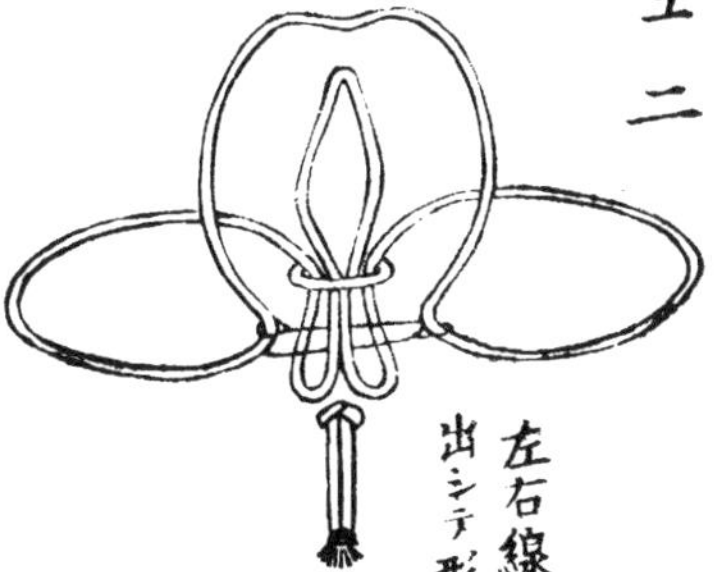

左右線ノ如ク引出シテ形ヲ作ル

仝全

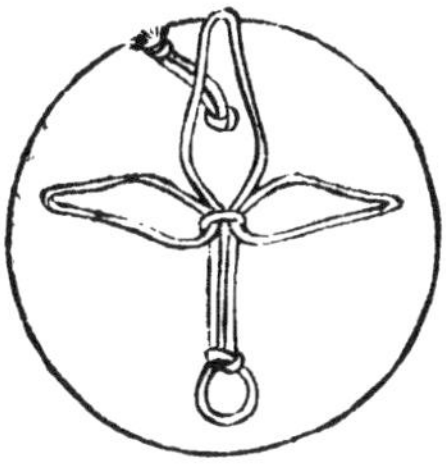

仝全

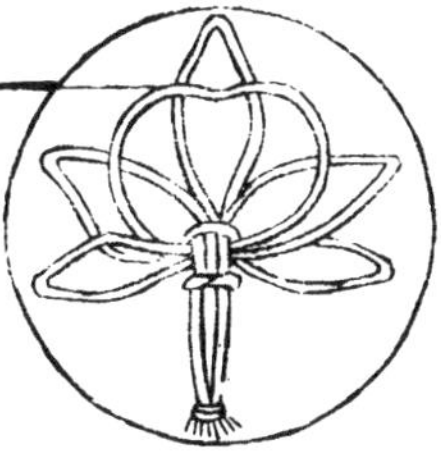

此實ハ少シク起シ置クナリ

雁結一

鶴結

下結梅ト同シ

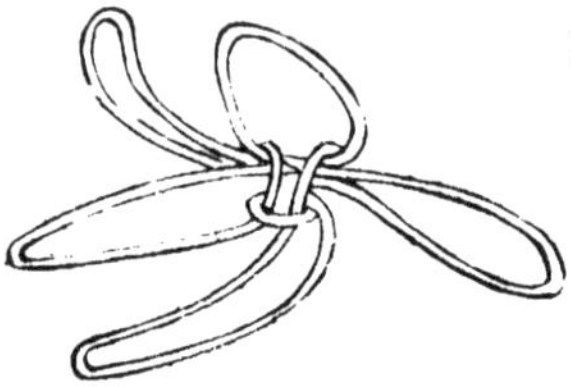

仝二

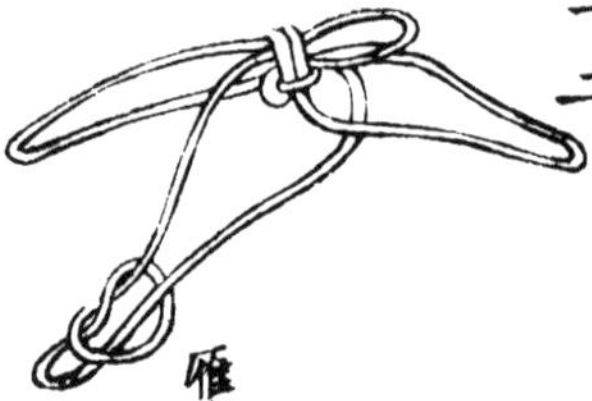

仝全

仝全

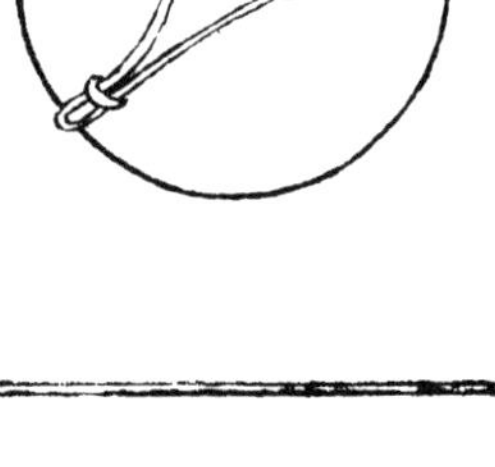

雪笹

結方蜻蛉ト仝シ雪ノ輪ヲ大ニスヘシ

雪笹全

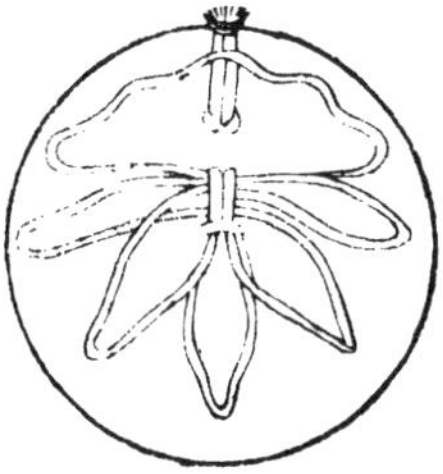

文筥ノ緒結様

真淡路

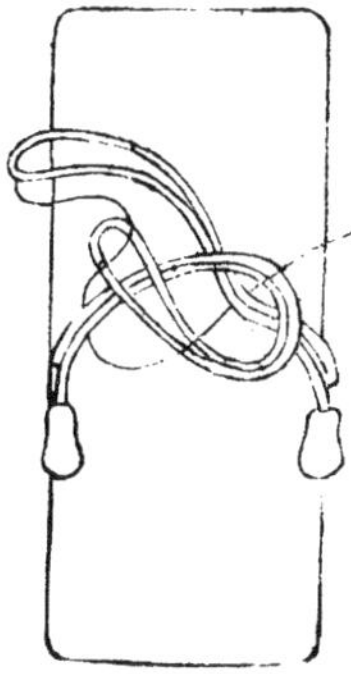

一夫ノ如ク引通シテ結フ

仝全

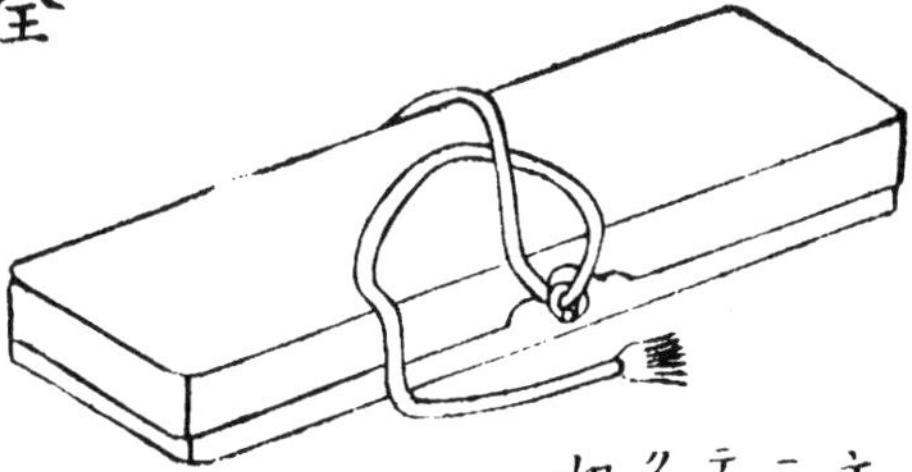

文筥中世ハ紐ヲ左ノ一方ニノミツケテ右方ノ環ニ通シテ結ヒシナリ紐ヲ右ノ方ニツクルモ妨ケナシ後世ハ下図ノ如ク両方ニ紐ヲ着クルナリ

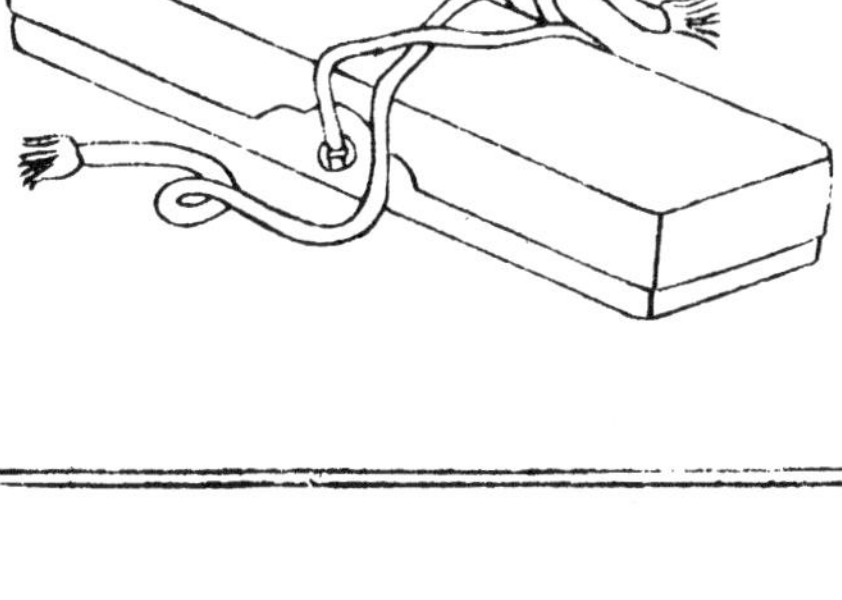

行三組

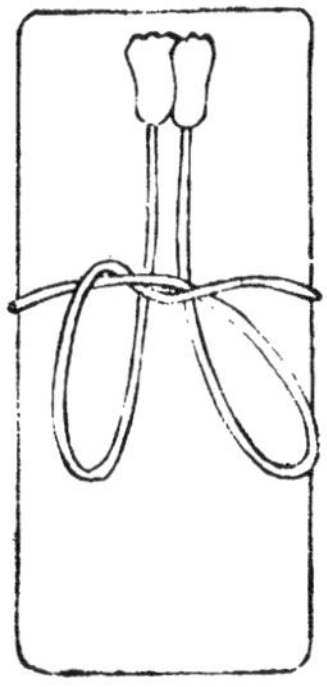

仝全

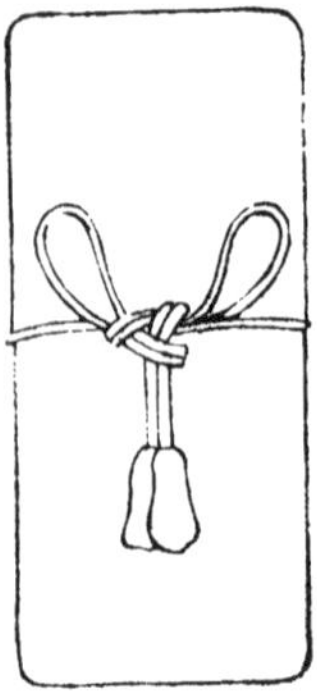

草諸結

此処ヘ引出ス

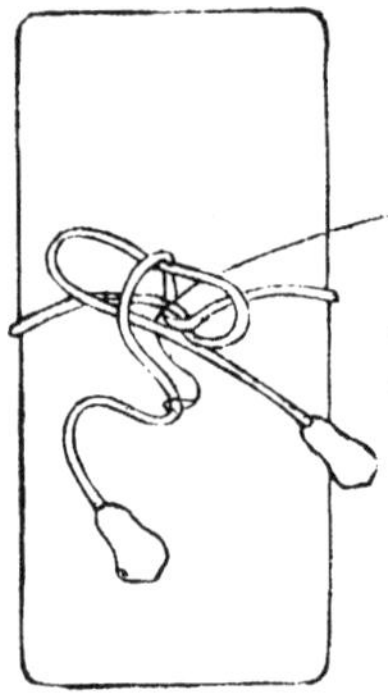

仝全

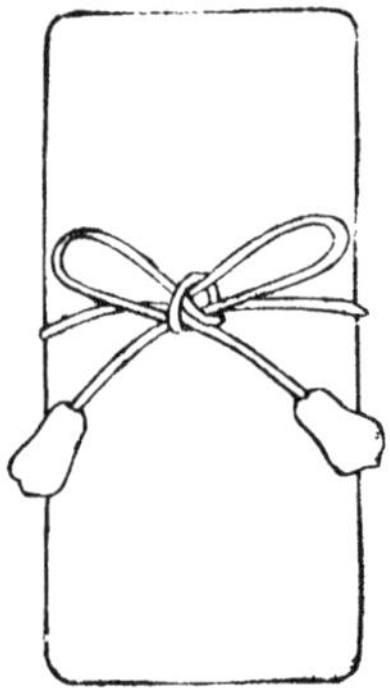

四組

上下四ツノ輪ヲ四ツニ組ミ
英ノ形ヲ作リ少シク上ニ起ス

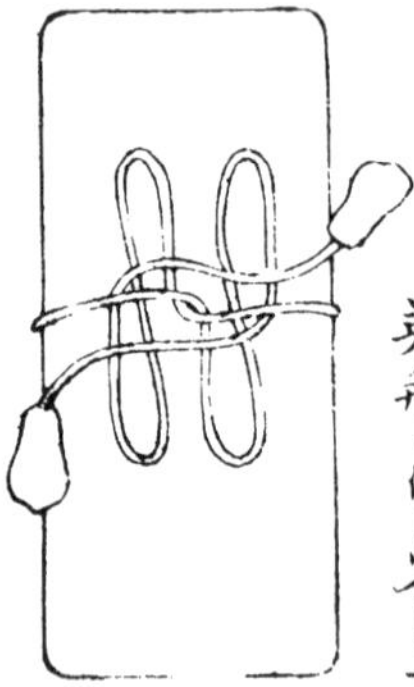

仝全

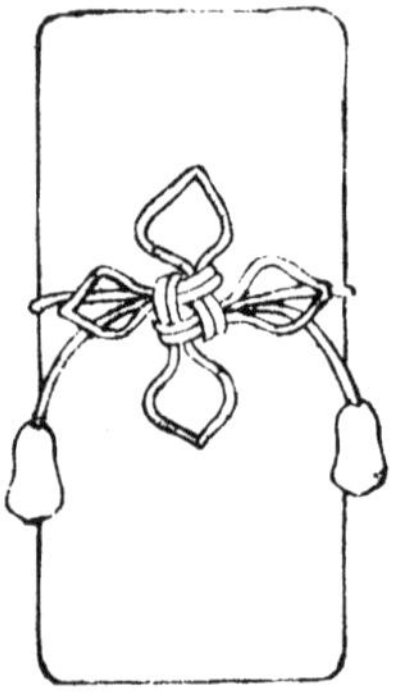

蝶結一

矢ノ如ク下ヘ引通ス

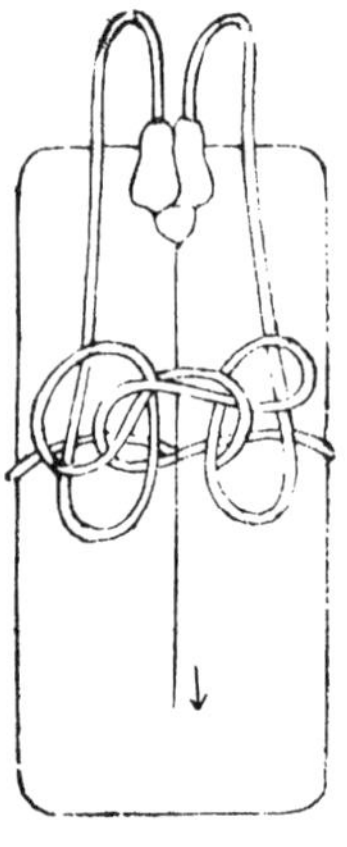

仝二

両端ヲ取リテ
再ヒ上ハ通ス、

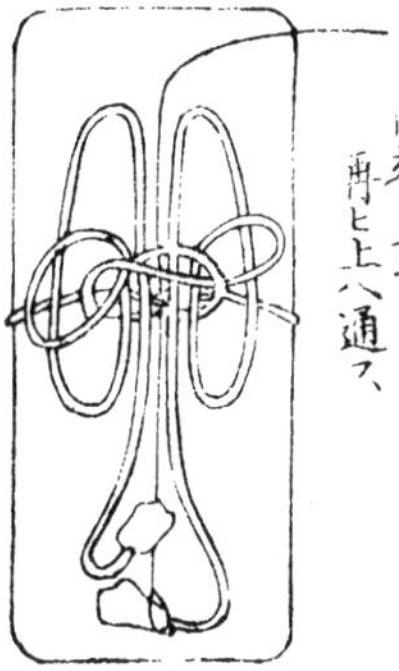

三組蝶一

図ノ如ク輪ヲ上下ニ打違ヘ
上ノ輪ニツハ上羽トナル

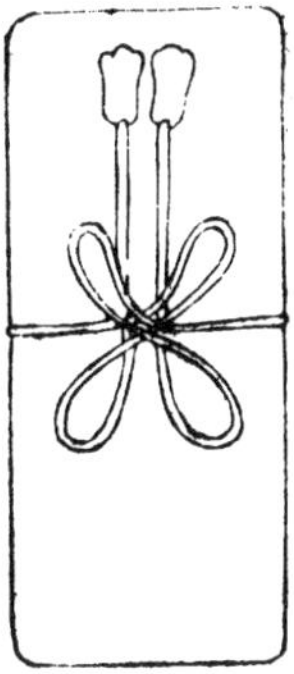

仝三

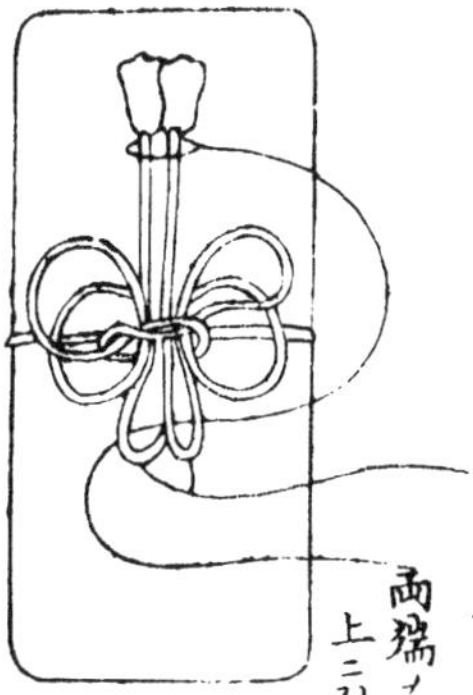

此ニ輪ヲ重子
両端ノ引通スナリニカシテ
上ニ引返セハ全図ニナル

仝二

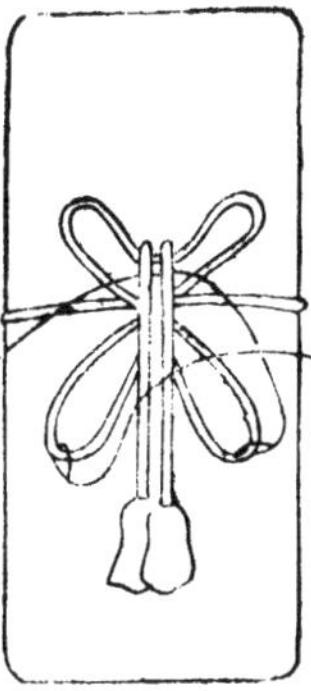

此輪ヲ右ヘ

此輪ヲ二條ノ緒ノ
下ヲ通シテ引シム

仝全

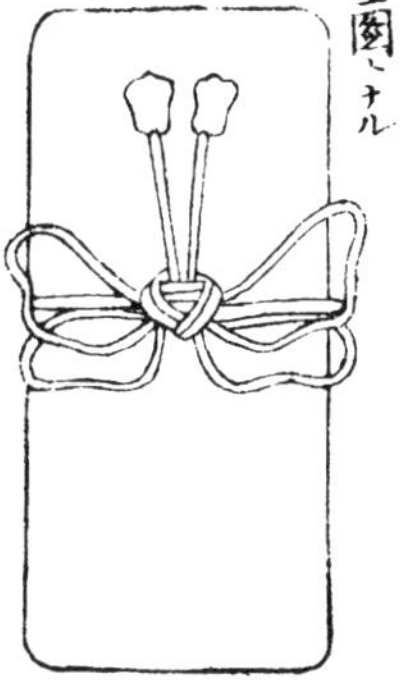

仝全

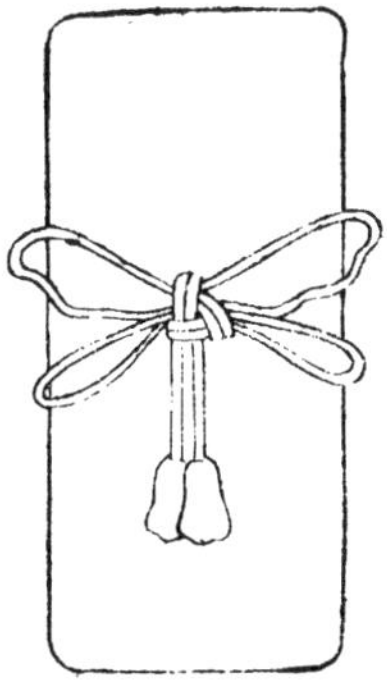

封結一

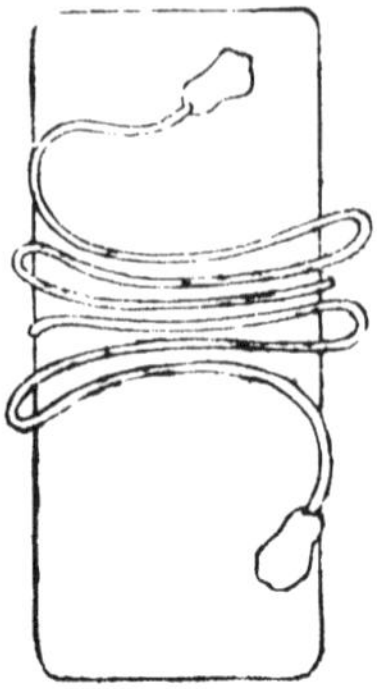

仝全

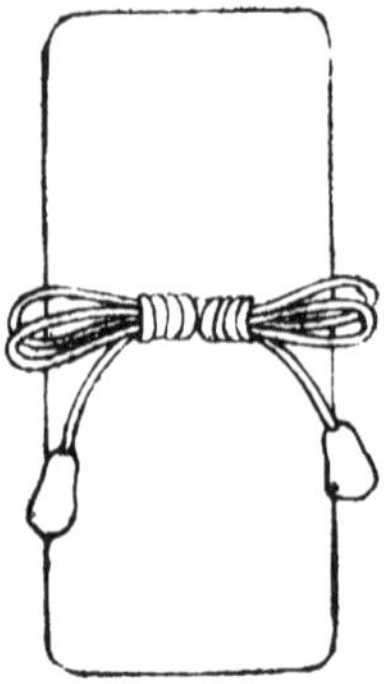

仝二

左右ヨリ中ヘ巻キ寄スル

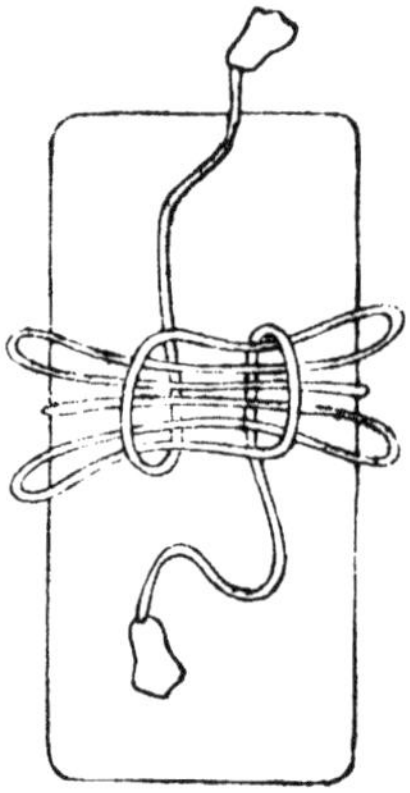

革文筥長紐結一

外方ニ巻キ両端ヲ上下ヨリクヾラセテ引シムルナリ

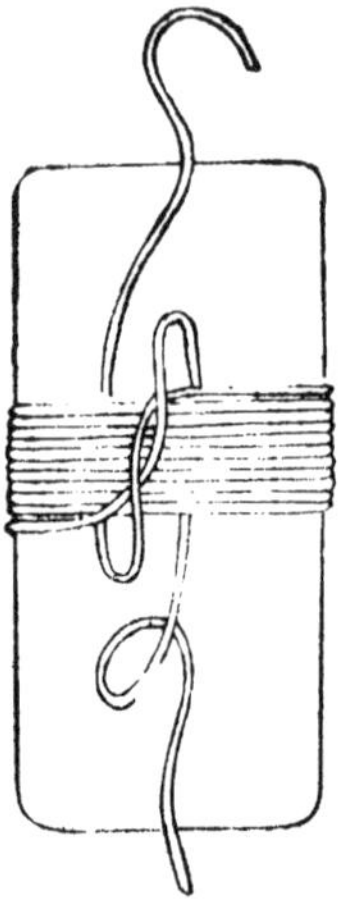

仝三

中ニテ一結シ左右ヘ引通シテ結フナリ

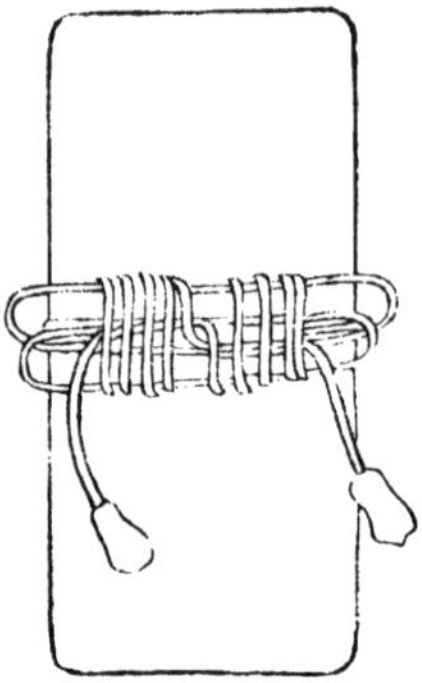

仝二

緒ノ端ヲ叶或ハ五行露等ニ結フ

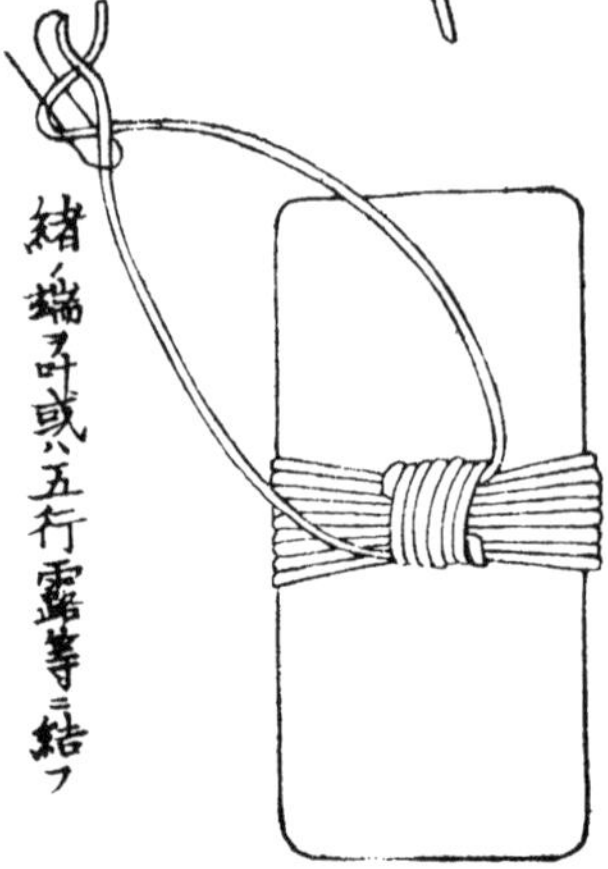

仝全

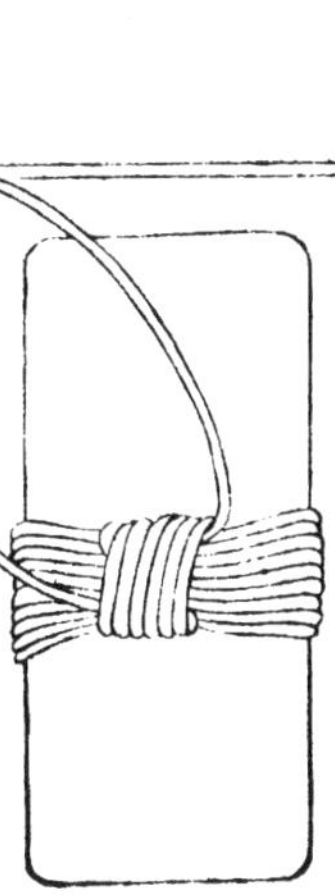

千代久封　一

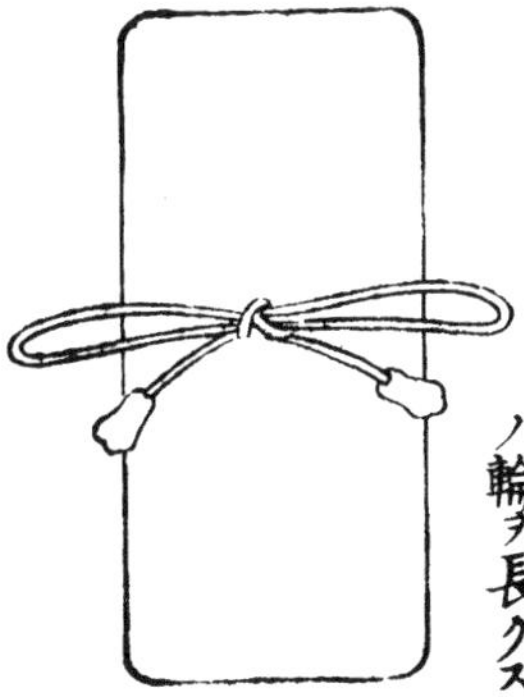

諸結ニナシ左右ノ輪ヲ長クス

仝　二

両輪ヲ図ノ如クナシ

仝　三

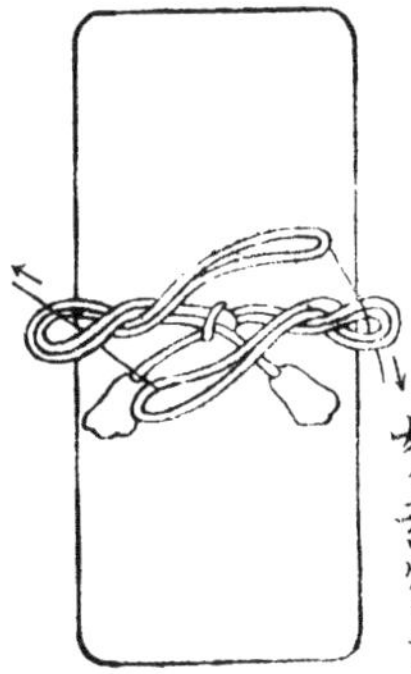

両端ヲヒネリテ左右矢ノ如ク引出シシムレハ下図ノ如シ

仝　四

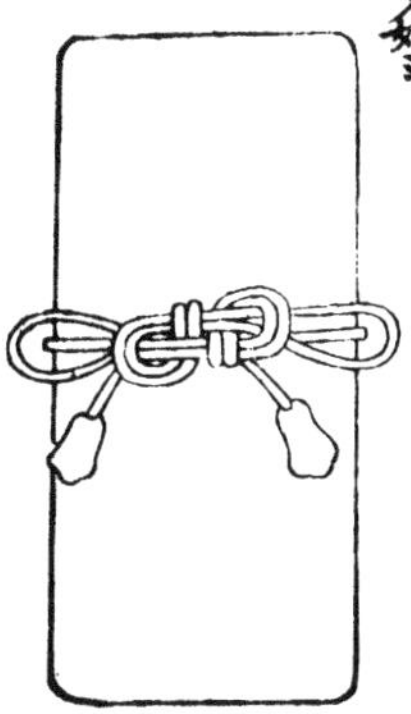

左右両端ヲ結上ミテ組合ハスレハ下図ノ如シ

仝　五

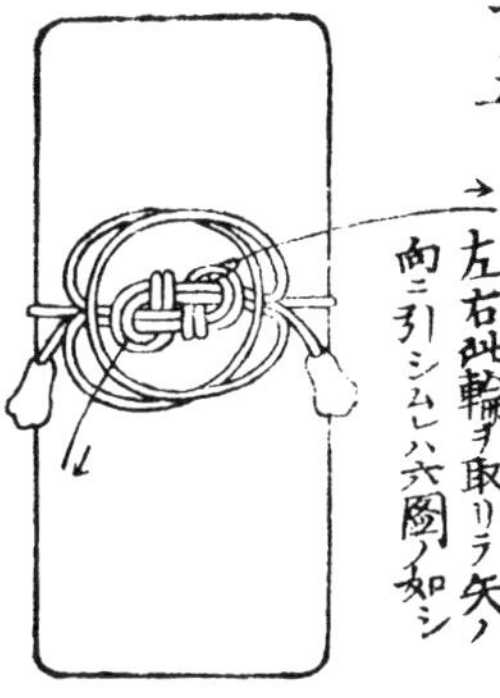

左右此輪ヲ取リテ矢ノ向ニ引シムレハ六図ノ如シ

仝六

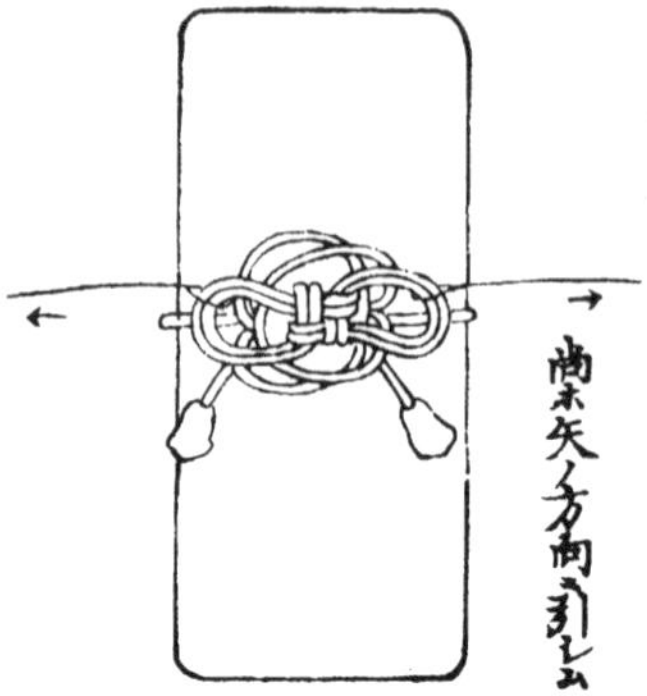

仝全

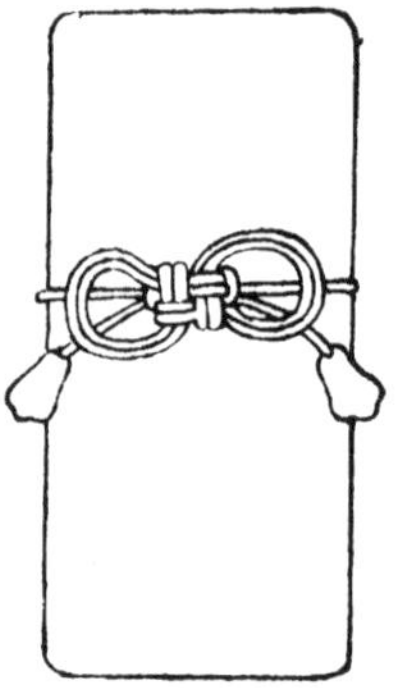

五節句梅結一

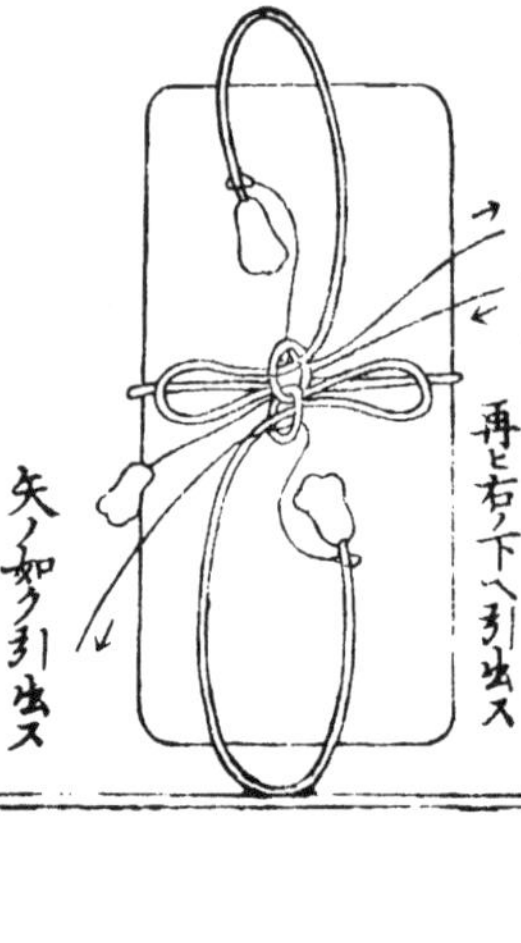

仝二

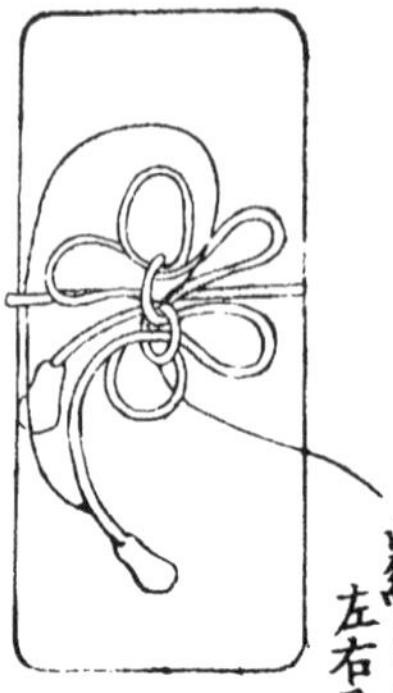

仝三

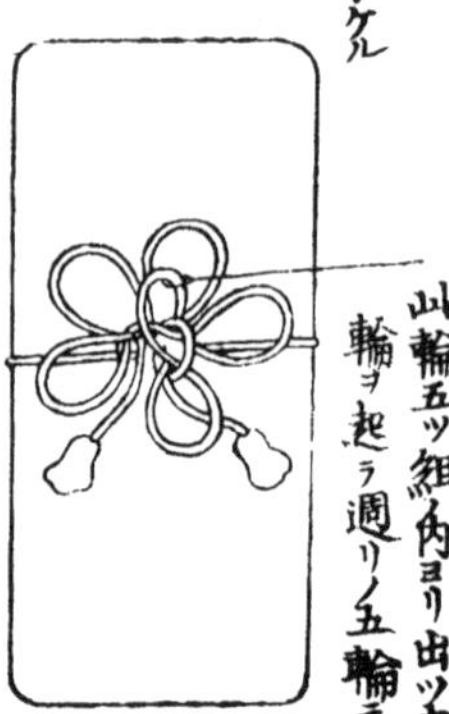

此輪五ツ組内ヨリ出ツ中ノ
輪ヲ起シ廻リノ五輪ニテ組

仝全

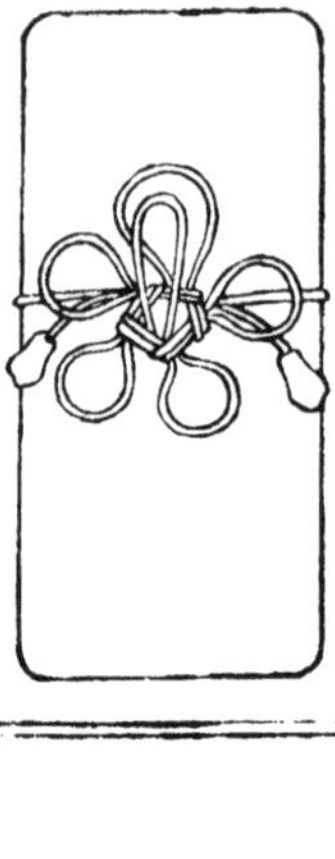

櫻結 一

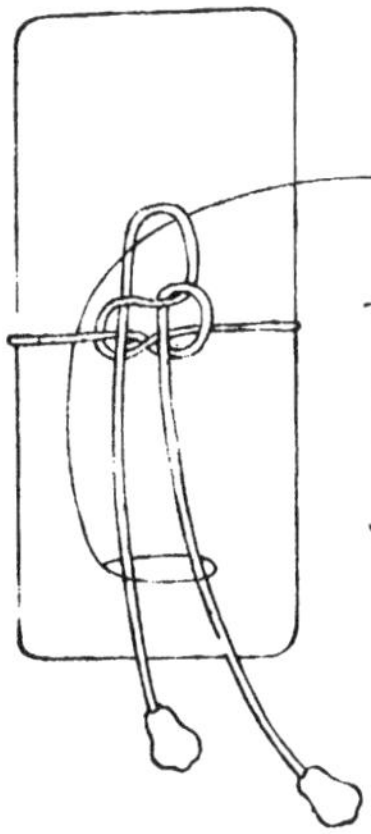

矢ノ如引通スヘケレ𪜈左ノ緒長キ故ニ下圖ノ如クカラム

仝 二

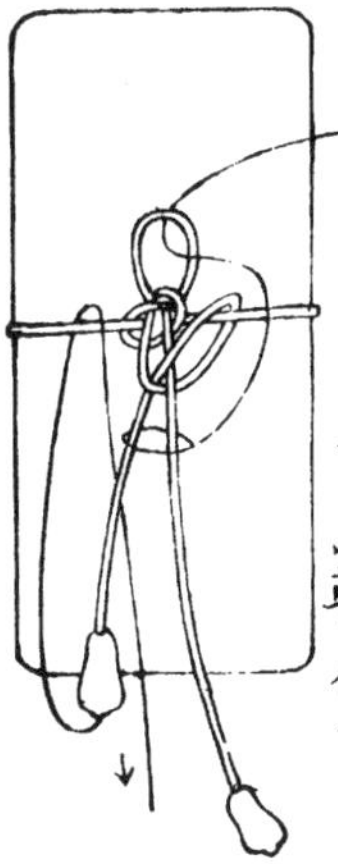

左ノ緒尚長キ故ニ再ヒカラム
二條ノ一部ヲ取リテ上輪ヲ通シ
二ツノ小輪ヲ作ル

仝 三

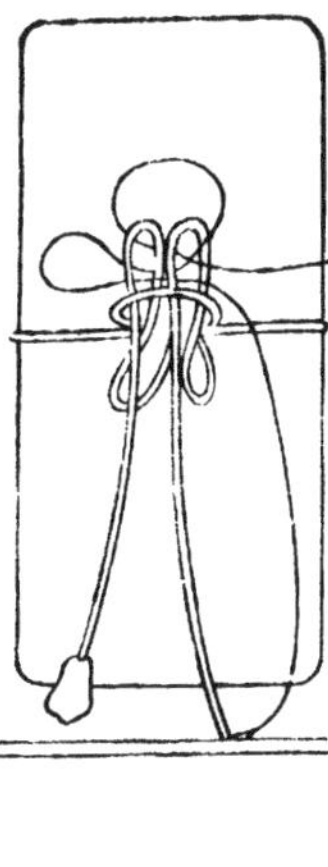

此ノ如クくゝラセ房ヲ右ノ方ヘユス

仝 四

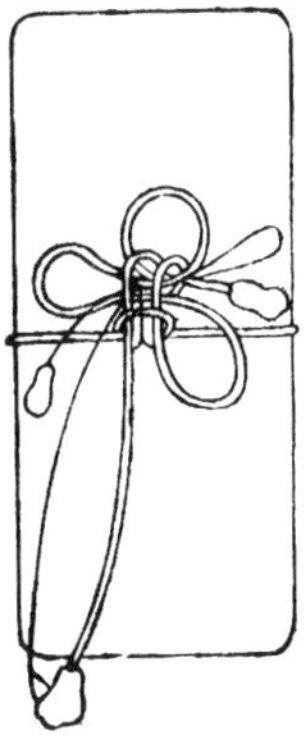

短カキ緒ニテ圖ノ如ク輪二ツ拵ヘ引シメテ英ヲ作ル

仝 全

菖蒲結

真結ニシテ梅ノ如シ
此三英ヲ組ミ合ハスナリ
此三組ハ少シク引立
勢ヲ添ヘルナリ

仝全

桔梗結

結方櫻ニ仝シ

菊結

圖ノ如ク左右ニ數十輪ヲ出シ中ノ真ムスビヲ引締メ一ツ置ニ五ツノ輪ヲ引 五五ツ組ニシテ形ヲツクル

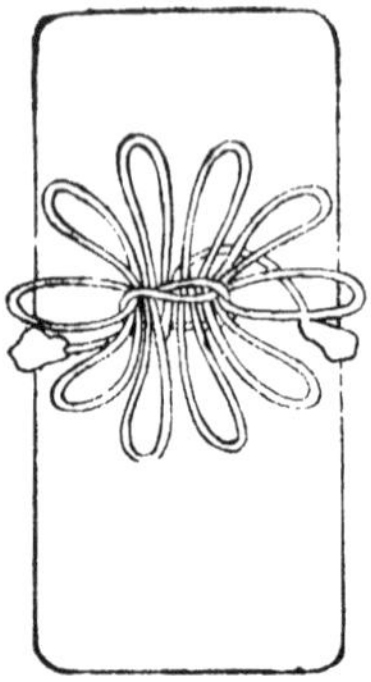

仝全

文箱袋入真一

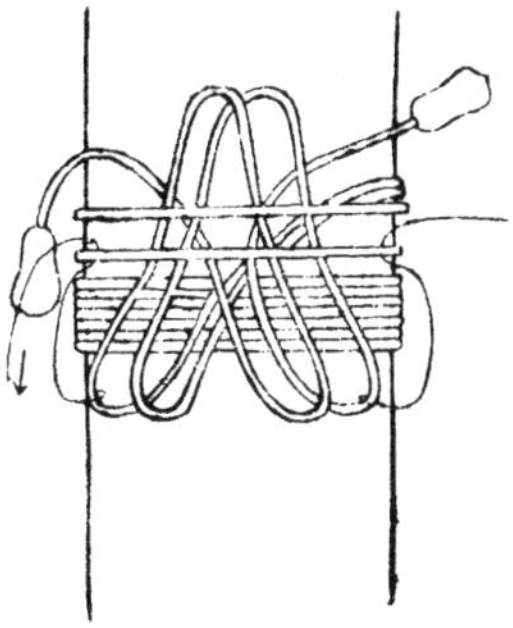

仝二

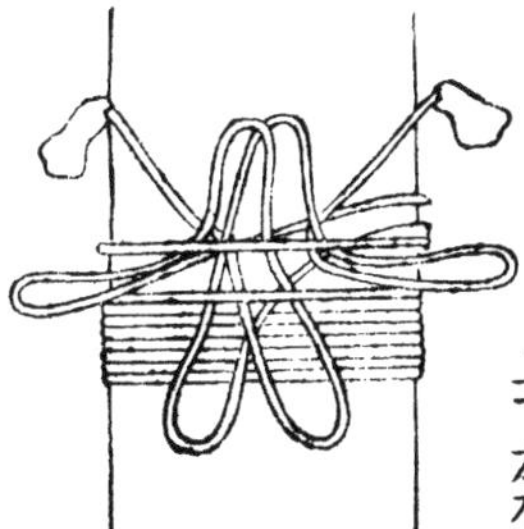

上下左右六ツノ輪ニテ六ツニ組也

仝全

文筥ヲ袋ヘ入テ左全圖ノ如クロヲ覆ヘ紐付ノ乳ヨリ幾重モ廻シテ結フコト圖ヲ見テ知ル可シ

文箱袋入行

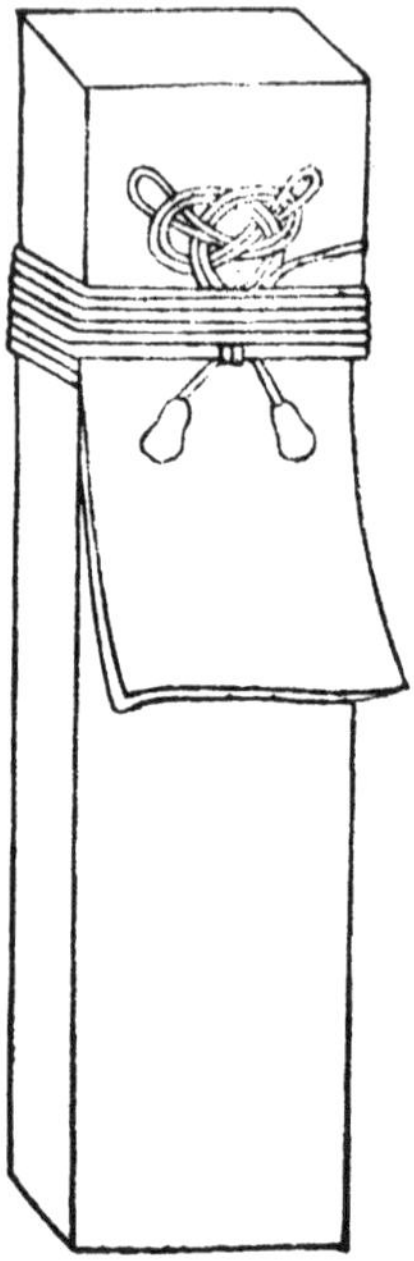

前図真ノ如ク二筋共ニ下ヘクヾラセ下ノ一筋ヘ上ヨリ掛ケ再ヒ上ヘクヾラセテ二ツ輪ヲ出シ淡路ニ結フ也

仝草

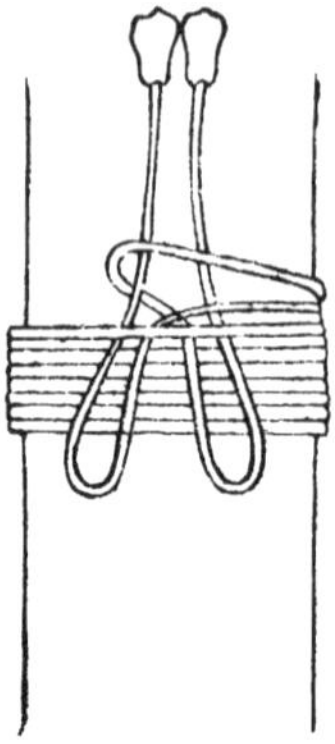

巻キ上ケテ図ノ如ク上一筋ヲ潜ラセ輪二ツヲ出シ三ツニ組ムナリ

仝全

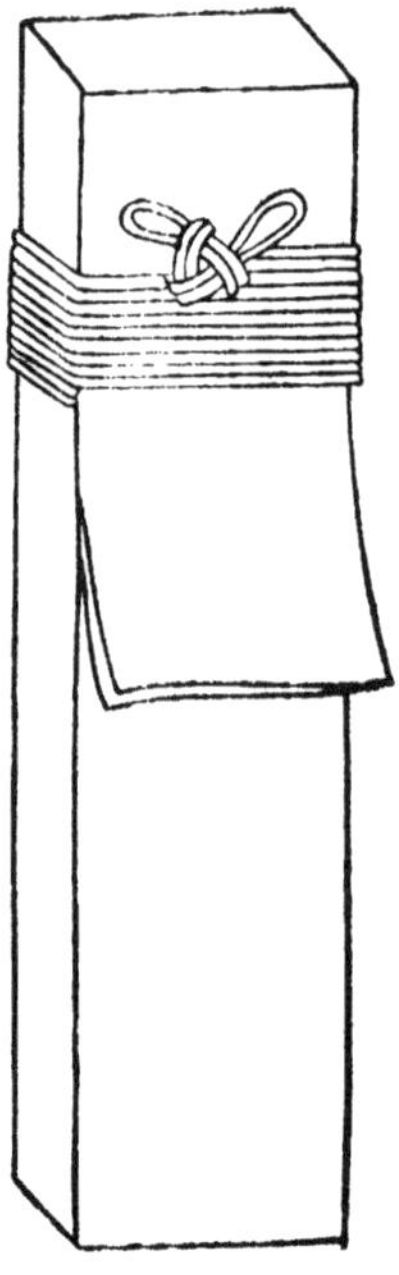

掛物一幅

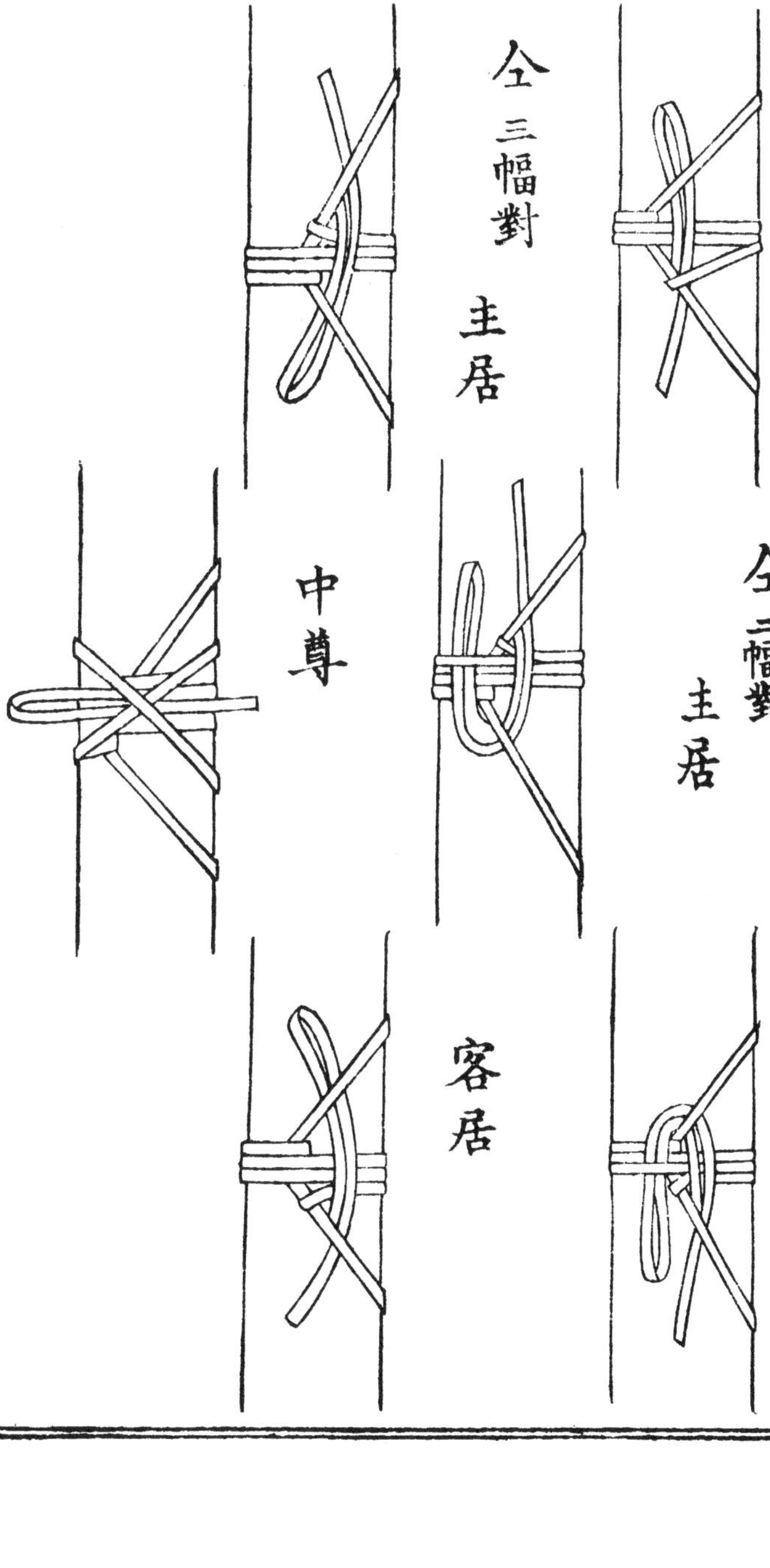

軸物

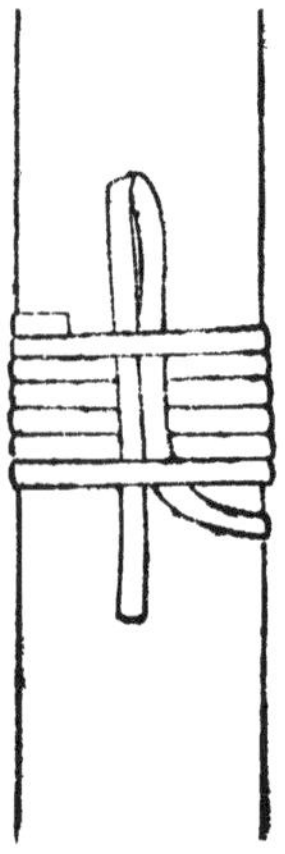

仝

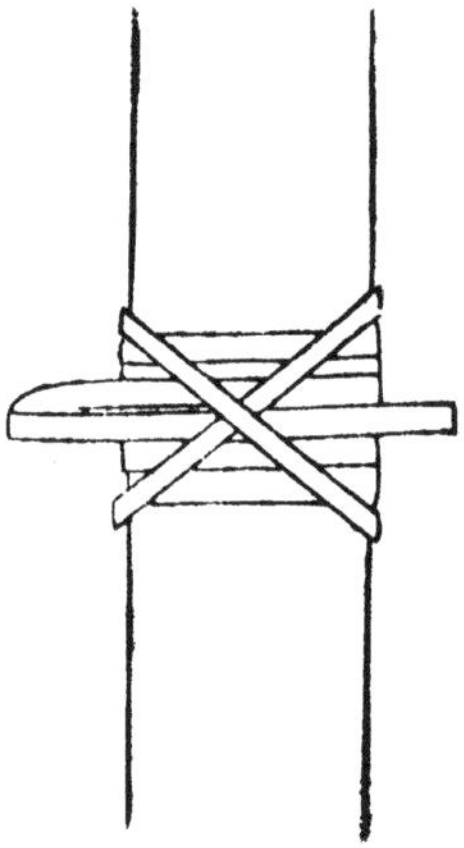

行器

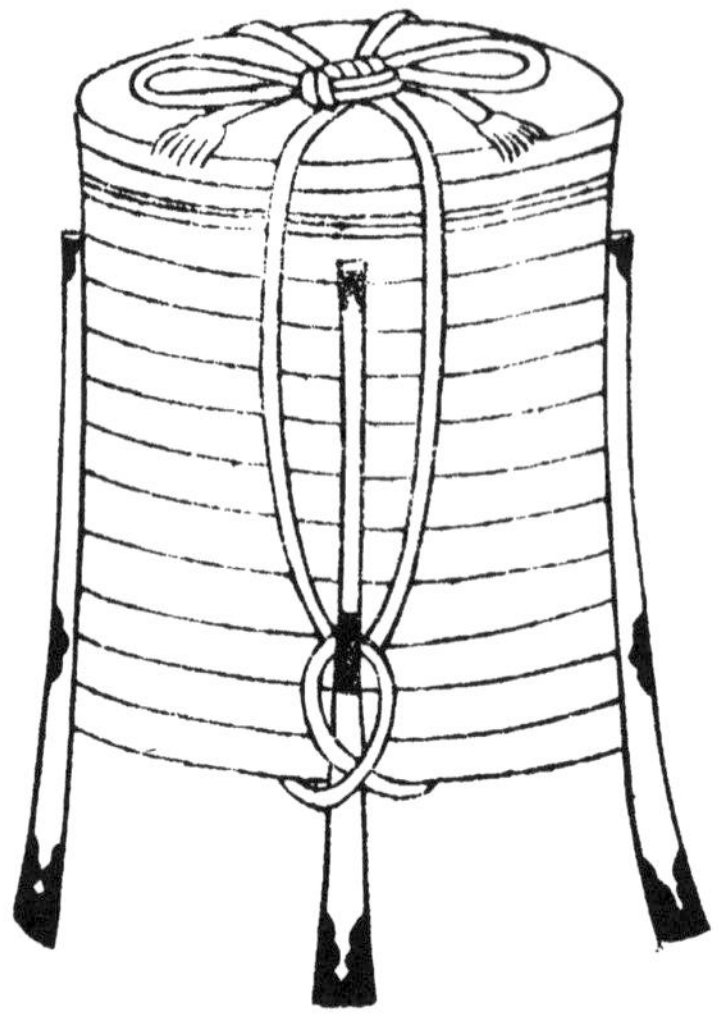

貝桶

八角ノモノアリ円キモノアリ又足ナキモアリ紐ハ底ニテ十文字ニカクル

行器紐結

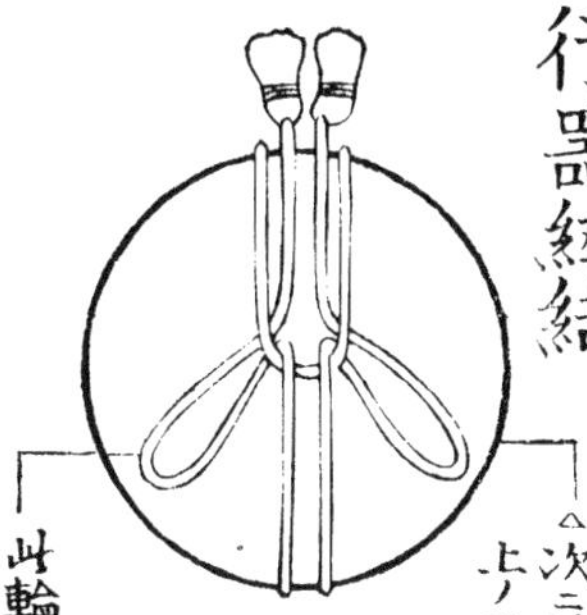

△次ニ此輪ヲカケ上ノ二本ノ紐ニテ組ムナリ

此輪右ノ輪ノ上ニ横タヘ△

仝 全

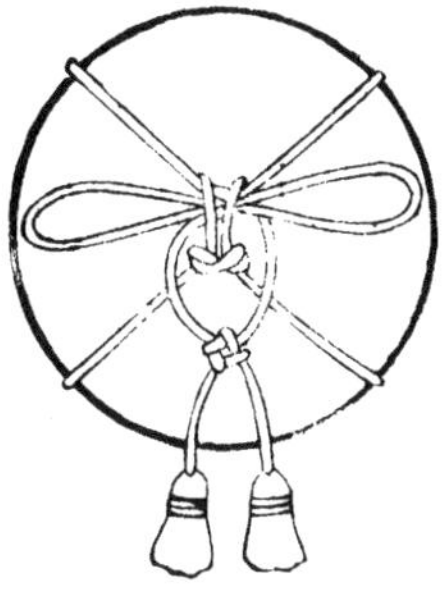

紐端叶結ニテ留ルナリ

仝 全

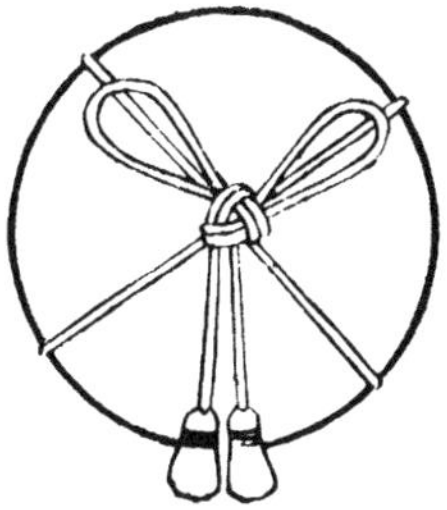

仝 陰

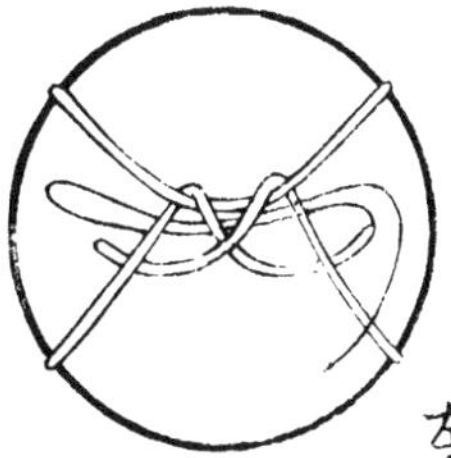

前ト仝シ様ナレトモ唯左右共下ノ紐ヲクヾラシ線ノ如ク両方ニ輪ナヲ作リ結フナリ

貝桶紐結 陽

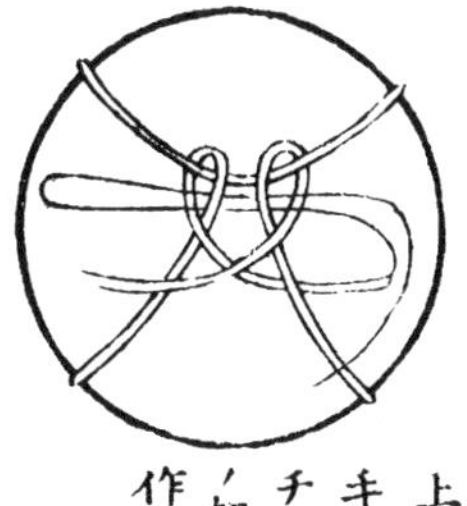

上ノ輪ヘ引カケ手前ニテ組ミチカヘ左右共線ノ如ク両方ヘ輪ヲ作リ結フナリ

仝 全

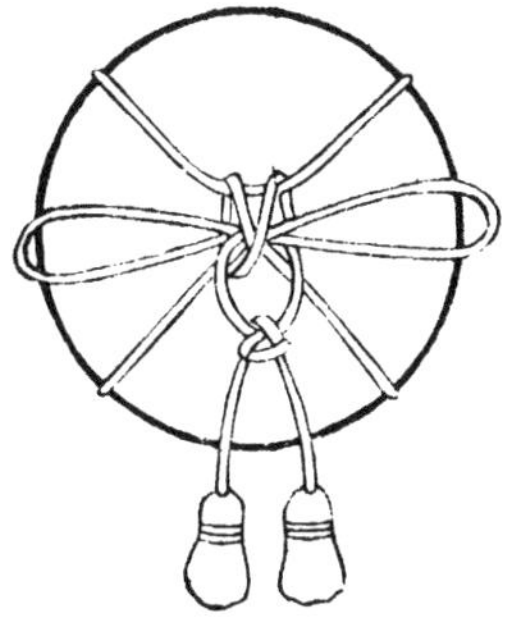

紐端ヲ五行ニ組ム

手箱之圖

紐一本ニテ両方ノ環ヘ通シタルモアリ
又二本ヲ左右ノ環ヘ着ケタルモアリ

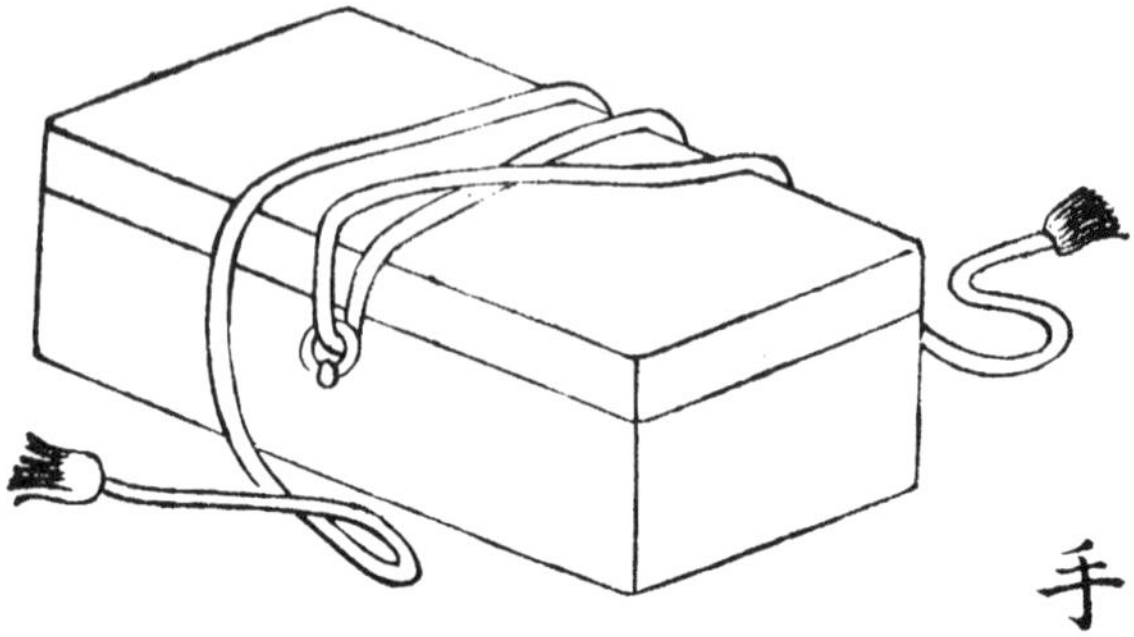

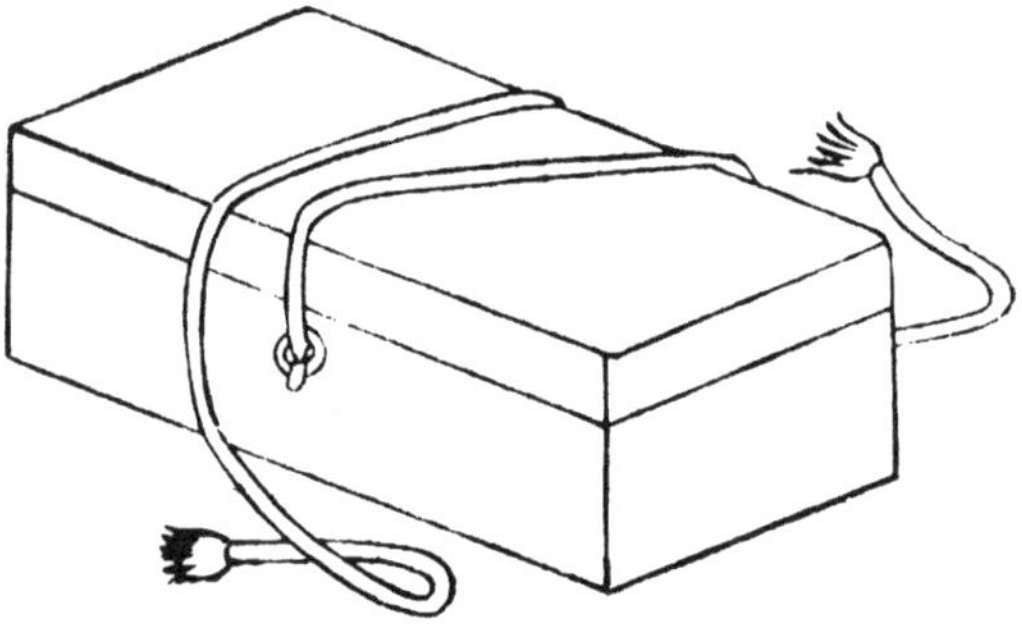

何レモ結様左図ノ如シ

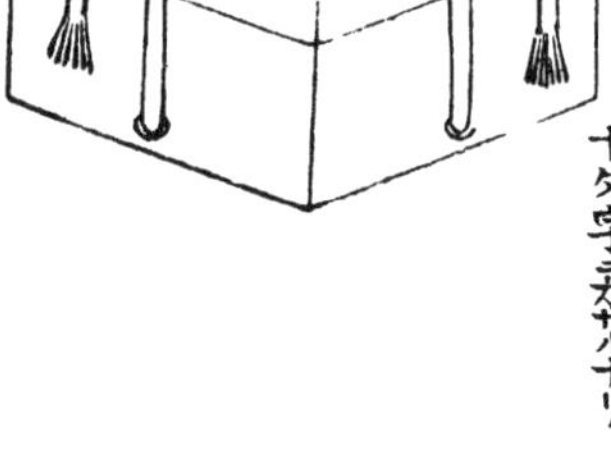

此箱紐ハ底面ニテ
十文字ニカサルナリ

手箱紐結

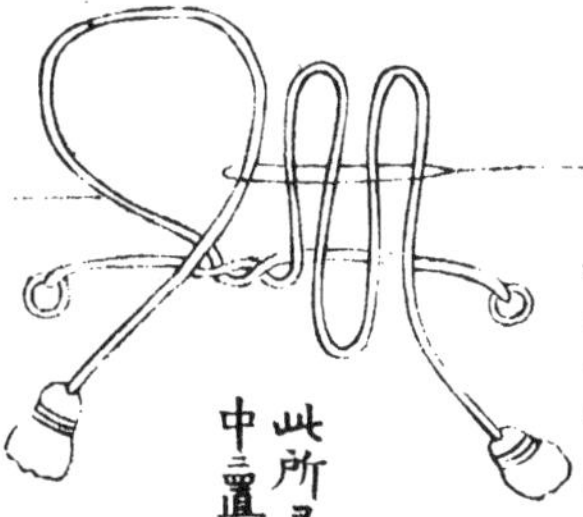

仝全

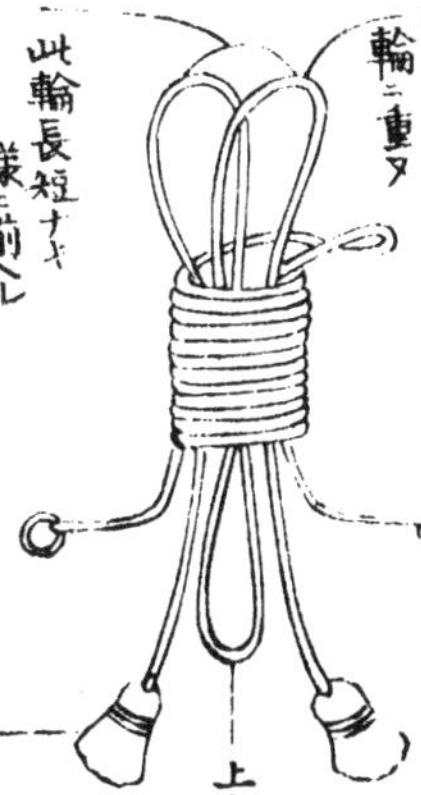

箱紐結一

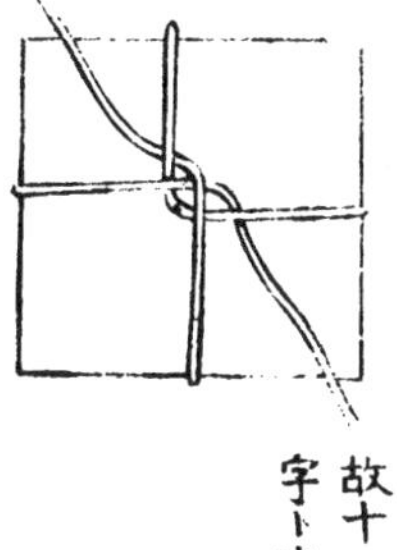

普通ノ箱ノ紐結ナリ箱ノ底ハ一本ノ紐故十文字トナル

仝二

仝全

大ナル帖冊器物或ハ茶器等ノ外箱ナトニハ往々此結ヲ用フ

太刀之圖

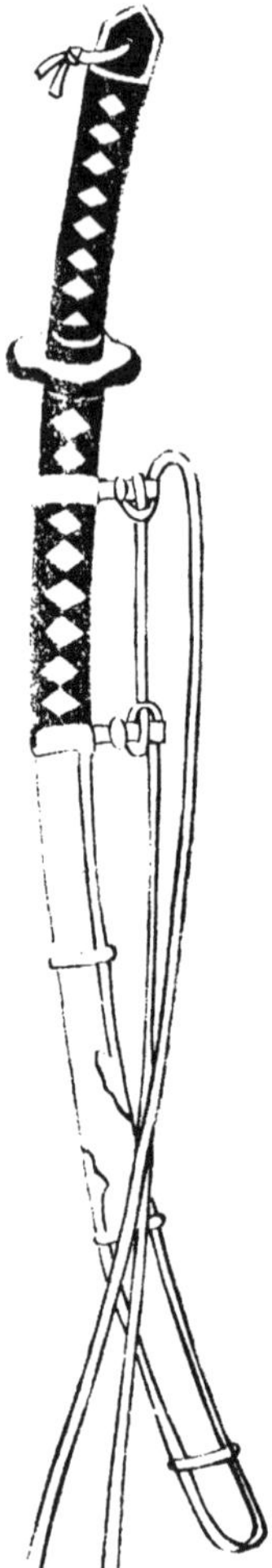

大小之圖

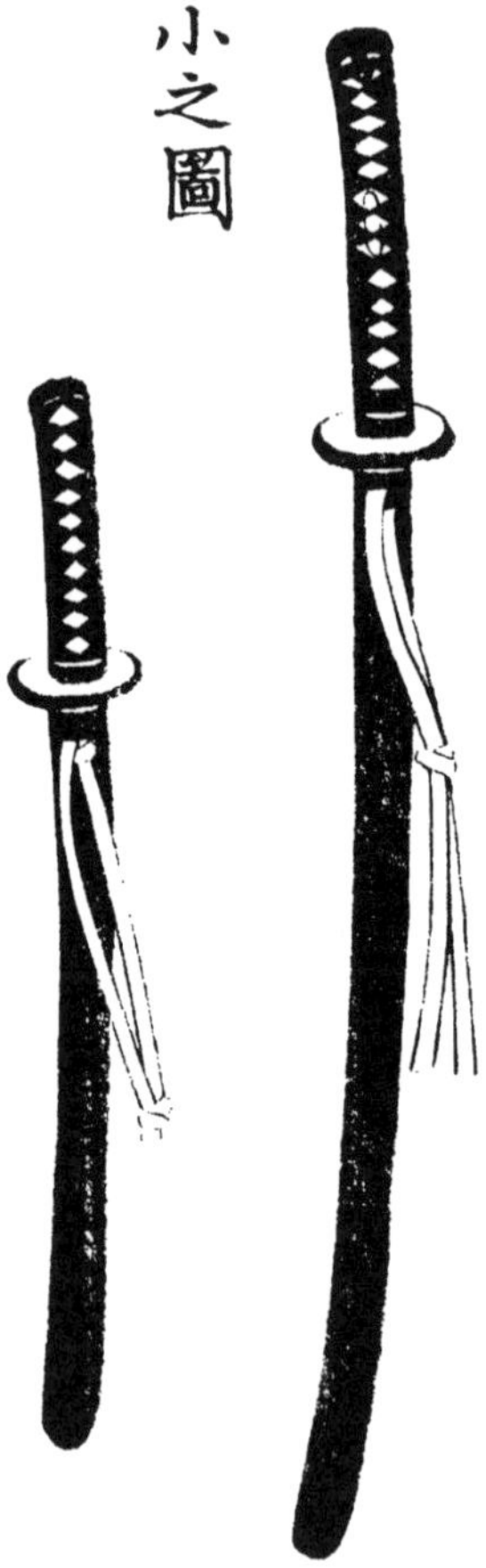

刀類紐結様附守袋紐結

刀

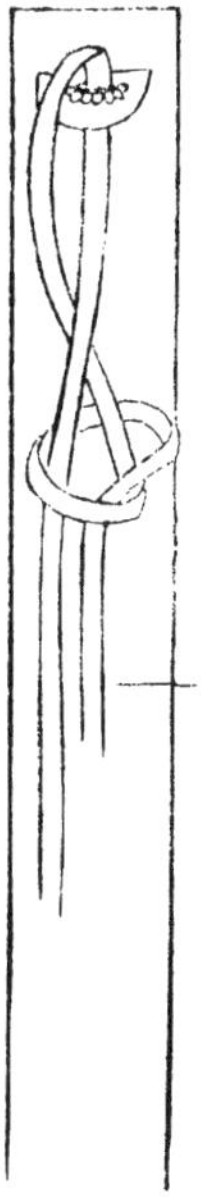

結ヒテ後ハ此紐上ニ充

仝

全

脇差

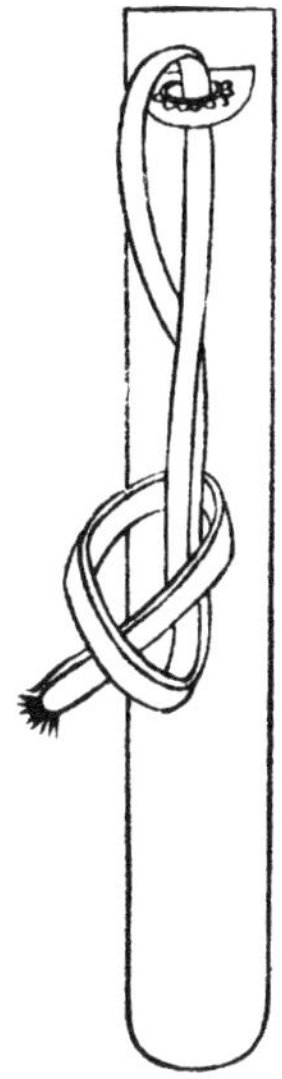

脇差モ刀ノ如ク下ノ緒ヲ取リテ上ニ重子一束ニシテ結フナリ

仝

全

太刀鞜緒結　真祝言表

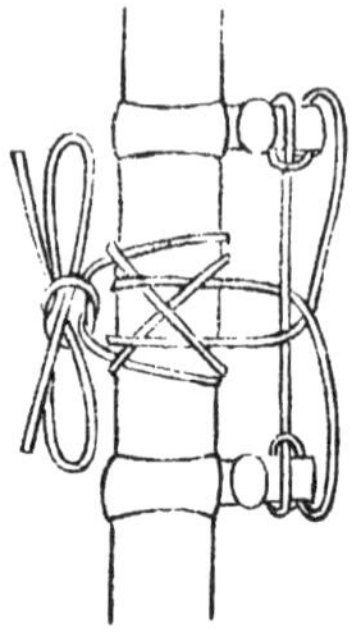

柄ノ方鞘ノ方以下仝シ

行祝言表

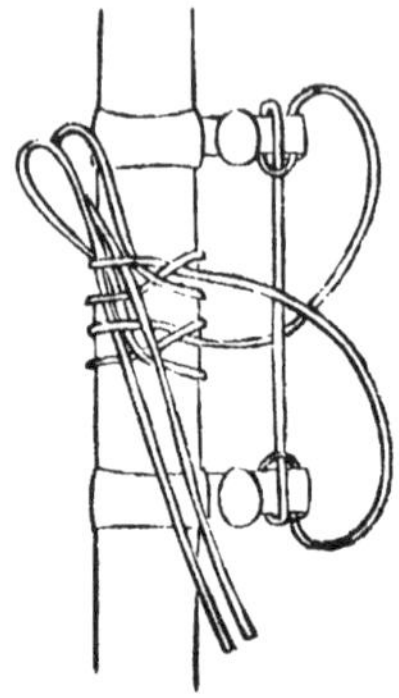

仝裏

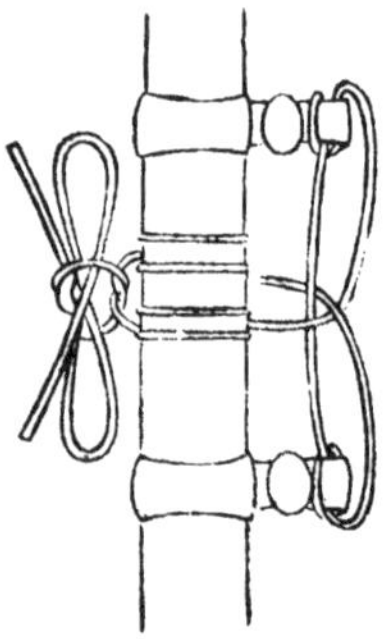

仝裏

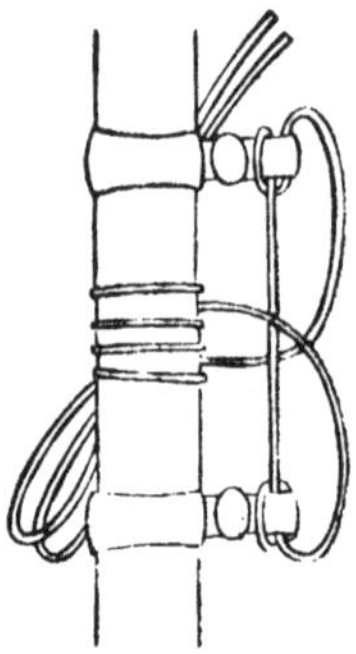

草祝言表

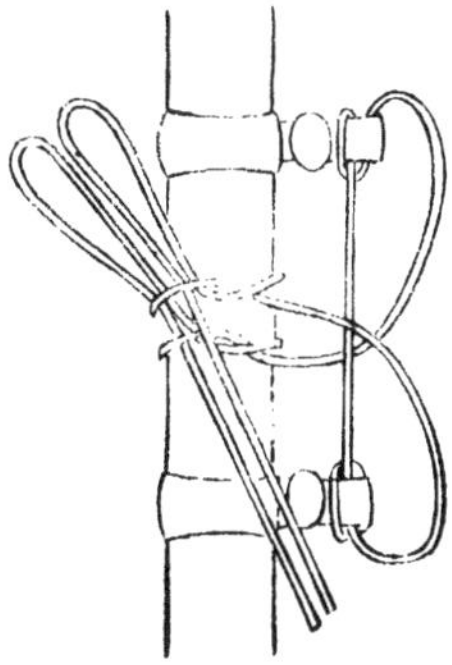

禁裡神前表

線ニ示シタル如ク左右ノ輪ヲ取リテ一結スルナリ

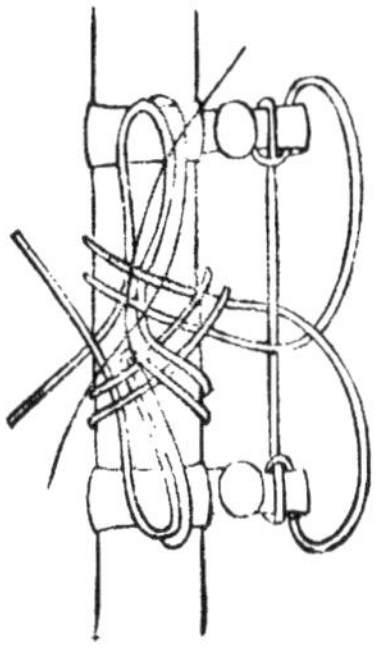

仝裏

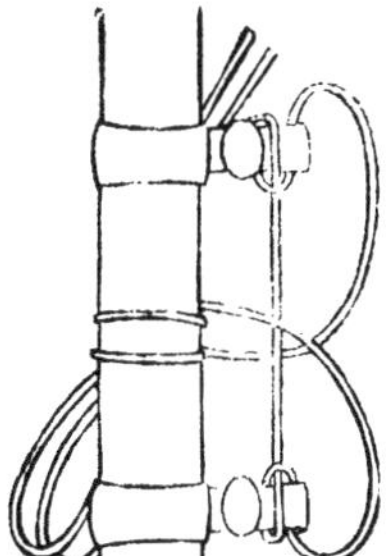

仝裏

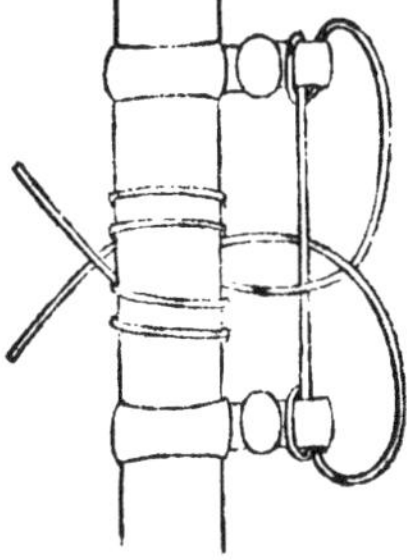

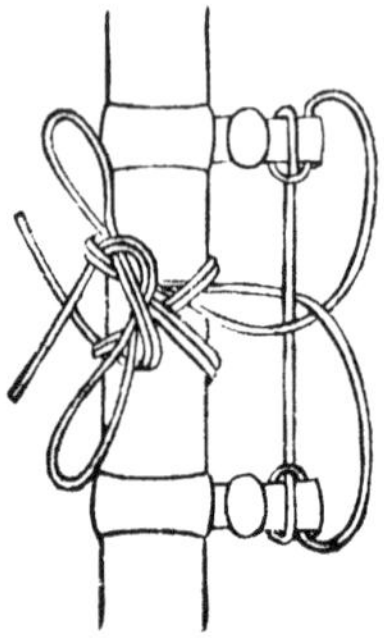

仝全

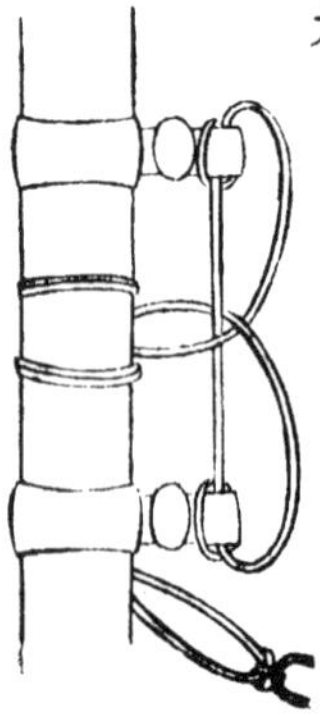

仝裏

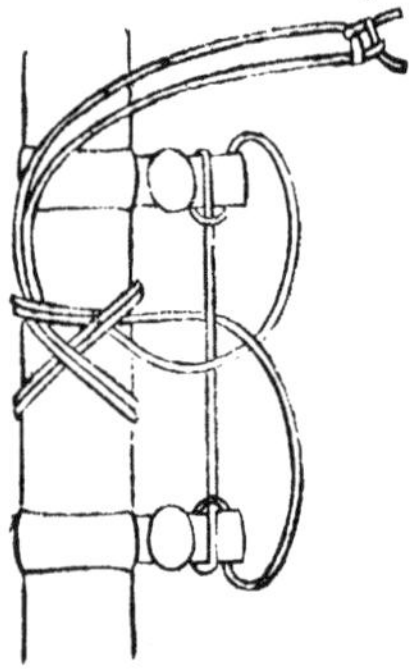

神前表

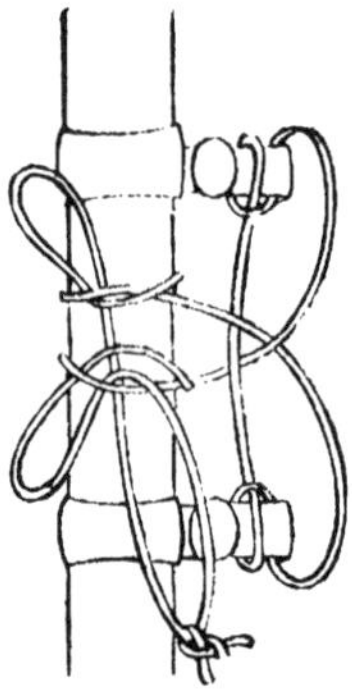

佛前表

仝裏

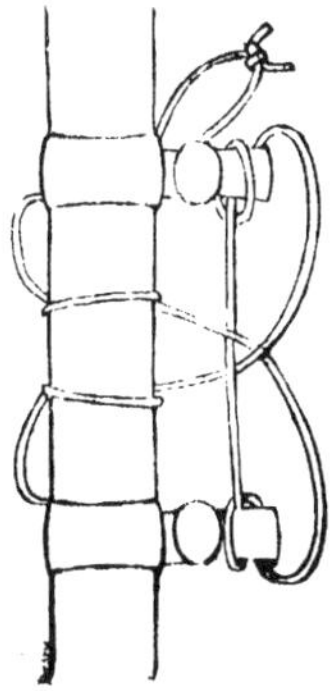

仝裏

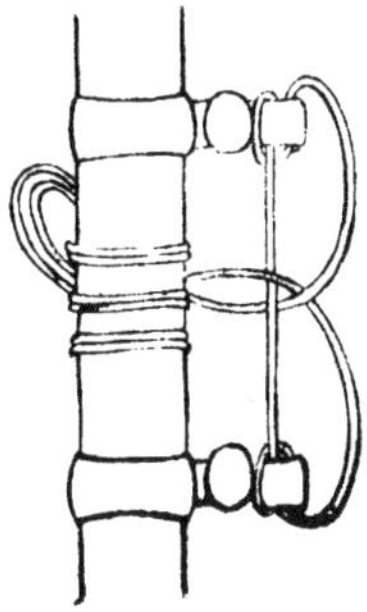

異真表

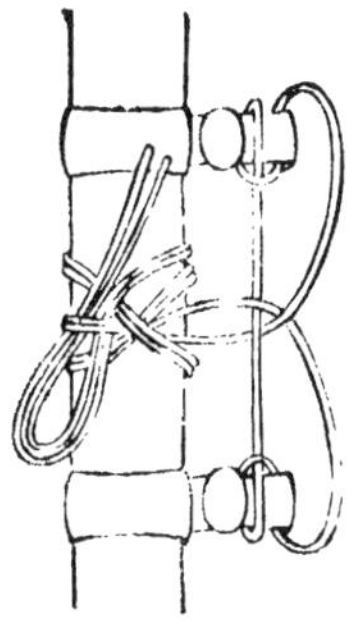

異草表

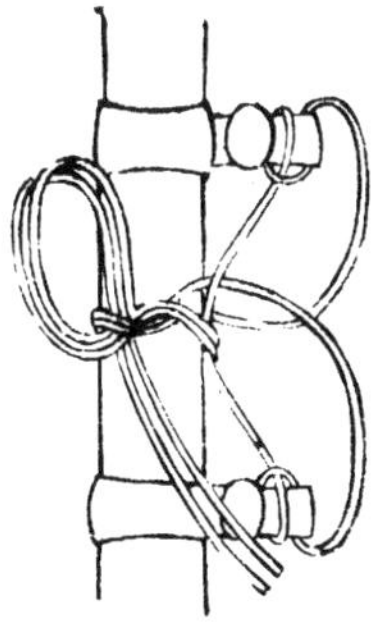

仝裏

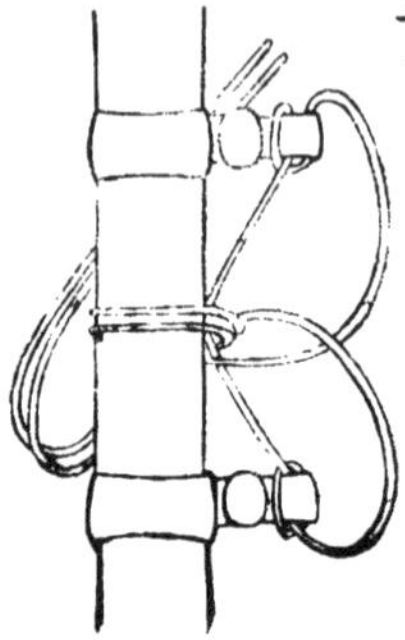

仝裏

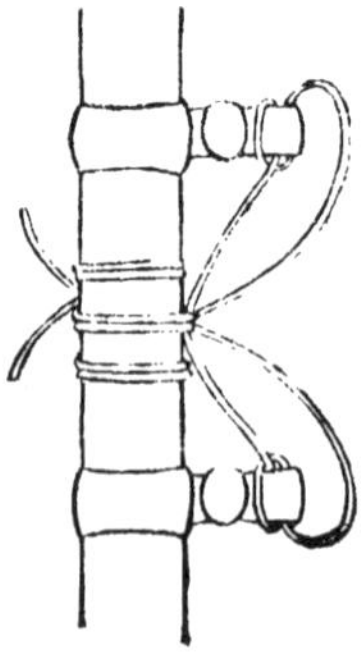

真上り表

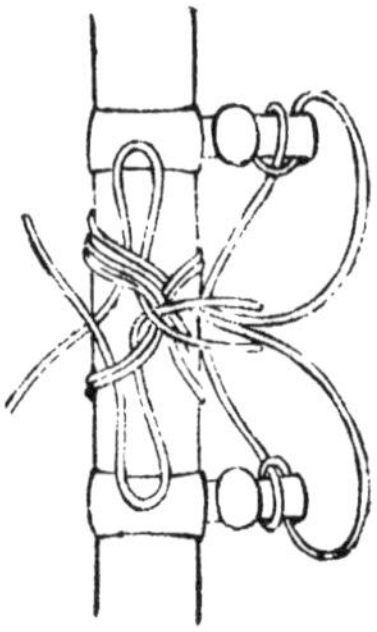

宮參表

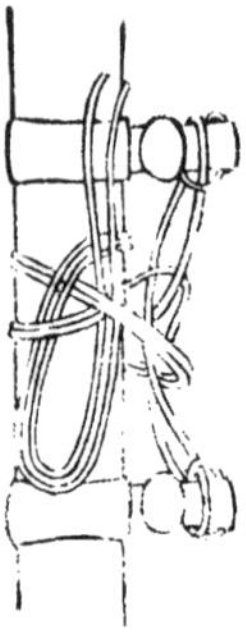

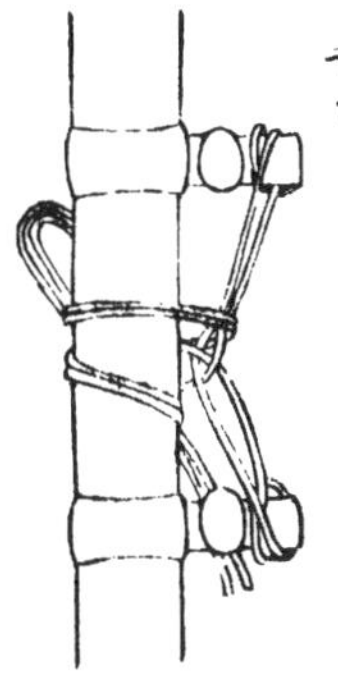

仝裏

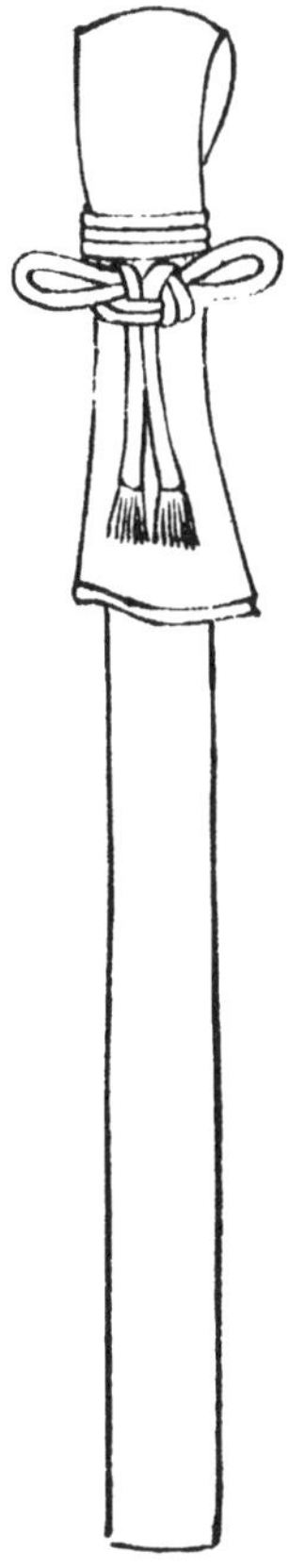

大小袋表

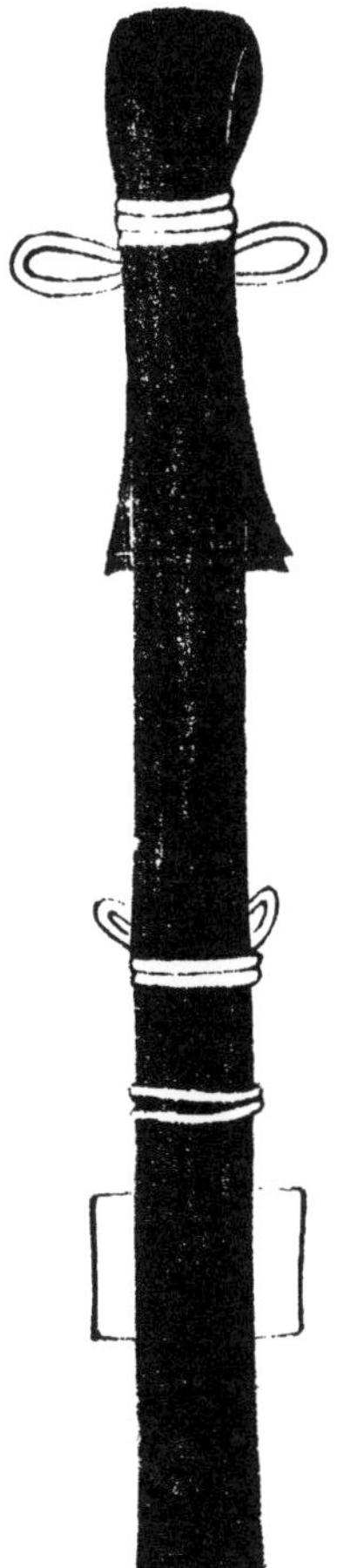

守刀袋及守袋裏

大小袋 一

下結ノ紐掛方左図ノ通ナリ守袋モコレニ仝シ

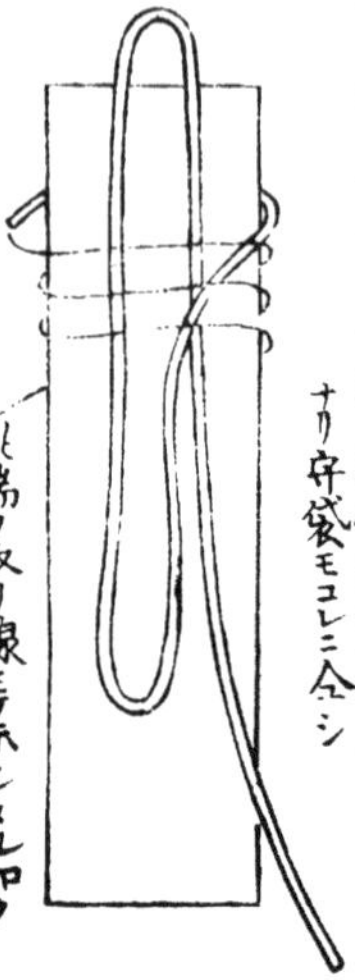

此端ヲ取リ線ニテ示シタル如ク紐ノ長短ニヨリテ幾重ニモ巻クナリ

守刀及守袋 第一ノ二

紐長キトキノ結ナリ

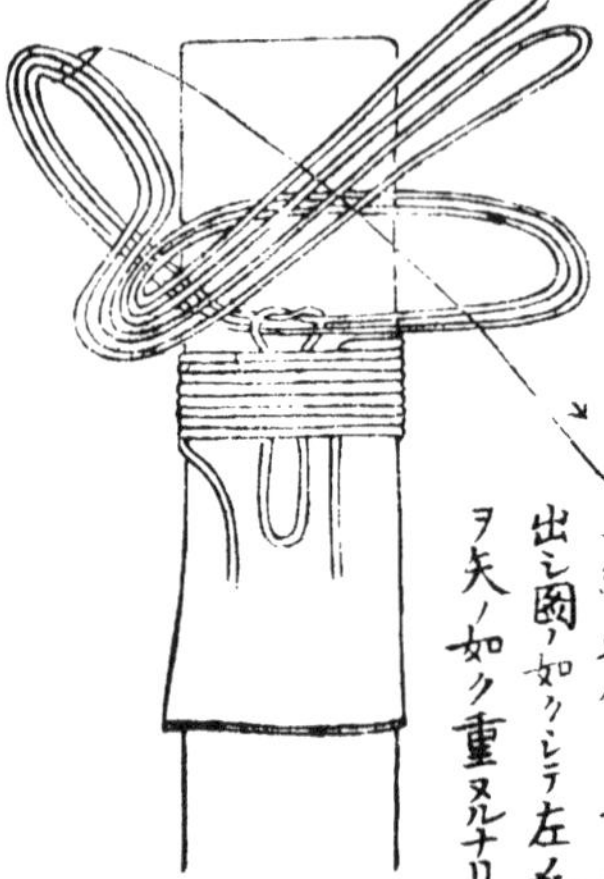

上結ノ輪何レモ長ク引出シ図ノ如クシテ左輪ヲ矢ノ如ク重ヌルナリ

仝 二

△此輪ヲ引クトキハ下結目シマル

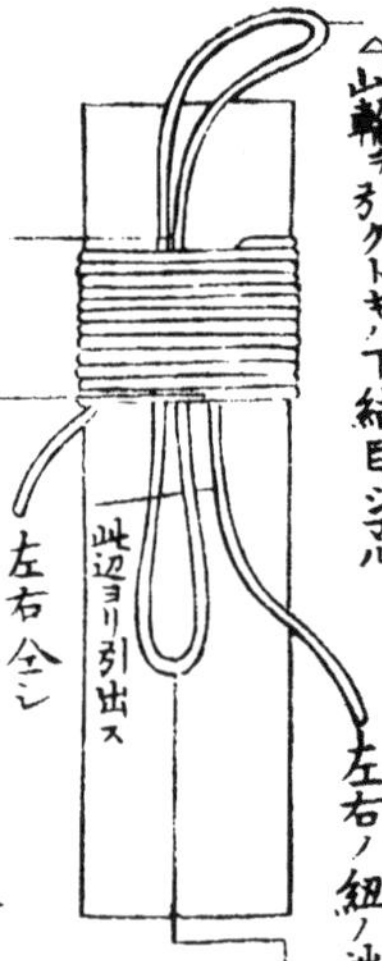

此輪ニテ男子ハ三ツウロコ又ハ蜻蛉女子ハ蜻蛉淡路梅等其外守刀ヲ見合スベシ

此所ノ結模様男子ハ諸輪

女子ハ総角等其他守刀見合スベシ

左右仝シ

此辺ヨリ引出ス

左右ノ紐ノ端ヲ輪ニシテ此輪ヘ引入ル△

仝 二

△此輪ノ端二ツヲ組違四ツニ割四ツ組ニシテ終リヲ左右淡路ニ結フナリ 全図ヲ見テ知ル可シ

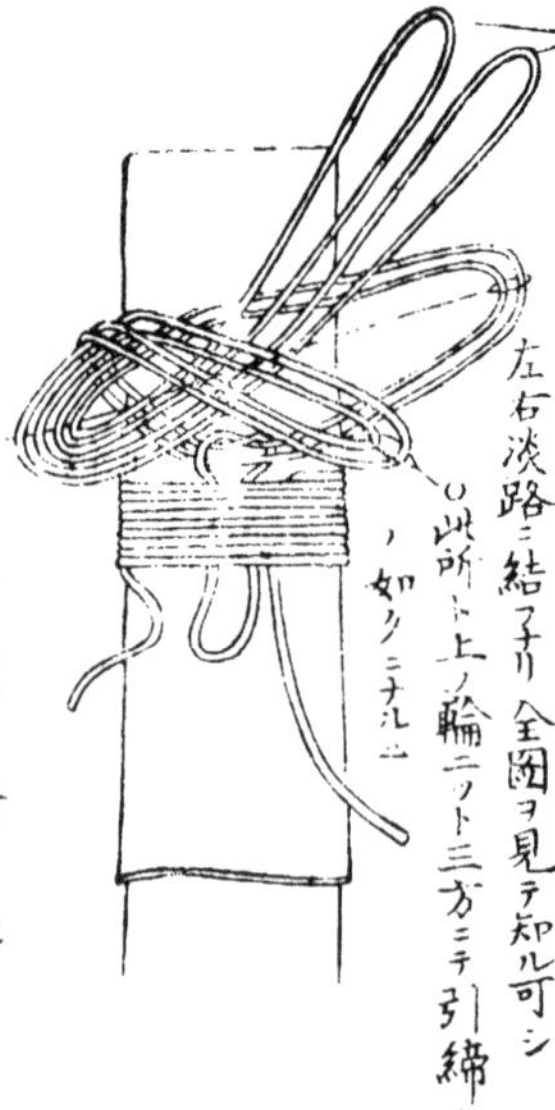

○此所ト上ノ輪ニツト三方ニテ引締レハ三組ノ如クニナル△

二矢ノ如ク四筋ノ輪ニ引込ム○

第一ノ下結一

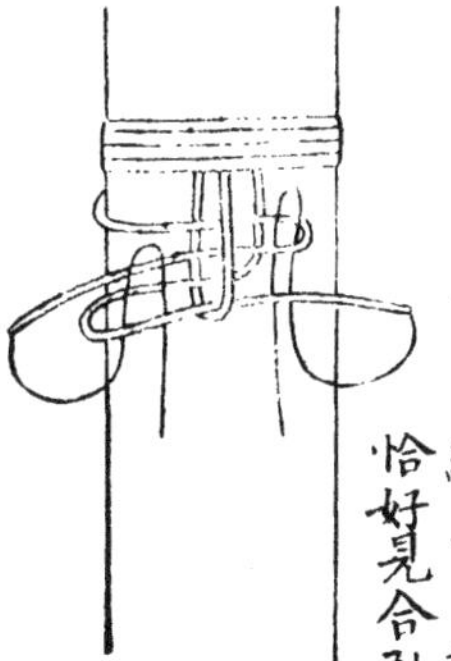

線ニ示セルカ如ク輪ニナシ左右恰好見合引締ム可シ

守袋表一

守袋ノ緒何レモ輪ニテ結ヒ

仝二

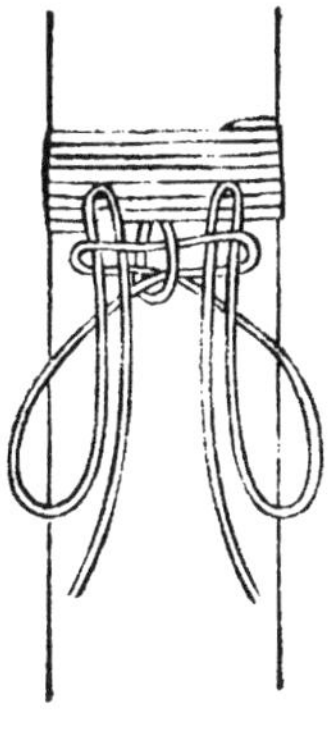

未ダ全ク引締メサル圖

仝裏二

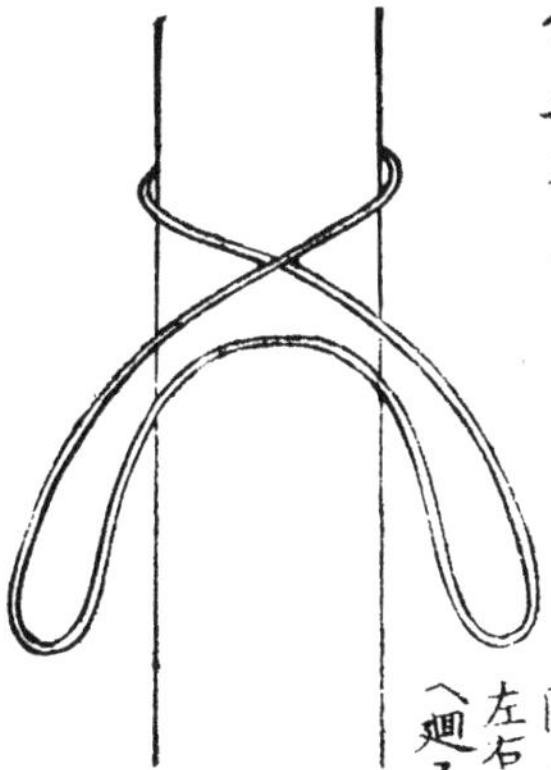

圖ノ如ク組違ヘ左右ヲ輪ニナシ表ヘ廻ス

守袋表三

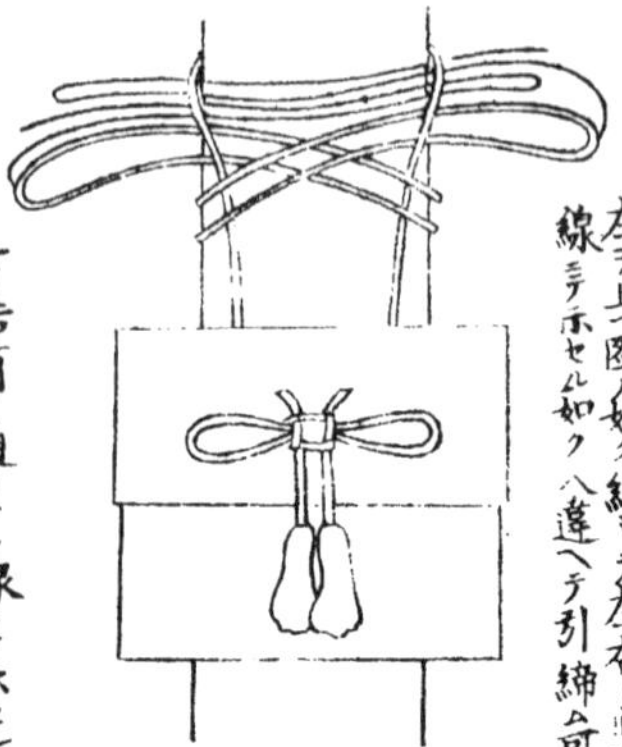

裏ニテノ如ク左右ノ輪ヲ表ヘ廻シ右ヲ下ヘ左ヲ上ヘ圖ノ如ク組ミテ左右ノ間ヘ引出シ線ニテ示セル如ク八違ヘテ引締ム可シ

第一ノ全圖

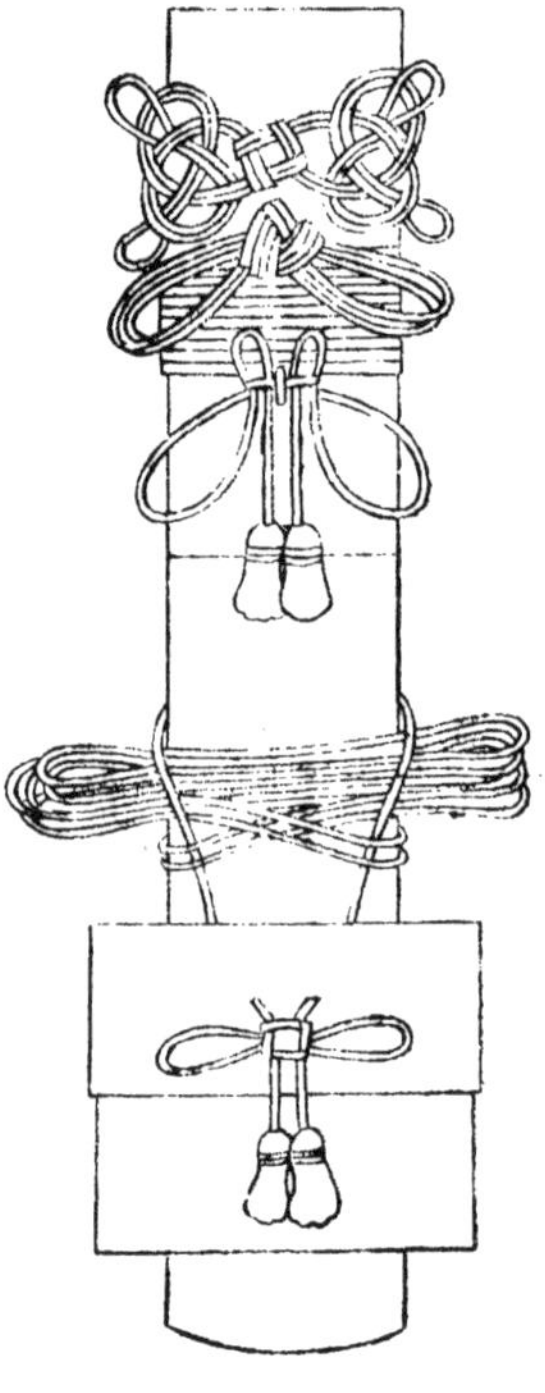

此輪左右五ツ宛ツクル

第二

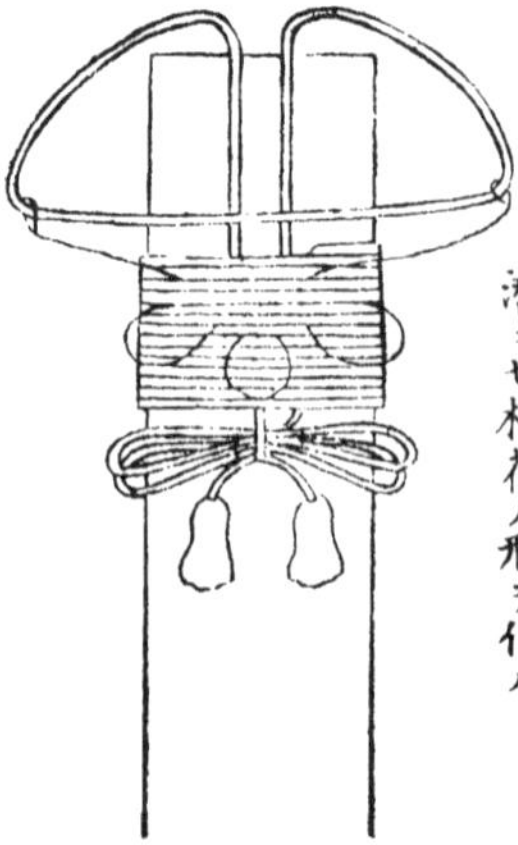

下結前ノ通リナシ線ニテ示セルカ如ク上ヨリ巻日二筋ツヽヲ左右ノ輪ニテ潜ラセ梅花ノ形ヲ作ル

守袋表一

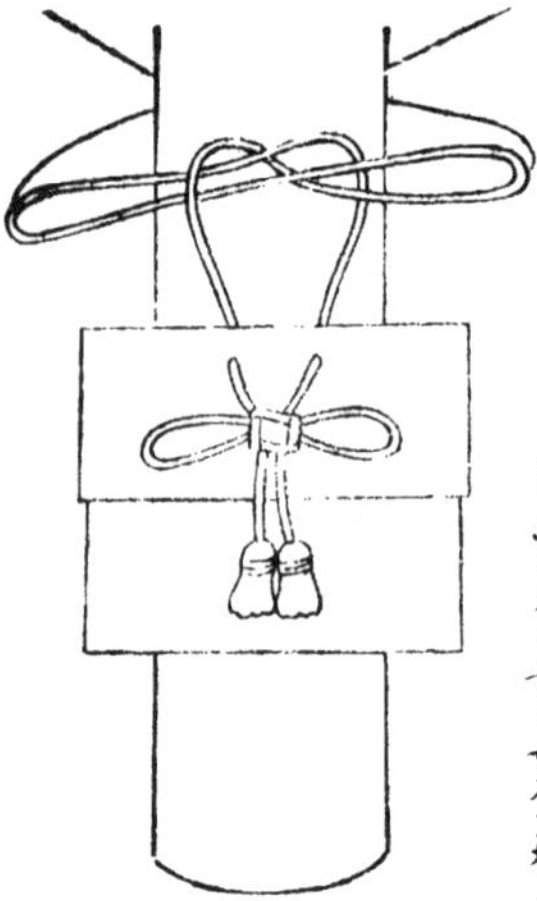

袋ノ輪ヲ圖ノ如クシテ後線ニテ示セルカ如ク裏ヘ廻ス

守袋裏二

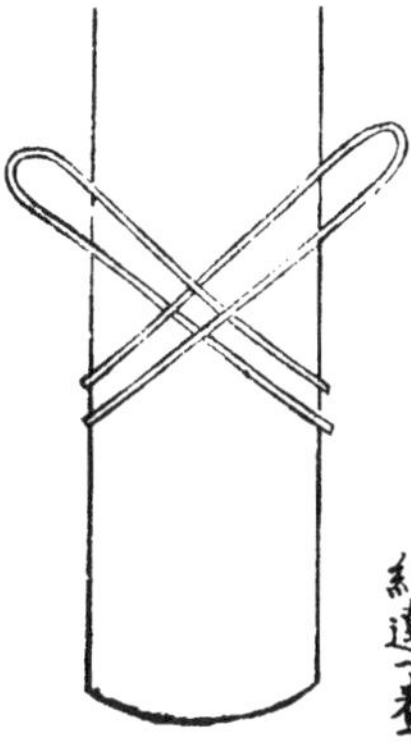

裏ニテ図ノ如ク
組違ヘ表ヘ廻ス

守袋表三

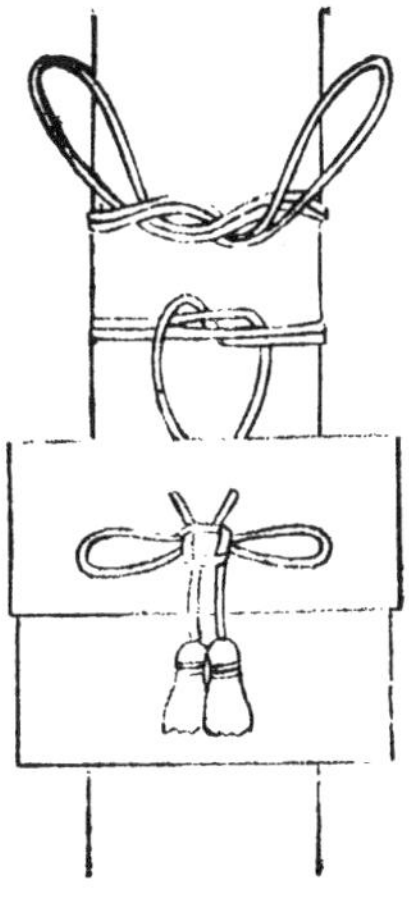

表ニテ一ツ結ニ左右ノ輪ニテ
淡路ヲ結フ全図ノ通ナリ

第二之全図

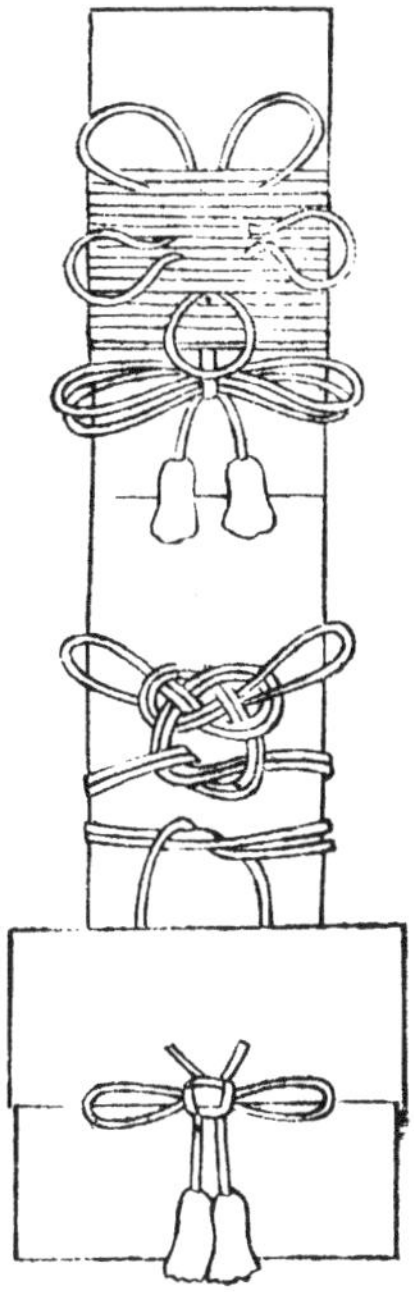

第三ノ一

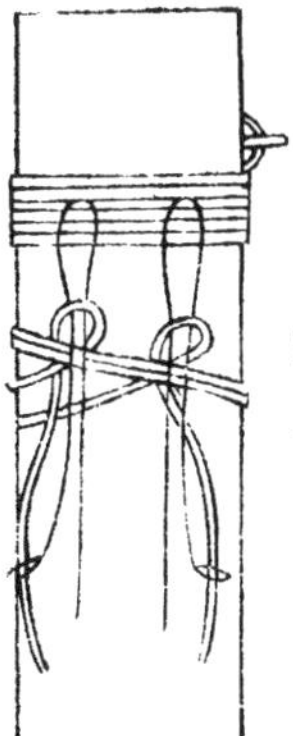

刀袋紐付ノ乳ヘ紐ヲ通シ折返シ三
二筋ヲ同シ長ニシテノ二筋ニテ上ヨリ巻
下ケ図ノ如クニシテ線ニテ示シタル通リ
上ノ輪ヘ下ノ紐ヲ輪ニシテ引出セハ次ノ
図ノ如クナル

下ノ紐ヲ
輪ニシテ
引出セハ
次ノ図ノ
如クナル

第三ノ二

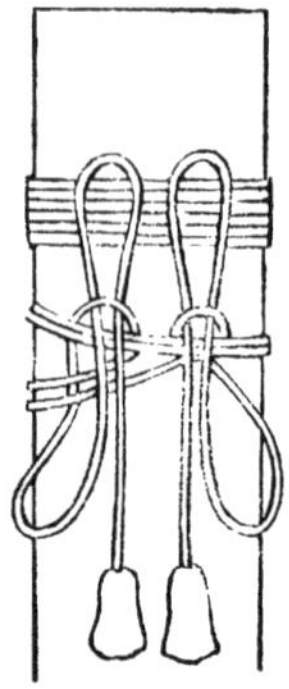

斯クシテ引締ム可シ

守袋裏二

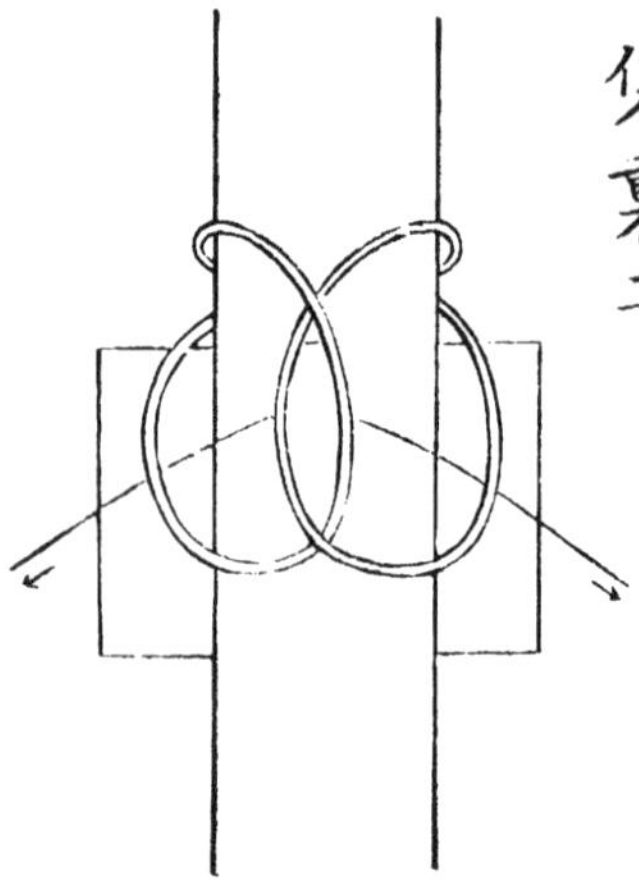

左右矢ノ如ク引分ケ表ヘ廻ハス

守袋表一

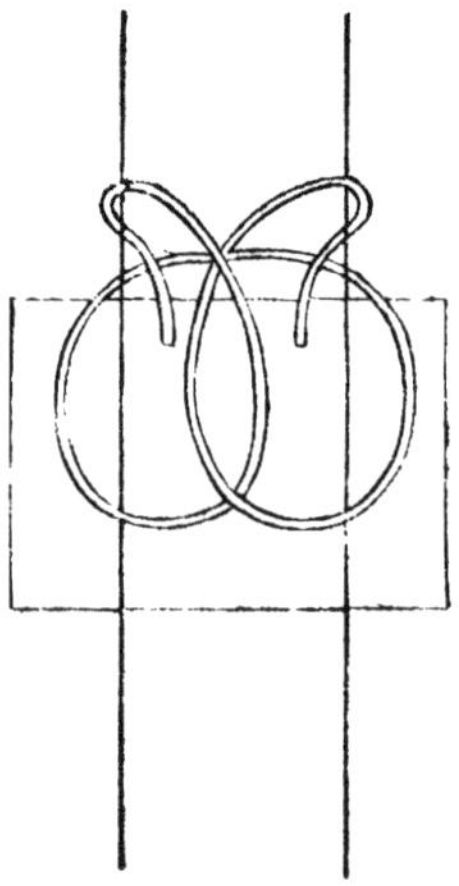

袋ノ裏紐ノ取様ヲ図ノ如クニテ線ノ如ク刀袋ヲ指入ルレハ次ノ図ノ如シ

仝表三

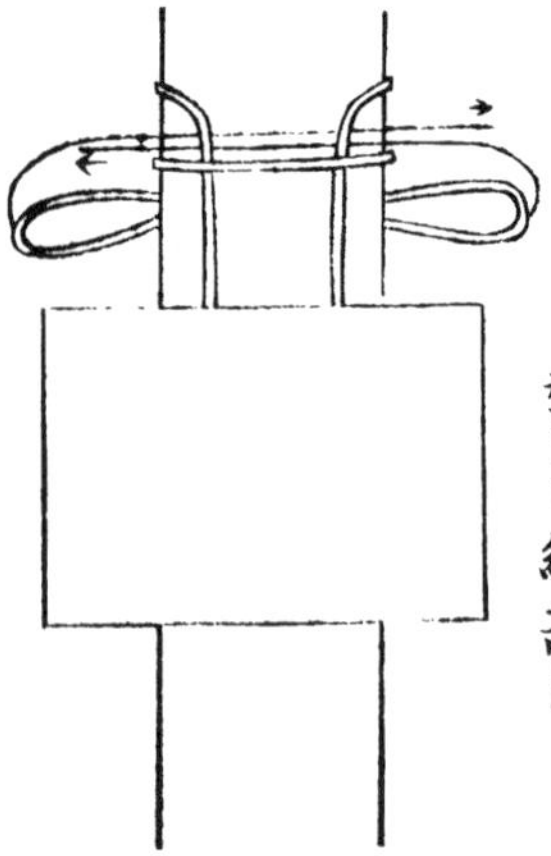

表ニテ左右ノ輪ヲ矢ノ如ク引キ入レ締ム可シ

第三之全圖

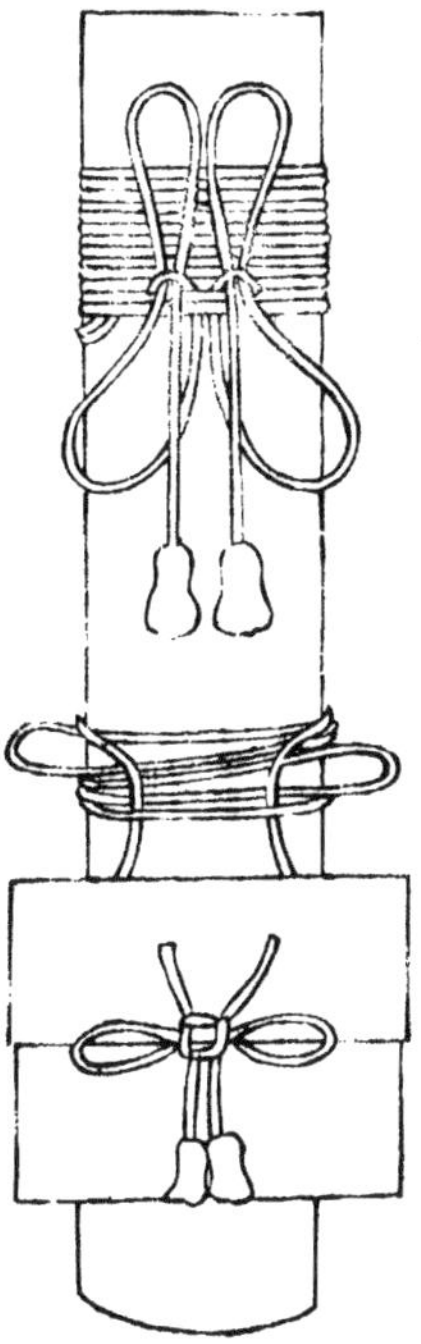

第四ノ一

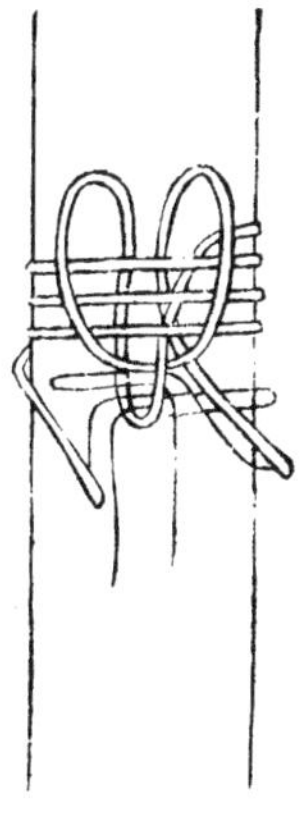

紐短カキトキハ此結ヲ用フ

線ノ如ク左右ヘ輪ヲ出シテ引シメ端ヲ叶結ニテ留ム可シ

第四ノ二

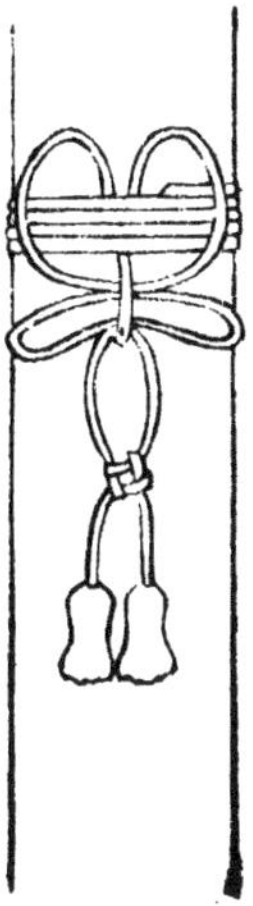

守袋一

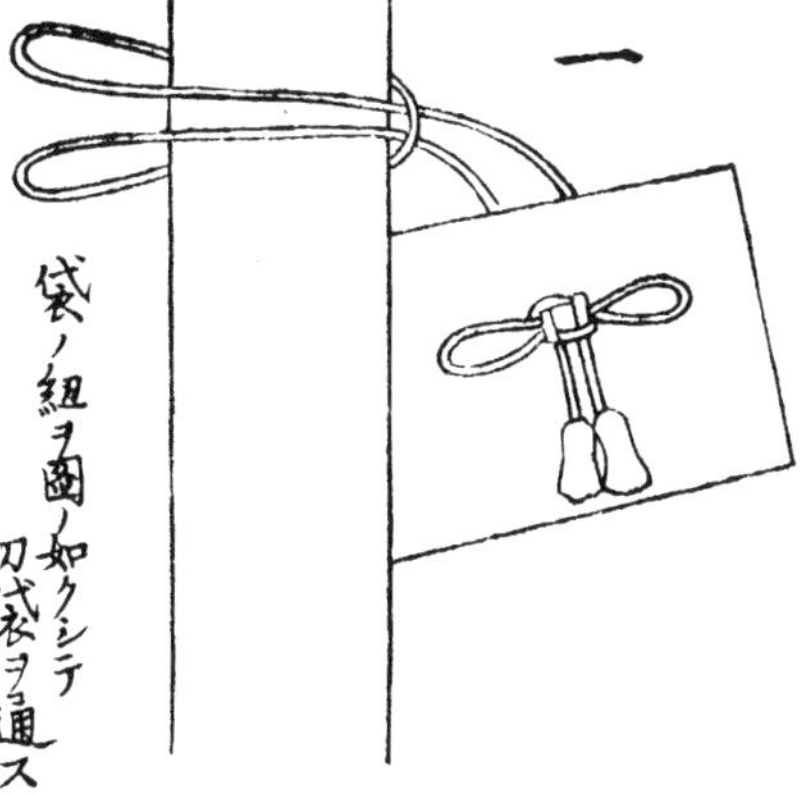

袋ノ紐ヲ圖ノ如クシテ刀代袋ヲ通ス

守袋二

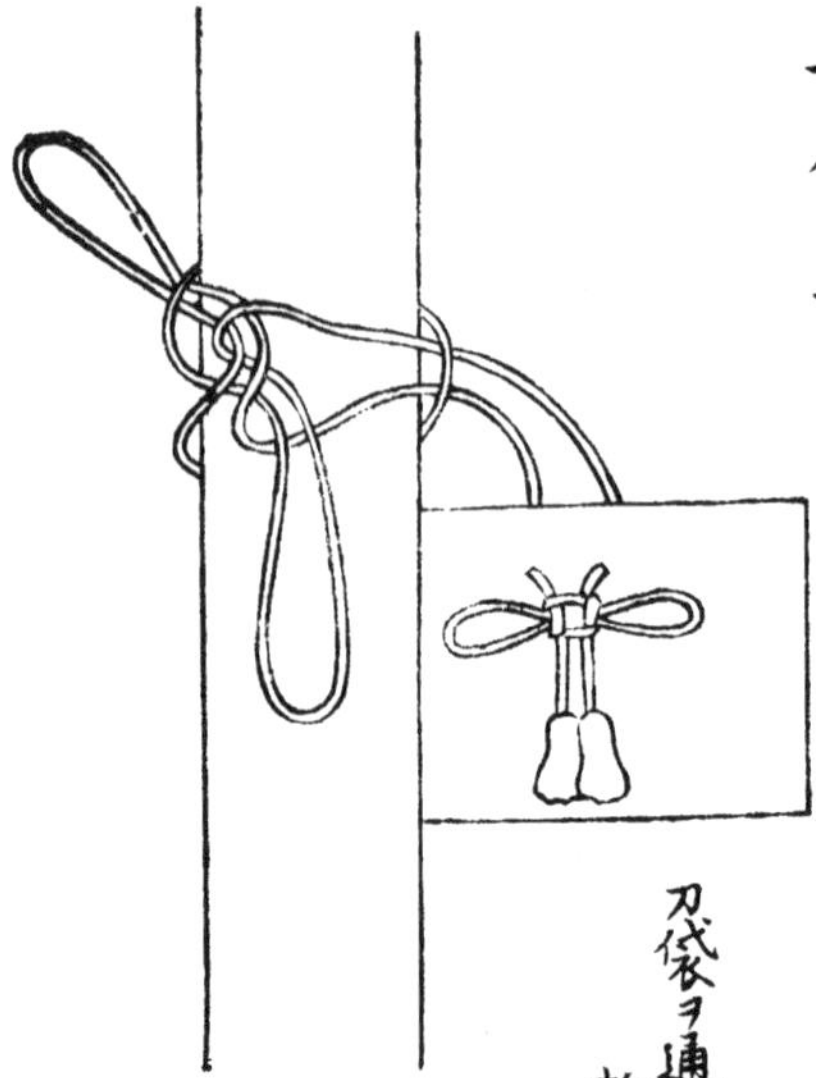

刀袋ヲ通シタル後左右ノ輪ニテ諸輪ニ結ブ可シ

第四之全圖

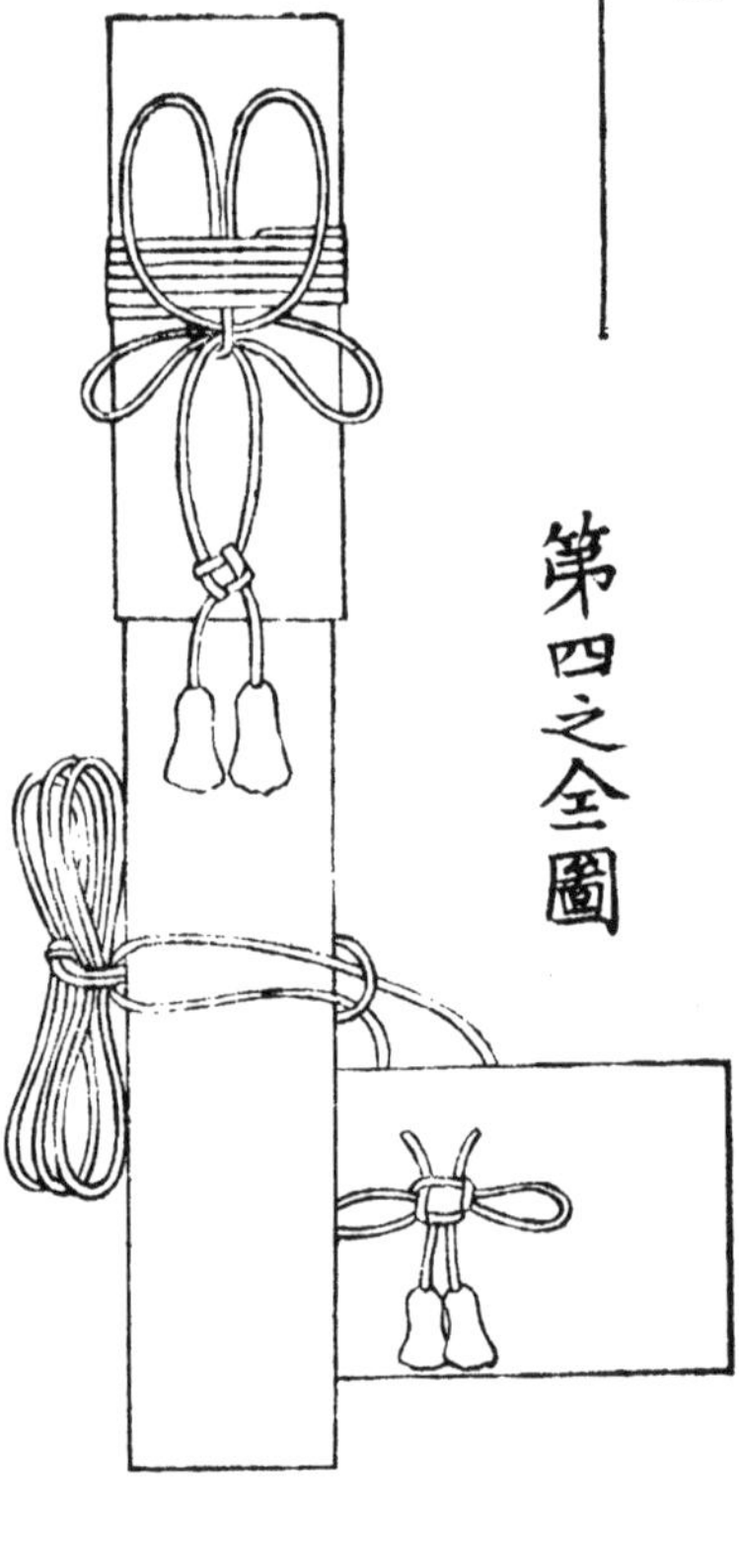

第五 守袋一

守袋ノ紐ヲ図ノ如クシ
矢ノ通裏ヘ廻ハス

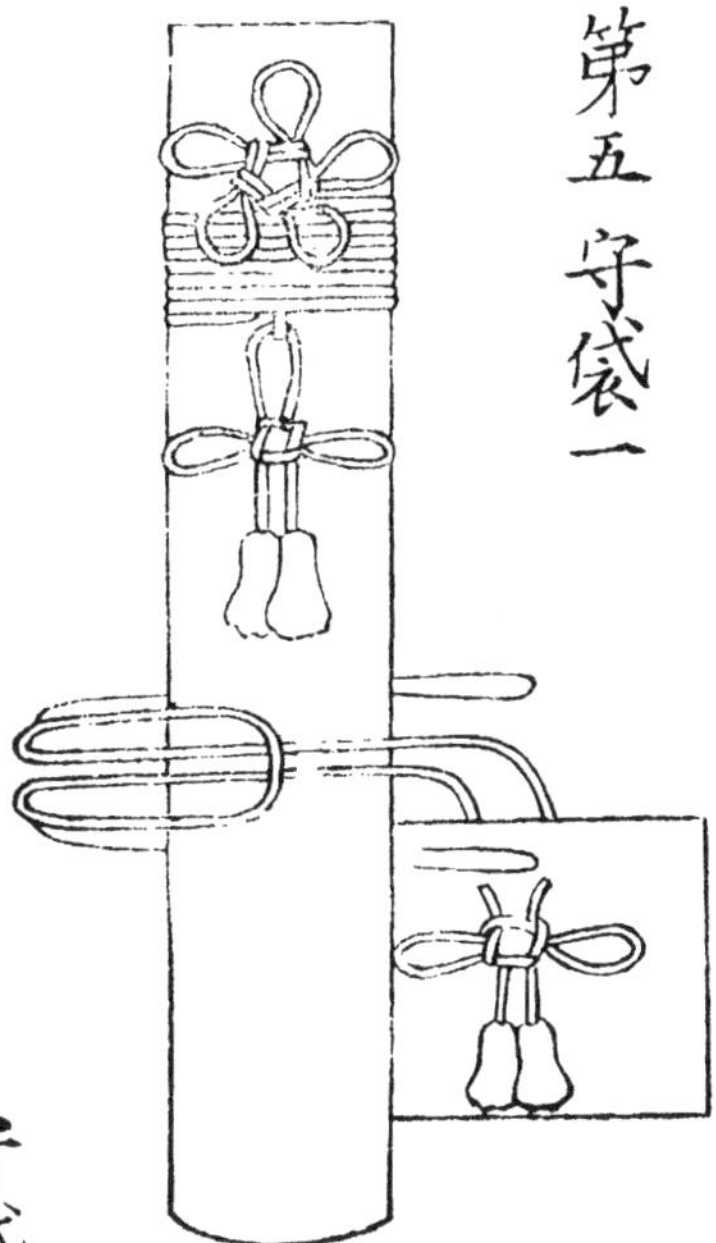

守袋二

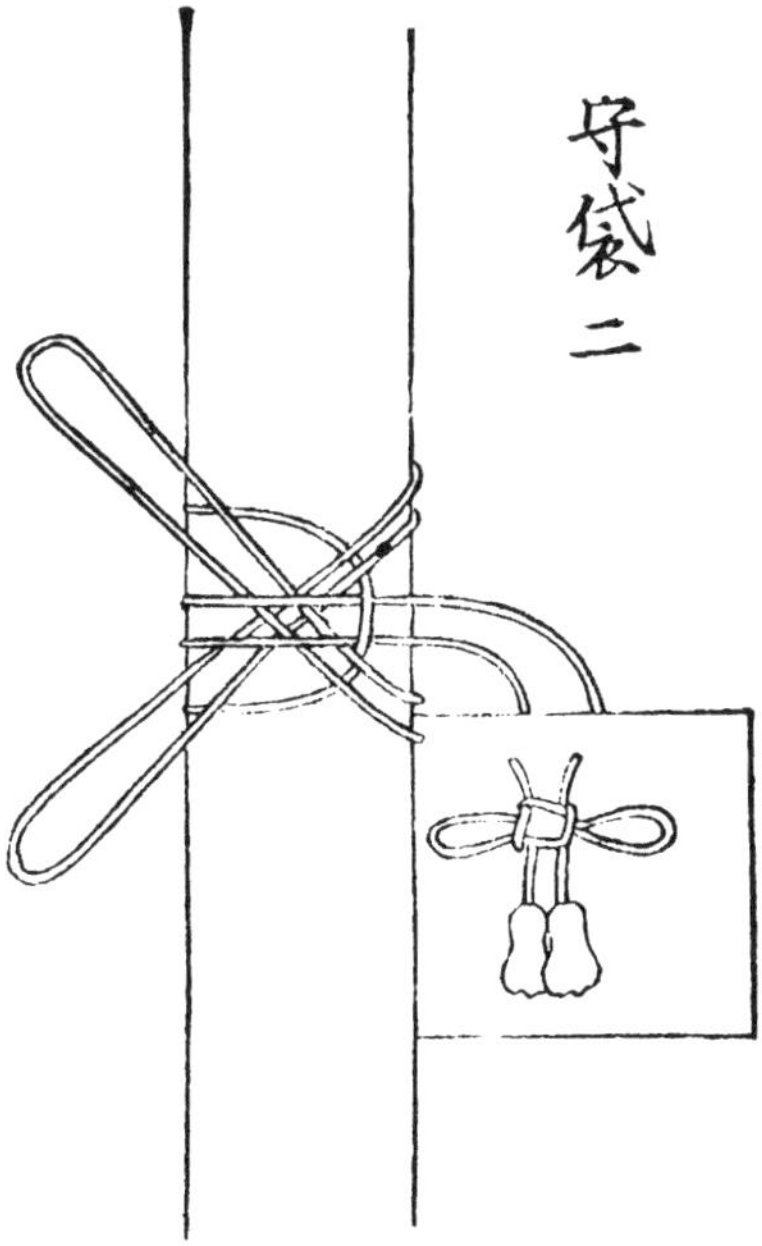

裏ヨリ表ヘ図ノ如ク廻シ組違ヘ
引通シテ左右ノ輪ニテ淡路ニ結フ

第五之全圖

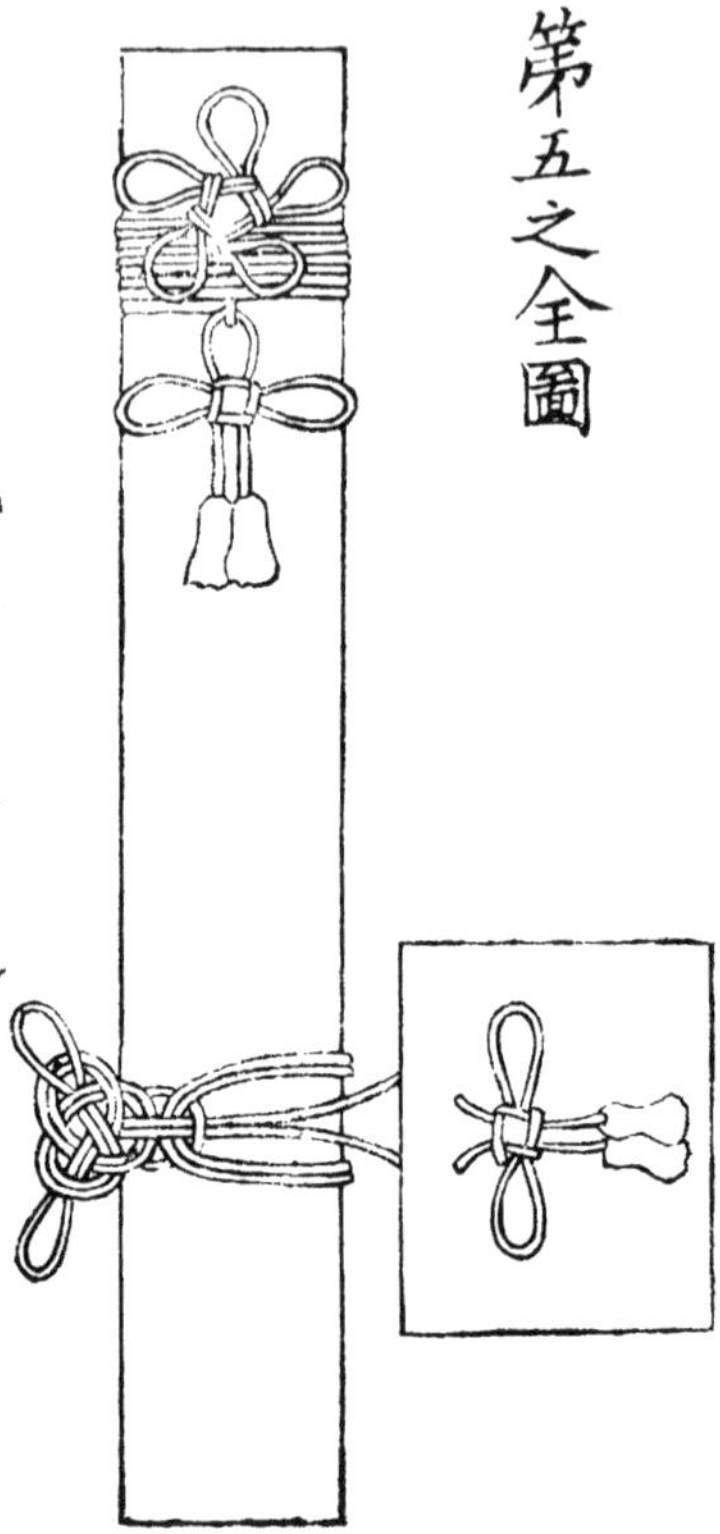

第六ノ一

刀袋ノ紐結初ニハ斯ノ如クニシ
矢ノ如ク上下ヨリ巻ク

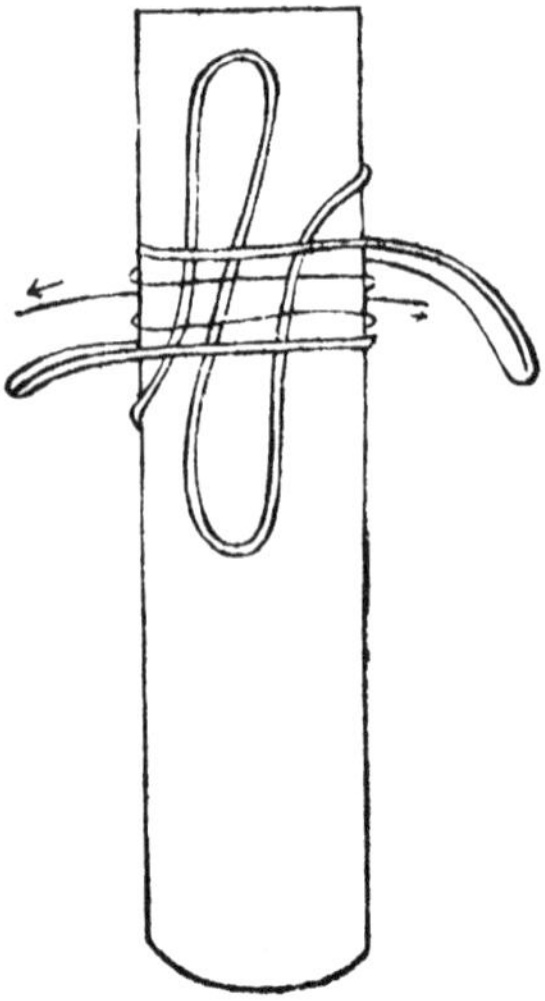

仝二

真中ニ線ニテ示シタル通リ
諸輪ニ結ヒ餘リヲ総角ニ結
ヒ留ムルナリ

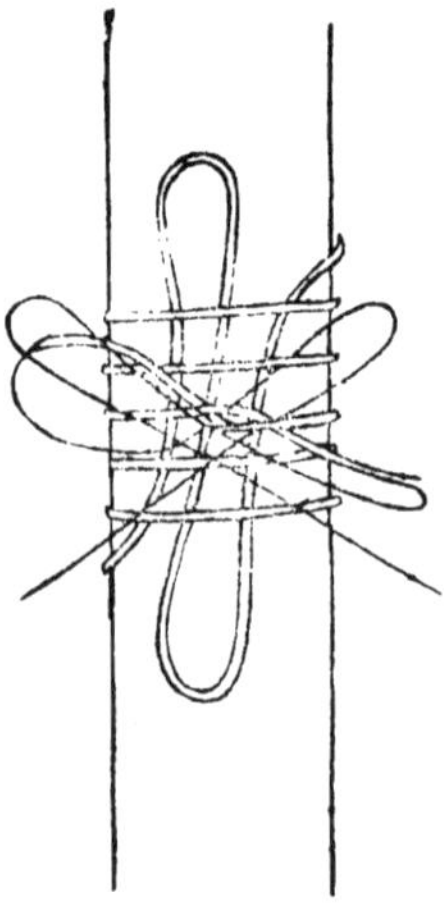

守袋一

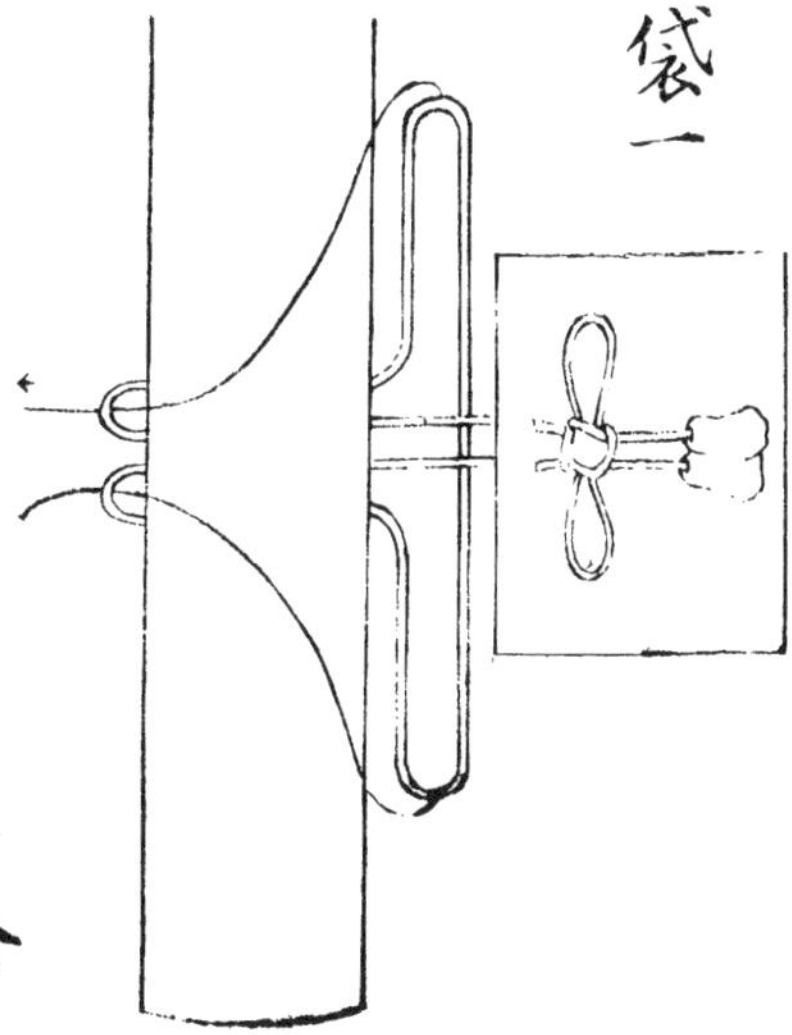

圖ノ通リ裏ヨリ宛テ矢ノ如ク二ツノ輪ヨリ引出セハ二圖ノ如シ

仝二

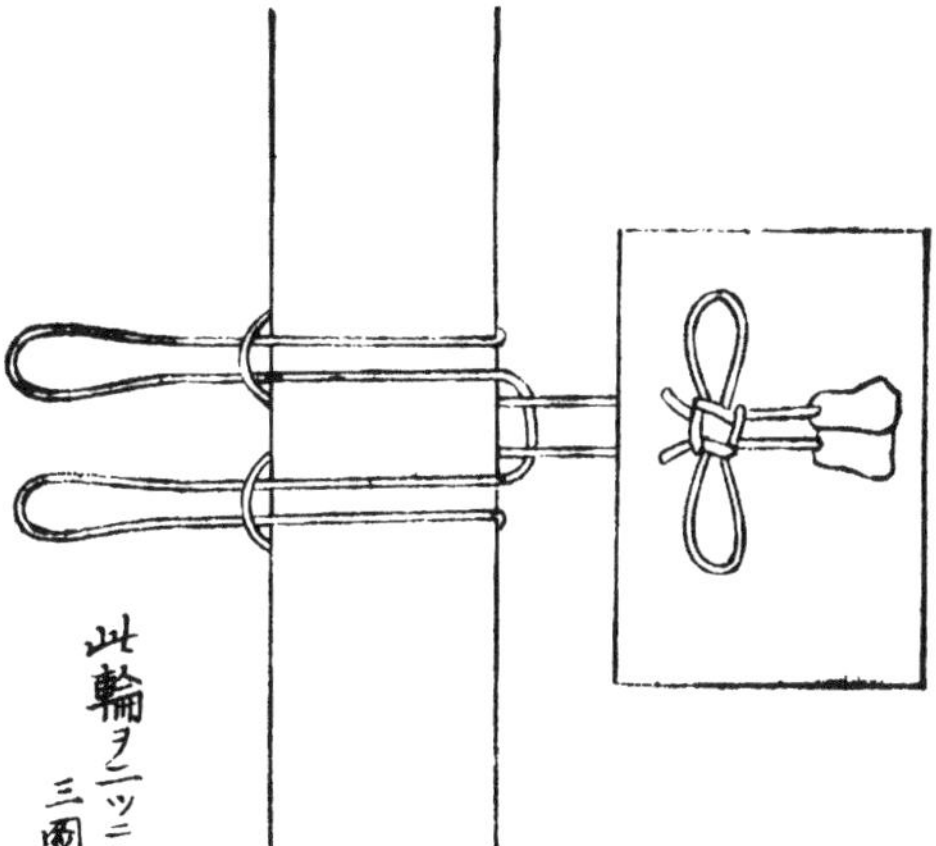

此輪ヲ二ツニ分チテ三圖ノ如クス

仝三

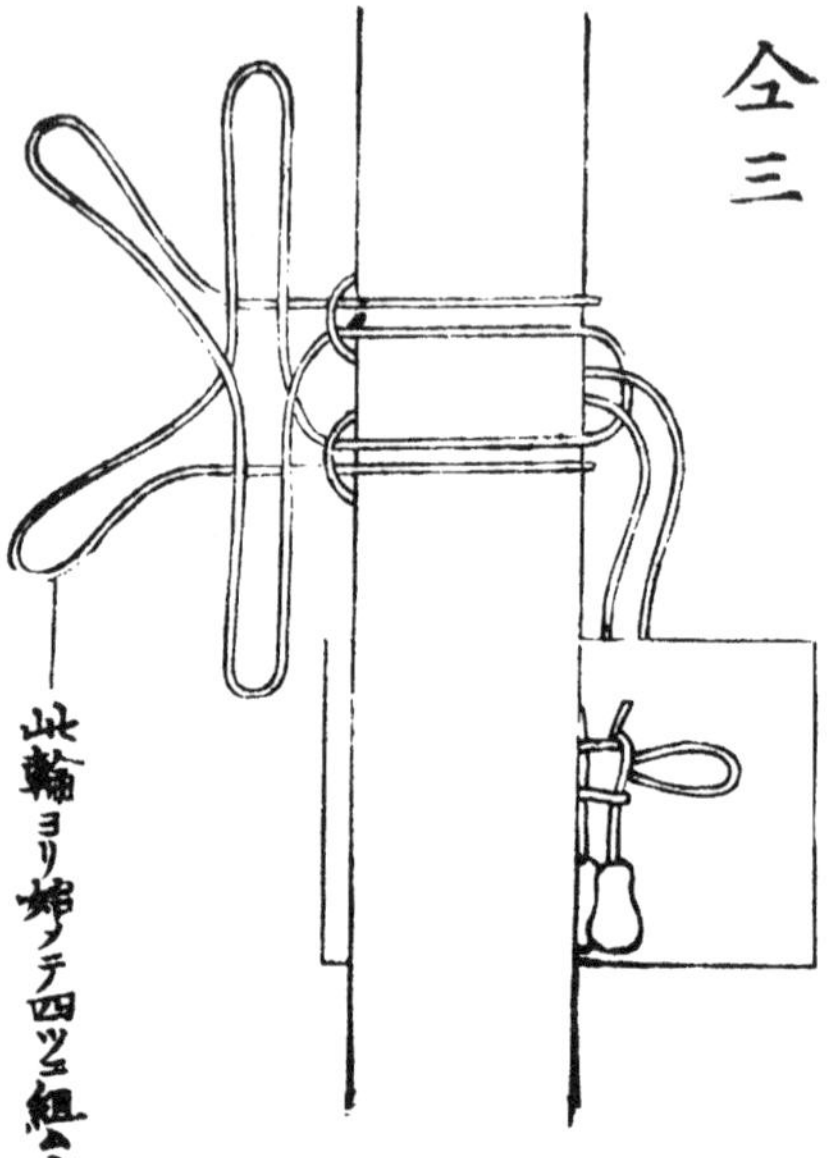

第六之全圖

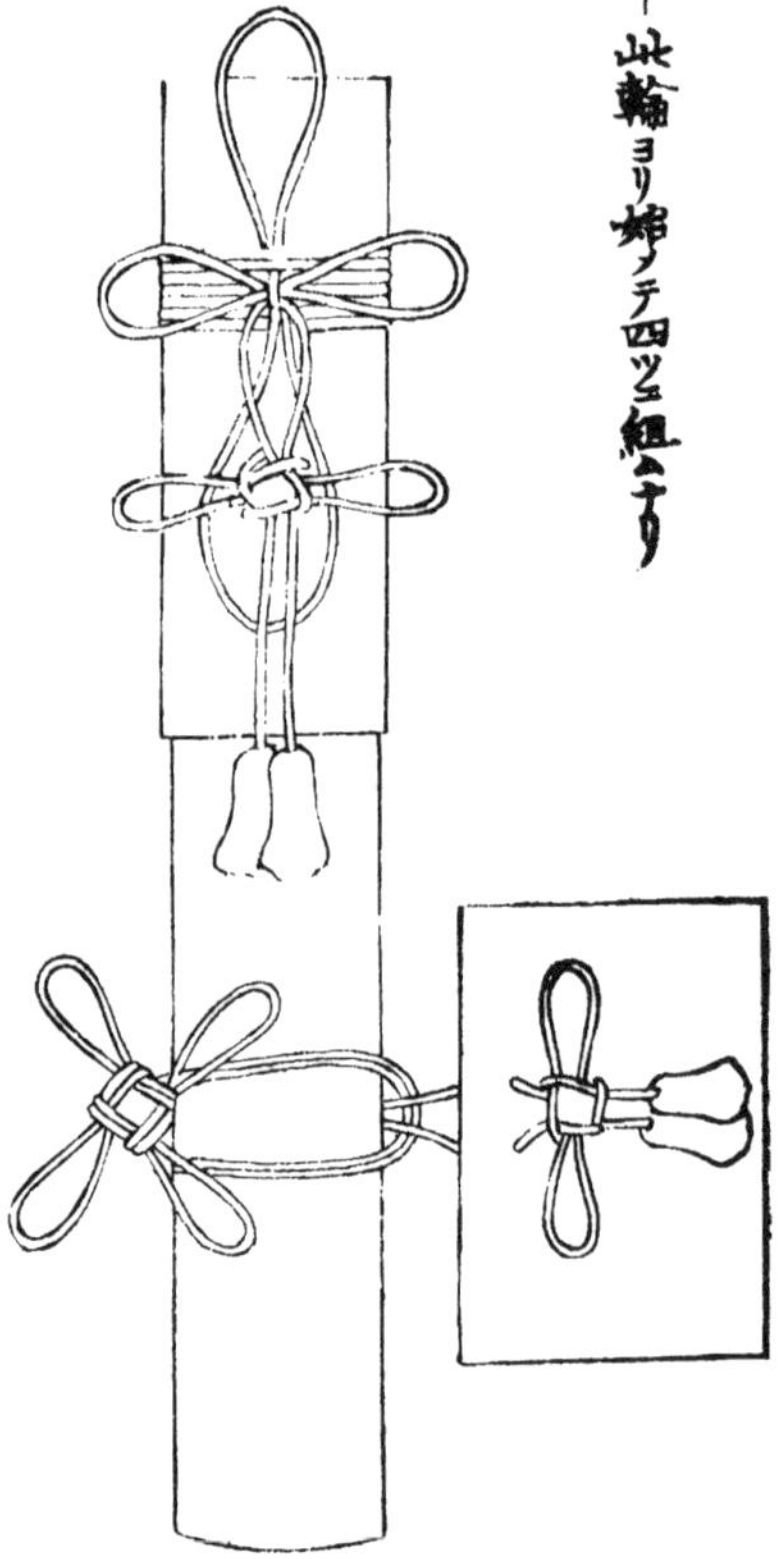

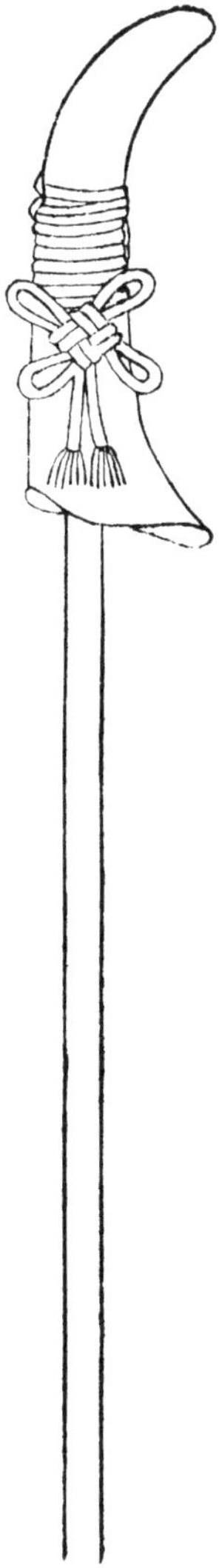

長刀之圖

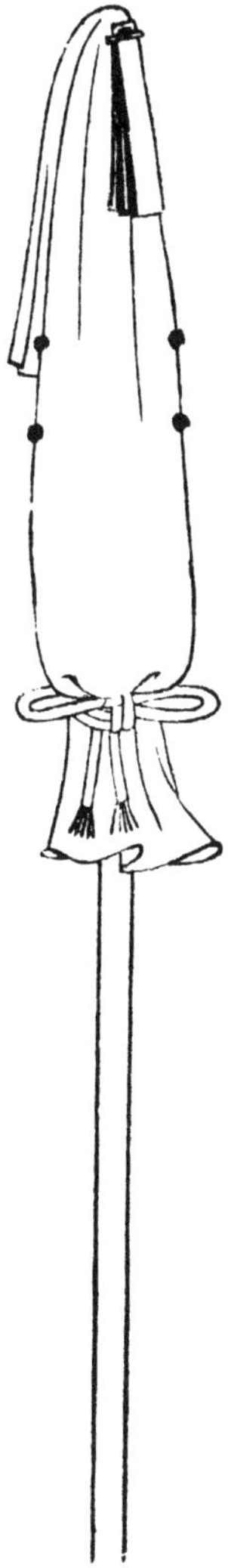

傘之圖

長刀之紐結

結方種々アレトモ先ツ此辺ニテ圖ノ如ク引カケ巻下ル

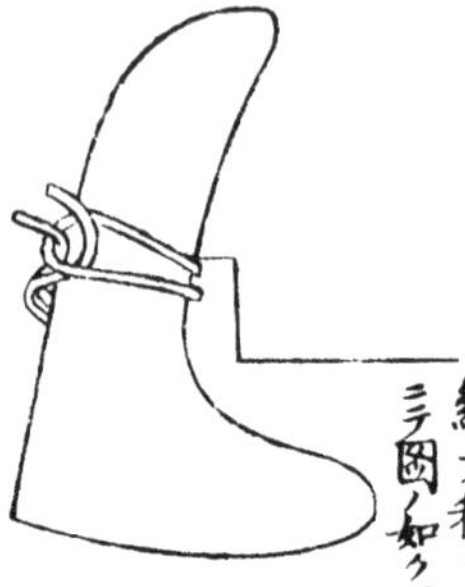

仝全

紐付ノ乳アルトキハ紐ヲ乳ヘ通ス

上下ヘ四ツ輪ヲ引キ出シ巻キ目ヲ並ヘ四ツニ組ナリ

傘袋

圖ノ如ク結ヒテ三ツニ組ムナリ

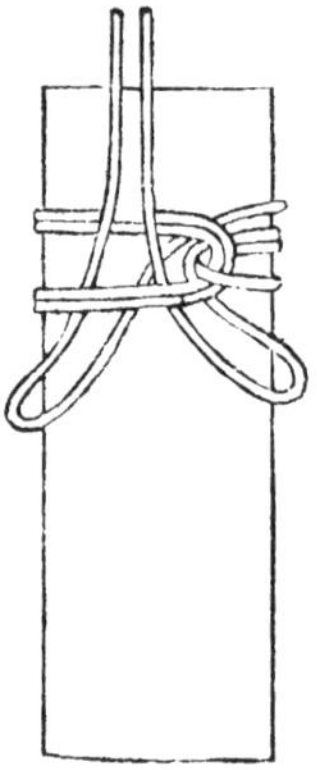

又守刀ノ結形ヲ用ヰルモ宜シ

靫

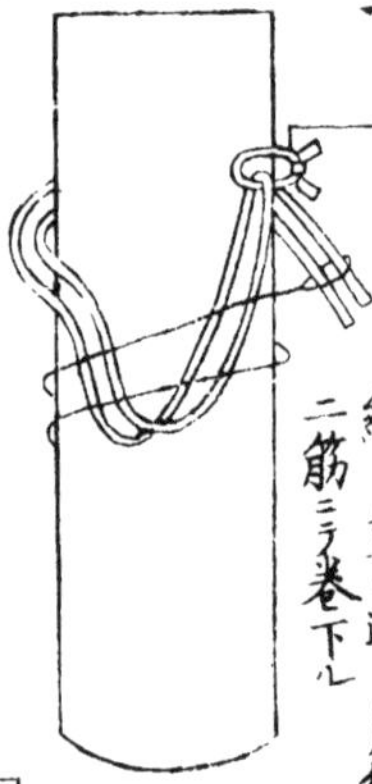

紐付革ヘ通シタル後二筋ニテ巻下ル

仝全

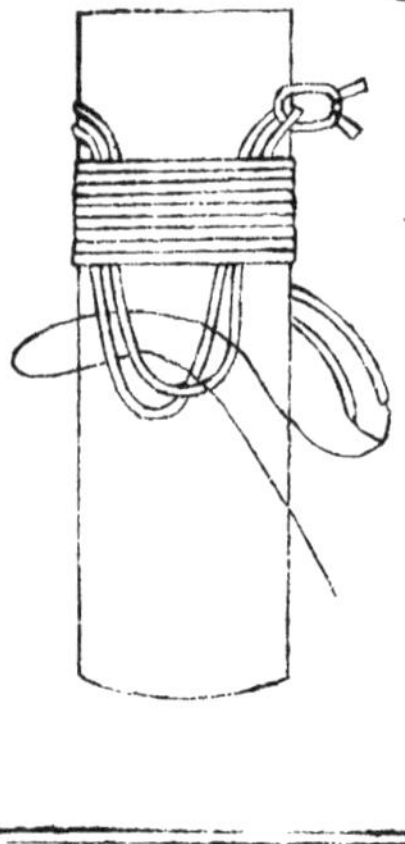

圖ノ如ク巻キ下リテ後左ノ方ヘ輪ヲ出シ引締置ク

是結空穂ノ古法ナリ

挾箱

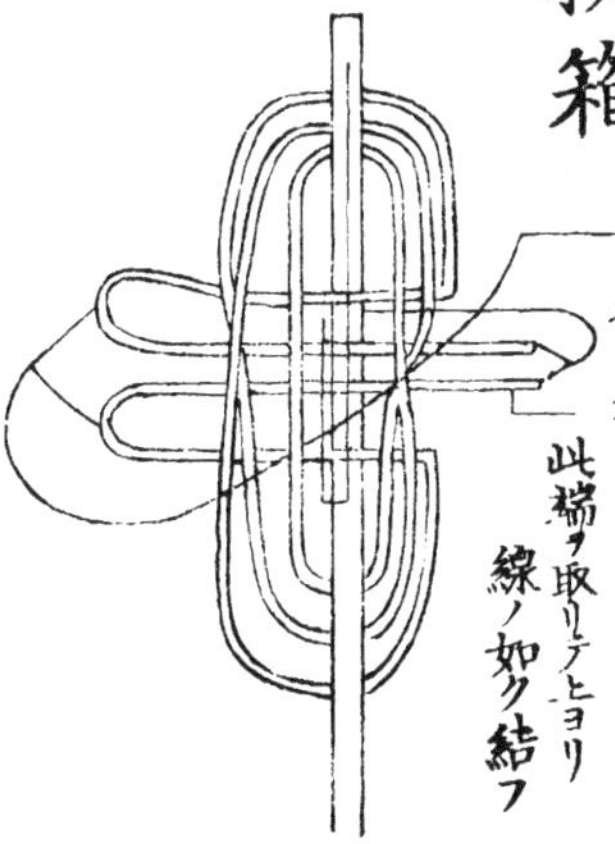
此二ツノ輪ヲ一ツニ取リ右ノ方ヲ持チ来テ
此端ヲ取リテ上ヨリ線ノ如ク結フ

仝全

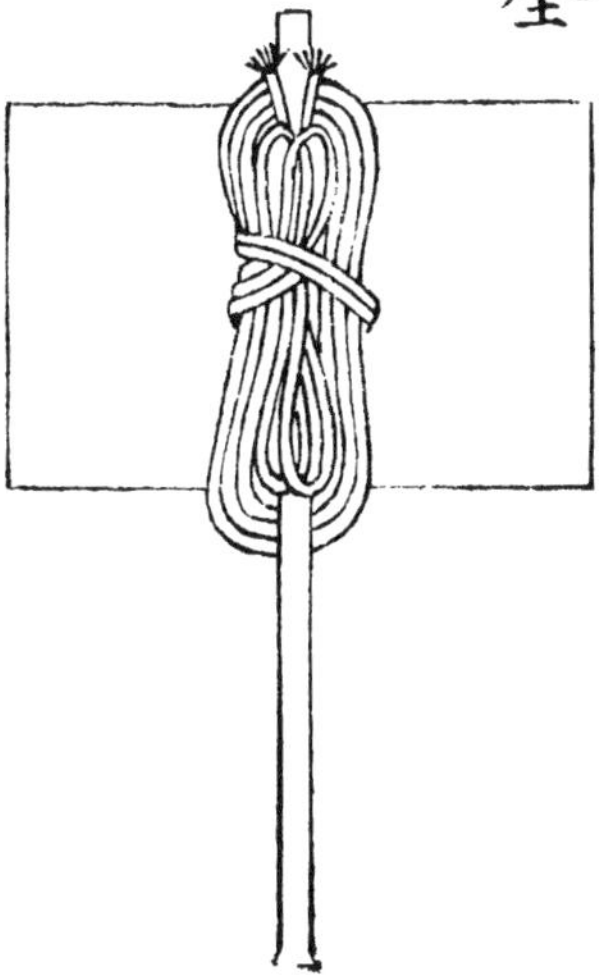

女中挾箱 真總角一

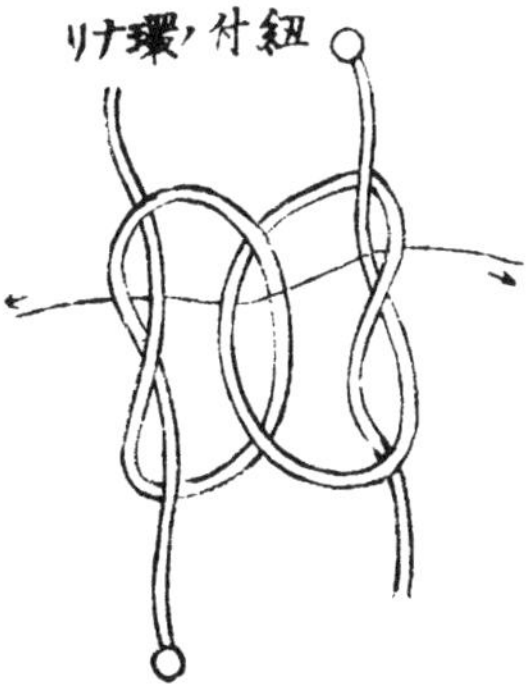
紐付ノ環ナリ
矢ノ如ク引キ出シ總角ニ結フ

仝二

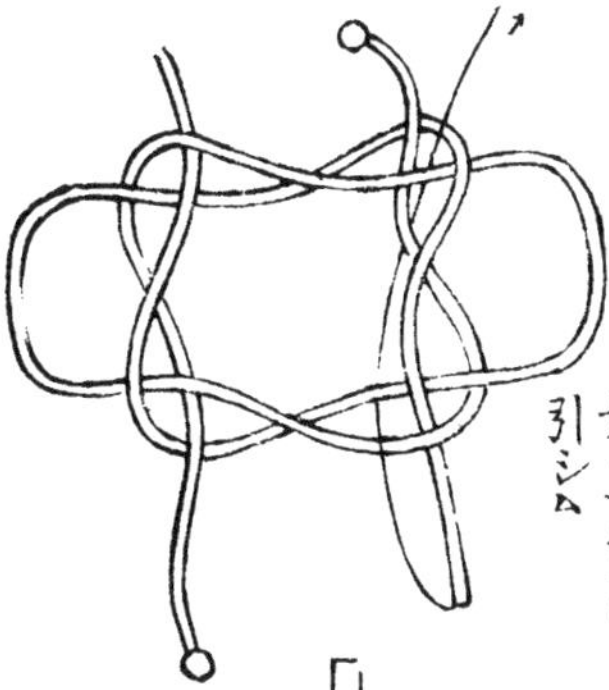
總角ニ結ヒテ右ノ方ノ紐ノ端ヲ矢ノ如ク上ノ方ヘ出シ引シム

仝全

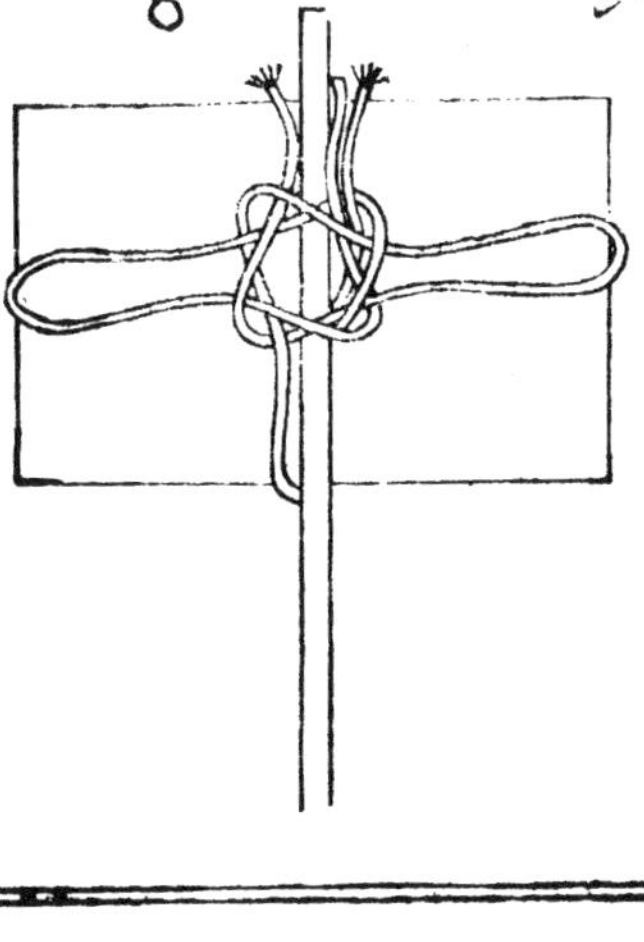

女中挾箱行

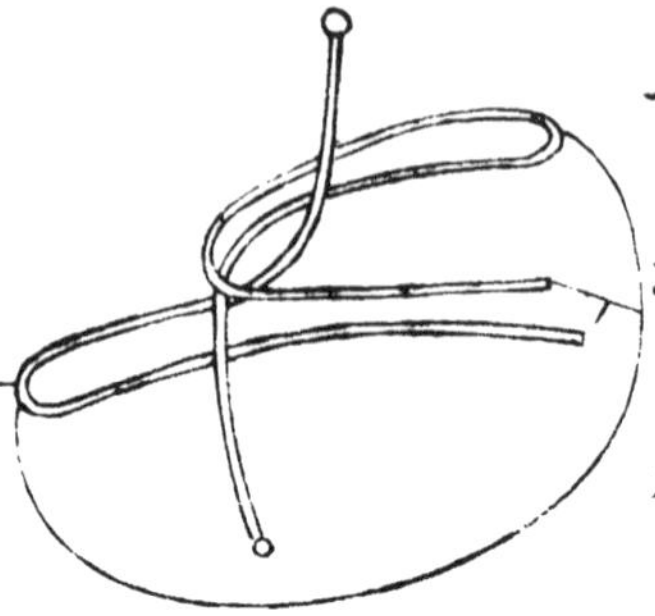

一結シテ此ニ方ニテ
組ム可シ而シテ全圖
ノ如ク形ヲツクル

仝二

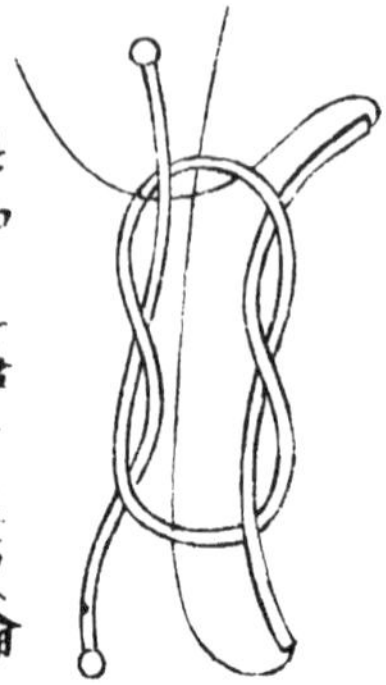

此ノ如ク真結ニナシ左右ヘ輪
ヲ出シテ引シメ端ヲ上ニスベシ

仝全

仝全

仝草諸輪結一

一ツ結ヒテ之ヲタテニ
真結ニスルナリ

仝異一

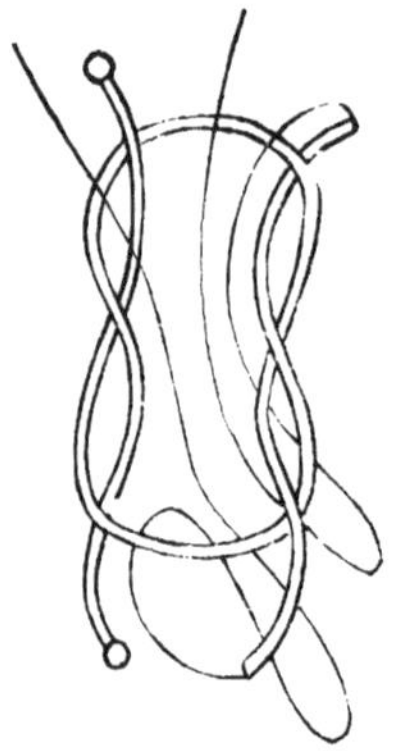

タテ結ニ結切リ線ニテ示セル通リ
左右ヘ四ツ輪ヲ出シ同ジ大サニシテ

仝異二

仝異二

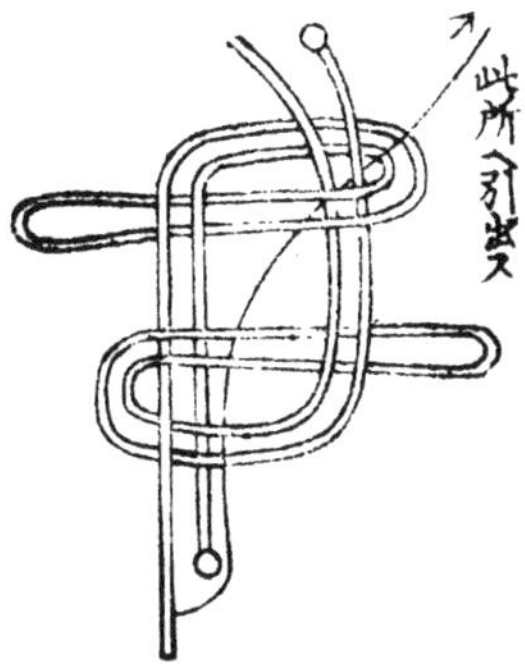

仝全

仝全

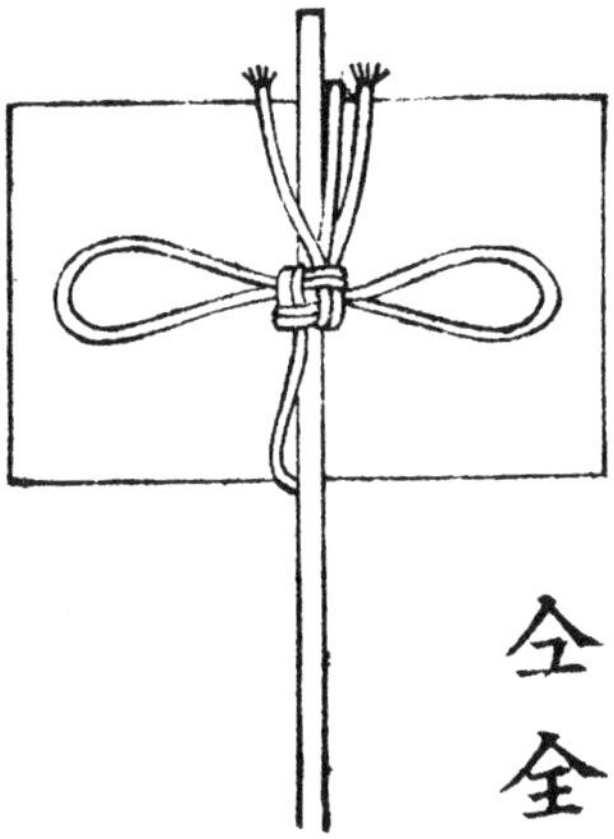

仝異一

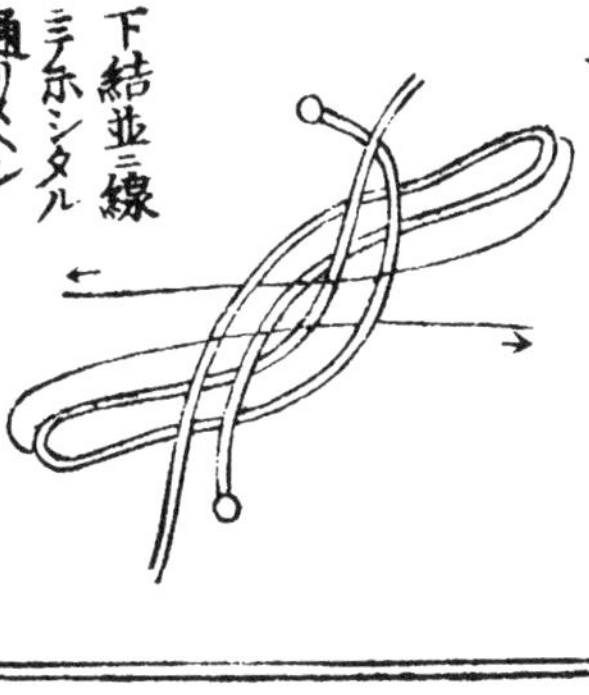

折烏帽子掛緒

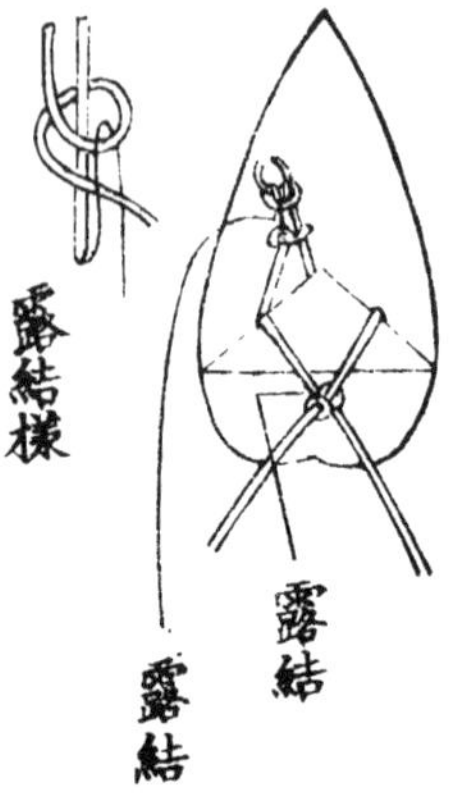

仝掛緒

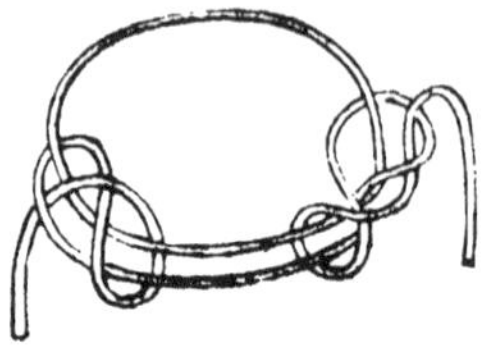

折烏帽子之圖

仝全

風折烏帽子之圖

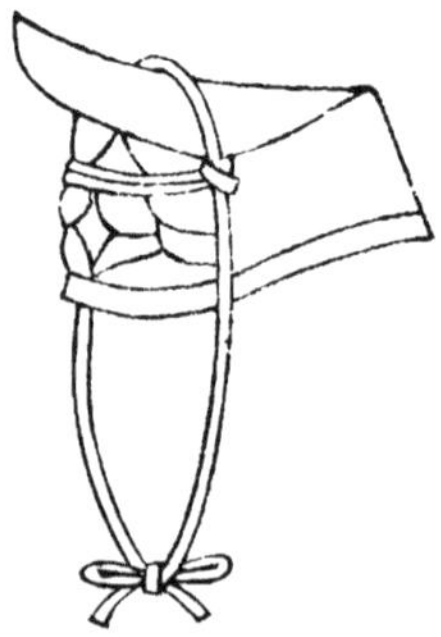

素襖革紐一

仝二

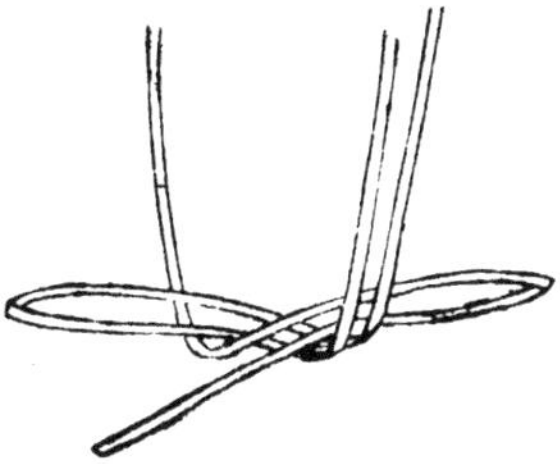

仝三

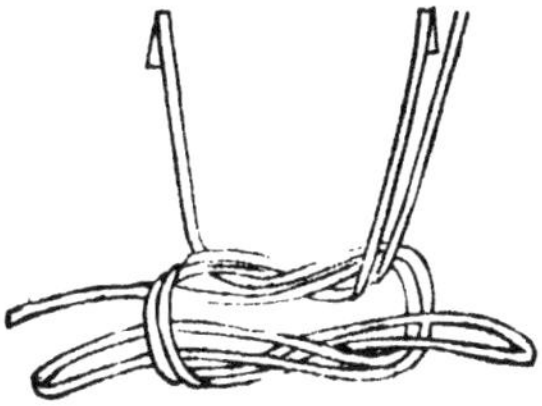

仝全

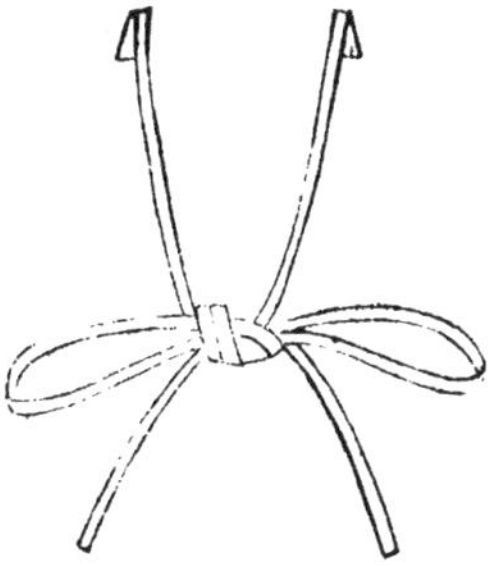

布直垂胸紐一

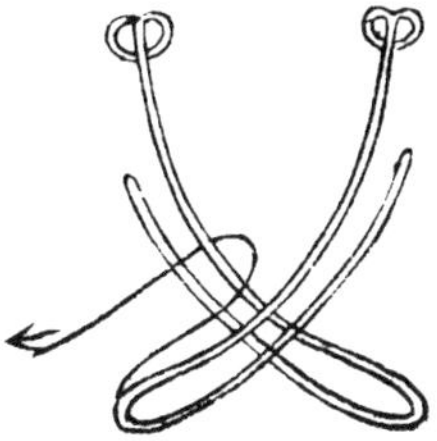

仝二

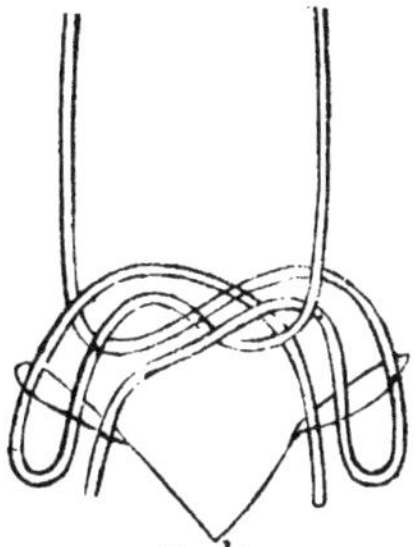

左右共ニ筋ニテ一ツ結フ

仝三

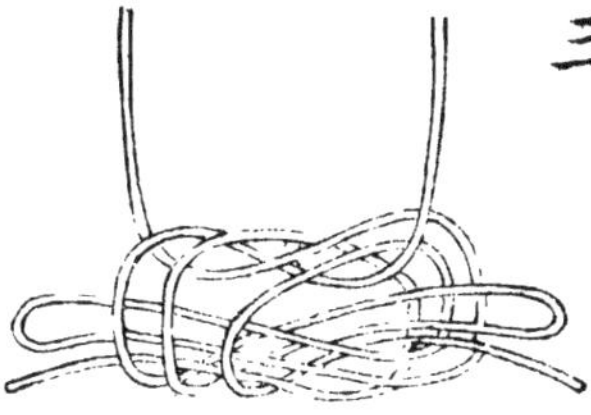

左右長短ナキ様ニ引締ム可シ

仝全

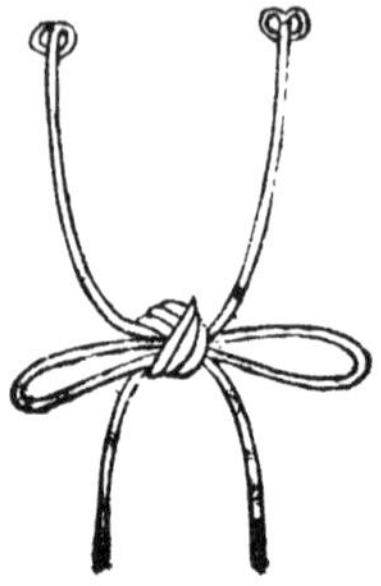

水干之紐

此結素襖ト仝シ

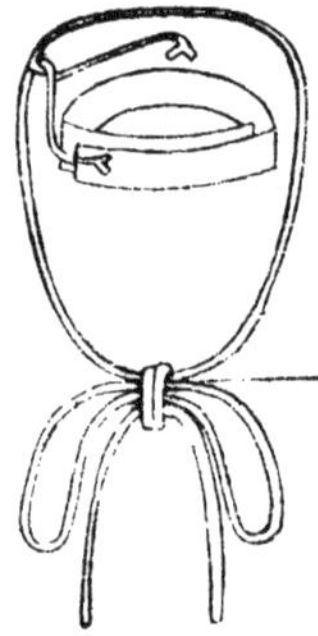

右肩ノ後ニテ圖ノ如ク組違ヘ
一筋ハ後襟ヲ廻シ前ニテ結フ

結物之部 終

明治三十三年十二月十日印刷
明治三十三年十二月十七日發行
明治三十六年十一月五日再版

著作權所有

全二冊
包結の栞奥付

編者　東京　齋藤園

發行兼印刷者　日本橋通壹丁目十八番地　大倉保五郎

發行所　日本橋通壹丁目（電話本局四一四）　大倉書店

解説編　大宮司朗

秘伝 神折符

大宮司朗

以下に、面授によらなくても理解できそうな、できるだけ分かりやすい、私自身が師匠から教示された折の基本形をいくつか紹介する。ここに紹介する折りは、形が同じようになれば、その折り手順を気にする必要はないが、通常は下から上に折り、また回す場合には左旋させる。

なお、特別に、そのような折り作法を感得するための練習折符を紹介しておく。普通の神折符を練習に用いると霊気がこもりやすく、その折符の処分に困るが、この折りの場合にはその心配はない。しかも繰り返し折ることによってその人の霊性が高められ、神折符を折った場合の効験が増すのである。ここでは「畳み折り基本形」と「内違い（左旋）基本形」を紹介する。

また、より詳細な作法、紙の大きさ、形状などは、拙著『太古真法玄義』ならびにビデオ『太古真法神符秘伝』を参照されたい。

◎畳み折り基本形

この折りによって、陰陽の合体（あるいは幽の幽、幽の顕、顕の幽、顕の顕を知り、現界に先んじて幽界に事象が起きること）を悟ることができる。

① 折り上げる

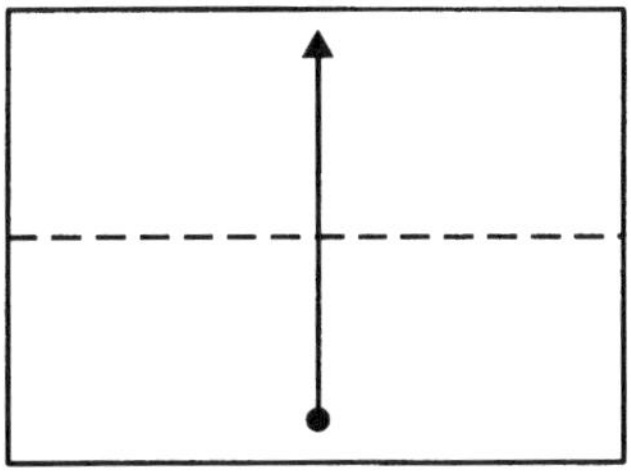

② 90度右に回して（左旋）折り上げる

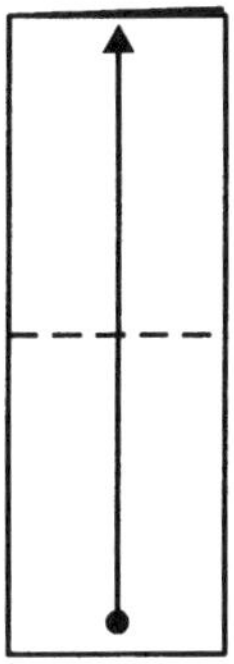

③ 完成

◎内違い（左旋）基本形

常に右側を折っていくことで、天の運行である左旋の原理を修得する。

① 畳み折りで折り目をつける

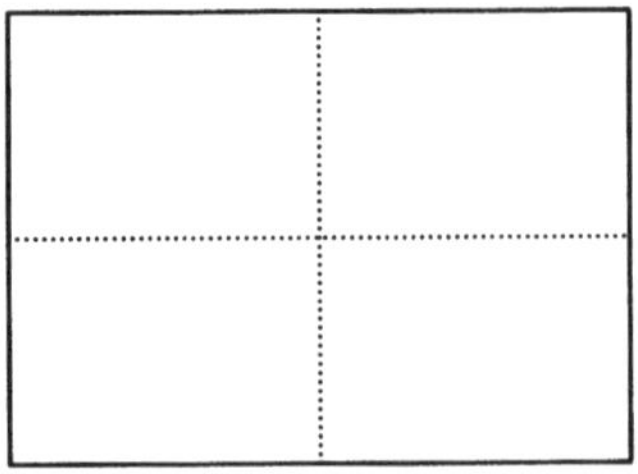

② 中心線に合わせて三角に折り上げる

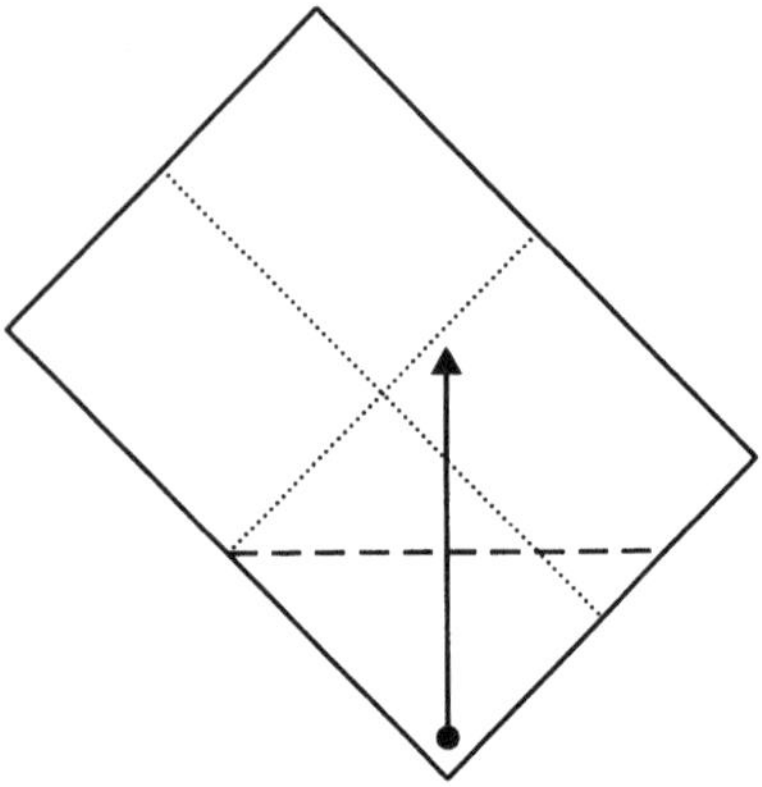

③ 左旋して同じく折り上げる

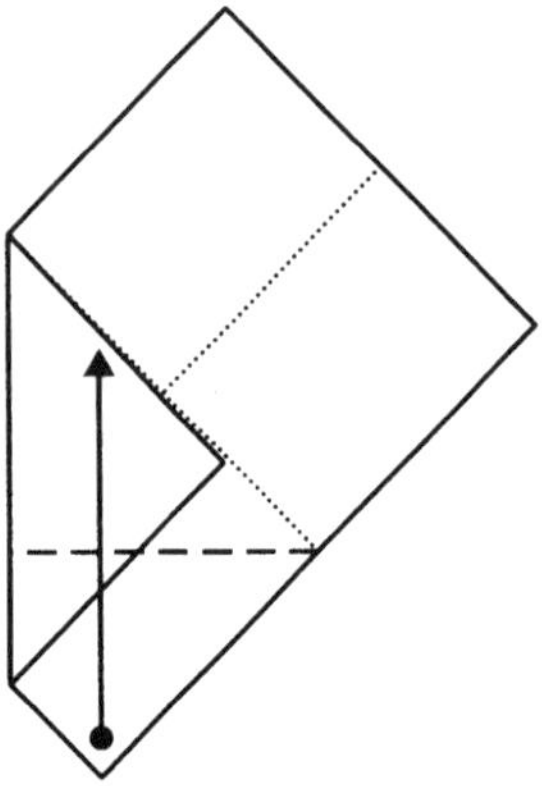

④同じく折り上げる

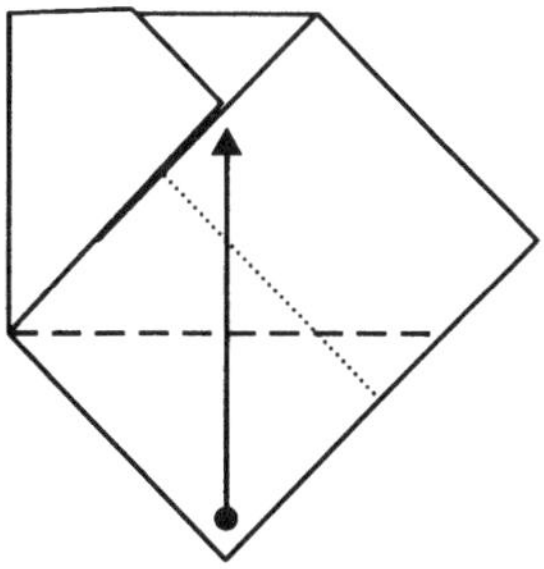

⑤同じく折り上げる

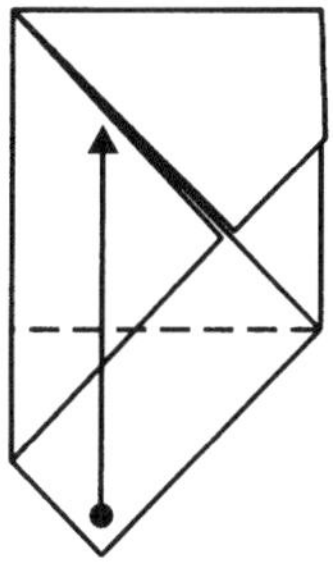

⑥

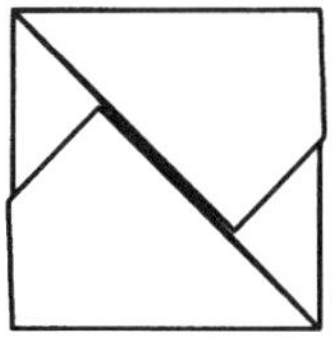

⑦裏返して中心に合わせて折り上げる

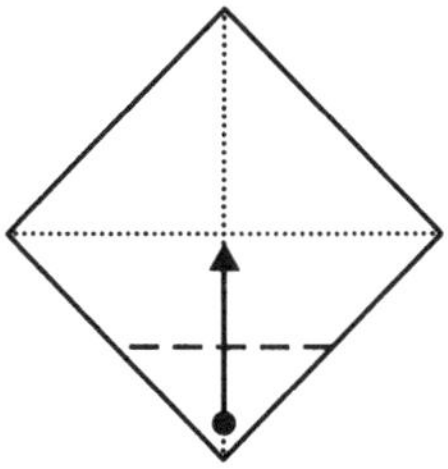

⑧残りも左旋しながら同じように折る

【表】

◎火難除符

これを祀れば火難を避けるとされるものである。通常は台所など火を用いるところに貼って吉。

①折り上げる

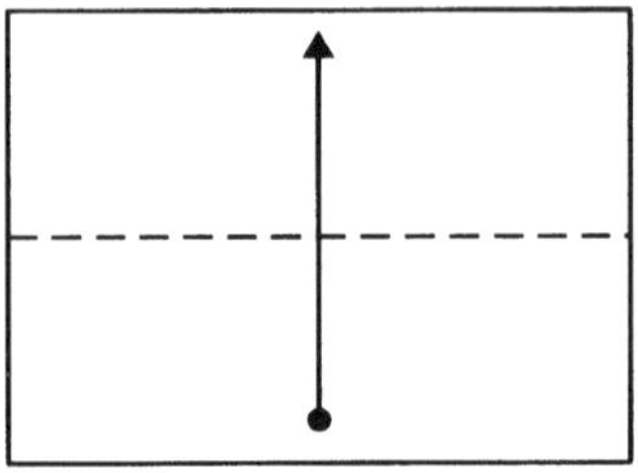

②真ん中の折り線をつける

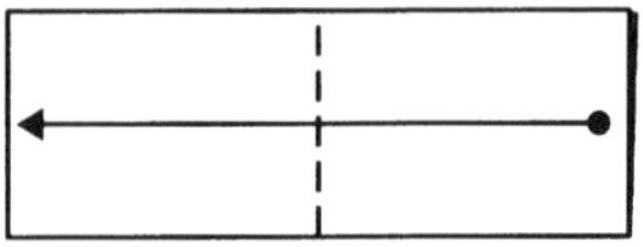

③左右とも折り上げる

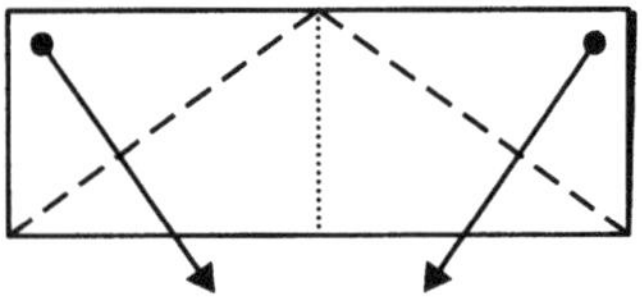

④

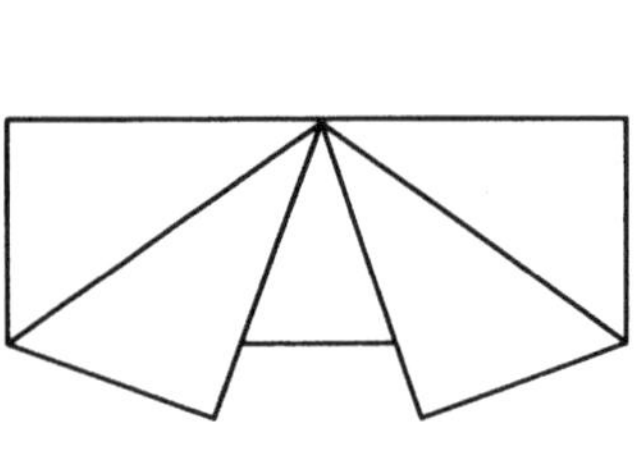

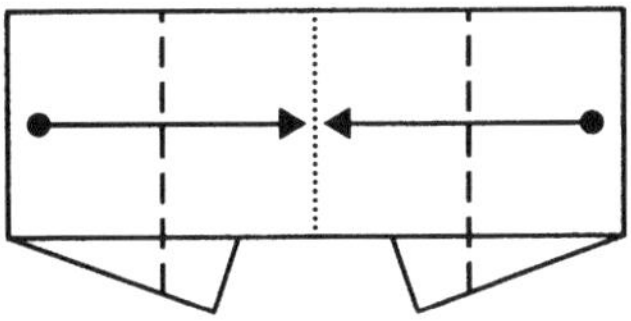

⑤ 裏返して真ん中で折り合わす

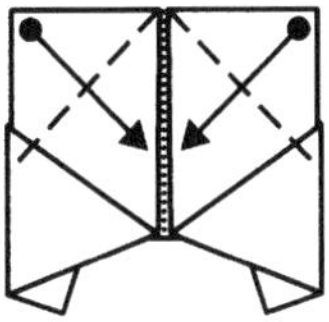

⑥ 真ん中で折り合わす

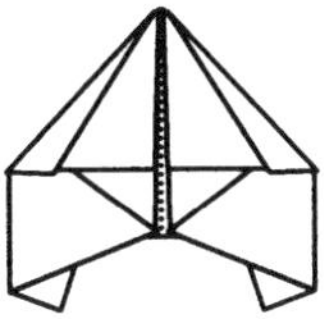

⑦

⑧ 裏返して完成

◎水難除符

水による難を避けるもので、海などでの事故を避ける働きもある。夏の土用の間、この折符の上に海産物（乾物で良い）を載せて祀る。

①折り上げる

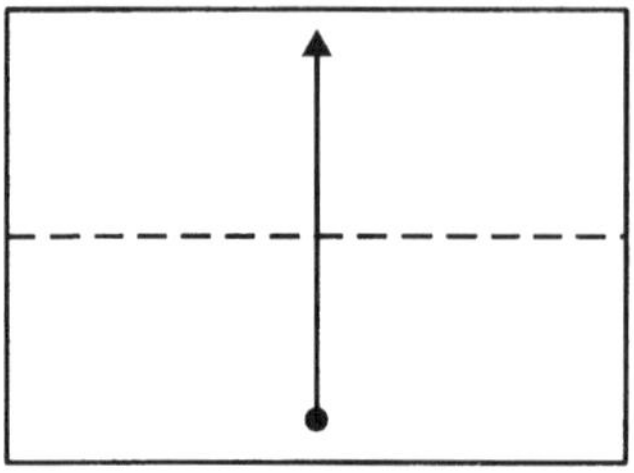

②真ん中の折り線をつける

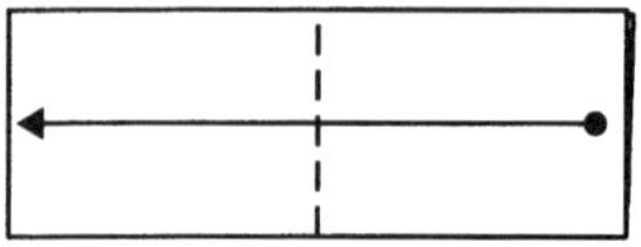

③左右とも折り上げる

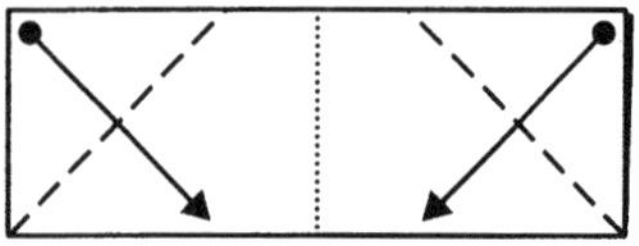

④折り上げる

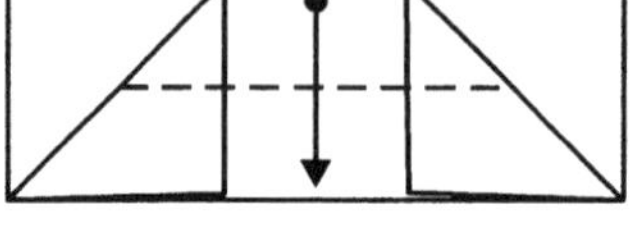

⑤

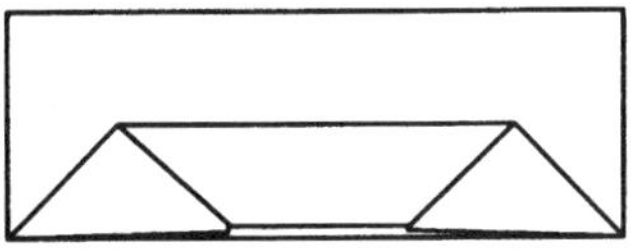

⑥ 裏返して左右とも折り上げる

⑦ 真ん中で折り合わす

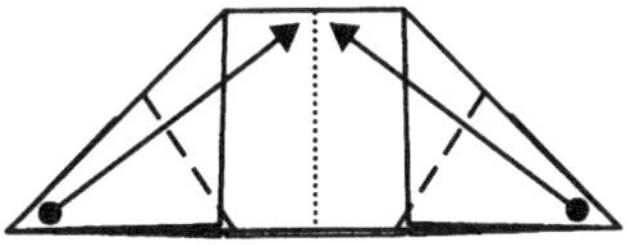

⑧

⑨ 完成

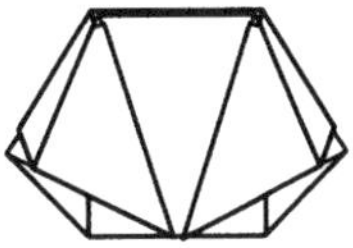

◎蠱自物折符

この折符は禁厭に用いる呪物（砂とか、髪の毛など）を入れるのに用いるが、いわゆる種銭などを入れるのに用いれば、その効果の増大を期待できる。

①折り上げる

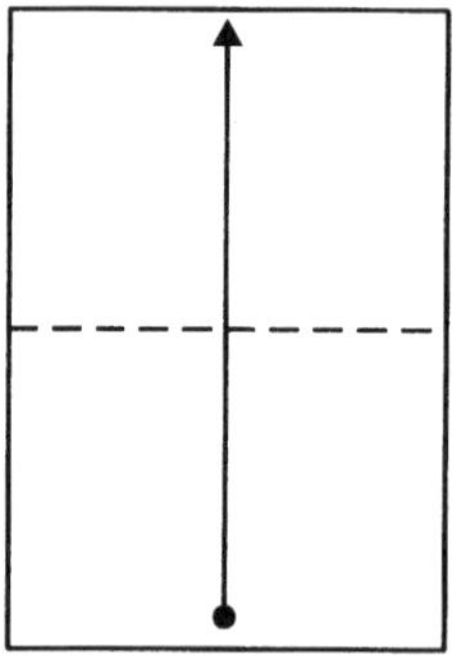

②指二本分折り上げる

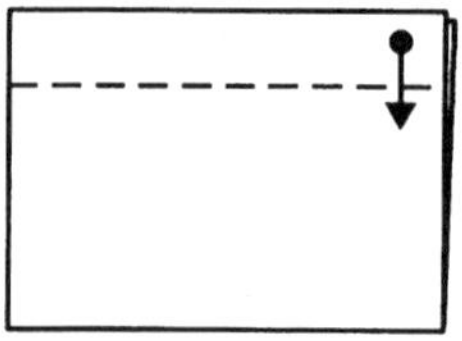

③真ん中の折り線をつけた後、裏返して真ん中で折り合わす

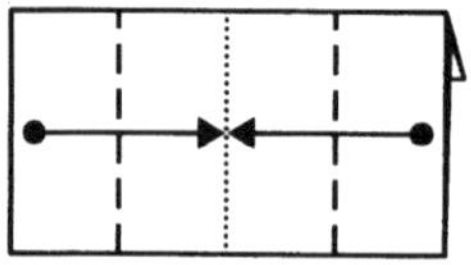

④折り合わす

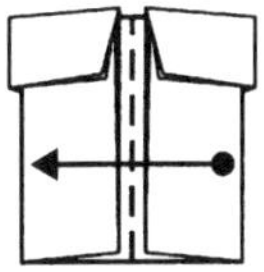

⑤完成

◎祓折符

その置くところを祓い清める働きを持った折符である。神を招いたり、祈願するなど各種の神事を行う場合などに用いて吉。

①三角に折る

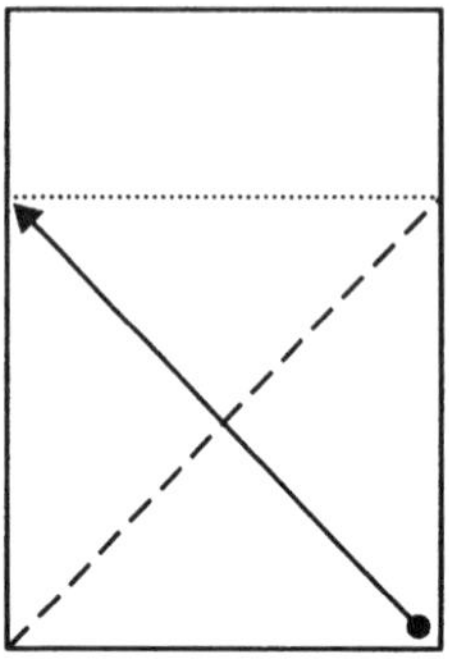

②裏返して三角に折り上げる

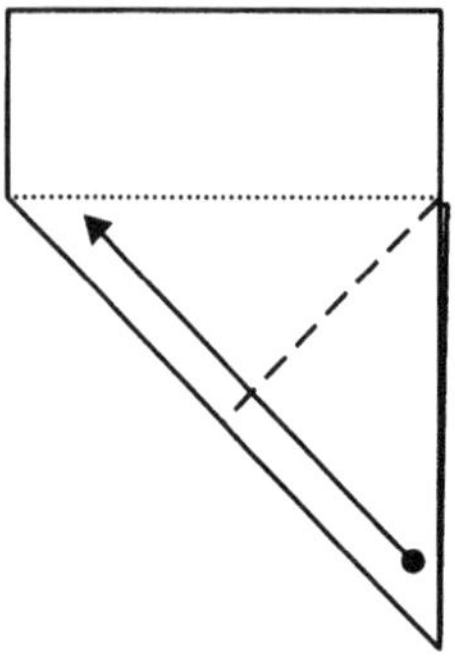

③一度折り上げ、真ん中の折り線をつけて元に戻す

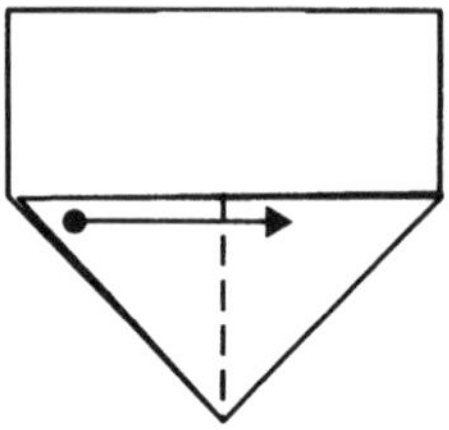

④袋折り

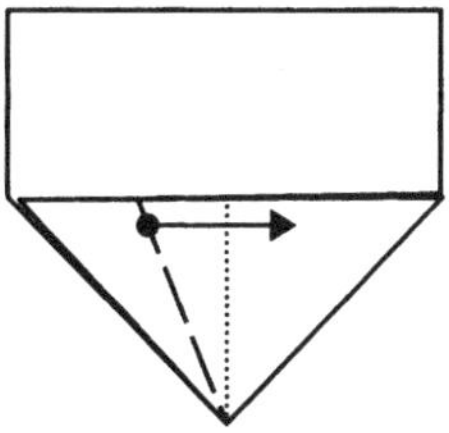

⑤袋折り（途中）

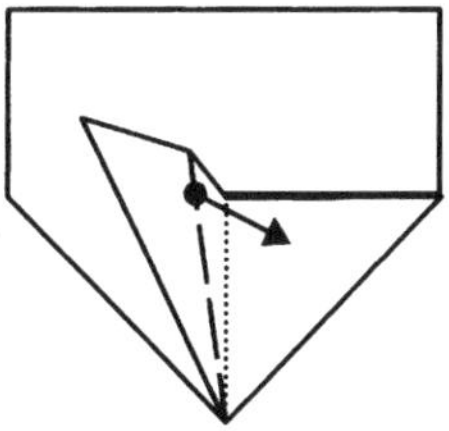

⑥

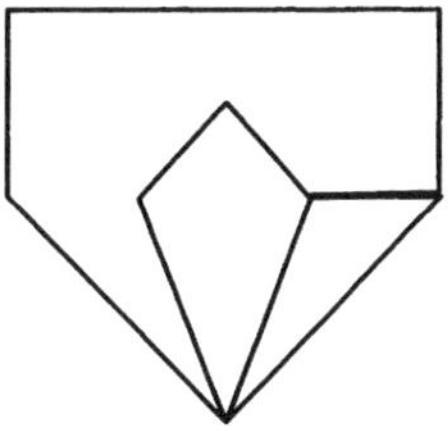

⑦裏返して真ん中で折り合わす

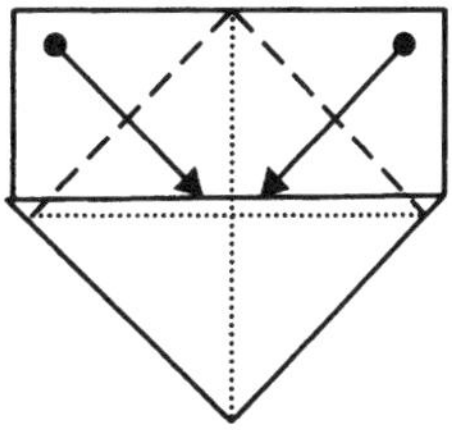

⑧真ん中で折り合わす

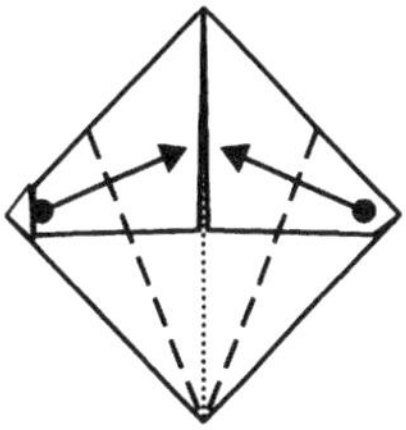

⑨

⑩裏返して完成

◎鎮物怪符

物の怪、つまり生霊、死霊あるいは邪気などによる異常現象を鎮める折符である。神棚があれば、神棚に安置し、無い場合には部屋などの高いところに貼るとよい。

①三角に折る

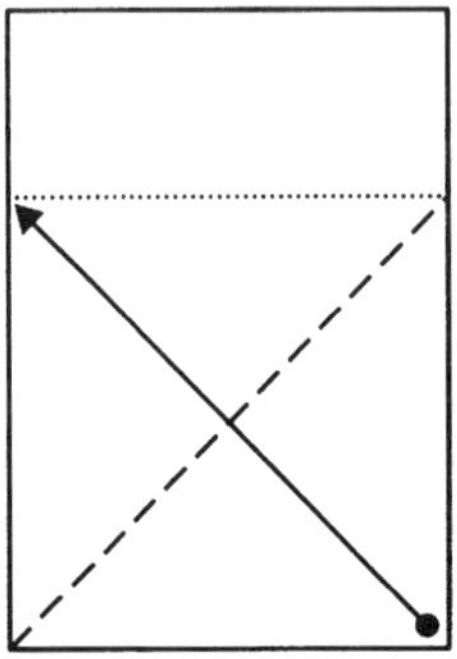

②裏返して三角に折り上げる

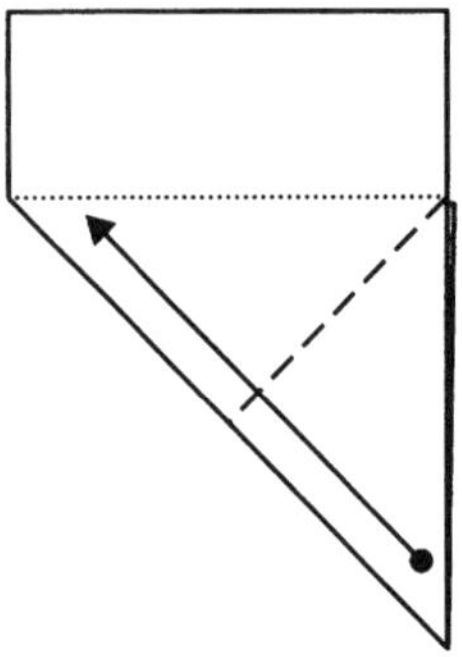

③一度折り上げ、真ん中の折り線をつけて元に戻す

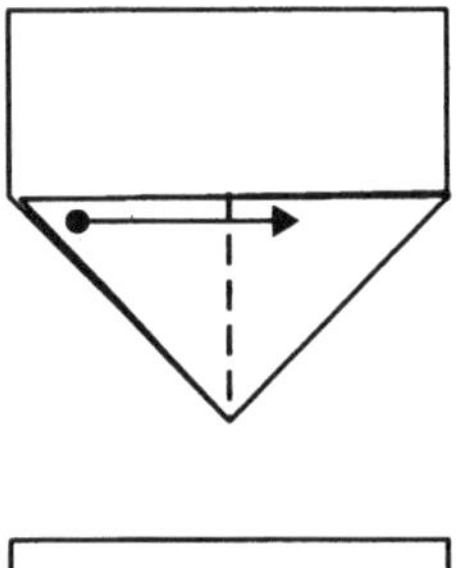

④袋折り

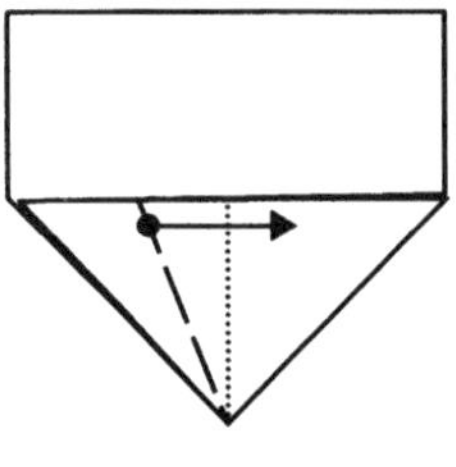

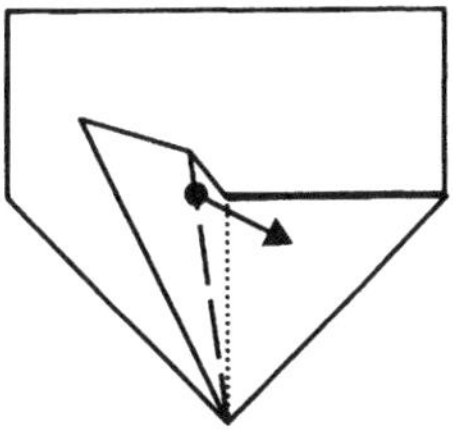

⑤袋折り（途中）

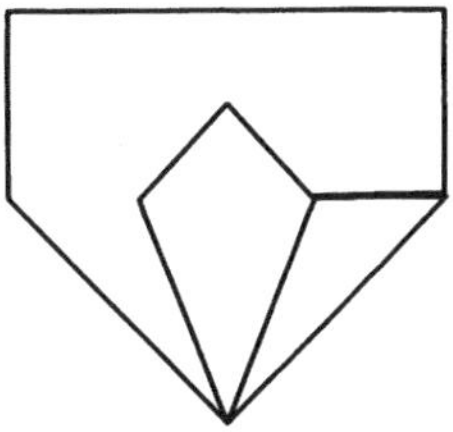

⑥

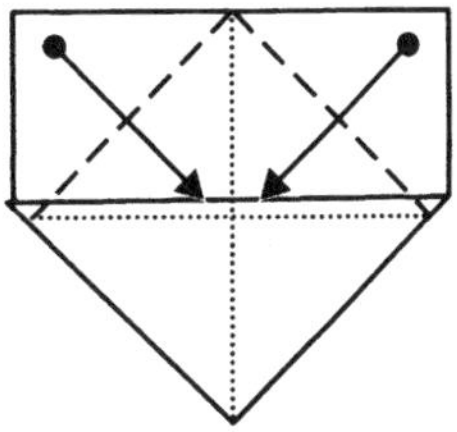

⑦裏返して真ん中で折り合わす

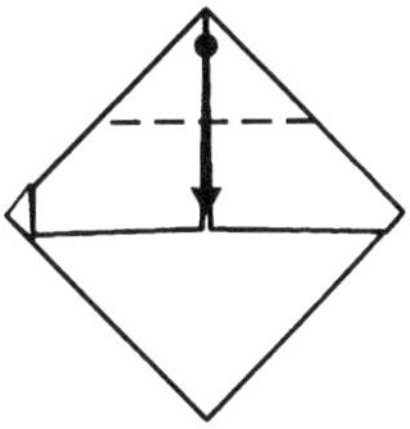

⑧折り上げる

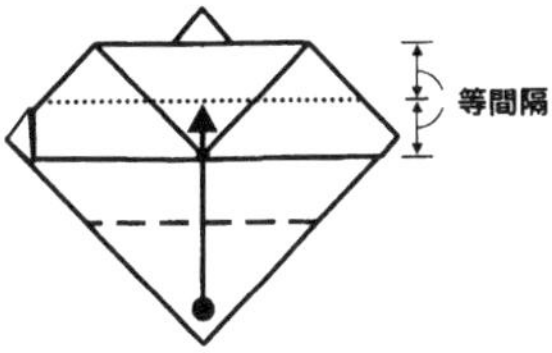

⑨折り上げる

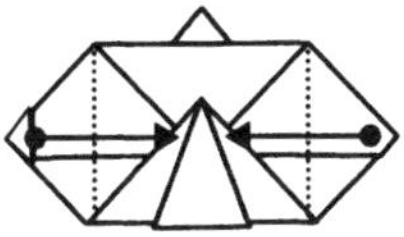

⑩左右とも折り上げる

⑪

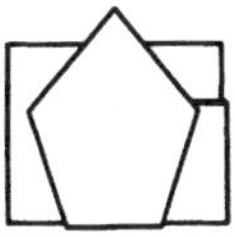

⑫裏返して完成

◎降守護霊符

この折符を眼前に置き、三頭合せの部分を凝視する。各自の守護霊が降臨し（霊覚の相違によって自覚できる人、できない人がいる）、苦境にある人は苦境を脱し、あるいは運命の転換を図ることができる。

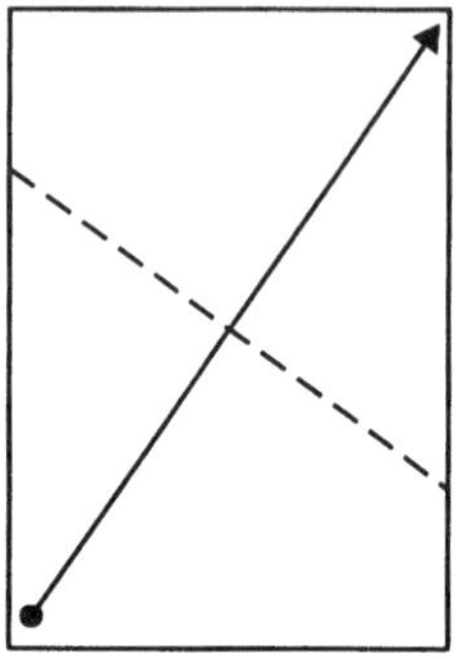

① 角を揃えて折り上げる

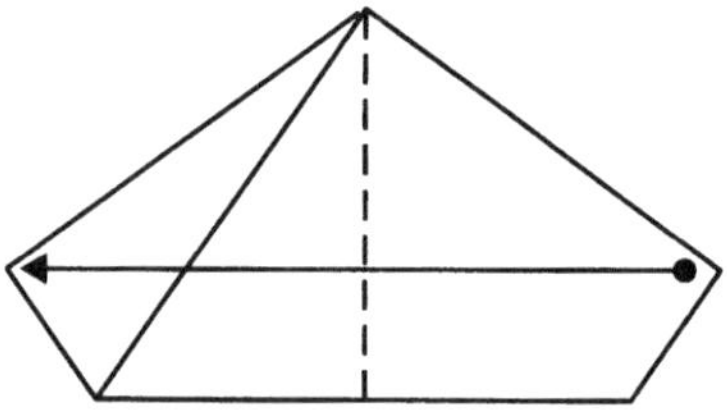

② 折り上げて真ん中の折り線をつける

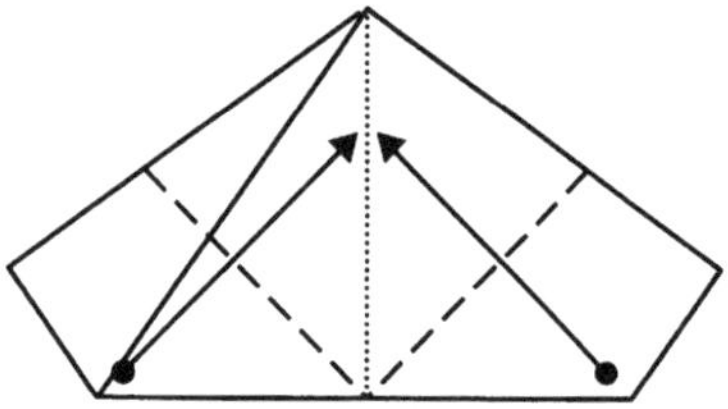

③ 真ん中で折り合わす

④左右とも折り上げる

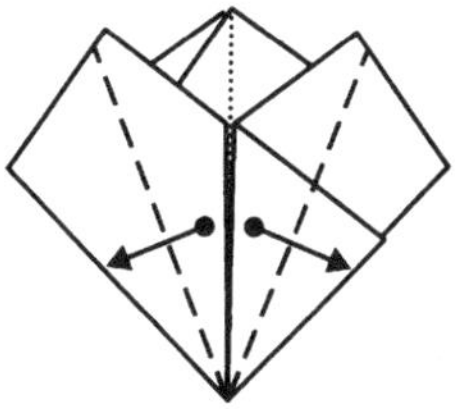

⑤折り上げる

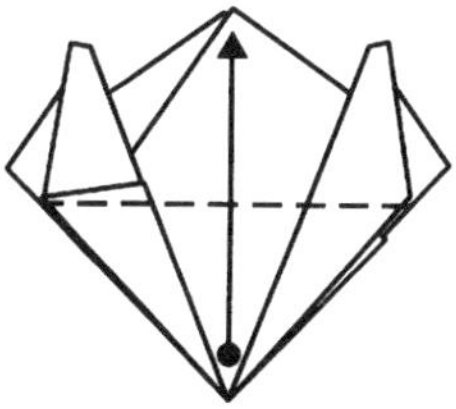

⑥真ん中で折り合わす

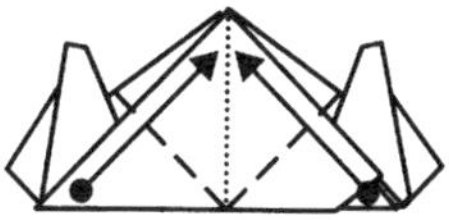

⑦裏返して折り上げる

⑧完成

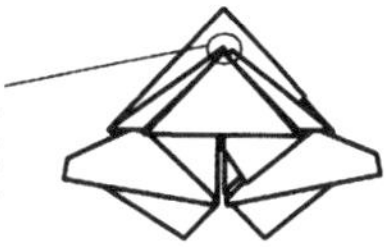

◎招財折符

家に財を招くとされる折符である。神棚があれば神棚の上に安置し、またなければ、寝室などに貼るとよい。

①指二本分の巾を残して折り上げる

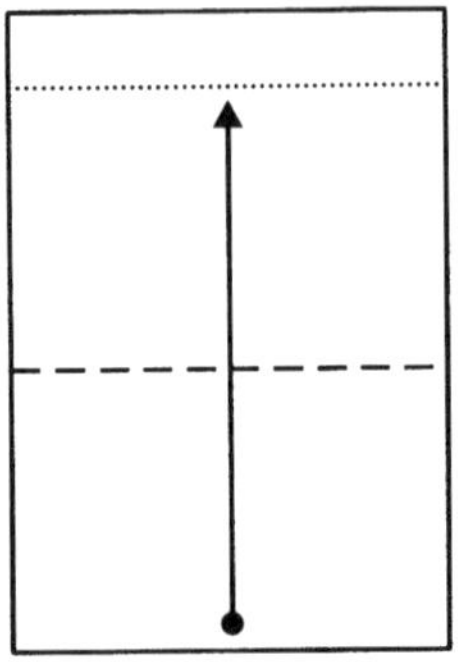

②裏返して指四本分の巾を残して折り上げる

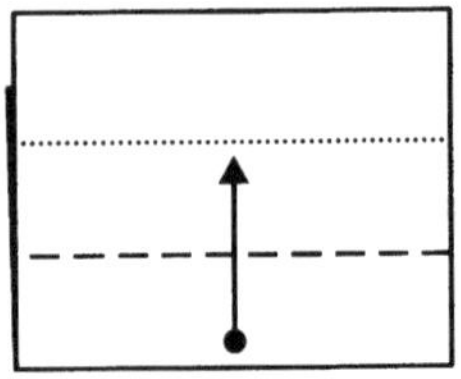

③裏返して折り上げ、真ん中の折り線をつける

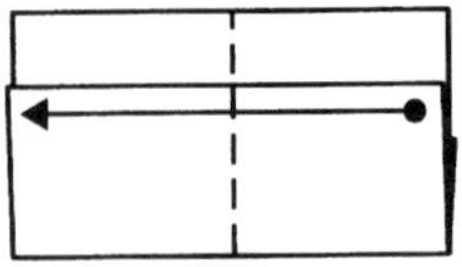

④袋折り

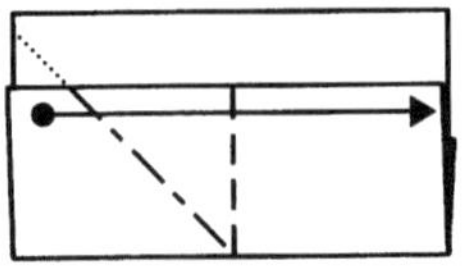

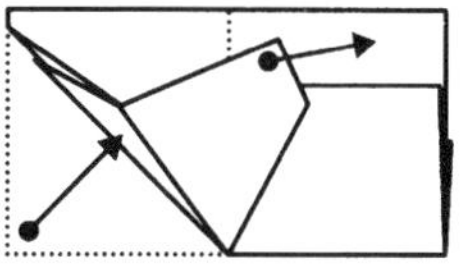

⑤袋折り（途中）

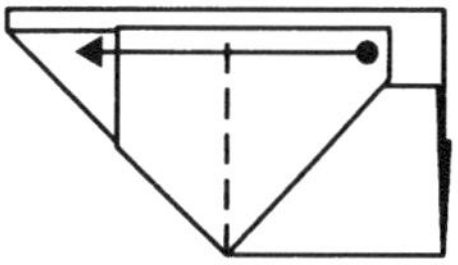

⑥折り返す

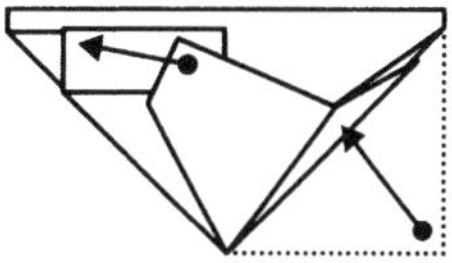

⑦同様に右側も袋折り

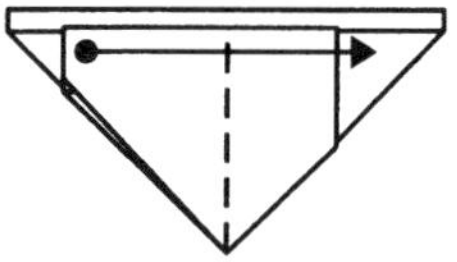

⑧折り返す

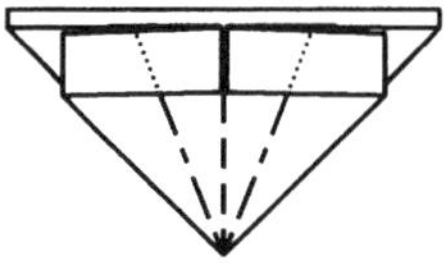

⑨

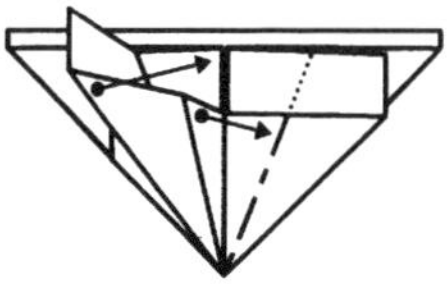

⑩袋折り

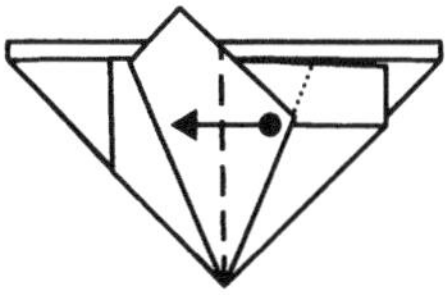

⑪折り返す

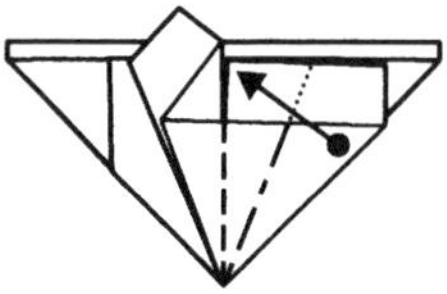

⑫同様に右側も袋折り

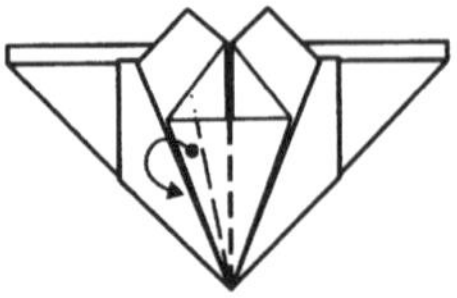

⑬下に折り込む

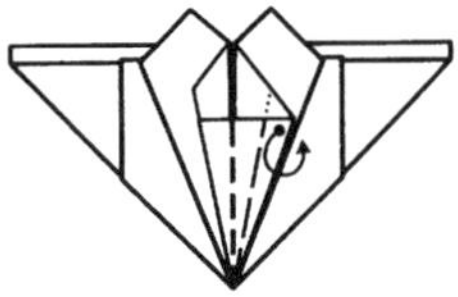

⑭同様に右側も下に折り込む

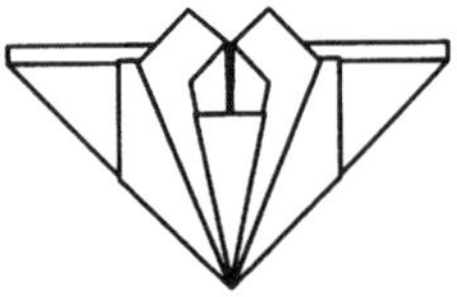

⑮

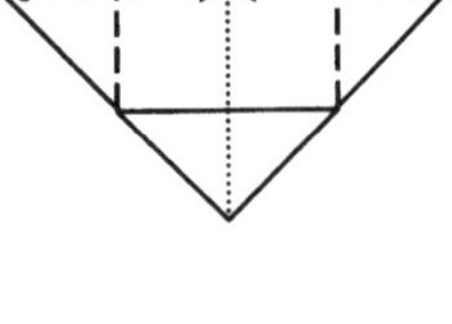

⑯裏返して真ん中で折り合わす

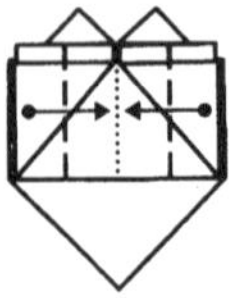

⑰二段目だけを真ん中の線で折り合わす

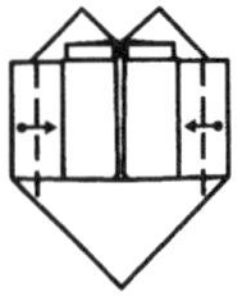

⑱折り合わす

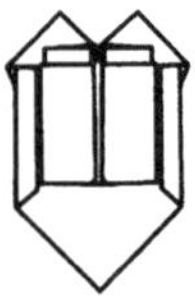

⑲

⑳裏返して完成

解説

大宮司朗

今回復刻される『みふみかたどり』は、太古から伝えられてきた古神道の秘奥義とされる斎宮の神法を開示したものである。斎宮の神法とは一枚の清浄な紙を折り、包み、あるいは紐を結ぶことによって、そこに特殊な形象を形作り、宇宙の神秘な力を天下らせ、その処を清め、神々を呼び寄せ、神々を祀り、あるいは妖気を祓攘し、天地の平穏と天下国家の太平を祈願するものである。個人的に用いれば、先祖を祀り、自らの霊性を開顕し、災いを祓い、福を招き、病を癒し、諸々の願いを叶えることもできる。

そもそも、『みふみかたどり』の著者、松浦彦操大人によれば、「折り」とは「天降（あおり）」であり、「天振（あふり）」であって、天意の降下したものであり、天意の律動である。また「天降」は「天孫降臨」の約言であるから、「折り」は「天孫降臨」とも深い関わりを有するものである。

また、「包み」とは中に何ものかを宿すもの、「み」を包むものである。「み」とは実（み）であり、真実であり、実相であり、一切の実相を包むことであり、また「み」とは三（み）であり、真善美の三つであって、それを包み込んでいるのが包みである。つまりは「み」を包むとは、内部に万有と自分自身の本体を宿すということである。従って、我々が常に自分の本分として守り慎みて行わねばならぬ真理を包み込むものが「包み」ということになる。

「結び」とは産霊（むすび）であって、神道における造化の神である高御産霊神（たかみむすびのかみ）、神産霊神（かみむすびのかみ）二柱の神力を内包するものであって、陰陽相対的なるものが和合すれば、そこに必ず一つの新しい活動が起こるということを表している。人と人との結び、悪因縁を良因縁に結び直す力を有するものが「結び」であるといえる。

我々は「折り・包み・結び」によって、つまり一枚の紙（神）を折り、一枚の紙で包み、一本の紐を結ぶという修業を積み重ねることによって自ずからに宇宙の玄妙なる霊理を体得し、神人一体の境地を悟り、自由自在の境界に入ることができるようになる。しかのみならず、「折り・包み・結び」の神法を活用する時は、運勢を転換し、願望を成就させ、魂を鎮め、災いを祓い、寿福を将来することも可能なのである。

眼識あるものがみるならば、本書『みふみかたどり』から多くの霊果を得ることができよう。勿論、このような秘法は師伝によってなされるべきものであり、軽々しく公刊物とすべきものでないことは論ずるまでもない。しかし、あまりにも秘密裏にした結果として、それを知るべき霊的資格があるような人であっても、その片鱗さえ窺い知ることができないばかりか、重要な秘事などで不明となってしまったようなものもある。私自身、すべてを隠してすべてを失うよりはと考え、斎宮神法のいくつかの系統の伝を、『太古真法玄義』（八幡書店刊）において、さしつかえない範囲内で神縁ある人々のために公開している。

しかし、惜しむらくは、著者の松浦彦操大人は、このような法は面授によって伝えられるべきものであるとして、その実際的な技法をこの書には一切記されなかった。確かに、面授による教授のほうが優れていることはいうまでもない。斎宮神法の一つである紙折符においても、折には秘詞、口伝などの他に、それぞれ折手順があるが、その手順でさえも図に表そうとすると、容易にはそのすべてを記すことはできない。どうしても微妙な何かが抜けてしまうのである。

そのため本書には、残念ながら実際の折の実例は記されていないが、その行間からは、「みふみかたどり」に込められていた意味、またどのように物事を考えるべきかなど、様々なことが読みとれよう。しかし、どのような怜悧な人であっても、本を読むだけでは、真に古神道の心を霊悟することは難しい。実際にその深秘作法を行ってこそ、次第にその心身を霊化し、自己本来の霊性を発揮し、神通自在、一切に縛られることのない玄々妙々の境涯に入ることもできるのである。

よって本書には巻末付録として、面授によらなくても理解できそうな、できるだけ分かりやすく、私自身が師匠から教示された基本練習折のいくつかを紹介し、また実際にその霊験を体験して頂くために、日常生活において即座に活用できるような折符の折方をも付することとした。

ただ「みふみかたどり」の本来の目的は、それによって宇宙の真理を悟り、また造化三神が宇宙を生成化育なされたと同じように、その霊性を分け与えられた我々がそれを自覚し、折り、結びによって、造化神の生成化育の過程を追体験し、あるいは実際に造化に参与する態のものであり、よほどの心構えが大切である。よって、単に現世利益のみを求めて本書を読まれようとする人には、本書は相応(ふさわ)しくなく、手にして欲しくないと考えるのである。

いかに折符などによって富を得、地位などを得ても、それは永遠のものではない。自らの霊性を自覚し、永遠の生命を悟ることこそが肝心であり、折る作業において、それを感得することこそが大切なのである。

折符を折る場合には、この折りにはどのような玄旨が包含されているのか、天地の神々、ご教示給わりませと神明に祈り、敬虔な気持ちで一折一折を折っていっていただきたい。心の中に閃くものがあり、必ずやそれは読者の霊性を開顕する。また自らの霊性が開顕されれば、一切のことは自由自在、自然に人生の万事百般は調うのである。


次に「みふみかたどり」の由来について簡単に説明しよう。

この斎宮の神法は、日本独自のもので、古来より綿々として絶えることなく、古神道において秘密裏に伝えられてきたものである。

そもそも古神道とは、儒教、仏教、道教などが日本に伝来する以前より、我が国にあった固有の大道である。それは教義を以て人を律するものでも無ければ、教典を以て教え諭すものでも無い。しかし、一枚の和紙、一本の紐などを用い、特殊の形象を「折り・包み・結ぶ」ことによって、宇宙発生、万物生成の過程を宇宙の絶対者と自らが合一して追体験する神法を擁していた。

その神法の起源は古く、伝承によれば、天孫降臨の際に、三種の神器とともに神々を祭祀する秘法として天上界からもたらされ、それより以後、天皇家に代々伝えられてきたとされる。だが、崇神天皇の時代に、ある事情から崇神天皇の皇女・豊鍬入姫命（とよすきいりひめのみこと）が、天皇の命令により、天皇家から天照大神（あまてらすおおみかみ）の御神体である御神鏡を倭（やまと）の笠縫邑（かさぬいむら）に遷（うつ）し、祭祀することになった。このときに、神事において用いられるべき秘密の法である、この神法は天皇家の手を離れたのである。

さらに豊鍬入姫命のあとを継がれた倭姫命（やまとひめのみこと）（古代の英雄・倭建命（やまとたけるのみこと）の叔母である）が、三重県伊勢の現在の地に伊勢神宮を定められ、そこに天照大御神は斎き祀られることとなり、その後、天皇の内親王が代々伊勢の地に斎宮（伊勢神宮に奉仕する未婚の皇女）として赴き、重秘の神事を行った。

しかし、南北朝時代の内乱の折に、斎宮の制度は途絶え、その神法は巷間に漏洩した。そして、いくつかの系統において綿々と相承されて現在に至っている。たとえば、嵯峨東派、天行居といった団体、また紫龍仙真人といった人達においてである。なかでも斎宮の神法や口伝をより多く伝えたのが松浦家であった。

松浦彦操大人は、『みふみかたどり』において、この斎宮の神法についてその祖母より度々次のように教えられていたと記しておられる。

　この神宝（包み・たたみ・折り・結びの太古真法の形象物のこと）は、大昔、天照皇大神様が天孫を御降しになつたとき、日本の国の行く末を悉く御見透しになつて、次々と世の中が変つてゆくにつれて悪者共のはびこる時が来るから、その時の為に御用意になつた神策（かむはかりごと）を、皆包んだり結んだりして女の神様にお伝へになつたものである。それだからこれを姫事（ひめごと）（秘事）といふのだ。

　これらは古へは、天子様の三種の神器につけられてあつたもので、古いお祭には、それぞれ「ひめこと」の事があつたのであるが中昔からは伊勢の五十鈴の宮の姫君がお守りになつて、代々の天子様と生き別れをなされて次々と長い間を守り伝へられたものであつた。それが吉野の朝（みや）の御時に南朝の姫宮が伊勢のたけの宮（或はたきの宮）といふ所で、御幼い折りからこのつつみやむすびの修行をなされて神様に仕へて居られたが、北方から屢々この宝を窺つて来るので、伊勢の神官達は楠正行の軍と心を合せて五十鈴川原に兵を挙げた。しかし程なく北方の討手に焼き払はれて、たけの宮の姫宮は、松浦の家から女官に上つてゐた松の前と豊の前といふ二人の侍女をつれて、この宮の神宝（かむたから）を従者に負はせて、吉野の方へ落ちられた。しかし何とかいふ峠にさしかゝつて、姫宮の御供をして妹の豊の前が一足先に行き、姉の松の前は供の者に唐櫃を負はせて少しおくれてゐたとき、行く手から賊があらはれてにはかに姫宮と豊の前を奪つて行つた。松の前はこの有様を後方から木立がくれに見て、驚いて供人と共に急いで木の間に隠れたのであやふく難をのがれ、この神宝も賊難を免かれたのである。

松の前は吉野の宮に帰らうとしたが賊の兵に阻まれて帰る事ができなかつたので、楠正行の手の者に守られて、とうどうの宮に従ひ奉つて吉備の山奥に分け入り、河佐の村の高嶺に世を忍んだ。そして人を派して百方姫宮の御行方をたづねたが杳として消息なく、逐にその高原の山陰に庵（いほり）を立てて、天照皇大神様を奉祭し、高木の神を配（あわ）せ祭つて、この神宝を守つたのである。其処には今でもみこ（巫女）といふ地名がのこり、とうどうの宮の居られた処は今のどうどうの宮である。また当時の侍達の一門がその地に栄えて村をなし、松浦家は松の前が祖先であつて古い祭りの式や神楽や女官達の手すさび事を後々までも伝へて来た。

松の前は伊勢の神宝を守るために、これらを櫃に入れて常宇根（とこうね）の宮に隠し、また、神宮の定めの通りに一代一度は作り更へることを教へて、後の世のために書きものにして伝へた。その書ものや家の系図は、元禄の頃まで保存されてゐたが、時の御領主のお布領で、系図のある者は差出せば家の格をつけて士分に取り立てるといふことで、系図を差出した。そして両刀を帯する事は許されたが、系図は逐にそのまゝ戻らなかつた。それを苦に病んで当主は亡くなり後は誰も古いことを知る者がなくなつた。そんなわけで元禄以後の人々は皆書いてあるが昔の人はわからなくなつて残念である。云々

要約すると、吉野朝の頃、御名は不明であるが南朝の皇女が斎宮となられていた。その斎宮に松浦

家から二人の姉妹が仕えていた。姉の名を「松の前」、妹の名を「豊の前」という。この頃はいわゆる南北朝の頃で、絶えず戦火が起こっていた。その戦火が伊勢地方にも起こり、戦乱を避けようとされた斎宮は神宝を携え、お供の者たちを伴い、吉野の方へ落ち延びられたのである。この落ち延びた人達のなかには、「松の前」も「豊の前」もいた。この混乱の中、斎宮は行方知れずとなり、「松の前」だけが各種の折り包みを保管した葛（つずら）とともに敵の手を逃れたが、吉野に帰ろうとするも果たせず、吉備（現在の岡山県）の山深く隠れたというのである。

さらに「松の前」は伊勢の神宝（斎宮の神法）を守るため、子孫には一代一度は作り変えることを教え、後の世のため書き物にして伝えたというのである。この頃に斎宮の神法の秘伝の数々が巷間に流れ、現在に少しずつ形を変えて伝えられてきたものと考えられる。その書き物や松浦家の系図は、元禄の頃まで保存されていたのだが、時の領主に差し出したまま、松浦家には戻らなかったという。ただ、松浦家の女性から女性へと斎宮の神法は口伝により伝えられてきた。

なお、「斎宮は行方知れず」と前述したが、斎宮史などの諸文献を調べても斎宮が行方知れずになったとの記録はない。記録がないからといって一概に否定もできないが、彦操大人の祖母が五十鈴の宮の姫君と述べておられるのは、「大物忌」のことではないかとも考えられる。「大物忌」は古来より伊勢神宮に奉仕する神聖童女祭祀者で、明治四年、神宮制度が改正になるまで存続した。古代の神宮諸儀式を収録している『皇大神宮儀式帳』には「大物忌」について次のように記されている。

今の禰宜、神主公成らが先祖、天見通命の孫、川姫命を倭姫の御代りに、大物忌として大神に伝き奉らしめて、その時より始めて大神に専ら手付き奉りて、かしづき奉つる。今も斎内親王より大物忌は大神に近く伝き奉る。昼夜避し奉らず。今の世までも最も重し。仍ち大物忌、はじめて発由、件の如し。また父も子と共に忌み慎しみて仕へ奉る。

右の文中で重要なことは、「倭姫の御代りに」ということと、「斎内親王より大物忌は大神に近く伝き奉る」ということである。大物忌が倭姫命の御代りに大神に奉仕するというのであれば、大神に仕え奉るうえで不可欠の斎宮の神法を、ある程度は受伝していなければその任に耐えるはずもなく、まして斎内親王（皇女であられ、御代の交代毎に卜定され、三年に及ぶ潔斎を経て、伊勢に群行される至高の祭祀者）よりも大神に近く仕え奉るということはまことに大変なことで、重大神事に欠くことのできない斎宮の神法を継承していなければ、許されるはずのない事なのである。

ともあれ、松の前が使えた姫君という方は明らかではないが、天皇家に伝わり、また斎宮において用いられていた太古の神法は代々松浦家の女性から女性へと伝えられてきた。それが遂に明治維新後、彦操大人に至って男性に伝えられ、しかも、世に公開されることになったのである。

松浦彦操大人は、明治三十九年二月五日、松浦浅平・志計野の長男として広島に生誕された。戸籍名は萬吉という。

松浦家において、古くから女から女へと守り伝えられてきたものに、「みふみかたどり」のほか、巫女の式、神事の秘事が数多くあり、女たるものは一通りその伝授をうけ、松浦家の女性たることを資格づけられていた。

しかし、大人の祖母多免(ため)は、その後継者に頭を悩ませることになる。大人の生母(志計野。明治四十年逝去)は大人を産むとまもなくこの世を去り、後添えにきた義母(登与。昭和五年逝去)は農家の娘で、そうした事をすべて伝えるには教養的に不向きであった。また、当時の松浦家は家運が傾き、大人の父は勿論、義母も稼業に専念せざるを得ず、伝承を受けている余裕がなかったのである。それが才能云々はさておき、伝授を熱心に受けようとしない嫁として祖母の目には映ったらしい。

祖母は伝の絶えることを憂いていたが、孫の彦操が男でありながらも天賦の才があることを知り、実は伝授の機会を生ずる時をずっと待っていたのである。もっとも、こうして女性から女性へと受け継がれてきた斎宮の神法が、男性である松浦大人に伝承されたということは、太古からの約束事であったかも知れぬ。姫事(秘事)として世に公開される事のなかった斎宮の神法が、この物質礼讃の時代から徐々に精神的もしくは霊的時代に入ろうとする転換期にあたって、その役割を果たすべく、この初めての男子の継承者松浦彦操大人によって、必ずしも秘事ではなくなり、世に公開されたからである。これは「みふみかたどり」がその時期の到来を待って世に公開され、霊的役割を果たすべく神代より仕組まれて来たものに私には思えるのである。

大人が十才の頃のことである。ある日、朝夕礼拝している神棚の上で、埃にまみれた箱の中身を虫干にしていた。その箱には、赤黒くなった紙包みや麻縄で束ねたもの、古い錦で作った細工物、地図、兎や亀や人形などの折り紙、図面なども入っていた。大人は、子供心に動物や人形などの折り紙に興味を覚え、あれこれと見ているうちに、ふとしたはずみでその上を跳び越してしまった。すると、祖母が急に激しく大人を叱り、その折り紙や古い錦で作った細工物などが神代から伝わっている宝物であると説明したのである。

深く興味を抱いた大人は、その後、毎日のように祖母に作り方を学んだ。それらの折り紙を習っているうち、折り方に一定の法則があり、常に紙の中心を基準として左右上下を折り合わせなければ正しい折り方にはならないことが判ってきた。と同時に、折り紙を通じて頭脳の均正が自然と行われた、と後に大人は述懐している。

そして、大人が尋常小学校四年の冬のこと。大人の祖母は「神様の御用をさせる」といい、山の上の常宇根（とこうね）というところに祀ってある宮へ一緒に参拝させた（ちなみに、この常宇根の神社はいまなお現存しており、その近くには松浦家代々の奥津城（おくつき）があり、遠縁の方によって守られていた。ただ残念なことに、神宝として保存されていた折り結びの数々は、他の書類とともに誤って火中に投じられ、灰燼に帰することになった）。それまで教えられていたのは、ほんの基本的なことだけであり、祖母は大人が斎宮の神法の継承者として相応（ふさわ）しいかどうか見極めていたようであるが、以降、本格的な伝授が始まった。

それは、まず「包み」から始められた。大人の祖母は古い見本をひとつずつ出しては、それと同じ物を作るように命じた。ひとつのものを何度か作り直し、ある一定の基準に達すると、初めてその「包み」の急所と「包み」に籠められている秘伝が教授された。

毎日の日課として続けられた「包み」の修行が尋常小学校五年の夏には終わり、次に「おりたたみ」の修行が始められ、並行して祭祀の方法や神歌なども教えられた。秋になると、さらに麻紐などを用いてする「むすび」の修行となった。「むすび」にはひとつひとつに難しい口伝が付随していたが、不思議にも平易に覚えられたと、大人は本書中で記述している。

尋常小学校六年を卒業した頃には、伝承されてきた「たたみ」「つつみ」「むすび」の形象だけは一通り祖母から継承したという。その頃から本来の斎宮神法の継承が始まり、そのほかに「包み結び」の手法で作る手芸や神代錦を織る方法、押絵細工、切りばめ細工などを伝授された。

十七歳になった頃には、そうした継承も一通り終え、そのほかに古代から伝わる植物染の方法や古代衣服の断ち方縫い方なども伝授されている。この頃から神道の口伝を継承しはじめたのであるが、それはこの頃ようやく「たたみ」「つつみ」「むすび」の修行を通してかなり頭脳が整ってきたからであると、大人は記述している。

二十歳の頃には、斎宮神法の秘義を解く規矩を伝授されていて、深夜神前に端座し、「たたみ」「つつみ」「むすび」の形印をひとつずつ供え、一心に天地の神明に祈念すれば、次第に心境変化し、霊感によりそれらの形印の秘義が悟られるようになったという。

大人に神法を継承した祖母は、大人の二十二歳のときに亡くなられた。この祖母の死後、一層の修練によって、斎宮神法の何たるか、神道の何たるかが段々と明らかになっていったが、同時に、大人は継承した斎宮神法をどのように活用すべきか、どのように伝えるべきかと悩んだようでもある。

昭和五年から九年にかけて、大人には数多くの神示があり、神示の如く行動し、あるいはその神示の通りになった。その期間はさらに研鑽を積む修練の時期ともなった。

昭和十年八月十九日の早暁、「八雲琴を持って空木の高木の宮へ参れ」という神示があり、急いで空木の高木神社に参内した。高木神社の境内には清水の湧き出る真名井（まない）があり、大人がその泉のほとりまで行くと、更に「この場所で禊（みそぎ）せよ」という神示があり、神示どおり禊をし祝詞（のりと）を唱え祈念した。それから高木神社に参拝し、神前に八雲琴をすえて弾奏し曲半ばにきた時であった、体全体になにか電気にうたれたような衝撃を受け、同時に、祖先を通じて遠い神代の神々の御心を悟られたのである。また、それまでどうしても分からなかった、上古の神符の秘義を明瞭に悟ることができたのである。

大人が、「みふみかたどり」を皇都である東京で発表しなければならぬと使命感をもって上京したのは昭和九年、二十九才のことである。大人は神道家にこの教えを是非とも紹介しておきたいと考え、当時神道界の大立者といわれていた葦津（あしづ）耕次郎をまず訪ねた。その時、初対面の大人に対する葦津の言葉は意外なものであった。「貴方はもしや……私のいうことに対して正直に答えてくれ。今から二十年前に川面凡児先生からいわれたことがある。私と川面先生はよく意見の衝突をきたして喧嘩したものであったが、ある時静かに川面先生は『今から二十年後に熨斗（のし）の研究をする人が出てくるからよく注意してその人の話を聞くがいい』といわれたことがあるが、もしや貴方がその予言の人ではないか」

彦操大人はそれに対して「さあ、それはどうかは分かりませんが、熨斗のことについては細大もらさず我が家に伝わっておりますので、私の知るかぎりはお伝えすることができますが」と答えた。葦津は早速話をしてくれということで、それから毎日大人は葦津の家を訪問し、熨斗のことについて説明した。葦津は非常に感銘、共鳴し、「これはなにしろ大変なものだ。これは単に熨斗ということではなく、器による教えであるから器教といった方がよかろう」と助言した。その好意をうけて大人は、かなり長いあいだ器教という言葉を使用していたが、器教の本を出版するにあたって、やはり古伝の名称で発表しなければいけないと思いなおし、『みふみかたどり』と名付けたという。

また、古神道の復興に努め、禊の行を世に広めた川面凡児の高弟の一人中村文山は、葦津の紹介であったかとも思われるが、昭和十年前後に大人の居宅を訪問し、そのいくつかの伝を受けている。そして大人の説くところが凡児の教えと通底するものがあることを知り、感動した文山は、稜威会（川面凡児の作った会）で交遊のあった某神社の神主に、大人のもとに行き教えを乞うように勧めたそうである。某神主は大人の家を訪ねたが、その時はすでに広島に帰ったあとで会うことができなかった。昭和二十年頃の話である。

ともあれ、いくつかの折り、結びなどと共にその思想的教伝をうけた文山は、それを自分なりに咀嚼し、凡児の説（この中にすでに器教的な考え方が存在する）を発展させる形で、その著『親譲之道』に「器教」とはせず、「器伝」として書き残している。松浦大人の考え方を知る上で参考になると思われるので、いささか長くなるがここに抄出し紹介する。

文山によれば、器伝とは、

われわれ日本人が世々の子々孫々に言い継ぎ語り継ぎつつ伝統としてまいりました真念―真仰

—思想、即ち宇宙人生を一貫する大自然律＝天津日（霊）嗣に自然する皇道（おやゆずりのみち）をば、器や物や宮殿家屋等の型と形式とに依せて、後世に伝うる手段であります。

ということであり、経書、経典、聖典に比すべき、私達の先祖が後の世の人の為に残してくれた重大事である。しかし、いまやその器伝の精神はほとんど失われて、その形式のみが残っているばかりであるから、その精神を明らかにし、普段の生活の中に生かすようにしなければならないとして、いくつかの器伝について説明している。

まず神宮の神殿については、

諸有ゆる器伝の内でも、神宮の御神殿こそ最大最要の器伝であります。その素朴・端正・質実・剛健・純真・無雑作の形式に依って、「まこと」の本質を垂示し、大自然の皇道を全顕してあります。ここに人間性に、宏大・荘厳・清明・正直・荘重・神秘・幽玄・閑静なる心境のあることを器伝し、人間生活は真にして善、而して美にして大なる境地があることを、普く人類に教え給うのであります。

と説明している（このことについての詳細は『太神宮真仰と宮中との関係』という原稿に書かれているはずなのであるが、遺族のところにも存在しないようである）。

次に、古伝の住宅については、

大自然のリズム（真律・真理・真実）をわが民族は、各自の住宅に象徴して、克明に「器伝」して居ります。即ち往今は、家屋の中心には必ず「中柱」を見立ててあります。この中柱には、祖宗を通じて宇宙の根本大中心に達する神々を斎き奉ることになっております。それ故に、今でも昔の古い家屋の中柱には、その家の根本中枢の神々様をお祀りした孔―□の型に掘り込まれてあります。（出雲流では中柱を「大国柱」と申します）私の郷家には今猶この孔のある太い太い中柱（欅材）が威張って居りまして、之を中心として四方四維に役柱があり、居室が仕切られております。出雲大社は、この儀表であります。

かくて我等の住宅は、表の神殿でありまして、その内には、「中柱」の御祭神を通じて、宇宙の大根本＝大中心に直通する顕人神たる家族神が、子々孫々天壌無窮に住んでいて、「中柱」の祖宗神を通じて宇宙の大中心＝大本体神と共に呼吸しつつ立体生活し、神業神勲に励んで居る次第であります。

と説明している。もともとこの住居の伝は、太古、伊邪那岐・伊邪那美二柱の神が国生みにあたって、「天之御柱」を見立て、弥広殿（神殿であり、住宅である）を建てられ、これを中心として、天神と一体となり、祭政一致、顕幽一貫した大活動をしたことに由来するという。

また昔は禊、祓、鎮魂の神事が年中行事として身分の上下を分たずなされ、民族すべてが、それによって心身の清明正直を保全していたと推測できるようなものの片鱗が、現在も年中の行事の中に残されているとして、正月の飾りを実例としてあげている。

今でも格式のある古い家では、お正月になると座敷の床の間に、お正月用の三幅対（中央はお日の出の軸物で、その左右に昇竜降竜の軸）をかけ、もしくは、その代用に、蓬莱の図（松竹梅に鶴亀をあしらった絵画）をかける。その前に三方（さんぼう）の上に載せた「お鏡」といって二重の丸餅の上に橙（だいだい）一つ置いたものをお供物する。また玄関にも各室にも便所にも輪〆をかけ、門前には門松を樹て、国旗を掲げて七日間は祝日とする。文山によれば、お正月用の三幅対には次のような意味があるという。

右の旭日は、天地の中心―天照座皇太神（太陽神）であり、同時に宇宙の大中心―天之御中主太神であります。之をわが国体に移せば、人生中心―天皇（万世一貫の大御親）であり、尚これを各家庭に取れば、一家の中心（代々一系の親様）であり、尚又之を人間各自の身に於いては一身の中心―直霊（全身の根本霊）に当たります。

而して左右の昇竜降竜は、宇宙にありては高ミムスビの神、神ミムスビの神であり、わが天地に於いては、太陽を守る惑星（水・火・木・金・土・海王・地球）であり、わが国体に移せば、天皇（オオミカミ）を衛る我等億兆の人民であり、一家に於いては親を護る家族であり、一身としては、直霊を活かすわが四肢五官六孔八機百官の顕身魂（肉体）であり、いずれも中心と分派―根本と枝梢―親様と子供とが、絶えず旋廻統一して不二一体化し、永えに同存同栄する大自然のリズム（真律・真理・真実）生活を表現したものであります。

また蓬莱の図も同一の精神を有しており、

松竹梅は、古来宗像三比売神（イックシマシメ、タキツヒメ、タギリヒメの三秘神）の神籬でありますから、その実は、宇宙神の造化三神が人身に天降りまして、我等人間のムナカタ（胸躯）に秘みます秘神であり＝生命の霊神であります。その「イツクシマ」とは、イツクシミ＝イツクシムの転化語で、愛であり仁であります。「タキツ」とはタケタケしいことで、勇・猛・剛・健な誠愛・聖愛であり、「タギリ」とは湯の煮えたぎり、水の湧きたぎるのタギル＝タギリの意で、噴水・活火のような無限無尽の熱烈な誠愛・大愛・真愛であります。是れが我等人間の本性本能の真実であり、人間性の大自然であります。

として、正月の三幅対の床飾りは、私達の生命が天御中主神↓天神↓天祖↓神祖↓皇祖↓祖宗↓親様↓自己に一貫して共通し交流する誠愛・真愛・大愛の「ムナカタ」の三秘神であることを自覚し、人生にあることの大事を思い、人徳（神徳）を発揮しつつ年中の日々を仲良く、睦まじく、生き生きと暮らしていきましょうという器伝であるという。

また昔は竈にも、井戸にもそれがかけられた輪〆めについては、

①輪は中心より出でて中心に帰る（宇宙人生一貫の行路）
②〆は左縒りに限る
③シデは神意・神徳・神勲を顕わすこと
④稲穂は衣食住の資料
⑤タレは元気・精気・神威の煥発
⑥橙は代々の子々孫々（天壌無窮）
⑦ウラシロはウラ（心）の清浄潔白
⑧ユズリ葉は親譲りの「マコト」の道

という意味が存在するという。そしてこれは天御中主神に帰一し、神我一体の生活をするとき、〆の左縒りのように霊足(ひたり)の霊―陽―日―光の足り満ちて充実し、また輪の如く円満して、元気・精気・神威が充実煥発し、神威威徳がシデのように顕れて、神勲が成り、期せずして衣食住が充分に恵まれるようになるということを、また子孫代々に譲り伝えて、忘れず怠らずとの親心から、橙（＝代々）と譲葉がつけてあり、清浄潔白「まこと」であれよとの垂示をウラシロをもって示教する器伝であるという。

また正月にはどの家でも門松を立てて祝福する。門松の「マツ」とは待つであり、町であり、祭なども語源を同じくするところから、松を門に立てるのである。マツとは二者が「マコト」一つで一体化して生き活くることを意味し、松とは相対する二葉が一体化して生活し、町は相向かう前後左右が一体して同じく存し栄え、祭は相まつ神人がマコト一つで合一し、感応道交する神儀であるという。また松浦大人より受けたという「御食都神(みけつ)の熨斗の伝」「水引(みづひき)の伝」についても記しているが、それについては拙著『太古真法玄義』を参照して頂きたい。

さて、松浦大人は昭和十三年には川崎市に住んで、そこに「神道器教普及会本部」を置き、『神道の器教』という二十八ページの冊子を刊行している。この書は薄いながらも、本書『みふみかたどり』につながる内容を包していた。また昭和十四年には高松宮殿下に召され講演し、また十四年より十八年まで日本連合婦人会主催により芝区女子会館にて礼法、すめら舞などを連続講演し、昭和十五年には祝典事務局より神楽舞指導者養成の講師として任命され、全国に指導者を養成し、昭和十五年九月より十六年三月までは陸軍省皇戦会にて皇風形象学を講じ、昭和十七年二月には日本放送協会の依頼によって東京放送局より「建国の精神」を放送したりした。

ここで特筆すべきは、昭和十五年、東京芝区大東出版社より、本復刻書である伊勢斎宮の秘事に関する『みふみかたどり』を海軍大将山本英輔（えいすけ）の肝入りで出版したことであろう。私の場合、山本英輔が知人に署名して贈呈した『みふみかたどり』を入手したのが松浦大人研究の縁になっているが、伊勢斎宮の秘事の片鱗とはいえ、我々が現在知りうることが出来るのは、この書の御陰といえよう。

山本英輔は、古代文献の研究者で、竹内文献、富士古文書、上津文などを深く究め、また日本とユダヤとの関係、四国・剣山などのソロモン秘宝探索などでも知られた人物である。英輔には『世界の光』などの多くの著書があるが、昭和三十二年に発行された『智仁勇』という自叙伝に、松浦大人との出会いが触れられているので、いささか長くなるがそれを引用しておこう。

伊勢の大神宮の斎宮に、日本国体を紙の折紙で示すものがあつた。南北朝時代に、斎宮は松の舞、里の舞と、下奴をつれて逃げ出された。途中で賊に捕つたが、松の舞と下奴は何か故障で少し遅れて居た為めに捕らずに済んだが、西へ西へと流れて、遂に備後の国へと流れ込み、松浦の処に落着いた。毎年お婆さんが、此等を出して虫干されたが、松浦家の婦人にその人がないので、松浦は幼少の時から、教えられて一通り之を知つて居つた。

明治維新に当り、大国隆正が尋ね来り、之を一覧した上、之は大切だから、貴重に取り扱へと教え、尚合言葉を三つ教え、その一を出した人には、若干教えてもよいと言つた。或時小川栄一が見えて、今面白い人が広島から来て居る。紙包で色々のことを教えると言つたので、一辺連れて来いと言つて居たら、本人広島に帰つて、今留守だと云う。

此の彦操は東京に来て、色々と国体的の人々に会つたが、誰れも合言葉を出さぬ。今泉さんと、高津さんが、器教と名づけてくれた。某日麹町の大神宮殿で集りがあつた時、瓜生介州が、私に話せと言う。私は当日偕行社で結婚披露宴に行くので、もう時間がないが十五分位ならばと言つて、何か話をした。

その後一両日小川が松浦を連れて来て、松浦曰くコナイだ、汝の講演中に、始めて合言葉の一を話された。それで若干教えて宜しいと言う。それでは明日から始めよう。松浦は溝の口に居たが、毎朝玉川で水浴沐戒して、宅に見え、約二ヶ月かかつて一部丈解釈した。それは皆筆記して置いたが、罹災の時皆消失してしまつた。

それから一枚の紙で、色々なものを造る方法を、妻と共に二ヶ月計り習つた。昔から色々な方式があり、送り物についても皆違つて居つた。又雉だとか、ウカイなども見事であり、十二単衣でも、皆一枚の紙で出来る。之も二箱あつたが、皆焼いた。それから私はアノことを若干本にしてはどうかと言つたが、あれは銘々に教えるので、一概に出来ぬと言つて、その儘であつた。がその後感ずる所あつて、本にしたので私が頼んで本にしてしまつた。折角之が出来たから水交社で、その披露の宴を開いたのである。

その後松浦は、妻君が出て行つたので、二人の子息をかかへ、独りであつた。学校二つ計りに行き、又若干の人々にも教えたが、ある時麻布辺に宿を定めて教授しようと云うから、一つ汝の身上を固めなさいと申して、岐阜の片桐女学校長の斡旋により、昔田中守平が居つた処に赴き、そこの神楽殿で、二人の卒業生をつれて来て、舞わした。その一人を貰つたので、東京に一軒かかえて住んで居つたが、戦争中白山付近に居る白山御殿の某に招かれて行つたが、オモシロからず、一旦東京に帰り、それから海田市に行たが、ここで病気にかかり、遂に死去したので、紙包は太古の剣道家小泉太志に譲つたとのことである。

と記している。この中で『みふみかたどり』が本になったときに水交社で披露の宴が行われたことが記されているが、この折のことであろうか、松浦大人は講演をしている。そのとき「みふみかたどり」についてだけでなく、代々伝わった「巫女の礼式」についても言及している。それは次のような内容だ。

私の家に巫女の礼式というものがございまして、立ったり、座ったりから始まって歩み方、手の上げ下げ、皆神々の御出現になっております。立つのをたちみといい、こうすることをかむといい、こうすることをしわがむというのであります。立つのは高御産霊神、かむのは神産霊神、そういうように作法にも全部神々の御出現の作法が規定されておりまして、我々の一挙手一投足悉く国風ならざるものはないのであります。

つまり一挙手一投足すべてが神々の出現となっているというわけなのだ。松浦家に口伝されてきた事柄には、古神道的に非常に興味深いものがあり、その教えのすべてを残して頂きたかったが、とりあえず、その片鱗は『みふみかたどり』を読むことで感得しうるわけで、その出版に大きな寄与をした山本英輔大将の労を功とすべきであろう。松浦大人もそれを功と考えておられたようで、山本英輔に、

天地のひめしまことの道説けと　むすび給ひし人ぞこれ神

と英輔を神とまで崇めるような和歌を作って送っている。

ちなみに、彦操大人は英輔の屋敷で、日本思想家にして、皇漢医学者、また芸術家にして詩人でもある中山忠直との交際のきっかけとなる書物も借りている。それは『地球を弔う』という詩集であった。この詩集は、構想雄大にして、予言者的神秘と荘厳さがあり、英訳されて、アインシュタインなど世界の名士から絶賛を受けたものである。それを見て即座に大人は中山に手紙を出した。

それは「地球を弔うを拝借して帰宅後、それを開いて僕はすっかり驚いて仕舞った。実にすばらしい詩だ。僕も同様なあこがれを持っているので、それら金玉の文字をむさぼる様に味はひ、何度も繰返した末、矢も楯もたまらなく、君に会いたくなってきた。僕はひそかに思ふ。或は君こそ、二十年来待望しづづけた白夢の幻士ではないかとさへ……」と、まるで恋人に手紙を書くかのような熱烈さであった。この後、手紙のやりとりなどがあり、交遊を開始したようであるが、その交流の様子は今となっては不明である。

さて、昔、英輔大将が「みふみかたどり」を松浦大人が学んだことを松浦大人の遺族の方から伺

った私は、英輔大将の遺族の住所を知人を通して調べた。その当時ご子息がまだ生きて居られたが、この記述からも分かるように、既に戦火で松浦大人の教授を記したノートもまた折包の類も燃えていた。また大人の奥様からは神楽殿で舞を舞い、それが一種のお見合いになっていたという話などを伺ったが、文中で葦津を高津と勘違いされた如く、紙包の件についても、小泉太志に譲ったとの話は大人の奥様から聞いていないので、これは英輔大将の誤聞であろう。

またこの『みふみかたどり』の出版以上に特筆すべきことがある。戦前から斎宮の神法について天皇に申し上げたいと松浦大人は考えていたのであるが、それは戦前においては叶わず、やっと昭和二十一年三月宮中に召され、天皇、皇后に拝謁し、斎宮の秘事を奏上し、著書『みふみかたどり』および折り紙人形三点を献上し、更に昭和二十二年十二月、天皇宮島行在所に参上し、古伝斎宮の復興を奏上したのである。ただ残念ながら、このことが昭和天皇にどのような影響を与えたか、今となっては知るよしもない（伝え聞くところのこともあるが差し障りがあるのでここでは割愛する）。

大人は昭和二十四年六月三十日に、僅か四十三才の若さで亡くなられたが、その数日前、愛用の琴が自然と鳴り出す怪異があり、自分の死期を予期せられ、死ぬ前日、白装束に身をかため、琴を弾き、舞を納め、「命は惜しくないが日本の芸術が惜しい、斎宮の秘事の絶える事が惜しい」と嘆かれたそうである。ちなみに大人はその頃、伊勢斎宮古伝に基く諸礼法熨斗水引結を教える美耶古（みやこ）流家元、神楽すめら舞宗家などを名乗っておられた。

私の知るかぎりでは、太古から伝わる斎宮の神法がよく分類整理され、最も体系付けられているものは松浦家のものであると思う。天行居のもの、紫龍仙真人のものなどは重秘のものが大分含まれてはいるのだが、なにしろ全体としてその数が少ない。嵯峨東派のものは神事のみならず、人事百般に用いることのできる符が数多くあるのであるが、細かな分類がなされて居らない。

さてそこで松浦家伝承の斎宮神法の体系を見てみよう。松浦家伝承の斎宮神法は、大別して折形象(おりかたどり)と結形象(むすびかたどり)の二つの部門からなり、更に折形象は十六部類、結形象は十部類に別れ、それぞれの部類は十種から数十種の包み、結びを含んでいる。折り、結びはあるものは折り目、結び目を通じて口伝があり、またあるものは全体の仕上がりの上で玄義が象徴されている。その伝承の順序にも分類にも深義が包含され、一つとしてゆるがせに出来ないものである。ここで読者の理解を深からしめるために、蛇足とも思うが、折形象の部門、結形象の部門のその名称について、松浦大人の伝に少し解釈を加えながら解説しておく。

折形象部門

この部門は松浦家伝では、古来「たたみ十六法」と称して正道十六部に分類され、次に記すような順序で修得するようになっている。

①みなか折り

『古事記』神代巻の冒頭に「天地初めて発(ひら)けし時、高天原に成りし神の名は、天御中主神」とあるが、

「御中」の語の出自はここにあると考えられる。本居宣長翁は『古事記伝』において、天御中主神を「天の真中に座して世の中の宇斯たる神を申す意の御名なるべし」として、「御中」を真中かと解しておられる。そもそも、「御中」の「中」は、『説文』に「中、内也、从口丨、下上通也」と解かれている如く、"口"を囲いと考え、そこに"丨"を以て下からもしくは上から囲いの中に入ることを示し、「入る」「うち」の意を有している。一説に"中"は射的の形、"丨"を以て矢が的の中心を貫いた形を示すことから「あたる」などの意もある。

平田神道において、天御中主神には無始、無終、全智、全能、更には創造主としての神格さえも与えられるに至ったとされるが、これはキリスト教の神学の影響のみならず、「御中」の語の中にそうした意義が包含されていたからとも考えうる。

松浦大人の伝によれば、みなか折りは別名を御柱（みはしら）折りと称し、この部類に属する折りには造化三神即ち天御中主神、高御産霊神、神産霊神の神格を教示するもの、生きとし生けるものの道の根底を明示するもの、神人一如の玄則を悟らしめるもの、万有活動の玄理を形示し、吉凶禍福の起因する幽理を知らしめるものなどがあるという。

②まつり折り

「まつり」の語は、『日本書紀』神代下に「又汝が祭祀を主らむ者は天穂日命是なり」とあって、「供え物・奏楽などで神霊をなぐさめる」（『広辞苑』）ことと考えるのが通説である。その語源としては、

「まことうつる（真移）の義」（『志不可起』）、「マツラフの義」（『日本語源』）などが挙げられている。

しかしながら、私としては「まつり」の語源は「真釣」であるとする大石凝真素美の説をとりたい。翁によると、祭祀ということは、私達が万事のことを為すにあたり、その為すべきを神に伺い、天上界と地上界とを真釣りあわせようとすることであり、それが「まつり」の玄義であるという。物体を天秤にかけてその平衡をはかる如く、また西洋のヘルメス文書などに見られるが如くの「上にあるものは下にもあり」という状態に一切を導くことが、「まつり」の本質かとも思う。

松浦大人の伝によれば、まつり折りは別名まつろひ折りと称し、この部類に属する折りには天孫民族の臣民道を示したものが多く、報本反始の礼道の本義、日本人としての交際法則を神律として教示するもの、また神代における皇祖の御神勅に対して臣下より誓約する神文的なものが多くあり、また未来に対って国土の一切を祝福した意味のもので、祖先達の祈りが脈々と我々に感得されてくるものもあるという。

③みむすひ折り

『日本書紀』神代上に「皇産霊、此をば美武須毗（みむすひ）と云ふ」とある。「皇」は尊称で「御」と書いても同じである。「産」は「うむす」の約にして、「苔がむす」などという「むす」であり、生じるの意である。「霊」は物の奇霊であることを示すものであって、霊威の意である。つまり「皇産霊」とは、

天地、万物を生み、または成長させる霊妙な力（『大日本国語辞書』）

のことをいう。

さて、「産霊」の語の付く神名はかなりあるが、「皇産霊」となると、高皇産霊神・神皇産霊神の二柱だけである。高皇産霊神の高は、「たき・たか・たけ」と活用される語であり、丈、竹、高などの意にして、竹の如く高く立ち延びる意があり、物を張り出す膨張力の徳を備えている。また神皇産霊神の神は、「かみ・かむ」であり、噛みしめるという意を有する語であって、縮引力の徳を備えている。

松浦大人の伝によれば、この部類には『古事記』に説かれた神々御出現の神話の通りに、三貴子（みはしらのうづのみこ）出生にいたるまでの神秘的な創造の玄理が表現されており、この折りを通じて『天の真名井の伝』『生宮（いくみや）の伝』という口伝が伝えられている。また大宇宙の活動法則と人体の法則との関係や、人間に下されている宇宙の神命を悟らせる折りであり、我々が現世において必ず経過すべき運命の律動法則ともいうべき真理を表示したものもあるという。

④なほひ折り

『古事記』上巻に、

次にその禍を直さむとて成りし神の名は、神直毘神（かみなほひ）、次に大直毘神。

とある。この二柱の神は、伊邪那岐神が黄泉国の穢を払拭なさろうとして、筑紫の日向の橘（たちばな）の小門（をど）の阿波岐原（あはぎはら）で禊ぎ祓えをなさった時に、禍津日神（まがつひ）に次いでその禍を直そうとして生まれ出で給うた神である。

「直毘」の「直」という字は、十と目と乚との合字であって、十目は十人の目のことで、要するに多人数で見るの意味。乚はその古形乚が示す如く、逃げ隠れる者の足迹のことであり、あちらこちらと曲がり曲がって逃げ回るという意味である。すなわち「直」とは、いくら上手に逃げ隠れても、多数の目で見れば逃げられぬ、そして明るみに出されて正されるということを意味する。「毘」は霊異の意味ではなくて、御霊の意味である。以上のことより判断するに、「直毘」とは、禍を元の状態に改め直す御霊の意と考えることが出来る。

神道の考え方には、如何なる善人であろうと、人は知らず知らずのうちに、日々何かしらの罪穢を形成し、それが起因となって凶事が生じるというのがあり、その凶事が生じぬように活動しているのが「なほひ」である。これは、凶事の原因たる罪穢が生じぬように自分自身の心持ちに対する、また行動に対する反省ともなり、他者に対しては天照大神が須佐之男(すさのお)神の暴虐を見通し、詔り直し給えるが如く、他人の言を善意に解釈していくことにもつながるのである。

松浦大人の伝によれば、この部類には我が神道の極意と神社の意義が口伝と共に形示されていて、天孫民族の直情による神中心行為の基準が明示されており、口伝としては『神歌(かみうた)の伝』『へつかかみ伝』があるという。

⑤ほこ折り

『古事記』上巻に、

> 是に天神諸の命以て、伊邪那岐命・伊邪那美命二柱の神に、是のただよへる国を修理固成せと詔ちて、天沼矛を賜ひて言依さし賜ひき。

とある。「天沼矛」は『日本書紀』では「天之瓊矛」となっており、これだと玉で飾った矛ということになる。また天は、天神の物に冠して地上の物と区別する語であり、まとめると「天之瓊矛」とは、天神の物たる玉で飾られた矛ということになる。

また、伊邪那岐命・伊邪那美命二柱の神が、この沼矛を指し下して「鹽許遠呂許袁呂に書き鳴して、引き上げたまふ時、その矛の末より垂落る鹽、累積りて島となる。是淤能碁呂島なり」とあるところから、この矛とは陰茎を象徴せるものであるとか、地球の地軸を示せるものであるとかいう説も世に流布している。

さて、「ほこ」とは、通常、敵を突き刺すのに用いる長柄の武器のことであり、後には長刀や鎗に代わってしまったので、普通の意味での「刀」と同一視すべきではないかもしれないが、神仙道の印契の一つに「天之沼矛の印」というものがあり、その形状が九字を切る刀印とかわらぬところを見ると、矛イコール刀と考えうる場合もあるのではないかと思われる。

この考察に通じるものとして、かの宮地水位翁はその霊著『蛇の室屋』に於いて、「伊邪那岐大神の帯びさせ給ひし厳の尾羽張の剣こそは、此の天沼矛なるべし」と記されていることを挙げることが出来よう。これに続けて「此の天剣を天沼矛と称へし所以は、矛てふ物は兵器なれど、此時は人草も無ければ矛の用ある事無し。修理固成とて賜へるものなれば、沼矛とは云ひしなるべし」とめでたくも考証されている。これだと矛イコール剣という考えになる。さらに水位翁は、「ホコとはまたヌホコ（沼矛）であり、またニホコ（泥矛）であり、所謂るウヒヂニ（浮泥）・スヒヂニ（沙泥）の代の泥沼の如きただよへる地界を修理固成せらるる用として授け賜ひし矛なるをもつて、其の御本形は剣形に座すも之を沼矛とは名に負はさせ給ひしもの」とも言及せられているのである。

松浦大人の伝によれば、ほこ折りは別名を剣先折りと称し、中には『経津（ふつ）の魂（みたま）の伝』とか『食国（おすくに）の伝』という口伝の存するものもあり、この折りには神意がいかなる形で地上に働きつつあるかということが教示されているとする。また天津瑞（あまつしるし）の折りの如く、天孫民族の割符として我国の大理想を合理的に形象化された神符・祝いの象徴たる熨斗折りもこの部門に属すとされる。

⑥つつしみ

『日本書紀』雄略二年八月の条に「所以に、心をせめ、己を励まして日に一日を慎ことは蓋（けだ）し百姓の為の故なり」と「つつしむ」という言葉が使われているが、「つつしみ」とは、動詞「つつしむ」の連用形の名詞化で、あやまちを犯さないように気をつけること、心をひきしめて控えめな態度をとることなどと、現在では解されているが、平安時代などにおいては、生活習慣としての物忌み、斎戒を意味する言葉であった。またある時期は「いつくしめ」の略とも考えられ、五行をシムル意味などと考える人もいた。この「つつしみ」という言葉の内包する意義を最も的確に示して使用した例を、私達は伊勢神道の教典として知られる『倭姫命世紀』の一節の中に見い出すことができる。

墨心（きたなきこころ）を無くして、丹心（あかきこころ）を以て、清く潔く斎（いまは）り慎み、左の物を右に移さず、右の物を左に移さずして、左を左にし、右を右にし、左に帰り右に廻（めぐ）る事も、万事違（よろづたが）ふ事なくして太神に仕へ奉る。元（はじめ）を元にし、本（もと）を本にする故也。

右の文を眼光紙背に徹する態度を以て、繰り返し読み返すことによって、私達は「つつしみ」ということの本当の玄意を知ることが出来よう。

松浦大人の伝によれば、この部には、古来伊勢の斎宮に「つつしみの式法」という行事があって、その形式の遺されたものが主となっているとし、「つつしみ」は上古より謹身の法として一般教化の為に神宮より下付された包物（つつみもの）で、守り包みや封じ包み等のことであるとする。そして後世これが一般化されて各種の品物包となって礼式に使用されるようになったという。

⑦むすひ折り

ここに示された「むすひ」は『延喜式』巻第二　神祇二　四時祭　下　鎮魂祭の条に、

神八座〔神魂（かみむすひ）、高御魂（たかみむすひ）、生魂（いくむすひ）、足魂（たるむすひ）、魂留魂（たまつめむすひ）、大宮女（おおみやのめ）、御膳魂（みけつたま）、辭代主（ことしろぬし）〕

と記された生魂、足魂、魂留魂の「魂（むすひ）」を意味するものと思われる。その字句からみれば「いくむすひ」は万物を生み出すいきいきとした生命力、「たるむすひ」は万有具足の意味する力、「たまつめむすひ」は霊をそこに留め置く力をさすものと思われるが、鈴木重胤（しげたね）の説では、神魂、高御魂はあらゆる存在神にも人にも奇魂を授けてその功業をなさしめ、生魂、足魂、魂留魂は神魂、高御魂の神の産霊の力に則って天益人を成し給う神とし、また生魂は「気」の神、足魂は「形」の神、魂留魂は「神(たま)」の神とし、離遊の運魂を招いて身体の中府に鎮める霊力が、この神達の神名となったとしている。

松浦大人の伝によれば、生魂・足魂などと名称づけられた折りは、国家経綸の基準を示すものとされ、この部には、生命発生の法則が形示されていて、口伝としては『あしかびの伝』や『たねの伝』等があり、また、産土(うぶすな)の玄理を教示したもの、地球の秘事を暗示しているものなどがあるという。

⑧よほこ折り

神典等に「よほこ」という語はなく、「四矛」「世矛」「余矛」などいろいろ考えられる。

松浦大人の伝によれば、この部には、神力の働き出る法則を形示してあって、天孫民族の思想的混乱時代を救うべき指導玄理を教訓されたものや、伊勢の内宮外宮の神明造(しんめいづくり)の秘事と一脈相通じており、『天蠶(あまご)の伝』という口伝がついていて、我が国の経綸秘策を示すもの、そして『高千穂の伝』がついていて、天孫降臨の法位を示されたものもあるという。

⑨かんなび折り

『万葉集』に「神名火にひもろきたてて斎へども人の心はまもりあへぬもの」とか、『延喜式祝詞』に「倭(やまと)の大物主櫛𤭖玉命(おおものぬしくしみかたまの)と名称へて、大御和(おほみわ)の神奈備(かむなび)に坐(ま)せ」などと使用されている。「なび」は蛇の古語であるところから、神蛇の籠もる山であるとか、神双(かみならび)の意味であるとか、また朝鮮語で木の事をナムというところから、神木の意であるなどといわれているが、「カムはカミ（神）の形容詞的屈折。ナはノ、ビはもり、むれなどという山の意の語が融合したミの音転」として「神の山」とする折口信夫あたりの説が妥当なところであろう。古代信仰では神は山や森に天降るとされていたから、三輪山などのように降神、祭祀の場所である神聖な山をかんなびと呼んだものと思われる。

松浦大人の伝によれば、この部は、伊邪奈岐・伊邪奈美の二神の夫婦神を形式に表して、相対的なるものの道理を教示したもので、人類の相互交際上の神律を形示してあるとし、『心の御柱の伝』などもある。またこの部類は自ら陰陽相対の玄理を以て解かなければならないという。

⑩おほやしま折り

「おほやしま」は「おほやしまぐに」の略称かとも思われる。『古事記』に「故、此の八島を先に生めるに因りて、大八嶋国と謂ふ」とあり、『続日本後紀』にも「天の梯建践歩み、天降り座しし、大八州、天日嗣の」とある。「おほやしまぐに」とは一般的には日本国の異称とされている。つまり「大倭豊秋津州」（本土）、「伊予二名州」（四国）、「筑紫」（九州）、淡路、壱岐、対馬、隠岐、佐渡の八州の総称とされている。

松浦大人の伝によれば、おほやしま折りは別名をすめら折りと称し、天地の始発から国家形勢に至るまでの発展過程を折りに表し、天皇の在す高御座の法位を形示して、折りの過程には古神道のすべての教義を表出しているもの、つまり惟神の神立国家たる日本の根本義を形示したもので、『高天原の伝』や『岩座(いわくら)の伝』などの神道古伝が付随しているという。

⑪よひらき折り

　松浦大人の伝によれば、この部には、天地開闢の初めより今に至るまでの、不変の大道たる神道の極意が教義として遺されていて、やがて神代が復活するということを神約されたものや、我が国の大理想の秘文に相当するものが多く、この中には『比二美(ひふみ)の伝』があって大宇宙の謎が言霊的に説明されているとする。

⑫あひほひ折り

『古今集仮名序』に「高砂住の江の松も、あひおひのやうにおぼえ」、また滝沢馬琴の『椿説弓張月(ちんせつゆみはりづき)』にも「花も実もなき老樹どち、ひとつ根による相生の、あふは別れのはじめなりとも」など使われており、一つの根本から幹が分かれてはえることであり、また二つ以上のものが、一緒に成育することであり、相老(あひおひ)と同音であることから、夫婦などが共に久しく永らえる意味なども有している。そのため結婚式などでは「相生蝶」といって雄蝶と雌蝶を一つにした折形が使われている。

　松浦大人の伝によれば、この部には、夫婦陰陽等の相対的な関係を顕わして、それを中央に統一して和合の神律を合理的に説明したものが多く、中には神人感交の秘義を暗示して信仰の哲理を教えたものもある。

⑬みつくた折り

『古事記』に「勝左備に、天照大御神の営田の阿離、其の溝埋め、亦其の大嘗聞し看す殿に尿麻理散らしき」とある。つまり「み」は美称、「つくた」とはつくりだ（作田）の略で、現在耕作されている田地のことをいうのである。

松浦大人の伝によれば、この部は、おほやしま折りと共に叡知を養成する智育折り物で、その折り上がりは我が国の祭政一致の原則を示しており、中には、万教の帰一を指示したもの、神楽舞の原則を示したもの、神楽式や日本作法の原理を示したもの等があり、これらは皆中心より分派に及ぼす日本的な法則によって折られるものであるという。

⑭さしこもり折り

「さしこもり」とは「戸などを閉めて内にとじこもること」で、『古事記』には「天照大御神忌服屋に坐しまして、神御衣織らしめたまふ時に、其の服屋の頂を穿ちて、天斑馬を逆剥ぎに剥ぎて、堕し入るる時に、天衣織女見驚きて、梭に陰上を衝きて死せにき。故れ是に天照大御神見畏みて、天石屋戸を閇てさしこもりましましき。爾ち高天原皆暗く葦原中国悉に闇し。此に因りて常夜往く。是に万づの神の聲は狭蝿如す皆涌き、万の妖悉に発りき」とある。

人が人生において出会うすべての吉凶禍福は、神意によって左右せられるものであると信じられていた古代において、神々の怒りを招き、神明の加護を失うことは、天地が光明を失い、暗黒となったに等しいものであった。それ故に天照大御神の神威を犯し神霊を汚せば、結果として光明世界が消失するのである。と同時に、これは天照大御神があらゆるものが犯す罪を己が罪としてうけ、自分自身反省し、修行せられるために天石屋にさしこもられたわけである。

よって松浦大人の伝によれば、皇祖の神が天の斎殿（いわと）にこもりたまえる故事によって忌事を断って修行する際の折り物になっているとし、これは実に神秘的な折りで、実際に折っていると、遂には自己がかつて一度も思い及ばなかった霊智が湧出して、真理が自ずと感得されてくるものであるとしている。

⑮かたどり（象形）折り

松浦大人の伝によれば、この部類の折りは、万有の形を象（かたど）りて教訓した折りであって、母体の法則が示されており、後世の児童教材用の手工折り紙はこの部類から案出されたものであるという。

⑯神器折り物

松浦大人の伝によれば、これは「たたみ十六法」の中では最も大切な部門であるが、残念ながら古名が伝えられていないものであり、内容も充分には解かれていない折り物であるという。

結形象部門

この部門は松浦家伝では十部類に分けられている。折形象部門と同じく松浦大人の伝に少し解釈を加えながら記していきたいと思う。

①もとゆひ

この部類に属する「むすひ」は、いずれも万結の基となるべきもので、天御中主神の神格を形示してあって、その結びの意義は陰陽和合の神律である。この部の口伝としては『神はしらの伝』『天事の伝』『探女(さぐめ)の伝』『逆矛の伝』等が付随している。

②うけゆひ

この部類に於いては、夫婦和合の真中に新しき生命の生ずる理が表示されている。総じてこの部の「むすひ」の中には、大は宇宙的なものから小は微細な一点に至るまでの一切の相対的なものに必然に発生する活動の秘義が示されていて、日本の太陽章の秘義を形示したものなどがある。

③かけまき

この部に於ける結形(ゆひかた)は、大宇宙の活動相を形示して、其の意義を以て対人の契約を行ったものである。故に絶対的な誓約にのみ使用されている。また『神籬(ひもろぎ)の伝』『磐境(いわさか)の伝』等が結びついていて、神事には重要な役割をなしていた。『玉の緒の結』や『瑞の緒紐の結』などはこの代表的なもので、古典にも記されているはずである。

④あげまき

この部に於ける結形は、大宇宙発展の過程に様々な因縁を産み、それが結果となって更に次の因をなすという因果の法則を形示したものや、我が皇統を連続的に示した結びもある。口伝としては『幽り世の伝』『かけ帯の伝』等がある。

⑤とぢめゆひ

太古より結縄文字として用いられたのは此の部類に多く、神記号としても使用された。また農事の暦や月日の数取りにもこの結びで印づけていたものである。正月注連縄や神事の標縄等はこの部のものであって、神境を付し浄地の境を印付ける等にも用いられた。『万葉集』にも額田の王が、

斯からむと予ねて知りせば大御船泊てし泊に標縄結はましを

と歌い、但馬の皇女の歌にも左の如く見えている。

後れゐて恋ひつつあらずは追ひ及かむ道の隈目に標結へわが夫

これは、即ち印付けて後の者の為に栞とした結印の風を意味するものである。

⑥たまむすひ
⑦くくり
この部類は『たまむすひ』と『くくり』の二種類に区分されているが、運用に際しては両者をかねて役をなすようにできている。すなわち、前者は玉頭様式のもので、男性の能力を表示していて、男性または陽性の形印として使用され、後者はその反対に、女性または陰性の形印として用いられた呪物形である。

⑧はなかづら
これは幾分装飾的な結びで、神々の約束が籠められていると伝えられている。最も数が多く、連形式のものや象形（かたどり）に近い結びもあって、口伝としては『花かづらの伝』や『玉だれの伝』等がある。多くはこれらの結びを飾って神主が祭事を行ったもので、『万葉集』の
斎串（いぐし）たて神酒（みき）すゑまつる神主のうづの玉かげ見ればとぼしも
という歌などは、玉だれをかけた神主の姿をうらやましいと見たものであろう。

⑨しばり
この部類に属するのは、多くは悪魔封じ、蟲（むし）封じ、災難よけ等の呪縛に使用されていたもので神宝を守るために活用されたものである。この部の口伝は多いとされるが、松浦大人は一つも記されてい

ない。

⑩かたどり結び

この部に属するのは、花鳥や器物などの形を結形（ゆひかた）に表現した象形文字の如き性質のものである。古代では文字同様に使用されたらしいが、現代では、風流贈答の場合や、飾り物に紐結びとして用いられているに過ぎない。口伝らしいものはないが、四季の花選びなど遊戯的なものが伝わっているという。徳川時代頃までは五節句の贈答などに桃・桜・菖蒲・菊・楓（かえで）等の形を結んで贈り、これらが充分に先方へ祝意を通じ得たものであるが、現今はすたれてしまった。当時『はなむすび』という女芸があったが、この部類の結びであったという。

以上が松浦家伝承の斎宮神法のおおよその体系である。より詳しくは本書に記されているので参照していただきたい。また本書の内容そのものが、「折り、包み、結び」から太古の記憶が蘇ってあふれだしたものをつづっているのであり、本書を心読されることで、「折り、包み、結び」をどのように心あるいは霊的な眼で観るかというコツも自ずから分かってくるようにも思われる。

松浦大人は、本書において、「大自然の動きとつつみに籠もらう法則との関係や、天体の運行の根本法則がおりに表現されている事を悟って驚愕した」と記しておられるが、斎宮神法の一端を顕す言葉として非常に興味深い。また「形式そのものが真理であるだけに一切を実証してくれるので、その意義に照らして一切の出来事に善処し、神道の神髄を悟ることに努めてきた」という大人の姿勢こそは、我々あとに従う者が学ぶべき姿勢であると考える。

なお、本書には、『みふみかたどり』の他、『神道の器教』『形式による徳育』『神縁ある人々へ器教道場の提唱』『包結之栞』を付録として収録した。

『神道の器教』は、前述のように、松浦彦操大人の著になるもので、昭和十三年四月一日に「神道器教普及会本部」より発行されており、その全文を収録した。

『形式による徳育』『神縁ある人々へ器教道場の提唱』は、昭和十二年頃に「菅公精神普及会」より毎月発行されていた雑誌「菅公」に掲載されたものである。この雑誌は国会図書館にもなく大変貴重な資料である。なお、『形式による徳育』は、『神道の器教』と内容的に重なる部分があり、重複しない部分を抜粋して収録することにした。

『包結之栞』は、松浦彦操大人が所蔵したもので、そのいくつかの折り・結びは、『みふみかたどり』の折り・結びと密接な関連を有するので、必ずや諸賢の参考になるものと思う。

神典形象（みふみかたどり）

定価：本体一二、〇〇〇円＋税

昭和十五年八月二十日　初版発行
平成十四年八月二十日　復刻版　初　刷発行
平成三十一年一月二十三日　復刻版第二刷発行

著者　松浦彦操
編・解説　大宮司朗

発行所　八幡書店
〒142-0051 東京都品川区平塚二丁目一番十六号
KKビル5F
振替　〇〇一八〇―一―四七二七六三
電話　〇三（三七八五）〇八八一

印刷／平文社
製本・製函／難波製本

ISBN978-4-89350-381-7 C0014 ¥12000E